有學

宋史职官志补正

（第三版）

上册

龚延明 著

浙江古籍出版社

图书在版编目(CIP)数据

宋史职官志补正 / 龚延明著. —3 版. —杭州：浙江古籍出版社，2022.11
(有学)
ISBN 978-7-5540-2382-2

Ⅰ. ①宋… Ⅱ. ①龚… Ⅲ. ①官制—研究—中国—宋代 Ⅳ. ①D691.42

中国版本图书馆 CIP 数据核字(2022)第 188195 号

有學

宋史职官志补正（第三版）

龚延明 著

出版发行 浙江古籍出版社
(杭州市体育场路 347 号 邮编:310006)
网　　址 https://zjgj.zjcbcm.com
责任编辑 石　梅
责任校对 吴颖胤
封面设计 吴思璐
责任印务 楼浩凯
照　　排 浙江时代出版服务有限公司
印　　刷 浙江海虹彩色印务有限公司
开　　本 880mm×1230mm　1/32
印　　张 19　**插　页** 6
字　　数 480 千
版　　次 2022 年 11 月第 1 版
印　　次 2022 年 11 月第 1 次印刷
书　　号 ISBN 978-7-5540-2382-2
定　　价 128.00 元

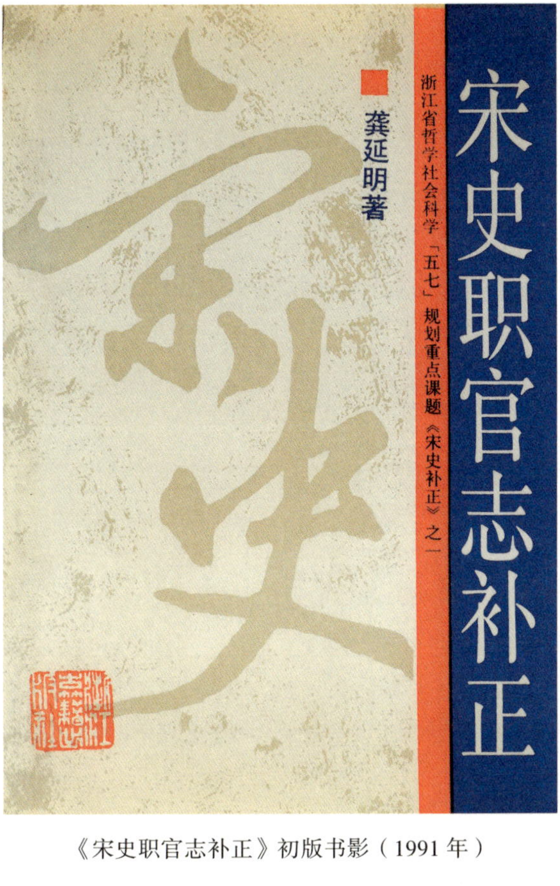

《宋史职官志补正》初版书影（1991年）

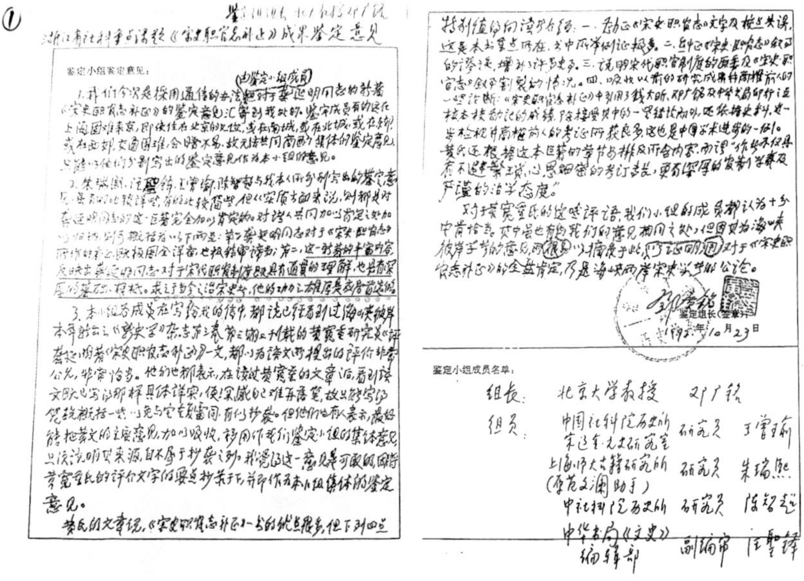

①

鉴定小组组长 北大教授邓广铭

浙江省社科重点课题《宋史职官志补正》成果鉴定意见

鉴定小组鉴定意见：

1. 我们今次是採用通信的办法，由鉴定小组成员对于龚延明同志的新著《宋史职官志补正》的鉴定意见汇寄到我处的。鉴定成员有的远在上海，因难来京，即使住在北京的几位，或在南城，或在北城，或在东郊，或在西郊，交通困难，会晤不易，故无法共同商酌集体的鉴定意见，只能以他们分别写出的鉴定意见作为本小组的意见。

2. 朱瑞熙、汪圣铎、王曾瑜、陈智超与我本人所分别写出的鉴定意见，虽有的比较详些，有的比较简些，但从实质方面来说，则都是对龚延明同志的这一巨著完全加以肯定的。对诸人共同加以肯定之处加以归纳，则可概括为以下两点：第一，龚延明同志对于《宋史·职官志》所作的补正，既极周全详备，也极精审谛当；第二，这一新著的丰富内容，反映出龚延明同志对于宋代职官制度既具有通贯的理解，也具有深厚的基础和积累。求之于当今之治宋史者，他的功力之雄厚是应居首选的。

3. 本小组各成员在写给我的信中，都说已经看到过海峡彼岸本年出版之《宋史研究集》第二十二辑上刊载的黄宽重研究员《评龚延明著〈宋史职官志补正〉》一文，都以为该文所提出的评价非常公允，非常恰当。他们也都表示，在读过黄宽重的文章后，看到该文既已写得那样具体详实，使实感自己难再落笔，故只能写得笼统概括一些，以免与它重复雷同，有似抄袭。但他们也有人表示，最好能把黄文的主要意见，加以吸收，移用作我们鉴定小组的集体意见，只须说明其来源，自不属于抄袭之列。我觉得这一意见是可取的，因将黄宽重氏的评价文字的要点抄录于下，并即作为本小组集体的鉴定意见。

黄氏的文章说，《宋史职官志补正》一书的优点很多，但下列四点特别值得向读者介绍：一、勘正《宋史·职官志》文字及校正失误，这是本书重点所在，书中所举例证极多。二、补正《宋史·职官志》叙述的疏误，增补许多史事。三、说明宋代职官制度的原委及《宋史·职官志》叙事割裂的情况。四、吸收以前的研究成果并商榷前人的一些论断：《宋史职官志补正》中引用了钱大昕、邓广铭及中华书局印行点校本校勘记的成绩，除接受其中的一些错误而外，还依据史料，进一步检视并商榷前人的考证所获良多，这也是中国学术进步的一例。黄氏还根据这本巨著的章节安排及所含内容，而谓"作者不仅具有不避繁琐、心思细密的考订专长，更有深厚的史学学养及严谨的治学态度。"

对于黄宽重氏的这些评语，我们小组的成员都认为十分中肯恰当。其中虽也有与我们的意见相同之处，但因其为海峡彼岸学者的意见，所以摘录于此，以证明对于《宋史职官志补正》的全盘肯定，乃是海峡两岸宋史学界的公论。

邓广铭

鉴定组长（签章）

1992年10月23日

鉴定小组成员名单：

组长：北京大学教授 邓广铭

组员：

中国社科院历史所宋辽金元史研究室 研究员 王曾瑜

上海师大古籍研究所（原范文澜助手） 研究员 朱瑞熙

中社科院历史所 研究员 陈智超

中华书局《文史》编辑部 副编审 汪圣铎

鉴定小组对《宋史职官志补正》省课题成果的鉴定意见（邓广铭归纳）（1992年）

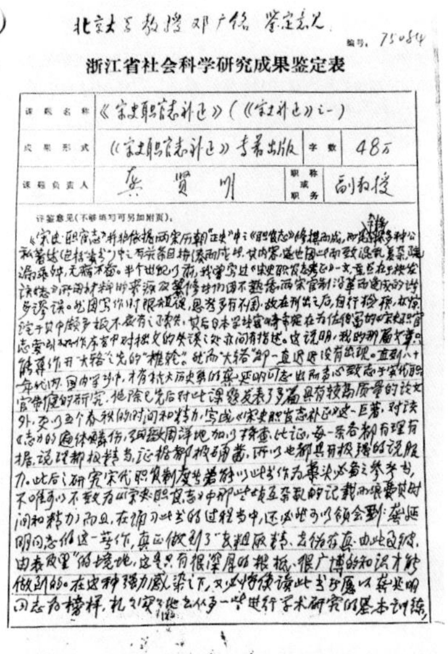

② 北京大学教授邓广铭 鉴定意见

编号：750844

浙江省社会科学研究成果鉴定表

课题名称	《宋史职官志补正》（《宋史补正》之一）		
成果形式	《宋史职官志补正》专著出版	字数	48万
课题负责人	龚延明	职称或职务	副教授

评鉴意见（不够填写可另加附页）：

《宋史·职官志》并非依据两宋历朝"正史"中之《职官志》修撰而成，而是杂采多种公私著述（包括"类书"）中之有关条目拼凑而成者，其内容遂也因此而致混乱、羼杂、疏漏、乖舛，无所不备。半个世纪以前，我曾写过《宋史职官志考正》一文，重点在于揭发该《志》所用材料的来源及纂修者们因不熟悉两宋官制沿革而造成的诸多谬误。然因写作时限紧迫，思考多有不周，故在刊出之后，自行检核，始知其中颇多极不应有之疏失，其后日本学者宫崎市定在为佐伯富的《宋史职官志索引》所作序言中对拙文的失误之处亦间有指述。这说明，我的那篇文章只能算作开"大辂"之先的"椎轮"。然而"大辂"却一直迟迟没有出现。直到八十年代以后国内学坛中，才有杭大历史系的龚延明同志出而专心致志于宋代职官制度的研究。他除已先后对此课题发表了多篇具有较高质量的论文外，更以五个春秋的时间和精力，写成《宋史职官志补正》这一巨著，对该《志》的通体错伪，都极周详地加以考查、比证，每一条都有理有据，说理都极精当，证据都极确凿，所以也都具有极强的说服力。此后之研究宋代职官制度者，都将以此书作为案头必备之参考书，不唯可以不致为《宋史·职官志》中那些矛盾杂乱的记载而浪费时间和精力，而且，在阅习此书的过程当中，还必然可以领会到：龚延明同志的这一著作，真正做到了"去粗取精，去伪存真，由此及彼，由表及里"的境地，这是只有很深厚的根柢、很广博的知识才能做到的。在这种潜力感染之下，必然将促使读此书者以龚延明同志为榜样，孜孜矻矻地去从事一些进行学术研究的基本训练，

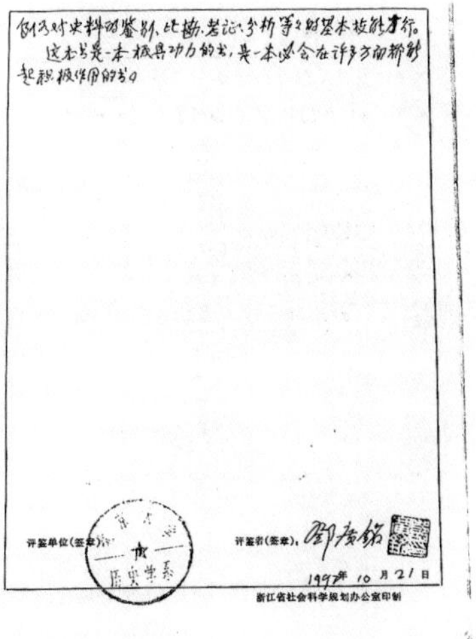

例如对史料的鉴别、比勘、考证、分析等等的基本技能才行。

这本书是一本极具功力的书，是一本必会在许多方面都能起积极作用的书。

评鉴单位（签章）：北京大学历史学系

评鉴者（签章）：邓广铭

1992年10月21日

浙江省社会科学规划办公室印制

邓广铭先生对《宋史职官志补正》省课题成果的鉴定意见（1992 年）

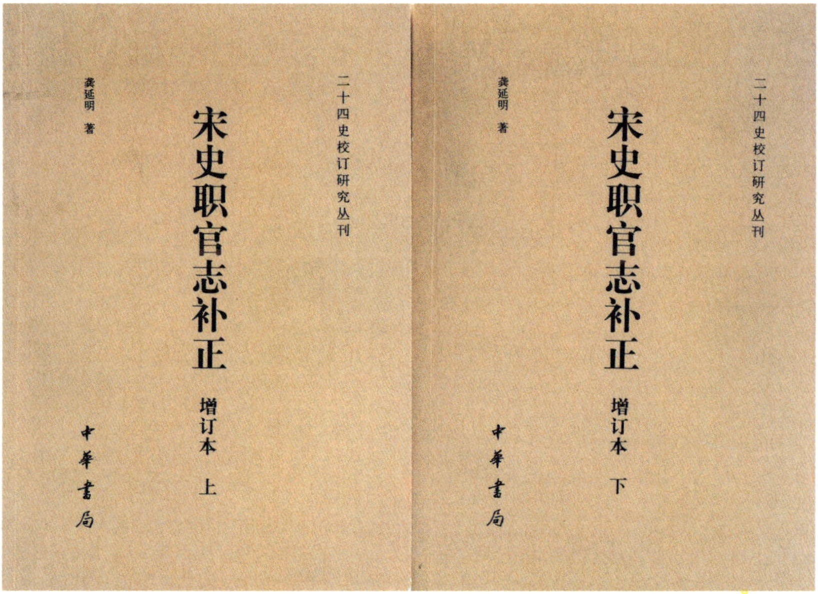

《宋史职官志补正》中华书局增订版书影（2009 年）

序 论

“二十四史”中，从《汉书·百官公卿表》算起，至《明史·职官志》止，列有职官专志的共有十五部。这十五部专门的职官专著，又以《宋史·职官志》(以下简称《宋志》)部头为最大，一意求详，厘成十二卷，向以提供有宋一代丰富的官制史料著称。

前人说，元人修《宋史》，多就宋朝国史，“稍为排次”[①]，缀拾成文。诚非虚言。唯其二三年间仓促成书，失于制作、贯通、修琢，不免遭“漫无统纪”之讥[②]、“繁芜”之评[③]。《宋志》当不例外。纂修者自称“类而书之，先后互见，作《职官志》，以至廪给、傔从，虽微必录，并从旧述”云云。“虽微必录”“并从旧述”，是其长处，也是短处，得失皆在其中，故颇招后人訾议。或谓“《志》叙述繁酿，出入迷互”，“增置分合……莫究终始”[④]。此论不无偏颇，但它指出《宋志》繁简失当，首尾不明，却是切中要害。近年来，有的同志视清人对《宋史》的评论(其实何止清人)为“成见”，意欲破之，撰文道：“我国历史上的典籍都不过是史料汇编。因此，我们评价元修三史以及一切旧书，则应当是看它们保存了多少原始的记载。……直到最近，史学界对元修三史的

---

① (清)赵翼《廿二史札记》卷二三“宋史多国史原本”。

② (明)陈邦瞻《宋宰辅编年录·序》，见宋徐自明撰、王瑞来校补《宋宰辅编年录校补》第四册《附录·诸家序跋》一三《陈序》。

③ 《廿二史札记》卷二三“宋辽金三史重修”。

④ (清)李慈铭《越缦堂读书记》卷三“历史”。

评价，也仍然明显地被清人成见束缚着。……其实，文字不加修饰，对史料不随意剪裁，这正是《宋史》的优点。"[①]这种说法，又不免笼而统之、不着边际。即以《宋志》而论，"文字不加修饰""不随意剪裁"固有保存史料原貌的优点，然而，只需我们下功夫校勘，就会发现所谓"不随意剪裁"，往往是"直抄吏牍"，且掐头去尾，或偏据一时，挂一漏万；或散厕无序，茫然难辨。至于误书、失实、缺漏、错简、阑入，比比皆是。古人不以《宋史》为一代良史，诚可信也。

笔者校勘《宋志》有年，于《宋志》之得失、前人及近人对《宋志》之批评与考订，粗识一二，兹试择其大端，举一反三，加以披录，并略陈管见，期以有助于史学界对《宋志》的深入研讨和续加校正。

一、《宋志》存在的主要问题

其一，体例不一，有损官制全貌。

《宋志》十二卷，近二十万字，有纲有目，规制颇宏，此为宋以前之职官专志所未及。然细观其《志》，孰先孰后，不尽按时代为次；或详或略，也无统一取舍标准；称谓五花八门，殊无定制；著录顾此失彼，未有准绳可依。凡此种种，皆属体例不纯，致难求一代官制之全貌。

宋代官制，屡有更改。就大体而论，可分为四个阶段：一、北宋前期官制，历时一百二十余年，是为大头；二、神宗厘定元丰官制，奠定了此后官制格局；三、哲宗元祐、徽宗政和间对元丰新制有所更动；四、南渡以后，屡有并合增减。其中，以宋前期官制最为纷乱杂沓，往往官存而事废，职掌与元丰定制迥然有异。修志者，当深悉两者之别，而按时代次序一一加以叙述，不能偏举偏废。惜《宋志》未能统一体例，于两宋官制沿革，所言颇不清晰。

---

① 刘凤翥等《元修宋辽金三史再评价》(见《社会科学辑刊》一九八一年第三期)。

如《宋志》卷一 3771 页（以下皆依此采用中华书局校点本《宋志》页码）叙“三师、三公”，3773 页“宰相之职”，3774 页“平章军国重事”“使相”，3775 页“参知政事”，由宋初而元丰新制、而政和改革至南宋时变迁，以时代先后为序，脉络分明。而下叙“右散骑常侍、右谏议大夫、右司谏、右正言”（3786 页）时，忽以北宋、南宋之分界作为左、右职之分界，即凡是南宋以后的事，统划入隶属中书省的右散骑常侍、右谏议大夫、右司谏、右正言；而北宋史事，却划归隶属于门下省的左散骑常侍、左谏议大夫、左司谏、左正言，殊失伦次。卷三 3831 页“六部”，又为之一变。先元丰官制（文中未标明），复述宋初旧制，继而又叙元丰新制，迄于南渡之制。卷八 3987 页“合班之仪”，又生一种体例。先载建隆以后合班之制，再述元丰以后合班之制，然后倒叙宋太祖建隆之制，以南宋绍兴以后之制结束。这已够混乱了，中间尚插入了文不对题的“官品”制度（3996 页）、臣僚上疏请复六部二十四司及元丰改制诸事。使人读之，不免茫然难辨。

详略取舍，没有定则。以《宋志》卷三“六部”为例。吏部、户部、刑部三部尚书的分案及其职掌，元丰新制与南渡之制一一详载；而兵部尚书载北宋分案数、南宋案名及职掌，缺载北宋案名及其职掌；礼部、工部仅有南宋案名，其余统统付之阙如。又如各司官吏编制，亦是详略不定。卷一“门下”“中书”“尚书”三省，俱载元丰定制后的官员数、吏人数。可是，卷二 3797 页“枢密院”只载吏额，失载官员数。卷三之“六部二十四司”，间有官员编制而缺吏人数，或有吏额而无官额。卷四 3877 页至 3879 页“秘书省”所属“日历所”“会要所”“太史局”“算学”等，官、吏员数俱失载。其他各卷详略情形，大抵类此。故而颇难从《宋志》求得有宋一代各司分案、官吏编制等全貌。

称谓不一，五花八门。作为正史职官专志，系一代职官制度之总汇，即一代职官制度之信史。因此，在称谓上，例当规范化，用全称而不用简称，用正式名而不用别名，皇帝名用庙号而不杂用陵名、谥号，引语中如有别名、简称之类，也须加注，等等。《宋志》行文，大多使用全名、正式名，但当所采之史料间或非出自宋国史、会要之类，而出自笔记、文集、奏疏时，往往不加纠正地将一些简称、别名之类不合规范体例的非正式称谓搬入《志》中。如卷一 3788 页“尚书令”谓“熙陵未尝任此”，“熙陵”指宋太宗。正文中使用皇帝陵名，显然不合体例。又如称亲王、皇太子，《宋志》或用谥号不署名，或书封号不系名，或封号与名连称。卷一 3772 页“三公”条谓：“太傅四人：王黼、燕王俣、越王偲、郓王楷。……绍(淳字之误)熙初，史浩为太师，嗣秀王为太保。”前面称亲王，皆封号与名连称，一望即明，而后面“嗣秀王”却不署名，别出一格。卷七 3954 页“大都督府”载：“淳化五年，吴王为淮南节度……越王已为长史。”亦不载“吴王”“越王”之名，知是谁人？他如卷二 3825 页“东宫官”之 “定王”“嘉王”“普安郡王”等等，莫不类此。至于同卷中 3823 页之称皇太子询为“景献太子”、皇太子愭为“庄文太子”，俱用谥号，并失其名，甚失规范。

正史所载官名，例当使用全称，除非正文中一处重复出现同一官称，为省文而使用简称未尝不可，但亦须加注。《宋志》非是。其简称、别名出现之频率，全依所引史料为何而定。倘所采用的系宋国史、会要之属，简称、别名则罕用。卷二 3814 页“翰林侍讲学士”条，其文字与《古今合璧事类备要·后集》(以下简称《合璧事类》)所载全同，而《合璧事类》或引《会要》，或引《朝野杂记》，一一注明。至是，《会要》与《朝野杂记》之体例分野，最后就成了《宋志》行文体例不一之渊源。《宋志》在引用《朝野杂记》时，除人之字号改为名以外，官名之简称、别名一律未改回。共引用二百来个字，却一口气连用了十四个简称。如称“御史中丞”为“台端”，称“宗正寺卿”为“宗卿”，称“秘书少监”为“秘少”，称户部为“版曹”，称“右正言”为“言路”，称“起居舍人”为“右史”，称“崇正殿说书”为“说书”，等等。全《志》似此未当用简称、别名之处，不胜枚举，非谙熟两宋官职，难以悉知其本官为何。

他如职官条目释文，沿革书或不书；系年或止于年、或止于月，个别的止于日；署官衔或虚、实官职连署或只署其中一项，更有不名一衔单著姓名者；立条目，以长官标目或以官司标目，也不统一。真堪谓五花八门。

其二，考订未审，史实讹误严重。

两宋官制，变更纷繁，元丰前后体制迥异。其复杂程度，有过于以往任何朝代。宋代饱学之士，已有不能究明本朝官名、官职之叹。司马光就曾说过："今官爵浑淆，品秩紊乱，名实不副，员数滥溢。"[①]毕仲游言："天子临朝太息于上，而公卿大夫咨嗟悼叹发愤于下。及神宗皇帝……修复汉唐三省之制……公卿大夫犹有不怿于官制者，则官名之失如何而可？"[②]而承修《宋史》之任的元朝史官，既未下功夫通晓两宋制度掌故，又逼于期限，仓猝从事，错误自属难免。但修纂者如果凭借当时拥有详赡的宋代史料，稍加厘定，亦不致荒谬到如此地步。兹将《宋志》讹误情况列举如下。

一字之差　这类错误较为普遍。如卷一 3783 页"中书省"条，把"生事房"误为"主事房"[③]；又如卷二 3801 页"枢密都承旨"条，把"都承旨以待制为之"的"待制"，误为"两制"。"待制"系馆阁官，宋代每于阁直学士之下置"待制"；而"两制"为内制（翰林学士）与外制（中书舍人）[④]，两者岂可相混？卷三 3835 页"侍郎"条，谓"武臣之未升朝者。旧自供奉官以上"，其中"以上"系"以下"之误[⑤]。卷四 3893 页"卫尉寺"条，"中兴后，卫尉寺并入工部"，"工部"系"兵部"之讹。卷

---

① （宋）司马光《温国文正司马公文集》卷一九《十二等分职任差遣札子》。

② 《开封府判官毕仲游奏议》，载《历代名臣奏议》卷一六一。

③ （清）徐松辑《宋会要辑稿·职官》三之二"中书五房五院"及三之一六"舍人院"；（清）王正功《中书典故汇纪》卷一。

④ （宋）欧阳修《欧阳文忠公集》卷一八《又论馆阁取士札子》。

⑤ 《宋大诏令集》卷一六三"官制"四《改武选官名诏》。参见《宋会要辑稿·职官》五六之四二"升朝官"。

五“司农寺”条，3905 页误“司农寺”为“司农事”。卷八“元丰以后合班之制”条，4007 页载：“崇宁初……又增宣奉至奉直大夫四阶。”误“五阶”为“四阶”。卷九“群臣叙迁”条，4025 页“左曹转左名曹”系“左曹转右名曹”之误。他如误“绍圣”为“绍兴”，误“京西”为“西京”、“京东”为“东京”，“北连”误为“比连”……年号、时间、地名、位置，因一字之差致误的，不知凡几。且上引之例，中华书局校点本皆未纠正。

臆改之误　元修《宋志》史臣，于编修中，遇上一些不熟悉的名物、史料阙散或漫漶不明之文，往往未肯下功夫考订，而是妄加臆改或删除了事。如卷一 3768 页载“宰相不专任三省长官，尚书、门下并列于外，又别置中书禁中，是为政事堂”。而《文献通考》（以下简称《通考》）却载：“宰相不专用三省长官，中书、门下并列于外，又别置中书于禁中，是谓政事堂。”后一“中书”是为宰相议政之府（又称“政事堂”），与“中书省”不同。《宋志》修纂者未加细察，但求“三省”整齐，遂妄改前一“中书”为“尚书”，致贻误后世。又如卷二 3813 页“翰林侍读学士·充宫观兼侍读”条载：“中兴以来，如朱胜非、张浚、谢克家、赵鼎、万俟卨并以万寿观使兼侍读。”查《合璧事类》《通考》[①]，“朱胜非”之前尚有“王大资”一人。又据《宋宰辅编年录》《建炎以来系年要录》（以下简称《系年要录》）及邓广铭先生《宋史职官志考正》所述，此“王大资”即“王绹”[②]，“大资”是“资政殿大学士”之简称。《宋志》撰修者不识“王大资”为何许人，为与“朱胜非”“张浚”等均署姓名相协调，干脆将南宋时首以宫观使兼侍读之王绹给删去了。

错简之误　《宋志》错简不少，有的是上下句颠倒，有的是上下文

---

① （宋）谢维新《古今合璧事类备要·后集》卷二三“经筵门·侍读”之“台谏兼充源流”条引《中兴会要》；（宋）马端临《文献通考·职官考》八“翰林侍读学士”。

② （宋）徐自明《宋宰辅编年录》卷一四建炎四年五月己卯条；（宋）李心传《建炎以来系年要录》（以下简称《系年要录》）卷三三建炎四年五月乙卯条；邓广铭《宋史职官志考正》卷二之四“侍读侍讲”，刊《历史语言研究所集刊》第十本第四分。

倒置，至有跨条目错简，难以通读。如卷二3823页"东宫官"条载"景献太子立"，此系开禧三年事，却错置于"明年"（嘉定元年）立太子宫僚之后，叙事错迕，本末倒置。卷六"环卫官"等三条迭相错简。当属环卫官之事，错置于"皇城司"条目中；当属于皇城司之事，又错置于"三卫官"条目中；而应属三卫官之事，又错置于"环卫官"条内①。

阙漏讹夺之误　《宋志》在抄引史料过程中，失于覆按，阙漏讹夺现象严重。有失系年的，有漏挂年号的，有文字脱漏、内容不全的，至有漏句、漏段首尾不明者。这亦是说《宋志》多误的一条重要原因。如卷二3807页"三司使"条载"又分天下为十道"，下文举了九道名，缺一道名。据《玉海》，当补入"河北道"②。卷三"礼部尚书""刑部尚书""工部尚书"等条目中，所书裁减吏额事，俱漏载系年。卷六3934页"三卫官"条中有"六年三月"之记，却失冠年号③。此外，脱落官阶、人名、官名、物事的，也不在少数。如卷十4078页"叙阶之法"条载："太平兴国元年，改正议大夫为正奉，通议大夫为朝奉，朝议郎为朝奉，承议郎为承直，奉议郎为奉直，宣议郎为通直。"此文显然有问题。既谓"通议大夫"改为"朝奉"，岂有"朝议郎"又改为"朝奉"，两阶同名之事？据《宋朝事实》，《宋志》于"通议大夫为"之后脱落"通奉（大夫），朝议大夫为"诸文字。且"太平兴国元年"之后，脱落"以谏议大夫为正谏大夫"④。又如卷九"叙迁之制"4063页"兼官"条，漏载"御史中丞"一官，误宪衔兼官"五"为"四"。卷四"秘书省"3874页"东廊为集贤书库"，此句中，于"东廊"后漏"为昭文书库，南廊"七字⑤，把宋初三馆漏列一馆，并搞错了集贤书库的位置。

衍字、阑入之误　《宋志》阑入之赘字赘句为数亦不少。其中有

① 《宋史职官志考正》卷六之三"环卫官皇城司三卫官三条错简"。

② （宋）王应麟《玉海》卷一八六"食货·理财"。

③ 据《宋史·徽宗纪》三及《宋史》卷二四六《郓王楷传》，疑为"政和"年号之脱漏。

④ （宋）李攸《宋朝事实》卷一《祖宗世次》"太宗"条注。

⑤ （宋）程俱《麟台故事》卷一"沿革"；《宋会要辑稿·职官》一八之五〇。

的是一望便能看出毛病的衍字，也未获纠正。如卷二3820页“宝文阁学士”条谓“阁在天章阁东西序”。要么位在天章阁之东序，要么位在天章阁之西序，“东”“西”两字其中必有一错。据《玉海》所载地望，“东”字果为衍字[①]。卷三“吏部司封郎中”条3837页，继上文“内命妇之品五”后，谓“外内命妇之号十有四”，此“内”字显属阑入。

错别字之误　在古籍中，因抄写、刊刻致误而出现错别字，势所难免。然，既为留传之史作，当尽可能清除之。而新校点本《宋志》仍屡有错别字出现。如卷一3788页“尚书令”条载“分班论奏”，“论”字为“轮”字之讹。卷二3814页“台谏兼侍讲”条，误“建请”为“见请”。卷三3831页“吏部”条“初任”之“任”，系“仕”字之误书。

其三，不合史法。

本朝人记本朝事实，不论官修之实录、会要、国史，抑或私家著述之行状、碑志、笔记、文集之类，为了溢美或避讳，多有追改之笔，宋朝人亦不例外。而后代人修前朝史，揆之常理，自应秉史家笔法，对凡不合史法处，予以改回。惜元朝载笔诸臣，迫于期限之促，只管抄书，一仍其旧，南宋、北宋官司称谓之异未别，终任之官与现任之官不辨，用谥号称生人也未之觉，此类皆属不合史法之笔，往往杂厕于《宋志》文字之中。

避讳追改　北宋时，“管勾”“勾当公事”等官甚多，及至南宋，缘避宋高宗赵构讳，凡“勾当”“管勾”之类，顿时销声敛迹，一律改为“主管”“干当”“管干”之类称谓。此事，元人早已注意及之。李冶就说：“曹彬伐江南还，入见，以榜子进曰：勾当江南公事回。此旧说也。宋实录避高宗之讳，遂改‘勾当’为‘干当’。”[②]元人修志者，当恢复东京称谓，凡为南宋史家所改易者，悉正名之。然《宋志》对此浑然不别。

---

① 《玉海》卷一六三“庆历宝文阁”。

② （元）李冶《敬斋古今黈》卷九。

如宋仁宗天圣七年七月《罢宫观使诏》明载"止令判官同管勾宫观事"[①]，而《宋志》卷十 4080 页"宫观"条，叙宫观不分北宋、南宋，统以"主管宫观""管干宫观"称之。又，东宫之左、右春坊长官，北宋时称"管勾左右春坊事"，南渡后改称"主管左右春坊事"。而《宋志》卷二 3825 页"东宫官"条，不甄别追改与否，皆称"主管左右春坊事"。

终任官与现任官连衔　为光宗耀祖，为称美先帝、先臣，宋史臣或私家，每有以终任之官追称现任之官。《宋志》失之粗疏，对此往往忽焉未察。如《宋志》卷二 3815 页"崇政殿说书"条载："正言兼说书自端明巫伋始，副端兼说书自端明余尧弼始。"所言巫伋、余尧弼为端明殿学士，均非巫、余兼任崇政殿说书时职衔，而是三年之后分别升迁签书枢密院事时之职衔[②]，并皆属终任之职。《宋志》将端明殿学士与崇政殿说书连衔，非是。

生人不称名而称谥　如《宋志》卷二 3814 页"翰林侍讲学士"条载："神宗用吕正献。""吕正献"指吕公著，"正献"为其卒于哲宗元祐四年二月后之赠谥。神宗朝，吕公著为朝中大臣，岂有谥号？

此外，历代，包括宋人，称呼本朝，多呼"国朝"，以奉正统。然后人修前朝史，例当改用其国号。《宋志》中屡见"国初""国朝"字眼，系沿用宋人之称，不妥。

除体例不一、史实考订不审、不合史法等问题外，《宋志》重文颇多，显得繁冗。凡此种种，总裁失检亦当负其咎。

二、前人及今人对《宋志》的校正

《宋志》弊窦丛生，已如上述。故前人常为之掩卷叹息。不满之余，或萌改作之意。清人李慈铭曾说："使我为此志，但一卷叙官司职

① 《宋大诏令集》卷一六一"政事"十四"官制"。

② 《系年要录》卷一五六，绍兴十七年夏四月辛丑条及九月甲申条。

掌，一卷叙品秩改移，便可了如指掌也。”[①]明人陈邦瞻说：“欲整饬宋事，以备一代成书……非举前史改弦而更张之不可。”[②]然自明清以来，虽有改撰《宋史》之作问世，但或重视义例之修，合宋、辽、金为一史，稍加删补；或以方志所载人物补《宋史》所缺，只编本纪、列传，不含诸志。于职官专志，未能观其有成。改作创始之功诚难，《宋志》不可替代之地位，其势已定。后人所能做且易奏功者，唯于正补上用力而已。

考诸前人之作，致力于考校《宋史》全书者，有之。但今所能及见者，无多。仅钱大昕《廿二史考异》之“宋史”部分，武英殿本《宋史》各卷后所附考证，邵晋涵《南江札记》中“宋史”部分[③]等诸家言。且皆未专务于考正《宋史》，更无精考《宋志》之意。即如《南江札记》，竟无一条涉及《宋志》考校之文，全系本纪、列传之考证。而武英殿本《宋史·职官志》所附考证，为数甚少，仅寥寥十条。钱氏有关《宋志》考异稍多，总共七十二条，除去其中一小部分注释性文字，实关正补者，仍属零散。若与《宋志》必当校正之文相比，约略而言，不及几十分之一，故尚未能称有关《宋志》考校之缜密著作。最引以为憾者，钱氏未及见徐松辑自《永乐大典》之《宋会要辑稿》本，遂失足资详校《宋志》的最繁富的资料宝库。不过，平心而论，钱氏于《宋志》校正数量虽不多，但在考校方法及其抉剔《宋志》各类弊病上，其启迪后人之功，未可泯灭。钱氏采用了本志校、本书校以及他校相结合的方法，眼界颇为开阔。如《宋志》卷七 3973 页“府州军监”条载：“太原府、延安府、庆州、渭州、熙州、秦州则兼经略安抚使、马步军都总管。”钱氏按：“《嘉泰会稽志》云：‘国初，节度使领马步军都部署，英宗即位避御名，

---

① (清)李慈铭《越缦堂读书记》卷三“历史”。

② (明)陈邦瞻《宋宰辅编年录·序》，见宋徐自明撰、王瑞来校补《宋宰辅编年录校补》第四册《附录·诸家序跋》一三《陈序》。

③ (清)邵晋涵《邵氏遗书·南江札记》卷四。

改称都总管。'……以此推之,《志》称都总管者,据后来名改也。"[①]钱氏运用地方志纠正了《宋志》不合史法之追改处。此诚非广征博览所难及。尤堪重视者,钱氏于校正类例多所开拓。如有校史实之误,有揭不合史法之笔,有补苴罅漏,有剔除重文,亦有存疑俟考之文。就如何校正,钱氏之《考异》实已为后人草创了体例、规模。

观近世史家,曾用功于考校《宋史》者,有作《元椠宋史校记》之叶渭清,作《宋史校记》之张元济。然涉及《宋志》者甚少。而致力于系统、严谨地校勘《宋志》者,唯邓广铭先生一人。邓先生发表于一九四三年之《宋史职官志考正》(以下简称《考正》),广征有宋一代史册,勘证《宋志》之谬误,补苴其阙漏,疏通其晦涩,校雠功力颇深,勘误成就亦大。时至今日,仍为宋代职官制度研究之取资,并为国内外史学工作者所推重。

就《考正》所获成果而言,其校正条目总数达五百六十三条,总字数十五万左右,蔚为大观。

《考正》采引之史籍,据作者所标明之书目计之,有三十余种。其特长,在充分运用宋代职官史料之渊薮——《宋会要辑稿》"职官"部分,并重视利用如南宋谢维新之《合璧事类》、章如愚之《山堂先生群书考索》等类书中所保存的历朝国史和会要等资料,或与《宋会要辑稿》相印证,或补其阙佚,得心应手,左右逢源。此外,《考正》作者重视利用宋人文集、笔记,故常能抉剔幽微,发前人所未发,正前人所未正。无论勘校之广度,抑或考订之深度,皆超越前人。

如《宋志》卷二 3814 页"台谏兼侍讲"条载:"自后十五年间,继之者惟王唐、徐俯二人,皆出上意。"钱氏《考异》指出了"《志》称王唐恐误",但又说"名未详"[②],终未能考出"王唐"之名为何。邓先生博采孙觌《鸿庆居士集》及凌万顷《玉峰志》之资料,查到了"唐公"为王绹之

---

① (清)钱大昕《廿二史考异》卷七一"宋史·职官志"七。

② 《廿二史考异》卷七一"宋史·职官志"四。

字，遂使元、清数代学者未能解决之疑难，一旦冰释。

《考正》之校勘方法，有其独创之处，即从探源入手，尽力追寻《宋志》各卷正文所袭用书籍之本，然后将源与流两相比勘，其面目之异同，及何处有讹误脱漏，往往一览无余。虽《宋志》之本源并非都能追溯，然而，在可能追溯之范围内，运用此种校勘法是十分有效的，堪称最佳校勘法。如《宋志》卷二 3817 页"端明殿学士"条，《考正》探本溯源，查出该条文系抄自《通考》，《通考》又本自薛居正《旧五代史·职官志·内职门》。《合璧事类》及《通考》皆通各代而为之考述，故于端明殿学士之建置摘录五代史志之文甚详。然此何与《宋史·职官志》之事？《宋志》却照搬《通考》，"插入五代史事一百四十多字"。《考正》按语："右一大段当一概删削。"

在校勘范围上，《考正》比《考异》有所扩大。除校正史实之误、改易不合史法之笔、剔除重文等之外，《考正》颇重视体例统一与错简之调整，如《宋志》卷四 3869 页"御史台"条仅载宋初旧制，失载元丰之制。《考正》遂加以匡正："《史志》体例，新旧制度莫不兼载，或开端即云国初或旧制如何，而其下继以元丰官制，或开端先叙已经厘定之新制，而于下文追述旧制。而此条则唯载旧章，于元丰改制后御史台职掌未具一字，此与自身之体例极为不合。检《会要·御史台门》引《神宗史志》云……"

长江后浪推前浪。古籍整理亦如其他任何科学研究，当前后相继，由相对真理向绝对真理接近。关于《宋志》之校正，自不例外。如前所述，邓先生《考正》已为《宋志》正补做出很大贡献。然而，立柱架梁之功已就，尚待铺楼盖瓦以毕其役。《考正》未竟之业，犹须赓续。笔者后学，曾屡经寒暑，费以时日，潜心研读过邓先生之《考正》，并试在《考正》基础上，对《宋志》续加正补。故于《考正》就《宋志》校正后遗留之问题，或有所知，兹举例如下：

其一,史实错误未及纠正者。

年代之误。卷一3791页"尚书省·榷货务都茶场"条载:"开禧初,以总领所侵用储积钱,令径隶提领所。"此"开禧初"系"开禧末"之误①。卷三3832页"吏部"条谓:"淳化中,又置考课院……至道二年,以其事归流内铨。"据《宋会要辑稿》《玉海》所载,考课院归流内铨,非至道二年,而在淳化四年五月②。卷三3835页"吏部侍郎"条载:"绍兴四年,吏部侍郎叶祖洽言。"叶祖洽于北宋哲宗绍圣年间任吏部侍郎③,《宋志》误"绍圣"为"绍兴",《考正》亦未觉。卷四3875页"秘阁"条:"熙宁……五年,以隶秘书省。"此"五年"为"元丰五年"④。卷七3974页"通判"条载:"建隆四年,诏知府公事并须长吏、通判签议连书,方许行下。"据《长编》卷七及《宋会要辑稿·职官》四七之五八记载,知此"建隆四年"系"乾德四年"之误⑤,等等。

官司、官名之误。如《宋志》卷一3768页载"尚书、门下并列于外",《考正》未能发觉"尚书"实为"中书"之误书,卷三"考功郎中"条3839页"朝散大夫"系"朝请大夫"之误⑥,等等。

人名之误。如《宋志》卷二3822页"东宫官"条载:"仁宗升储……参政李昉兼掌宾客。"李昉系太宗朝参知政事,此"李昉"系"李迪"之误⑦。《考正》未及纠。他如卷二3800页"枢密使"条误"韩绛"

---

① (宋)李心传《建炎以来朝野杂记》乙集卷一二"四提辖"。

② 《玉海》卷一一七"淳化考课院";《宋会要辑稿·选举》二四之九"侍郎左选"。

③ (宋)李焘《续资治通鉴长编》(以下简称《长编》)卷四九一,哲宗绍圣四年九月戊寅条;《宋史·叶祖洽传》。

④ 《麟台故事》卷一"官联";《合璧事类》卷五八"直秘阁"。

⑤ 详参徐规《王禹偁事迹著作编年》九页之考订。

⑥ 《长编》卷三〇一;《宋会要辑稿·职官》一一之二〇。

⑦ 《宋史·宰辅表》一及《宋史·李迪传》;《宋宰辅编年录》卷二太平兴国八年七月庚辰李昉参知政事条。

为“韩维”[①]，卷二3826页“亲王府”条：“中书言：‘按：唐太宗改诸王侍读为奉诸王讲读。’”此“唐太宗”系“唐文宗（李昂）”之误，《考正》皆忽之[②]。

其二，脱文未及补正者。

如卷三“吏部”3844页“官告院”条载：“遍地销金龙五色罗纸二等”一段中，共一百一十二个字，脱落“贵妃、淑妃、德妃、贤妃”“太仪”等内命妇阶名五种[③]。卷四3875页“秘阁”条载：“元符二年，诏职事官罢带馆职，悉复元丰官制。”史实是，元符二年馆职官保存集贤殿修撰、直龙图阁、直秘阁三等，余悉罢[④]。《宋志》于“诏”字后脱落“集贤殿修撰、直龙图阁、直秘阁依旧外”诸文字。诸如此类《考正》未补正处，尚多。

其三，错简未及乙正者。

如《宋志》卷九4050页“文散官”条，将“朝散大夫”错置于“朝请大夫”之上；卷三3840页“考功郎中”条载“武选官之等六：遥郡团练使、刺史、閤门舍人……”，“刺史”当叙在“团练使”之前；“官告院”条3844页将“承节郎”错置于“承信郎”之后；3843页“敦武郎”错列于“修武（郎）”之后[⑤]，等等，《考正》未及乙正。

其四，不合史法之笔未加改正者。

如《宋志》卷二3800页“枢密使”条载：“国初……资浅则用直学士签书院事”，此“国初”，当改为“宋初”；此“签书院事”，当书“签署院事”。《考正》未予改正。卷二3818页“总阁学士”条之“中司”，系“御

---

① （宋）李埴《皇宋十朝纲要》卷八、《合璧事类》卷一六、《文献通考・职官考》十二及《宋史・韩绛传》。

② 《合璧事类》卷四八；《宋会要辑稿・职官》七之三八。

③ 《宋会要辑稿・职官》一一之六〇“官告院”。

④ （宋）周煇《清波杂志》卷一二；《宋会要辑稿・职官》一八之一四“秘书省”。

⑤ 《宋大诏令集》卷一六三“改选武官名”。

史中丞”之别名[①]；卷四 3874 页“秘阁”条注文“宰相琦、公亮，参知政事修、概各荐五人”句中，“琦”为韩琦，“公亮”为曾公亮，“修”为欧阳修，“概”为赵概；卷十 4081 页“宫观”条“六年，诏卿、监、职司以上提举，余官管干”，此“管干”系属追改，熙宁六年诏书用“管勾”[②]，等等未合史法之笔，不胜枚举。而《考正》似于此属意不多，更正亦少。

一九七七年，中华书局校点本《宋史》出版。此诚为古籍整理的一件盛事。其中也对《宋志》做了不少校勘工作。其最大成绩在于通过比勘，整理出目前为止《宋志》最佳版本。校点本《宋史》以一九三四年商务印书馆百衲本《宋史》为底本，吸收了近人叶渭清、张元济版本校勘之成果。因此，由于版本流传、书局翻刻而生之技术性舛误，多获纠正。如武英殿本《宋史》卷一六一《职官志》卷一“中书省”条，误“命令之体”为“命令之礼”，误“析兵礼为二”为“折兵礼为二”等；百衲本《宋史·职官志》卷四“秘阁”条“政和五年四日”，系“政和五年四月”之误书；“诣景灵官”之“官”字，系“宫”字之讹，等等，校点本《宋史》已加匡正。

其次，校点本《宋志》各卷所附“校勘记”合计二百九十五条。通过本校与他校，于校正史实之讹误、修正阙文之失、乙正错简之谬诸方面，做了不少有益工作。

再次，对《宋志》加以分段、标点，眉目清晰，标点庶几无误，大有助于通读和理解全文。

然而，校点本《宋志》，犹未能成为理想之校勘本，所遗留问题甚多，或云不及邓广铭先生之《考正》。姑试以析之。

问题之一，《宋志》“校勘”体例不明。校点本《宋史》“出版说明”，就体例所言过简，但叙《宋史》版本几种及校点所用版本云云，数行文字而已。使读者无法了解点校者遵循何项原则从事校勘。综观“校

---

① （宋）岳珂《愧郯录》卷八；（宋）叶梦得《石林燕语》卷五。

② 《宋会要辑稿·职官》五四之六“宫观使”。

勘记”，似于《宋史》（包括《宋志》）体例不一、不合史法等问题，均未获重视，并不曾列入校勘范围，致有损于校勘质量。此盖校勘体例不明之失也。

问题之二，尚待校正之史实讹误、脱文、错简颇多，若谓几不及前此已做校勘工作之半，绝非狂诞之言。即以《宋志》卷一为例，校点本“校勘记”所校二十条，除其中“给事中”（3779 页）条目内“重和元年”疑为“政和元年”之误，《考正》未加考订；“起居舍人”（3786 页）条目中“舍人寄录”之“录”当为“禄”字，因《宋史》版本不同，《考正》未曾提及；其余十八条，《考正》悉数校正。可是，《考正》于《宋志》卷一所已校正之条目为七十二条，总数要比“校勘记”多出二倍。换言之，《考正》比“校勘记”多校正讹误五十二条。两者相差何其远！

如上所述，邓先生之《考正》成绩甚大，然仍有不足，遗留问题尚且不少；而今校点本之“校勘记”反远不如《考正》，即此一条，中华书局校点本《宋志》所遗留问题若何，已不待言。

问题之三，标点误差。古籍之断句标点，不谙熟一代名物制度，难以的确。上文曾论及《宋志》标点较佳，然仍有差错，此势所不免，但求差错减少到最低限度而已。如卷二 3809 页“度支分掌八案”条载：“四曰常平案掌诸州平籴。大中祥符七年，置主吏七人。”据《职官分纪》言：“大中祥符七年，别置常平案。”[①]可见校点本不当于“大中祥符七年”后用逗号点断，而应将此标点移于“置”字之后，即大中祥符七年置常平案，设主吏七人。又，须改“掌诸州平籴”后之句号为逗号。经改正后之标点如下：“四曰常平案掌诸州平籴，大中祥符七年置，主吏七人。”卷四 3875 页“秘阁”条载“诏御试唱名日”，此句“御试”与“唱名”是两码事。《南宋馆阁录》载：“贤良、进士御试于殿门外祗候，唱名日侍立。”[②]其意指秘书省官于御试（包括制举贤良等科及进士殿试）之日，

---

① （宋）孙逢吉《职官分纪》卷一三“三司”

② （宋）陈骙《南宋馆阁录》卷六“故实”。

聚于殿门外祇候；进士唱名日，秘书省官方许可上殿侍立。今校点本未将“御试”与“唱名日”用顿号隔开，有乖史实。诸如此类标点差误，为数不少，不一一列举。

三、今后续校《宋志》需做的工作

由本文第一部分“《宋志》存在的主要问题”、第二部分“前人及今人对《宋志》的校正”，已能得出结论：迄今为止，对《宋志》一书之繁芜杂乱、谬误百出，虽断断续续已做了大量校正工作，但当校而未校、应补而未补之情况，仍相当多，尚待后人对《宋志》做进一步之校勘。国际史学界也有人发表过类似看法。如日本史家佐伯富教授说：“《宋史·职官志》讹谬、错简、脱漏颇为严重，对此，邓广铭曾进行了考正。不过，只解决了其中一部分。不明确之处仍然很多。故而，对《宋史·职官志》加以完备的考订，就显得非常必要。”[①]针对存在问题，《宋志》续校工作，拟从下列几个方面进行：

（一）明确校勘原则。鉴于《宋志》大抵直抄宋国史、会要之类官书或转抄《文献通考》《宋朝事实》《合璧事类》等私家著述之特点，校勘当以通过版本校（此校业已由校点本解决）、本校、他校判定该志文字之讹误、脱漏、错简为目的，并在此基础上一一加以校正。不必去考订所记载之事实本身有无错误，也不必添补《宋志》条目之外及超出《宋志》本身体例要求的史实或文字，以免牵连太广。此即如清人段玉裁所谓“必先定底本之是非”[②]。

（二）制定校勘范围。根据校勘原则，可拟定下列具体校勘范围：

其一，考订文字谬误。包括纠正误抄、别字、臆改、阑入之误，等等。

---

① （日本）佐伯富《宋史职官志索引·前言》，一九七四年同朋舍出版部。

② （清）段玉裁《经韵楼集》卷七《与诸同志论校书之难》。

其二，校出《宋志》在抄袭、采编他书时的脱字、漏文，并加以补正，补正以恢复原意、不碍文义为准，超出此范围的不补。

其三，校出不合史法之笔，凡属避讳追改、以终任之官追改现任之官、别名、简称、字号、不具全名，等等，均需改正。

其四，校出并乙正错简，疏通其晦涩，审正其原文。

其五，所叙官制沿革及内容，有不符《宋志》本身分叙宋初旧制、元丰新制以及南渡之制体例而有漏列者，宜揭出所阙之项而补正之。

（三）尊重和充分吸收前人校勘成果。中华书局校点本《宋志》"校勘记"之所以未能尽如人意，除了主持者所定校勘范围（由校勘体例限定）过于狭窄之外，其中一条重要原因，即是未能充分吸收前人已经取得之考正成果。续校《宋志》者，当引以为鉴。不要忽视前人的业绩，更不能抹杀前人已经取得的成就。继往才能开来。倘后继者能沿着前人业已奠定的校勘道路，脚踏实地扩大校正成果，可以预期，较为完备之《宋志》校正，必能问世。

笔者遵循上述原则，经历了五年多的努力，写成了《宋史职官志补正》一书，谨献给治宋史者作参考，并盼得到指教。

例　言

一、本《补正》以中华书局一九七七年出版之《宋史》标点校勘本中的《职官志》为底本，除人名、朝代名、地名等专有名词未标线外，其余一依底本。

二、本《补正》系校正与补遗两项工作之结合，其中又以校正为主，补遗为辅。

三、举凡《宋史·职官志》存在之文字讹误、错简、史实乖违以及不合史法之笔（详参《序论》），皆属校勘范围。

四、宋代职官制度异常繁杂，一部《职官志》仅能综述其主要内容，不可能求其全面而无遗漏。故后人补缺实补不胜补。本《补正》所拟定之补遗范围：其一，《宋史·职官志》在沿袭、采编他书时之脱字、脱句、漏文，皆加补葺，并以恢复原意，不碍文义为准；其次，所述官制及其内容未全，及有不符《宋史·职官志》分叙宋初旧制、元丰新制、南渡之制的体例而有漏列者，均予补充；再次，凡系年不及月、日，或止用“其后”“寻”“不久”等词而影响时间观念者，力求补系年、月，或日期。

五、本《补正》参考资料，以徐松《宋会要辑稿》，李焘《续资治通鉴长编》，佚名《靖康要录》，杨仲良《续资治通鉴长编纪事本末》，李心传《建炎以来系年要录》《建炎以来朝野杂记》，李埴《皇宋十朝纲要》，孙逢吉《职官分纪》，谢维新《古今合璧事类备要·后集》，马端临《文献通考》,《元丰官志》(不分卷),王应麟《玉海》及近人邓广铭教授《宋史职官志考正》等书为主,旁采宋代文集、笔记、政书、地方志、碑刻,以及今人有关宋代职官制度、政治制度之研究成果。业经引用之书籍、论文,均一一注明。

六、本《补正》凡提及《宋史·职官志》,皆以《宋志》简称之。

七、本《补正》所引《宋志》原文,改用横排及简体字。

八、本《补正》系清人钱大昕《考异》,特别是邓广铭《考正》及中华书局出版之《宋史》"校勘"工作之继续。对于先贤和师友之启发、引导,笔者始终铭感于怀。

九、在这部专著的撰写与出版过程中,得到了中华书局副总编辑傅璇琮先生真诚指导与帮助,中国社会科学院历史研究所研究员王曾瑜同志热情的鼓励与关切,并承本师徐规教授一丝不苟地订正失误、润饰文字和杭州市岳庙管理处贾荣发主任的大力支持,谨表深切谢意!

十、本《补正》于 2009 年纳入中华书局《二十四史校订研究丛刊》,供"点校本二十四史及《清史稿》修订工程"取资。

龚延明

一九八四年十月一日

于杭大河南新村

二〇二二年六月十八日重订

目　录

宋史职官志补正一

（《宋史》卷一六一）

总　叙

尚书、门下并列于外，又别置中书禁中，(3768 页 5 行)

“尚书”系“中书”之误，“门下”后须加一“省”字，指中书省、门下省并列于皇城外，又别置中书门下（简称“中书”，即政事堂）于禁城内。

《文献通考·职官考》(以下简称《通考·职官》)一：“宋朝设官之制，名号品秩一切袭用唐旧。然三师、三公不常置，宰相不专用三省长官，中书、门下并列于外，又别置中书于禁中，是谓政事堂。”

《玉海》卷一六一“宋朝政事堂”：“国朝中书、门下并列于外，又别置中书于禁中，是为政事堂。”

《宋会要辑稿·职官》(《宋会要辑稿》以下简称《宋会要》)一之一七：“中书门下在朝堂西，榜曰‘中书’，为宰相治事之所。……又有中书省、门下省者，存其名列皇城外两庑，官舍各数楹。”《职官分纪》(以下简称《分纪》)卷三“宰相”：“国朝中书门下题榜止曰‘中书’，印文行敕曰‘中书门下’。”

与枢密对掌大政。(3768 页 6 行)

“大政”前宜加“文武”二字。

《古今合璧事类备要·后集》(以下简称《合璧后集》)卷十六:“本朝枢密院,与中书对持文武二柄,号为二府。”

《通考·职官》十二:“宋朝枢密院与中书对持文武二柄。”

侍郎、给事不领省职,谏议无言责,(3768页倒6行)

“侍郎”为“中书省侍郎”“门下省侍郎”之简称;“给事”为“给事中”之省称;“谏议”为“门下省左谏议大夫”“中书省右谏议大夫”之简称。《宋志》当用全称“中书、门下侍郎”“给事中”“左、右谏议大夫”全称为是。

《宋会要·职官》二之一:“太祖建隆三年定合班仪,诏门下、中书侍郎在六尚书、常侍之下。”

《宋会要·职官》三之一五:“国初,与给事中为所迁官,实不任职。”

《合璧后集》卷二四:“国朝承五代之弊,官失其守……谏议大夫、司谏、正言皆须别降敕,许赴谏院供职者,方为谏官。”

起居不记注,(3768页倒6行)

“起居”为“起居郎”“起居舍人”之合称。

《通考·职官》一:“起居郎、起居舍人不执记事之笔。”

司谏、正言非特旨供职亦不任谏诤。(3768页倒5行)

“司谏”“正言”全称为“左、右司谏”“左、右正言”。

又,左、右司谏由左、右补阙改名,左、右正言由左、右拾遗改名。宜于“司谏”“正言”下分别注入“左、右补阙”“左、右拾遗”等字样。

《通考·职官》一:“补阙、拾遗改为司谏、正言,而非特旨供职亦不任谏诤。”

《续资治通鉴长编》(以下简称《长编》)卷二九,端拱元年二月乙未:“改左、右补阙为左、右司谏,左、右拾遗为左、右正言。”

至于仆射、尚书、丞、郎、员外,(3768页倒5行)

"丞、郎"应为"丞郎"，"丞"字下顿号删去。"丞郎"系尚书左、右丞与六部侍郎之合称。

又，"员外"之全称为"员外郎"，"员外"前脱漏"郎中"官名，宜补入。

《宾退录》卷一："官制前，左右丞、六部侍郎，通谓之丞郎。"

《通考·职官》一："至于仆射、尚书、丞郎、郎中、员外……"

元丰三年，以摹本赐群臣，乃置局中书，(3769页8行)

所置局名为详定官制所，宜点明。其时在元丰三年六月十五日。

《宋会要·职官》五六之一"官制别录"："神宗元丰三年六月十五日，诏中书置局详定官制……七月六日，以著作佐郎、秘阁校理何洵直兼详定官制所检词(详)文字。"

九月，详定所上《寄禄格》。(3769页倒7—倒6行)

《寄禄格》之全名为"以阶易官寄禄新格"。

《长编》卷三〇八，元丰三年九月乙亥："详定官制所上《以阶易官寄禄新格》。"

及元祐初，于朝议大夫六阶以上始分左右。(3769页倒4行)

"于朝议大夫六阶以上"为"于朝议大夫以上六阶"之误。

《宋会要·职官》五六之一七："哲宗元祐三年二月六日，诏自今朝议、中散、正议、光禄、银青光禄、金紫光禄大夫，并置左右。"

绍圣中罢之。(3769页倒3行)

"绍圣中"指绍圣二年四月三日，罢承务郎以上至朝请大夫分左右，并罢金紫光禄大夫分左右，然自朝议大夫以上至银青光禄大夫五阶仍分左右。《宋志》谓"绍圣中罢之"，不确。应订正为："绍圣二年，罢承务郎以上至朝请大夫分左右，并罢金紫光禄大夫分左右。余自朝议大夫至银青光禄大夫五阶仍分左右。"

《续资治通鉴长编拾补》(以下简称《长编拾补》)卷一二，绍圣二年三月庚申："给事中、中书舍人言：'……若谓正议大夫、银青光禄大夫、光禄大夫是六曹及左右辖细转法，……即乞存此三等分左右外，余并废罢，及朝议大夫、中散大夫亦依旧存左右字，以分杂出身人及无出身人，依旧作两资迁转。'从之。"

大观初，又增宣奉至奉直大夫四阶。(3769 页倒 2 行)

"四阶"系"五阶"之误。

"大观初"指大观二年三月十五日诏。此诏并令罢寄禄官分左右，为《宋志》所失叙。

《宋会要·职官》五六之二八："(大观二年)六月二十七日，中书省检会三月十五日，奉御笔：'寄禄官在神考时，不分左右，曩虽厘正，犹有存者。……今拟下项：金紫光禄大夫；银青光禄大夫；光禄大夫，旧系右银青光禄大夫；宣奉大夫，旧系左光禄大夫；正奉大夫，旧系右光禄大夫；正议大夫；通奉大夫，旧系右正议大夫；通议大夫；太中大夫；中大夫；中奉大夫，旧系左中散大夫；中散大夫；朝议大夫；奉直大夫，旧系右朝议大夫。'诏依拟定。应见带左、右字人并除去，依逐等所定官换授，别给黄牒，仍免谢。内有出身及带职人更不转中散、奉直大夫，其品从、杂压、请俸、磨勘等，并依旧官条格施行。"

按：大观二年三月，寄禄官罢分左、右，为抵销罢去左、右致迁转等级减少之弊病，遂新增宣奉大夫、正奉大夫、通奉大夫、中奉大夫、奉直大夫五阶。即《宋会要》中五个带有"旧系"某寄禄官之比拟者。并见《宋大诏令集》卷一六二"寄禄官不分左右御笔"。

政和末，自从政至迪功郎，又改选人三阶，(3769 页倒 2—倒 1 行)

"政和末"系指政和六年十一月十六日。此句语意未明，应为"改选人末三阶通仕郎、登仕郎、将仕郎为从政郎、修职郎、迪功郎"。

《宋大诏令集》卷一六四"改将仕郎等官名御笔手诏"："假板官行于衰乱之世，姑从板授，盖非真官，不可循用。假将仕郎可去假字，与初官人犹未入仕，可为将仕郎；假承务郎可为登仕郎，假承事郎、承奉郎可为通仕郎。旧将仕郎已入仕，不可称将仕郎，可为迪功郎；旧登仕郎可为修职郎;旧通仕郎可为从政郎。余并依旧,通为十阶。”

而武阶亦诏易以新名,(3769页倒1行)

神宗元丰改官制,只建文阶,未易武选官。至徽宗政和始改武选官名,立武阶。《宋志》于此未言及。

《宋大诏令集》卷一六三“改武选官名诏政和二年九月二十五日”:“昔在神考,董正治官,肇建文阶,以禄多士。联职合治,各有等差,名实既宾,以克用义。而武选官称,循沿末世,有志未就,以迄于今。述而后明,靡敢怠废。朕夙夜惟念,易而新之,训迪厥官,自我作古。”

继以新名未具,增置宣正履正大夫、郎,凡十阶,通为横班,(3770页1、2行)

“继以”系指继政和二年九月新置武选官横行十二阶(其中大夫八阶、郎四阶)、政和二年十一月增拱卫郎共为十三阶之后,复于政和六年增置亲卫大夫、翊卫大夫、协忠大夫、履正大夫、宣正大夫、亲卫郎、翊卫郎、协忠郎、履正郎、宣正郎共十阶,加之旧横行郎尚有正侍、中侍,依大夫名增加二阶(通侍郎不置),即横行大夫、郎共为二十五阶,此即《宋志》所谓“横班”,并宜于其后加“二十五阶”字样。

《宋大诏令集》卷一六三“改武选官名诏政和二年九月二十五日”:“横行新官:通侍大夫、正侍大夫、中侍大夫、中亮大夫、中卫大夫、拱卫大夫、左武大夫、右武大夫、中亮郎、中卫郎、左武郎、右武郎。”

《宋会要·职官》五六之三九:“(政和二年)十一月五日,诏:新官制内武阶横行四方馆旧无副使员额,今既析司置属,理不可阙,宜置拱卫郎,在左武郎之上。”

《宋大诏令集》卷一六四“横行增宣正等职任御笔政和六年十一月三十日”:“可增下项,仍通旧依此。郎亦如之,惟不置通侍。左武、右武、拱卫、翊卫、中卫、中亮、中侍、协忠、履正、宣正、正侍、通侍凡八阶旧已有,今又增亲卫、翊卫、协忠、履正、宣正凡五阶。”

二府不分班奏事,(3770页3行)

元丰改制前，二府指中书、枢密院；元丰五年改制后，二府系指三省、枢密院。《宋志》于此宜用“三省、枢密院”之全称。

《宋会要·职官》一之二二：“唐太宗用隋制，以三省长官共议国政，事无不总，不专治本省事。国朝之制，每便殿奏事，止是中书、枢密院两班。昨来先帝（指神宗）修定官制，凡除授臣僚及兴革废置，先中书省取旨，次门下省审覆，次尚书省施行，每省各为一班。虽有三省同上进呈，盖亦鲜矣。”

《宋会要·职官》一之二六：“（哲宗元祐三年）三月十四日，……诏今后文臣换大使臣并三省、枢密院同取旨。”

首更开封守臣为尹、牧，由是府分六曹、县分六案。（3770页5、6行）

更开封府守臣名一事在崇宁三年五月六日，县分六案事在崇宁四年闰二月，而修六尚局事起于崇宁二年三月、完成于崇宁三年二月，均早于开封守臣更名及州县分六案等，《宋志》记事颠倒。又，“县分六案”前当补一“州”字。

《皇宋十朝纲要》（以下简称《十朝纲要》）一六：“崇宁三年五月戊寅，以蔡京言，置开封府牧、户（尹）各一员，少尹二员分左、右，以士、户、仪、兵、刑、工为六曹，置司录。”

《宋史·徽宗纪》二：“（崇宁）四年闰月壬申……令州县仿尚书六曹分六案。”

又内侍省职，悉仿机廷之号。已而修六尚局，（3770页6行）

疑“内侍省”为“内省”（“尚书内省”简称）之误。内侍省系宦官机构，自有一套管理体制，不可能仿机廷（即外廷）六部之号。而尚书内省曾于徽宗朝政和二年仿尚书省六部设官。六尚局指尚食、尚药、尚酝、尚衣、尚舍、尚辇。

《宋会要·后妃》四之一〇：“（政和三年）五月二十八日，诏：惟我神考（指宋神宗），外设六联，分职三省，各有常守。而宫闱内官，尚或沿袭,有所未暇,朝夕惟念内外家国理当一体……尚书内省:……内省六司,司治(视吏部职事)、司教(视户部职事)、司仪(视礼部职事)、司政(视兵部职事)、司宪(视刑部职事)、司膳(视工部职事)。"

《宋会要·职官》一九之四:"崇宁二年二月十二日,中书省修立到殿中监尚食、尚药、尚酝、尚衣、尚舍、尚辇官制。"

建三卫郎(3770 页 6 行)

崇宁四年建三卫郎、中郎,《宋志》漏载"中郎"名。

《十朝纲要》卷一六:"崇宁四年二月己酉,置三卫郎、中郎等官。"

建炎中兴,……三省之政合乎一。(3770 页倒 6、倒 5 行)

宰相吕颐浩之请三省合一并改相名,系建炎三年四月十三日事,此言"建炎中兴"似失之泛。又,"两省侍郎改为参知政事"后,宜补"尚书左、右丞并减罢"(按:即不为相职)。

《建炎以来系年要录》(以下简称《系年要录》)卷二二,建炎三年四月庚申:"尚书右仆射兼中书侍郎吕颐浩改同中书门下平章事,仍兼御营使;尚书右丞李邴改参知政事。时言者复引司马光并三省状,请举行之。……颐浩乃请以尚书左、右仆射并同中书门下平章事,门下、中书侍郎并为参知政事,尚书左、右丞并减罢。……及是,上纳颐浩等言,始合三省为一。"

三师　三公

其后,诏非曾任监司、守臣,不除郎官,著为令。(3771 页 2 行)

"其后",宜明确纪时,为乾道元年。

《通考·职官》六:"吏部郎中或员外郎,主管尚书某选、主管侍郎某选。绍兴间,吕希常以监六部门兼权侍右侍郎,李端民正除尚右郎官。既而,何俌、杨倓、费行之除吏部郎官,皆有'侍左''侍右''尚左''尚右'之称,自此相承不改。乾道元年,诏非曾任监司、守臣,不除郎官,著为令。"

《宋志》三"吏部·郎中、员外郎":"乾道元年,诏非曾任监司、守臣,不除郎官,著为令。"

自太傅迁太尉;(3771 页倒 3、倒 2 行)

"三公""三师"迁除之制,《宋志》于"自太傅迁太尉"则止,似未妥,其后尚有"太尉迁太师"一级,宜补入。

又,三公官"司徒"不迁"太尉",而越次升迁三师官"太保",究其起因,缘唐初秦王李世民曾兼太尉,故其后重惜其名,多不敢拜太尉,始有超拜太保、太傅之例。五代沿用不废。宋初之制,袭五代旧制,故而,《宋志》此云"宋承唐制",虽无误,但若言"宋承唐、五代之制",似更为至当。

《分纪》卷二:"五代至国初,节度皆自检校太傅迁太尉,太尉迁太师。然无升秩明文。"

若太师则为异数,自赵普以开国元勋,文彦博以累朝耆德,方特拜焉。(3771 页倒 1 行、3772 页 1 行)

宰臣拜太师者,有宋一代除赵普、文彦博外,犹有蔡京、秦桧、史浩;理宗端平间,宰相郑清之辞不拜。《宋志》仅谓二人,未当。疑修史者于采用宋国史或笔记时,未审其所叙史事时间之起讫,诸如《渑水燕谈录》所云"国朝享国有百三十余年",此以作者所处时代计之耳,若谓宋朝国祚仅百三十余年,岂不大谬?故《宋志》宜于"自"字下补入"太祖至仁宗朝,惟"七字。

《渑水燕谈录》卷二"名臣"条:"国朝享国百三十余年。人臣为太师者,惟赵忠献,文潞公二人耳。"

《玉海》卷一二〇"乾道左右丞相"条:"宰臣拜太师:赵普、文彦博、史浩,皆还政加恩;蔡、秦以宰相特拜;郑清之,辞不拜。"

至是,京始以三公任真相。(3772 页倒 4 行)

"三公为真相之任",乃政和二年至宣和七年间所行之特例。非两宋之常制。宜于“京始以三公任真相”句下，补入“宣和七年，诏三公仍为阶官，毋领三省事”。不然，所云之“始”，未知何时为“终”，并与《宋志》本节前述三师、三公“为宰相、亲王使相加官，其特拜者不预政事”之常制相悖。

《宋大诏令集》卷一六三“新定三公辅弼御笔手诏政和二年九月二十五日”：“太师、太傅、太保……为真相之任。”

《宋史·徽宗纪》：“宣和七年四月戊辰诏：行元丰官制，复尚书令之名，虚而勿受；三公但为阶官，毋领三省事。”

三公自国初以来，未尝备官。（3772页倒3行）

“三师”或“三公”在宣和前已备官，谓之“罕尝备官”尚可，此谓“未尝备官”则非。《宋志》“未”字宜改为“罕”字。

《春明退朝录》上：“国朝历三师、三公者：太祖即位，天雄节度符魏王彦卿，自守太尉为太师；定难节度、西平王李中令彝兴，自守太傅为太尉；荆南节度、南平王高中令保融，自守太保为太傅。赵令以司徒、太保、侍中在中书，以太保、中书令留守西京，又以太师西京养疾。王文正以司空、司徒、太保在中书，以太尉罢为玉清昭应宫使。”

又按：宋代“三公”，政和二年前后含义不同。政和二年前，“三公”指“太尉、司徒、司空”，政和二年后，“三公”指“太师、太傅、太保”。此段首句“三公”，实指国初“三师”，与下文“宣和末”“三公”（太师、太傅、太保）相应，故宜将此句“三公”易为“三师”（太师、太傅、太保）。不然，国初之“三公”系指“太尉、司徒、司空”，与下文所云“三公”不相干也。

太保十一人：蔡攸、肃王枢至仪王楞（3772页倒2、倒1行）

“仪王楞”疑为“沂王楞”之误。

《宋史·徽宗纪》四：“以河间郡王楞为太保，进封沂王。”

《十朝纲要》卷一五：“沂王楞　大观四年四月生，七月赐名，授横海军节度使，检校太尉，封虞国公。……宣和六年八月，改剑南西川，加开府仪同三司，进封河间郡王，七年改剑南东川威武军，迁太保，封沂王。”

《廿二史考异》卷七一“宋史·职官志”一：“仪王当为沂王之音讹。”

绍熙初，史浩为太师，(3773 页 1 行)

淳熙十六年二月，宋孝宗禅位于光宗（赵惇）。光宗继位后未改元，三月甲寅以史浩为太师。《宋志》误为“绍熙初”，宜改为“淳熙末，光宗即位”。又“太师”下逗号，改为句号。

《宋史·光宗纪》：“淳熙十六年二月壬戌，孝宗吉服御紫宸殿，行内禅礼。……三月甲寅以史浩为太师。……十一月庚午，诏改明年为绍熙元年。”

嗣秀王为太保。(3773 页 1 行)

凡正史，官爵当与名连署，《宋志》止书“嗣秀王”爵号，未署名，不合本志体例，宜补署“伯圭”之名。又，“嗣秀王”前宜加“绍熙元年”。

《宋史·光宗纪》：“绍熙元年四月己丑，以伯圭为太保、嗣秀王。”

自绍熙后，三公未尝备官。其后，(3773 页 1 行)

《宋志》此处先云“自绍熙后”，复云“其后”，此“其后”指何时？不知所云。宜换为“嘉泰二年后”，缘是年十二月甲申，韩侂胄加太师。又，继韩侂胄后官至三公者，犹有郑清之、郭师禹。

《宋史·宁宗纪》二：“（嘉泰二年十二月）甲申，加韩侂胄太师。”

《二十五史补编·宋中兴三公年表》：“（理宗）淳祐七年：郑清之，四月以少师、奉国军节度使、醴泉观使兼侍读、越国公为太傅、右丞相兼枢密使。”

《宋会要·职官》一之七：“（宁宗）庆元二年九月二十一日，郭师禹为太保，十月二十二日为太傅，永宁郡王致仕。”

宰　执

宰相之职

宋承唐制，以同平章事为真相之任，……以丞、郎以上至三师为之。(3773页3、4行)

"同平章事"为"同中书门下平章事"之简称。"丞、郎"当为"丞郎"，"丞"字下之顿号当删去。其意为自六部侍郎、尚书左右丞以上至三师，皆可任真宰相——同中书门下平章事。

又，"中书令""侍中"也为宰相，然虚而不除。《宋志》当补入。

《分纪》卷三"宰相"："中书令、侍中及丞郎以上至三师同中书门下平章事，并为正宰相。二员以上，即分日知印。官至仆射以上，书敕不著姓。

其上相为昭文馆大学士、监修国史(3773页4行)

首相兼监修国史带昭文馆大学士衔，并非常制，亦有不带昭文馆大学士衔者，《宋志》对此未言及；又，此处所载宰相兼带三大馆职，止是宋初之制。神宗朝后，昭文馆大学士、集贤院大学士皆不复除，惟监修国史一职，直沿袭至南宋，《宋志》缺而未载，似宜酌补。

《宋会要·职官》一之一六："《两朝国史志》：同平章事是宰相之职，……其上相为昭文馆大学士、监修国史，亦有不带昭文馆大学士而为监修国史者。"

《玉海》卷一六五"四馆"条："本朝因唐故事，命宰辅兼领三馆。首相曰昭文馆大学士，次曰监修国史，又次曰集贤院大学士。或虚相位，则命参政权领监修，自景德二年王旦始。昭文馆大学士，熙宁九年王安石罢，遂不复除。集贤院大学士，元丰三年王珪迁，亦不复除。惟监修国史相传至今。自王珪后，宰辅皆不入衔。监修之名，废于元丰而复于绍兴。”

靖康中，复改为左、右仆射。(3773页倒5行)

此句“左、右仆射”后宜添“仍兼两省侍郎”，以点明靖康间宰相之全称为“尚书左、右仆射兼两省侍郎”。

《靖康要录》卷一三：“靖康元年闰十一月一日，制曰：‘太中大夫、守门下侍郎何㮚，可特授通奉大夫，守尚书右仆射兼中书侍郎。’”

平章军国重事

元祐中置，以文彦博太师、吕公著守司空相继为之，(3774页3行)

吕公著未授“平章军国重事”，而是“同平章军国事”，落一“重”字，权责更大，两者不能相混。

《宋会要·职官》一之四三：“元祐初，起文彦博平章军国重事，已非故事。继吕公著司空、平章军国事。绍圣臣僚论列，以谓当时大臣阴与公著为地，除去‘重’字，名曰‘下彦博’一等，而实兼三省之权，事无轻重无不与之。”

《宋史·吕公著传》：“(元祐三年四月)拜司空、同平章军国事。”

蔡京、王黼以太师总三省事，三日一朝，赴都堂治事。(3774页5行)

王黼曾以太傅总三省事，《宋志》谓“以太师总三省事”，非是。又，蔡京、王黼未曾任“平章军国重事”，此段文字似无必要羼入，应删。

《宋会要·职官》一之四三：“王黼……既迁太傅，则自领三省事。”

开禧元年，韩侂胄拜平章，……其后，贾似道专权，(3774页6—8行)

继韩侂胄后拜平章军国事者，犹有乔行简。

《宋季三朝政要》(以下简称《宋季政要》)卷二:"嘉熙三年,乔行简用元祐故事平章军国重事。"

《宋史·宰辅表》五:"(嘉熙三年己亥)正月,乔行简自特进、左丞相兼枢密使加少傅、平章军国重事。"

位皆在丞相上。(3774 页 8 行)

继贾似道后,德祐元年,王爚除平章军国重事,《宋志》未书,宜补。以此见南宋自宁宗、理宗、度宗朝至恭帝时,均置"平章军国重事"。

《宋季政要》卷五"少帝":"德祐元年三月甲戌,贾似道罢平章、都督,予祠。……四月,王爚平章军国重事,……八月,力请致仕,寻卒。"

《宋史·宰辅表》五:"(德祐元年)四月丙辰,王爚诏如文彦博故事,朝参起居外,并免拜。六月甲寅,除平章军国重事,一月两赴经筵,五日一朝。"

使　相

亲王、枢密使、留守、节度使兼侍中、中书令、同平章事者,皆谓之使相。(3774 页倒 5 行)

宋初之制,检校官兼中书令、侍中、同中书门下平章事,亦谓之使相。《宋志》宜于"节度使"后加"及检校官"四字。元丰新制,以节度使加开府仪同三司为使相。

《分纪》卷五:"国朝凡以检校官兼中书令、侍中、同中书门下平章事者谓之使相。"

《建炎以来朝野杂记》(以下简称《朝野杂记》)甲集卷一二"检校官"条:"检校官者,自唐以来有之。……若文臣则枢密、宣徽、节度使始带焉。"

《南窗纪谈》:"凡以节度使兼中书令、侍中、同平章事并谓之使相。唐制皆签'敕',五代以来不预政事,敕尾存其衔而不签,但注'使'字。元丰官制既罢同中书门下平章事,节度使加开府为使相。"

惟唐太和中甘露事,(3774页倒3、2行)

"太和"本作"大和"。然古文字"太""大"通。

《新唐书·文宗纪》:"文宗元圣昭献孝皇帝讳昂……大和元年二月乙巳,大赦,改元。"

《廿二史考异》卷四二《唐书二·文宗纪》"太和元年":"'太'当作'大'。予见唐石刻文宗年号,皆是'大'字。"

《二十史朔闰表·唐》:"唐文宗太和。"

《中国历史纪元表·唐纪年表》:"文宗(李昂)大(太)和"。

按:"大"与"太"通。

参知政事

掌副宰相,毗大政,参庶务。(3775页2行)

参知政事为副相,宜标明以何种资历人充任,《宋志》未及载。

《宋会要·职官》一之一六:"参知政事,贰宰相,批大政,参庶务,以中书舍人以上至尚书为之。"

以枢密直学士薛居正、兵部侍郎吕余庆并本官参知政事。(3775页2行)

乾德二年四月,薛居正、吕余庆为参知政事时,除居正仍为枢密直学士外,本官则同为兵部侍郎。《宋志》漏署"兵部侍郎",宜添入。

《分纪》卷二:"乾德二年四月,以枢密直学士、尚书兵部侍郎薛居正,兵部侍郎吕余庆并本官参知政事。"

仍令不押班,不知印,不升政事堂,殿廷别设砖位,(3775页4、5行)

此句漏文甚多,事关参知政事位遇、权职,似未可省去。即"仍令"后宜补入"不宣制","不升政事堂"后补入"止令就宣徽院使厅上事”,“殿廷别设砖位”之下补入“于宰相后”四字。

《长编》卷五,乾德二年四月乙丑:“以枢密直学士、兵部侍郎薛居正,吕余庆并本官参知政事,不宣制,不押班,不知印,不升政事堂,止令就宣徽使厅上事,殿廷别设砖位于宰相后,敕尾署衔降宰相数字,月俸杂给皆半之。”(《宋会要·职官》一之六八同)

《宋史·吕余庆传》:“迁兵部侍郎、知江陵园府。召还,以本官参知政事。”

据此,薛居正为“枢密直学士、兵部侍郎、参知政事”;吕余庆为“兵部侍郎、参知政事”,不任“枢密直学士”。

以中大夫以上充,(3775 页倒 3 行)

神宗元丰改官制前,参知政事皆以右谏议大夫(改制后易为“太中大夫”)以上充。改制后,废参知政事,以门下、中书二侍郎,尚书左、右丞代其任,中大夫以上为之。至建炎三年,复参知政事,例以中大夫以上任之。乾道、淳熙后,大体仍守此制。故“以中大夫以上充”句,宜移置于本段之末,即“亦创见也”句后,并似宜改正为“南渡后,参政例以中大夫以上充”。

《挥麈后录》卷二:“祖宗以来,除拜二府,必迁六曹侍郎或谏议大夫,当时为寄禄官,在今皆太中大夫以上,是以从官入参机务也。……元丰官制行,裕陵考《唐六典》太宗用魏郑公为秘书监参知机务故事,易执政为中大夫,王和父、蒲传正是矣。……已为杀矣。近日钱师魏登政府,坐谬举降三官,明清即以启之,以谓自昔以来,未有朝请大夫而参知政事者,且大臣有过当去位,不当降罚。不报。”

参预不得进拟。(3775 页倒 2 行)

《宋志》所谓“参预”即指“参预政事之臣”,宜改“参预”为“参政”。

“进拟”后宜补“差除”二字。

《朝野杂记》甲集卷一〇“参知政事”:“参知政事……故事:丞相谒告,则参预政事之臣,则不得进拟差除。”

门下省

凡中书省画黄、录黄，枢密院录白、画旨，则留为底。(3776 页 1、2 行)

"凡"后宜补"门下省被受"五字。

《皇朝编年纲目备要》卷二一："元丰五年四月壬子朔门下省掌受天下之成事，审命令，驳正违失。凡受中书省画黄、录黄，枢密院录白、画旨，皆留为底。"

《长编》卷三二三，元丰五年二月癸丑朔："诏：中书省面奉宣旨事，别以黄纸书，中书令、侍郎、舍人宣、奉、行，讫，录送门下省为画黄；受批降、若复请得旨及入熟状得画事，别以黄纸亦书，宣、奉、行，讫，录送门下省为录黄。枢密院准此，惟以白纸录送，面得旨者为录白，批奏得画者为画旨。门下省被受录黄、画黄，录白、画旨，皆留为底，详校无舛，缴奏得画，以黄纸书，侍中、侍郎、给事中省、审、读，讫，录送尚书省施行。"

凡文书自内降者，著之籍。(3776 页 4 行)

门下省注籍文书，除内降实封文书外，尚有"三省被受敕旨"一项，《宋志》未宜省略，应补正为"凡文书自内降者及三省被受敕旨，著之籍"。

《宋会要・职官》一之一九："三省被受敕旨及内降实封文书，并注籍门下。"

章奏至，(3776 页 4 行)

此"章奏"，系指"进奏院"所汇入章奏，《宋志》宜标明。

《宋会要・职官》二之二："凡进奏院章奏至，则受而通进矣。"

复用两制官一员，判门下省事。(3776 页 8 行)

除两制官外，给事中、谏议大夫亦可判门下省事。"两制"后当加"以上"二字。

《宋会要·职官》二之二引《神宗正史·职官志》："国朝初循唐制，以中书门下平章事为宰相之职，复用两制以上官一员判门下省事。"同书二之一："《两朝国史志》：门下省判省事一人，以给事中充，阙则谏议或学士、舍人权领焉。"

按："两制官"指翰林学士、知制诰（中书舍人）。欧阳修《又论馆阁取士札子》："今两府阙人，必取于两制，翰林学士谓之内制，中书舍人、知制诰谓之外制。"给事中、左右谏议大夫品位在"两制官"之上，《宋志》八"建隆三年合班仪"："左、右谏议大夫，给事中，中书舍人。"

又有主事、勾销二房。（3776 页倒 5 行）

宋前期，中书门下诸房中有"生事房"，此"主事"为"生事"之误，当改。

《宋会要·职官》一之一七："又有生事、勾销二房。"同书卷三之五："生事房，主行受、发文书。"（并参《中书典故纪汇》卷一）

曰制敕库房，亦皆视其名，（3776 页倒 3 行）

改制后，门下省分房十；元丰八年，又增催驱房，宜补入"制敕库房"之后。

《宋会要·职官》二之五："元丰八年，增催驱房。"

吏四十有九：（3776 页倒 2 行）

"吏四十有九"以下至"守阙守当官十人"一段，系属吏额，宜下移置于下文"复置点检房"（见《宋志》3777 页 3 行）之后。如此，行文较顺。

诏吏部注通判赴门下引验，应省、台、寺、监诸司人吏四分减一。（3777 页 2、3 行）

《宋志》于"赴门下引验"后漏载"令班簿房籍记入流官"一句，宜补入。

《宋会要·职官》二之六："元祐三年，诏吏部注通判赴门下引验，令班簿房籍记入流官，应省、台、寺、监诸司人吏四分减一，复置点检房。"

四年，又别立吏额。（3777 页 3 行）

《宋志》既载明元祐“四年，又别立吏额”事，其吏员员额当一一具载，俾使上下文呼应，有助于了解北宋门下省吏员员额之变化。

《宋会要·职官》二之三引《哲宗职官志》：“元祐四年，别立吏额，录事四人，主事二人，令史五人，书令史十人，守当官一十四人，守阙主事一人，书令史四人。”

侍　中

大祭祀则版奏中严外办，（3777 页 5 行）

《宋志》所载侍中职掌为元丰改官制后所定。然其中“大祭祀则版奏中严外办”一项，已于元丰七年十月归属礼部侍郎，修《宋志》者未加注意，而修《宋史·礼志》者已注意到。故此“版奏中严外办”可删去，或于下文“皇帝斋则请就斋室”下补入“元丰七年，大祭祀版奏中严外办归礼部侍郎掌”。

《宋会要·职官》二之三引《神宗正史·职官志》：“侍中，正一品，掌佐天子，议大政，审中外出纳之事。大祭祀则版奏中严外办，前导舆辂，诏升降之节。”

《宋会要·礼》一之一二：“元丰七年十月，详定郊庙奉祀礼文所言：‘《唐六典》大朝会、大祭祀，则侍中版奏中严外办，以为出入之节；舆驾还宫，则请解严，告礼成也。窃详侍中之职掌，出纳帝命，凡军国之务，与中书令参总焉。唐以来谓之真宰相，非复秦之丞相史、汉魏掌御物之任，而使之奏中严外办及请解严，殊不应礼。……伏请奏中严外办以礼部侍郎，解严以礼部郎中掌之。’……从之。”

《宋史·礼志》二“南郊礼”：“奏中严外办以礼部侍郎，请解严以礼部郎中。至玉辂所，侍中跪请降舆升辂。”

大朝会则承旨宣制、告成礼，祭祀亦如之。（3777 页 6 行）

“承旨宣制”下之顿号宜改用逗号，因“告成礼”为一种大典礼，是与“大朝会”“祭祀”并列之名称，非侍中之职掌。“告成礼”下逗号宜改为顿号。

《宋朝事实》卷一一“封禅”：“宋真宗于大中祥符元年登泰山封禅，行告成礼。其玉册文曰：‘昔太祖揖让兴拜，太宗忧勤致治，肃清寰海，混一车书，升中告成。’”

《礼记》第一一“礼器”：“因名山升中于天。升其玉册于天，是报告成功。”

别置侍郎以佐之。（3777页倒5行）

侍中名称，曾于政和二年改为“左辅”，靖康元年复旧。此沿革《宋志》未宜省略，应于此句下补述。

《宋大诏令集》卷一六三“新定三公辅弼御笔手诏政和二年九月二十五日”：“门下省：旧官侍中，新官左辅。”

《靖康要录》卷一三：“靖康元年十一月二十九日，圣旨：三省长官可并依元丰官制。”

南渡后，置左、右丞相，省侍中不置。（3777页倒5、倒4行）

去“侍中”之虚衔，虽为南渡后事，然系乾道八年之诏，离南宋初年已四十有六年之久，《宋志》理当于“南渡后”补入“乾道八年”一句。

《宋史·孝宗纪》二：“（乾道八年）三月戊子，诏省侍中、中书、尚书令员，以左、右丞相充其位。”

《朝野杂记》甲集卷一〇“丞相”条：“乾道八年，孝宗稽古，改左、右仆射为左、右丞相，去侍中、两令之名，遂为定制。”

侍　郎

南渡后，复置参知政事，（3777页倒1行）

参知政事，始置于太祖乾德二年；元丰五年改官制，废参知政事；南宋建炎三年四月复置参知政事。《宋志》宜于“南渡后”补入“建炎三年”之系年。

《宋志》一“参知政事”：“乾德二年置，以枢密直学士薛居正、兵部侍郎吕余庆并本官参知政事……元丰新官制，废参知政事，置门下、中书二侍郎，尚书左、右丞以代其任。”

《元丰官志》：“‘神宗朝。以门下侍郎、中书侍郎代参知政事，及尚书左、右丞皆为执政官。高宗建炎间，复改为参知政事。”

《系年要录》卷二二，建炎三年四月庚申：“门下、中书侍郎并为参知政事。”

左散骑常侍　左谏议大夫　左司谏　左正言

国初虽置谏院，（3778 页 2 行）

宋始置谏院时间为仁宗明道元年。此谓“国初”，似嫌疏阔，宜易“国初”为“明道元年”。

《长编》卷一一一，明道元年七月辛卯：“以门下省为谏院，徙旧治于右掖门之西。先朝虽除谏官，而未尝置院，及陈执中为谏官，屡请之。置谏院自此始。”

《合璧后集》卷二四“台谏门・谏议大夫”：“明道元年，陈执中为谏官，屡请置院，于是以门下省为谏院，徙旧省于左掖之西。置谏院自此始。”

元丰八年，谏议大夫孙觉言：……八月，门下省言：（3778 页 5—7 行）

孙觉与门下省言，皆在元丰八年八月，然孙觉之言先于门下省六天，故邓广铭先生谓“是则《史志》‘八月’二字，应移冠孙觉言事上”，甚确。

又，其时孙觉为“右谏议大夫”，《宋志》宜于“谏议大夫孙觉”前冠以“右”字，以别于左谏议大夫。

《考正》卷一之七“门下省”：“孙觉及门下省所言事均在元丰八年八月：前一事在八月二十二日癸未，后一事在二十八日己丑。是则

《史志》'八月'二字应移冠孙觉言事上。"

《宋会要·职官》三之五四:"元丰八年(哲宗已即位未改元)八月二十二日,右谏议大夫孙觉言:'《官制事目》格子,左右谏议大夫,左右补阙、拾遗,凡发令举事有不便于时、不合于道,大则廷议、小则上封。若贤良之遗滞于下,忠孝之不闻于上,则条其事状而荐言。'从之。二十八日,门下省言:'中书省申明,谏议、司谏、正言合通为一法。凡有所见,并许论奏。欲送中书省申明行下。'从之。十月十二日,诏仿《六典》置谏官,具其所置员以闻。"

实欲限隔谏官,不使在政事之地,恐知本末,数论列尔。(3778页倒3行)

《宋志》误将右司谏王觌之言,植入侍御史王岩叟言之中,当更正之;且宜于"实欲限隔谏官"句前,加"王觌言:",以示分别。"恐知本末"后当补入"政事"二字。

《长编》卷三九二,元祐元年十一月己卯:"右司谏王觌言:'臣窃闻中书省欲以后省散骑常侍、谏议大夫、起居舍人、正言厅为制敕院,擗截两省见今谏官厅出外,别作门出入,以防制敕之漏泄。……实不欲谏官在两省与给、舍相见,恐其或闻政事之本末,而论列之频数而已。'"

按:元丰官制施行后,"左散骑常侍"未经除人,并增建"门下后省"。《宋志》均阙载,皆宜酌补之。

《石林燕语》卷三:"元丰既新官制,职事官未有不经除者,惟御史大夫、左右散骑常侍至今未尝除人。"

《玉海》卷一二一"门下中书后省":"元丰官制,门下、中书增建后省,以左散骑常侍、左谏议大夫、左司谏、左正言、给事中、起居郎、符宝郎为门下后省。"

给事中

四人,分治六房,掌读中外出纳,及判后省之事。(3779页1行)

此为元丰新制，宜于“四人”前冠以“元丰新制”。宋初沿五代之旧，未举给事中之职。太宗淳化四年，方设同知给事中一官，以掌封驳。《宋志》失载。

《合璧后集》卷二〇“给舍门·给事中”：“国朝，淳化四年以左谏议大夫魏庠，知制诰柴成务同知给事中事。凡制敕有所不便者，宜准故事封驳。隶银台……元丰五年四月，知谏院舒亶试给事中，自是给事中始正除为职事官。凡四人，分治六房事。掌读内外出纳事。若政令有失当，则论奏而驳正之。”

《燕翼诒谋录》卷二：“唐朝职掌，因五季之乱，遂至错乱或废不举。给事中掌封驳，不可一日无。皇朝淳化四年，太宗皇帝推考废职始于唐末，乃命魏庠、柴成务同知给事中，未几，隶银台、通进司为封驳司。”

《长编》卷三四，淳化四年六月戊寅：“命左谏议大夫魏庠，司封郎中柴成务同知给事中事。凡制敕有未便，宜准故事封驳以闻。”

凡分案五：(3779 页倒 1 行)

此“分案五”，与本条目开头云“分治六房”，不相统一，究其实，前者系元丰新制，因元丰四年十二月降诏三省诸“案”并改称“房”；后者系南渡之制(建炎三年)，复易“房”为“案”。《宋志》理宜于“凡分案五”前，冠以“建炎三年”之时限。

又，建炎三年罢“谏官案”与“符宝郎案”，省“六案”为“四案”，此“五案”疑为“四案”之误，俟考。如系“四案”，当删去“曰谏官案，主关报文书”一句。

《宋会要·职官》一之一九，元丰四年十二月十一日：“诏三省诸案宜并称房。”

《玉海》卷一二一“门下后省”条：“中兴建炎三年七月辛卯，诏谏院别置局，不隶两省；又符宝郎并罢其后，因旧制，置门下后省，以给事中为长官，四员为额，专主封驳、书读。设案四。”

《系年要录》卷二十五，高宗建炎三年七月辛卯："诏谏院别置局，不隶后省，许与两省官相见议事。元丰初，用唐制，置谏官八员，分左、右，隶两省，至是始复之如祖宗之故。"

起居郎

御殿则侍立，(3780 页 3 行)

御殿，有御正殿、御便殿之别，与之相应，起居郎站位则有"俟于门庑外（御正殿）"与"侍立（便殿）"之分，《宋志》笼而统之谓"御殿则侍立"，未确。宜依《宋会要》《通考》等，易为"御正殿则俟于门庑外，御便殿则侍立"。

《宋会要·职官》二之一三引《神宗正史·职官志》："起居郎，从六品。掌记天子言动。御正殿，则俟于门庑外；便殿，则侍立；行幸，则从；大朝会，则对立于殿下螭首之侧。"

《合璧后集》卷一九"左右史"引《四朝志》："起居郎、舍人，掌记天子言动。御正殿则俟于门庑外，便殿则侍立；行幸则从；大朝会则对立于殿下螭首之侧。"（《通考·职官》四"起居"所载同）

文武臣除授及祭祀宴享、临幸引见之事，四时气候、四方符瑞、户口增减、州县废置，皆书以授著作官。(3780 页 4、5 行)

此云"文武臣除授"皆书之，似无等级限制（《合璧后集》卷十七"左右史"同），然《神宗正史·职官志》止云"文臣御史、武臣刺史以上除拜"，方由起居郎书之以授著作官。

《宋会要·职官》二之一三："《神宗正史·职官志》：起居郎……凡朝廷命令、赦宥，执政官以下进对，文臣御史、武臣刺史以上除拜，祭祀燕飨、临幸引见之事，日月星辰、风云气候之兆，郡县祥瑞之符，闾阎孝悌之行，户口增减之数，皆书以授著作官。"

国朝旧置起居院，(3780 页 7 行)

"国朝旧"宜易为"宋初"。

《宋会要·职官》二之一〇“起居院”:“宋初置起居院。”

命三馆校理以上修起居注。(3780页7行)

宋初,起居郎不典本职事,典起居郎者,称“修起居注”,例由“三馆、秘阁校理以上充”。《宋志》此处所述不妥,宜依《合璧事类》所引《会要》酌补之。

《合璧后集》卷一九“左右史”:“国朝沿唐制,起居郎隶门下,起居舍人隶中书,号小两省官,皆为虚名,不典本省事;而典职者,自号‘修起居注’,凡二人。”

《宋会要·职官》二之一〇:“《两朝国史志》:今起居郎、舍人不治本省事,以三馆、秘阁校理以上充。”

《考正》卷一之七“门下省”条:“案‘校理’上当依《会要·起居院门》所引《两朝国史志》补‘秘阁’二字。”

符宝郎

靖康罢之。(3781页4行)

靖康间置有符宝郎官,并曾除李光为符宝郎。据《玉海》《宋续会要》,符宝郎罢置于建炎三年。此可证《宋志》“靖康罢之”之误。

《靖康要录》卷一:“靖康元年正月十二日,符宝郎李光除右司谏。”

《玉海》卷一二一“门下后省”条:“中兴建炎三年七月辛卯,诏谏院别置局,不隶两省,又符宝郎并罢。”

又按:乾道初,又有“符宝郎”之出现,未审系临时差员,抑或复正式除人,俟考。

《玉海》卷八四“八宝”:“乾道初郊,复诏省约,皇太子受册,符宝郎陈八宝于御坐之左右。”

通进司

隶给事中,(3781页5行)

此为元丰官制后之通进司职掌，与下文3782页“通进司”（宋初之制）盖相隔绝，殊为失当，《宋志》宜于此冠以“元丰新制”，并与下文“旧制，通进、银台司……”一段相连属。

元丰改制前，通进司隶枢密院，初由内侍监管，后由朝官点检司事。

《宋会要·职官》二之二六：“通进司在垂拱殿门内，掌受银台司所领天下章奏案牍，阁门、在京百司、文武近臣表疏进御，复颁布之。内侍二人领之，又有枢密院令史四人。《两朝国史志》：通进、银台司知司官二人，两制以上充。通进司掌受银台司所领天下奏章案牍及阁门、在京百司奏牍、文武近臣表疏以进御，然后颁布于外……二司（通进、银台司）旧隶枢密院，凡内外奏覆必关二司，然后进。”

《宋会要·职官》二之二九：“《哲宗正史·职官志》：通进司隶给事中，掌受三省、枢密院、六曹、寺监百司奏牍，文武近臣表疏及章奏房所领天下章奏案牍，具事目进呈，而颁布于中外。”

进奏院

进奏院（3781页7行）

全称为“都进奏院”，简称为“进奏院”。此条太简略，缘都进奏院为沟通上下重要信息渠道，不能不提都进奏院进奏官，各分管二州或三州、军、监传递之事。

《陶山集》卷八《贺受玉玺表》：“哲宗元符七年，臣某言，准都进奏院递报：五月朔，皇帝御大庆殿行受宝之礼者。”

《长编》卷二三，太平兴国七年十月己卯：“国初缘旧制，皆本州镇署人为进奏官……晨集右掖门外廊，受制敕及诸司符牒，将午，则各还私居，事颇稽缓泄漏。是月，始令供奉官张文璨等简阅进奏官、知后官、副知等，凡二百余人，得一百五十人，并补进奏官，每人掌二州或三州、军、监事……置都进奏院于大内侧近，文璨等领之。”

《咸淳临安志》卷八“都进奏院”：“在朝天门外，有题名记。……进奏院，掌邦国传递之事。”

凡章奏至，（3781 页倒 5 行）

此“章奏至”前，《宋志》删去“州府军监天下”诸字，今宜补入。

《宋会要·职官》二之四六：“《哲宗正史·职官志》：进奏院，隶给事中，掌受诏敕及三省、枢密院宣札，六曹、寺监百司符牒，颁降于诸路。及（凡）州府军监天下章奏至，则具事目上门下省。若案牍及申禀文书，则分纳诸司官，凡奏牍违戾法式者，贴其说以进。”

按：都进奏院为宋代中央一大机构，沟通上下，发布新闻，其事甚繁，故官吏员额为数颇众。《宋志》宜依《长编》《宋会要》酌补之。

《长编》卷二三，太平兴国七年十月己卯：“得一百五十人，并补进奏官，每人掌二州或三州、军、监事。……置都进奏院于大内侧近。”

通进、银台司，知司官二人，两制以上充。（3782 页 1 行）

宋立国之初，即设通进司、银台司二机构，旧隶枢密院。太宗淳化四年起，设同知银台、通进二司公事，即机构分置、长官统领。银台司并辖封驳司，掌有封驳权，庶近于给事中之职。以上，《宋志》均未载。为明了通进司、银台司关系及其沿革，宜于“两制以上充”后补入“隶枢密院。淳化四年八月，命枢密院直学士向敏中、张咏同知通进、银台二司公事。九月，始以门下封驳司隶通进银台司”。

《长编》卷三四，淳化四年八月丙辰：“通进、银台司，旧隶枢密院使，凡内外奏覆文字必关二司，然后进御。外则内官及枢密院吏掌之，内则尚书内省籍其数以下有司。……癸酉，诏以宣徽北院厅事为通进银台司，命敏中、张咏同知二司公事。……九月乙巳，以给事中封驳隶通进、银台司。”

《梦溪笔谈》卷一：“银台司兼门下封驳，乃给事中之职，当隶门下省，故事乃隶枢密院，下寺监皆行札子，寺监具申状，虽三司亦言‘上’。”

按：元丰官制行，银台司封驳司罢归门下省，然银台司未见罢。邓先生谓元丰官制行罢银台司（见《考正》一之七），似可商榷。

《宋会要·职官》二之四〇："元丰五年六月二十五日，诏罢银台司封驳房。"

《长编》卷三三四，元丰六年三月庚子："诏罢银台司取索举奏令。故事，银台司凡奏状诸处已施行者，有著令得取索行遣看详，若有不当听举劾。时官制行，封驳悉归门下省，故罢之。"

《四朝闻见录》乙集"倪文节请以谏议大夫入阁"："嘉定初，……时山东归附者众，荆襄帅臣列强弩射之，使还。慈湖杨公简手疏其事以白上，谓此非仁术，且失中原心。以少缗钱赂银台通进司吏缴进。"

登闻检院　登闻鼓院

登闻鼓院，（3782 页 5 行）

宋代士民进状申冤之所有三：其一，登闻鼓院，由鼓司（鼓院）演变而来；其二，登闻检院，由匭院（登闻院）演变而来；其三，理检院，宋太宗淳化三年初置。三者职掌性质相同，然职能有分工，地位有高下。据《鼓检条法》，登闻鼓院规定接受文字共十六项，登闻检院接受文字止有六项，且凡上封进状须经由登闻鼓院，方得据条法投状登闻检院。而理检院为更高一级官司，已经登闻鼓院、登闻检院进状人仍有称冤滥、沉屈者，即引送理检院。其序次为："初鼓院，次检院，次理检院。"《宋志》将登闻检院、登闻鼓院合为一条，并删去理检院不载，非当。宜依《分纪》分立条目。

《分纪》卷一四"理检使"："国朝淳化三年置。院在宣德门外西北廊、鼓院之西。令登闻、鼓司进状人有称冤滥、沉屈者，即引送理检院审问。"

"登闻鼓院"："国朝鼓在宣德门南街之西廊，院在外门西之北廊，旧曰鼓司。景德四年五月改今名。……未经鼓院进状，检院不得收接。"

"登闻检院"："唐置匦，国朝太平兴国九年改匦为检，……改匦院为登闻院。院在宣德门东廊之北。景德四年五月，改为登闻检院。……如检院进状人称冤滥、沉屈者，画时引送理检使审问。"

掌受文武官及士民章奏表疏。(3782 页 5 行)

"掌受文武官"章奏表疏，文武官范围极广，实非所有文武官皆须经鼓、检院通进文字。如由银台司授进文字，唯"阁门无例通进者"之文武臣僚方经两院投诉文字；诸州吏民投诉，唯"经本属州县、转运使不为理者"两院方接受。

《宋会要·职官》三之六四："文武臣僚阁门无例通进文字者，并诸色人进状并须先经鼓院，……鼓院看详不尽情理，即许经登闻检院进状论便，仰检院详酌事理。"

《宋会要·职官》三之六三："(至道二年)七月，诏令诸州吏民诣鼓司、登闻院诉事者，须经本属州、县、转运使不为理者，乃得受之。"

无例通进者，(3782 页 7 行)

"无例通进者"前漏"阁门"两字，宜补之。

《宋会要·职官》三之六四："文武臣僚阁门无例通进文字者……"

淳熙初，班寺监、丞之上。(3782 页倒 3、倒 2 行)

"淳熙初"具体时间为淳熙三年。标点当改为："淳熙初，班寺监丞之上。""寺监"与"丞"当连读，则为诸寺、诸监之丞。

《宋史全文》卷二八"宋光宗"："绍熙二年五月庚戌，命六院官始复入杂压。旧制，六院恩数略视职事官而不入杂压。乾道以后，浸重其选，号为察官之储。淳熙初，龚茂良秉政，以六院官班寺监丞之上。"

《朝野杂记》甲集卷一〇"官制·六院官"："六院官，检、鼓、粮料、审计、官告、进奏也。例以京官知县有政绩者为之……淳熙初，龚实之秉政，其内弟林宓干办审计司，遇郊恩，而林尚京秩，乃白上以六院官班寺监丞之上。绍熙二年夏，六院官始复入杂压，在九寺簿之下焉。”

《宋会要·职官》六〇之一二：“绍熙二年五月四日，臣僚言：‘检会淳熙三年故事，六院特许编入杂压。’”

中书省

掌进拟庶务，宣奉命令，(3782页倒1行)

此为元丰新制。按修志体例，当叙一代之制，而《宋志》不先叙宋初至行元丰新制(960—1082)这一百二十余年中书省之制，未妥。

北宋前期中书省，与门下省、尚书省一样，同为仅存虚名的挂牌机构，所掌职事甚少，中书省官皆以他官判、充。《宋志》宜于“掌进拟庶务”前，补入如下文字：“宋初，中书省存其名，列皇城外右庑，官舍数楹。中书省但掌册文覆奏、考帐。中书令不任职。官制行，悉厘正之。”

《宋会要·职官》一之一七“三省”：“又有中书省、门下省者，存其名，列皇城外两庑，官舍各数楹。中书省但掌册文覆奏、考帐。……中书令、侍中不任职，官制行，悉厘正之。”

《玉海》卷一二一“中书门下两省”：“中书门下，在朝堂西，榜曰中书，为宰相治事之所。又有中书省、门下省者，存其名，列皇城外，中书省但掌册文覆奏、考帐。……官制行，悉厘正之，乃废中书、门下省之在皇城外者，并朝堂西之中书堂为门下、中书两省。”

凡除省、台、寺、监长贰以下，及侍从、职事官，外任监司、节镇、知州军、通判，武臣遥郡横行以上除授，皆掌之。(3783页1、2行)

据《神宗正史·职官志》，中书省所掌除授之范围有职事官、侍从官、带职官、寄禄官、宗室、外任官、内命妇、东宫官共八种，《宋志》所述不全。

《宋会要·职官》三之三引《神宗正史·职官志》："中书省掌承天子之诏旨及中外取旨之事。凡职事官，尚书省自员外郎，门下、中书省自正言，御史台自监察御史，秘书省自正字，寺监自宗正、太常丞、博士，国子监自正、录；侍从官（自）待制；带职官自直秘阁；寄禄官自中散大夫；宗室自防御使；外任官自提举官、藩镇、节镇、知州；内命妇自掌计；东宫自庶子以上除授，皆主之。"

曰诰命……应合命词，则用之。（3783页5、6行）

《宋志》此段文字转引《文献通考》，省略了"非命词则用敕牒"，似未妥。原义为凡有命词的文武官和内外命妇除授等，用"诰命"，无命词之文武官、内外命妇除授等，则不用"诰"，而用"敕"或"牒"。这是两种不同的命令之体，不当删去，宜补之。

《宋会要·职官》三之三引《神宗正史·职官志》："中书省承天子之诏旨……应迁改官职命词，则用诰；非命词，则用敕、牒。"

《通考·职官》五"中书省"："命令之体有七：……曰诰命，应文武官迁改职秩，内外命妇除授及封叙赠典，应合命词，则用之。"

曰主事房（3783页倒3行）

元丰官制行，中书分八房，有"生事房"（元祐时改为开拆房）。其时，门下省有"开拆房，主行受发生事"（《宋会要·职官》二之二）；而元丰改官制前，中书则有"中书提点五房公事，分掌五房，一曰孔目房，二曰吏房，三曰户房，四曰兵礼房，五曰刑房，又有生事、勾销二房"。可见中书、门下省历来有主行受发生事（与熟事相对）文书之机构，并无所谓"主事房"。《宋志》谓"主事房"，显误，当改为"生事房"。

后又改主事房为开拆。（3783页倒2行）

曰主事房，掌行受发文书（3784页4行）

《宋志》误书"生事房"为"主事房"。《宋会要》亦有误书"生事"为"主事"、"生事房"为"主事房"之处，这可能是造成一些史籍上混乱的原因。如《宋会要·职官》三之五引《神宗正史·职官志》时，明明载有"曰生事房",而下引《大观格》却载"开拆房主行受发主事",此"主事"显为"生事"之误。又,《宋会要・职官》三之二二"五房五院　隶中书省"条,谓自雍熙至熙宁间,中书省一直置有"生事房",如"淳化四年八月,诏重分擘五房所掌公事,……又有生事房,主书一人掌之""熙宁三年十一月十七日,《中书门下条例》所刊定堂吏保引试赏罚条约,……使印一年,供入生事房"。

凡吏房,掌行除授……一时差官文书。(3783 页倒 2、倒 1 行)

"文书"后当补"及本省杂务"。

《宋会要・职官》三之三:"曰吏房,主行除授、考察、升黜、赏罚、废置、荐举、假故、一时差官及本省杂务。"

曰刑房,掌行赦宥及贬降、叙复。(3784 页 2 行)

"赦宥"后补"契勘刑狱"。

《宋会要・职官》三之四至五:"曰刑房,主行赦宥、契勘刑狱、除授官贬降、叙复。"

曰班簿房,掌百官名籍具员。(3784 页 4、5 行)

"名籍"后当加顿号。名籍册和具员册为二物。

《宋会要・职官》三之五:"班簿房主行百官名籍及具员之事。"

申中书省或枢密院奏审。(3784 页倒 5 行)

"申中书省"为"申尚书省"之误。

《宋会要・职官》一之三〇:"以上非有司所可行,或事干他司奏请得旨者,申尚书省或枢密院奏审施行。"

中书令

国朝未尝真拜,以他官兼领者不预政事,然止曹佾一人,余皆赠官。(3784 页倒 2 行)

《宋志》云,行官制前兼领中书令者,"然止曹佾一人",未妥,宜删去此句。

《容斋三笔》卷一二“兼中书令”：“绍熙五年十二月二十二日，宣麻制除嗣秀王伯圭兼中书令。此官久不除，学士、大夫多不知本末，……考之典故，……太宗朝，唯除石守信，而赵普以故相拜。真宗但以除亲王。嘉祐末，除宗室东平王允弼、襄阳王允良。元丰中，除曹佾，与允弼、允良相去十七八年，爵秩固存。沈括《笔谈》谓有司以佾新命，言自来不曾有活中书令请俸则例，盖妄也。”

按：此事有关记载多疏误，徐规师曾有详尽考证，见所撰《〈梦溪笔谈〉中有关史事记载订误》一文中第二条，收入《沈括研究》一书，1985年3月浙江人民出版社印行。

中书侍郎

南渡后，复置参知政事(3785页2、3行)

《宋志》所载南渡后复置参知政事者，因未交代北宋时参知政事与中书侍郎关系，显得突兀。太祖乾德二年四月，始置参知政事(副相)。元丰新制罢参知政事，代以门下、中书侍郎，尚书左、右丞。宜于“南渡后”之前补以上故事。

《长编》卷五，乾德二年夏四月乙丑：“以枢密直学士、兵部侍郎薛居正、吕余庆并本官参知政事。”

《元丰官志》：“‘神宗朝。以门下侍郎、中书侍郎代参知政事，及尚书左、右丞皆为执政官。高宗建炎间，复改为参知政事。”

《朝野杂记》甲集卷一〇“参知政事”：“参知政事，自太祖始置。元丰官制，改为门下、中书侍郎，尚书左、右丞。”

中书舍人

舍人　四人，旧六人。掌行命令为制词，(3785页4行)

《宋志》引《神宗正史·职官志》之节文。“舍人”之前漏“中书”二字，未当。此元丰官制，“舍人”全称为“中书舍人”。

《宋会要·职官》三之一五:"中书舍人四人,正四品,掌为制词。"

元丰六年,诏中书省置点检房,令舍人通领。(3785 页倒 3 行)

"令舍人通领",为"令舍人院通领"之误。

《宋会要·职官》三之一六:"(元丰)六年十一月十七日,诏:'中书省置点检房,令舍人院通领。'"

绍圣四年,蹇序辰请自今命词,以元行遣文书同检送当制舍人。从之,建炎后同,(3785 页倒 2、倒 1 行)

《宋志》在"建炎后同"之后用逗号,未妥,当用句号断住。其意思在上连,乃指"建炎后"同"绍圣四年制"之谓。下文"他官兼摄者则称权舍人",是另一层意思。

《宋会要·职官》三之一六:"绍圣四年五月七日,中书舍人蹇序辰请:'自今词头如有元行遣文书,即同检送当制舍人。'从之。"

《宋会要·职官》三之一九:"孝宗隆兴元年九月二十七日,起居郎胡铨言:'伏蒙圣慈,差兼权中书舍人。臣与起居舍人马骐同僚,其人详练,乞改差马骐。'"

他官兼摄者则称权舍人,资浅者为直舍人院。(3785 页倒 1 行、3786 页 1 行)

此句所述,未能区别元丰改官制前后中书舍人、舍人院之变化,显得紊乱。直舍人院,是元丰官制改革前之官,权中书舍人是改官制以后事,如周必大于绍兴三十二年以"左奉议郎、试起居郎兼编类圣政所详定官兼权中书舍人"(《周文忠公全集》卷一二一"历代表奏"卷第一)。改官制前,称直舍人院或知制诰。

《通考·职官》五"中书省":"宋初,中书舍人为所迁官,实不任职,复置知制诰及直舍人院。"

《宋会要·职官》三之一三:"舍人院,舍人正员阙,则以正言以上至给事中知制诰。院在中书制敕院内。初入者有儤直。太祖开宝九年十一月,太子中允张洎、王克正并直舍人院。"

《梦溪笔谈》卷二："国朝，学士、舍人皆置直院。熙宁中，复置舍人、学士院，但以资浅者为之，其实正官也。熙宁六年，舍人皆迁罢，阁下无人，乃以章子平权知制诰，而不除院者，以其暂摄也。"

《分纪》卷七："国朝开宝九年，太子中允张洎、王克正并直舍人院。"

故《宋志》宜将"资浅者为直舍人院"一句提前置于本条第一大段"复置知制诰及直舍人院"句之下。而"他官兼摄者则称权舍人"一句，提前置于本条第一大段"而判中书后省之事"句下，并宜于"舍人"前加"中书"两字，即为"权中书舍人"。

又《朝野杂记》乙集卷一三"直舍人院"条载："嘉泰四年，李季章以宗正少卿权中书舍人，而中字犯祖讳，季章辞。有旨除公移外，权以直舍人院系衔。季章乃受命。不知舍人院废已久，盖大臣失于讨论也。"

按：此为特例，正可证明南宋后并无称"直舍人院"之制。

起居舍人

罗点自户部员外郎为起居舍人，避其祖讳，乃以为太常少卿兼侍立修注官。（3786页4行）

"祖讳"为"曾祖讳"之误，宜于"祖讳"前补一"曾"字。

《朝野杂记》乙集"侍立修注官"："侍立修注官，自罗春伯始。祖宗时，以起居舍人寄禄……官制行，复为郎、舍人。淳熙十五年十月，春伯自户部员外郎除右史（按：即起居舍人），避曾祖讳，乃以为太常少卿兼侍立修注官。"

右散骑常侍　右谏议大夫　右司谏　右正言

右散骑常侍　右谏议大夫　右司谏　右正言（3786页6行）

《宋志》依元丰新制，将左、右谏官分隶门下省、中书省，各于其所隶司立条目，合修志体例。其不足之处，诚如邓广铭先生所指出的，将北宋时事划入带“左”字谏官条中，而将南宋时事划入带“右”字谏官条中。显然这是不科学的。谏官虽分左、右，职掌相同，为避免重复叙述，可将两宋职事通叙于门下省谏官条目中，而于中书省门仅留下“右散骑常侍、右谏议大夫、右司谏、右正言”标题，并虚带一句“掌同门下省左散骑常侍、左谏议大夫、左司谏、左正言”则可。

元丰既新官制，职事官未有不经除授者，惟御史大夫、左右散骑常侍，始终未尝一除人。盖两官为台谏之长，无有启之者。（3786 页 7、8 行）

“一除人”之“一”字多余，宜依《石林燕语》删去。

“无有启之者”之前，宜增入“非宰执所利”五字。

实际上，“未尝除”的不止于“御史大夫、左右散骑常侍”，尚有侍中、中书令、太常卿、宗正卿少卿、殿中监少监丞等。

《石林燕语》卷三：“元丰新官制，四十年间，职事官未有不经除者。惟御史大夫、左右散骑常侍，至今未尝除人。盖两官为台谏之长，非宰执所利，故无有启之者。”

《麈史》卷上“官制”：“自官制以来，惟侍中、中书令、御史大夫、左右散骑常侍、宗正卿少卿、殿中监少监丞并未尝命。”

《清波杂志》卷六五：“绍兴间，张扶少持繇右正言除太常卿。翌日，宰执奏太常卿班高，故事不除，改国子祭酒。”

《朝野杂记》乙集卷一三“太常除卿”：“太常卿正四品，自元丰改官制后虚而不除。嘉泰三年十一月，陈正仲自江西提刑赴召，除太常卿。告谢日，赐二品服，非常制也。不数日，改权兵部侍郎。疑大臣失于讨论，故亟迁之。”

中兴初，诏谏院不隶两省。（3786 页倒 5、倒 4 行）

谏院不隶两省非“中兴初”时事，应为建炎三年六月。

《考正》八“中书省”：“‘诏谏官不隶两省’事在建炎三年六月。

《会要》《系年要录》所载俱同。亦不当谓为‘中兴初’。”

《宋会要·职官》三之五六：“(高宗建炎三年)七月十五日，诏：‘谏院不隶门下、中书后省。’”

《系年要录》卷二十五，建炎三年七月辛卯：“诏：谏院别置局，不隶后省，许与两省官相见议事。元丰初，用唐制，置谏官八员，分左右，隶两省，至是始复之，如祖宗之故。”

《翰苑新书·前集》卷一二“谏院·谏议大夫”引《中兴会要》：“中兴之初，因旧制设左右谏议大夫、司谏、正言，属门下、中书后省。建炎三年，诏：‘谏议大夫不隶两省，别置局于后省之侧，许与两省官相见议事。’”

绍兴二年，诏并依旧赴三省元置局处。(3786 页倒 4 行)

“诏并依旧赴”，漏载“赴”之主语，于“诏”字下增补“中书、门下后省谏院官吏”字样。

《合璧后集》卷二四“谏议大夫”条引《中兴会要》：“绍兴二年，诏中书、门下后省谏院官吏并依旧赴三省内元置局处供职。”

淳熙十五年，用林栗言，置左右补阙、拾遗，(3786 页倒 4 行)

补阙、拾遗为唐武后时始置谏官，宋初沿置，至端拱元年改为司谏、正言，分左、右。至孝宗淳熙十五年，针对现有谏官侵行御史纠劾之权，乃复置补阙、拾遗官，专事谏诤。故《宋志》宜于“淳熙十五年”后，增入“缘谏官侵行御史纠劾之事”一句；并于“置左右补阙、拾遗”前加一“复”字。

《宋会要·职官》三之五八：“淳熙十五年正月八日，诏复置左右补阙、拾遗。先是，林栗札子，论谏官侵行御史之事，至于箴规阙失，寂然无闻，愿仿唐旧制，置左、右补阙、拾遗各一员，不任纠劾之职。上出以示宰执曰：‘林栗此说甚当。朕每欲增置谏官，……若谏官止于规朕过、举朝廷阙政，诚合古人设官之意。’”

《合璧后集》卷二四“司谏”条引《续会要》：“端拱元年，改左右补阙为左右司谏，左右拾遗为左右正言。是时，太宗欲令谏官修职，故诏改其官。”

逾年减罢。（3786页倒3行）

“逾年”减罢，未妥。孝宗淳熙十五年，复左、右司谏为左、右补阙，左、右正言为左、右拾遗。至光宗绍熙二年又复旧称。其间相差三年，未能称“逾年”，当为“三年后”。

孝宗复置左右补阙、拾遗，至光宗复易左右司谏、正言旧名，左右补阙、拾遗罢。宜改“减罢”为“罢易”。

《宋会要·职官》三之五八：“绍熙二年二月，诏左右补阙宜改为左右司谏，左右拾遗宜改为左右正言。”

《朝野杂记》甲集卷一〇“官制·拾遗补阙”：“遗、补，唐官也。太宗以正言、司谏易之。淳熙十五年正月，兵部侍郎林栗言：‘愿依唐制，置拾遗、补阙，左右各一员，皆三年为任，仍面加训谕，官以遗、补为名，不任纠弹之职。’孝宗从之……光宗立，复之。”

法司令史、书令史、守当官各一人，（3786页倒3行）

“法司”“令史”“书令史”虽同为吏属，职掌却异。把“法司令史”视为一吏名，有误，宜于“法司”下加顿号。

《宋会要·职官》三之二二：“法司三人，分掌制敕库文字”，“令史一十六人，一名监印，余十五名分掌诸房职事”。

检正官

五房各一人，掌纠正省务。（3786页倒1行）

“各一人”为“各二人”之误；“省务”当为“中书门下之务”。

熙宁三年初置“中书检正官”时，其“中书”非“中书省”，而是与枢密院对掌大权之“中书门下”，为宰相治事之所。至元丰行官制，厘“中书门下”为三省时，检正官已罢。故《宋志》谓“检正官”“掌纠正省务”，实误，当依《咸淳临安志》《宋会要》改为“掌检核、厘正中书门下之务，书功过簿以核群吏之失”。

《长编》卷二一五，熙宁三年九月戊子朔：“中书言：‘中书统治百官以佐天子政事，而所置吏属尚仍旧制，谓宜高选士人，稍依先王设官置辅之意。请置检正中书五房公事一员，每房各置检正公事二员，并以朝官充。’从之。”

《宋会要·职官》四之二三：“熙宁中，创置检正五房公事官一员，每房又各置检正官二员，书功过簿以核群吏之失，其程督之严盖如此。”

《咸淳临安志》卷四“检正左右司”：“起居郎、权中书舍人陈居仁记题名：熙宁间始置检正五房公事一人，逐房仍置检正公事（二）人，以检核、厘正中书门下之务。”

《宋会要·职官》三之四六：“（元丰）三（五）年，官制行，罢检正职务，分归中书舍人、给事中、左右司郎官。”

选人即为习学公事。（3786 页倒 1 行）

选人为中书习学公事，不称中书检正公事，系熙宁六年十二月时事，未宜与“检正官”同系于“熙宁三年置”之下。宜于“选人”前补入“熙宁六年”之系年。

《长编》卷二四八，熙宁六年十二月庚辰：“修撰经义所检讨、洪州进士徐禧为镇南军节度推官、中书户房习学公事……至是，又以选人入中书习学检正事。”

建炎三年，中书门下省言：（3787 页 1 行）

“中书门下省”应改为“尚书都省”。

《系年要录》卷二三，建炎三年五月己亥：“都省言：‘自军兴以来，天下多事，四方文移，增倍于前日。……望用熙宁故事，复置中书门下省检正官二员，分书六房事。省左、右司郎官二员。’从之。”

建炎三年指挥，中书门下省并为一。（3787 页 5 行）

“中书门下省”合书，误，宜于“中书”下加顿号隔开。在建炎三年合并前，中书、门下原各自为省。

《宋会要·职官》一之七九:“高宗绍兴元年四月二十七日,诏中书、门下两省已并为中书门下省,其两省合送给、舍文字,并送给事中、中书舍人。”

尚书省

掌施行制命,举省内纲纪程式,(3787 页倒 5 行)

此为元丰新制。宋初至元丰改官制前这一百二十余年间,尚书省与中书省、门下省同为虚名,无实职。

《宋志》既叙两宋官制,不能不提北宋前期之官制。故宜于“掌施行制命”之前,补入以下文字:“宋初,尚书都省,判省事一人,以诸司三品以上充。本省官,自令、仆至诸司郎中、员外郎,止为官名,以叙位禄,本司职事皆不与焉。元丰改制,官名则因其旧,而职守固不侔矣。”

《宋会要·职官》四之四:“《两朝国史志》:尚书都省,判省事一人,以诸司三品以上充,总辖二十四司及集议定谥,文武官封赠注甲、发付,选人出雪投状之事。令史三人、驱使官三人、散官一人。本省官自令、仆至诸司郎中、员外郎,止为官名,以叙位禄。本司职守皆不与焉。元丰改制,官名则因其旧,而职守固不侔矣。”

《宋会要·职官》四之一:“尚书都省　旧制(按:唐制)尚书令,左右仆射、丞,左右司郎中,员外郎,主都省事。国朝以诸司三品以上官或学士一员权判。凡尚书诸司,悉他官主判,其事务至少者。……省旧在兴国坊,即梁太祖旧第。太平兴国中,移于利仁坊孟昶旧第,颇宏敞。中设都堂……职事有都事、主事、令史、驱使官、散官五等。今尚书省尚书、侍郎至诸司郎中、员外郎,止为正官,以叙位禄,皆不职本司事。”

《合璧后集》卷二六“总尚书·国朝”:“国初,太祖、太宗监(鉴)藩镇之弊，乃以尚书、郎曹、卿寺官出领外寄，三岁一易，坐镇外重分裂之势。尚书、侍郎、郎中、员外郎与九寺五监皆为空官，特以寓禄秩、序品位而已。”

《石林燕语》卷四：“元丰既新官制，建尚书省于外，而中书、门下省，枢密、学士院，设于禁中，规模极雄丽。”

曰制敕库房，主编检敕、令、格、式，简纳架阁文书。（3788 页 6 行）

制敕库乃制敕房与架阁库房合称，其职掌内部仍有分工。“制敕”后宜加顿号断开：“曰制敕、库房”。“简纳架阁文书”前宜加“架阁库”三字，即为“架阁库简纳架阁文书”。

《宋会要·职官》四之五：“制敕库房，掌敕书编录、供检条法之事，架阁库掌架阁文字之事。”

（绍圣元年）二月，诏尚书都省弹奏六察御史，纠不当者。（3788 页倒 6 行）

《宋会要》《长编》均把“诏尚书都省弹奏六察御史，纠劾不当事”系于元丰四年十二月。《宋志》误植于绍圣元年二月，当改。校点本《宋志》在校勘记中已指出。应将“二月”改为“十二月”，并将此句移前，置于“元丰四年……一员宿直”之后。又：“枢密院复奏下”并宜依《宋会要》补入“及类聚月终奏闻”。

《宋会要·职官》四之六：“（元丰四年）十二月十日，诏尚书都省弹奏六察御史纠劾不当事。……（五年）六月十四日，诏尚书省得弹奏六察御史失职。”

尚书令

小事尚书省独议，则同仆射、丞分班论奏。（3788 页倒 4、倒 3 行）

“论奏”当为“轮奏”之误，宜改。

《通考·职官》五“尚书令”：“大事，三省通议，则同执政官合班；

小事，尚书省独议，则同仆射、丞分班轮奏。”

南渡后，并省不置。（3789页1、2行）

南渡建炎、绍兴间，尚书令尚存虚名，至孝宗乾道八年方正式废去。此谓“南渡后”并省不置，欠妥，应改为“乾道八年后”。

《中兴两朝圣政》卷五一：“乾道八年二月乙巳，诏曰：改尚书左、右仆射同中书门下平章事为左、右丞相。……寻诏，已正丞相之名，其侍中、中书令、尚书令尚存虚名，杂押可删去，以左、右丞相充其位。”

《宋史全文》卷二十五下“宋孝宗四”：“乾道八年二月乙巳，诏曰：朕惟帝王之世，辅弼之臣，其名虽殊，而相之实一也。厥后位号定于汉，而称谓于汨于唐，以仆臣而长百僚，朕所不取。且丞相者，道揆之任也。三省者，法守所自出也……其改尚书左右仆射、同中书门下平章事为左、右丞相。”

尚书左仆射　右仆射

自官制行，不置侍中、中书令，（3789页4行）

《宋志》“置”字，系“除”字之误，当改。“中书令”应增改为“中书令、尚书令”。

《通考·职官》三“宰相”：“神宗新官制，于三省置侍中、中书、尚书二令，而不除人，而以尚书令之贰左、右仆射为宰相。”

南渡后，置左、右丞相，省仆射不置。（3789页倒6行）

南宋省左、右仆射时间在乾道八年二月，宜改“南渡”为“乾道八年”。

《中兴两朝圣政》卷五一：“乾道八年二月乙巳，诏曰：……以仆臣而长百僚，朕所不取，且丞相者，道揆之任也。……其改尚书左、右仆射同中书门下平章事为左、右丞相。”

《宋宰辅编年录校补》卷十七“乾道八年”：“三月丙申，详定一司敕令所言：‘近承诏书，改尚书左右仆射、同平章事为左、右丞相。并又承指挥，删去侍中、中书、尚书令，官制以左、右丞相充其位。本所已依指挥将条法删去侍中、中书、尚书令，及将左、右仆射改以左、右丞相。'"

尚书左丞　右丞

官制行，升其秩为执政。(3789 页倒 4、3 行)

宋前期，尚书左、右丞无职事，为文臣迁转官阶，且其品位在六部尚书之下。元丰改制，尚书左、右丞代参知政事之职任，品位在六部尚书之上。其"职事"与"秩禄"均升举。《宋志》所云"升其秩"当为"升其职秩"。

《宋会要·职官》四之六："左丞、右丞，正二品，掌贰仆射之职。……国朝以为官名，班六曹尚书下。及官制行，升其职秩，遂为执政官。"

《宋会要·职官》八之三引《神宗正史·职官志》："元丰中，酌古御今，名实始正。(吏部)尚书从二品。"

《宋志》十一"奉禄·元丰制行"："尚书左、右丞，同知枢密院事，二百千。"

《宋志》十一"奉禄·元丰制行"："六曹尚书，行六十千，守五十五千，试五十千。"

御史言："左、右丞蒲宗孟、王安礼于都堂下马，违法犯分。"安礼争论帝前，神宗是之。今左、右丞于都堂上、下马，自此始。(3789 页倒 3—倒 1 行)

此处文字过简，交代不清。左、右丞都堂下马，为何犯分？宋神宗为何又支持安礼意见，允许在都堂下马？都未讲清楚。原背景是，元丰改制前，《执政官仪范》规定，尚书左、右仆射上朝，许骑马于都堂前下马，而尚书左、右丞不许。元丰改制后，王安礼自恃左、右丞已升为副宰相(属执政官)，径自在都堂下马，因而遭到御史台弹劾。故此句宜于“御史言”与“左、右丞”之间补入“检会《三省执政官上下马仪范》,尚书左、右仆射许至都堂,左、右丞于本厅”。又于“安礼争论帝前”后,增补“以为今日置左、右丞为执政官,不宜有厚薄”。

《长编》卷三二六,元丰五年五月甲午:“御史台言:‘尚书左丞蒲宗孟、右丞王安礼贺仆射上尚书省,于都堂下马。检会《三省执政官上下马仪范》:尚书左、右仆射许至都堂,左、右丞于本厅……按宗孟、安礼身为执政,当朝廷董正名分之初,宜身先百执,遵行宪度,乃率先违法……请付有司推科。’安礼争论上前,以为今日置左、右丞为执政官,不应有厚薄。左、右丞于都堂上、下马自此始。”

南渡后,复置参知政事,省左、右丞不置。(3789 页倒 1 行)

“南渡”,应改为“建炎三年”。

《系年要录》卷二二,建炎三年四月庚申:“尚书右丞李邴为参知政事。……尚书左、右丞并减罢。”

尚书左司郎中　左司员外郎　尚书右司郎中　右司员外郎

左司郎中　右司郎中　左司员外郎　右司员外郎(3790 页 1 行)

《宋志》此节所叙皆为元丰新制,宜于其下补入如下文字:“国初,以为阶官,元丰职名,始实有职事。”

《合璧后集》卷一八“左右司·历代沿革”:“国朝以为阶官。元丰正名,始实有职事。左、右司郎中各一人,左、右司员外郎各一人。”

“……先都事自点检,次郎官押讫,赴宰、丞请笔行下。”于是诏曰:“先帝肇正三省,诏给舍、都司以赞省务。……其左右司官、尚书具事举劾。”(3790 页倒 4—倒 2 行)

“先都事自点检”之“自”为“次”字之误,当改。“点检”下之逗号宜改为顿号;“先都事”之下宜加顿号;“诏给舍”,宜于“给(给事中)”字下加一顿号以与“舍(中书舍人)”分开;“其左右司官、尚书”中之顿号宜删去,“尚书”改为“勿书”(此“勿书”意谓尚书左右司官对强悍之省吏违法事，可不必草疏上章，具事奏言举劾即行）。

《合璧后集》卷一八“左右司·事类”：“请依元丰、崇宁旧法，诸司各具签贴，先都事、次点检、次郎官押讫，赴宰丞请笔行下。于是先帝肇正三省，诏给、舍、都司以赞省务。今都司寖以旷官，缘省吏强悍，敢肆侵侮，自今违法事，其左右司官勿书、具事举劾，情重者窜责。”

绍兴三十二年，诏尚书省吏房、兵房，三省、枢密院机速房，尚书省刑房、户房、工房，三省、枢密院看详赏功房，尚书省礼房，令左、右司郎官四员从上分房书拟。（3791页1至3行）

此句标点紊乱，“三省枢密院机速房”“三省枢密院看详赏功房”系一个单位，与尚书省吏房、兵房、刑房、户房、工房、礼房并列，总共八个单位，由左司郎官、右司郎官分房书拟文字，故而，上述“三省”下之顿号皆可删去。“兵房”“工房”“赏功房”下的逗号一律改作顿号。

《通考·职官》三“宰相属官”：“隆兴元年，诏：尚书省吏兵房、三省枢密院机速房、尚书省刑户工房、三省枢密院看详赏功房、尚书省礼房，令左、右司分房书拟。其中书门下诸房，令检正书拟。又有诏：左、右司郎中各差一员，减罢二员。左司书拟吏、户、礼、机速房；右司书兵、刑、工、赏功房文字。后以右司掌刑房事任为剧，乃置二员。”

乾道六年，诏榷货务都茶场依建炎三年指挥，委都司官提领措置。（3791页3行）

同一内容之诏书，载在《宋会要·食货》为乾道五年十二月二十三日，载在《宋会要·职官》则为乾道六年十二月二十三日，其中必有一种记载之年份误书。近人戴裔煊采乾道五年说，仅据《宋会要·食货》，并未提出新的佐证。今录此二说以俟考定。《宋志》所书年代同《宋会要·职官》。

《宋会要·食货》五之二五：“乾道五年十二月二十三日，诏榷货务都茶场依建炎三年指挥委都司官提领措置，户部长贰更不兼领。”

《宋会要·职官》四之二五：“乾道六年十二月二十三日，诏榷货务都茶场依建炎三年指挥委都司官提领措置，户部长贰更不兼领。”

《合璧后集》卷四九“院辖门·榷货务都茶场”条：“乾道六年，诏依旧通差武臣《中兴会要》《孝宗会要》。”

《宋代钞盐制度研究》第二编第二章“盐钞”：“绍兴七年闰十月又诏榷货务拨隶户部。至孝宗乾道五年十二月，诏榷货务都茶场仍委都司官提领措置，户部长贰更不兼领。”

榷货务都茶场　都司提领

榷货务都茶场(3791页5行)

邓广铭先生《考正》一之九卷谓：“此条全文皆自《朝野杂记》乙集一三‘四提辖’条采录。然此处则仅南渡后事，其北宋榷货务则列为太府寺属官之一(见本志五)，两处均无一语以相照应，非是。”邓先生所考甚是。《宋志》本条所叙榷货务都茶场建置沿革不清，北宋之制尤语焉不详。

《宋会要·食货》五五之二二：“榷货务，旧在延康坊，后徙太平坊。掌受商人便钱、给券，及入中茶盐，出卖香药、象货之类。以朝官、诸司使副、内侍三人监。……太宗淳化五年三月，诏：‘在京榷货务入博绢帛，今后或价减，委监官子细勘会，价长即申三司取指挥。’……绍兴元年八月五日，诏以榷货务、都茶场自建炎四年五月十五日至绍兴元年七月三日终，收到茶、盐、香钱六百八万九千余贯。左、右司官吏各转二官。左司员外郎林平之已离任，减二年磨勘。”

左藏王揖除坑冶铸钱司，(3791页倒3行)

“王揖”或作“王楫”，《宋志》“校勘记”已指出，未知孰是。“坑冶铸钱司”前宜加“提点”两字。又，“左藏”为“左藏库”省称。

《宋会要·职官》四三之一六七：“乾道八年十二月二十六日，诏：……左承仪郎王楫除江、淮、荆、浙、福建、广南提点坑冶铸钱公事。”

《系年要录》卷九五，绍兴五年十有一月丁酉："江、浙、荆湖、福建、广南等路提点坑冶铸钱赵伯瑜乞减铸钱。"

《朝野杂记》乙集卷一三"四提辖"："左藏王楫除九路铸钱司。"

熊克自文思除校书郎。(3791页倒2行)

"文思"为"文思院"省称。熊克自提辖文思院转为校书郎，《宋志》当于"文思"前加"提辖"。

《宋会要·职官》二九之六："(淳熙十三年)十月六日，令本院上、下界印并为一面，以'文思院印'为文，提辖掌之。"

《宋史·熊克传》："熊克，字子复，建宁建阳人……入为提辖文思院。尝以文献曾觌，觌持白于孝宗，孝宗喜之，内出御笔，除直学士院。宰相赵雄甚异之，因奏曰：'翰苑清选，熊克小臣，不由论荐而得，无以服众论，请自朝廷召试，然后用之。'上曰：'善。'乃以为校书郎，累迁学士院权直。"

提举修敕令

自熙宁初，编修《三司令式》，(3792页2行)

命宰臣王安石提举编修三司令式时间在熙宁三年末，始编修三司令式亦在三年(熙宁三年九月，唐坰自崇文院校书为编修三司令式)，《宋志》云"熙宁初"，宜改为"熙宁三年"。

《长编》卷二一五，熙宁三年九月戊申："崇文院校书唐坰编修三司令式及诸司库务条例。"

《宋会要·职官》四之四三："神宗熙宁三年十二月二十四日，金紫光禄大夫、行尚书礼部侍郎、同中书门下平章事、监修国史王安石提举编修三司令式并策(《长编》卷二一八作'敕')，及诸司库务岁计条例。"

又，"三司令式"为简称，书中初次出现宜用全称，即依上引《宋会要》书为"编修三司令式并敕及诸司库务岁计条例"。

又,“三司令式”用书名号,未妥。此乃指编修范围,原包括“敕及诸司库务岁计条例”。及“熙宁七年三月八日,宰臣王安石言,提举编修《三司敕式》成四百卷”(《玉海》卷六六“熙宁诸司敕式”),其书名(条例另有专书尚不在内)亦不称“三司令式”。故《宋志》宜删去用于“三司令式”之书名号。

是后,皆以宰执为之。(3792 页 2 行)

宋朝以宰相提举编敕,非自王安石始甚明。南宋谢维新曾引《四朝志》谓“自熙宁初编修三司令式,命宰臣王安石提举”,云“如志所言,是自熙宁始也”。又以《续会要》言:“本朝天圣、庆历、嘉祐、熙宁编钗(‘敕’字之误)及元符敕、令、格、式,召差宰臣提举。”又谓:“天圣既有提举之制,不应自熙宁始,今姑存之,以俟考究。”(《合璧后集》卷四三“史馆门·敕令所”)然《长编》具体载明嘉祐已有宰执提举编敕事,宰执提举非自熙宁王安石始,断然无疑。

《长编》卷一八六,嘉祐二年八月丁未:“诏宰臣(富弼)、参知政事曾公亮同提点详定编敕。”

《长编》卷二六〇,熙宁八年二月乙丑:“诏枢密使陈升之提举修军马司敕。以权知审刑院崔台符等言:奉诏修军马司敕,缘军政事重,仁宗时命枢密使田况提举,乞依故事,以枢臣总领故也。”

制置三司条例司

议变旧法以通天下之利。(3792 页 6 行)

制置三司条例司,神宗熙宁二年二月创立,三年六月后罢,历时一年多。神宗、王安石熙宁变法主旨在“变法理财”,此亦为设制置三司条例司之主旨。《宋志》载“以通天下之利”,宜以“财”代“之”字。

《长编》卷二一一,熙宁三年五月甲辰:“诏近设制置三司条例司,本以均通天下财利。”

《长编拾补》卷四:“设制置三司条例司,掌经画邦计,议变旧法,以通天下之财。”

以知枢密院陈升之、参知政事王安石为之，而苏辙、程颢等亦皆为属官。(3792 页倒 7、倒 6 行)

《宋志》不载制置三司条例司主要长官和属官之官名，失当。宜依《宋会要》，于“王安石为”后补“同制置三司条例”字样；“之”字可删。

《长编》卷二一〇，熙宁三年四月丁丑：“王安石既引韩绛同制置三司条例，又荐(韩)维以代吕公著。”

三司会计司

熙宁七年，置于中书，(3792 页倒 2 行)

《宋志》谓三司会计司置于中书，源自《神宗实录》，与《宋会要》《长编》所载异。南宋史家李焘已指出新、旧实录关于此条记载失之疏略。今姑存两说，俟考。

《长编》卷二五七，熙宁七年十月庚辰：“诏三司置会计司，以宰相韩绛提举。《绛传》云，继王安石之后，请置局中书，勾考用度，以均节邦计。……当考。”

《长编》卷二六七，熙宁八年八月庚戌：“绛本传但云：绛继王安石为相，请置局中书，钩考用度，以均节邦计，事滞留多不决，数月以疾辞。新、旧实录并如此，可谓疏略矣。”

《宋会要・职官》一之一八：“熙宁七年十月十六日，诏三司置会计司，以宰臣韩绛提举。”

编修条例司

编修条例司　熙宁初置。八年，罢。(3793 页 1 行)

神宗熙宁间，为编修条例而专设之局，不止一处，大而著者有编修中书条例所(司)、编修司农寺条例司等。故《宋志》视“编修条例司”为一专门机构，未妥。如系专指“编修中书条例司”，则宜于“条例司”前加“中书”之名；若系泛指编修条例司，却须更动此条条文内容如下：“熙宁间，曾置编修中书条例司、编修司农寺条例司。八年十月，皆罢。”

《长编》卷二一四，熙宁三年八月庚辰：“著作佐郎、删定编敕曾布编修中书条例。甲申，编修中书条例所言，看详合归有司二十二事。”

《长编》卷二五四，熙宁七年七月乙卯：“造簿之良法，诏送提举编修司农寺条例司。”

《宋会要·职官》五之一一：“熙宁八年十月二十二日，诏中书有置局取索文字烦扰官司无补事实者，宜并罢之。于是编修中书条例司、编修司农寺条例司皆罢。”

经抚房

置于三省，(3793 页 2 行)

或谓经抚房置于三省，或谓置于中书，较之，似以置于“中书”为合理。诚然，王黼于宣和五年加太傅后亦曾自领三省事，但，仍须“轮往逐省通治三省事”(《宋会要·职官》一之三一)。既如是，岂有一经抚房设于尚书省、中书省、门下省三处之事？故《宋志》宜改“三省”为“中书省”。

《宋会要·职官》一之四二：“宣和四年，始出师北伐，王黼实主其议，黼于三省置经抚房。”

《东都事略·李熙靖传》：“王黼为相，立应奉司，又立经抚房于中书。”

《宋史·李熙靖传》：“王黼以太宰领应奉司，又方事燕云，立经抚房于中书，独专之。”

不复以关枢密院。(3793 页 2、3 行)

王黼置经抚房，岂止不关枢密院，执政亦不得预。《宋志》宜于

"枢密院"后补入"他执政亦往往不得预"。

《宋会要·职官》一之四二:"黼于三省置经抚房,专治边事,不复以关枢密院,禁锢遮护甚密,他执政往往不得预。"

提举讲议司

提举讲议司(3793 页 4 行)

徽宗崇宁、宣和间,曾先后两次置讲议司。崇宁初创讲议司,实出于蔡京之私意,借置司行熙丰之政而达到独揽政权之目的;当蔡京于崇宁三年独相后,讲议司即罢。宣和末,复置讲议财利司,则出于朝廷内外交困,财政极度困难,因臣僚建请讲究财利而置,名为蔡京提举,实由蔡攸、白时中、李邦彦操纵。"讲议司"以"绍述熙丰法度"为名,"敛财""树党",祸国殃民,为宋代弊政之一。《宋志》于此未及一言,宜略加补述。

宣和六年,又于尚书省置讲议司。(3793 页倒 4 行)

据《长编拾补》所载手诏知之,宣和末年所置讲议司全称为"讲议财利司",《宋志》宜于"讲议"后补入"财利"两字。

又,鉴于蔡京仅挂空名,当于"宣和六年,又"之后添加"差蔡攸、白时中、李邦彦"。

《长编拾补》卷四八,宣和六年十一月丙戌:"手诏:可令尚书省置局详仪(议),以讲议司为名。……差蔡攸、白时中、李邦彦就尚书省置讲议财利司。"

议礼局

政和三年,《五礼仪注》成,(3793 页倒 1 行)

《五礼仪注》修成后命名为《政和五礼新仪》,后世沿称(邓广铭先生言:《政和五礼新仪》一书今日犹存)。《宋志》宜用正式名,即于"五礼仪注"前冠以"政和","仪"字前补入"新"字,"注"字删去。

《宋会要·职官》五之二二“议礼局”:“政和三年正月二十七日,特进、知枢密院事、兼领(议礼局)郑居中,崇政殿面奉圣旨:‘议礼局新修《五礼仪注》,宜以《政和五礼新仪》为名。’”

同上书卷:“(政和三年四月)二十九日,知枢密院事郑居中等札子奏:‘……谨编成《政和五礼新仪》并《序例》总二百二十卷,《目录》六卷,共二百二十六册。辨疑正误,推本六经,朝著官称,一遵近制。上之御府,仰尘乙览。’”

《长编拾补》卷三二,政和三年正月庚辰:“诏议礼局新修《五礼仪注》宜以《政和五礼新仪》为名。”

宋史职官志补正二

（《宋史》卷一六二）

枢密院

面得旨者为录白，批奏得画者为画旨，并留为底。惟以白纸录送，（3797 页倒 1 行）

依元丰官制，中书省、枢密院面奉宣旨及文书进奏批降得旨，皆当书于纸上，录送门下省留底、审驳，然后送尚书省施行。所不同者，中书省以黄纸录送。《宋志》因单叙枢密院，未及书中书省事，“惟以白纸录送”一句落空。止是“并留为底”，系属门下省事，犹如五代枢密使受旨出付中书录之于籍，谓之“宣底”，故未能谓枢密院并留“录白”“画旨”为底，宜依《宋会要》改正。

《宋会要·职官》一之一九：“（元丰）五年二月一日，诏中书省、枢密院面奉宣旨，别以黄纸书，中书令、侍郎、舍人宣奉行讫，录送门下省为画黄，受批降若复请得旨及入状得画事，别以黄纸亦书，宣奉行讫，录送门下省为录黄。枢密院准此，唯以白纸录送，面得旨者为录白，批奏得画者为画旨。门下省被受录黄、画黄、录白、画者（旨）皆留为底，详校无舛，缴奏得画，以黄纸书，侍中、侍郎、给事中省、审、读讫，录送尚书省施行。”

宋初，循唐、五代之制，置枢密院，与中书对持文、武二柄。（3798页3行）

此句文字至关重要，系追述元丰新制之枢密院制度继承性。然唐代枢密使由宦官充当，也非与中书门下对掌军、政大权。《宋志》所述有语病。至五代，枢密院改名崇政院，其职备皇帝顾问、参谋议，或由宰相兼枢密使，也非与中书门下分掌文、武二柄。故此句宜做以下订补："宋初，循唐末、五代之制，置枢密院。唐代枢密使、知枢密院由宦官充，乃内诸司之贵者，掌出纳帝命。五代，枢密使由士人充。枢密院分宰相权。枢密院曾改名崇政院。宋枢密院，与中书对持文、武二柄。"

《册府元龟》卷六六五"内臣部·总序"："宪宗元和中，始置枢密使二人，刘光琦、梁守谦二人为之。……盖唐室中叶之后，诸司诸使多以中人主之。……（后唐明宗天成）后，枢密使专用士人。"

《分纪》卷一二"枢密使"："《五代史》：唐朝择中官一人为枢密院使，与两军中尉，谓之'四贵'。天祐元年（904）废。梁开平元年（907）改枢密院为崇政院。……唐常以宦者为之，至梁戒其祸，始更用士人，其备顾问、参谋议于中则有之，未始专行事于外也。至（郭）崇韬重诲为之，始复唐枢密之名，然权侔于宰相矣……国朝，以枢密院与中书对持文武二柄，号为'二府'。"

《长编》卷二一一，熙宁三年五月丁巳："五代用武，故政出枢密，宰相备位而已，非法治也。"

神宗初政，乃省其务之细者归之有司，而增置审官西院，专领阁门祗候以上至诸司使差遣。（3798页4、5行）

"乃省其务之细者归之有司"，原其意是指枢密院不宜亲预大使臣等除授之"细务"，故增置"审官西院"，以夺枢密院除授武臣大使臣之职。"其"字宜改为"枢密院"。《宋志》云"神宗初政"，实熙宁三年五月之事。并宜依《长编》于"增置审官西院"之后，补入"差知院官两员”；于“诸司使”后添入“磨勘、常程差遣”。

《长编》卷二一一，神宗熙宁三年五月丁巳：“诏：‘国家以西枢为内辅，赞翊本兵，任为重矣。而狃于旧制，自右职升朝以上，必兼择而除之。是以三公府而亲有司之为，非所以遇朕股肱之意也。……宜以审官院为审官东院，别置审官西院，差知院官两员，专领阁门祗候以上至诸司使磨勘、常程差遣。’”

而国信、民兵、牧马总领，仍旧隶焉。（3798 页 6 行）

此句中“总领”之名为衍文，当去之。

《合璧后集》卷一六“枢密院”条：“元丰改官制，……置知院、同知院二人，余悉罢。职事亦多所厘正，细务分隶六曹，专以边机军政为职，而契丹、国信、民兵、牧马犹总领焉。”

川陕路边防及畿内、（3798 页倒 5 行）

《考正》卷二“枢密院”条：“曰在京房，掌行殿前步军司事，支移兵器，川陕路边防及畿内、福建路吏卒、军头，皇城司卫兵。案：掌行陕西路诸府州军吏卒及西界边防蕃官者，已有河西房，疑此条之‘川陕’当作‘川峡’。”邓先生所疑甚是。今据乾道间礼房职掌所及范围中，“川峡”与“陕西”并提，并未见有“川陕”之称。《宋会要・职官》六之一五：“礼房，收掌国书，……北界、西界、湖南、湖北、川峡、陕西、河东路蕃官承袭降宣。”云云，可为佐证。

庆历中，二边用兵，知制诰富弼建言，边事系国安危，不当专委枢密。仁宗以为然，即诏中书同议。谏官张方平亦言中书宜知兵事，乃以宰相吕夷简、章得象并兼枢密使。（3799 页 5—7 行）

据《长编》卷一二六及卷一三七，富弼建言在康定元年，且官职为知谏院；张方平建言及吕夷简、章得象兼枢密使在庆历二年。“庆历中”当改为“康定中”，“知制诰”改为“知谏院”，“谏官张方平”前加“庆历二年”四字。

《长编》卷一二六，康定元年二月丁酉：“国朝旧制，以中书制民，枢密主兵。故元昊反,边奏皆不关中书。……知谏院富弼又言:'边事系国安危,不当专委枢密院,而宰相不与。乞如国初,令宰相兼枢密使。'"

《长编》卷一三七,庆历二年七月壬寅朔:"知谏院张方平言:'朝廷政令之所出在中书。若枢密院,则古无有也……陛下试思臣前议,断自渊衷,特废枢密院,或重于改为,则请并本院职事于中书。'"戊午:"右仆射、兼门下侍郎、平章事吕夷简判枢密院,户部侍郎、平章事章得象兼枢密使,枢密使晏殊同平章事。初,富弼建议宰相兼枢密使,上曰:'军国之务,当悉归中书,枢密非古官。'然未欲遽废,故止令中书同议枢密院事。及张方平请废枢密院,上乃追用弼议,特降制命夷简判院事,而得象兼使,殊加同平章事,为使如故。"

熙宁初,滕甫言:"中书、密院议边事,多不合,赵明与西人战……议同而后下。"(3799页7行)

"熙宁初"为"治平四年"之误。"滕甫"前宜加"御史中丞"官衔。

《续资治通鉴长编纪事本末》卷八三《种谔城绥川》:"治平四年九月载:是月,中书、枢密院议边事多不合:赵明与西人战,中书赏功而密院降约束;郭逵修堡寨,密院方诘之,而中书已下褒诏。御史中丞滕甫言:'战守,大事也,安危所寄。今中书欲战,密院欲守,何以令天下?愿敕大臣:凡战守、除帅,议同而后下。'上善之。"

靖康元年,知枢密院事李纲言:"在祖宗之时,枢密掌兵籍、虎符,三衙管诸军,率臣主兵柄,各有分守,所以维持军政,万世不易之法。"(3799页倒4行)

宋初兵制,枢密院掌兵符,即掌发兵、调兵之权,而无统兵之权;三衙掌兵籍,即掌统领禁军兵众,但无调兵、发兵之权,彼持相维、不得专制。如此分权,出于皇帝操纵军权的深意。此处《宋志》所引李纲言论有误,枢密院掌兵符并不兼掌兵籍,"兵籍"当归于三衙主掌。当然,此所言"兵籍",系代表统兵之意,并非言密院无诸军兵籍副本。

《梁溪全集》卷四三《辞免知枢密院事札子》:“祖宗旧法,兵符出于密院而不得统其众;兵众隶于三衙而不得专其制。今臣既统行营之兵,又制枢密之令,考于旧法,未见其可。”

《三朝北盟会编》卷三七:“靖康元年二月十五日,《李纲辞知枢密院》:祖宗旧法,兵符出于密院,而不得统其军;兵籍隶于三衙,而不得专其制。今臣既统行营之兵,又制枢密之令,考于旧法,未见其可。”

《范太史集》卷二六《论曹诵札子》:“枢密有发兵之权,而无握兵之重,二帅有握兵之重,而无发兵之权,彼此相维,不得专制。”

枢密使　知院事　同知院事　枢密副使　签书院事　同签书院事

熙宁元年,文彦博、吕公弼为使,韩维、邵亢为副使。(3800 页 4、5 行)

“韩维”为“韩绛”之误。

《十朝纲要》卷八:“(神宗朝)枢密使五人:文彦博、吕公弼、陈升之、吴充、冯京;知枢密院事四人:陈升之、冯京、孙固、韩缜;枢密副使十人:陈升之、吕公弼、韩绛、邵亢、冯京、吴充、蔡挺、王韶、孙固、吕公著……”

《宋史·韩维传》:“神宗即位,维……除龙图阁直学士。……知汝州。数月,召兼侍讲、判太常寺。……熙宁二年,迁翰林学士、知开封府。明年,为御史中丞,以兄绛在枢府,力辞之。”

资浅则用直学士签书院事……元祐初,复置签书院事,仍以枢密直学士充。(3800 页 4 行、8 行)

“直学士”前宜补“枢密”二字,指枢密直学士充签书枢密院事。缘宋代除枢密直学士外,有诸阁直学士(如龙图阁直学士、天章阁直学士等)。

《宋志》于此宜用专称而不用通称。又,“直学士”与“签书院事”之间,当用顿号隔开。至“元祐”后复置签书枢密院事,“仍以枢密直学士充”，此种表述，未能包括钦宗靖康后改以延康殿学士（南宋改称端明殿学士）签书枢密院事之史实。故当于“仍以枢密直学士充”之后补入“靖康后，改由延康殿学士（端明殿学士）签书枢密院事”。

《朝野杂记》甲集卷一〇“签书枢密院事”：“签书枢密院事太平兴国四年置。是时，石元懿公以兵部员外郎充枢密直学士，止用本官职签书。自是初除，皆带密直。及罢政，乃拜端明殿学士焉。元丰官制，废签书……靖康初，李参政回首拜延康殿学士、签书。延康，令（今）为端明，自是遂为故事。”

《合璧后事》卷一七“签书”：“太平兴国四年，石熙载元懿公以枢密直学士、签书院事，签书之名自此始也。”

《系年要录》卷三三，建炎四年五月癸丑：“御史中丞赵鼎为端明殿学士、签书枢密学士。”

《朱子语类》卷一一二“论官”：“五代，以武臣为枢密使，武臣不识字，故置枢密直学士，令文臣辅之。”

元丰五年，将改官制，议者欲废密院归兵部。（3800页6行）

“元丰五年”为“元丰四年”之误。

《宋志》盖沿《神宗正史·职官志》，将罢枢密使、副枢密使官名系于元丰五年，并谓元丰新官制定置知院、同知院二人。而李焘《长编》依《实录》考订为元丰四年十一月事，且谓定密院长官两员恐非事实。良是。李氏除据《实录》外，还有一证：倘按《神宗正史·职官志》所载，元丰五年六月议者欲废枢密，且其时同知枢院吕公著尚在位，此与吕公著于元丰五年四月二十六日罢同知院职、出任知定州之事相抵牾；而按《实录》，罢枢使、副使时间系元丰四年十一月二十二日，与吕公著仍任同知院之事相符合，又与“自是逾五月，公著始请补外”（《神宗正史·职官志》）之记载符合（元丰四年十一月二十二日至五年四月二十六日，恰好五个月零四天）。据此，《宋志》当改“元丰五年”为“元丰四年”。

《长编》卷三二〇，神宗元丰四年十一月甲辰：“诏：枢密院置知院、同知院，余悉罢。于是大改官制。议者欲废枢密院归兵部。上曰：‘祖宗不以兵柄归有司。故专命官统之，互相维制，何可废也？’上又以枢密联职辅弼，非出使之官，乃定置知院、同知院二（三）人。时有知院事孙固、同知院事吕公著、韩缜凡三员。或曰，上欲以礼退公著。自是逾五月，公著始请补外云。”

乃定置知院、同知院二人，使、副悉罢。（3800页8行）

元丰四年十一月二十二日罢枢密使、枢密副使官名，置知枢密院事、同知枢密院事。然初未定限置二员，《宋志》恐误。

《长编》卷三二〇，元丰四年十一月二十二日甲辰：“时有知院事孙固，同知院事吕公著、韩缜，凡三员。”

绍兴七年诏：“枢密，本兵之地，事权宜重。可依故事置枢密使，以宰相张浚兼之。”（3800页倒1行）

绍兴七年正月乙酉（二十三日）诏中，并无“以宰相张浚兼之”事，可删去。

“枢密使”下，漏一“副”字。

《宋宰辅编年录》卷一五，绍兴七年正月乙酉：“诏：本兵之地，事权宜重，可依祖宗故事置枢密使、副，而同知、签书亦皆仍旧。”

《系年要录》卷一〇八，绍兴七年正月乙酉：“诏：‘宥密本兵之地，事权宜重，可依祖宗故事，置枢密使、副。宰相仍兼枢密使。其知院以下如旧。’自元丰改官制，而密院不置使名……于是（张）浚自兼知枢密院事，改兼枢密使。”

又诏立班序立依宰相例。（3801页1行）

“立依”为“并依”之误。

《合璧后集》卷一六引《孝宗会要》：“绍兴七年，置枢密使，闰月诏宰臣兼使，同月诏枢使立班序并依宰相例。”

枢密都承旨　副都承旨

掌承宣旨命，(3801 页 4 行)

《宋志》引录《四朝志》这段文字，误"密命"为"旨命"，宜依《四朝志》原文改回。

《合璧后集》卷一七引《四朝志》："都承旨、副都承旨：掌承宣密命，通领院务，若便殿侍立，阅试禁卫兵校，则随事敷奏，承所得旨以授有司。"

都承旨，旧用院吏递迁。熙宁三年，始以东上閤门使李评为之，又以皇城使李绶为之副，更用士人自评、绶始。(3801 页 5—7 行)

"旧用院吏"之"旧"，实自宋真宗朝始；太宗朝枢密都承旨、副承旨多用士人。故《宋志》"自评、绶始"前，宜加"复"字。

《长编》卷二一四，熙宁三年八月己卯："东上閤门使李评为枢密都承旨。都承旨旧用閤门使以上或大将军，其后专用枢密院吏。而更用士人，复自评始。"

《宋会要・职官》六之四引《神宗正史・职官志》："熙宁二(三)年八月二十二日，差监东上閤门使李评为枢密都承旨，都承旨旧用閤门使以上或大将军，其后专用枢密院吏，而更用士人，复自评始。九月一日，诏：近复以士人为枢密都承旨。"按：《宋会要》系于"熙宁二年"，误，应为"熙宁三年"。

元符三年，王师约为都承旨，左司谏陈瓘言：(3801 页倒 6、倒 5 行)

元符末，陈瓘官职为"右正言"，未升为左司谏。此"左司谏"为追称。

《宋朝诸臣奏议》卷三五，陈瓘《上徽宗乞罢王师约枢密都承旨》注文云："元符三年八月上，时为右正言。"

《宋史・礼志》十二："(徽宗即位)右正言陈瓘言五不可。"按：徽宗于元符三年正月即位。

建炎四年，高宗在会稽，以武臣辛道宗为都承旨，颇用事。绍兴元年，道宗既免，乃诏依元祐职制，都承旨以两制为之。（3801页倒3、倒2行）

武臣辛道宗所任职官，或作“副都承旨”。“元祐职制”，都承旨一员。

《系年要录》卷四〇，建炎四年十二月甲申：“翊卫大夫、福州观察使辛道宗为枢密副都承旨。”

《合璧后集》卷十七“枢属门·历代沿革”引《四朝志》：“建炎四年，高宗在会稽，以武臣辛道宗为枢密都承旨，颇用事。绍兴元年十二月，辛道宗既免，乃诏依元祐职制置都承旨一员，并差两制为之。”

乃诏依元祐职制，都承旨以两制为之。（3801页倒2行）

元祐职制，《哲宗正史·职官志》有明确记载：“元祐以文臣带待制充都承旨。”此“两制”为“待制”之误。绍兴后即以待制充枢密都承旨。

狭义“两制”系指内制翰林学士、外制中书舍人。而“待制”，则为龙图阁待制、天章阁待制等诸阁待制之通称，别称“侍从官”。《宋志》宜依《哲宗正史·职官志》改回。

《宋会要·职官》六之四：“《哲宗正史·职官志》：元祐以文臣带待制充都承旨。”

不过，广义“两制”，在仁宗朝又包括“待制”：《欧阳文忠公集》之《奏议集》卷一八《又论馆阁取士札子》：“今两府阙人，必取于两制。”原注：“翰林学士谓之内制，中书舍人知制诰谓之外制，今并杂学士、待制，通谓之两制。”

但元祐职制所定枢密都承旨除授资格，不可能以内制翰林学士、外制中书舍人为之，应以侍从待制官为之。且看品位：

《宋志》八“官品令”：“翰林学士承旨，翰林学士，为正三品。……中书舍人，为正四品。……保和殿，龙图、天章、宝文、显谟、徽猷、敷文阁待制，为从四品。……枢密都承旨，为从五品。”

《合璧后集》卷五七“阁学门·总待制”：“《元祐令》：待制，从四品，掌侍从，备顾问，有所献纳则请对或奏对。”

从五品的枢密院属官——枢密都承旨，难道需要正三品的翰林学士、正四品的中书舍人（即“两制”）才能充职吗？显然不可能。故而，《哲宗正史·职官志》谓“文臣带待制（从四品）充都承旨（从五品）”应是正确的。绍兴后，即依元祐职制，以待制充枢密都承旨，兹举例如下：

哲宗元祐间：天章阁待制、枢密都承旨范纯礼。《范忠宣集·补编》之《宋中大夫尚书右丞上柱国高平郡侯赠资政殿学士正议大夫谥恭献彝叟公传》：“公讳纯礼，字彝叟……（元祐初）改天章阁待制、枢密都承旨。”

宁宗庆元间：龙图阁待制、枢密都承旨辛弃疾。《宋史·辛弃疾传》：“（庆元）四年，宁宗召见……进宝文阁待制，又进龙图阁、知江陵府。……进枢密都承旨。未受命而卒。……守龙图阁待制致仕。”

度宗景定间：宝章阁待制、枢密都承旨赵与訔。元赵孟頫《松雪斋集》卷八《先侍郎阡表》：“府君讳与訔，……（景定）二年四月，升集英殿修撰，寻进宝章阁待制、知临安府、浙西安抚使。六月，迁枢密都承旨。”

枢密院检详官

检详官　熙宁四年置，视中书检正官。（3802页2行）

此系熙宁四年十月诏。“检详官”为简称，其全称为“检详枢密院诸房文字”。《宋志》宜于条目标题用全称，或于“熙宁四年置”一句之后，补上“检详枢密院诸房文字四员”。不然，就一部职官专志而言，不妥。

又，《宋志》云“视中书检正官”，“视”何内容与“中书检正官”相同，含义不明，宜依《续会要》，在"视"字之前，补上"礼遇俸给"四字。

《长编》卷二二七，熙宁四年十月丙辰："枢密院编修《经武要略》，秘书丞、馆阁校勘王存，著作佐郎、馆阁校勘陈侗，大理寺丞刘奉世，前秀州崇德县令苏液，并检详枢密院诸房文字。存兵房，侗礼房、户房，奉世吏房，液权同兵房。奉世仍为太子中允，液改著作佐郎，礼遇添给、日直人从、出谒之禁，视中书检正官。"（《分纪》卷一二"检详官"同）

绍兴二年减一员。（3802页3行）

绍兴二年减检详官一员未果，因次年枢密院即请置二员，高宗从之。

《合璧后集》卷十七"枢属门·检详·历代沿革"："绍兴二年，诏：'枢密院已置都承旨一员，减检详一员。'枢密请置二员，从之。"

同上书同卷"编修官·皇朝沿革"："（绍兴）三年，枢密请置检详二员，编修止存一员。"

《通考·职官》卷十二"检详"："绍兴二年，诏：'枢密院已置都承旨一员，减检详一员。'枢密请置二员，从之。"

同上书同卷"编修官"："（绍兴）三年，枢密请置检详二员、编修止存一员。"

枢密院计议官

置干办官四员，诏并改为计议官。（3802页4、5行）

枢密院置干办官在建炎四年六月二十四日，而改名枢密院计议官在十一月十六日，非同月同日事，宜各系月。

《系年要录》卷三四，建炎四年六月甲午："置枢密院干办官四员。以本院言：自罢御营司，别无官属故也。"

《中兴两朝圣政》卷八，建炎四年十一月乙卯："改枢密院干办官为计议官，序位在太常博士之下。"

《系年要录》卷四一，绍兴元年春正月己亥朔："癸卯，起复朝散大夫、枢密院计议官王佾。"

枢密院编修官

诏改为"管干"。(3802页倒4行)

"管干"为南宋史家所追改，原为"管勾"，"勾"字避高宗赵构之讳。

《分纪》卷一二"编修条例"："(熙宁)三年十一月……编修枢密院《经武要略》、删定《诸房例册》，以枢密院副承旨李綖管勾，至九年秋修毕，上之。"

随事置，无定员(3802页6行)

依《宋志》体例，设官多点明始置年。如同页2行"检详官　熙宁四年置"。此条"编修官"，实始置于仁宗庆历四年二月。故，宜改"随事置"为"庆历四年置"。

《咸淳临安志》卷四"承旨、检详、编修"："将作监兼副都承旨胡榘续记：……编修之职，掌删润时政，故专用文臣……编修则肇于庆历，位次检详。"

《分纪》卷一二"编修条例"："国朝庆历四年二月，命天章阁侍讲、史馆检讨王洙，枢密都承旨车(按：据《文献通考》为'单'姓之书误)士宁编修例册。"

讲议司

绍兴置编修官二员(3802页倒1行)

崇宁三年枢密院讲议司已罢。此句"绍兴置编修官二员"与本条无涉，可移置上一条"编修官"下。

《合璧后集》卷十七"枢属门 · 编修官 · 皇朝沿革"引《中兴会要》："(绍兴)三年，枢密请置检详二员，编修止存一员。后复。"

监三省、枢密院门

旧系差小使臣及内侍官充。(3803 页 1 行)

"旧"字所指时间未明,实为南宋初之制。先是,北宋神宗元丰改制时已设监三省、枢密院监门官,皆差内侍官充,以便与"外庭臣僚"隔绝,"得以尽情几察。中兴初,始参小使臣"。《宋志》于此沿革未交代,宜易"旧"字为"中兴初"。

《咸淳临安志》卷四"三省、枢密院监门":"在大门南。将作监兼左司任希夷记题名:'门官之设尚矣,在周为司门,在汉其名不一,曰户郎,曰门候,皆其任也。国朝监省门用内品。元丰中,裕陵圣训谓用内侍者以与外庭臣僚无交际,得以尽情几察。爰自中兴驻跸临安,三省枢密院俱列皇城之外,内侍不时至,则参之小使臣,人微官薄,不足以谁何。'"

主管三省、枢密院架阁文字

嘉定八年置,(3803 页 3 行)

谓南宋"嘉定八年置",误;北宋真宗景德中,尚书省已置架阁库官。嘉定八年,系复于三省置主管架阁文字官。故綦更生《题名记》称:"是唐朝之亭长、掌固与景德之省有书库者,今皆举而复之矣!"《宋志》于此语焉未详。

《咸淳临安志》卷四"三省、枢密院架阁":"在制敕院后。主管架阁文字。綦更生记题名:'皇朝景德中,置金耀门书库,贮三司文案,隶尚书省。架阁有库,盖尝先省,而未始及部也。……绍兴三年,六部悉有架阁库,十有五年置官四人,礼、兵一人,刑、工一人,吏、户各一人,曹始备官,特详于部,而无及于省矣。省有留牍,藏在诸房,虽两岁一遣架阁,然屋室颓漏,……靡溃不可收拾。……朝廷深察其弊,即省闼之申(中),维(惟)创以为库。……列三省、密院为四库。

……今嘉定甲戌，朝廷既谓部有司门，省则并置；明年乙亥，以部有掌故，省亦建官。是唐朝之亭长、掌固与景德之省有书库者，今皆举而复之矣！'"

三省、枢密院激赏库

三省、枢密院激赏酒库（3803 页 4 行）

三省、枢密院激赏库，包括钱库、酒库，《宋志》落一"钱"字，宜补入"三省枢密院激赏库"条之"库"字前。激赏库为南宋与金战争中所置，犒赏将士之用。

《咸淳临安志》卷九"三省、枢密院激赏钱库"："在俞家园。三省枢密院激赏酒库　在钱圹县南。"

《朝野杂记》甲集卷一七"三省、枢密院激赏库"："三省、枢密院激赏库者，渡江后所创也……绍兴四年秋，赵元镇为川陕荆襄都督，既而不行，遂以督府金钱，入三省、枢密院激赏库。"

御营使

三年，诏御营使司止管行在五军营寨事务，（3804 页 2 行）

"三年"，指建炎三年二月二十二日。御营使司权限除管行在五军营寨之外，尚管其军兵兵籍。

《宋会要·职官》一之四七："高宗建炎三年二月二十二日，诏御营使司依旧存留，止合管行在五军一行军兵、营寨事，其余应干边防措置等事，并合依祖宗旧法厘正归三省、枢密院。"

明年，孝宗即位，又以御营使命之。然但自名一司，掌殿前忠勇等军，非复建炎之比，（3804 页 7、8 行）

孝宗即位于绍兴三十二年，此乃隆兴元年六月事，故应改正为"孝宗隆兴元年，又以御营使命之"，或"隆兴元年，孝宗又以御营使命之"。

“掌殿前”后应加一“司”字。

《宋会要·职官》三二之三五：“孝宗隆兴元年六月二十二日，诏浙西副总管李宝差兼御营统制官措置浙西海道。二十三日，御营使杨存中言：‘已降指挥，车驾候秋凉日进发。……乞差御营提举一行事务一员，先次起发前去。’诏杨偰差充提举一行事务。……二十四日，诏殿前司诸军并令拨隶御营使和义郡王杨存中使唤。”（并参《朝野杂记》甲集卷一〇“御营使”）

提举修政局

绍兴二年，诏置修政局，令百官条具修车马、备器械……三月而罢局。（3804页倒7、倒5行）

修政局始置于绍兴二年五月二十七日，“三月而罢局”，误，应为“三年，罢局”。“诏置修政局”下之逗号，当改为句号。

《中兴两朝圣政》卷一一：“绍兴二年五月丙戌，诏置修政局。”

《十朝纲要》卷二二“高宗”：“五月乙酉，置修政局。”

《系年要录》卷五四，绍兴三年九月己未：“罢修政局。”

乾道二年，诏：“理财之要，裕财为重，……”（3804页倒4行）

“理财”为“理国”之误，当改。

《宋会要·职官》六之二〇：“孝宗乾道二年十二月二十二日，诏：‘朕惟理国之要，裕财为重。……’”

编修敕令所

此节所述，系南宋时差宰执提举编修敕令事。然宋代重编敕，编修敕令，贯穿两宋，自太祖建隆起，历代都进行编敕活动。初由大理寺掌管，仁宗天圣间，始设“详定编敕所”这一专门机构。神宗熙宁时，大规模地设司辟属，编敕、修敕机构名目不一，诸如“详定编敕所”

"编修敕令所""详定一司敕令所"等,编敕范围深入朝中内外诸司、地方路府州县之法令,遂一变熙宁前"律敕并重"为"以敕代律"。元丰置"重修编敕所"。哲宗元祐改熙丰之法,以"重修敕令所"为名。

南渡后,高宗建炎四年六月置"详定重修敕令所",绍兴五年改提举"详定一司敕令所",以编修高宗初年诏旨敕令。绍兴末罢局。孝宗乾道六年复置"详定一司敕令所"。宁宗庆元后通称"编修敕令所"。《宋志》此处所叙系南宋修敕令之机构,当与卷一之3792页"提举修敕令"条合并。

掌裒集诏旨,纂类成书。绍兴十二年罢。(3805页倒3行)

谓"绍兴十二年罢"编修敕令所,未妥。缘南宋初,高宗设专局裒集、删修建炎、绍兴诏旨,局名为"详定一司敕令所"。绍兴间,已数度废罢。乾道六年复置时仍依旧名称"详定一司敕令所",或简称"敕令所"。而"编修敕令所"之名,系宋宁宗庆元二年之称谓。《宋志》谓"绍兴十二年罢",倘指"编修敕令所",南宋初实无如是司名;若指"重修敕令所""详定一司敕令所",亦应作交代,即宜于《宋志》"掌裒集诏旨"前,补加如下史事:南渡后,高宗建炎四年,置重修敕令所,命宰臣范宗尹提举详定重修敕令,参知政事张守同提举。绍兴五年五月,改称"详定一司敕令所"。

《玉海》卷六七"宋朝敕令局":"淳熙十五年六月戊辰,罢敕令所。绍熙二年五月癸丑,复置详定敕令局。庆元二年二月丙辰,复置编修敕令所。"

《中兴两朝圣政》卷一八:"绍兴五年五月辛酉,尚书右仆射张浚提举详定一司敕令,参知政事沈与求同提举。"

《咸淳临安志》卷七"敕令所":"在侍郎桥南。乾道六年秋,复置详定一司敕令所。初,本朝重令甲,每诏诸儒纂修。自天圣、熙宁、元祐以来,有详定编敕所、编修诸司敕式所、重修敕令所,其设局不一,最后独存今名。渡江因之。而累朝大典用以秩序矣。……绍兴末,例罢去。至是始复之。……今定为提举官二，以属宰相；同提举一，以属执政；详定一，从官为之；删定官五。盖于今为著曹，以典领重故也。……淳熙十五年四月。”

《宋会要·职官》四之四五：“绍兴年间改为详定一司敕令所，至绍兴三十一年依旧称呼。”

宣徽院

二曰骑案，主赐群臣新史，(3806 页 5 行)

“新史”为“新火”之误。

《却扫编》卷下：“宣徽使……南院资望比北院尤优。然其职犹多因唐之旧，赐群臣新火，及诸司使至崇班、内侍供奉、诸司工匠、兵卒名籍……”

《铁围山丛谈》卷二：“杂学士以上，遇禁烟节至清明日，则赐新火。”

四曰胄案。……颁诸司工匠休假之□。(3806 页 8 行)

“休假之□”当作“休假之类”，《宋志》此天窗□可补入“类”字。

《却扫篇》卷下：“宣徽使……郊、御殿、朝谒圣容、赐酺……诸司工匠休假之类。”

故事，与参知政事、枢密副使、同知枢密院事以先后入叙位。熙宁四年，诏位参政、枢副、同知下，著为令。(3806 页 8、9 行)

宣徽南院使、北院使著位在枢密副使等执政之下，太宗至道三年八月已有先例。《宋志》失载。熙宁三年十二月，从宣徽使郭逵之请，重令宣徽院事位在参知政事、枢密副使之下。《宋志》此处云“熙宁四年”，未妥善处理，宜改为“熙宁三年”。

《分纪》卷一二“宣徽使”：“(至道)三年，以内客省使周莹为北院使，先是班位在枢密副使之上，莹复白中书，请居其下。宰相为言之，真宗从之。后以为例。”

《宋会要·职官》六之四四:“(至道)三年八月,以内客省周莹为宣徽北院使。先是宣徽使班位在枢密副使之上,莹诣中书,请居其下。宰相为言之,真宗嘉其谦退,即从其奏。自是为例。”(并参《渑水燕谈录·官制》)

《长编》卷二一八,熙宁三年十二月丁丑:“诏宣徽使郭逵序位参知政事、枢密副使之下。逵被召赴阙,自言:‘故事,参知政事、枢密副使、宣徽使以入先后为序,今请立其下。’故从之。”

按:《玉海》作“熙宁四年”。《玉海》卷一六七“宋朝宣徽院”:“熙宁四年,诏位参政、枢副下。”

官制行,罢宣徽院,以职事分隶省、寺,而使号犹存。(3806 页倒 5 行)

罢宣徽使年限,在元丰四年十一月,《宋会要》记载明确,《宋志》宜于“官制行”前添“元丰四年”。

又,宣徽院官署废罢之后,现任宣徽使之职不罢,但不再除人,直至现任宣徽使官员解职为止,自动废罢。《宋志》谓“而使号犹存”一句,未能曲尽保留使号之原委,宜于“以职事分隶省、寺”之后,补入“见任宣徽使依旧,自今更不除人”一句。

《宋会要·职官》六之四四:“元丰四年十一月二十一日,罢宣徽院,见任宣徽使依旧,自今更不除人。”

且宣徽,武官也;宫保,文官也,不宜混并。(3807 页 1、2 行)

“宣徽”为“宣徽使”简称,“宫保”为“太子太保”别名,两者皆宜依韩川本人奏疏语分别用全称与正称。

《宋会要·职官》六之四五:“于是中书舍人韩川言:臣闻宣徽使之名,祖宗以宠勋臣……而皆未尝令带以致仕。且文武异列,不合混并。宣徽使,武官也;太子太保,文官也。岂可使官号混淆?合从改正。”

三　司

三司使(3807 页 4 行)

“三司使”之“使”为衍字,应为“三司”,缘其下即有“使”(三司使)之目,此条为三司机构之总叙。

《分纪》卷一三“三司”。

《苏东坡集》卷三九《范景仁墓志铭》:“古者冢宰制国用,唐以宰相兼盐铁、转运,或判户部、度支。今中书主民,枢密主兵,三司主财,各不相知。”

又分天下为十道:曰河南,河东,关西,剑南,淮南,江南东、西,两浙,广南。在京东曰左计,京西曰右计。(3807 页 7、8 行)

《宋志》列举了三司九道名,脱“河北”一道名,宜补入。

“京东”为“东京”之误,“京西”为“西京”之误。

《玉海》卷一八六“食货·理财”:“淳化四年,……分天下为十道:曰河南,河北,河东,关西,剑南,淮南,江南东、西,两浙,广南道。东京为左计,西京为右计,各置判官领之。”

《宋史·太宗纪》二:“淳化四年冬十月庚午,始分天下州县为十道。两京为左、右计。”

《渑水燕谈录·官制》:“二京为左、右计,置二计使。”(《十朝纲要》卷二同)

置使二员分掌。(3807 页倒 5 行)

“置使二员”,应为“置左计使、右计使二员”。

《宋史·魏羽传》:“制三司使二员,以羽为左计使,董俨为右计使。”

咸平六年,罢三部使,复置三司一员。(3807 页倒 3 行)

“三司”后漏一“使”字。

《长编》卷五五，咸平六年六月丁亥："始并盐铁、度支、户部为一使，命刑部侍郎、权知开封府寇准为兵部侍郎，充三司使。"

三司使　副使

使阙，则有权使事；又阙，则有权发遣公事。（3807页倒1行）

"使阙"，即三司使阙。"权使事"全称应为"权三司使公事"，"权发遣公事"全称应为"权发遣三司使公事"。《宋志》皆用简称，未妥。以上构成三司长官之正称与权宜称之不同名号：三司使、权三司使公事、权发遣三司使公事。后又以叶清臣为权三司使，位于权三司使公事之上，则又增一权使名号。

此外，宋初尚有判三司公事，同判三司公事，点检三司公事，及权判、权点检等名目。

《分纪》卷一三"三司·使"："天圣四年，以祠部员外郎、知制诰程琳权发遣(三)司使公事。庆历三年，以知永兴军叶清臣权三司使，盖官轻则为权(三司)使公事。"

太平兴国初，以贾琰为三司副使，七年，以侯陟、王明同判三司，遂省副使。（3808页1、2行）

此句不属"三司使"条，当下移至"副使"目下。

副使（3808页5行）

三司副使始置于太平兴国元年十二月二十五日，于太平兴国七年二月七日罢置。其后所言三司副使，皆为三部副使。《宋志》宜补叙三司副使之置废沿革。

《长编》卷一七，太平兴国元年十二月丁巳："以枢密直学士、左正谏大夫贾琰为三司副使。三司置副使，自琰始。"

《宋志》二"三司使"："(太平兴国)七年，以侯陟、王明同判三司，遂省副使。"

三部使　副使

三部副使(3808 页 7 行)

三司或置使、副,或分置三部使、副,屡有分合。《宋志》于“三司”一节中,列了其主要长官“使、副使、判官、三部副使、三部判官”,而漏列“三部使”,不妥,宜补列。即自太宗太平兴国八年始分三司为三部起,则各置盐铁使、度支使、户部使。

《长编》卷二四,太平兴国八年三月癸亥:“始分三司为三部,各置使。右谏议大夫、同判三司王明为盐铁使,左卫将军陈从信为度支使,如京副使郝正为户部使。”

《分纪》卷一三“三司使”:“太平兴国八年,分置三部使。”

三部判官

三部判官　各三人,分掌逐案之事。(3808 页倒 6 行)

宋初,即置三司三部判官,各一人。而各部置判官三人,乃始于真宗朝。今考太祖朝,三部判官各一员;太宗朝淳化四年五月二十五日定各部判官二员;真宗大中祥符七年,方定盐铁判官三员、度支判官三员、户部判官三员。《宋志》未点出何时三部各置判官三人,不妥。

《分纪》卷一三“三司推官、巡官”:“国朝初承旧制,三司每部置判官一员。至乾德四年,诏各增置推官一员,总断逐司公事,仍别给印。”

《分纪》卷一三“三司判官”:“乾德三年,诏三司盐铁、度支、户部判官等,乃以参预邦计,莫不慎选时才。”

《分纪》卷一三“三司”:“大中祥符七年,别置常平案。其后重定盐铁八案,以判官三员分领……度支八案,以判官三员分领……户部五案,以判官三员分领……”

太平兴国三年,诸案置推官或巡官,以朝官充。四年,三司止置判官一人,推官三人。及分十道,二计各置判官一人。五年,废十道,(3808页倒5行)

“五年”废十道,系淳化五年间事,前面冠以“太平兴国”年号,误。

又,“四年”似应为“淳化四年”,缘是年曾下诏三司止置判官六员、推官三员;《宋志》所云“止置判官一人”,疑为“六人”之误。据此,“四年”前,当补“淳化”年号。

《宋大诏令集》卷一六〇“置三司使诏淳化四年五月丙辰”:“三司只置判官六员、推官三员。”(《分纪》卷一三“三司判官”同)

《皇宋编年纲目备要》卷四:“淳化四年十月,三司置二使,分领左、右计,分郡县为十道,两京为左、右计。”

《十朝纲要》卷二:“淳化五年十二月辛丑,诏三司两京、十道复归三部。”

三部诸案

盐铁分掌七案:(3808页倒3行)

三司分案屡有变更。宋初凡二十四案,盐铁部掌六案,户部掌四案,度支部掌十四案。乾德五年,三部各掌八案。咸平四年,经合并,由二十四案减为二十案。大中祥符七年,增置常平案,共二十一案:盐铁主八案,度支主八案,户部主五案。《宋志》所载各部分案数,显属大中祥符以后之制,因度支所掌八案中,已有“常平案”。《宋志》既未交代建隆以来三司分案之变动,又未载明所列分案始于何时,实未尽当。

《长编》卷八,乾德五年十月癸酉:“度支判官侯陟言:‘三司凡二十四案,盐铁主其六,户部主其四,余皆度支主之。’”

《分纪》卷一三“三司”:“国朝三司凡二十四案……乾德五年,度支判官侯陟言其不均,始令三部分领八案焉。……大中祥符七年,别置常平案,其后重订盐铁八案,以判官三员分领,曰兵刑、胄、铁,曰商税、茶，曰颗盐、未(末)盐、设；度支八案，以判官三员分领，曰赏给、钱帛，曰发运、斛斗、百官，曰粮料、常平、骑；户部五案，以判官三员分领，曰两税、曲，曰上供，曰修造、衣粮。”

掌旬设、节料、斋钱、餐钱、羊豕、米面、薪炭、陶器等物。(3809页1、2行)

“旬设”后顿号当删。《宋史·兵志》八：“屯兵州军，官赐钱宴犒将校，谓之旬设。”旬设显然不可与节料、斋钱等物并列。即标点为：“掌旬设节料、斋钱、餐钱、羊豕、米面、薪炭、陶器等物。”

户部分掌五案：一曰户税案，掌夏税。(3809页9行)

三司户部所掌户税案，分掌两税，即夏税、秋税。《宋志》漏却“秋税”，宜补入，或总称“两税案”。

《分纪》卷一三“三司”：“国朝三司凡二十四案：曰兵、刑……夏税、秋税……衣粮、仓。乾德五年……始令三部各分领八案焉……大中祥符七年……户部五案：曰两税、曲，曰上供，曰修造、衣粮。”

《宋会要·食货》五六之九：“户部五案，判官三员分领：曰两税、曲，曰上供，曰修造、衣粮。”

三司子司

三部勾院判官各一人，以朝官充。(3809页倒3行)

三司勾院先后有三部勾院(盐铁勾院、度支勾院、户部勾院)，“盐铁、户部勾院”“度支勾院”，“三司都勾院”三种形式。《宋志》只提三部勾院，其余两种勾院形式略去，似未当。宜于“以朝官充”下，用小字加注：“开宝五年十二月，以盐铁、户部勾院为一院，度支勾院为一院。太平兴国五年，合三勾院为一，判院官一人。自后，或分或合。淳化三年七月，置三司都勾院。至大中祥符九年，复分勾院为三。”

《宋会要·职官》五之二三：“太祖开宝五年十二月，诏以盐铁、户部勾院为一院，度支勾院为一院。国初三部各有勾院，止本部判官主之。至是又合为两院。……太平兴国五年十月合三勾院为一。”

《长编》卷三三，太宗淳化三年七月壬寅："置三司都勾院。"

《分纪》卷一三"勾院"："淳化三年复为都勾院。五年复分置。先是分三司左、右计，各置判勾一院，又以一员检判之。至是罢左、右计，复分置焉。至道二年，复并三勾院为一。三年复分为三。咸平六年，陈尧咨上言：'三部勾院可合为一，仍愿就领其职。'因命之。大中祥符九年，分勾院为三，时议以三部勾院并为一司，实为繁剧，虽重官为之，徒益事势，于勾稽则愈疏矣。至是复分为三，选才力干敏者为之。"

都磨勘司，端拱九年置。（3809 页倒 1 行）

"端拱"共二年，无九年。此"端拱九年"为"端拱二年"之显误。

又，在端拱二年之前，已有三司勘合司之名，见于开宝七年。

《长编》卷三〇，端拱二年十二月辛亥："诏置三司都磨勘司，以左赞善大夫刘式主之。式，袁州人也。"

《宋会要·职官》五之二五："太祖开宝七年六月，以司农寺丞桑埙为左拾遗兼点检三司勘合司。"

都理欠司，……景德四年废。（3810 页 4 行）

都凭由司，以判都理欠司官兼，（3810 页 6 行）

此二司，于景德四年才合为一司。故"都凭由司，以判都理欠司官兼"所述不严谨，似都凭由司一直由都理欠司判官兼，交代不清。真宗景德四年废都理欠司，实际是罢其司归都凭由司管领。之后，均称都理欠凭由司。熙宁间尚有"管勾三司理欠凭由司"官。

《分纪》卷十三"三司·理欠司"："国朝雍熙二年，诏三部各置理欠司。旧曰征欠司。乾兴元年改为钃纳司。天圣三年复改今名。咸平元年又置勾簿司。景德四年废。"

《长编》卷八九，真宗天禧元年正月辛亥："先是著作郎、集贤校理张师德判三司都理欠凭由司。祥符八年九月事。"

《曾巩集》卷四二《司封郎中孔君墓志铭》："君姓孔氏，讳延之……乃以君为权管勾三司理欠凭由司出知润州。未行，暴得疾卒京师，熙宁七年二月癸未也，年六十有一。”

勾当诸司、马步军粮料院官各一人，(3811页4行)

粮料院于元丰改官制前隶三司，元丰改制后隶太府寺。粮料院有合有分。宋初称在京粮料院，以三司大将充都粮料使。开宝六年改以京官充。太平兴国五年，分在京粮料院为诸司粮料院、马军粮料院、步军粮料院三院，各置勾当官。八年，马军、步军粮料院合二院为一院，诸司粮料院为一院，勾当官各一人。端拱后，马、步军粮料复分为二院，至是，诸司、马军、步军三粮院，各置勾当官一人，遂为定制。《宋志》未叙粮料院之分合，且以太平兴国八年分二院各置勾当官一人立条，未妥。

《宋会要·职官》五之六五："粮料院，在安定坊。……太宗太平兴国五年正月，分粮料诸司、马军、步军为三院，命著作佐郎刘锡、太府寺丞燕盛一、国子监丞赵晃分主之。八年，以马、步军合为一院。”

《合璧后集》卷四九“粮料院”："国朝仍旧制，以三司大将军为都粮料使，自开宝六年以著作佐郎陆光范充，改用京官自此始。……雍熙四年，命供奉官陈处诲勾当诸司粮院，供奉官曾祚勾当马步军粮料，自后复分马、步军(为)两院，或以诸司使、副分主之。端拱二年，复以京朝官主之。”

《合璧后集》卷四九“粮料院”引《中兴百官题名》："元丰末，并马、步军与诸司为二院。隶太府寺。”

掌文武官诸司、诸军给受奉料，(3811页4行)

“诸军”前脱“马、步”两字。

《宋会要·职官》五之六五："粮料院在安定坊，掌文武官诸司，马、步诸军给授俸料，批书券历，诸仓库案验而廪赋之，勾当官各一人。”

勾当马步军专勾司官一人，(3811页6行)

马步军专勾司，由马军专勾司、步军专勾司合并而成，其时在淳化五年十一月。《宋志》先宜立司名，再述勾当官。

《长编》卷三三，淳化三年十一月："置勾当马、步军专勾司官各一人，从户部使樊知古请也。寻合两司为一。"原注："合为一司在五年。"

学士院

翰林学士院(3811页倒5行)

"翰林学士院"系"学士院"之误。宋代"翰林院"与"学士院"为两个不同机构，"翰林"两字可删去。根据有关唐、宋两代记载，唐时翰林院与学士院为两院，翰林院为内供奉待诏之所，学士乃以文学备顾问掌内命之局，职掌并不相同。唐玄宗开元二十六年(738)，擅词学之胜的翰林供奉改为翰林学士，并别建学士院，学士冠以"翰林"方作为官名，至宋沿用不废。然院名，宋代仍旧有翰林院与学士院之分。翰林院在宣祐门内东廊，学士院在枢密院、宣徽院之北，并无翰林学士院之名。宋代学士院与翰林院职掌迥然不同。"学士院掌制、诰、赦、敕、国书及宫禁所用之词。"(《神宗正史·职官志》)"翰林院总天文、书艺、图画、医官四局。"(《神宗正史·职官志》)宋代学士院官属有：翰林学士承旨，翰林学士，翰林学士、知制诰，翰林侍读学士，翰林侍讲学士；宋代翰林院官属有：勾当官、待诏、艺学、装画、捏塑等。故宋朝人叶梦得谓"然院名至今但云学士，而不冠以翰林，则亦自唐以来，沿袭之旧也"。《宋志》未加细考，标目为"翰林学士院"，非是。

《唐会要》卷五七"翰林院"："开元初置。……翰林院者，本在银台门内，麟德殿西厢重廊之后，盖天下以艺能技术见长者之所处也。学士院者，开元二十六年之所置，在翰林之南，别户东向，考视前代，即无旧名。”

《宋会要·职官》六之四六引《两朝国史志》:“学士院:翰林学士承旨、翰林学士、翰林侍读、侍讲学士。承旨不常置,以院中久次者一人充。……院在宣徽院北。”

《宋会要·职官》六之五引《神宗正史·职官志》:“学士院掌制、诰、敕、国书及宫禁所用之文词。”

《宋会要·职官》三六之九五:“翰林院:在宣祐门内东廊,掌供奉国画、弈棋、琴玩之事,以执技事上。待诏、艺学、装画、捏塑,无定员。……《神宗正史·职官志》:翰林院,勾当官一人,以内省押班都知充掌艺学供奉之事。总天文、书艺、图画、医官四局。”

《石林燕语》卷七:“开元之前,犹未有学士之称,或曰翰林待诏,或曰翰林供奉。如李白,犹称供奉。自张垍为学士,始别建学士院于翰林院之南,则与翰林院分而为二,然犹冒‘翰林’之名。盖唐有弘文馆学士、丽正殿学士,故此特以翰林别之。其后遂以名官,讫不可改。然院名至今但云学士,而不冠以翰林,则亦自唐以来沿袭之旧也。”

知制诰(3811 页倒 5 行)

宋元丰改制之前,翰林学士带知制诰者称内制,中书舍人知制诰谓之外制(宋初多以中书舍人为寄禄官,别置知制诰行舍人之职)。翰林学士未必皆行知制诰之职,然任内制者,知制诰必以翰林学士为之。为别于外制之知制诰(属中书省),此处“知制诰”之前宜加“翰林学士”,并以顿号相连。

《廿二史考异》卷七一“宋史·职官志”一:“中书舍人:国初,为所迁官,实不任职,复置知制诰及直舍人院主行词命,与学士对掌内外制。唐中叶以后,翰林学士掌内制,中书舍人掌外制,谓之两制。然亦恒以它官知制诰行舍人事。”

《却扫编》卷下:“翰林学士,祖宗时多有别领他官,如开封府、三司使之类者,不复归院供视草之职。故衔内必带‘知制诰’,则掌诏命者也。官制后,虽不领他职,然犹带'知制诰'如故。遇阙,则以侍郎、给、舍,兼直学士院。近岁有以尚书兼权翰林学士者,而不带知制诰。议者谓不若止称直学士院。近岁,有以尚书兼权翰林学士者,而不带'知制诰'。议者谓止称'直学士院'。"钱大昕案:"元丰以前,两制皆称知制诰。学士而知制诰者,掌内制也;但称知制诰者,掌外制也。学士而不掌制,则衔内不云'知制诰'。"

《宋会要·职官》六之五三:"高宗建炎元年六月五日,诏新除翰林学士谢克家为述古殿直学士、提举扬州洞霄宫。先是,克家除翰林学士,以知制诰犯祖名,诏权不系'知制诰'三字。克家言:翰林学士,祖宗时,若兼领他官,止与职名同;元丰官制行,既专典内制,则必带'知制诰'三字。此不易之制,岂可缘臣轻有改革?望除一宫观差遣。故有是诏。"

元丰中,始命佩鱼,自蒲宗孟始。(3812 页 7、8 行)

"元丰中",有确定年,即元丰二年,可补。

《宋史·舆服志》:"神宗元丰二年,蒲宗孟除翰林学士。神宗曰:'学士职清地近,非他官可比,而官仪未宠。自今宜加佩鱼。'遂著为令。"

《苏轼文集》卷二三《表状·谢宣召入院状二首》:"玉堂赐篆,仰淳化之弥文;宝带重金,佩元丰之新渥。"

麻三道以上,系双学士宿直分撰,(3812 页倒 6 行)

"双学士"当为"双宣学士"之误。又,"麻三道"之"麻"系"白麻制书"省称,由翰林学士草拟。沿唐之制。

《鸿庆居士集》卷三〇《翰林莫公内外制序》:"翰林故事,以学士二员分直,朝廷有大除拜,过二制而上,则并召二员者,谓之'双宣'。"

《通考·职官》八:"大礼锁院,麻三道以上,系双宣学士宿直分撰。"

《石林燕语》卷三:"唐中书制诏有四:封拜册书用简,以竹为之;

画旨而施行者曰‘发日敕’，用黄麻纸；承旨而行者曰‘敕牒’，用黄藤纸；赦书皆用绢黄纸，始贞观间。或云取其不蠹也。纸以麻为上，藤次之，用此为轻重之辨。学士制不自中书出，故独用白麻制而已，因谓之‘白麻’。今制，不复以纸辨，号为白麻者，亦池州楮纸耳。曰‘发日敕’，盖今手诏之类，而敕牒乃尚书省牒，其纸皆一等也。”

《丁晋公谈录》：“以麻纸大书之，一行只可三字，谓之‘白麻’。”

宣召面谕，给笔札书所得旨。禀奏归院，(3812 页 1、2 行)

“宣召”后宜补“当直翰林学士”。“面谕”后，《宋志》漏一“旨”字，当补，即“面谕旨”。“给笔札”下宜用逗号与“书所得旨”分开。《宋志》于“书所得旨”下用句号，未妥，缘紧接“书所得旨”之后，是翰林学士将所录皇帝口旨禀报一遍，以免误记，此所谓“对讫”，然后由内侍带回学士院，“锁门”草麻制。

《宋会要·职官》六之五二：“《神宗正史·职官志》：凡拜宰相或事重者，宣召，面谕旨，则给笔札，书所得旨，禀奏，归院，具词以进。”

《宋会要·职官》六之四六：“《两朝国史志》：学士院……学士六员，掌大诏命。凡国有大除拜，晚漏上，天子御内东门小殿，遣内侍召学士赐对，亲谕秘旨，对讫，学士归院，内侍锁院门，禁止出入。夜漏尽，写制进入。迟明，白麻出。”

见执政议事则系鞋，(3812 页 8 行)

见执政与议事，乃二事，宜于“执政”下增入顿号，以免误为一事。

《宋会要·职官》六之五一、五二：“熙宁七年十二月八日，诏翰林学士、知制诰至中书、枢密院议事，许系鞋。……元丰五年五月十九日，诏翰林学士见执政官、议事，并令系鞋。”

翰林侍读学士

太宗初，以著作佐郎吕文仲为侍读。(3813 页 1 行)

“太宗初”,系指“太平兴国八年”。又,吕文仲先为“侍读”,不久迁为“翰林侍读”。由“侍读”至“翰林侍读”至“翰林侍读学士”,此为宋代“侍读”升迁之台阶。《宋志》不提“翰林侍读”,未当,宜于“吕文仲为侍读”后,补入“寻又为翰林侍读”。

《分纪》卷一五“翰林侍读、翰林侍讲”:“国朝太宗听政之暇,日阅经史,患顾问阙人,太平兴国八年,始用著作佐郎吕文仲为侍读,寻又为翰林侍读,赐绯鱼袋。”

真宗咸平二年,以杨徽之、夏侯峤并为翰林侍读学士,始建学士之职。其后,冯元为翰林侍读,不带学士;(3813页2行)

此段是讲经筵官,非学士院官。初,太宗置经筵官,单称“侍读”,简单明了。真宗即位,经筵官始称“翰林侍读学士”,从冠名上提高其身价。此即所谓经筵官“始建学士之职”。若离开经筵官背景,“始建学士之职”就不可解。仁宗即位初,复太宗之制,新除经筵官不带“学士”。直称“侍讲”“侍读”。亦无“翰林”系衔。与冯元同时新除“侍讲”的尚有鲁宗道。

《宋志》言“其后,冯元为翰林侍读,不带学士”,“其后”,盖指乾兴元年,宜载明。“不带学士”无误。然,“翰林侍读”却为“兼侍讲”之误。

《宋会要·职官》六之五七“侍读 侍讲”:“仁宗乾兴元年未改元三月,以吏部员外郎、直龙图阁、太子左谕德鲁宗道为户部郎中,左正言、直龙图阁、太子右谕德冯元为户部员外郎,并为龙图阁直学士、兼侍讲。”

《长编》卷九九,仁宗乾兴元年十一月:“辛巳,始御崇政殿西阁,召翰林侍讲学士孙奭、龙图阁直学士兼侍讲冯元讲《论语》,侍读学士李维、晏殊与焉。”同书卷一〇五,天圣五年九月:“甲寅,以龙图阁学士、兼侍讲冯元同修国史。”按:冯元任“侍讲”,无“翰林”二字。

《长编》卷一一三,明道二年八月壬寅:“从翰林学士冯元、侍读学士宋绶等议也。……九月乙酉,翰林学士、龙图阁学士、兼侍讲、给事中冯元落翰林学士,知河阳。”

又以高若讷为侍读,不加别名,但供职而已。(3813页2、3行)

高若讷为侍读在仁宗朝景祐间,《宋志》应将此事冠以系年,以与其上“咸平二年”切割开来。此处高若讷为“兼侍读”,与冯元“兼侍讲”相呼应,皆说明仁宗朝之经筵官除授,确有不带“翰林”与“学士”之号。

《宋史·高若讷传》:“欧阳修乃移书切责若讷……若讷忿,以其书奏,贬修夷陵令。未几,加直史馆,以刑部员外郎兼侍御史知杂事。……出为河东路都转运使。召还,兼侍读、权尚书刑部。”

《庐陵欧阳文忠公年谱》:“景祐三年丙子,公年三十。是岁……公切责司谏高若讷。若讷以其书闻。五月戊戌,降为峡州夷陵县令。”(见《欧阳永叔集》上册)

元丰官制,废翰林侍读、侍讲不置,但以为兼官。然必侍从以上,乃得兼之,(3813页4行)

此指不单除翰林侍读、侍讲,并非“废翰林侍读、侍讲不置”。因“兼官”也是官,且《杂压》中翰林侍读、翰林侍讲有排序。文字表述未确,易引起误读。此句可换一种表述方式:“元丰官制,以翰林侍读、侍讲为兼官。”

《宋会要·职官》六之五八引《神宗正史·职官志》:“侍读、侍讲,正七品,崇正殿说书,从七品。掌握讲读者经、史,以学士或侍从职事官有学术者充。”

元丰八年五月,资政殿大学士吕公著兼侍读,(3813页倒7行)

吕公著兼侍读事,在元丰八年四月十四日,《宋志》系于“五月”,误。

《长编》卷三五四,元丰八年四月丁丑:“资政殿大学士,银青光禄大夫吕公著兼侍读。”按:元丰八年四月甲子朔,十四日为丁丑。

《宋会要·职官》六之五八:"哲宗元丰八年四月即位未改元,四月十四日,资政殿大学士、光禄大夫吕公著兼侍读。"按:元丰八年四月十四日为丁丑日。

元祐元年,端明殿学士范镇致仕,提举中太乙宫兼集禧观公事,兼侍读,不赴。(3813 页倒 6、倒 5 行)

"致仕"前漏一"落"字,非补不可。因原意为命已退休的范镇重新出任,兼侍读。不然,既已致仕,岂能"兼侍读"? 又,"兼集禧观公事"下之逗号当删去,直与"兼侍读"连读。

《苏轼文集》卷十四《范景仁(镇)墓志铭》:"及上(哲宗)即位,……且起公兼侍读,提举中太一宫……公固辞不起。"

《宋会要·职官》六之五八:"元祐元年七月十六日,端明殿学士、光禄大夫范镇落致仕,提举中太一宫兼集禧观公事。"

七月,韩维兼侍读,提举中太乙宫。(3813 页倒 6 行)

"韩维"前当冠以"资政殿学士"职名,并于"提举中太乙宫"后补上"并集禧观公事"之衔,以与上下文所列诸人系衔体例一致。

《长编》卷三五八,元丰八年七月甲辰:"资政殿学士韩维兼侍读仍提举中太一宫并集禧观公事。"

中兴以来,如朱胜非、张浚、谢克家、赵鼎、万俟卨并以万寿观使兼侍读。(3813 页倒 4 行)

《宋志》于"朱胜非"前漏"王绹"名。

《合璧后集》卷二三:"中兴以来,如王大资□□、朱丞相胜非、张大资浚、谢资政克家、赵观文鼎、万俟资政卨并以万寿观使兼侍读。"

《通考·职官》八:"中兴以来,如王大资、朱丞相胜非、张大资浚、谢参政克家、赵观文鼎、万俟资政卨,并以万寿观使兼侍读。"

《系年要录》卷三三,建炎四年五月乙卯:"参知政事王绹充资政殿大学士,提举万寿观兼侍读。绹力乞免。"

绍兴十二年春,万俟卨以中丞、罗汝楫以谏议始兼侍读,自后每

除言路，必兼经筵矣。(3813 页倒 2 行)

"兼侍读"为"兼讲、读"(即兼侍讲、侍读)之误。绍兴十二年，万俟卨兼侍讲，罗汝楫兼侍读，故《朝野杂记》省称之为"讲、读"。

又，"言路"为御史台官与谏官合称，从广义上讲，也包括给事中、中书舍人。《宋志》宜改"言路"为"言事官"。

《系年要录》卷一四四，绍兴十二年三月庚子："御史中丞万俟卨兼侍讲，左谏议大夫罗汝楫兼侍读。"按：清光绪广雅书局本《系年要录》作"左谏议大夫"，文渊阁四库全书本《系年要录》作"右谏议大夫"，而《宋史·罗汝楫传》亦作"兼权中书舍人，除右谏议大夫"。似以作"右谏议大夫"为是。

《朝野杂记》乙集卷一三"祖宗时台谏不兼经筵"："绍兴十二年春，万俟中丞卨、罗谏议汝楫并兼讲、读。"

《朝野类要》卷二"称谓"："言路，台、谏、给、舍也。"

翰林侍讲学士

自两省、台端以上兼侍讲(3814 页 3 行)

"两省""台端"，皆为职官别名，《宋志》属正史之志，不宜用别称，当用正式官称。此"两省"疑"大两省官"之省称，即指中书省、门下省之左、右散骑常侍，中书舍人(知制诰)，给事中，左、右谏议大夫。

"台端"指御史中丞。

《容斋三笔》卷一二"侍从两制"："国朝官称，谓散骑常侍、给、事(舍)、谏议大夫为大两省。"

《石林燕语》卷九："神宗欲用晦叔为中丞……乃召苏子容就曾鲁公第草制，中云：'……台端之拜，无以易卿。'"

元祐中，司马康以著作佐郎兼侍讲，时朝议以文正公之贤，故特有是命。(3814 页 3 行)

“文正公”为司马康之父司马光的谥号，官修史志，一例称名，凡以字、谥称人物者，不妥。

《考正》卷二：“杂记为私家著述，所记又均本朝事，故其称司马康则以字，称司马光则以谥，《史志》为官书，且修于易代之后，对有宋一代臣僚，唯有称名之例。今乃仅改司马公休为司马康，而于文正公则袭用不改，亦欠妥。”

乾道七年林宪以宗卿入经筵，亦兼侍讲者。（3814 页 6 行）

“林宪”疑“林机”之误。林宪字景思，林机字景度，而乾道七年以宗正少卿兼侍讲者，据《宋会要》载，有林机，而无林宪。又据《朝野杂记》载，乾道七年，“林景度以宗卿入经筵，亦兼侍讲”。景度即林机。《宋志》本自《朝野杂记》，而改景度为名时，误为林宪。

《朝野杂记》乙集卷一五“庶官兼侍讲”：“乾道七年九月，林景度以宗卿入经筵，亦兼侍讲。”

《宋会要·职官》六之六二：“（乾道七年九月）宗正少卿林机兼侍讲。”

《宋史翼·林机传》：“林机，字景度，长乐人。”

《南宋馆阁录》卷七“官联”：“秘书少监：绍兴以后四十人：……林机，字景度，长乐人。刘章榜进士及第，治书。二十一年六月，以祠部员外郎兼权（秘书少监）。”

佐时摄版曹，宪尝为右史且有旧例，（3814 页 7 行）

“摄版曹”，为“权户部（职事）”之意，时王佐兼权户部侍郎，《宋志》作为官修史书，未宜用职官别名。

林宪应为林机，林机曾于绍兴二十二年任起居舍人，起居舍人别称“右史”，《宋志》仍宜书正称。

《宋会要·食货》五之六四：“乾道六年七月二十八日，权户部侍郎王佐言：‘臣自到部供职，财赋出入之数，必询诸吏辈，……岂有名版曹而不能按籍以知盈虚？’”

《南宋馆阁录》卷七“官联”：“秘书少监：绍兴以后四十人……林机，字景度……二十二年六月为起居舍人。”

《历代职官表》卷二四：“宋以起居郎为左史，起居舍人为右史。”

庆历二年，召御史中丞贾昌朝侍讲迩英阁。（3814 页 8 行）

贾昌朝以权御史中丞为侍讲，肇台官入赴经筵之端。《宋志》宜于“御史中丞”前加一“权”字。

《长编》卷一三五，庆历二年二月丁丑：“权御史中丞贾昌朝侍讲迩英阁。”

神宗用吕正献，亦止命时赴经筵，去学士职。（3814 页 9 行）

神宗召吕公著赴经筵，时在熙宁二年，吕公著卒于元祐四年，方得谥号“正献”。正史叙事叙人不当用谥号。

又，吕公著官名“御史中丞”亦宜系上。

《宋史·吕公著传》：“明年（元祐四年）二月薨，年七十二。……谥曰正献。”

《长编拾补》卷五，熙宁二年九月己巳：“召御史中丞吕公著来旦赴经筵。”

中兴后，王宾为御史中丞，见请复开经筵，遂命兼讲。（3814 页倒 6、倒 5 行）

“中兴后”，指建炎元年十二月初一日。

“见请”为“建请”之误。“兼讲”应为“兼侍讲”。

《系年要录》卷一一，建炎元年十二月丙辰朔：“……先是，御史中丞王宾乞开讲筵，上纳其言，故有是旨。”同前书卷一四，建炎二年三月甲午：“时上初御讲筵，侍讲王宾讲《论语》首篇。”

自后十五年间，继之者惟王唐、徐俯二人，（3814 页倒 5 行）

“王唐”，《朝野杂记》《文献通考》皆作“王唐公”，《廿二史考异》疑《宋志》“称王唐恐误”，然未能释其名。经邓广铭考明“王唐”系“王绚”之误，“唐公”为王绚之字。见《考正》二所引《玉峰志》卷中“人物门”。

《朝野杂记》乙集卷一三“祖宗时台谏不兼经筵”：“自后十五年间，继之者为王唐公、徐师川二人，皆上意也。”

《玉峰志》卷中“人物门”：“王绹，字唐公，……建炎己酉为御史中丞。”

《系年要录》卷一七，建炎二年九月壬辰：“御史中丞兼侍讲王绹。”

《考正》卷二之四“侍读、侍讲”条：“‘唐公’为王绹字，何以删去‘公’字？”（下略）

又，徐俯以台谏官所兼经筵官乃侍读，而非侍讲，“徐俯二人”四字可删。

《宋史·徐俯传》：“绍兴二年，赐进士出身，兼侍读。”

《系年要录》卷六二，绍兴三年正月壬戌：“右谏议大夫徐俯兼侍读。”

绍兴二十五年，则正言王珉、（3814页倒4行）

“正言”有左、右之分，时王珉为右正言。

《系年要录》卷一六八，绍兴二十五年二月甲午：“殿中侍御史兼崇政殿说书董德元、右正言王珉并兼侍讲。”

非台丞、谏长而以侍讲为称，又自此始。其后，犹或兼说书，台官自尹穑，隆兴二年五月；谏官自詹元宗，乾道九年十二月。（3814页倒3、倒2行）

《宋志》于此多处用职官别名、简称，体例未正，当改“台丞”为“御史中丞”，“谏长”为“左、右谏议大夫”，“台官”为“御史台官”，“说书”为“崇政殿说书”。

又，“詹元宗”系“詹亢宗”之误。

《南宋馆阁录》卷七“官联”：“著作佐郎：乾道以后十九人，詹亢宗，字道子……”

《朝野杂记》乙集“非台丞谏长而兼侍讲”：“绍兴二十五年，董殿院德元、王正言珉并兼侍讲。非台丞、谏长而以侍讲为称,又自此始。其后,犹或兼说书。台官自尹穑,隆兴二年五月,谏官自詹亢宗,乾道九年十二月。后并以侍讲为称。”

宫观兼侍讲:国初自元丰以来,多以宫观兼侍读。乾道七年,宝文待制胡铨除提举佑神观兼侍讲。(3814页倒1行)

“国初”为“国朝”之误。疑《宋志》沿抄《文献通考》所致。又,小标题为“宫观兼侍讲”,下文又谓“多以宫观兼侍读”。例证又引“乾道七年,宝文待制胡铨除提举佑神观兼侍讲”。表述不一致。其实,孝宗朝后,宫观多兼侍讲,亦有兼侍读。不必太过拘泥于“侍讲”“侍读”之称,实统为“兼经筵”。“侍读”位比“侍讲”略高,则时由侍讲晋为侍读。又“胡铨除提举佑神观兼侍讲”误。据《宋会要·职官》,乾道七年胡铨“提举佑神观兼侍读”。

《通考·职官》八“宫观兼侍讲”:“国初自元丰以来,多以宫观兼侍读。”

《合璧后集》卷二三“侍讲·宫观兼充源流”:“国朝自元丰以来,多以宫观兼侍读。”

《宋会要·职官》六之六一:“孝宗绍兴三十二年六月,即位未改元。……十二月,敷文阁待制、提举万寿观钱周材兼侍讲。……乾道元年十二月,资政殿大学士、左通议大夫、提举万寿观钱端礼兼侍读。”

同上书卷:“乾道六年五月,集英殿修撰、提举佑神观胡铨兼侍讲。……七年三月二十四日,权兵部侍郎、兼侍读胡铨除宝文阁待制、提举佑神观兼侍读。”

崇政殿说书

学士侍从有学术者均为侍讲、侍读,(3815页3、4行)

将“学士侍从”连书，未妥。侍从为近臣之泛称，学士乃专名，应加区分。故宜于“学士”下加顿号或补一“或”字。

《宋会要·职官》六之五八：“侍读、侍讲正七品，崇政殿说书，从七品，掌讲读经史，以学士或侍从职事官有学术者充，其秩卑资浅者充说书。”

仁宗景祐元年正月，命贾昌朝、赵希言、王宗道、杨安国并为崇政殿说书……至是，特置此职以命之。(3815页4—6行)

《分纪》《隆平集》《长编》《东都事略》《玉海》皆谓“崇政殿说书”一职，始置于仁宗景祐元年。而《能改斋漫录》《挥麈录》却说始置于太祖朝。《挥麈录》作者王明清更是确指始置于开宝八年，并谓本自《三朝国史》。倘此论有据，即未能谓景祐元年“特置此职”。

《隆平集》卷一“官名”：“崇政殿说书，景祐元年置，以授贾昌朝。”

《王文公文集》卷八三《赠司空兼侍中文元贾魏公神道碑》：“景祐元年，积官至尚书都官员外郎，乃始置崇政殿说书，而以公为之。”

《长编》卷一一四，景祐元年正月丁亥：“始置崇文院说书。”(按：崇文院应作崇政殿)

《能改斋漫录》卷四“辨误”：“王荆公所作贾魏公神道碑云：‘景祐元年，积官至尚书都官员外郎，乃始置崇政殿说书，而以公为之。’然予按《傅简公嘉话》云：‘太祖少亲戎事，性好艺文，即位未几，召山人郭无为于崇政殿说书。至今，讲官所领阶衔，犹曰崇政殿说书云。’据傅简公所言，则崇政殿说书，不始于仁宗景祐元年矣。岂中尝罢之，而至是再建矣？”

《挥麈前录》卷一“崇政殿讲书肇于开宝”：“明清五世祖拾遗，开宝八年，以近臣荐，自布衣召对，讲《易》于崇政殿，然后命官。崇政殿说书之名，肇建于此。行事具载《三朝国史》。”

元祐间，程颐以布衣为之。(3815页6、7行)

“元祐间”实为“元祐元年”。

《伊川先生年谱》:“元祐元年三月,至京师。……既而命下,以通直郎充崇政殿说书。”

渡江后、尹焞初以秘书兼之,中间王十朋、范成大皆以郎官兼,亦殊命也。(3815 页倒 5 行)

“秘书”后漏一“郎”字。“郎官”指尚书省郎官。南宋间,多以卿监官与监察御史充崇政殿说书,故王十朋、范成大以尚书郎官兼,则属“殊命”。《宋志》于“中间”前漏载“后多以命卿监、察官”一句。

《朝野杂记》乙集卷一三“博士、正字兼说书”:“崇政殿说书:渡江后,自尹彦明始。彦明初以秘书郎兼之,后多以命卿监、察官;中间王龟龄、范致能、王与正皆以郎官兼,亦殊命也。”

《宋史·范成大传》:“字致能,吴郡人。……除礼部员外郎兼崇政殿说书。”

近事,侍从以上兼经筵则曰侍讲,庶官则曰崇政殿说书,故左史兼亦曰侍讲。(3815 页倒 5、倒 6 行)

“左”字后漏一“右”字。

《二老堂杂志》卷二“侍讲、说书”:“近事,侍从以上兼经筵则曰侍讲,庶官则曰崇政殿说书,故左、右史兼亦曰侍讲。”

庆元后,……正言兼说书自端明巫伋始,副端兼说书自端明余尧弼始,察官兼说书自少卿陈夔始,(3815 页倒 2、倒 1 行)

此段源出《朝野杂记》,《杂记》习用职官别名、简称,《宋志》照抄不妥,宜一一改用其正式官称。

“正言”,此指巫级任右正言。

“副端”,此指余尧弼任殿中侍御史。

“察官”,此指陈夔任监察御史。

“端明”系“端明殿学士”之略写,然巫伋、余尧弼以正言、副端兼说书时,皆未为端明殿学士,此属追改,二“端明”当删去。

“少卿”此指陈夔任太常少卿。

“陈夔始”下之逗号应易为句号。

《系年要录》卷一五六，绍兴十七年九月甲申：“殿中侍御史余尧弼兼崇政殿说书。”

《系年要录》卷一五八，绍兴十八年十月戊午：“监察御史陈夔兼崇政殿说书。”丙辰：“御史中丞兼侍讲余尧弼为端明殿学士、签书枢密院事兼权参知政事。”

《系年要录》卷一六一，绍兴二十年三月癸未：“端明殿学士、签书枢密院余尧弼参知政事。给事中兼侍讲、权直学士院巫伋为端明殿学士、签书枢密院事。”

《系年要录》卷一六三，绍兴二十二年六月壬午：“中书门下省检正诸房公事兼崇政殿说书陈夔试太常少卿。”

《系年要录》卷一五六，绍兴十七年四月辛丑：“右正言巫伋兼崇政殿说书。自秦熺兼侍读，每除言路，必与经筵。朝廷动息，台谏常与之相表里焉。”

修注兼说书自朱震始。修注官多得兼侍讲。（3815 页倒 1 行、3816 页 1 行）

此处所述为南宋史事，“修注”正称应为起居郎或起居舍人，或以“起居官”称之亦可。

又，“修注兼说书”为衍文，可删。盖《宋志》转抄《通考》“修注兼侍讲自朱震始修注官多得兼侍讲”时，误“侍讲”为“说书”，并“修注兼侍讲”本为小目，“自朱震始”以下文字为阐述，校点本也未及分辨，故有此误。今改正如下：“自朱震始，修注官多得兼侍讲。”

《通考·职官》八“翰林侍讲学士”：“修注兼侍讲：自朱子发后，修注官多得兼侍讲。”

《朝野杂记》乙集卷一三“修注官以史院易经筵非故典”：“自朱子发后，修注官多得兼侍讲。”原注：“渡江后，惟王枢密纶以右史兼说书，其他无此比也。”

《系年要录》卷八九，绍兴五年五月己亥："起居郎兼侍讲朱震。"

《宋史·王纶传》："（绍兴二十五年）桧死，召为起居舍人兼崇政殿说书。"

开禧三年十一月，王简卿知谏院为左史，仍兼崇政殿说书。（3816页1行）

"王简卿"即"王居安"，"简卿"为字，当改。"左史"为"起居郎"别名，当用正称。"知谏院"为"去谏院"之误，当改。

《宋史·王居安传》："字资道，黄岩人。始名居敬，字简卿。"

《朝野杂记》乙集卷一三"修注官以史院易经筵非故典"："（开禧三年十一月）王简卿去谏院为左史，仍兼崇政殿说书。言者犹以为不可，罢之。"

《宋史·王居安传》："除目夜下，迁起居郎兼崇政殿说书。于是，为谏官才十有八日。既供职，即直前奏曰……江陵项安世致书曰：'左史，人中龙也。'"

诸殿学士

观文殿大学士

学士之职，资望极峻，无吏守，无职掌，惟出入侍从备顾问而已。（3816页3行）

"学士"，系指殿学士，不包括《宋志》下文之"阁学士"。《宋志》于诸阁学士前，有一条概括性前言"总阁学士、直学士"，然未能遵《通考》体例，于诸殿学士前列"总学士"之目，未妥。宜另立"总殿学士"于"观文殿大学士"之前，并将此句移置于"总殿学士"之下。

《通考·职官》八："总学士：宋朝殿学士有观文殿大学士、学士，资政殿大学士、学士，端明殿学士。殿学士资望极峻，无吏守，无典章，惟出入侍从备顾问而已。观文殿大学士，非曾为宰相不除。观文殿学士、资政殿大学士及学士，并以宠辅臣之去位者。端明殿学士，惟学士久次者始除，近岁以待签枢云。”

熺知枢密院、郊祀大礼使，（3816页倒7行）

此处，《宋志》之误有二：其一，秦熺非按惯例以知枢密院事为礼仪使。秦熺虽曾二次授命知枢密院事，但为时甚短。至绍兴十九年差为郊祀礼仪使时，秦熺官职为观文殿学士、提举万寿观。其二，秦熺始终未曾差为郊祀大礼使，缘大礼使止差宰相。绍兴十九年十月，秦熺亦差为郊祀礼仪使。故《宋志》当改“熺知枢密院、郊祀大礼使”句为“先是，熺以观文殿学士、提举万寿观为郊祀礼仪使”。

《中兴礼书》卷二二“吉礼·郊祀五使”条：“绍兴十六年十月五日，礼部言：契勘今来郊祀大礼合差五使，取自朝廷指挥降敕差。诏差大礼使：太师、尚书左仆射秦桧；礼仪使：签书枢密院事李若谷；仪仗使：资政殿学士秦熺；卤簿使：御史中丞何若；桥道顿递使：权刑部尚书周三畏，并更不置司。合行事，令三省礼房专行。绍兴十九年十月五日，诏差大礼使：太师、尚书左仆射秦桧；礼仪使：观文殿学士秦熺……”

《系年要录》卷一六〇，绍兴十九年十月癸丑：“观文殿学士、提举万寿观秦熺为郊社（祀）礼仪使。”

《系年要录》卷一六一，绍兴二十年三月戊子：“观文殿学士、左通奉大夫、提举万寿观、秘书省兼侍读秦熺为特进，加大学士，充观使。”

《春明退朝录》卷上：“每南郊大礼，循唐制命五使，宰相为大礼使，学士充礼仪使、卤簿使，御史中丞为仪仗使，知开封府为桥道顿递使。而礼仪使本太常卿事。”

资政殿大学士

明道元年，李迪知河阳。召还，始再命之。（3817页8行）

“召还”前，当补上“二年”。“知河阳”下之句号，宜改为分号。

《长编》卷一一二，明道二年四月庚子：“工部尚书李迪初自河阳还，以国哀未得入谒。至是，特召见之，寻命迪为资政殿大学士、判都省。”

宋庠罢参知政事，仁宗眷之厚，因加此职。（3817页9行）

宋庠于宝元二年、庆历五年两次任参知政事，其加资政殿学士职名（按：非资政殿大学士），是在第一任参政罢免知扬州、改知郓州后，非罢参政即加。故而，此句可改为：“宋庠初罢参知政事，知扬州，未几，改知郓州，仁宗眷之厚，因加资政殿学士。”

《宋史·宋庠传》：“宝元中，以右谏议大夫参知政事。……与宰相吕夷简论数不同，……乃以庠知扬州。未几，以资政殿学士徙郓州。”（并参《宋史·宰辅表》二）

自钦若后，非宰相而除者，惟庠一人。（3817页倒7、倒6行）

自王钦若后非宰相而除资政殿大学士者，首推李若谷。若谷于康定元年九月以参知政事罢，授大资。宋庠未曾授大资，仅为资政殿学士。“惟庠一人”一句，可改为“首推李若谷”。

《宋宰辅编年录》卷四，康定元年九月戊午：“李若谷罢参知政事。”原注：“为资政殿大学士、吏部侍郎、提举会灵观事。”（《长编》卷一二八同）

康定二年，右正言梁适请遵先朝故事，定以员数。（3817页倒6行）

“康定二年”当易为“庆历元年”。缘定资政殿大学士、学士员数事在康定二年十一月二十日改元“庆历”后的十二月十八日，故当以系“庆历元年”为确。

《宋史·仁宗纪》三：“庆历元年十一月丙寅，祀天地于圜丘，大赦，改元。”

《长编》卷一三四，庆历元年十二月戊戌：“诏资政殿大学士自今定置两员、学士三员。”

十六年，秦桧弟梓以端明卒于湖州，进大资致仕，（3817 页倒 4、倒 3 行）

“秦桧弟梓”为“秦桧兄梓”之误。

“端明”与“大资”皆宜书其全称“端明殿学士”与“资政殿大学士”。

“卒于湖州”，误，实“卒于建康”。

《中兴两朝圣政》卷一，建炎元年六月己卯：“秦梓充枢密院编修官。梓，桧兄也。”

《系年要录》卷一五五，绍兴十六年二月癸丑：“端明殿学士、知宣州秦梓移知湖州。未上，卒于建康。辛酉，除资政殿大学士。”

端明殿学士

宋太宗初，以程羽为之，后随殿名改为文明殿学士。（3818 页 3、4 行）

程羽并未先除端明殿学士，而是于太平兴国五年授文明殿学士。

《长编》卷二一，太平兴国五年正月庚寅：“以礼部侍郎程羽为文明殿学士。”

明道二年，改承明殿为端明殿，复置端明殿学士，（3818 页 4 行）

改殿名与复置端明殿学士非同一年内时事。“明道二年”，当易为“明道元年”；“复置”前当加“二年”。

《玉海》卷一六一“端明殿”：“明道元年十月甲辰，改承明殿为端明；二年八月丁巳，置端明殿学士，在资政殿学士之下。”

《东斋记事》卷一：“明道元年，改承明为端明。二年，除宋宣献公为学士，与文明之职并存，而降其班序。”

政和中，尝改为延康殿。建炎二年……诏依旧。（3818 页 6、7 行）

改名号之年宜确指，“政和中”即“政和四年”。“延康殿”当为“延康殿学士”。

《玉海》卷一六〇“端明殿”:“政和四年八月三日,改为延康殿学士,中兴复旧。”

《宋会要·职官》七之九“延康殿学士”:“高宗建炎二年二月十三日,都省言:延康殿学士,祖宗朝旧系端明殿学士;述古殿直学士,旧系枢密直学士。诏并依旧。”

诸阁学士

龙图阁学士　直学士　待制

天章阁学士　直学士　待制

宝文阁学士　直学士　待制

显谟阁学士　直学士　待制

徽猷阁学士　直学士　待制

敷文阁学士　直学士　待制

焕章阁学士　直学士　待制

华文阁学士　直学士　待制

宝谟阁学士　直学士　待制

宝章阁学士　直学士　待制

显文阁学士　直学士　待制(3819 页 2 行至 3821 页 5 行)

以上十一阁,皆当与“学士”空一格,因《宋志》每阁皆先叙建阁缘由与时间,复叙所置诸阁之职。

又,上十一阁,除设学士、直学士、待制等官外,并设直阁,如直龙图阁、直显文阁等。见《宋志》3822 页所载“直天章阁至直显文阁并同”可知。宜于“显文阁学士”条之后,补入“自龙图阁至显文阁皆置直阁之职”一句。

总阁学士　直学士

总阁学士　直学士(3818 页倒 6 行)

“总阁学士　直学士”之后宜补“待制”。宋制,阁职有三等:阁学士、直学士、待制。如其下之“龙图阁学士　直学士　待制”等等。其后又增“直阁”之等。

元丰中,修三省、寺监之制,其职并罢,满岁补外,然后加恩兼职。直龙图阁、省、寺监掌贰补外,或领监司、帅臣则除之;待制、杂学士、给谏以上补外则除之。(3818 页倒 5—倒 3 行)

此段文句有漏落、标点有误,致难以卒读。

其一,此段文字本自刘挚奏议,对照《长编》,“然后加恩兼职”之后,原有“常视治行优劣以为厚薄。除三馆归秘书省为职事官外,有直龙图阁”诸重要文字,即是说,元丰改制后,三馆职名尽归秘书省为职事官,其余职名除保留有直龙图阁一职用以授补外任者之外,概罢之。《合璧后集》及《通考》将此段文字删去,而把“直龙图阁”与“省、寺监长贰补外”相连,致后人误读,并难以明了其义。既谓“其职并罢”,又何以有直龙图阁之职?或如校点本《宋志》所理解,直龙图阁与省、寺监掌(长)贰一同补外,然直龙图阁是职名,岂能混同职事官“补外”?“则除之”,此“除之”又是何意?

其二,校点本于“杂学士”下误用顿号,致与“给谏”并列,与本义乖违。原义系指给事中、谏议大夫以上职事官补外,则除“待制”或“杂学士”之职名。

兹将这段文字重修,并重加标点如下:“元丰中,修三省、寺监之制,其职名并罢。满岁补外,然后加恩兼职,常视治行优劣以为厚薄。除三馆归秘书省为职事官外,有直龙图阁,省郎、寺监长贰补外,或领监司、帅臣,则除之;待制、杂学士(按:此指龙图阁待制、龙图阁直学士),给、谏以上补外则除之。亦系一时恩旨,非有必得之理。”

至是，此段文义方晓畅：自元丰改官制后，三省官、寺监长贰通为职事官，不复兼带职名。然职事官出补外任，或有加恩，仍许兼职以荣之；但，兼何种职名，须视其人政绩操行之优劣以分厚薄，区别等级。所有职名，除三馆秘阁在元丰改制中已归秘书省为职事官之外，直龙图阁作为三省官、寺监长贰补外领监司或帅臣时之兼职。故转运使常带直龙图阁。而学士、待制之职，以给事中、谏议大夫补外则方许带之。以上均非常制。此为元丰改制后至元祐元年前兼职之大概。

《合璧后集》卷五七“阁学门”：“元丰中，修三省寺监之制，其职并罢。满岁补外，然后加恩兼职。直龙图阁，省郎、寺监长贰补外或领监司、帅臣则除之；待制、杂学士，给、谏以上补外则除之。系一时恩旨，非有必得之理。元祐二年，诏复增馆职……”

《宋朝事实》卷九：“元丰五年，职事官贴职悉罢，以崇文院为秘书省官属。”

《却扫编》卷上：“初诸阁，唯龙图有直阁，馆职之久次与帅臣、监司之有勤劳者乃得之。”

《长编》卷三三一，元丰五年十一月乙未：“河东路转运判官、通直郎蔡煜直龙图阁、知秦州。”

《宋志》二“校勘记”之二〇：“直龙图阁省寺监掌贰补外：‘掌’当作‘长’，‘省’下脱一‘郎’字。《合璧事类》后集卷五七、《通考》卷五四《职官考》此句都作：‘直龙图阁、省郎、寺监长贰补外’，是。”（按：“校勘记”于“直龙图阁”下用顿号，非是，宜易为逗点）

元祐二年，诏复增馆职及职事官并许带职，尚待二年加直学士，（3818 页倒 3、倒 2 行）

“元祐二年”为“元祐元年”之误。

“尚待”为“尚书”之显误，当改。

《十朝纲要》卷一二，哲宗元祐元年三月甲申：“诏职事官许带职。”

《长编》卷三七三，哲宗元祐元年三月乙酉："诏职事官许带职。……内尚书非学士除者，更不带待制，俟二年加直学士。"

绍圣三年，诏职事官罢带职，(3818 页倒 2、倒 1 行)

职事官复罢带职，当系于绍圣二年。

《宋史·哲宗纪》二："绍圣二年夏四月戊辰，诏职事官罢带职。"

《合璧后集》卷五七"阁学门"引《续会要》："绍圣二年，诏职事官罢带职，非职事官仍旧。"(《长编》卷三七三同)

中兴后，学士率以授中司、(3818 页倒 1 行)

"中司"应用正称"御史中丞"。

《忠肃集》卷一《谢御史中丞表》："忽起从于横榻，俾遂正中司。"

龙图阁学士　直学士　待制

龙图阁学士　直学士　待制　大中祥符中建。(3819 页 1 行)

《宋志》谓龙图阁建成于真宗大中祥符间，似可疑。因景德元年十月，戚纶、杜镐已除龙图阁待制。或说咸平二年，龙图阁已建成。

《长编》卷四四，咸平二年闰三月庚寅："诏三馆写四部书二本来上，一置禁中之龙图阁，一置后苑之太清楼，以备观览。"

《长编》卷五〇，咸平四年十一月丁亥："幸龙图阁，召近臣观太宗御书及古今名画。"

《长编》卷五八，景德元年十月己酉："初置龙图阁待制，以都官郎中、直秘阁杜镐，右正言、秘阁校理戚纶为之。"

在会庆殿西偏，北连禁中，(3819 页 2 行)

龙图阁、天章阁诸阁，皆位在宫城内西面，东连会庆殿(又名集英殿或含光殿)、皇仪殿(又名滋福殿)、垂拱殿(旧名长春殿)、崇政殿等皇帝视朝阅事之所，即所谓"禁中"。故《宋志》谓"北连禁中"，非是，当改为"比连禁中"。

《愧郯录》卷一四"九阁"："龙图阁……在会庆殿西偏，比连禁中，阁东曰资政殿，阁西曰述古殿。”

《合璧后集》卷五七“龙图阁”：“西清　元祐中，苏辙奏祖宗御集皆于西清建重屋，号龙图、天章、宝文阁，以藏其书，为不朽计。”

有学士、直学士、待制、直阁等官。（3819 页 4 行）

“学士”“待制”之类，称“职名”，或省称“职”，非“官”之谓。此“官”字当改为“职”。

《合璧后集》卷五七“阁学门”：“国朝庶官之外，别加职名，所以厉行义、文学之士，高以备顾问，其次与论议、典校雠，得之为荣。”

天章阁学士　直学士　待制

天章阁学士　直学士　待制　天禧四年建。（3819 页倒 7 行）

天章阁曾置侍讲，“待制”后可补入“侍讲”。

《分纪》卷一五“天章阁”：“天章阁　学士　直学士　待制　侍讲”。

明年，仁宗即位，修天章阁毕，以奉安真宗御制。（3819 页倒 7、倒 6 行）

前文云天章阁“天禧四年建”，此处“明年”即天禧五年。天章阁成于天禧五年，仁宗即位在乾兴元年十月，“仁宗即位”四字当删。

《长编》卷九七，天禧五年三月：“戊戌，天章阁成，群臣称贺。……庚子，……奉安御集、御书于天章阁，遂宴辅臣阁下。”

《长编》卷九八，乾兴元年二月：“戊午，上（真宗）崩于延庆殿。仁宗即皇帝位。”

东曰群玉殿，西曰蕊珠殿，北曰寿昌殿，南曰延康殿。（3819 页倒 6、倒 5 行）

“南曰延康殿”，误。应订正为“寿昌殿之西曰延康殿”。故延康殿于天章阁之相对位置，应在西北。

《分纪》卷一五“天章阁”：“阁在会庆殿西，龙图阁之北。……阁东曰群玉殿，西曰蕊珠殿，北曰寿昌阁（一本作“殿”），寿昌东曰嘉德殿，西曰延康殿。”

《枫窗小牍》上：“天章阁下有群玉、蕊珠二殿。有宝文阁（旧称寿昌阁，庆历元年改），阁东、西有嘉德、延康二殿。”

内以桃花文石为流杯之所。（3819 页倒 5 行）

用精致桃花纹石铺就之“流杯之所”，实与天章阁无关，而是延康殿之景观。《宋志》未加考察，意谓天章阁内，大谬，当删。

《玉海》卷一六一“庆历嘉德、延康殿”：“阁东西序嘉德、延康二殿，殿间以桃花文石为流杯之所。政和中，置延康殿学士。”

《云林石谱》下：“韶州桃花石，出土中，其色粉红斑烂，稍润，扣之无声，可琢器皿，或为镇纸。”

以在位受天书祥符，改曰天章，（3819 页倒 5 行）

宋真宗天禧四年兴工修天章阁，阁名自始即称“天章”；而所谓“受天书祥符”闹剧，发生在大中祥符元年，何有改阁名之理？此“改”显属“故”字之误。

《长编》卷九六，天禧四年十一月己亥：“命宰相都大管勾新修天章阁。”

《玉海》卷一六三“天禧天章阁”：“阁以天章为名。以天书祥符，故曰天章。”

学士罕以命人，迄仁宗世，才王赞一人。（3819 页倒 3 行）

王贽系“天章阁直学士”，非“天章阁学士”，当删去“迄仁宗世，才王贽一人”。

《长编》卷一七五，仁宗皇祐五年十二月壬戌：“天章阁直学士、吏部郎中王贽为枢密直学士、京畿水陆计度转运使。”

宝文阁学士　直学士　待制

阁在天章阁之东西序，（3820 页 3 行）

宝文阁在天章阁之西,"东"字当删去。

《玉海》卷一六三"庆历宝文阁":"在天章阁西序,群玉、蕊珠殿北,即宝文阁,旧曰寿昌阁。"

学士,治平四年初置,以吕公著兼。直学士,治平四年初置,以邵必为之。待制,治平四年初置。(3820 页 5—7 行)

依前两句体例,"治平四年初置"后可补"以傅卞为之"五字。

《皇朝编年纲目备要》卷一七,治平四年:"五月,置宝文阁学士、直学士、待制。以翰林学士吕公著、知制诰邵必、同知谏院傅卞为之。"

显谟阁学士　直学士　待制

学士、直学士、待制,并建中靖国元年置。(3820 页倒 5、倒 4 行)

此句为重文,可删。

徽猷阁学士　直学士　待制

大观二年,初建徽猷阁,(3820 页倒 3 行)

"大观二年"下之逗号,当移置于"初"字之下,原意为"大观二年初",而非"初建徽猷阁"。

《玉海》卷一六三"大观徽猷阁":"二年建哲宗御书阁,二月十三日甲午,诏议徽猷为名,置学士、直学士、待制。"

焕章阁学士　直学士　待制

淳熙初建。……十五年,置学士等官。(3821 页 1 行)

焕章阁,淳熙十五年建。《合璧后集》卷五七、《通考·职官考》八均谓"淳熙间建",亦可。然《宋志》改"间"字为"初",却误。淳熙年号用了十五年,淳熙十五年属淳熙末,岂可云"淳熙初"!宜把"建"字改为"置",将下句"十五年"移入,作"淳熙十五年置"。又,"藏高宗御制”下的句号，改为逗号，以与前后各条划一。

《玉海》卷一六三“淳熙焕章阁”条：“十五年十一月九日建阁，藏高宗圣制。……置学士、直学士、待制、直阁。”

《愧郯录》卷一四“九阁”条：“高宗以淳熙十五年十月八日上仙。而是年十一月九日，即诏建焕章阁，备官制。”

庶官贴职

集英殿修撰

国初，有集贤殿修撰、直龙图阁、直秘阁三等。政和六年，始置集英殿修撰、右文殿修撰、秘阁修撰。旧制，贴职无杂压，至是因增置，乃定为杂压。（3821页6、7行）

“国初”，实指哲宗元符二年十一月，离北宋初建已有一百三十九年，岂能仍称“国初”？当改为“元符二年”。

又，“有集贤殿修撰”之前，当补加“贴职”之总括语，不然，难以明白所分三等为何名目。

《长编》卷五一八，哲宗元符二年十一月辛巳：“诏集贤殿修撰、直龙图阁、直秘阁依旧外，余依前诏（按：指元丰五年四月罢贴职诏）。”

《清波杂志》卷一二：“贴职初止有集贤殿修撰、直龙图阁、直秘阁三等耳。”

右文殿修撰

易集贤殿学士为修撰。（3821页倒6、倒5行）

宋代无“集贤殿学士”之名，但有集贤院大学士、学士；此处“集贤殿学士”当改为“集贤院学士”。又，集贤院学士改名为“集贤殿修撰”，故“修撰”前宜补加“集贤殿”三字。

《分纪》卷一五“集贤院”:“绍圣二年四月二日,敕改直集贤院为直秘阁,集贤院学士为集贤殿修撰。”

《玉海》卷一六八“祥符崇文外院”:“元丰五年,以崇文院为秘书省,建秘阁于中。哲宗元祐五年九月十六日,复置集贤院学士。绍圣二年四月三日戊辰,易为集贤殿修撰。”

政和六年,以集贤院无此名,其见任集贤院修撰并改为右文殿修撰,(3821 页倒 5 行)

“集贤院”为“集贤殿”之误;“集贤院修撰”为“集贤殿修撰”之误(详参上一条补正)。

“政和六年”或为“政和五年”之误。宋人著作如《宋朝事实》《玉海》《宾退录》《十朝纲要》《皇朝编年纲目备要》以及元修《宋史·徽宗纪》皆为“政和五年”,唯《通考》《合璧后集》所引《续会要》及《宋会要·职官》一八之五三系于政和六年,《宋志》亦作政和六年。疑《续会要》记载有误。

《十朝纲要》卷一七:“政和五年四月庚戌,秘书省殿以右文为名,改集贤殿为右文殿。”

《玉海》卷一六〇“政和右文殿”:“政和五年四月十日,诏秘书省殿以右文殿为名。改集贤殿修撰为右文殿修撰。”

秘阁修撰

政和六年置,以待馆阁之资深者,仍多由直龙图阁迁焉。(3821 页倒3行)

“以待馆阁”前宜补入“贴职修撰之一”六字。不然,如《宋志》所示,止以秘阁修撰待馆职之资深者,非是。又,句末宜补入“次于右文殿修撰”。

《官制旧典》:“贴职修撰,以待馆阁之资深者,仍多由直龙图迁焉。”(《合璧后集》卷五七转引)

直天章阁至直显文阁

直天章阁至直显文阁并同。(3822 页 2 行)

“并同”后宜补“直龙图阁。凡直阁为庶官任藩阃、监司者贴职”，“并同”下之句号可删去。

《宋史·职官志》三《直龙图阁》:“中兴后,凡直阁为庶官任藩阃、监司者贴职,各随高下而等差之。”

直秘阁

太宗端拱元年,诏就崇文院中堂建秘阁,(3822 页 3、4 行)

端拱元年置秘阁于崇文院,然未建屋宇,直至淳化三年五月,方建造秘阁。故此“建秘阁”当改为“置秘阁”。

《麟台故事》卷一“沿革”:“端拱元年五月辛酉,诏置秘阁于崇文院中堂。……淳化三年五月,诏增修秘阁。先是,度崇文院中堂为秘阁之址,而层宇未立,书籍止置偏厅庑内,至是始修成,八月阁成。”

《长编》卷二九,端拱元年五月辛酉:“置秘阁于崇文院,分三馆之书万余卷,以实其中。”

以右司谏直史馆宋泌为直秘阁。(3822 页 4、5 行)

“右司谏”与“直史馆”之间当用顿号分开,“为直秘阁”宜易作“兼直秘阁”。宋泌初以右司谏兼直秘阁,后以左司谏兼直秘阁。

《长编》卷二九,端拱元年五月辛酉:“右司谏、直史馆宋泌兼直秘阁。”

《小畜集》卷一八《上史馆吕相公》:“今馆中之士先进者,有若金部员外郎安德裕、左司谏兼直秘阁宋泌,皆砥砺名节。”

直馆、直院则谓之馆职,以他官兼者谓之贴职。(3822 页 5 行)

“直馆”后当补入“直秘阁”。缘直秘阁既是馆职,又可为贴职。

《容斋四笔》卷一“三馆秘阁”:“国朝儒馆仍唐制,有四:曰昭文馆，曰史馆，曰集贤院，曰秘阁。……四局各置直馆，均谓之馆职。”

又，馆职范围实不止于“直馆、直院”。《容斋随笔》卷一六“馆职名存”：“国朝馆阁之选皆天下英俊，然必试而后命，一经此职，遂为名流。其高者曰集贤殿修撰，史馆修撰，直龙图阁，直昭文馆、史馆、集贤院、秘阁；次曰集贤、秘阁校理；官卑者曰馆阁校勘、史馆检讨，均谓之馆职。”

《麟台故事》卷一“沿革”：“直馆至校勘通谓之馆职。”

元丰以前，凡状元、制科一任还，即试诗赋各一而入，否则用大臣荐而试，谓之入馆。（3822 页 5、6 行）

此说源于《石林燕语》卷六，只是大略而言，不完全准确。

《〈石林燕语〉辨》云：“治平四年闰三月，诏馆职罢试诗赋，而试论一首、策一道；又熙宁二年十二月，诏自今制科第三等、进士第一人及第者，一任回更不试馆职。此云‘元丰以前凡状元、制科一任还，即试诗赋各一’皆非也。”

据欧阳修言，馆阁取士有三路，此仅举二路，且至英宗治平时，进士高科入馆与大臣荐举二路已塞，唯存“酬劳带职”一路，《宋志》却漏载，未妥，宜补入。

《欧阳修全集》卷一一四《又论馆阁取士札子》：“旧制，馆阁取人以三路：进士高科，一路也；大臣荐举，一路也；岁月酬劳，一路也……历任繁难久次，或寄任重处者，特令带职。今三路塞其二矣……惟有有酬劳带职一路尚在尔。”

《廿二史考异》卷七一“宋史・选举志”：“英宗时，欧阳修言：‘往时入馆有三路，进士高科一路也，大臣荐举一路也，因差遣例除一路也。’此《志》只言高科及荐举，盖因差遣而除者，皆年劳久次之人，不试而授，所谓贴职，非真馆职也。”

官制行，废崇文院为秘书监，（3822 页 6 行）

《宋志》云“废崇文院为秘书监”，“秘书监”为“秘书省”之误；“废”

字宜易作“改”字。

《石林燕语》卷二:“元丰官制行,遂改崇文院为秘书省。”

罢直馆、直院之名,独以直秘阁为贴职,皆不试而除,(3822 页 7、8 行)

此句转引自《石林燕语》卷六,“独以直秘阁为贴职”之后漏“之首”二字,当补入,此其一。

其二,“罢直馆、直院之名”系元丰官制,而“独以直秘阁为贴职之首”,则是元符、政和之制。元符二年,贴职三等为直秘阁、直龙图阁、集贤殿修撰;政和六年贴职九等,为直秘阁、直徽猷阁、直显谟阁、直宝文阁、直天章阁、直龙图阁、秘阁修撰、右文殿修撰、集英殿修撰。两者皆以直秘阁为贴职之初阶,即所谓“以直秘阁为贴职之首”。故而,“罢直馆、直院之名”之下逗号宜易为句号。并于“独以直秘阁为贴职之首”前补加“元符后”三字,“皆不试而除”前,补入“政和以后,增修撰、直阁贴职为九等”诸文字。

《石林燕语》卷六:“官制行,废崇文院为秘书监,建秘阁于中,……罢直馆、直院之名,而书库仍在。独以直秘阁为‘贴职’之首,皆不试而除,盖特以为恩数而已。”

《宋大诏令集》卷一六四“增置贴职御笔政和六年九月”:“增置贴职(九)资,今后依此迁授:直秘阁、直徽猷阁、直显谟阁、直宝文阁、直天章阁、直龙图阁、秘阁修撰、右文殿修撰、集英殿修撰。”

《长编》卷五一八,元符二年十一月辛巳:“诏:集贤殿修撰、直龙图阁、直秘阁依旧外,余依前诏(指元丰五年四月罢贴职诏)。”按:元符二年、政和六年,均以直秘阁为贴职之最初一阶,即所谓“贴职之首”。元祐元年复贴职六等:集贤殿修撰、直龙图阁、直集贤院、直秘阁、集贤校理、秘阁校理。则直秘阁未能列为“贴职之首”。

东宫官

太子太师　太傅　太保　太子少师　少傅　少保

仁宗升储，置三少各一人。参政李昉兼掌宾客，(3822 页倒 3 行)

“仁宗”系赵祯皇帝庙号，“升储”即立为皇太子。《宋志》当书赵祯建储时之身份。此句应改正为“真宗天禧间，为皇太子祯置三少各一人”。又，“李昉”为“李迪”之误。“参政”为参知政事省称。

《长编》卷九二，真宗天禧二年八月甲辰：“立升王受益为皇太子，改名祯。”

《宋史·太宗纪》二：“至道二年二月壬申，司空致仕李昉薨。”

《宋史·宰辅表》一：“天禧元年九月癸卯，李迪自翰林学士、右谏议大夫、知制诰加给事中，除参知政事。”

开禧三年，史弥远自詹事入枢府，乃进兼宾客。已而太子侍立，遂以丞相钱象祖兼太子少傅。明年，景献太子立，象祖兼少师，弥远以右相兼少傅。(3823 页 3、4 行)

此句系年颠倒，以史弥远为太子宾客，岂能在立景献太子之前？又，“景献”为皇太子询谥号，赵询立皇太子时称“荣王曮”，《宋史》未当用谥号。又，“象祖兼少师”“弥远兼少傅”，实系左、右相各兼太子少师、太子少傅。《宋史》此句应改为：“开禧三年，荣王曮立为皇太子，史弥远自詹事入枢府，乃进兼宾客。明年，太子侍立，遂以右相钱象祖兼太子少傅。已而，象祖以左相兼太子少师、弥远以右相兼太子少傅。”

《宋史·宁宗纪》二：“宁宗开禧三年十一月丁亥，诏立皇子荣王曮为皇太子，更名帱。”同前书卷三：“嘉定元年闰四月甲申，诏自今视事令皇太子侍立。”“(嘉定)二年八月戊寅，诏皇太子更名询。”同前书卷四：“(嘉定)十三年八月癸亥，皇太子询薨，谥曰景献。”

《宋宰辅编年录》卷二〇,嘉定元年十月丙子:“钱象祖左丞相:自右丞相除特进、左丞相兼枢密、兼太子少师。史弥远右丞相:自知枢密院事除通奉大夫、右丞相兼枢密使、兼太子少傅。”

景定元年,度宗升储,(3823 页 5 行)

“度宗”宜改为“忠王禥”。

《宋史·度宗纪》:“讳禥,太祖十一世孙。……宝祐二年十月癸酉,进封忠王。景定元年六月壬寅,立为皇太子。”

太子宾客

至道元年建储,初置宾客二人,以他官兼。(3823 页 6 行)

建储不书名字,欠妥。宜于“初置宾客二人”之前,补入“立寿王元侃为皇太子,改名恒”。如是,则知所建储者,系继太宗称帝之真宗。“建储”二字可去。

《玉海》卷一二九“至道东宫官”:“至道元年八月壬辰,以开封尹、寿王为皇太子。……李至、李沆兼宾客。”

天禧四年,参政任中正、枢副钱惟演、参政王曾并兼太子宾客,执政兼东宫官始此。(3823 页 6、7 行)

天禧二年,李迪以参知政事兼太子宾客,前文已有言及。“执政兼东宫官”始于天禧二年,非天禧四年。

《长编》卷九二,天禧二年八月壬子:“以参知政事李迪兼太子宾客。上初欲授迪太子太傅,迪辞以太宗时未尝立保傅,乃止兼宾客,而诏皇太子礼宾客如师傅。”

《旧闻证误》卷一:“仁宗初立为太子,李文定以参政兼宾客。后二年,李迁集贤相兼少傅,其年十一月,皇太子听政,遂命宰政悉兼东宫官。”

《宋史·真宗纪》三:“(天禧)二年八月甲辰,立皇子升王为皇太子。”

《宋史·李迪传》:“仁宗为皇太子,除太子太傅。迪辞以太宗时未尝立保傅,止兼太子宾客。诏:皇太子礼宾客如师傅。”

太子宾客……中兴后不置。(3823页7行)

南宋高宗、孝宗两朝建储置东宫官,未见除授太子宾客,多置詹事。然自宁宗开禧末立荣王曮为皇太子之后,复置宾客,并以执政兼,理宗朝亦如之。故《文献通考》谓“中兴后,宾客罕除”。而《宋志》作“中兴后不置”,岂不矛盾?宜改“中兴后”为“中兴初”。

《通考·职官》一四“太子宾客”:“中兴后,宾客罕除。”

《宋季政要》卷三:“景定二年八月,江万里除端明殿大学士、同签书枢密院事、兼太子宾客。”按:“端明殿大学士”为“端明殿学士”之误。王瑞来笺证《宋季政要》已有考订。

《宋史全文》卷三六“宋理宗八”:“景定二年八月乙巳,诏江万里为端明殿学士、同签书枢密院事、兼太子宾客。”

景定元年,度宗升储,(3823页8行)

“度宗升储”宜易为“忠王禥升储”。

太子詹事

仁宗升储,置詹事二人。(3823页倒7行)

“仁宗升储”应改为“真宗立升王祯为皇太子”。

《长编》卷九二,天禧二年八月甲辰:“立升王受益为皇太子,改名祯。”

神宗、钦宗升储,并置二人,(3823页倒7行)

“神宗、钦宗升储”宜改为“英宗立颍王顼为皇太子、徽宗立定王桓为皇太子”。

《宋史·英宗纪》:“治平三年十二月壬寅,立颍王顼为皇太子。”

《宋史·徽宗纪》三:“政和五年二月乙巳,立定王桓为皇太子。”

乾道元年,庄文太子立,置詹事二人。(3823页倒6行)

庄文太子，即宋孝宗赵昚嫡长子愭，乾道元年立为皇太子，三年病逝，谥庄文。赵愭立为太子与死后谥“庄文”，事隔三年，《宋志》于乾道元年即用“庄文”谥号，欠妥。此句宜改为“乾道元年八月，孝宗立邓王愭为皇太子”。

《宋史·宗室》三：“庄文太子讳愭，孝宗嫡长子也。……封邓王。……乾道元年，立为皇太子。……三年秋……薨，年二十四，谥庄文。”

《宋会要·职官》七之二六：“孝宗乾道元年八月九日，诏皇子愭立为皇太子。……十一日，诏中书舍人蒋芾、起居郎魏杞并兼太子詹事。……九月七日，诏太子詹事每遇东宫讲读日，并往陪侍。”

逾月，诏太子詹事遇东宫讲读日，并往陪侍。（3823 页倒 6、倒 5 行）

缘上文“乾道元年”未系月，《宋志》此云“逾月”亦成空文。依上条于“乾道元年”下补入“八月”后，“逾月”当易为“九月”（详参上条《宋会要·职官》七之二六）。

七年，光宗正储位，（3823 页倒 5 行）

“光宗正储位”宜改为“孝宗立皇子惇为皇太子”。

《宋会要·职官》七之二七：“乾道七年二月八日，诏皇第三子惇立为皇太子。”

景定元年，度宗升储，以杨栋兼詹事。（3823 页倒 4 行）

“度宗”宜依前易为“忠王禥”。

又，与集英殿修撰杨栋并为太子詹事者，有知建宁府叶梦鼎，未可省去，以见南宋每置太子詹事为二员之制。

《宋史·理宗纪》五：“景定元年六月壬寅，诏立皇子忠王禥为皇太子，……甲寅，杨栋、叶梦鼎并太子詹事。”

太子左、右庶子　左、右谕德

仁宗、神宗升储，庶子、谕德各置二人。钦宗升储，置一人。

(3823页倒2行)

政和间，徽宗立长子赵桓为皇太子时，左、右庶子，左、右谕德并设。《宋志》及《通考》谓“钦宗升储，置一人”非是。此段文字，应在“神宗”之下补入“钦宗”二字。又末句七字均应删去。

《宋会要·职官》七之二二眉批：“寄案：《大典》卷二万二千四百二十三引《四朝志》云：宋朝东宫官有左、右谕德，建储即置，否则阙。仁宗、神宗、钦宗升储，皆置二人，并他官兼。”

《宋会要·职官》七之二五引《续国朝会要》：“（政和）六年四月十三日，……除给事中方会、尚书吏部侍郎刘焕，并兼太子詹事。”“八年，刘焕、方会罢，以左庶子李诗、右庶子耿南仲为詹事。”

乾道元年及七年，各置一人。(3823页倒1行、3824页1行)

乾道元年、七年，孝宗先后两次立皇太子，庶子、谕德各置一人，皆除左，即除太子左庶子、太子左谕德，不除右。《宋志》应在句末补入“除左虚右”四字。

《合璧后集》卷四六“太子庶子”：“乾道中，庶子、谕德除左不除右。”

《宋会要·职官》七之二七、二八：“（乾道）七年二月八日，诏皇第三子惇立为皇太子。……（三月）十八日，诏起居郎莫济兼太子左庶子，起居舍人李彦颖兼太子左谕德。”

太子侍读　侍讲

茶汤罢。(3824页6行)

“茶汤罢”下之句号宜易为逗号，再补入一“退”字，用句号断住，此为仪式。

《宋会要·职官》七之二八：“今来东宫节朔，且仿昕朝礼例，……谢辞，初如常见之礼，后离位致词，复位就座，拜；茶汤罢，退。”

太子中舍人　舍人

至道、天禧各置一人。(3824 页倒 4 行)

至道、天禧后脱“建储”二字。

《通考·职官》一四:“中舍人　舍人　至道、天禧建储各置一人。”

资善堂　翊善　赞读　直讲　说书
皇太子宫小学教授　资善堂小学教授

翊善、赞读、直讲皆旧制。(3824 页倒 2、倒 1 行)

《宋志》此间云“旧制”,系相对于南宋制度而言,为南宋人修本朝史所习用;然非元朝修宋史者所宜剿袭。“旧制”当改为“北宋之制”。

《玉海》卷一六一“祥符资善堂”:“宣和元年,诏置直讲、翊善、赞读。”

《朝野杂记》乙集卷一三“资善堂翊善、赞读”:“资善堂翊善、赞读,绍兴五年六月初置,以命朱子开、范元长,时孝宗以建国公就傅故也。”

政和元年,定王、嘉王出就资善堂听读,诏宰执就见。(3825 页 2、3 行)

“定王”“嘉王”宜标出其名,即“定王桓”“嘉王楷”。

又,宣和元年四月,资善堂俱置翊善、赞读、直讲等官,于说明北宋资善堂编制颇有意义。《宋志》宜于“诏宰执就见”之下,补入“宣和元年,诏置翊善、赞读、直讲”十二字。

《玉海》卷一六一“祥符资善堂”:“政和元年三月二十七日,定王、嘉王出就资善堂听读。二年,诏许讲筵官到堂参见。宣和元年四月,诏置直讲、翊善、赞读。”

《宋史·徽宗纪》二:“大观二年春正月庚申,京兆郡王桓为定王,高密郡王楷为嘉王。”

以左史范冲充翊善，右史朱震充赞读，（3825页5、6行）

“左史范冲”为“宗正少卿范冲”之误。“右史朱震”为“左史朱震”之误，“左史”系“起居郎”之别名，右史为起居舍人别名。仍宜用“起居郎”正称为妥。

《系年要录》卷八九，绍兴五年五月己亥：“贵州防御使瑗为保庆军节度使，封建国公。……宗正少卿、兼直史馆、兼侍讲范冲充徽猷阁待制、提举建隆观、兼史馆修撰、兼侍讲、资善堂翊善，起居郎、兼侍讲朱震兼资善堂赞读。”

《玉海》卷一六一“绍兴资善堂”：“（绍兴五年五月）二十六日己亥，贵州防御使为保庆军节度使，封建国公。诏宗正少卿、直史馆范冲兼资善堂翊善，起居郎朱震兼资善堂赞读。上亲笔付出。”

淳熙七年，皇孙英国公始就傅，（3825页倒6行）

《宋志》提及宋朝皇帝及其子孙，多不署名，未妥。历史人物，在史书中首次出现，皆当书名。此“英国公”下宜补“扩”名。

《宋史·宁宗纪》一：“宁宗，讳扩，光宗第二子也。……淳熙五年十月戊午，迁明州观察使，封英国公。七年二月，初就傅。”

十六年，光宗即位，皇子进封嘉王，（3825页倒5行）

此“嘉王”即前之英国公赵扩，孝宗之皇孙、光宗之皇子。《宋志》宜于“皇子”后加一“扩”名。

《宋史·宁宗纪》一：“淳熙十六年二月壬戌，光宗受禅。三月己亥，拜少保、武宁军节度使，进封嘉王。”

庆元六年，景献太子为福州观察使，诏令资善堂授书，置小学教授二员。（3825页倒5、倒4行）

景献太子为赵询二十九岁死时所得谥号，其为福州观察使时，年方六岁。《宋志》当易“景献太子”为“宗子曮”。

又，资善堂置小学教授，始于庆元六年，故宜于“置小学教授二员"前加一"始"字。在此之前,资善堂止设翊善、赞读等讲读官,并无小学教授之职。小学教授仅设于皇孙就学之所,其衔为"皇太子宫小学教授"。自庆元六年起,资善堂也参用之。为示区别,仍宜于"小学教授二员"后,增入"旧制,资善堂有翊善等,若皇孙,则为皇太子宫小学教授。至是参用之"。

《宋史·宁宗纪》一:"庆元六年十一月癸丑朔,诏宗子与愿更名曮,为福州观察使。"

《宋史·景献太子传》:"景献太子讳询。……初名与愿。……年六(九)岁,赐名曮,除福州观察使。……嘉定十三年薨,年二十九,谥景献。"

《朝野杂记》乙集卷一三"资善堂小学教授":"资善堂小学教授,旧无有。庆元六年四月始创。……旧制,资善堂称翊善,若皇孙则为皇太子宫小学教授,至是参用之。"

开禧元年,进封荣王,仍开资善堂,置赞读、直讲、说书官各一员,又置翊善一员。(3825页倒4、倒3行)

"又置翊善一员"在开禧三年。

《玉海》卷一二九"绍兴资善堂翊善赞读直讲说书":"开禧元年七月,皇子初封荣王,戎监赵梦极兼赞读;三年三月,礼侍史弥远兼翊善。直讲,宣和元年四月置,开禧元年七月初命邹应龙;又置说书,以命张声道。"

主管左、右春坊事

主管左、右春坊事(3825页倒1行)

北宋皇太子宫左、右春坊司长官称"勾当左、右春坊事",徽宗朝于管勾左、右春坊事之上置有"提举左右春坊事"。而"主管左、右春坊事",系南渡后之称谓,《宋志》未应以南宋之制立目,宜改为"勾当左、右春坊事"。

《合璧后集》卷四六“太子春坊”：“国朝建储闱，即置。仁宗、神宗升储，并以内臣为勾当左、右春坊事。中兴不置。孝宗乾道元年立皇太子，置左、右春坊二员，同左、右春坊二员。”

《宋会要·职官》七之二七：“（乾道七年二月）二十一日，皇太子府言：‘本府承受官一员，主管左、右春坊事二员，同主管左、右春坊事二员。’”

二人，以内臣兼；同主管左、右春坊事二人，以武臣兼；……仁宗、神宗升储，并置。中兴后，置官并同。（3825 页倒 1 行、3826 页 1 行）

此句叙述紊乱。勾当左、右春坊事系升王祯（即仁宗）、颍王顼（即神宗）建储时所置；同主管左、右春坊事乃南宋乾道之制。如何在叙述乾道之制后，又倒叙仁宗、神宗升储时并置？此条应重修如下：

“勾当左、右春坊事　以内臣兼。真宗立升王祯为皇太子，英宗立颍王顼为皇太子，并置之。政和五年，以知入内内侍省杨震、董悫提举左、右春坊事，内侍杨容机等管勾左、右春坊事。中兴初不置。乾道七年，置主管左、右春坊事二员，以内侍充；同主管左、右春坊事二员，以武臣小有才者充。”（参“主管左、右春坊事”条及《宋会要·职官》七之二四引《续国朝会要》《乾道会要》）

太子诸率府　率　副率

太子左、右卫　率府率　副率　左、右司御　率府率　副率　左、右清道　率府率　副率　左、右监门　率府率　副率　左、右内率府率　副率（3826 页 2、3 行）

太子左、右卫率府，太子左、右司御率府，太子左、右清道率府，太子左、右监门率府，太子左、右内率府，皆为官司名。每一官司置长贰，则称卫率府率、副率，司御率府率、副率……以此类推，并各分左、右。然《宋志》将“卫”“司御”“清道”“监门”“内”当作官署名，而把“率府率”当作长官，非是。当分别把“率府”前移一格，与上述名称衔接，即改为"太子左、右卫率府　率、副率　太子左、右司御率府　率、副率　太子左、右清道率府　率、副率　太子左、右监门率府　率、副率　太子左、右内率府　率、副率"。

《分纪》卷三〇："国朝《元祐官品令》：太子诸率府率，从七品；副率，从八品。"

《通考·职官》一四"左右卫率府"："卫率府，秦官。"

又以左清道率郭承庆、左右监门副率夏元亨兼左右春坊谒者，(3826页5行)

"左清道率"全称为"左清道率府率"。

"左右监门副率"之"左"，为衍字，当删，其全称为"右监门率府副率"。

《宋会要·职官》七之二三："供奉官郭承庆为左清道率府率，殿直夏元亨为右监门率府副率，并兼春坊谒者。"

王府官

亲王府　傅　长史　司马　谘议参军　友　记室参军　王府教授　小学教授

友(3826页倒6行)

依大观二年徽宗御笔，"友"之全称为"王友"。

《宋大诏令集》卷三五"定王、嘉王侍讲沈锡等乞降见王、侍王礼仪御笔大观二年二月"："真宗皇帝特以张士逊为王友。"

《玉海》卷一二九"至道东宫官·王友"。

傅及长史、司马，有其官而未尝除。(3826页倒5行)

《宋志》谓"长史、司马"未尝除人，非是。若谓"傅"未曾除人则可。当删去"长史""司马"。

《长编》卷三五，淳化五年二月己酉："翰林学士张洎草元杰制，上言：'按前史，皇子封王，以郡为国，置傅、相、内史，佐王为理，如不之国，朝廷命卿大夫临郡，即称内史行郡事。唐以扬、益、潞、幽、荆五郡为大都督，置长史、司马为上佐，即内史之职也。其大都督之号，非亲王不授，或亲王遥领，别命大臣临郡，皆是长史、副大使知节度使事。今吴王实居大都督之任，复加长史，乃自为上佐，其名不正，望付中书门下商议施行。'……上曰：'业已差误，异日别有除授，并改之。'"

《宋会要·帝系》二之六："至道二年二月七日，以越王元份为杭州大都督兼领忠正军节度使，……削去'长史'之号。"

《宋会要·帝系》二之二六："淳熙七年二月十日，宰执进呈魏王遗表。于是诏长史苏谔，司马陈苍舒，记室元伯源、梁汝永并特与各转一官。"

《玉海》卷一三"咸平南北宅教授"："乾道七年二月八日，魏王封(判)宁国府，十六日置长史、司马、记室。"

太平兴国八年，诸王出阁，楚王府置谘议参军二员，翊善一员；陈王府置谘议、翊善各一员；韩王、冀王、益王置翊善各一员。(3826页倒5、倒4行)

所列诸王出阁时间并非全在太平兴国八年。楚王、陈王系太平兴国七年出阁、太平兴国八年十月改封名称，而诸王出阁、命王府官在该年三月，诸王封号以旧称为当。又，书诸亲王未著其名，不妥。宜改为"太平兴国八年，卫王元佑进封楚王，王府置谘议参军二员，翊善一员；广平郡王元佑进封陈王，王府置谘议、翊善各一员；元休封韩王，元隽封冀王，元杰封益王，王府置翊善各一员"。

《长编》卷二四，太平兴国八年三月："己巳，诸王及皇子府初置谘议、翊善、侍讲等官，以户部员外郎王遹、著作佐郎姚坦、国子博士邢昺等十人为之。"

《宋史·姚坦传》："八年，诸王出阁，诏给、谏以上，于朝班中举年五十以上通经有文行者，以备宫僚，乃以户部员外郎王适、监察御史赵齐为卫王府谘议，左赞善大夫戴玄为本府翊善。水部员外郎赵令图为广平郡王府谘议，国子博士阎象为本府翊善。又以起居舍人杨可法、国子博士杨幼英、左赞善大夫杜新及坦并为皇子翊善，国子博士邢昺为诸王府侍讲，坦仍赐绯鱼。”

《长编》卷二四：“太平兴国八年十月戊戌，卫王德崇改名元佐，广平郡王德明改名元佑，第三子德昌改名元隽，第五子德和改名元杰，……上即位，犹居禁中，于是出阁，始改名焉。己酉，元佑进封陈王，元休封韩王，元隽封冀王、元杰封益王。”

《宋太宗实录》卷二六，太平兴国八年十月己酉：“是日，制以皇长子卫王元佐进封楚王，第二子广平郡王元佑进封陈王，第三子真宗旧名、第四子元隽、第五子元杰并授特进、检校太保、同中书门下平章事、上柱国，真宗旧名封韩王，元隽封冀王，元杰封益王。”

按：此条参陈文龙《〈宋史·职官志〉校补》。

大中祥符九年，仁宗初封寿春郡王，置友二员，（3826 页倒 3、倒 2 行）

大中祥符九年正月壬申（二十七日），以张士逊、崔遵度为寿春郡王友。然仁宗赵祯初封寿春郡王在大中祥符八年十二月辛卯（十五日），两者非同一年内之事。《宋志》书法欠周，此条应改为“大中祥符九年，真宗为寿春郡王，置王友二员”。

“友”系“王友”之省称。

《宋史·仁宗纪》一：“仁宗讳祯，初名受益，真宗第六子，……（大中祥符）八年封寿春郡王，讲学于资善堂。”

《长编》卷八六，大中祥符九年正月壬申：“以工部郎中张士逊为户部郎中、直昭文馆，左司谏、直史馆崔遵度为户部员外郎，直史馆如故，并充寿春郡王友……初，宰相将用士逊等为翊善、记室。上曰：‘翊善、记室，府属也，王皆受拜。’故以王友命之，令王每见答拜，示宾礼之意。”

又皇侄皇孙侍教、南北伴读无定数。(3826页倒1行)

宋代亲王所居宅第，称“王宫”或称“宅”。宫、宅中又有“位”“院”之别。“院”为王子所居。所以涉及亲王府及皇侄、皇孙居第，就有“南宫、北宅”“南、北院”等等名目。《宋志》此处所云“南北伴读”，当指“南、北院伴读”，宜补入“院”字。

《宋会要·职官》七之三七：“大中祥符七年，置都大管勾南宫北宅所。景祐三年七月，徙南宫吴王院属睦亲宅。”

中书言：“按唐太宗改诸王侍读为奉诸王讲读，今皇孙、皇侄皆环卫之职，请以教授为名。”从之。……大中祥符二年，又有侍教之名，自是南北院或有伴读。(3826页倒1行、3827页1行)

“唐太宗”为“唐文宗”之误。

“侍教”之名，实非创于大中祥符二年，盖始自咸平四年。至道元年改侍教为王宫教授，此为中国设教授官之始。

又，“自是南北院或有伴读”与上文难以连贯。据《玉海》，咸平元年十一月已有“赐南宫伴读李文益绯”之记载。显然，伴读之置，早于侍教。“自是”二字可删。“南北院或有伴读”可上移于“大中祥符二年”之前。

《玉海》卷一三〇“咸平南北宅教授”：“咸平四年九月壬午，刘士元为南宫教授。南宫北宅有侍教自此始。”

《宋会要·职官》七之三八：“至道元年，以孙蠙充皇侄、皇孙教授，从新号也。时中书言：‘唐文宗朝，李石奏，太子有侍读，诸王亦有，无隆杀。今皇侄、皇孙官是环卫，请以教授为名。’此盖王宫教授之初也。”

《中国“教授”起源考》：“《宋史·职官志》及《元丰官志》所云：‘庆历四年……始置教授’，指的是州学。宋代正式设置教授最早的时间，还须往前推五十年，即至道元年。”

《玉海》卷一三〇"太平兴国诸王府侍讲"："（咸平元年）十一月，赐南宫伴读李文益绯。……北宅伴读，咸平五年正月李坦，三月李成象为之。"

是年，英宗以宗室自率府副率以上八百余人，奉朝请者四百余人，而教官才六员，乃诏增置教授官：凡皇族年三十以上者百一十三人，置讲书四员；年十五以上者百十三人，置讲书四员；年十五以上者三百九人，增置教授五员；（3827 页 3—5 行）

"是年"，指英宗治平元年。关于英宗治平元年增置宗学官之事，见于多种记载，最有力者，为治平元年六月《增宗学官仍令尊长率励诏》，全文保存于《宋大诏令集》卷一九四，已确属无疑。

"皇族年三十以上者百一十三人，置讲书四员"，"百一十三人"，或谓"百三十人"，未知孰是。

"年十五以上者百十三人，置讲书四员"为衍文，当删。

《宋大诏令集》卷一九四"增宗学官仍令尊长率励诏"："其子弟不率教约，俾教授官、本位尊长具名申大宗正司，量行戒责。教授官不职、不能勉励，大宗正司察访以闻。"

《长编》卷二〇二，英宗治平元年六月己亥："增置宗室学官。……宗室自率府副率以上八百余人，其奉朝请者百余人，而教学之官六员而已，始命增置。凡皇族年三十以上者百三十人，置讲书四员；年十五以上者三百九人，增置教授五员；年十四以下者，别置小学教授十二员。"

《分纪》卷三二"教授"："治平元年，诏子弟不率教，俾教授官、本位尊长具名申大宗正司量行戒责。教授官不职、不能勉励，大宗正司察访以闻。初，上以宗室自率府率以上八百余人，其奉朝请者四百余人，而教学之官六员而已，命增置。凡皇族年三十以上者，一百三十人，置讲书四员；年十五以上者，三百九人，增置教授五员；年十四以下者，别置于小学教授十二员，并旧六员为二十七员，以分教之。"

《玉海》卷一三〇“治平诸王宫大小学增宫院学官”:“英宗以本支之盛,自率府副率以上八百余人,其奉朝请者四百余人,而教学之官六员而已,命增置。凡宗室年三十以上者,百十三人,置讲书四员;年十五以上者,三百九人,增置教授五员;年十四以下者,别置于小学教授十三员,以分教之,并旧凡二十七员。”

教授官不职,大宗正司密访以闻。(3827 页 7 行)

“密”为“察”之误。

《宋大诏令集》卷一九四“增宗学官仍令尊长率励诏”:“教授官不职,不能勉励,大宗正司察访以闻。”

《分纪》卷三二“教授”:“官不职、不能勉励,大宗正司察访以闻。”

宋史职官志补正三

（《宋史》卷一六三）

吏　部

掌文武官吏选试、拟注、资任、迁叙、荫补、考课之政令，封爵、策勋、赏罚、殿最之法。（3831页5行）

吏部掌文武选，系元丰五年改官制后之事，北宋立国一百六十七年，元丰改官前一百二十二年吏部职掌，不管武选，且文官之铨选，亦只限于注拟幕职、州县官及六品以下京朝官，余由中书除授。《宋志》理宜将此一大段历史先作交代，或当于句首补入"元丰新制"之时间定语。

《省轩考古类编》卷八"铨选"："宋设官分职，其入仕有贡举、奏荫、摄署、流外、从军，凡五等，而其选人自京府、留守、节度、观察判官，下至令录、簿尉，凡七等。吏部惟注拟州县官、幕职，两京诸司六品以下官皆无选。文臣少卿监以上，中书主之。京朝官则审官院主之。武臣刺史、副率以上内职，枢密院主之。使臣，则三班院主之。其后分典选之职为四。文选曰审官东院、曰流内铨，武选曰审官西院、曰三班院。元丰定制，而后铨注之法，悉归吏部，于是吏部有四选之法。"

自初任至幕职、州县官,(3831页倒3行)

“初任”为“初仕”之误。

《宋会要·选举》二三之一:“自初仕至州县幕职官,归侍郎左选。”

其属有曰司封,曰司勋,曰考功。(3832页3行)

此段所叙为元丰新官制。既是新制,吏部所属子司,已从唐、五代吏部四司(吏部司、司封司、司勋司、考功司)增为七司,即将原来吏部司分为吏部尚书左选、吏部尚书右选、吏部侍郎左选、吏部侍郎右选四司,再加上司封司、司勋司、考功司,总为七司。故而,《宋志》谓“其属有曰司封,曰司勋,曰考功”,未妥,宜改为:“其属有七司:曰吏部尚书左选,曰吏部尚书右选,曰吏部侍郎左选,曰吏部侍郎右选,曰司封,曰司勋,曰考功。”

《宋会要·职官》八之一:“尚书一人,总七司之事……尚书左选郎中一人;尚书右选郎中一人;侍郎左选郎中一人;侍郎右选郎中一人;司封郎中一人;司勋郎中一人;考功郎中一人。”

《宋会要·职官》一一之五五:“尚书左选,旧系审官东院,元丰五年改今名。”《宋会要·职官》一一之五六:“尚书右选,旧系审官西院,元丰五年改今名。”《宋会要·职官》一一之五六:“侍郎左选,旧系吏部流内铨,元丰三年改今名。”《宋会要·职官》一一之五七:“侍郎右选,旧系三班院,元丰五年改今名。”

凡官十有三:尚书一人;侍郎一人;郎中、员外郎,尚书选二人,侍郎选各一人,司封、司勋、考功各一人。(3832页3、4行)

总括语“十有三”,与其下所述吏部官额共九人不相符合。其失误在“侍郎一人”,应改正为“侍郎二人”,此其一;其二,“司封、司勋、考功”之后漏载“郎中、员外郎”,当补入,此其二。“尚书选”分“尚书左选、尚书右选”,“侍郎选”分“侍郎左选、侍郎右选”,宜逐一书明,此其三。

《宋会要·职官》八之一“吏部”:“尚书一人,总七司之事。其属则有侍郎二人,分左、右选。尚书左选郎中一人,尚书右选郎中一人,侍郎左选郎中一人,侍郎右选郎中一人,司封郎中一人,司勋郎中一人,考功郎中一人。”

旧制有三司,尚书主其一,侍郎二员各主其一,分铨注拟事。(3832页5行)

“旧制”指宋初之制。“三司”宜易为“三铨”,即吏部三铨:吏部尚书铨、侍郎东铨、侍郎西铨。《宋志》沿用宋史籍原文,未经润饰,语意未明。

《宋会要·职官》八之一:“吏部旧有三铨,尚书主其一,侍郎二人各主其一,分铨注拟。其后,但存尚书铨,余东、西铨印存而事废。”《唐会要》卷七五“杂处置”:“(太和四年七月)久次侍郎居西铨,以新除侍郎居东铨。”

淳化中,又置考课院,磨勘幕府、州县功过,(3832页6行)

“幕府、州县”后当补一“官”字。

《长编》卷三三,淳化三年十月壬午:“命吏部侍郎张宏、户部副使高象先、膳部员外郎范正辞同知幕职、州县官考课,号曰磨勘院。”

凡文吏班秩品命令一出于中书,而小选院既不复置,(3832页8、9行)

“令一出于中书”为“今一出于中书”之误。此“今”系《两朝国史》撰修者之用语,乃指“仁宗”“英宗”两朝而言。

“小选院”,系唐制“小选、选院”之合写,未妥,仍宜分写“小选、选院”。

《宋会要·选举》二三之一:“《两朝国史志》:吏部判部事二人,以带职京朝官或无职事朝官充。凡文吏班、秩、品、命,今一出于中书,而小选、选院不复置。”

《长安志》卷一〇“唐京城”:“选院在尚书省之南。”

《唐六典》卷二:“吏部郎中一人,掌小选。”

甲库掌受制敕黄,(3832页倒5行)

“制敕黄”后漏“甲”字,即甲库掌受制敕、黄甲。

《宋会要·职官》八之一:“甲库主承受制敕、黄甲,给签符、优牒及选人废置改名。”

《宋会要·选举》二四之一一:“过院限三日修写黄甲,送南曹。”

初,淳化三年,置磨勘京朝官院。四年,改。(3832页倒4行)

“四年,改。”改什么?文义不明。“改”字后当补入“为审官院”四字。

《长编》卷三四,淳化四年二月丙戌:“以磨勘京朝官院为审官院。”

绍圣初,诏元丰法以行、守、试制禄三等。(3833页6行)

“绍圣初”指“绍圣三年七月”。“诏”字后宜补“复”字。因元祐间曾罢行、守、试三等秩禄之制,改为“止一等制禄、增聚议钱”。

《宋会要·职官》五七之四八:“绍圣三年七月二十一日,户部言:‘卫尉寺丞张保微:伏见元丰中官制初行,职事官以行、守、试三等定禄秩,至元祐间遂罢,止从一等给禄,复增聚议钱。欲乞申明元丰之制,罢聚议钱。’从之。”

吏部尚书

赐勋有给,分任有职,选官有格……辨其位秩,(3833页倒1行、3834页1行)

宋勋官分十二“级”,或称十二“转”。进一级亦称加勋一“转”。但无“勋给”之名,中华书局校点本《宋志》“校勘记”已加纠正。

“辨其位秩”,无误,不必如《考正》所订正改为“辨其位次”。

《宋志》三“校勘记”三:“赐勋有给:按《合璧事类后集》卷二七作‘赐勋有级’,从文义言,当以作‘级’字为是。”

《宋会要·职官》八之四"吏部":"率考其功罪,辨其位秩,以序进之。"

《考正》卷三之一"吏部":"'赐勋有给''辨其位秩'当从《合璧后集》卷二七'吏部门'引《四朝国史志》作'赐勋有级''辨其位次'。"

二十四司亦如之。(3834 页 8 行)

此句为衍文,可删。缘上文讲"左选分案""右选分案",即叙吏部尚书左、右选设案置吏事。紧接"二十四司亦如之",不通。要说吏部子司,总为七司,亦非"二十四司"。若叙尚书省六部子司,总为"二十八司",亦非"二十四司"。所以"二十四司亦如之"显得没有意义,甚无谓。

尚书左、右选各置郎中一人,侍郎左、右选各置郎中一人,司封、司勋、考功各一人。(3834 页倒 7、倒 6 行)

此句表述有遗漏,即缺"员外郎"编制。"郎中"当改为"郎官"。或于"尚书左、右选"前,添入"郎中、员外郎"二官名,删去其后"郎中"名,也通。(参《宋志》3832 页 3、4 行)

官告院六部监门隶焉。(3834 页倒 2 行)

"官告院"自为一司,其下当加逗号,以与"六部监门"分开。

《春明退朝录》卷中:"予尝判官告院,知制诰时,又提举兵、吏司封官告院。"

右选,掌大使臣以上差注,(3834 页倒 2 行)

尚书右选,掌升朝官中武功大夫(旧官:皇城使)至修武郎(旧官:内殿崇班),并非掌管全部武臣之铨选。今《宋志》谓"掌大使臣以上差注",囊括了未应包括的、属大使臣以上之"正任""横行"等武官,显属不妥。宜改"以上"为"以下"。

《宋会要·选举》二三之一:"尚书吏部……武臣外(升)朝官自皇城司、职事官自金吾街仗司以下,非枢密院宣授者,归尚书右选。"

《宋会要·职官》五六之四二:"政和三年十二月十八日,中书省言:'……武功大夫至修武郎、閤门祇候,为大使臣。'"

曰修武,(3834页倒1行、3835页1行)

"曰修武"应为"曰敦、修武",即敦武郎、修武郎案之谓。

《宋会要·职官》一一之五六"尚书右选":"尚书右选,旧系审官西院,元丰五年改今名。……案十:曰大夫,曰副使,曰敦、修武,曰注拟掌阙,曰奏荐赏功,曰开折(拆),曰名籍,曰甲库,曰法司,曰知杂。"

吏部侍郎

旧自供奉官以上。(3835页8行)

宋武臣升朝官,指小使臣修武郎(旧官:内殿崇班)以上,包括大使臣、横行等武官。未升朝武官自小使臣之进义校尉(旧官:东头供奉官)以下小使臣及下班祇应。《宋志》谓武臣未升朝者"旧自供奉官以上",非是,当易"以上"为"以下"。又,《宋志》"分左右选……旧自供奉官以上",此一大段皆可省去,缘与下文重复。省去后,即先通叙吏部侍郎,反而显得眉目清爽。

绍兴四年,吏部侍郎叶祖洽言:(3835页倒4行)

"绍兴四年"系绍圣四年之误。当改。

《长编》卷四九一,绍圣四年九月戊寅:"吏部侍郎叶祖洽等言:'伏见侍郎左选,准元丰朝旨,类姓置簿。'"

吏部郎中　员外郎

元丰官制行,置吏部郎中,主管尚书左、右选及侍郎左、右选各一员,参掌选事而分治之。(3836页5、6行)

谓"主管尚书左、右选及侍郎左、右选各一员,参掌选事而分治之",难以读通,既是"主管",又何谓"参掌"?缘未察觉《宋志》此处有阙文,即于"主管尚书左、右选"之前,理应有"尚书左选郎中一人,尚书右选郎中一人"一句,并当于其后添加分号,与下句"及侍郎左、右选”分开。至是，尚书左、右选郎中各一员分别主管尚书左、右选事，而侍郎左、右选郎中各一员只能参掌选事而分治之。两者区别，方能一目了然。

《宋会要·职官》八之一：“吏部旧有三铨。……今但以朝官二人判流内铨，其吏部之职，别以朝官二人主判。……尚书一人，总七司之事，其属则有侍郎二人，分左、右选；尚书左选郎中一人，尚书右选郎中一人，侍郎左选郎中一人，侍郎右选郎中一人。”

《合璧后集》卷二七“吏部郎中”：“本朝元丰官制行，置吏部郎中四人。尚书选二人，侍郎选各一人，参掌选事而分治之。”

《宋会要·职官》一一之五五：“郎中一人，掌考校京朝官以下殿最，叙其爵秩，拟内外任使而奏除之。”

李端明正除尚右郎官，(3836 页倒 7 行)

“李端明”系“李端民”之误。邓广铭《考正》已指出。

《通考·职官》六“吏部尚书·郎中”：“(绍兴三十一年)李端民正除尚右郎官。”

《宋会要·选举》三四之一四：“隆兴二年五月一日，诏将作监李端民依所乞除直敷文阁、主管建宁府武夷山冲佑观。”

司封郎中　员外郎

掌官封、叙赠、承袭之事，(3836 页倒 1 行)

司封郎官职掌尚有“奏荫”一项，当补入。

《宋会要·职官》九之一三：“元丰官制行，郎中、员外郎始实行本司事。郎中一人，掌封爵、叙赠、奏荫、承袭。”

凡三师、三公以下至升朝官褒赠祖考、母妻，亲王、郡王、内外命妇以下保任宗属、封爵诸亲，皆因其位叙而为之等。(3836 页倒 1 行、3837 页 1 行)

此句不通，文字有错简。“保任宗属”应移置“诸亲”之后，“封爵”

则前移至“内外命妇以下”之后。经调整后，其文字为：“凡三师、三公以下至升朝官褒赠祖考、母妻，亲王、郡王、内外命妇以下封爵，诸亲保任宗属，皆因其位叙而为之等。”

《合璧后集》卷二七“司封郎中”：“凡宗室赐名授官，亲王、内外命妇以下封爵，诸亲保任其宗属，升朝官褒赠其妻，皆例矣。”（《宋会要·职官》九之一七同）

外内命妇之号十有四：曰大长公主，曰长公主，……曰孺人。(3837 页 6、7 行)

“校勘记”谓“外内命妇之号十有四”中之“内”系衍字，甚是，可删去。然不引《宋大诏令集》所载政和二年“改命妇封号御笔”（《宋会要·仪制》一〇之二九同）及《宋会要·职官》九之六、七所载政和三年二月二日吏部札子，而引用蔡绦《铁围山丛谈》卷一之记载，以证《神宗正史·职官志》所列外命妇之号九，即政和立新法后外命妇之号十四，却非当。《铁围山丛谈》错误有三：其一，云命妇封号时间为政和三年，误，应在二年；其二，云“改室人曰宜人”，误，当作“改室人为安人”；三云“改郡、县君号为七等”，误。政和二年改命妇封号，有双重意义，既欲革除封“县君、郡主”之弊，又有改“等级既少，重轻不伦”之意，并非如蔡氏所释改郡君为淑人、硕人、令人、恭人，县君为室人、安人、孺人。下引政和三年二月吏部札所言甚明，即“改国夫人为夫人”，“郡夫人为淑人”，“郡君为恭人”，“县君为孺人”；此外新增四等级，是硕人、令人、宜人、安人。并自立新法后，皆随其夫之官称封之，凡旧之国夫人、郡夫人、郡君、县君皆废罢，但存大长公主、长公主、公主、郡主、县主五等。

又，《宋志》所云“曰国夫人，曰郡夫人”已非政和二年改制后之封号，与下文“曰淑人，曰硕人”等等极不协调，当改为“曰夫人”。与此相关联，上文书“外内命妇之号十有四”，亦未确，宜改为“外命妇之号十有三”，即旧五等加新八等：大长公主、长公主、公主、郡主、县主、夫人、淑人、硕人、令人、恭人、宜人、室人(后改为安人)、孺人。

《宋会要·职官》九之一七引《神宗正史·职官志》:"外命妇之号九,曰大长公主,曰长公主,曰公主,曰郡主,曰县主,曰国夫人,曰郡夫人,曰郡君,曰县君。"

《宋大诏令集》卷一六四"改命妇封号御笔政和二年十二月二十三日":"古者妻随其夫之爵服(原误为'朕',今据下文所引《宋会要》改正),国家承袭五代,事不师古,因陋循旧,或有未革。今命妇犹封县君、郡君。在昔元丰,改作未就,小君之称,虽见于古,今裂郡县以称君,盖非妇道。又等级既少,重轻不伦,全无差别,可依下项:

通直郎以上初封　孺人

朝奉郎以上封　室人(后改为安人)

朝奉大夫以上封　宜人

中散大夫以上封　恭人

太中大夫以上封　令人

侍郎以上封　硕人

尚书以上封　淑人

执政官以上封　夫人

并各随其夫之官称封之。武臣准此。若封母,则随其父官。应夫若父祖爵至公侯伯子男者,则随所封五等。"(并参《宋会要·职官》九之六至七,"〔政和三年〕二月二日吏部札子"条)

《宋会要·职官》九之八:"政和三年二月二日,吏部札子:……今来已降指挥,别立新法,孺人至夫人,即未有明文加与不加'太'字。欲因子孙得封赠,而其父祖亡者,所封母并祖母并加'太'字,诏内命妇国郡夫人令尚书省讲究,余依拟定。"

《宋志》三"校勘记"七:"外内命妇之号十有四:按《宋会要·职官》九之一七,内命妇之品五,与文全同,外命妇之号九,自'郡夫人'而下为'郡君''县君'。又据蔡绦《铁围山丛谈》卷一,政和三年后'改郡、县君号为七等,郡君者为淑人、硕人、令人、恭人,县君者室人、安人、孺人,俄又避太室之目,改室人曰宜人。'与志文所引十四命妇之号正同,可知自大长公主以下,是外命妇之号,此处'内'字盖涉上文而衍。"

叙赠之制:三公、宰臣、执政、节度使三代,金紫、银青光禄大夫二代,(3837 页 7、8 行)

宋代追赠官爵,并非只是虚名荣耀而已,尚有实惠可得,即所追赠之后代子孙得以奏荫入仕,并成为官户,可享有免除差科输纳之特权。故宋初叙赠之制尚严,如节度使,与三公、宰臣、执政等差有别,初除不得追赠三代,遇大礼方许封赠三代。《宋志》未言明,然此点颇可注意。又,依《司封格》,"特进"亦止封二代,《宋志》宜于"金紫、银青光禄大夫二代"前补加"特进"。

《宋会要·职官》九之五:"大观四年四月八日内降指挥:臣僚之家沾被恩泽及祖先,最为荣遇。其追赠官爵,虽是宠以虚名,缘直(其)下子孙皆得用荫,及本户差科输纳之类,便为官户。故所赠三代愈多,即所庇之子孙愈众,不特虚名而已。今《司封格》:三公以下至签书枢密院初除,及每遇大礼,并封赠三代,节度使虽封三代,遇大礼方许封赠,尚不在初除封赠之例;其次,官虽至东宫三师,阶虽至特进,职虽至大观文,亦止封二代。有以知祖宗以来慎惜名器之意。"

太中大夫、观察使以上用专词,余用海词。(3837 页倒 5 行)

"余"原指中大夫、防御使以下,《宋志》不宜仅用"余"字代替,仍当改"余"字为"中大夫、防御使以下",如是,则行文清晰。

《宋会要·职官》九之三:"旧制:臣僚赠父母各有词。欲令今后依旧制,中大夫、防御使以下用海词外,其太中大夫、观察使以上用专词。从之。"

二年,诏:"寺监官杂压在通直郎之上者,虽系宣教郎,遇大礼封赠。"(3837 页倒 3 行)

宣德郎改称宣教郎，系徽宗政和四年事，而哲宗绍圣二年八月二十四日诏，尚在改名之前二十年，何来“宣教郎”之称？《宋志》仍宜依《宋会要》改用“宣德郎”。并当于“寺监官”后加“以”字、“通直郎”之前加“寄禄官”。

《宋会要·职官》九之四：“绍圣二年八月二十四日，诏：寺监官以杂压在寄禄官通直郎之上者，虽系宣德郎，遇大礼亦许封赠。”同前书五六之四：“政和四年九月一日，诏：宣德郎官称与宣德门相犯，改为宣教郎。”

司勋郎中　员外郎

参掌勋赏之事。(3838 页 6 行)

本条所述，与司封郎中、员外郎之称谓一样，皆跳越宋初之制，直叙元丰新制，显属未妥，当依《两朝国史志》所载，补充“旧主判一人，以朝官充。元丰官制行，置郎中、员外郎，始实行本司事。郎中一人，掌功勋酬奖、审覆赏格之事”一段文字。

《宋会要·职官》一〇之一：“《两朝国史志》：司勋，判司事一人，以无职事朝官充。凡勋官之赐，一出于中书。本司无所掌。史二人。元丰官制行，郎中、员外郎始实行本司事。郎中一人，掌功勋酬奖、审覆赏格。”

凡赏有格。(3838 页倒 7 行)

此句文字犹未完，当依《神宗正史·职官志》于此句下补加“皆设于此，以逆其至焉”。又，“凡赏有格”之后句号，宜改为逗号。不然，仅谓“凡赏有格”，于司勋职掌何干？

《宋会要·职官》一〇之一六引《神宗正史·职官志》：“凡赏有格，皆设于此，以逆其至焉。”

《宋会要·职官》一〇之二：“高宗建炎元年，尚书路允迪言：‘司勋掌行诸色告捕赏条格。依条，据元勘案所犯情节、赃钱及断遣刑名，定夺推赏。'”

元祐中，有法式者止令所属勘验，自后应干钱谷，本部指定关司勋，则是户部兼司勋之职，请依旧制。（3838 页倒 1 行、3839 页 1 行）

“元祐中”，即“元祐三年”。“本部指定”与“关司勋”连为一句，非是。应在“本部指定”之下添一逗号。“请依旧制”，仍宜依《宋会要》改“旧制”为“元丰官制”，以免与元丰官制前之旧制混淆。

《宋会要·职官》一〇之一七：“绍圣二年，户部言：'元丰官制，司勋复有法式酬赏，定无法式酬赏。元祐三年，有法式者，止令所属勘验，自后应干钱谷，本部指定，关司勋，则是户部兼司勋之职。愿依元丰官制。'从之。”

考功郎中　员外郎

掌文武官选叙、磨勘、资任、考课之政令。凡命官，随所隶迁，（3839 页 6 行）

《宋志》不曾提及元丰改制前考功实掌职事，非妥。又，“选叙”为“迁叙”之误；“随所隶迁”，为“随所隶选”之讹。

《通考·职官》六“吏部尚书”：“考功，判司事一人，以带职朝官或无职事朝官充。凡考课之法，分隶他司，或以他司专领，本司但掌覆太常拟谥及幕府州县官流外较考之事，元丰官制行，郎中、员外郎始实行本司事。《续会要》初除蔡峋、蔡京。《职略》掌文武迁叙、磨勘、资任、考课之政令。凡命官随所隶选，以其职事且注于历，给之于其属州若司，岁书其功过。”（《合璧后集》卷二七“考功郎中”同）

应升迁授者，（3839 页 7 行）

“授”字前落一“选”字，当补入，即为升迁选授之义。

《合璧后集》卷二七“考功郎中”：“应升迁选授者，验历按法而叙进之。”

通善、最分三等：五事为上，二事为中，余为下。（3839 页倒 4 行）

或“五事”作“七事”。“二事”作“五事”,《宋志》三“校勘记”九作“三事”,此条记载较紊乱,录以备考。

《长编》卷四七二,元祐七年夏四月甲戌:“仍通取善最分为三等:七事为上,五事为中,余为下。”

《宋会要·职官》五九之一:“通善最分为三等,及七事为上、二事为中,余为下。”

《宋会要·职官》一〇之二一:“通善最分定三等:五事为上,三事为中,余为下。”

《玉海》卷一一八《建隆考课令》:“通取善最为三等:及七事为上,二为中,余为下。”

磨勘之法,文选官之等四:银青光禄大夫至朝议大夫,进士理八年,非进士理十年;通直郎至太中大夫充谏议大夫、待制以上职任者,理三年;朝散大夫至承务郎,理四年。(3839页倒2、倒1行)

宋代磨勘法变动较多。此“文选官之等四”的磨勘法,《宋志》未载明时间,疑为元丰四年、五年新官制。因其中“待制以上职任者,理三年”,非旧制,系元丰新制。此宜补载。

《宋会要·职官》一〇之二〇:“神宗元丰五年十月二十七日,尚书吏部言:‘待制以上,旧法六年迁官,今准新制三年一迁。’”此旧法“六年一迁”,乃元丰三年之制。

《宋会要·职官》一一之二〇:“(元丰)三年九月十六日,详定官制所言:‘开府仪同三司至通议大夫以上无磨勘法。太中大夫至承务郎应磨勘。待制以上六年迁两官,至太中大夫止。承务郎以上四年迁一官,至朝请大夫止。’”

《宋会要·职官》一一之二二:“哲宗元祐元年六月十六日,右正言王觌言:‘近制,通议大夫以上皆通行磨勘,故自推行官制以来,或以推恩,或以磨勘而转一官,比旧有实转两官以至三四官者,非所以爱惜名器也!请自今官至太中大夫以上,毋以磨勘转官。’诏:‘文臣磨勘，待制太中大夫以上，至通议大夫止，余官至中散大夫止。'"

《皇朝编年纲目备要》卷二十一："元丰五年夏四月壬子朔　官制成。元祐元年，立《磨勘止法》，待制太中大夫以上，止通议大夫，余官止中散大夫。"

比较元丰新制前后之制，可见《宋志》所载"磨勘之法，文选官之等四"，乃元丰新磨勘法，因言官反对，遂复元丰三年旧制。

《长编》卷三〇八，元丰三年九月乙亥："开府仪同三司至通议大夫以上无磨勘法。"

《长编》卷三一〇，元丰三年十二月："甲子，诏应迁官除授者，并即寄禄官除大两省、待制以上至太中大夫，余官至朝请大夫，并通磨勘，进士八年，余十年一迁。"

旧制，考课院其定殿最皆有考辞。(3840页倒7行)

"旧制"为"旧置"之误，"旧置考课院"应连读，"考课院"前之逗号当删。

《宋会要·职官》一〇之二〇："《神宗正史·职官志》：旧置考课院，其定殿最皆有考辞。至熙宁中及官制行悉罢，分案十有七，设吏六十有八。"

《合璧后集》卷二七"考功郎中"引《四朝志》："凡改服色者，以年劳计之。应谥者，覆太常所定行状报尚书省官集议以闻。凡立碑碣名额之事，掌之。旧置考课院，其定殿最皆有考辞。"

官告院

官告院　主管官一员，(3841页4行)

据下文所引，元丰五年改制时，官告院长官称"主管官告院"，共二员；元丰以前，官告院长官称"判官告院"(一员)、"提举官告院"(一员)，共二员。《宋志》所叙"主管官一员"，显属元丰新制，书"一员"误，当改为"二员"。

《宋会要·职官》一一之六〇："兵、吏、司封、司勋官告院，国初于右掖门东廊置院，四司告身案并集于此，以备中书除改。本司郎官各主其事。淳化五年，始专制官局于省内。凡官告，各以本司告身印印之。"

《宋会要·职官》一一之六六："政和三年六月十四日，诏依旧置官告院，仍于吏部置局，差官二员主管。……靖康元年二月二十三日，诏官告院官二员主管，依元丰五年以前旧制。"

《通考·职官》六"官告院"："主管官二员。旧制掌吏、兵、勋、封官告以给妃嫔、王公、文武品官、内外命妇及封赠者，四选皆用吏部印，惟蕃官用兵部印。"

旧制，提举一人，以知制诰充；(3841 页 4 行)

此"提举"，全称为"提举兵、吏、司封、司勋官告院"。宋前期吏部、兵部、司封司、司勋司四司各有告身案，会集于右掖门东廊官告院内。《宋志》宜用全称，以示旧制与元丰新制官告院构成之不同。

《春明退朝录》卷中："予尝判官告院，知制诰时，又提举兵、吏、司封官告院，而不白'司勋'，恐遗之也。"

《宋会要·职官》一一之六〇："兵、吏、司封、司勋官告院，国初，于右掖门东廊置院，四司告身案并集于此，以备中书除改，本司郎官各主其事。"

职事官监察御史以上因事罢，并给告。(3841 页倒 4、倒 3 行)

"因事罢"，非原诏文字，原诏书谓"因罪罢黜"，"罪"与"事"轻重不一，仍宜用"因罪罢黜"四字。

《宋会要·职官》一一之六七："(绍圣)三年七月二十三日，诏：'职事官监察御史以上，因罪罢黜，并给告。'"

元符元年，吏部言："元祐法，小使臣只降宣札，乞自承信郎而上依旧给告。"(3841 页倒 3、倒 2 行)

元丰改官制时，武选官名未及更改。直至徽宗政和二年方诏易以新名，即如三班借职改称承信郎。据此，承信郎之名，徽宗朝政和二年九月二十五日以后方有之。《宋志》此处谓哲宗元祐法已有承信郎之称，显误，当依《吏部》条目改为“借职”。

《宋大诏令集》卷一六三“政武选官名诏政和二年九月二十五日”：“昔在神考，董正治官，肇建文阶，以禄多士。联职合治，各有等差，名实既宾，以克用乂。而武选官称，循沿末世，有志未就，以迄于今。……朕夙夜惟念，易而新之。内殿承制以下小使臣：旧官三班借职新官承信郎。”

《宋志》三“吏部”：“元祐法，小使臣只降宣札，但务从简，于理未安，请自借职而上依元丰法给告。”（3833页）

一等一十八张，滴粉缕金花大犀轴，八答晕锦褾韬，色带。（3842页5行）

“八答”系“八花”之误。

《宋会要·仪制》一〇之二：“先是官告院供到格法合用锦，太师至右弼八花晕锦褾。”

大绫纸四等。一等一十五张，……太子宾客，詹事，（3842页倒4—倒2行）

一等八张，……太子詹事，左、右谕德，（3843页4、5行）

“一等一十五张”条中，“太子宾客，詹事”中间逗号当改为顿号相连，“詹事”为“太子詹事”省称。“一等八张”条中，“太子詹事”当为“太子少詹事”。

《春明退朝录》卷中：“凡官告之制，……谕德、少詹事……白绫大纸七张，大锦禄，牙轴，青带。”（按：大绫纸张数有异，缘《宋志》所载为元丰之制，《春明退朝录》所载为北宋前期之制，固有此异）

蕃官使臣用大锦褾，背带，（3843页倒7行）

官告无须背带，系于轴上之带则有丝带、绫带之不同，五色或单色（如青色、绿色）之异。“校勘记”疑“背带”有误，是也。然谓“疑此处‘背’字为‘青’字之误”，却未必。缘“青带”用于官品较低之文武官，“色带”用于官品较高文武官，《宋志》此处特标出蕃官使臣用大锦褾,是比同列规定用盘球锦褾(中锦褾)高出一格之待遇,正如殿中侍御史、监察御史用九张绫纸,比同列官员只用八张绫纸高出一格一样。故其所用带绝不会比同等规定用之"色带"为低。故,此处"背带"疑为"色带"之误,其可能性比为"青带"之误大。然,"色带""青带"虽一时难以定夺,"背带"误书,则毋庸置疑。

《宋志》三"校勘记"一五:"蕃官使臣用大锦褾背带,按上文所记有'青带',《宋会要·职官》一一之六一、一一之六二也记有'青带',不见有'背带',疑此处'背'为'青'字之误。"

《宋会要·职官》一一之六二:"真宗咸平三年九月,诏……京官灵台郎、保章正,幕职州县官,高班内品,翰林诸待诏、医官,中书行省守当官,枢密院主事、令史,法直、礼直官用小绫纸、小锦褾、木轴、青带,并五张;诸蕃蛮子授大将军、将军、司阶、司戈、司候、军将等,用大绫纸、大锦轴、法锦褾、色带。"

一等六张,……修武、敦武郎,(3843 页倒 2、倒 1 行)

按政和新定武官阶,"敦武郎"应在"修武郎"之上,《宋志》将"修武"倒置于"敦武"之上,非是。

《宋大诏令集》卷一六三"改武选官名诏政和二年九月二十五日":"内殿承制以下小使臣　新官　敦武郎　修武郎　从义郎　秉义郎　忠训郎　忠翊郎　成忠郎　保义郎　承节郎　承信郎　进武校尉　进义校尉　右一十二阶。"

开封诸曹掾,(3844 页 1 行)

"开封"后落一"府"字,当补入。

《宋志》八"绍兴以后合班之制":"开封府功曹、仓曹、户曹、兵曹、法曹、士曹参军事。"

承信、承节郎,(3844 页 6 行)

此条官阶,系按自高品到低品之序排列。文官顺序正确,而此处武官官阶"承信郎"置于"承节郎"之前,误,当前后易置。

《宋大诏令集》卷一六三“改武选官名诏政和二年九月二十五日”：“内殿承制以下小使臣　新官　敦武郎　修武郎　从义郎　秉义郎　忠训郎　忠翊郎　成忠郎　保义郎　承节郎　承信郎　进武校尉　进义校尉　右一十二阶。”

幕职、州县官，三省枢密院令史、书史，(3844 页 7 行)

此谓“书史”，系“书令史”之简称，当添一“令”字于“书”字之后。

《宋会要·职官》六之一六：“乾道六年三月四日，枢密院言，本院吏额：承旨五人，依旧；主事五人，令史一十人，今欲添二人；书令史一十四人，今欲添六人。”

大长公主、长公主、公主用之。(3844 页倒 5 行)

此处于“大长公主”之前显漏四种妃名，宜依《宋会要》，将“贵妃、淑妃、德妃、贤妃”补于“大长公主”之前。

《宋会要·职官》一一之七一：“绍兴三十二年六月一日，官告院言：契勘本院先降到《大观格》出告样制，照得内外命妇十等式，内除止有贵妃、淑妃、德妃、贤妃用十八张销金罗纸……”

婕妤、才人、贵人、美人用之。(3844 页倒 1 行)

此处曰“婕妤、才人、贵人、美人”，次序混乱，宜依《宋会要·后妃》所载品位自高向低排列为：婕妤、美人、才人、贵人。

《宋会要·后妃》四之一：“凡内命妇品：……婕妤，正三品；美人，正四品；才人，正五品；贵人，无视品。”

郡主，县主，国夫人，内命妇，郡夫人，(3845 页 3 行)

《宋志》所云“郡主，县主，国夫人，内命妇，郡夫人”次序混乱；“内命妇”系“外命妇”之误，且当移于“郡主”之前。

《宋会要·职官》九之一七引《神宗正史·职官志》：“外命妇之号九：曰大长公主，曰长公主，曰公主，曰郡主，曰县主，曰国夫人，曰郡夫人，曰郡君，曰县君。”

《宋会要·职官》一一之七一：“绍兴二十七年二月二日……外命

妇封赠郡夫人以上并依格用网袋外,其余以此并权不给。”

宝林御女,(3845 页 5 行)

宝林、御女均为掖庭宫女官名,自唐已置,政和四年尚有此名。以“宝林御女”为一掖庭女官名,误,当加一逗号于“宝林”之后。

《唐六典》卷二“司封郎中”条:“宝林二十七员,正六品;御女二十七员,正七品;采女二十七员,正八品。”

《宋会要·后妃》四之一一:“宝林至掌乐、管干仙诏(韶)公事,用云朵。”

二十四司典掌,尚书省掌籍、掌乐,主管仙韶,用之。(3845 页 6 行)

宋初女官品之等第为:六尚书、二十四司、二十四典、二十四掌及女史若干。每一“尚书”之下属官有四司、四典、四掌。如“尚宫”,掌管“司记”“司言”“司簿”“司闱”,而“司记”又有佐官“典记”“掌记”。“司言”以下依此类推。故不将“二十四司典掌”句用顿号分开,非是。理应分别于“司”字与“典”字之下各添入顿号。

《宋志》谓“主管仙韶”,原为“管勾仙韶公事”,南宋时避高宗赵构之讳改“管勾”为“主管”。宜于“仙韶”后补入“公事”二字。

又,《宋志》云“尚书省掌籍、掌乐”,疑此句文字有脱落,此“尚书省”当指“尚书内省”,然“尚书内省”依政和三年《新置尚书内省诏》(详见《宋会要·后妃》四之一〇)并无掌籍、掌乐女官,掌籍、掌乐属“六尚书、二十四司”。或疑此“尚书省”为“六尚书”之误,然则又与上文已提及之“二十四司、典、掌”重复。

《宋会要·职官》一一之六七:“政和四年正月四日,诏……宝林至掌乐、管勾仙韶公事,用云朵。”

《宋会要·后妃》四之二:“宫人女官品,六尚书正五品,二十四司司正、彤史正七品,二十四掌正八品,女史流外勋品。凡宫人女官职员:尚宫二人,掌导引皇后,管司记、司言、司簿、司闱,仍总知五尚须物出纳等事。司记二人,……其佐有典记、掌记各二人,女史六人。……”

郡夫人,郡君,宗室妻,(3845页7行)

此"郡夫人"系衍文,当删去。"郡夫人"官告之制,已见于《宋志》本页三行。

又诏内外命妇、郡夫人以上,乃得用网袋及销金(3846页倒3行)

此记载有误。内命妇与外命妇官告规格有别。《大观格》定:内命妇,凡迁转或封赠,官告即"用网袋及销金";而外命妇,封赠郡夫人以上之官告方可"用网袋及销金"。绍兴二十七年皆罢"网袋及销金"。

《宋会要·职官》一一之七一:"(绍兴)二十七年二月二日,将作监奏:'契勘依近降官告法式,应内外命妇迁转并赠封告命并销金。续承指挥,内命妇迁转并封赠、外命妇封赠郡夫人以上,并依格用网袋外,其余以次并权不给。'从之。"

《系年要录》卷一七四,绍兴二十六年九月乙巳:"诏内外文武大小臣僚告身,自今并依《大观格》分十六等制造。既而将作监请'自内命妇迁转、封赠,及外命妇郡夫人以上,并不用网袋及销金'。从之。"

户　部

国初以天下财计归之三司,本部无职掌,止置判部事一人,以两制以上充,以受天下上贡,(3846页倒1行、3847页1行)

"上贡",当易为"土贡"。

《宋会要·食货》五六之一〇"户部"条:"《两朝国史志》:户部判部事一人,以两制以上充。凡户口、田产、金谷、食货之政令,皆归于三司,本曹但受天下土贡,元会陈于庭而已。令史三人。元丰五年改官制,三司事并归户部。"(《通考·职官》六"户部尚书"条同)

尚书置都拘辖司(3847页6行)

户部置都拘辖司,系哲宗元祐元年十月之事。《宋志》宜于"尚书置都拘辖司”前冠以“元祐元年”。又,当于“尚书”后补一“厅”字。

《宋会要·食货》五六之二六:“哲宗元祐元年八月,先是户部言乞于尚书厅置都拘辖司一司。十月六日,礼部言:‘户部关:准敕,户部尚书厅置拘辖一司。’”

《长编》卷三八九,元祐元年十月庚寅:“礼部言:‘户部关:准敕,户部尚书厅置拘辖一司。’”

熙宁中,以知枢密院陈升之、参知政事王安石制置条例,建官设属,取三司条例看详,具所行事付之。(3847页倒8行)

《宋志》仅谓“制置条例”,太疏略。“条例”因不同机构而别,有《中书条例》《北边条例》《三司条例》……此处则指“制置三司条例”,且专为之立司。故当于“制置”后补入“三司”两字。

又,据《宋会要·食货》所引《神宗正史·职官志》:“取三司条例看详,具可行事付之。”而《宋志》谓“具所行事付之”,按文义,当以“可”易“所”。

“熙宁中”,“中”字可改为“二年”。

《宋会要·食货》五六之一〇:“熙宁初,上立政以理财,二年以知枢密院陈升之、参知政事王安石制置条例,建官设属,取三司条例看详,具可行事付之。”

《十朝纲要》卷九,熙宁二年二月甲子:“陈升之、王安石制置三司条例。”

其属三:曰度支,曰金部,曰仓部。(3847页7行)

此段叙元丰新官制,户部下辖五司:户部左曹、户部右曹、度支司、金部司、仓部司。《宋志》谓“其属三”,不确,宜改为“其属五”,并于“度支”前补入“左曹,右曹”。

《宋会要·食货》五六之四〇:“尚书一人,侍郎一人,通管五司。”

《合璧后集》卷二八“户部侍郎”:“本朝户部之职皆归三司。元丰官制行,户部始总邦计,置侍郎二员,左曹五案:户口案、税赋案、农田案、检法案、知杂案。右曹五案：常平案、免役案、坑场案、检法案、知杂案。”

户部左曹、户部右曹，合度支、金部、仓部三司，共为五司。

三年，罢归中书，以常平、免役、农田、水利新法归司农，以胄案归军器监，(3847 页倒 7 行)

以三司胄案归军器监，事在熙宁六年。宜于上文“水利新法归司农”之后用句号断住，并补“六年”之年份，冠于“以胄案”之前。

《宋志》五：“国初，戎器之职领于三司胄案，官无专职。熙宁六年，废胄案，乃按《唐令》置监，以从官总判。元丰正名。”

《宋会要·食货》五六之一六、一七：“神宗熙宁六月二十七日，以三司胄案为军器监。”

绍圣元年，罢户部干当公事，置提举管干官，复行免役、义仓，厘正左、右曹职，依元定官制。(3848 页 2 行)

“干当公事”“管干官”中之“干”字，皆当易为“勾”字。

据绍圣元年诏，绍圣元年罢户部勾当公事，诸路、州依旧置提举官、管勾官。《宋志》宜于“置提举”之前补入“路州依旧”四字；又，“提举”与“管干(勾)”系两官，其间应添入一顿号。

“厘正左、右曹职”之后添一“事”字。

《宋会要·食货》五六之二九：“绍圣元年闰四月二日，诏：‘六曹准备差遣、户部勾当公事皆元祐所置，悉罢之。’六月八日，户部言：‘……准朝旨，右曹侍郎兼领金、仓二部，今已依旧置提举、管勾官，复行免役、义仓，欲厘正左、右曹职事，并依元定官制施行。’”

《宋史职官志考订札记》：“《宋史》的户部干当公事，原应作户部勾当公事；管干官，原应作管勾官，因南宋避宋高宗赵构名讳，追改‘勾’为‘干’。各路之提举常平司，可简称提举司，乃熙丰时主持新法之机构，其长官可称提举官。在各州还设‘诸州常平管勾官’(《宋会要·职官》四三之六)。这些机构和官员元祐时废罢，绍圣时又予恢复。《宋会要·食货》五三之一四载:'绍圣元年六月九日,户部看详役法所言:熙宁、元丰间,设提举官,以总一路之法,州有管勾官,县有给纳官。今复免役,既置提举官及管勾官,乞从元丰令,给纳月分,逐县常留簿、丞一员。从之。'由此可知,第一,《宋史》的'置提举''管干官'中间,应用顿号分开;第二,提举官、管勾官乃各路、各州之官员,由于修史者失于剪裁,本文开头所引《宋史》的这段记载,易于被人误解为户部于绍圣时置提举、管勾官,作为属官。"

又诏依熙、丰旧制,本部置都拘辖司,(3848页4、5行)

《宋志》宜于"又诏"前冠以"六月"。"都拘辖司"系元祐元年所置,废罢已久,政和二年六月复置时改名"催辖司",《宋志》当改"都拘辖司"为"催辖司"。

《宋会要·食货》五六之三五:"(政和二年)六月八日参照《官制格目》所奏:'户部具到熙宁三司敕式,许置催辖司,本部称官制奉行,不曾分隶,至元祐元年承敕,依熙、丰旧三司条例于本部置都拘辖司,总领户、度、金、仓四部财赋,后来承旨删去元祐指挥。契勘都拘辖司虽是沿袭三司事务,缘系元祐元年立名,今欲乞遵依熙宁三司敕式,以催辖司为名,其应主行事务,即并依见行条贯。'从之。"

户部尚书　侍郎

掌军国用度,以周知其出入盈虚之数。(3848页6行)

据《合璧事类》所引《神宗正史·职官志》《职略》等,宜于"掌军国用度"之后补入"财赋出纳"一项。

《合璧后集》卷二八"户部"条:"尚书掌军国用度、财赋出纳、州县废置升降《续会要》《神宗正史·职官志》。……尚书兼总,使周知其数、量入为出、而制国用焉《职略》。"

凡四司所治之事,侍郎为之贰,郎中、员外郎参领之,独右曹事专隶所掌侍郎。(3848页7、8行)

元丰五年改制后，户部尚书总领国计，然右曹不隶，故元祐初司马光有“天下之财分而为二”之叹。元祐元年七月起，户部尚书得统领左、右曹。至绍圣三年，右曹仍由所掌侍郎专领，尚书不预。户部尚书统领左、右曹时间达十一年之久。《宋志》所叙皆元丰新制，录此以备考。

《长编》卷三六八，元祐元年闰二月甲午：“先是，门下侍郎司马光言：……自改官制以来，……左曹隶尚书，右曹不隶尚书，天下之财分而为二……欲乞且令尚书兼领左、右曹，侍郎分职而治。”

《宋会要·食货》五六之三〇：“绍圣三年正月二十四日，三省言：‘元祐指挥，户部尚书旧领左、右曹事。’诏户部右曹令侍郎专领，尚书不与。”

曰农田，掌农田及田讼，务限奏丰稔，(3848 页倒 2 行)

“田讼”与“务限”，不应用顿号隔开，“田讼务限”系刑法术语，指接受诉理田讼之期限。此句标点须重加调整如下：“掌农田及田讼务限，奏丰稔。”

《宋代诉词制度中的“务”和“务限法”》：“最迟到南宋初年，封建国家已经明确制定了民间诉讼制度中的‘务限法’，规定每年二月初一日开始‘入务’，即进入农忙季节，一直到九月三十日为止，这段时间属于‘务限’。在此期间，州府官县不得受理婚田词讼。‘务限’中之‘务’，乃指‘农务’而言。”

《宋会要·食货》五六之四〇：“曰农田，掌农田及田讼务限，奏丰稔，验水旱虫蝗，功课农桑，请佃地土，令佐任满赏罚，缴奏诸州雨雪，检按灾伤逃绝人户。”

《宋会要·刑法》三之四六：“绍兴二年三月十七日，两浙转运使上疏言：‘准《绍兴令》：诸乡村以二月一日后为入务，应诉田宅、婚姻、负债者，勿受理；十月一日为务开。窃详上条入务不受理田宅等词诉，为恐追人理对，妨废农业。’”

曰课利，掌诸军酒课，比较增亏，知、通等职位姓名，人户买扑盐场酒务祖额酒息，卖田投纳牙契。（3849 页 2 行）

“诸军”应为“诸州军”。“人户买扑”下宜加逗号，与“盐场”分开；“盐场”前宜加“官”字，并于其下添逗号与“酒务”分开。即，此句重新点校、补正后应为：“人户买扑，官盐场，酒务祖额酒息”。

《宋会要·食货》五六之四〇：“曰课利，掌诸州军酒务课利，比较增亏，知、通等职位姓名，人户买扑，官盐场，酒务祖额酒息，卖田投纳牙契。”

户部右曹郎中　员外郎　户部左曹郎中　员外郎

郎中左曹　右曹　员外郎　掌分曹治事。建炎三年，诏省并郎曹，惟户部五司以职事烦剧不并，仍各置一员。（3849 页 8、9 行）

元丰改制后，三司归并户部为左曹、右曹，加之度支司、金部司、仓部司，共为五司。《宋志》已注意到此变化，但未能把握住，因此所立条目仍沿《唐六典》户部分四司（户、度、金、仓）的框架，结果无法说通、左右为难，勉强地将户部右曹、户部左曹两司硬塞进户部郎中的“口袋”里，弄得似是而非、莫名其妙。修《宋志》者未能把握元丰新制后户部已分五司事实，即将户部右曹、户部左曹职掌分散在“（户部）尚书　侍郎”条内，按理，应各归于户部右曹、户部左曹之下。

又，本条直从南宋史事叙起，亦未当。

为此，《宋志》宜将“右曹”“左曹”分立条目。并将《宋志》“（户部）尚书　侍郎”条下“左曹分案三”（自 3848 页倒六行“左曹分案五”至 3849 页三行“知杂司”）、“右曹分案六”（自 3849 页三行“右曹分案六”至七行“相承不改”）全部内容各按“右曹”“左曹”归类合并。

户部右曹，因命户部一侍郎专领，不隶户部尚书，直接对皇帝、朝廷负责，其地位要高于户部左曹，故修立条目时，应以右曹为先。

《宋代户部浅释》：“元丰官制下的户部，分为两个部分：一为右曹，由一员侍郎专领，不隶户部尚书；一为由左曹、度支、金部、仓部四司组成的户部本部，由尚书、侍郎各一员统领。下面，……将各司职掌做一简单介绍。

"（1）右曹：掌常平、免疫、保甲、农田水利等新法，及义仓赈济、坊场河渡征税等事；

"（2）左曹：掌户籍、赋税、土贡、征榷、田事诉讼、孝义教化、婚姻继嗣等事；

"（3）度支（从略）；（4）金部（从略）；（5）仓部（从略）。以上五司，左曹、右曹除掌握国家赋税、征榷等财政事务外，又统管全国户口、农田水利、荒政、风俗教化等民政、农业事务；度支则专掌会计、调度；金部、仓部则具体掌握国家钱帛和粮食的保管、出纳。五司各有分工，各项财政收支'悉经于度支稽之'。"

《宋会要·食货》五一之四六："乾道四年元月二十一日，度支郎中赵不敌言：'……然赋用之窠名猥多，而分隶于户部之五司，如僧道、免丁、常平、免役、坊场、酒课之类，则左、右曹掌之；如上供、折帛、经总、无额、茶盐、香矾之类，则金部掌之；度支则督月桩；仓部则专籴本。'"同书五六之六四："户部侍郎张子颜言：'版曹财赋，左、右曹，度支，金部，仓部各有窠名，彼此不相照应。'"

绍兴中，专置提举帐司，（3849 页倒 7 行）

"绍兴中"，系绍兴七年事。

又，提举帐司，非绍兴七年始置。熙宁五年，始置提举三司帐勾磨勘司，三部各置提举帐司。故淳熙二年臣僚上奏，乞欲"仿本朝三司之制专置提举帐司"。《宋志》不交代前事，撷取绍兴七年一段，有割裂之感。宜于"专置"之前补入"仿熙宁三司之制"七字，以示提举帐司非南渡后首创。

《宋会要·食货》五六之五七："《续会要》：淳熙二年十一月二十六日，臣僚言：'祖宗时有《会计录》，备载天下财赋，出入有帐。一州以司法掌之，一路以漕属掌之，驱磨、申发、赏罚条置甚严。绍兴七年，臣僚有请仿本朝三司之制专置提举帐司，总天下帐状，以户部左曹郎官兼。积习既久，视为文具。乞诏户部条画，申严措置，俾天下财赋有所稽考，不敢失陷。'从之。……（户部）昨承指挥，复置提举帐司。"（参《宋会要·食货》五六之一一"提举帐勾磨勘司"）

仓部郎中 员外郎

元祐元年四月，省郎官一员，十月复置，（3850页倒2行）

元祐元年仓部省郎官一员之后，未见是年十月即复置。

《宋志》误以复置"专勾复案"为复置仓部郎官，当改正。可于"复置"后添补"专勾复案"。又，"省郎官一员"下之逗号，应改为句号。

《宋会要·食货》五三之一："哲宗元祐元年四月二十六日，三省言：'尚书六曹职事闲剧不等。今欲减定员数。事简者仓部，减郎中官一员。'从之。十月四日，诏户部以减罢仓部郎中一员，许复置专勾复案并印发诸色钞引。"

绍兴四年复旧。裁减吏额，共置二十五人，续又减二人。（3851页1行）

裁减吏额为孝宗乾道六年五月事，续又减吏额二人为淳熙十三年事，今皆系于"绍兴四年"之后，模糊了"复旧"与"裁减吏额"时间相隔几十年的事实，未妥。宜于"裁减吏额"前冠以"乾道六年"，"续又减"前冠以"淳熙十三年"。

《宋会要·食货》五三之三："（孝宗乾道）六年五月四日，户部言：依指挥条具并省吏额，仓部见管二十八人，今减守当官一名，正贴司二人，通计二十五人为额。诏依各从下裁减。"

《宋会要·食货》五三之四："（淳熙）十三年十二月九日，诏仓部减贴司一人、私名一人，以司农少卿吴燠议减冗食，下敕令所裁定，故有是命。"

礼　部

掌国之礼乐、祭祀、朝会、宴飨、学校、贡举之政令。(3851 页 2 行)

此为元丰新官制所确定的礼部职掌,但《宋志》漏落了"册宝、印记、图书、表疏及祥瑞"等内容,未妥,宜补入。

《宋会要·职官》一三之二:"《神宗正史·职官志》:尚书礼部掌礼乐、祭祀、朝会、燕飨、学校、贡举、册宝、印记、图书、表疏及祥瑞之事。"

凡雅乐,以六律、六同合阴阳之声为乐律,(3851 页 3、4 行)

雅乐有六律、六吕,律吕相配为十二律,即所谓合阴阳之声为"乐律",并无"六同"之说。《宋志》云"六同",恐系"六吕"之误。

《宋会要·乐》一之一三:"平之以六,谓六律也。成于十二,谓律吕相配也。"

《乐府杂录》:"雅乐部律吕。臣今详编钟十二律吕具备,可为不易之法。"

《云麓漫钞》卷一二"十二律图":"六律名·六吕名:黄钟、太簇、姑洗、蕤宾、夷则、无射,此六者为阳月之管,谓之律。……大吕、应钟、南吕、林钟、仲吕、夹钟,此六者为阴月之管,谓之吕。"

大祥瑞,则朝参官以上诣阁门表贺,(3851 页倒 4、倒 3 行)

"朝参官以上",《宋会要》作"朔参官",当据改;"阁"当作"閤"。

《宋会要·职官》一三之三引《神宗正史·职官志》:"大祥瑞,则朔参官诣閤门表贺,余于岁终条奏。"

旧属礼仪院,……择三司京朝百司胥史充。(3851 页倒 2、倒 1 行)

宋初,礼部不掌本部事,"凡礼仪之事,悉归于太常礼院";"贡举之政",则归贡院。礼仪院,始置于真宗大中祥符六年,罢于天圣元年，仅存在十年，且止掌裁定行礼所用仪仗、法物制度及中书礼房所掌内外书奏。《宋志》述元丰改制前礼部职事，不提及太常礼院与贡院，而止谓“旧属礼仪院”，非是。此句前宜补入“宋初，凡礼仪事悉归于太常礼院，而贡举之政领于知贡举官”。并将“旧属”两字删去，易作“大中祥符六年，置礼仪院”；且于“百司胥吏充”之后，补上礼仪院分案及职掌（见下引《玉海》）。

《宋会要·职官》一三之一：“《两朝国史志》：礼部，判部事二人，以两制及带职朝官充。凡礼仪之事，悉归于太常礼院，而贡举之政领于知贡举官。”

《玉海》卷一六八“祥符礼仪院·天圣太常礼院”：“祥符六年八月庚午，诏以起居院详定所为礼仪院。……所掌有四案，又选判礼院官各二人，赴院编修。其后别置院于右掖门外，凡行礼所用仪仗、法物未合典礼者，悉裁定制度，内外书奏中书礼房所主者悉付之。”

《长编》卷一〇〇：“天圣元年四月辛丑，罢礼仪院。”

礼部止设判部一人，掌科举，补奏太庙郊社斋郎、（3851 页倒 1 行）

神宗元丰改官制前，礼部事归礼仪院、太常礼院，科举之政归知贡举官。礼部由判礼部事二人管理，非“一人”。又，《宋志》此谓“掌科举”，显误，原文为“掌制科举人”，当改正。“补奏太庙”与“郊社斋郎”之间应用顿号断开。

《宋会要·职官》一三之一“礼部”：“《两朝国史志》：礼部，判部事二人，以两制及带职朝官充。凡礼仪之事，悉归于太常礼院，而贡举之政领于知贡举官。本曹但掌制科举人，补奏太庙、郊社斋郎、室长、掌座。”

《合璧后集》卷二九《六部门·礼部》：“本朝礼部，判部事二人，以两制及带职朝官以上充。凡礼仪之事，悉归于太常礼院，而贡举之政领于知贡举。本曹但掌制科举人，补奏太庙、郊社斋郎、室长、掌座，都省集议……”

兼领贡院……元丰官制行，悉归礼部。（3852页1—3行）

此段叙礼部贡院事，略嫌阔略。元丰官制行，悉归礼部，当包括贡院归礼部。实际上，“贡院”自宋初至宋末，皆冠以“礼部”名，元丰改制前，其印章则曰“礼部贡举之印”。故而，宜于“兼领贡院”后补入注文：“贡院专掌贡举，其印章曰‘礼部贡举之印’。”

《宋会要·选举》六之五一《贡举之印》：“贡院专掌贡举，其印章曰‘礼部贡举之印’。”

礼部尚书

大祭祀则省牲，鼎镬视涤濯，（3852页7、8行）

此句标点有误，当改正为：“大祭祀则省牲、鼎镬，视涤濯。”其义指省察牺牲及盛牲之鼎镬，视其洁净否。

《宋会要·职官》一三之三：“大祀，则尚书同省牲、视涤濯。”

朝廷庆会宴乐，宗室冠、婚、丧、祭，蕃使去来宴赐，与夫经筵、史馆、赐书、修书之礼，例皆同奉常讲求参酌，（3852页倒6—倒4行）

此处“赐书、修书之礼”，指经筵、史馆而言，“史馆”下之顿号当删去。“奉常”系“太常”之古官名，非宋代正式官名，宜改。

建炎三年，诏鸿胪、光禄寺并归于礼部，太常、国子监亦隶焉。（3852页倒3行）

建炎三年，因军兴并省寺监官，鸿胪寺、国子监、光禄寺先后归并于礼部。他如宗正寺并归太常寺，少府、将作、军器监归工部，卫尉寺、太仆寺并归兵部等。寺监中唯太常寺、大理寺未有省并。“太常”当删去。

《宋会要·职官》一三之六：“高宗建炎三年四月十三日，诏礼部郎官一员兼主客。同日，诏礼部吏人减半。同日，诏鸿胪寺、国子监并归礼部。五月十九日，光禄寺并归礼部。以并罢寺监也。”

《宋志》四“太常寺”:“建炎初,并省冗职,惟太常、大理不罢。”

分案五:曰礼乐,曰贡举,曰宗正奉使帐,曰封册表奏,曰检法。(3852 页倒 2 行)

据《宋会要·职官》一三之一“礼部”载,“封册表奏”当为“册封表奏宝印”之脱漏,宜于“表奏”后补入“宝印”两字。

礼部侍郎

奏中严外办,同省牲及视馔腥熟之节;祼,受瓒奉盘。(3853 页 1 行)

劈头一句“奏中严外办”,突兀异常。《宋志》缀拾成文,每有似此未及润饰处。据下引《中兴礼书》等以知,凡大祀(如郊祀、享明堂),礼部侍郎与礼部尚书同省牲,侍郎又掌视腥熟之节及奏中严外办等。然此只是礼部侍郎职掌之一,作为礼部尚书之佐贰,岂可略大体而举细目?故《宋志》宜于句首补入“掌贰尚书之事”。并将“奏中严外办”下移置“受瓒奉盘”之后。“同省牲”之前宜补入“凡大祀,与尚书”字样,并改“及”字为“外,又”。

《宋会要·职官》一三之三:“尚书掌礼乐、祭享、贡举之政令。而侍郎为之贰,……大祀则尚书同省牲、视涤濯。……礼毕,则侍郎奏中严外办。”

《中兴礼书》卷三四“郊祀行事官”:“郊祀大礼前二日朝献景灵宫,前一日飨太庙。行事官……礼部尚书一员,视涤濯、省牲,省鼎镬、涤溉,荐笾豆簠簋;……礼部侍郎一员,郊视省牲,视腥熟节。”

亲郊,自景灵宫朝献、太庙朝享至望燎礼毕,乘舆还内,皆奏解严。(3853 页 4、5 行)

此段应属“礼部郎中、员外郎”之事,与礼部侍郎无关,可移至“郎中、员外郎”条“掌撰表文”之下。

《中兴礼书》卷三六“郊祀仪注·望燎望瘗”:“礼部侍郎帅太祝执

篚进诣神位前取币。……礼仪奏毕,礼部郎中奏请解严。”

《中兴礼书》卷三四“郊祀行事官”:“礼部郎中二员。一员逐处行事礼毕,奏解严;一员逐处行事礼毕,御前奏解严。”

祠部郎中 员外郎

初补医生,令有司试艺业,岁终校全失而赏罚之。(3853页倒1行、3854页1行)

祠部管医政,不止负责医生(学生)试补事,且负责岁终较医官功过。《宋志》述祠部职止及医生事而不提医官事,不妥。宜于“岁终校”后补“医官”之名。

《合璧后集》卷二九“祠部郎中·员外郎”:“《神宗正史·职官志》:参掌天下典祀、国忌、庙讳……岁较医官功过而责罚之。”

《通考·职官》六“礼部尚书”:“祠部掌诸州宫观僧尼、道士、童行、住持教门事务;祠祭、奉安、祈祷,神庙加封、赐额并属之;医官磨勘、医生试补,校其事而予夺之。”

主客郎中 员外郎

掌以宾礼待四夷之朝贡。(3854页2行)

元丰改制前,主客郎中、员外郎不掌本司事;改制后,始实行本司事。宜于“掌以宾礼”句前补入“元丰新制”字样。

《宋会要·职官》一三之四六:“《两朝国史志》:主客,判司事一人,以无职事朝官充,凡诸蕃朝聘、贡奉隶客省,本司无所掌。令史一人,驱使官一人。元丰改制,郎中、员外郎始实行本司事。”

掌嵩、庆、懿陵祭享,崇义公承袭之事。(3854页3、4行)

嵩陵、庆陵分别为周世祖郭威、周世宗柴荣陵寝,懿陵为周世宗懿皇后陵寝,崇义公系北宋朝廷用以优礼柴氏后代之封号。宋代以主客郎中、员外郎掌后周三陵之祭享、崇义公承袭事,以笼络人心,稳定政局。《宋史》编修者应注意到赵氏这一用心，故宜于“嵩”字前补“后周”字样。

《宋会要·崇儒》七之六九：“真宗景德四年正月二十九日，朝陵德音，周朝嵩、懿陵庙，委官吏以官物修葺、致祭。”

《宋会要·崇儒》七之七一：“嘉祐四年四月九日，诏曰：宜令有司取柴谱系，于诸房中推最长一人，令岁时亲奉周室祀事。如白身，即与京主簿，如为班行者，即比类换文资，仍封崇义公。”

兵　部

凡仪卫，大朝会用黄麾大仗；文德殿视朝及册命王公大臣，用黄麾半仗；紫宸殿受外国使朝，用黄麾角仗；文德殿发册，用黄麾细仗。（3854 页倒 3、倒 2 行）

宋制，正旦、冬至、五月一日大朝会，及大礼奏请、圣节称贺等皆在大庆殿举行，用黄麾大仗之仪卫。《宋志》宜于“大朝会”前补加“大庆殿”殿名，以与下文所举“文德殿”“紫宸殿”等体例相一致。

《宋史·仪卫志》一：“议礼局上大庆殿大朝会仪卫。”

卤簿有大驾、法驾、小驾，（3854 页倒 2、倒 1 行）

“小驾”后遗漏“黄麾仗”。宜补入。

《宋史·仪卫志》一：“其卤簿之等有四：一曰大驾，郊祀大飨用之；二曰法驾，方泽、明堂、宗庙、籍田用之；三曰小驾，朝陵、封祀、奏谢用之；四曰黄麾仗，亲征、省方还京用之。”

材不中禁卫而足以执役为厢军，（3855 页 1 行）

“足以”前漏一“力”字，须补。

《宋会要·职官》一四之二：“材不中禁卫而力足以充役为厢军。”

以老疾而裁其功力之半为剩员。（3855 页 1、2 行）

“老疾”者指谁？《宋志》省去主语“厢、禁、土军”，不当。

《宋会要·职官》一四之二:“厢、禁、土军因老疾而裁其功力之半为剩员。”

团结以御戎为洞丁,为义军、弩手;(3855页2行)

“团结以御戎”,团结者除洞丁、义军、弩手之外,尚有“枪手”“土丁”,未宜省略。“洞丁”或作“峒丁”。

《宋会要·职官》一四之三:“诏:‘今后广南东路、西路土丁、枪手,邕州峒丁,荆湖南北路土丁、弩手,夔州路义军编写成册,年终奏到枢密院常留三年外,其三年以前即逐旋付尚书兵部收管,于久照会。’”

文武官白直、宣借,皆掌之。(3855页4行)

“宣借”谁?《宋志》省却“兵级”,未当。

《通考·职官》六“兵部尚书”:“臣僚之家宣借兵级,与夫藩夷属户授官、封袭之事,皆掌之。”

《宋会要·职官》一四之二:“文武官白直、宣借兵,则给以式。”

掌三驾仪仗、卤簿图、(3855页5行)

“三”当作“车”。前文有“卤簿有大驾、法驾、小驾”的说法,所谓“三驾”即指此。三驾均属卤簿,而下文又有“卤簿图”,殊为重复。“三”为误字无疑。

《宋会要·职官》一四之一:“《两朝国史志》:兵部……本曹但掌车驾仪仗、卤簿字图。”

按:此条参陈文龙《〈宋史·职官志〉校补》。

元丰设官十,尚书、侍郎各一,四司郎中、员外郎各一。元祐初,省驾部郎中一员,以职方兼库部。绍兴改元,诏职方、库部互置郎官一员兼。(3855页6—8行)

元丰改制复唐六部二十四司之名后,兵部职掌却未能全复,军政归枢密院,武选属吏部,兵部近于闲司,苏轼遂有“司马之职独省文书”之讥,洪迈则谓兵部“名存实亡”。此皆宋人当事者所论,非无稽焉。《宋志》在叙国初旧制及元丰改制时，均未涉及枢密院、吏部侵兵部职掌事，似未妥。又，"绍兴改元"误，当作"隆兴改元"。

《容斋续笔》卷一一"兵部名存"条："元丰官制行，一切更改，凡选事，无论文武，悉以付吏部。苏东坡当元祐中拜兵书，谢表云：'恭惟先帝，复六卿之名，本欲后人识三代之旧，古今殊制，闲剧异宜。武选隶于天官。'"

建炎三年，兵部与职方郎官一员兼，库部与驾部郎官一员兼，共置二员。至隆兴改元时，复又并省官吏，四司止置郎官一员。即是说，原先兵部与职方二司为一单元，驾部与库部为一单元，至是，两单元打通，由一员郎官兼，如《宋志》此处（3856 页）所载："隆兴元年，诏驾部、兵部郎官共一员兼领，自是四司合为一矣，厥后间或并置，若从军或将命于外，则假以为宠。"

《群书考索·后集》卷八"六部类"："隆兴改元，复裁内外官，于是驾部又当省。"

《考正》卷三"兵部"："绍兴改元，诏职方、库部互置郎官一员兼。按：'绍兴'当作'隆兴'，孝宗隆兴元年从右谏议大夫王大宝等之请，曾大量并省官员吏额也。"

兵部尚书

凡军兵以名籍统隶者，(3855 页倒 5 行)

此处"军兵"，《宋会要》《合璧事类》所引《续会要》皆书作"军民"。疑《宋志》"军兵"有误。缘兵部掌厢军、民兵之事，禁军属枢密。民兵当非属军队之正式编制，而属民籍。

《宋会要·职官》一四之三："凡军民以名籍统隶者……"(《合璧后集》卷三〇"兵部尚书"同)。

《宋会要·职官》一四之三："其余民兵悉隶兵部。"

分案九，置吏四十有七。凡蕃夷属户授官、封袭之事皆掌之。建

炎三年，并卫尉寺隶焉。分案十：曰赏功，曰民兵卫……乾道裁减吏额，共置三十人。……赴部行遣。（3855 页倒 2 行—3856 页 3 行）

自"分案九"至"赴部行遣"一段皆宜移置"兵部"条末尾。

"凡蕃夷属户授官、封袭之事皆掌之"与上文"蕃夷除授"重复，应删。

又，"曰民兵卫"，应改为"民兵、仗卫"。

《宋会要·职官》一四之一："分案有十，曰赏功，曰民兵、仗卫，曰厢兵，曰人从看详，曰帐籍、告身，曰武举，曰蕃官，曰开拆，曰知杂，曰检法。"

"乾道"应补充为"乾道六年"。

《宋会要·职官》一四之九："乾道六年五月四日，兵部言：'依指挥条具并省吏额，兵、库部司人吏系通额迁补，自今以三十七人为额，内私名三人无请。今减书令史一名，守当官二人，正贴司四人，通以三十人为额。……'诏并依拟定。"

兵部侍郎

侍郎　掌贰尚书之事。南渡，长贰互置，续置侍郎二员，绍兴常置一员。（3856 页 4 行）

"绍兴"为"隆兴"之误，当改。

《考正》卷三"兵部"："侍郎……绍兴常置一员。案：'绍兴'亦'隆兴'之误。《会要·兵部门》载：（隆兴元年）七月二十六日诏六部长贰除尚书不常置外，置兵部侍郎一员（《职官》一四之八）。"

兵部郎中　员外郎

建炎三年，诏兵部兼职方，驾部兼库部。（3856 页 5 行）

此"兵部"即本部司，或称"兵部司"，非六部之一的兵部，"诏兵部兼职方"，意谓诏兵部郎官兼职方郎官，驾部郎官兼库部郎官。"兵部”后宜补入“郎中”二字。

《中兴题名》:“建炎三年并省冗职,以兵部郎中兼职方。”(转引自《合璧后集》卷三〇“兵部郎中”)

《宋会要·职官》一四之八:“孝宗隆兴元年七月二十六日,诏六部长贰除尚书不常置外,置兵部侍郎一员,兵部、驾部郎官一员兼领。从右谏议大夫王大宝等议也。”

职方郎中　员外郎

掌天下图籍,以周知方域之广袤,及郡邑、镇寨道里之远近。凡土地所产,风俗所尚,具古今兴废之因,州为之籍,遇闰岁造图以进。四夷归附,则分隶诸州,度田屋钱粮之数以给之。(3856 页倒 8—倒 6 行)

《长编》所载职方之职有“掌州县废复”一项,《分纪》《通考》还载有“掌城隍、堡寨、烽候之数”,《宋志》均阙,宜补入。

《长编》卷三八六,哲宗元祐元年八月辛亥:“职方手分、贴司凡八人,逐人所分事件不过一二件,所行之事止于州县废复、蕃夷归明及天下地图等数事而已。”

《分纪》卷一〇“职方郎中”:“国朝职方掌天下地图,以周知方域之广袤及城隍、堡寨、烽候之数,蕃夷归朝内附之事。”

分案三,置吏五。旧判司事一人,以无职事朝官充,掌受闰年图经。(3856 页倒 6 行)

宋初职方所掌受闰年图,系指掌受诸州所贡闰年图,《宋志》宜于“闰年图经”前补加“诸州所贡”四字。

《宋会要·职官》一四之二〇:“职方,掌受诸州图及图经,以朝官一员主判。驾部、库部二部皆无所掌,各以朝官一员主判。太宗太平兴国二年闰七月,有司上诸州所贡闰年图。”

《宋会要·职官》二二之五:“真宗咸平四年八月,诏:‘诸州所上闰年图，自今每两闰一造，每三次纳仪鸾司，即一次纳职方，换职方旧图却付仪鸾司。’”

转运画本路诸州图，十年一上。（3856页倒4行）

真宗咸平四年前，诸州所上舆图，皆一州一图，并无一路之全图，颇不便阅。咸平四年遂令诸路转运司据本路分内诸州所进图，画本路诸州合图一本，贡于职方，十年一次。《宋志》此处宜补“逐路”两字于“转运”之上；“转运”当改为“转运司”；“诸州图”宜易为“诸州合图”。“十年一上”之后，宜添“职方”之名。

《宋会要·职官》一四之二〇：“真宗咸平四年八月，职方员外郎吴淑言：‘……乞今后令逐路转运从今闰各画本道诸州图一面纳职方，自是每经十年命一次画图送纳。’从之。”

《分纪》卷一〇“职方郎中”：“国朝真宗咸平四年，职方员外郎、秘阁校理吴椒（淑）上言：‘……今闰年所纳图并上职方，又诸州郡地里犬牙相入，向者图画一州地形，则何以傅合他邦？乞令诸路转运司依向来诸州画图例，十年各画本路诸州图一本上职方。……’从之。”

驾部郎中　员外郎

视其职治给马如格。（3856页倒1行）

“职治”文意不清，实为“官职及所治事”之省称，用全称为佳。

《古今事文类聚新集》卷一四《六曹部》“兵部分分掌·旧驾部”：“凡奉使之官赴阙，视其官职及所治事给马如格。”

库部郎中　员外郎

总卫尉寺金吾仗司兵匠之数，（3857页5行）

“金吾仗司”系“左、右金吾仗司”之简称。《宋志》宜加“左、右”两字，并须补一“街”字于“金吾”之后，缘“左、右金吾街司”与“左、右金吾仗司”分工不同，其合称为“左、右金吾街仗司”。

《宋会要·职官》二二之一“卫尉寺”:“《神宗正史·职官志》:卫尉寺卿,……总司十有三:选募吏卒以给用,则归左右金吾街仗司、六军仪仗司。”

刑 部

禁于未然之谓令,施于已然之谓敕,设于此而使彼至之之谓格,设于此而使彼效之之谓式。(3857 页倒 5、倒 4 行)

“施于已然”当为“禁于已然”,“设于此而使彼至之”当为“设于此而待彼之至”。此段话源自宋神宗对修敕人之讲话。

《长编》卷三四四,元丰七年三月乙巳:“上问:‘敕、令、格、式体制如何?’对曰:‘以重轻分之。’上曰:‘非也。禁于已然之谓敕,禁于未然之谓令,设于此以待彼之至之谓格,设于此使彼效之谓式。’”(参见《宋史·刑法志》一)

其一司一路海行所不该者,折而为专法。若情可矜悯而法不中情者谳之,(3857 页倒 4、倒 3 行)

“一司一路海行”下当补一“敕”字,“一司”与“一路”之间须用顿号分开,意为“海行一司敕”“海行一路敕”。“海行”,全国通行、通用之意。

《朝野类要》卷四“法令”:“敕、令、格、式,谓之海行,盖天下可行之义。”

《长编》卷二五四,熙宁七年七月丙辰:“诏诸房创立或删改《海行一司敕》,可并送法司及编敕所详定讫,方取旨颁行。”

“折而为专法”,系“析而为专法”之讹。(《考正》卷三之五“刑部”)

追命奸盗,(3857 页倒 3 行)

《考正》卷三之五“刑部”将“追命”更为“追捕”,近是。

《分纪》卷一一“刑部尚书”:“催辅盗贼。”

其属三:曰都官,……司门各一人。(3857 页倒 1 行,3858 页 1、2 行)

以上皆为元丰改制后之刑部编制与职掌,例当注明。

奏记上中书,中书以奏天子论决。(3858 页 5 行)

“奏记”系“奏讫”之误。此据邓广铭《考正》卷三之五“刑部”。

《宋会要·职官》一五之二九:“先是,天下案牍先定于大理,覆之于刑部。太宗虑法吏舞文,因置审刑院于中书门下之西,凡具狱案牍,先经大理(寺)断谳既定,关报审刑知院与详议官定成文草,奏讫,下丞相府。丞相又以闻,始命论决。”

《长编》卷三二,淳化二年八月己卯条:“凡狱具上奏者,先由审刑院印讫,以付大理寺、刑部断覆以闻,乃下审刑院详议,中覆裁决讫,以付中书,当者即下之,其未允者,宰相复以闻,始命论决。”

依上所引,《宋志》“论决”前宜加“始命”,“奏天子”下宜加一逗号。

置纠察刑狱司,(3858 页 5、6 行)

“纠察刑狱司”当为“纠察在京刑狱司”。

《宋会要·职官》一五之五:“纠察在京刑狱司,大中祥符二年置,元丰三年并归刑部。”纠察在京刑狱司为初置司时之正式名。之后,有“纠察刑狱司”“纠察司”(《宋会要·职官》一五之四六)之简称,然《宋志》叙初置司名,不可不用全名也。

若理有未尽或置淹恤,追覆其案,(3858 页 6、7 行)

“淹恤”为“淹延”之误,“追覆其案”仍宜依《宋会要》谓“追取元案”。

《宋会要·职官》一五之四四:“内有未尽理及淹延者,并须追取元案看详,举驳申奏。”一五之四五:“诏纠察刑狱官自今看详日状,如所犯稍重及情理涉疑、禁系稍多、淹延未断,即仰暂勾罪人及碎状就本司审问。”

“详议、详断、详覆官……”(3858页7行)

“详议官”隶审刑院，“详断官”隶大理寺，“详覆官”隶刑部，此三官各有所属机构。《宋会要》原冠有上述三司之名，《宋志》削去欠当。

《宋会要·职官》一五之七：“熙宁三年三月二十四日，诏审刑院、大理(寺)、刑部详议、详断、详覆官初入以三年为任。”

刑部尚书

掌天下刑狱之政令。凡丽于法者，审其轻重，平其枉直，而侍郎为之贰。应定夺、审覆、除雪、叙复、移放，则尚书专领之；制勘、体量、奏谳、纠察、录问，则长贰治之；而郎中、员外郎分掌其事。(3859页4—6行)

此条系神宗元丰官制。在刑部尚书通领“天下刑狱之政令”前提下，又有与侍郎、郎中、员外郎分司而治之制，《宋志》未点明“分治之”，实分为左、右二厅。

《宋会要·职官》一五之六引《神宗正史·职官志》：“尚书掌天下刑狱之政令，而侍郎、(郎)中、员外郎分治其事。凡制勘、案劾、审录、奏谳、纠察、程督则隶左，检察、定夺、除雪、叙复、移放则隶右。格不载者，同尚书通领。”

又，上文“刑部”已记述元丰新制“设官十有三：尚书一人，侍郎二人，郎中、员外郎，刑部各二人，都官、比部、司门各一人。”(3858页1行)故“掌天下刑狱之政令”前宜补“一人”之编制。

分案十二，置吏五十有二。(3859页8行)

《宋志》“刑部”条杂糅神宗、哲宗时期制度，而不讲明时间。此“分案十二，置吏五十有二”非元祐新制，而是哲宗朝之制。

《宋会要·职官》一五之六引《神宗正史·职官志》：“尚书、侍郎、郎中、员外郎……分案八，设吏五十有二。”注引《哲宗正史·职官志》:"分案十二,置吏同。"

掌凡根勘诸路公事;(3859页倒6行)

《宋志》谓制勘案掌根勘。"诸路公事"所指甚泛,当为"诸路刑狱公事"也。

《宋会要·职官》一五之一三:"《元丰刑部格》:制勘案主鞫狱、根究体量过犯。"

裁减吏额,置三十五人。(3859页倒3行)

隆兴元年,刑部实有吏额为四十人,减省五人为三十五人,三十五人系裁减后之吏额数。

应补入裁减吏额时间"隆兴元年"。

《宋会要·职官》一五之二一:"孝宗隆兴元年八月三日,刑部言:'依指挥条具并省吏额。见管主事一名、令史四人、书令史九人、守当官八人、正贴司一十八人。今减守当官二人、正贴司三人。'"

刑部侍郎

侍郎　旧制,(3859页倒2行)

依《宋志》通例,所谓"旧制",指宋初之制,与"元丰新制"相对。而此处"旧制"既非宋初之制,亦非元丰新制,实系元祐之制,疑为南宋史官追叙东京之制的笔法。元修史者未加更改,不妥。详见下一条之补正。此"旧制"二字宜删之。又,按元丰新制侍郎二人,至哲宗朝减为一人,至南宋,又减,"南渡,长贰互置"。按元丰新制,"侍郎"下当补上"二人"之编制。

《宋会要·职官》一五之六引《神宗正史·职官志》:"凡官十有三:尚书一人,侍郎二人……尚书掌天下刑狱之政令,而侍郎、(郎)中、员外郎分治其事。凡制勘、案劾、审录、奏谳、纠察、程督则隶左,检察、定夺、除雪、叙复、移放则隶右。格不载者,同尚书通领。"

……长贰通治之。(3859页倒1行)

从《宋会要》所载《神宗正史·职官志》文字下注引《哲宗正史·职官志》可知，元丰之制于哲宗朝时有所变动，未能完全等同。《宋志》不先叙元丰官制刑部侍郎职掌，未妥。

此条所叙刑部侍郎职掌，可确定非元丰之制，证据是《神宗正史·职官志》所载侍郎职掌与此略有异辞。详见上一条所引之《神宗正史·职官志》(《宋会要·职官》一五之六)。

依崇宁专法，(3859页倒1行)

"崇宁专法"称谓未全，全称当谓"刑部一司崇宁专法"。

《宋会要·职官》一五之二六至二七："淳熙十六年十一月十八日，刑部侍郎吴博古言：'本部一司崇宁专法奏狱及缘法今(令)事应议者，召大理寺丞以下议……乞今后本部遇有合议刑名，许从旧法，请大理寺官赴部商议。'从之。"

刑部郎中　员外郎

郎中　员外郎　各二人，(3860页2行)

宋代六部各部均有本部司，置郎中、员外郎。此郎中、员外郎，实为刑部司郎中、员外郎。宋初，郎官不掌本司事，但为文臣迁转阶官。元丰正名，始复其职。刑部郎中、员外郎概不例外。《宋志》于此均语焉未详。宜将"各二人"句改为"宋初，不行本司事，但为阶官。元丰正名，各置二人"。

《合璧后集》卷三一"刑部"："元丰五年官制行，六部各正其职，而刑部始得专其官。"

《宋会要·职官》一五之五："官制正名，悉归刑部。……郎中、员外郎，刑部各二人，都官、比部、司门各一人。"

倘初无分异，则有不当于理者，孰为追改？(3860页4、5行)

"则有不当于理者"，汪应辰原话为"则罚之有不当于理者"，《宋志》转述时删去"罚之"两字，失当。

《宋会要·职官》一五之二一："刑部郎官或二员或三员，而关掌职事，初无分异，然则罚之有不当于理者，又将使谁为之追改乎？望诏执事刑都、大理寺之官，虽未能尽复祖宗之旧，亦当遵用元丰定制，庶几官各有守，人各有见，参而任之，反复详尽，以称陛下钦恤之意，亦以为后世法。"

都官郎中　员外郎

掌徒流、配隶。（3860 页 7 行）

"配隶"之后，当补入"及吏籍之事"五字。

《合璧后集》卷三一"都官郎中"："本朝都官判司事一人，以无职事朝官充，凡俘隶、簿籍分领于他司，本司无所掌。元丰改制，郎中、员外郎始实行本司事，参掌徒流、配隶及吏籍之事《续会要》。"

凡天下役人与在京百司吏职皆有籍，以考其役放及增损废置之数。若定差副尉，……展减磨勘岁月。（3860 页 8、9 行）

自"凡天下役人"至"展减磨勘岁月"一段，盖出自政和以后之国史，非元丰史事。试与《分纪》卷一一"都官郎中"所载相比照："国朝尚书都官掌配没徒隶簿籍，移放、收系在京诸司无选限公人名籍，天下州县应募役人数增损废置，总军、大将阙额招收、转补、差遣事故，叙用、停放等事。"《分纪》所载当为政和之前，即元丰定制时都官郎中职掌，其内容一为掌徒流配隶簿籍；二为掌常在京吏人名籍；三为掌天下役人增损废置；四为总军、大将事。叙述分明。今《宋志》所叙殊为不爽。

又，据邓广铭《考正》卷三，"役放"疑当作"移放"，谓对罪人之流移编配等事也（参《宋会要·职官》一五之一五，崇宁二年二月二十九日条）。邓先生所考甚是，且上引《分纪》亦作"移放"，是又一证。

崇宁二年二月，复配隶案。（3860 页倒 6 行）

《长编》所载元祐四年并罢吏籍案、配隶案，与《宋志》下文所载

"先是,元丰中,都官有吏籍、配隶案,元祐中,罢之"记载吻合。然两案均于崇宁时复置,《宋志》宜补入"吏籍案"。

《宋会要・职官》一五之一五:"看详元丰官制,立都官吏籍案、配隶案。昨因元祐元年……将配隶案、移放案拨并入刑部……至元祐四年,修立到吏额指挥内又将配隶案注籍拨入刑部……吏籍案全行废罢,人吏亦营销减。……再详上项所废事务……合行改正……所有都官吏籍、配隶案及人额合改正,依《元丰官制格目》外。……"

《长编》卷四二六,元祐四年五月戊寅:"尚书省言:'六曹、寺监吏额并关防约束事件,吏籍案所掌无选限吏人及内外役人废置、增减、勘会当出职等事,止随处行遣,应出职而合入流,若补授军大将者,并直达吏部都官,其吏籍案仍罢;配隶案所掌配籍并归刑部举叙案,其配隶案仍罢。'从之。"

六月,侍郎刘赓奏:(3860 页倒 5 行)

何年六月?《宋志》失系年。因刘赓奏言中有"副尉差遣"之语,"副尉"为阶官名,政和二年才出现,故似可判断此"六月"并非上承"崇宁二年二月"。

比部郎中　员外郎

五年十一月,曾布奏,(3861 页 4 行)

据《长编》,曾布上奏时间,为熙宁五年九月,非十一月。又,曾布时任检正中书五房公事,宜将此差遣冠于姓名之前。

《长编》卷二三八,神宗熙宁五年九月辛未:"检正中书五房公事曾布言:'乞于三司选吏二百人,专置司磨勘天下帐籍,以至三部勾院亦皆选吏置官,责以审覆,其人吏各优与俸给,课以功限,为之赏罚,仍自朝廷选官提举,其措置条约,乞下详定帐籍所详具以闻。'从之。"

遂置提举帐司,选人吏二百人,(3861 页 5 行)

"提举帐司"系简称,当用全称"提举三司帐司勾院磨勘司"或"提举帐司磨勘司”。

《宋会要·食货》五六之一一：“提举帐司磨勘司　熙宁五年，曾布言：‘给纳敛散，登耗多寡，非有簿书文籍以钩考之，漫不可知。’遂选吏二百，置司以驱考天下帐籍。……八年，诏提举三司帐（司）勾（院）磨勘司官止差一员。”

《长编》卷二四〇，熙宁五年十一月丙辰：“太常丞、集贤校理、检正中书刑房公事李承之兼提举三司帐司勾院磨勘司。”

官制行，厘其事归比部。（3861页7行）

以帐司归比部，系元丰元年事。《宋志》谓“官制行”（即元丰五年五月），厘其事入刑部比部司，未妥。当删去“官制行”，于“厘其事”前添一“并”字，上承“元丰初年”，即可。

《宋会要·食货》五六之一二：“元丰元年，帐司、理欠司归比部。”

元祐元年七月，用司马光奏，悉总于户部。（3861页7行）

自元丰初帐司归比部，至元祐元年天下文帐“悉总于户部”，其间有一个过程：其一，元丰元年，帐司事厘归比部；其二，元丰三年，罢帐司，并将帐司之一部归转运使，一部归户部，而驿料、作院等文帐，则俱由三司磨勘讫架阁（存档）；其三，元祐元年，悉收天下文帐归户部。

《宋志》对此史事叙述过疏，致事体模糊不清，宜于“元祐元年七月”前补入“元丰三年罢帐司，而使州郡应上省帐皆归转运司，惟钱帛、粮草、酒曲、商税等别为计帐上户部，其驿料、作院等帐由三司勘勾讫架阁”一段文字。并当于“悉总于户部”前添加“收天下文帐”五字。缘《宋志》所谓“悉总于户部”，以何者悉总于户部？其所言事体未明。所谓“用司马光奏”，实指天下文帐分隶转运司、户部等处，而于元祐元年一收于户部。

《宋史·食货志》：“元祐初，司马光言：‘旧三司所掌钱谷财用事，有散于五曹及诸寺、监者，并归户部。’遂诏尚书省立法。有司请以府界、诸路、在京库务及常平等文帐悉归户部。初，熙宁五年，患天下文帐之繁,命曾布删定法式。布因请选吏于三司颛为一司,帐司之置始此。至元丰三年,首尾七八年,所设官吏仅六百人,费钱三十九万缗,而勾磨出失陷钱止万缗。朝廷知其无益,遂罢帐司,使州郡应上省帐皆归转运司,惟钱帛、粮草、酒曲、商税等别为计帐上户部。至是,令户部尽收诸路文帐。”(参阅《长编》卷三八三,元祐元年七月己卯条著录苏辙奏言)

司门郎中　员外郎

及其废置移复之事。(3861 页倒 3 行)

《宋志》所云“废置”指桥梁,“移复”指道路,今所述过简,宜补充为“及其废置桥梁、移复道路之事”(《分纪》卷一一“司门郎中”)。

应官吏、军民、辇道商贩,讥察其冒伪违纵者。(3861 页倒 3、倒 2 行)

此句有脱文,所云“官吏”“军民”“商贩”等,是在何种情况下须受司门郎官稽察?指出入京师诸门时,《宋志》未书明。

《分纪》卷一一“司门郎中”:“国朝司门,掌……京城门锁、官员出入、讥察诈伪等事。”

《合璧后集》卷三一“刑部”:“司门,津梁、道路及国门稽察之事隶焉。”

工　部

掌天下城郭、宫室、舟车、器械、符印、钱币、山泽、苑囿、河渠之政。(3862 页 1 行)

诸种记载,都谓工部掌“天下城池”,而不谓“城郭”。“池”指护城河,“郭”指外城,两者有别。“城郭”当为“城池”之误。

《通考·职官》六“工部尚书”:“元丰官制行,尚书工部掌天下城

池、宫室、舟车、器械、符印、钱宝之事。”(《合璧后集》卷三二“工部”同)

旧制,判部事一人,以两制以上充。元丰并归工部。(3862页5行)

何事“元丰并归工部”?其前漏阙“凡城池、土木、工役,皆隶三司修造案,本曹无所掌”一段文字(见《合璧后集》卷三二“工部”),当补入。

工部尚书

建炎并将作、少府、军器监并归工部。(3862页倒3、倒2行)

少府监、将作监、军器监于建炎三年四月归隶工部,绍兴三年,将作监、军器监脱离工部,唯少府监仍属工部不变。《宋志》漏载,未当。应在此句下补入“绍兴三年,复将作、军器二监”。

《系年要录》卷二二:“建炎三年四月庚申,少府、将作、军器监归工部。绍兴三年十一月庚戌,复将作、军器二监。惟少府监不复。皆用军兴并省也。”

少府监既归工部,文思院上下界监官并从本部辟差。(3862页倒1行)

文思院监官归工部辟差,其前提是文思院归属少府监,即建炎三年少府监归隶工部后,文思院随之亦归工部。《宋志》宜于“少府监既归工部”句前,补入“文思院旧属少府监”一句。

《合璧后集》卷三二“工部”:“文思院旧属少府监,至是以少府监并于工部,故文思院监官乃令工部辟差。”

《宋会要·职官》二九之一:“绍兴三年三月七日,工部言:‘本部所辖文思院,旧分上下界两院,监官各三员,……其监官于文武臣内通差,文臣差京朝官,武臣差大小使臣,自来系少府监辟差。今来少府监已并归工部,令系本部使辟差。’从之。”

又诏御前军器所隶工部，（3862页倒1行、3863页1行）

御前军器所原隶军器监，南宋绍兴五年春始隶工部，而非“绍兴二年”。宜于“又诏”之前，冠以“五年”之系年。

《朝野杂记》甲集卷一八“御前军器所”：“绍兴五年春，始隶工部。”

《宋会要·职官》一六之八：“绍兴十一年四月四日，臣僚言：‘昨在京已有御前军器所，就军器监置局，别差提举官，以内侍领之，更不属工部，故不隶台察。后因绍兴五年罢提举官，改隶工部。’”

宰臣议：“户部以给财为务，工部以办事为能，诚非一体。”欲令户、工部兼领其事，卒未能合。（3863页1、2行）

此处引宰臣议，意欲户部、工部同兼军器所事，复如旧三司使制。然未果行，无非引录秦桧所发议论而已，可删去。

建炎并将作、少府、军器监并归工部。……裁减吏额，共置四十二人。（3862页倒3行至3863页4行）

按：“（工部）尚书”这一条目，自“建炎并将作”起，至“共置四十二人”止，内容皆为工部职掌，宜提前置于“工部”总论条之末尾。

工部侍郎

南渡初，长贰互置，隆兴诏各置一员。（3863页5行）

宋初，工部侍郎但为所迁阶官，元丰五年，始正名，掌贰尚书事。《宋志》直叙南渡之制，失叙宋初之制，未当。又，“隆兴诏”宜改为“隆兴初诏”。

《合璧后集》卷二六“总侍郎”：“国朝以为阶官，至元丰官制行，始有职掌。元祐二年，初置权侍郎，从四品。”

《元丰官志》：“工部侍郎　南渡后长贰互置。隆兴初，诏各置一员。”

工部郎中　员外郎

旧制，凡制作、营缮、计置、采伐材物，按程式以授有司，(3863页6行)

此“旧制”，非宋初之制，实指元丰新制。宜补上宋初之制：工部司事隶三司。

《合璧后集》卷三一“工部·历代沿革”：“(本朝)凡城池、土木、工役皆隶三司。……元丰官制行，尚书工部掌……”

屯田郎中　员外郎

凡塘泊以时增减，堤堰以时修葺，并有司修葺种植之事，以赏罚诏其长贰而行之。(3863页倒6行)

此为元丰新制，宜依体例，补上旧制。旧制，凡屯田之政令隶三司。元丰改制，郎中、员外郎始实行本司事。

《宋会要·职官》一六之一“屯田员外郎”：“《两朝国史志》：屯田，判司事一人，以无职事朝官充。凡屯田之政令，隶三司。本司无所掌。”

又，元祐间，屯田部曾改隶户部，《宋志》失载。

《合璧后集》卷二二“屯田郎中”：“元祐改入户部。崇宁复。元年十二月诏。”

《宋会要·职官》一五之一五：“屯田掌营田、职田、官庄。元祐改入户部。”

虞部郎中　员外郎

掌山泽、苑囿、场冶之事，(3863页倒4、倒3行)

《宋志》所叙虞部职掌较简，尚有掌“畋猎”“伐木”“采石”“薪炭”之属可补入。

又，元祐间，虞部曾改入户部之金部司。

《分纪》卷一一"虞部郎中"："国朝虞部掌山泽、苑囿、畋猎、取伐木石薪炭之属，屏绝猛兽毒药，及茶、矾场、盐池井、金银铜铁铅锡坑冶废置及收采之事。"

《宋会要·职官》一五之一五："虞部掌金银、坑冶、山泽。元祐改入金部。"

水部郎中　员外郎

掌沟洫、津梁、舟楫、漕运之事。凡堤防决溢，疏导壅底，以时约束而计度其岁用之物。（3863 页倒 2、倒 1 行）

"掌"当为"参掌"。"凡"字后宜补入"水之政令"一项。

按：工部尚书至诸司郎官，宋初皆不实掌本司事，为所迁官；而其本司事皆由他官兼判。《宋志》所述为元丰新制，未及宋初之制，读史者例当注意。

《宋会要·职官》一六之三："《两朝国史志》：水部判司事一人，以无职事朝官充。凡川渎、陂池、沟洫、河渠之政，国朝初隶三司河渠案，后领于水监，本司无所掌。元丰改制，员外郎始实行本司事。《神宗正史·职官志》：水部员外郎，参掌沟洫、津梁、舟楫、漕运之事，凡水之政令，若江淮河渎、汴洛堤防决溢、疏导壅底之约束，以时检行而计度其岁用之物，应修固不如法者有罚，即因其规画措置能为民利则赏之。"

军器所

军器所（3864 页 2 行）

"军器所"系简称，全名为"制造御前军器所"，或称"御前军器所"。

《宋会要·职官》一六之七："（绍兴）五年三月十四日，诏制造御前军器所行移文字，并系工部官衔。……七月二十四日，诏制造御前军器所既隶工部，依例不隶台察。”

《朝野杂记》甲集卷一八有“御前军器所”条。

隶工部(3864页2行)

制造御前军器所之隶属关系，北宋与南宋不同，南宋时也有变更。即在北宋，于军器监内制局，差提举制造御前军器所掌管，可专达于御前。南渡后，绍兴五年废置提举官，并脱离军器监，改隶工部。而绍兴三十二年七月六日，诏军器所不隶工部。同月二十五日，又诏依旧隶属工部。尔后又有拨属侍卫步军司之命。《宋志》仅载“隶工部”未概其全，不能不辨。

《朝野杂记》甲集卷一八“御前军器所”：“元丰官制，置军器监，以掌戎器之政令；又有御前军器所，其役兵有万全军匠三千七百人，东西作坊工匠五千人。绍兴初，役兵才千人而已。久之，增至千六百余人。……旧军器所得专达。建炎中，尝以大阉董悫提举，未逾年，即罢之。绍兴五年春，始隶工部。”

《宋会要·职官》一六之八：“绍兴十一年四月四日，臣僚言：‘昨在京已有御前军器所，就军器监置局，别差提举官，以内侍领之，更不属工部，故不隶台察。后因绍兴五年罢提举官，改隶工部。’”

《宋会要·职官》一六之一六：“孝宗绍兴三十二年未改元七月六日，诏御前军器所可依旧例专隶提举制造御前军器所，所有隶工部等指挥更不施行。二十五日，诏制造御前军器所依旧隶属工部，近降指挥更不施行。”

《宋会要·职官》一六之一八：“乾道四年六月二十九日，诏制造御前军器所可拨属步军司。……七月八日，诏军器所依旧隶属工部。十六日，诏制作(造)御前军器所可拨属步军司。……依旧用提点制造御前军器所印。”

旧就军器监置，别差提举官，(3864页3行)

此“旧”字所表示的时间概念模糊不清，宜改为“神宗时”。

《麈史》卷上“朝制”：“神宗留意军器，设军器监，以侍臣董之。后讲究制度，无不精致。”

绍兴中，改隶工部，(3864 页 4 行)

“绍兴中”，可明书为“绍兴五年”。

《宋会要·职官》一六之八：“昨在京已有御前军器所，……别差提举官，以内侍领之，……绍兴五年罢提举官，改隶工部。”

后改隶步军司，寻复旧。(3864 页 6 行)

军器所隶属关系，乾道间曾多次变易。直至理宗景定三年才稳定下来，改隶殿前司不变。《宋志》叙到光宗绍熙元年，且谓最后仍“复旧”(归隶工部)，非是。

《宋会要·职官》一六之一八至二〇：“乾道四年六月二十九日，诏制造御前军器所可拨属步军司，令主管步军司公事提点。……七月八日，诏军器所依旧隶属工部。十六日，诏制作(造)御前军器所可拨属步军司。……五年十二月四日，诏御前军器所依旧隶步军司。”

《咸淳临安志》卷九“制造御前军器所”：“乾道四年六月，隶步军司，其后又以知阁门事为提点。景定三年，改隶殿前司。”

文思院

文思院隶工部(3864 页倒 5 行)

文思院创置于北宋太平兴国三年，隶属少府监；改隶工部，系南宋绍兴三年少府监并归工部时。《宋志》失载北宋隶属关系，非妥。

《宋会要·职官》二九之一：“文思院，太平兴国三年置。……隶少府监。”

《合璧后集》卷三二“工部”：“绍兴三年，并少府监归工部，以文思院属焉《中兴会要》。文思院旧属少府监，至是以少府监并于工部，故文思院监官乃令工部差。”

提辖官一员，监官三员，内置一员，文臣京朝官充。**监门官一员。(3864页倒5行)**

此编制系北宋时事，而前所叙“隶工部”却是南渡之制，修志者仓促于拾掇旧史而不顾前后者如是。且文思院分上、下界，亦未当省略不提。

《宋会要·职官》二九之二：“熙宁三年，诏文思院两界监官，立定文臣一员、武臣一员，并朝廷选差，其内侍勾当官并罢。九年四月四日，三司上言：‘东、西两坊杂料三千余作并入文思院，委是繁重，乞添差京朝官一员，通管上、下界。’从之。”“绍兴三年三月七日，工部言：‘本部所辖文思院，旧系分上、下界，两院监官各三员，内文臣一员，监门官各二员。……今本院更不分上、下界，所造金银生活与铜铁交杂，无以检察，……事务繁冗，欲乞令文思院依旧分为上、下界，各差监官、监门官一员。庶几各认所管事务，不致交杂，其监官于文武臣内通差。文臣差京朝官，武臣差大、小使臣。’”

《东京梦华录》卷一“外诸司”：“文思院上、下界。”

《咸淳临安志》卷八“文思院”：“在北桥之东。绍兴三年三月，工部请仿京师旧制，监官分两界：上界造金银珠玉，下界造铜铁竹木杂料。”

按：据上引材料，北宋、南宋文思院所管事务繁冗，均分上、下界，仅建炎间仓促南渡，因陋就简，上、下界未分，弊病丛生。绍兴三年归隶工部后，仍分上、下界两院，设提辖文思院上、下界官一员，通管上、下界职事。监文思院上界官三员，监文思院下界官三员，监文思院上、下界门官各二员。《宋志》言“监门官一员”，“一员”应改为“二员”；且当于“提辖官一员”后补加“通管上、下界两院”一句；又须于“监官”之前加“各界”两字，方妥。

六部监门

选升朝文臣有才力人充，仍令六部踏逐奏差。（3864页倒2、倒1行）

六部监门官，始由中书堂除差人，后改由六部长贰选拣奏差。《宋志》与《通考》同，未提堂除差人，又于“六部”后省去“长贰”，未妥，宜依《中兴会要》补正。

《通考·职官》六：“六部监门官一员，掌司（门）钥。绍兴二年置，选升朝文臣有才力人充。仍令六部踏逐奏差。”

《合璧后集》卷三二“六部监门”：“绍兴二年，诏置六部监门官一员，从堂除差人，从吏部尚书沈与求之请也。寻诏六部长贰踏逐奏差《中兴会要》。”

《合璧后集》卷三二“六部监门·事类”：“绍兴二年，诏置六部监门官一员，选升朝文臣有才力人充，仍令六部长贰奏差《中兴会要》。”

序位、请给依寺、监丞，郎官有阙得兼之。初从吏部尚书沈与求之请也。（3864页倒1行）

六部监门官，于绍兴时选任颇重，迁转外除至有授以诸路总领者。然乾道后，人选渐轻，仅添差通判。《宋志》未及乾道后时事，当酌补之。

《朝野杂记》乙集卷一三“六部监门官”：“六部监门官，绍兴二年初置，秩比寺、监丞，郎官有阙得兼之，内迁则为寺、监丞或权郎，外除至有为诸路总领者。绍兴十年吕郎中希常、二十四年苏寺丞振是也。乾道后，补外止为州，内迁止为寺、监簿。绍兴（当为‘绍熙’之误）后，又有为添倅者，其选滋益轻。”

主管架阁库

主管架阁库(3865页1行)

此名称不正,倘以司名,当称"六部架阁库"(旧名"六曹架阁库");若以官名,当称"主管尚书某部架阁库"。称"主管架阁库",难与"主管三省、枢密院架阁库"区别。故宜于"主管"之后补入"六部"之名。

《合璧后集》卷三二"六部架阁":"古无之。国朝元丰有六曹架阁库《续会要》。"

《咸淳临安志》卷四"三省枢密院架阁":"嘉定甲戌,朝廷既谓部有司门,省则并置;明年乙亥,以部有掌故,省亦建官。"

《朝野杂记》乙集卷一三"六部架阁官":"嘉定八年七月,又置三省、枢密院架阁官。"

掌储藏帐籍文案以备用。择选人有时望者为之。旧有管干架阁库官,宣和罢之,(3865页1、2行)

北宋元丰始置六曹架阁库,崇宁元年吏部侍郎何执中请置吏部架阁官,后其余五部皆置,大观三年罢;政和三年又置,宣和二年罢。《宋志》未明叙"旧有"系指何时,却直书"宣和罢之",似欠当,此"旧有"宜改为"元丰有"。"管干"为南宋人称呼,仍宜用"管勾"字样。

《合璧后集》卷三二"六部架阁":"古无之。国朝,元丰有六曹架阁库《续会要》。崇宁元年,何执中为吏部尚书,四选案集,史(吏)藏于家以舞文取贿。执中请置库架阁,命官莅之。是后六曹皆建立《四朝史·何执中传》。大观三年罢。政和三年,六曹依旧置,宣和二年罢《续会要》。"

《咸淳临安志》卷四"三省枢密院架阁":"皇朝景德中,置金耀门书库,贮三司文案,隶尚书省。架阁有库,盖当先省而未始及部也。

崇宁大臣初贰天官，建议置吏部架阁官，其后六曹皆设，继乃省去。讫宣和再置再省。”

绍兴十五复置，(3865 页 2 行)

南渡后，六部架阁官自绍兴三年复置，不当漏载，宜补入。

《朝野杂记》乙集卷一三“六部架阁官”：“六部架阁官者，崇宁间始置。迄宣和再置再省。绍兴三年，立六部架阁库。”

《咸淳临安志》卷五“六部架阁”：“在天水院。绍兴三年置库。”

嘉定八年，又置三省、枢密院架阁官。(3865 页 3 行)

此句，《宋志》二(3803 页)已载，可删去。

宋史职官志补正四

（《宋史》卷一六四）

御史台

御史台　掌纠察官邪，……于是使名悉罢。（3869页6行—3870页1行）

此条记载，甚为粗疏，不合本志修史体例，未能概括两宋御史台沿革、结构、编制、职掌之全貌。需补正下列几项内容：

其一，宋初台宪之职用他官兼领，三院（台院、殿院、察院）多出外任，太平兴国三年以张巽为监察御史，自此始正名，振举台职。

其二，唐制御史不专言职，天禧元年置言事御史，许御史兼言责，肇台谏合一之端，台官之职日重。

其三，元丰二年李定奏复唐制“六察”官，宜载。

其四，元丰正官名，本条仅及“使名悉罢”，而“不除御史大夫，检校官亦除去，以御史中丞为台长，知杂侍御史为侍御史，言事御史为殿中侍御史，六察为监察御史”等等均失载，非是，皆当补入。

其五，宋初及元丰新制之台官，如判御史台事、权御史中丞、知杂侍御史、殿中侍御史、监察御史等，均漏列；而其次之“五使”反一一详载，与前述之“六部”体例不合。

其六，此段全系元丰改制之前制度，元丰改制及南渡之后的变更几未言及，亦不可不加缀补。

《考正》卷四之一“御史台”：“案此段间接出于《三朝国史志》，其时台谏尚不实任其职也。《史志》体例，新旧制度莫不兼载，或开端即云国初或旧制如何而其下继之以元丰官制；或开端先叙已经厘定之新制，而于下文追述旧制。而此条则唯载旧章，于元丰改制后御史台之职掌则未具一字(御史大夫、中丞、侍御史各子目下亦均未载)，此与自身体例极为不合。……元丰正名举职之实，言事官与察官之分限，均非此莫由详悉。且御史一职，历代均号风霜之任，纠劾不法，百僚震恐，官之雄俊，莫与为比，若但如《史志》所载，则亦莫得而知其所由然。”

《宋会要·职官》一七之一：“《两朝国史志》：御史台：大夫、中丞、侍御史知杂事、侍御史、殿中侍御史、监察御史、殿中侍御史里行、监察御史里行、主簿。(御史)大夫，国朝未尝除，以中丞为台长，凡中丞无正员，则以两省给谏权。自中丞以下，掌纠绳内外百官奸慝，肃清朝廷纪纲，大事则廷辩，小事则奏弹。以郎中、员外兼侍御史知杂事为之贰。其属有三院：一曰台院，侍御史隶焉；二曰殿院，殿中侍御史隶焉；三曰察院，监察御史隶焉。凡祭祀朝会，则率其属正百官之班序。以御史二人充左、右巡使，分纠不如法者。文官违失，右巡主之；武官违失，左巡主之。凡祭祀，则兼监祭使。三院御史四人，官卑而入殿中侍御史、监察御史者，谓之里行。景祐元年置。以三丞以上尝历知县人充。庆历三年，以两人为额。凡文武尝(常)参班簿、禄料、假告，皆巡使分掌。又别置推直官二人，专治狱事。凡推直有四推：曰台一推，台二推，殿一推，殿二推。主簿一人，掌受事发辰、勾检稽失，兼簿书钱谷之事。主事一人，令史十六人，主推四人，书吏四人，朝堂引赞官一人，副引赞官一人，知班三人，引事司一人，驱使官六人，四围驱使官五人。”

《玉海》卷一二一“祥符御史台”:“开宝四年,边光范兼判御史台公事。兴国四年,候骘权中丞;雍熙三年,赵昌言以知制诰正为中丞;端拱二年,右谏议王化基权中丞,始定班制,正衙常参立中丞砖位,内殿起居立本班;咸平五年五月,温仲舒以礼书为中丞。……天禧元年二月八日丁丑始置言事御史侍御史以下六员不兼领职务。其后久不除。庆历五年正月乙亥,以殿中梅挚、监察李京并为言事御史。今中丞厅之南有谏官御史厅,盖御史得兼谏职也。唐制御史不专言职。景祐元年四月二十四日,置御史里行,举三丞历知县者为之。从中丞韩亿之言也。元丰二年,李定请复六察,十二月丙午,从之,以御史专领。……六年九月二十四日,置检法官。八年十月丁丑,诏监察兼言事、殿中兼察事,用吕公著、刘挚之言也。”

《中国监察史略》第十一章:“宋前御史和谏议的分际很严,御史主弹劾,谏议主论事,所以拾遗、补阙,名叫‘侍臣’,御史中丞名‘法吏’,分工合作,很有法治的精神。到了宋朝以后,御史可以兼论朝事,谏议也可以兼任奏弹,事权混化,这便是‘台谏’两字连合一起的由来。孝宗淳熙十年,林栗请置左、右补阙,专任谏正不任纠劾,这才把谏官划出监察门墙之外;然而台官仍是兼任廷诤的。”

《宋会要·职官》一七之三引《神宗正史·职官志》:“御史台:大夫从二品,中丞从三品,侍御史从六品,各一人。大夫掌肃正朝廷纲纪及以仪法纠治百官之罪失。而中丞、侍御史为之贰。凡其属有四。殿中侍御史二人,正七品,掌言事,分纠大朝会及朔望六参官班序。监察御史六人,从七品,掌以吏、户、礼、兵、刑、工之事,分京百司而察其谬误及监祠祭、定谥。检法官掌检详法律,主簿掌钩考簿书,各一人,从八品。岁遣御史诣三省、枢密院检察、付受稽失,其应弹治事听长贰或言事官论奏,非隶察官司亦如之。应状牒并参议连书,惟弹章则否,无所开白。凡察事,小事则举正,大事则纠劾。各籍记其多寡、当否,岁终条具殿最以诏黜陟。大礼仪仗,则中丞为使,中都推鞫命官或重系，旬以囚由报台。有诏狱，则言、察官轮治。文武官卿监、防御使以下到阙，授任之官应参谢辞者引见，御史体验老疾，则试以拜起、书札。凡事经州县、监司、寺监、省曹不能直者，受其讼焉。旧以中丞兼理检使，侍御史兼知杂事，殿中侍御史兼左、右巡使，监察御史兼监祭使。及行官制，定员分职，实领其事，而使名悉罢。分案十有一，设吏四十有四。”

咸平四年，以御史二人充左右巡使，分纠不如法者。(3869页倒3行)

左、右巡使系掌朝廷中文武百官纲纪，文、武官皆由左、右巡使二人分纠不如法者，故“分纠不如法者”前，须补入“掌朝廷纲纪”等文字。

又，“左右巡使”，“左”字下宜加顿号。

《宋会要·职官》五五之一：“又有左、右巡使掌朝廷纲纪，分纠违失及文武常参班簿、禄料、假告。凡文官违失，右巡主之；武官违失，左巡主之。旧有台吏巡察，咸平四年始令左、右巡使分其职。”

祭祀则兼监祭使，(3869页倒2、倒1行)

“祭祀则兼监祭使”句中之“兼”字，系“有”字之误。然一字之误，致史实舛误。依《宋志》，监祭使由左、右巡使兼之，非也。监祭使与左、右巡使同为御史台“五使”使名，不能相混淆。此“兼”字当改为“有”。

《玉海》卷一二一“祥符御史台”：“国朝大夫止为兼官，中丞除正官外带他官，次有知杂侍御史，又有左右巡使分纠违失、监察(祭)使掌祠祭，廊下使掌入阁食，监香使掌行香，谓之五使。”

《宋会要·职官》五五之五：“真宗咸平六年四月，诏御史台定职掌四十七人，见行五使右巡、左巡、监祭，见行廊下、监香使，每入阁、国忌临时差。”

《宋会要·职官》五五之一：“旧以台吏巡察，咸平四年，始令左、右巡使分其职。又有监察(祭)使掌祠祭受誓戒、致斋,检视弹纠。左右巡使、监祭之外,又有廊下使,掌入阁监食。(监)香使,掌国忌行香。二使临时充,通谓之'五使'。"

通称曰五使。元丰正官名,于是使名悉罢。(3870 页 1 行)

罢使名时间在元丰七年二月十七日,笼统地以"元丰正官名"述之,未确。

《宋会要·职官》一七之一三:"元丰七年二月十七日,诏左右巡使及监察(祭)使名并罢。"

御史大夫

宋初不除正员,止为加官。(3870 页 2 行)

"加官"为"兼官"之误。

《玉海》卷一六二"元祐御史台":"本朝……以大夫为兼官,不治台事。"

《宋会要·职官》五五之一:"国朝之制,大夫无正员,止为兼官;中丞除正官外,带他官,尚书则曰某官兼御史中丞。"

元丰官制行,亦并除去。(3870 页 2、3 行)

元丰改制,仍保留御史大夫编制,未授人而已,所罢去的只是检校御史大夫及带宪衔。《宋志》此处谓"元丰官制行,亦并除去",用词不当。

《宋会要·职官》五六之三:"(元丰三年九月十六日)官制所申朝旨:除三公、三师外,余检校官并散阶并罢。所有宗室及文武臣正任至内常侍以上、内臣供奉官以下、选人、技术官、将校、中书枢密院主事以下及诸司吏人所授勒留官、衔校等,各有带文散阶、检校官及宪衔,欲并除去。"

《石林燕语》卷三:"元丰既新官制,四十年间,职事官未有不经除者。惟御史大夫、左右散骑常侍,至今未尝除人。盖两官为台谏之长,非宰执所利,故无有启之者。”

《通考·职官》七“御史台”:“宋不除大夫,以中丞为台长。元丰更官制,神宗欲以司马光为之。宰相蔡确、王珪以为不可,遂止。卒不除人。”

御史中丞

中丞(3870页4行)

“中丞”为“御史中丞”之简称,此处宜用全称。

《宋会要·职官》一七之二三:“雍熙三年七月,以屯田郎中、知制诰赵昌言为御史中丞,知制诰正为中丞始也。”

《分纪》卷一四:“《官品令》:御史中丞,正三品。”

旧兼理检使。(3870页4行)

“旧”,所指时间不确。修志者盖就宋国史或会要等抽出其中一段,致失去上、下照应,无一定时间为比照校准。凡此类“旧”字,统宜改为具体岁月,此“旧”系指宋真宗天圣七年至元丰改制(元丰五年)这一段时间。

《分纪》卷一四“理检使”:“天圣七年,置理检史,以御史中丞充。”

《宋会要·职官》三之七〇:“元丰改官制以后,中丞衔内始不带理检使。”

凡除中丞而官未至者,皆除右谏议大夫权。(3870页4行)

所云“官未至者”,此“官”为何官?系指宋初本官(文官阶)谏议大夫也。《宋志》理当说明。又,熙宁二年已下诏,官未至谏议大夫者,守本职兼权御史中丞,即革除了非迁转至谏议大夫不可权中丞之旧制。《宋志》亦当补入。

《宋会要·职官》一七之二四:“故事,官未至谏议大夫者,自正言而上,皆除右谏大夫。”

《宋会要·职官》一七之二三:“神宗熙宁二年闰十一月,权御史中丞吕公著言:'今后除中丞者,如官不及谏议大夫,即乞更不带官,只除权御史中丞;候罢日,却与旧官,或朝廷推恩。即于旧官上迁转。'诏,官未至谏议大夫并守本职兼权。"

熙宁五年,以知杂御史邓绾为中丞,初除谏议大夫,王安石言碍近制,止以绾为龙图阁待制权,(3870页4、5行)

上"近制"指上条所引熙宁二年诏。《宋志》补入后,方能上下文呼应,读通"王安石言碍近制"所指为何。又,《长编》不云"近制",而云"近条",其意皆指熙宁二年诏。

《长编》卷二三〇,熙宁五年二月癸丑:"工部郎中、侍御史知杂事邓绾为龙图阁待制、权中丞。上谓:'绾不忌能,又资在众人前。'初欲超除绾谏议大夫、权御史中丞。王安石谓:'于近条有碍。'乃令即本官待制龙图阁,以待制权中丞自绾始。"

按:倘按旧制,邓绾自工部郎中(后行郎中)超迁右谏议大夫,中间越过八阶,即超升九阶(自文官阶三十阶升至二十二阶)。

台谏例不兼讲读,神宗命吕正献,亦止命时赴讲筵。(3870页倒4、倒3行)

此句文字,采自《朝野杂记》,稍有修删。然"台谏例不兼讲读"句,《朝野杂记》原为"祖宗时,台谏例不兼讲读","祖宗时"三字未能省。盖自仁宗庆历二年召御史中丞贾昌朝侍讲迩英阁起,祖宗旧例已破。所谓"例不兼讲读",不过太祖、太宗、真宗三朝而已。此处紧接"神宗命吕正献",有自神宗朝起破例之嫌。当补入"祖宗时"三字及庆历间命贾昌朝侍讲一事。或依《合璧事类》补加"庆历以来,台丞多兼侍读"。又,吕正献,当录为吕公著。

《朝野杂记》乙集卷一三:"祖宗时台谏不兼经筵":"祖宗时,台谏例不兼讲、读,盖以宰执间侍经席,避嫌也。神宗用吕正献,亦止命时赴讲筵,去学士职。"

《老学庵笔记》卷六:"庆历初,贾文元公为中丞,……仁祖以其精于经术，特召侍讲迩英，自此遂为故事。”

《长编拾补》卷五：“熙宁二年九月己巳，召御史中丞吕公著来旦赴讲筵。”

《宋史·吕公著传》：“明年（元祐四年）二月薨，年七十二。……谥曰正献。”

中兴兼者三人，万俟卨、罗汝楫皆以秦桧意。（3870页倒3行）

“中兴兼者三人”，显然有误。“中兴”，盖指宋高宗赵构在位三十五年，岂三十余年间，台谏官兼经筵官止三人？《朝野杂记》尝谓“自二十五年十月至三十二年，台丞、谏长兼经筵者止三人”，《宋志》或脱胎于此？倘如此，其意指绍兴二十五年秦桧罢相后，台谏兼讲读渐少而言。

《朝野杂记》乙集卷一三：“中兴后，王尚书宾为御史中丞，建请复开经筵，遂命兼侍讲。自后十五年间，继之者为王唐公、徐师川二人，皆上意也。绍兴十二年春，万俟中丞卨、罗谏议汝楫并兼讲、读，盖秦楚材梓是时已兼说书，便于传导。自后伯阳继之，每除言路，必兼经筵矣。桧死，遂罢兼。自二十五年十月至三十二年，台丞、谏长兼经筵者止三人。庆元后，台丞、谏长洎副端、正言、司谏已上，无不预经筵者。未及兼者，惟张伯子、李景和二人云。”

《老学庵笔记》卷六：“秦桧之当国时，谏官、御史必兼经筵，而其子熺亦在焉。意欲搏击者，辄令熺于经筵侍对时谕之。经筵退，弹文即上。”

庆元后，司谏以上无不预经筵者矣。（3870页倒3、倒2行）

“中丞”条目，叙至此结束，然尚缺一项重要内容，即：“宋初，御史中丞或以他官兼，其系衔视所带官高下而有不同。如尚书，则系衔于中丞之前；若丞郎，则系衔中丞之后。”以上文字，当补入本条“元丰五年”前的正文中。

《合璧后集》卷二五“御史台”：“中丞除正员外，或带他官者，尚书则曰某官兼御史中丞，丞郎则曰御史中丞兼某官，给事中、谏议则曰某官权御史中丞事。”

侍御史

一人，掌贰台政。(3870页倒1行)

此为元丰新制。而在元丰七年前，除“侍御史”外，尚有“侍御史知杂事”(简称“知杂”“杂端”“御史知杂”等)，在殿廷中十分活跃，佐贰台长，地位显赫。其时，侍御史不与中丞共判台事。故，《宋志》不载侍御史知杂事，非当，宜补入宋初旧制。

《宋会要·职官》一七之三六：“旧制，常以郎中、员外郎兼侍御史知杂事，专掌台事。中丞阙，亦专判。元丰七年，诏侍御史知杂事为侍御史，不带知杂事。”

《宋会要·职官》一七之一引《两朝国史志》：“御史台：大夫、中丞、侍御史知杂事、侍御史……大夫国朝未尝除，以中丞为台长。……以郎中、员外郎兼侍御史知杂事为之贰。其属有三院，一曰台院，侍御史隶焉。”

《宋会要·职官》一七之一三：“元丰七年二月十七日，诏御史台，以侍御史知杂事为侍御史，不带知杂事。”

《宋会要·职官》一七之三引《神宗正史·职官志》：“御史台：大夫从二品，中丞从三品，侍御史从六品，各一人。大夫掌肃正朝廷纲纪，及以仪法纠治百官之罪失，而中丞、侍御史为之贰。”

殿中侍御史

二人，掌以仪法纠百官之失。凡大朝会及朔望、六参，则东西对立，弹其失仪者。(3871页1、2行)

此为元丰新制。宋初旧制及南渡之制均未及。又，殿中侍御史称“言事官”，与“察官”监察御史责在按法而治有所别。又有“殿中侍御史里行”之设。《宋志》皆宜补叙之。

《宋会要·职官》一七之三引《神宗正史·职官志》:“御史台:……殿中侍御史二人,正七品,掌言事,分纠大朝会及朔望、六参官班序。”

《宋会要·职官》一七之一引《两朝国史志》:“御史台:殿中侍御史……殿中侍御史里行……其属有三院……二曰殿院,殿中侍御史隶焉。……三院御史四人,官卑而入殿中侍御史、监察御史者,谓之里行。”

《玉海》卷一六二“元祐御史台”:“以太常博士以上为三院,未至者,为御史里行。……至元丰正官名,罢御史里行。”

《玉海》卷一二一“祥符御史台”:“景祐元年四月二十四日,置御史里行,举三丞历知县者为之。”

监察御史

监察御史(3871 页 3 行)

元丰二年始置六察官,在此以前,六察为临时差遣,事完即罢。宋初,御史多出外任,太平兴国三年,台司正名举职,始以太常博士张巽为监察御史。景祐元年置监察御史里行。此条记载监察御史事虽详,然未及以上诸事,轻重失当。宜补。

《宋会要·职官》一七之一引《两朝国史志》:“御史台……其属有三院,……三曰察院,监察御史隶焉。三院御史四人,官卑而入殿中侍御史、监察御史者,谓之里行。景祐元年置。”

《通考·职官》七“御史台”:“宋仍唐制,有三院……三院多出外任,风宪之职用他官领之。太平兴国三年,以张巽为监察御史,正名举职自此始也。”

《十朝纲要》卷一〇上:“元丰二年十二月丙午,置御史六察。”

《宋会要·职官》一七之三五:“国家每入閤、国忌,临时差六察:

吏察、兵察、户察、刑察、礼察、工察。元丰中，神宗始置六察司于御史台。”

《宋会要·职官》一七之三四：“隆兴八年二月七日，虞允文等奏曰：‘从来觉察、弹劾，殿中与长贰通行，其六察则点检所隶百司簿书之稽违耳！祖宗时，监察御史却许言事。’上曰：‘今既分隶六察，可许随事弹奏。’自此台纲肃清焉。八日，诏御史台觉察、弹劾事件并隶六察。”

凡六察之事，稽其多寡当否，岁终条具殿最，以诏黜陟。（3871页4、5行）

由何机构司掌“六察官”之考绩？尚书都司御史房。此上司未宜省载。

《宋会要·职官》一七之九：“元丰三年四月二十七日，诏御史台六察案官三年为一任，以所纠劾官司稽违失职事多寡为殿最，中书置簿以时书之，任满取旨升黜。”

《宋会要·职官》四之一九：“神宗元丰六年正月二十四日，尚书省：‘乞都司置御史房，主行纠弹御史察按失职并六察殿最簿。’从之。七年正月二十二日，尚书左右司状：‘御史房置簿，书御史六曹（察）官纠劾之多寡当否为殿最，岁终取旨升黜。’”

凡事经郡县、监司、省曹不能直者，直牒阁门，上殿论奏。（3871页5、6行）

此为台官之通职，似非察官所独专。又，“监司”下当补“寺监”二字。“阁门”当为“閤门”，即东、西上閤门省称。

《考正》卷四之一“御史台”：“案：据《会要》所引《神宗正史·志》‘监司’下当补‘寺监’二字。”

《宋会要·职官》一七之三引《神宗正史·职官志》：“御史台凡事经州县、监司、寺监、省曹不能直者，受其讼焉。”

《宋会要·职官》五五之二〇：“绍兴十三年四月二十九日，诏今后筵宴等，臣僚戴花过数，令御史台、阁门弹奏。”

官卑而入殿中监察御史者，谓之“里行”。（3871 页 6 行）

校点本将“殿中监察御史”连读，未妥。此指“殿中侍御史里行”与“监察御史里行”两者，“殿中”和“监察”间须用顿号分开。

《长编》卷一一四，仁宗景祐元年夏四月癸丑：“召御史台置殿中侍御史、监察御史里行，举三丞以上尝历知县人，候二年除御史，又二年除三司、开封府判官。从中丞韩亿之请也。然唐制亦有侍御史里行，今独遗之。”

《宋史·仁宗记》：“景祐元年夏四月癸丑，诏御史台置殿中侍御史、监察御史里行。”

治平四年，……乃诏举三任以上知县为里行。（3871 页 6、7 行）

此处谓“乃诏举三任以上知县为里行”，原武英殿本、百衲本《宋志》“任”作“丞”，校点本校勘记中言据《长编》卷二〇九改，实未当。仍宜用“丞”。“三丞”指宗正丞、太常丞、秘书丞。“三丞”在宋初，属文官阶（共四十二阶）之三十七阶，位于太常、国子博士之下（太常、国子博士可除监察御史）。

又，《宋志》于“殿中侍御史”“监察御史”条目下，均未载明景祐元年置御史里行一事。故此处陡举“治平四年，诏举三丞以上知县为里行”例，盖有以此为置里行始之嫌。宜补入景祐元年始置御史里行事，此段记事似应改正为“景祐元年，从中丞韩亿等之请，诏举三丞以上尝历知县者为里行”。

《玉海》卷一二一“祥符御史台”：“景祐元年四月二十四日，置御史里行，举三丞历知县者为之。从中丞韩亿之言也。”

《宋会要·职官》一七之三六：“景祐元年四月二十四日，御史中丞韩亿等言：‘窃见唐朝曾置御史里行，欲乞于三丞内曾经知县差使者举充。……’从之。”

《长编》卷一一四，景祐元年夏四月癸丑：“诏御史台置殿中侍御史、监察御史里行，举三丞以上尝历知县人，候二年除御史，又二年除三司、开封府判官。从中丞韩亿请也。”

《宋史·高若讷传》：“高若讷……御史知杂杨谐荐为监察御史里行，迁尚书主客员外郎、殿中侍御史里行。”

《长编》卷一一五，景祐元年秋七月壬辰：“太常博士、监察御史里行高若讷为主客员外郎、殿中侍御史里行。殿中侍御史里行始此。若讷，卫州人也。”

《燕翼诒谋录》卷四：“仁宗重台谏之选，景祐元年四月癸丑，诏御史台置殿中侍御史、监察御史里行。又诏举三丞以上尝历知县人除御史里行，二年除御史，又二年除三司、开封判官。”

《宋会要·职官》二〇之三九：“宣和五年七月十一日，臣僚言：‘宗正所以奉玉牒。元丰董正官治，虚长贰不除，专以丞听寺事。盖与太常、秘书号为三丞。其选甚清，自来率用馆阁英俊以重属籍之寄。’”

三年，孙觉荐秀州军事推官李定，(3871 页倒 6 行)

“军事推官”为“军事判官”之误。

《长编》卷二一〇，熙宁三年夏四月己卯：“前秀州军事判官李定为太子中允、权监察御史里行。”(按《长编》是年各条均作“判官”)

《宋史·神宗纪》二：“熙宁三年夏四月癸未，前秀州军事判官李定为太子中允、监察御史里行。”

《宋史·李定传》：“李定字资深，扬州人。少受学于王安石。登进士第，为定远尉、秀州判官。熙宁二年，孙觉荐之，召至京师，……遂拜为太子中允、监察御史里行。”

按：误为“秀州推官李定”者，不止《宋志》，尚有《十朝纲要》《通考》《合璧事类》《分纪》等。

元祐元年，诏台谏官许二人同上殿。(3871 页倒 3、倒 2 行)

台官与谏官可同时上殿的实有四人。“许二人”前宜补“各并”二字。

《宋会要·职官》三之五四："哲宗元祐元年二月二十八日，三省检按上殿班，御史中丞同侍御史或殿中、监察御史一员，谏议大夫同司谏或正言一员。今御史台见阙侍御史，谏官见阙左谏议大夫。诏：'御史台不限御史中丞，侍御史，殿中、监察御史；谏官不限同省分省，谏议大夫、司谏、正言，各并许二人同上殿。'"

七年，中丞王安石奏："以本台……录本给付。"(3872页3行)

此处云"中丞王安石"，"王安石"系"王安中"之误，当改。"七年"，指政和七年七月十四日。

《宋史·职官志》四"校勘记"之三："王安石：按本书卷三二七《王安石传》，安石未尝为御史中丞，政和七年，安石去世已三十余年，也不能有所上奏，本书卷三五二《王安中传》，载安中于政和间擢御史中丞，疑此为'王安中'之讹。"

《考正》卷四之一"御史台"："案《合璧事类》及《通考》俱不载此事。《会要·御史台门》亦无之。查《宋史》三五二《王安中传》云：'……政和间……擢御史中丞。'依前后节次计之，政和七年正安中任中丞之时，此安石乃安中之误。"

《十朝纲要》卷一五"御史中丞"："(徽宗朝)御史中丞二十八人：……王安中……"

《宋会要·职官》五五之一三："政和七年七月十四日，御史中丞王安中奏：'……契勘本台政和四年建请修《总官制格目》，成《弹奏》三卷。……臣今乞除已修成《格目》外，别将本台前后所奉御笔令觉察弹奏事专为一书，每殿中侍御史以上即抄录一本给付，仍榜内厘出御笔，揭示其余条令之首。庶几上可以严君父之命，下可以儆有司之守。'从之。"

按：《宋会要·职官》五五之一三所载政和七年御史中丞王安中奏编御史台所奉御笔为一书事甚详，足以释校点本校勘之疑，并为《考正》断定"安石乃安中之误"补直接证据。又，《宋志》当于"以本台”之后补入“前后所奉御笔令”七字。

御史台检法官

检法一人，(3872页倒2行)

御史台检法官设置时间较迟。据《四朝志》，它置于熙宁十年，由台主簿一员改。《两朝会要》不见置检法官记录，而《神宗正史·职官志》《中兴会要》等，御史台属官皆载有检法官，可资佐证。《宋志》宜叙及御史台检法官始置时间。又，御史台检法官参预刑部、大理寺定刑。

《合璧后集》卷二五“御史台检法”：“古无此官。本朝熙宁十年改主簿作检法官，各一员，系长贰同举京官充。元丰四年罢。见宣和二年御史台申请，六年复置各一员。元祐三年改检法官为主簿，绍圣三年因董敦逸奏请置。掌检详法律《续会要》《四朝志》。又熊氏《职略》云：国初沿唐制，御史台有推直官。元丰官制行，始罢推直而置检法。按：《四朝志》推直官罢于改官制之时，而检法之置乃在熙宁十年。当考。”

《宋会要·职官》一七之三引《神宗正史·职官志》：“御史台：大夫从二品，中丞从三品，侍御史从六品，各一人。……凡其属有四：殿中侍御史二人，正七品；监察御史六人，从七品；……检法官，掌检详法律；主簿，掌钩考簿书，各一人，从八品。”

《合璧后集》卷二五“御史台检法”之“事类”：“参预定刑。中丞黄履奏，本台主簿、检法官系分掌班籍，参预定刑，所领职事与他司不同。”

主簿一人，掌受事发辰，勾稽簿书。(3872页倒2行)

御史台主簿掌收受文书和确定发放文书程期，以及检察稽滞违失、簿书、钱谷之事。《宋志》未载掌本台钱谷之事，宜补。

《宋会要·职官》一七之一：“《两朝国史志》：主簿一人，掌受事发辰,勾检稽失,兼簿书、钱谷之事。”

《合璧后集》卷二五:“《中兴会要》:本朝于幕职官选强明公干二人充台主簿,掌推勘公事。后止置一员《长编》。掌簿书、钱谷之事。绍兴二年,诏:御史台全阙长贰、检法、主簿,特令殿中侍御曾统奏辟。”

《考正》卷四之一“御史台”:“案:《会要·御史台门》作主簿一人,掌受事发辰,勾检稽失,兼簿书钱谷之事。(《职官》七之一)《通考》载亦同。《史志》‘勾稽簿书’句当改。”

按:邓先生《考正》谓“《史志》‘勾稽簿书’句当改”,但据《神宗正史·职官志》,主簿确兼掌“勾考簿书”,似不宜将此句加以改动。

咸平中,置推勘官十员。(3872 页倒 1 行)

“咸平中”,系指咸平元年。推勘官职掌分谳天下大狱,《宋志》缺载,当补。

《分纪》卷一四“推勘官”:“淳化初,尝置推勘官二十员,分谳天下大狱。咸平元年,以十员为额,后罢。”

《宋朝事实类苑》卷二五引《湘山野录》:“御史自大夫至主簿,并存《六典》旧式,今只置中丞、杂端各一员,共判台事。外有推直官,或以他官充。左、右巡使各一,以御史充。主簿一员,与推直同管刑狱公事。旧更有推勘官,主外勘公事,今并存。”(此条不见于今本《湘山野录》)

按:文莹《湘山野录》成书于熙宁间,多记北宋前朝杂事。此条记载可证熙宁中仍置左、右巡使,推直、推勘官。

三京留司御史台

三京留司御史台(3873 页 6 行)

初为西京、南京留守司御史台,皆有公廨,榜曰“御史台”,后增北京留守司御史台。

三京留司御史台，全称应为“三京留守司御史台”，《宋志》应用全称，且当于“三京”后用括号注明指西京、南京、北京。

《宋会要·职官》一七之三七：“三京留守司御史台：西京于分司官内差一员权，或特差官权判掌；南京止令留守通判权掌；后北京置台，专差官领。今则三京皆有正官领之以上《国朝会要》。”

《宋会要·职官》一七之三八：“大中祥符七年十一月，诏：‘西京留守司御史台，今后行香、拜表不以官班高下，止以知府兼留守为首。’仁宗庆历五年九月，诏置南京留司御史台。七年六月二十一日，诏置北京留司御史台，仍差太常少卿马绛管勾。”

《石林燕语》卷四：“两京留台皆有公宇，亦榜曰‘御史台’。旧为前执政重臣休老养疾之地，故例不视事。皇祐间，吴正肃公为两京留台，独举其职。时张尧佐以宣徽使、知河南府，郡政不当，有诉于台者，正肃即为移文诘之。尧佐惶恐，奉行不敢异。其后司马温公熙宁、元丰间相继为者十七年，虽不甚预府事，然亦守其法令甚严，如国忌行香等，班列有不肃，亦必绳治。自创置宫观后，重臣不复为，率用常调庶官，比宫殿给使，请俸差优尔。朝廷既但以此为恩，故来者奔走府廷，殆与属吏无异矣。”

旧曰判台。**（3873 页 6 行）**

“旧曰判台”，有两点含糊之处：其一，“旧”指何时？其二，“判台”是“管勾台事”之旧称吗？据《宋会要》所载，宋初西京留守司御史台设管勾台事，或权御史台事。天禧四年，始有判西京留司御史台之称，且限于三品官以上，方曰“判”。

《宋会要·职官》一七之三八引《两朝国史志》：“三京留守御史台，管勾台事各一人，以朝官以上充，掌拜表行香，纠举违失。凡吏有令史、知班、驱使官、书吏各一人。”

《宋会要·职官》一七之三八：“天禧四年四月，以翰林学士承旨、兵部侍郎晁迥进工部尚书、集贤院学士、判西京留司御史台。迥累表引年求解近职故也。他官止云权,迥以三品,故云判。"

秘书省

秘书省(3873 页倒 5 行)

《宋志》此处所立"秘书省"条目,未能叙明秘书省建置之沿革,先载元丰秘书省职掌,后及"宋初"之三馆,而"三馆"与"秘书省"是何关系?因缺载"元丰五年初,以崇文院(三馆)为秘书省"这一史实,而使人难以明白。又,未载宋初秘书省之沿革,亦欠妥。

《麟台故事》卷二"职掌":"秘书省在光化坊,隶京百司。判省事一人,如监阙,以判秘书省官兼充。……掌祭(祀)祝版、正辞录外,有常例祭者,并著作局分撰。……省有监、少监、丞、郎、校书郎、正字、著作郎、佐郎。是时,皆以为官,常带出入。"

《合璧后集》卷三六"秘书监":"凡邦国经籍图书,悉归秘阁,而秘书所掌,常祭祀而已。元丰正名,以崇文院为秘书省,置秘书省职事官,自监、少至正字,不领他局。"(《合璧后集》卷三六引《两朝国史志》《却扫编》《麟台故事》)

秘书监　少监　丞

监　少监　丞各一人,(3873 页倒 5 行)

《宋志》所载秘书省长官,为常制;尚有一种情况,即如《麟台故事》所述,或缺监,即置少监二人、丞二人、秘书郎二人,通掌省事。今录以备考。

《宋会要·职官》一八之二:"秘书省:监正四品,少监从五品,丞从七品,各一人。监掌书籍、国史、天文、历数之事,少监为之贰,丞参领之。"

《麟台故事》卷四"官联":"元丰官制:秘书监、少监各一人。或少监二人、丞二人、秘书郎二人，通掌省事。”

著作郎一人，著作佐郎二人，掌修纂日历；(3873页倒4行)

著作郎、著作佐郎职掌不止修纂日历，尚有开修时政记、起居注，撰写祭祀祝辞等。

《考正》卷四之二“秘书省”：“案：《会要·秘书省门》引《神宗正史·职官志》云：‘开修时政记、起居注，修纂日历、祭祀祝辞，则著作郎、佐郎主之。’(职官一八之二)据此，则著作郎及佐郎之所掌非但纂修日历一事，《史志》所载稍疏。”

《合璧后集》卷三七“著作郎”：“国初以寄禄官，元丰正名，始实有职掌，修纂日历、祭祀祝辞，则著作郎、佐郎(主)之。”

校书郎四人，正字二人，掌校雠典籍，判正讹谬，(3873页倒3、倒2行)

“判正”为“刊正”之误。

缘《宋志》“秘书省”这一条，正文及注文与《宋朝事实》卷九所载雷同。此处“判正讹谬”，《宋朝事实》原文为“刊正讹谬”，《宋志》当改“判”字为“刊”字。

《宋朝事实》卷九“官制”：“秘书省：监、少监、丞各一人。监掌古今经籍图书、国史实录、天文历数之事。少监为之贰，而丞参领之。其属有五：著作郎一人，著作佐郎二人，掌修纂日历；秘书郎二人，掌集贤院、史馆、昭文馆、秘阁图籍，以甲、乙、丙、丁为部，各分其类；校书郎四人，正字二人，掌校雠典籍、刊正讹谬。”

《分纪》卷一六“校书郎”：“《六典》：校书郎八人，正九品上。掌雠校典籍，刊正文字。皆辨其纰缪，以正四库之国史焉。”

宋初，置三馆长庆门北，谓之西馆。太平兴国初，于升龙门东北，创立三馆书院。(3874页2行)

宋东京长庆门有左长庆门、右长庆门之分，“西馆”则在右长庆门东北。《宋志》宜于“长庆门”前加一“右”字。

升龙门亦有左、右之分，未能笼而统之地谓“升龙门东北”。此系左升龙门东北。

“创立”用字，易误为始立三馆，如《考正》所云：“据知宋初三馆所在乃同后梁末帝贞明以来之旧址，《史志》谓为创立，非是。”其实，《宋志》先已载明“宋初，置三馆长庆门北”，本意并非谓太平兴国初创立三馆书院，若如《青箱杂记》用“别建三馆”，则无此误解了。故此，宜易“创立”为“别建”。

《分纪》卷一五“崇文院”：“唐昭文馆隶门下省，史馆寓集贤，尚未合为一。自梁迁都于汴，旧制未备。至贞明中始以左长庆门东北小屋数十间为之馆。其后俗谓之西馆。”

《长编》卷一九，太平兴国三年正月辛未：“自梁氏都汴，贞明中，始以今右长庆门东北小屋数十间为三馆。湫溢，才蔽风雨，周庐徼道，出于其侧，卫士驺卒，朝夕喧杂。每诸儒受诏有所论撰，即移于他所始能成之。上初即位，因临幸周览，顾左右曰：‘若此之陋，岂可蓄天下图籍，延四方贤俊耶！’即诏有司度左升龙门东北旧车辂院别建三馆。……二月丙辰朔，诏赐名为崇文院。西序启便门，以备临幸，尽还旧馆之书以实之。’”

《宋东京考》卷一“宫城”：“宫城……周回五里，……左、右北门内各二门曰左、右长庆，左、右银台。”

《元文类》二七“汴故宫记”：“大庆之后曰德仪殿。德仪殿之东曰左升龙门，西曰右升龙门。”

《群书考索·后集》六“百官类·史馆”：“王岩叟《重修秘阁记》云，太平兴国二年，命有司度地升龙门左。三年毕工。”

《青箱杂记》卷三：“梁祖都汴，庶事草创，正（贞）明中，始于今右长庆门东北创小屋数十间，为三馆，盖昭文、集贤、史馆也，本极湫隘，才蔽风雨，周庐、徼道环于其侧，卫士驺卒，朝夕喧杂，每受诏撰述，辄移他所成之。至太平兴国初，……有司规度左升龙门东北旧车辂院地别建三馆。”(按:此据《宋东京考》卷八“崇文院即三馆”所引之《青箱杂记》;可参李裕民点校《青箱杂记》,中华书局,1985 年版)

东廊为集贤书库,西廊分四部,为史馆书库。大中祥符八年,创外院于右掖门外。(3874 页 3、4 行)

宋初,三馆书库,除东、西廊二书库外,尚有南廊一书库——集贤书库。《宋志》此处有讹误、阙漏。应补正为:“东廊为昭文书库,南廊为集贤书库,西廊分经、史、子、集四部为史馆书库。”

又,大中祥符八年五月,创崇文外院于右掖门外。《宋志》宜于“外院”前补“崇文”二字。

《分纪》卷一五“崇文院”:“(崇文)院既成,迁西馆之书分为两廊贮之。以东廊为昭文书库,南廊为集贤书库,西廊分经、史、子、集四部为史馆书库。”(参《宋会要·职官》一八之五〇“崇文院”)

《麟台故事》卷二“书籍”:“大中祥符八年夏,荣王宫火延燔崇文院,秘阁所存无几。五月又于皇城外别建外院,重写书籍。”

《麟台故事》卷一“省舍”:“天圣九年十一月徙三馆于左升龙门外。”

《分纪》卷一五“崇文院”:“天圣九年诏徙三馆于崇文院。……自大中祥符四(八)年宫城延燔,以写录编籍,权徙右掖门外道北。至是仁宗以逼近市嚣非多士讨论之所,命还旧所焉。”

天禧初,令以三馆为额,(3874 页 4 行)

此系崇文外院“以三馆为额”。《宋志》当于“令”字后补入“崇文外院”之名。否则,莫知其所云为何意。“天禧初”,即天禧元年八月。

《宋会要·职官》一八之五二:“天禧元年八月,诏崇文外院以三馆为额。”

《分纪》卷一五“崇文院”:“天禧元年,诏崇文外院以三馆为额。”

秘　阁

淳化元年,诏次三馆置直阁、以朝官充。**校理,**以京朝官充。**(3874**

页倒7行)

“诏次三馆置直阁”,不通。当于“次三馆”下用句号断住,其意为:下诏定秘阁之地位,宜次三馆。

又,置直阁、校理,乃在端拱元年,不在淳化元年,《宋志》此处记事亦不妥帖。

《麟台故事》卷四“官联”:“淳化元年,诏次三馆。直阁,以朝官充;校理,以京朝官充;掌缮写、秘藏、供御典籍图书之事。”

《长编》卷二九,太宗端拱元年五月辛酉:“置秘阁于崇文院,分三馆之书万余卷以实其中,命吏部侍郎李至兼秘书监,右司谏、直史馆宋泌兼直秘阁,右赞善大夫、史馆检讨杜镐为校理。”(并见《宋会要·职官》一八之四七、《石林燕语》卷二)

以诸司三品、两省五品以上官一人判阁事。(3874页倒7、倒6行)

《宋志》所云“以诸司三品、两省五品以上官一人判阁事”,系大中祥符九年事,离淳化元年已有二十六年,当依《麟台故事》于“以”字前加“后”字,或冠以“大中祥符九年”。

《麟台故事》卷四“官联”:“判阁一人,旧常以丞郎、学士兼秘书监领阁事。大中祥符九年后,以诸司三品、两省五品以上官判。”

《宋会要·职官》一八之四九:“大中祥符九年九月,诏以秘监杨亿判秘阁事。自后两省以上五品官不兼监者,止云判阁,其秘书省亦掌矣!”

按:据《宋会要》,判秘阁事官亦掌秘书省,此为《宋志》所疏略。

直阁,校理通掌阁事,(3874页倒6行)

通掌阁事不止直阁、校理,尚有监秘阁图书官,当补。又,咸平后则不再通掌,亦宜补入。

《宋会要·职官》一八之四七:“端拱元年八月,命内品裴愈监秘阁图书。……秘阁言:‘见管供御书籍及点检、抄写、封锁库门、出纳公事,今乞兼委直阁宋泌、校理杜镐与裴愈同共勾当。今后直馆、校理及监图书官内有差出，即令递相交割。其阁常以最上一员相承勾当，永为定式。'从之。自后，直阁、校理皆如此制。咸平后入者，始不领事务。"

又有集贤殿修撰、直龙图阁、校勘，通谓之馆职。(3874页倒3行)

"馆职"之含义，在宋代是有变化的。有元丰改制前、元祐及元祐以后之别：一、宋前期，即元丰五年改制前，馆职官指"三馆秘阁官"；二、元丰五年改制，罢三馆秘阁归秘书省，不除馆职，然元祐元年三月，复以集贤殿修撰、直集贤院、直秘阁、集贤校理、秘阁校理之职名，加上直龙图阁，通谓之"馆职"，作为职事官贴职，其实所复尽是虚名而已；三、政和六年九月正式确定九等贴职之后，贴职自成系列，而秘书省官（著作郎、佐郎、秘书郎、校书郎、正字），则渐被视为"馆职"，这个演变始自元祐，至南宋似成定制。《宋志》此云"又有集贤殿修撰、直龙图阁、校勘，通谓之馆职"乃哲宗元祐之制。《宋志》照抄《宋朝事实》，未能与宋前期之馆阁官加以区别。宜易"又有"为"元祐元年"，"校勘"系"校理"之误，并于"直龙图阁"之后漏载"直集贤院"，宜补入。

《宋会要·职官》一八之五、六："（元丰）五年四月二十三日，诏自今更不除馆职，见带馆职人依旧。如除职事官，校理以上转一官，校勘减磨勘三年，校书减二年，并罢所带职。""哲宗元祐元年三月二十八日，诏职事官许带职。……内集贤殿修撰、直龙图阁、直集贤院、校理以上职，今后内外官并许带。"

《宋朝事实》卷九"官制"："崇文院，太平兴国三年置。端拱二（元）年建秘阁于中，昭文馆、史馆、集贤馆，皆沿唐制立名。但有书库寓于崇文院庑下，三馆秘阁、崇文院，各置贴职官，又有集贤殿修撰、直龙图阁、校勘，通谓之馆阁。"

《容斋四笔》卷一"三馆秘阁"："国朝儒馆，仍唐制有四：曰昭文馆、曰史馆、曰集贤院、曰秘阁。……四局各置直官，均谓之馆职，皆称‘学士’。其下则为校理、检讨、校勘，地望清切，非名流不得处。”

《咸淳临安志》卷七“秘书省”：“（绍兴）四年置著作郎、佐郎、秘书郎各二员，校书郎、正字通十二员，立为定额。……凡在兹选，均为馆职。”

于是宰相琦、公亮，参知政事修、概各荐五人，（3874页倒1行）

英宗朝宰相琦，即韩琦；公亮，即曾公亮；参知政事修，即欧阳修；概，即赵概。《宋志》宜用姓名，未当只用名。

《宋宰辅》卷七：“神宗熙宁三年九月庚子，曾公亮罢相。公亮自仁宗嘉祐六年闰八月拜相，至是年九月罢，在相位凡十年。神宗初即位，自门下侍郎兼吏部尚书、平章事、集贤殿大学士、英国公除尚书左仆射，依前兼集贤，进封兖国公。”

《宋宰辅》卷七：“神宗治平四年三月壬申，欧阳修罢参知政事。修自仁宗嘉祐五年十月除枢密副使，六年闰八月除参知政事，至是年三月罢，在政府凡八年。”

《宋宰辅》卷七：“神宗熙宁元年正月丙申，赵概罢参知政事。概自仁宗嘉祐五年除枢密副使，六年闰八月除参知政事，是年正月罢，在政府凡九年。”

熙宁二年，置崇文校书，始除河南府永安主簿邢恕。乃诏自今应选举可用人并除校书，候二年取旨除馆职官。（3875页1、2行）

熙宁二年诏置“崇文校书”，即置“崇文院校书”，《宋志》宜于“崇文”后补入“院”字。又，崇文院校书满二年差使后，有三条出路：其一，除馆职；其二，升擢资任；其三，授以差遣。《宋志》谓“候二年取旨除馆职官”，未确。

《宋会要·职官》一八之三：“熙宁二年十一月三日置崇文院校书，始除河南府永安县主簿邢恕。乃诏……候二年取旨，或除馆职，或升擢资任，或只与合入差遣。”

五年，以隶秘书省。（3875页2行）

此"五年",非熙宁五年,系元丰五年,当冠以"元丰"年号。

《麟台故事》卷一:"元丰五年官制行,即崇文院为秘书省。"(《宋会要·职官》一八之一所载同)

元祐初,复置直集贤院、校理。自校理而上,职有六等,(3875页3行)

元祐元年三月甲申(二十七日),复置集英殿修撰、直龙图阁、直集贤院、集贤校理、秘阁校理,并元丰改制时未废罢之直秘阁,凡为六等职(此指馆职)。《宋志》此处仅书"复置直贤院、校理……职有六等",甚为模糊,当补之。

《容斋四笔》卷一"三馆秘阁":"元丰官制行,不置昭文、集贤。以史馆入著作局,而直秘阁只为贴职。"

《长编》卷三七三,元祐元年三月乙酉:"诏集贤殿修撰、直龙图阁、直集贤院、直秘阁、集贤校理已上职,今后内外官并许带。"(按:《长编》漏载"秘阁校理")

《长编》卷三七三,元祐元年三月乙酉:"两浙路转运副使、朝请郎孙昌龄为秘阁校理。"

《宋会要·职官》一八之六:"元祐元年三月二十八日……集贤殿修撰、直龙图阁、直集贤院、校理以上职,今后内外官并许带。"(按:《宋会要》"校理"当包括"集贤校理"与"秘阁校理")

校书郎供职二年,除集贤校理。……丞及三年除秘阁校理。(3875页4、5行)

《宋朝事实》卷九"秘书省"原注亦漏载"正字"带贴职一项。《宋志》宜依《宋会要》所叙在此条末补入"正字四年除秘阁校理"九字。又,"丞"当书"秘书丞"。

《宋朝事实》卷九"官职·秘书省":"又立试中人馆职法,选人除正字,京官除校书郎。校书郎供职二年,除集贤校理。秘书郎、著作佐郎比集贤校理。著作郎比直集贤院、直秘阁。丞及三年除秘阁校理。"

《宋会要·职官》一八之七："（元祐元年）十月十六日，诏：应试中馆职者，内选人除试正字，……未升朝官除秘阁校理。正字供职四年除秘阁校理，仍候改寄禄官日除授；校书郎供职二年除集贤校理；秘书郎、著作佐郎比集贤、秘阁校理；著作郎比直集贤院、直秘阁，应校理以上未有兼领职事者，并于秘书省供职轮宿。……元祐二年十月十六日，诏秘书丞及三年除秘阁校理。"（按：上引《宋会要·职官》"未升朝官除秘阁校理"句，其"秘阁校理"系"校书郎"之误）

又立试中人馆职法，选人除正字，京官除校书郎。校书郎供职二年，除集贤校理。秘书郎、著作佐郎比集贤校理。（3875页4、5行）

"正字"当作"试正字"；后一个"集贤校理"当作"集贤、秘阁校理"。观下面所引《宋会要》文字，"选人除试正字"后有"改官、请俸等并依太学博士法"，若无"试"字，则"正字"即为京官，不存在"改官"的说法。

《宋会要·职官》一八之七："（元祐元年）十月十六日，诏：应试中馆职者，内选人除试正字，改官、请俸等并依太学博士法。"

三年二月，诏御试唱名日，（3875页5行）

御试日与唱名日，秘书省官赴殿祗候位遇不一，将"御试"与"唱名"相混，非是。宜于"御试"下加顿号。

《南宋馆阁录》卷六"故实"："熙宁七年三月馆阁言：'如遇殿试，即馆阁供书入殿。'从之。"

《南宋馆阁录》卷六："贤良、进士御试于殿门外祗候，唱名日侍立。《馆阁录》：旧制，以每遇进士、策贤良，馆阁官并赴殿门祗候，给大（太）官食，法酒十瓶；唱名日，登殿侍立。熙宁后只令殿门祗候。元丰中，判馆阁官申请虽得入殿，然只得立殿下。绍兴五年八月九日，著作佐郎李公懋等言：'进士唱名，自政和以来阁门浸废。旧制，令秘书省官立殿下，非故事，欲乞复祖宗之典。'有旨，除省试官外，许依旧制殿上侍立。"

《宋会要·职官》一八之八："元祐三年二月二十八日，诏唱名日，秘书丞、著作郎、佐郎、校书郎、正字，依馆职例入殿祗候。"

九月，复试贤良于阁下。（3875 页 6 行）

"贤良"非制举科目之全称，其全称为"贤良方正能直言极谏科"，《宋志》宜用全称。

《考正》卷四之二"秘书省"："此句当从《会要》，作'复试贤良极谏科于阁下'。"

《宋会要·职官》一八之八："元祐三年九月，复试贤良极谏科于阁下。"

《宋史·选举志》二"制举"："太祖始置贤良方正能直言极谏、经学优深可为师法、详闲吏理达于教化凡三科。"

五年，置集贤院学士并校对黄本书籍官员。（3875 页 6 行）

复置集贤院学士系元祐五年九月事，而始置校对黄本书籍官，要早于元祐三年八月许将为提举黄本书籍官之前。两者时间未合，当分叙之。或改作"并增置校对黄本书籍官一员"。又，仁宗朝已有集贤院学士之称；元丰改制，不置昭文、集贤；元祐五年九月十六日复置之。故"复"字未可省，《宋志》仍宜补加。

《分纪》卷一五"集贤院学士"："皇祐四年，知沙州、资政殿学士吴育以疾乞尽落学士职，只守本官权领西京留司御史台。仁宗曰：'……若止守本官，则俸入差减，可特授一集贤院学士，以就全给。'"

《十朝纲要》卷一三："元祐五年九月，复置集贤院学士。"

《麟台故事》卷二"职掌"："《玉海》引《会要》：元祐二年六月八日秘书省言：写秘阁黄本，以《崇文总目》比较，别造书目。绍圣元年，罢校对黄本。"

《宋会要·职官》一八之八："元祐三年八月，以翰林学士、左朝议大夫、知制诰许将提举黄本书籍，给食钱十贯。"

《宋会要·职官》一八之一〇："元祐五年六月四日，诏：'秘书省见校对黄本书籍未了，可添一员，以明州定海县主簿秦观充，三年理为一任，满日依太学博士条。'"

《考正》卷四之二"秘书省"："校对黄本书之工作于元祐二年既已开始，至五年以校对未了，复增置核对一员，《史志》谓置于五年，误也。又集贤院学士亦是复置，且其事在增置校对黄本书籍官员之后。《史志》所叙节次未合。"

绍圣初，罢校对，以编修日历选本省，(3875页6、7行)

《宋志》此处所云"以编修日历选本省"系"以编修日历还本省"之误。《宋朝事实》卷九"秘书省"，亦同此误。而《宋朝事实》卷九"日历所"条则谓"诏日历还秘书省"，可证"选本省"乃"还本省"之误。

《宋朝事实》卷九"秘书省"："绍圣初罢校对，以编修日历选本省。"

《宋朝事实》卷九"日历所"："日历所，隶秘书省，以著作郎、著作佐郎掌之。……元丰六年，诏秘书省长贰毋得预著作修纂日历事。……元祐五年……编修日历以国史院为名，隶门下省，更不隶秘书省。绍圣二年，诏日历还秘书省。"

《玉海》卷一六八"雍熙修史院"："绍圣二年三月，诏日历复归秘省。"

《宋志》四"校勘记"之八："疑此处'选'字为'还'字之讹。"

易集贤院学士为殿修撰，直院为直秘阁，集贤校理为秘书校理。(3875页7行)

此处"殿修撰"，当为"集贤殿修撰"；"直院"当为"直集贤院"；"秘书校理"为"秘阁校理"之讹。

《十朝纲要》卷一二："绍圣二年四月戊辰，易集贤院学士为集贤殿修撰，直集贤院为直秘阁，集贤校理为秘阁校理。"

《宋会要·职官》一八之一三："绍圣二年四月，诏职事官罢带职，非职事官仍旧许带，易集贤院学士为集贤殿修撰，直集贤院为直秘阁，集贤校理为秘阁校理。见带人并改正。”

入伏午时减半，过渡伏依旧，从苏轼之请。（3875 页 8 行）

此云“渡伏”，不通；当改为“末伏”。

《宋会要·职官》一八之一一：“元祐六年六月，提举黄本苏轼言：‘秘书省官每日校书背面二十一纸，准入内黄门黄洙传圣旨：秘书省入伏午时住修文字，末伏依旧。欲乞于所校功课减半，候过末伏日依旧。’从之。”

按：苏轼所言十分清晰，以“入伏”与“末伏”相对，并无“渡伏”之谓。

元符二年，诏职事官罢带馆职，悉复元丰官制。（3875 页倒 7 行）

元符二年十一月十三日，下诏罢职事官带馆职，非所有馆职全罢带，尚留集贤殿修撰、直龙图阁、直秘阁三等馆职，并一直保留，至宋徽宗政和又下手诏增六等共为九等。《宋志》此处谓“罢带馆职”不确，当补入保留的三等馆职。

《长编》卷五一八，哲宗元符二年十一月辛巳：“三省言：‘按元丰五年四月诏，见带馆职人依旧，即不供职。如除职事官，校理以上转一官，校勘减三年磨勘，校书减二年磨勘，并罢。今后更不许带馆职。’诏：集贤殿修撰、直龙图阁、直秘阁依旧外，余依前诏。先是，上与辅臣言：‘先朝既罢官职，后不当复。’曾布曰：‘先朝因除职事官，既罢，仍与转一官，无害。’章惇等亦以为当罢。布因言：‘若总罢，则无以待小帅及被奖擢者。先朝以无直秘阁等职名，便除直龙图阁，诚可惜。’惇等共议定，遂降此诏。”

《燕翼诒谋录》卷四：“旧贴职，止于直秘阁、直龙图阁、右文殿修撰（按：政和六年四月改集贤殿修撰为此名）三等，政和六年九月手诏：……可增置直徽猷阁、直显谟阁、直宝文阁、直天章阁、秘阁修撰、集英殿修撰，凡九等。”（《宋会要·职官》一八之一三亦载元符二年十

一月十三日诏）

八月，诏秘书省移于新左藏库，以其地为堂。（3875 页倒 4 行）

“堂”指“明堂”，未能省称“堂”。

《宋会要·职官》一八之一七：“政和五年八月十二日，诏秘书省移于他所，以其地为明堂。十一月七日，蔡攸奏：契勘秘书省奉御笔迁移于左藏库。”

《玉海》卷一二一“元丰秘书省”：“政和五年八月十二日，诏以秘书省地为明堂，迁秘书省新左藏库。”

宣和二年，立定秘书省员额：监、少监、丞并依元丰旧制，著作郎以四员为额，校书郎二员，正字四员。（3875 页倒 3、倒 2 行）

此处所载宣和二年秘书省定员额有脱文，如校点本“校勘记”之一〇所疑；然，不仅“著作郎”后脱漏“佐郎”二字而已，“著作郎以四员为额”应作“著作郎一员，著作佐郎以四员为额”；又，“校书郎二员”之“二员”为“六员”之误。

《宋志》于此既与“元丰旧制”相比，元丰之制秘书省官员额当注明方是。

《宋会要·职官》一八之二一：“元丰五年五月，厘正官制，崇文院易以秘书省之榜。官属：监一，少监一，丞一，著作郎一，佐郎二，校书郎四，正字二。”（按：元丰新制，秘书省官属凡十二人）

《十朝纲要》卷一八：“宣和二年十一月庚戌，立秘书省官员额。”

《麟台故事》卷四“官联”：“政和末，无复定员，官冗且滥，至宣和三（二）年，论事者屡以为言，上亦厌之。乃诏三省定员数，且清其选。于是仿元丰之制，止增著作佐郎、校书郎、正字各二员，监、少之外，定为十八员，以仿有唐登瀛之数，其溢员皆外补。”（按：元丰之制为十二人，政和二年仿元丰之制，新增著作佐郎、校书郎、正字各二员，凡六人，十二人加六人共为十八人，此数正与十八员相合，然此又云“监、少之外”，疑为衍文）

按：据上所引，《宋志》当于“监、少监、丞”后补“各一员”；“著作郎”之后补“一员，著作佐郎”六字；“校书郎二员”改作“校书郎六员”。如此，即为宣和二年十一月秘书省定十八人之编制：秘书监、秘书少监、秘书丞各一员，著作郎一员，著作佐郎四员，校书郎六员，正字四员。

绍兴元年，始诏置秘书省，(3875 页倒 1 行)

南宋建炎三年罢秘书省，绍兴元年二月十九日(丙戌)复置。此谓“绍兴元年始诏置”，宜改“始”为“复”。

《中兴会要》：“秘书省　建炎三年罢，绍兴元年复置。《合璧事类》卷三六引。”(参《系年要录》卷二二“建炎三年四月庚申”条)

九年，诏著作局惟修日历，遇修国史则开国史院，遇修实录则开实录院，以正名实。(3876 页 4、5 行)

著作局纂修日历，实录院编修实录，国史院编修国史，各领其职，皆隶秘书省。而三者之中，以著作局为恒置，由著作郎、佐郎主修日历。而实录院，南宋初未专置，寓史馆以修神宗、哲宗实录。绍兴九年二月二十二日，缘修徽宗实录，乃即史馆开设实录院。至绍兴十年，以未修正史而罢史馆(国史院)，著作局即唯修日历。《宋志》未将此段史实叙述清楚，宜改为“九年，修徽宗实录，乃即史馆开实录院。明年，以未修正史，诏罢史馆并实录院，以正名实。而著作局唯修纂日历焉”。

《咸淳临安志》卷七“秘书省”：“至绍兴九年修神宗、哲宗、徽宗实录，乃即史馆开实录院，以本省官或他官兼检讨，而修撰官如史馆例。明年，以未修正史，诏罢史馆，并为实录院，以正名实，而著作局唯修纂日历焉。凡在兹选，均谓之馆职，所以储蓄英髦，以备任使，台谏、禁从，于此乎取之。”

《宋朝事实》卷九：“明年(绍兴十年)，以未修正史，诏罢史馆，官吏并归实录院。”

《宋会要·职官》一八之六〇："绍兴初，实录、国史皆寓史馆。后罢史馆，遇修实录即置实录院，遇修国史即置国史院。九年二月，以修神宗、哲宗、徽宗实录，始置院。以宰臣一员提举。"

十三年，诏复每岁曝书会。是冬，新省成，(3876页5、6行)

绍兴十三年十二月十二日，诏重建秘书省，至十四年六月二十二日迁新省。以此，新省成非绍兴十三年之冬。《宋志》紧接"十三年"后谓"是冬，新省成"，非是，当改作"次年，新省成"。

《南宋馆阁录》卷二"省舍"："秘书省初复，是时驻跸绍兴府，寓于火珠山巷。绍兴二年，移跸临安府，始寓于宋氏宅。再徙于油车巷东法惠寺，自寺殿之后为省。……绍兴十三年十二月，诏两浙转运司建秘书省。十四年六月二十二日迁新省。从秘书丞严抑之请重建，既成得旨，以是日迁。省在清河坊糯米仓巷西、怀庆坊北、通浙坊东。"

《系年要录》卷一五二，绍兴十有四年秋七月戊午："秘书少监游操等上表，乞车驾幸秘书省。许之。……壬戌……时新省成，少监游操援宣(宣和)、政(政和)故事，请置提举官。"

孝宗即位，诏馆职储养人才，不可定员。(3876页倒8行)

孝宗初即位，即隆兴元年，仍定秘书省以七员为额；隆兴二年闰十一月三日复诏依祖宗旧法不可定员。《宋志》笼而统之谓"孝宗即位……不可定员"，不妥，宜冠以"隆兴二年"。

《宋会要·职官》一八之三〇："隆兴元年五月十九日，诏：'秘书省系育材之地，以七员为额，不妨兼领他局。'……八月八日，诏：'秘书省除少监、秘丞外，以七员为额。'……二年闰十一月三日，诏：'今后馆职并依祖宗旧法，更不立额。'以中书门下省奏：'馆职系祖宗育材之地，近用立额，至召试之人无阙可差。'故有是命。"

是时，陈傅良上言：(3876页倒6行)

中书舍人陈傅良论史事札子，《宋会要》系于绍熙五年十一月二十八日，宁宗已即位未改元。《宋志》未当直承光宗"绍熙二年"之下而叙。

《止斋文集》卷二二《论史官札子》:“史事至重,不宜以他官兼领。今史院检讨皆是兼局,更出迭入,有同传舍,至修撰亦以从臣兼之。……则一朝巨典无由就绪,……无专官故也。近年李焘、洪迈以待制相继修史,不领他事,而后《四朝国史》方及成书。以臣愚见,两制臣僚位望已贵,若委以史事,见谓冷局,不过一二年间,朝廷须更迁除,虽曰专官,未必久任。今职名中有秘阁修撰、右文殿修撰,并旧有史馆校勘等,正是三馆修书官名目,自郎、寮、卿、监补外之人皆得除授。若将此二三职名置为史官,以二年为任,自史馆校勘之类供职,稍迁秘阁修撰,又稍迁右文殿修撰,在院少亦已五七年(《宋会要·职官》一八之七三作‘三五年’,与《宋志》同)。俟有劳绩,虽就迁次对,如李焘、洪迈兼领可也。则是史官与郎、寮、卿、监可以驯至从班,事体略同,有专官之效,无冷局之嫌。庶几大典责成有人。”

《宋会要·职官》一八之七三:“绍熙五年十一月二十八日,中书舍人陈傅良言……”

《考正》卷四之二“秘书省”:“案:《会要·实录院门》载此札节文,较《史志》为详,系绍熙五年十一月二十八日。其时已在宁宗即位之后。《史志》以‘是时’上承绍熙二年,非是。”

中兴分案四:曰经籍,曰祝版,曰知杂,曰太史。(3876 页倒 3 行)

通叙北宋、南宋秘书省沿革及职掌等,此处独载“中兴分案四”,而阙载元丰之制分案,未妥,宜依《麟台故事》补入。

《麟台故事》卷二“职掌”:“元丰官制行,秘书省分四案:曰国史案,掌编修日历事;曰太史案,掌太史、天文、浑仪等事;曰经籍案,掌典籍之事;曰知杂案,掌本省杂事。大概如此。政和中,增置道教案。”

《南宋馆阁录》卷一〇“职掌”:“秘书省知杂案,掌行本省官到任、替通理迁改,关升批书,祠祭差官行事及人吏迁补、应知杂等事;经籍案,掌行秘阁御制、御书、图画、经史子集书籍,并朝廷检阅典故及御前取降图画、书籍及修撰祠祭乐章等事；祝版案，掌行每岁祭天地、社稷、宗庙及应大中小祀祝版并分撰祝词及翫祭文等事；太史案，掌行太史局历日、文德殿钟鼓院、测验浑仪、刻漏所、应官生迁补事。”

日历所

隶秘书省，以著作郎、著作佐郎掌之。(3877 页 1 行)

日历，是国史之根柢。修日历，两宋一以贯之，为历代君主所重。

日历所隶秘书省，为元丰新制。宋初，日历所隶门下省编修院。元丰四年罢编修院，日历所归史馆，元丰五年五月官制行，属秘书省国史案。“隶秘书省”后宜补“国史案”。

《宋会要·职官》一八之一〇七：“嘉定二年三月十三日，右正言黄中言：‘史者，国之大典，所以垂劝戒而示万世者也。然史院之编修以《日历》为根柢。《日历》之纪次以《时政记》《起居注》与诸司关报为依据。’”

《宋会要·职官》一八之二六：“故事：史馆每月撰日历，……藏于本馆。”

《合璧后集》卷四二“史馆门·史馆史官”：“掌修日历及典司图籍之事。”

《玉海》卷一六八“元祐国史院”：“元祐五年十一月十三日，尚书省言：旧置编修院，掌国史、实录、日历。元丰罢入史馆。”

《宋会要·运历》一之二〇：“绍兴三年十一月十六日，诏日历所以修国史日历所为名，以秘书省言：日历、国史，自祖宗以来系本省史馆掌修，以宰相监修。”（按：元丰改制前，史馆属崇文院，未归秘省。此云“自祖宗以来系本省史馆掌修”，其中“本省”两字未当）

《麟台故事》三“国史”：“国初，直馆分撰日历，每季送史馆，其后修撰官专之。……景德二年，史馆每月撰日历，皆判馆与修撰官、直官分功撰录。……其后止修撰官及判馆撰次焉。元丰官制既行，日历归秘书省国史案，专以著作郎、佐郎修纂。别置国史院或实录院修先朝实录、国史。……元丰七年六月乙卯，诏著作暂阙官，校书郎或正字兼权。秘书省著作佐郎邢恕言：'官（疑"旧"字之误）制，史馆掌修撰国史、实录之事，其属有日历所。比（指元丰四年十一月）废编修院归史馆。'"

元祐五年，移国史案置局，（3877页6行）

据《玉海》，"移国史案"之后尚有"就今置局处"，即指明国史案移至日历所置局。换言之，至是废国史案，改为国史院，不隶秘书省。此与下文"宣和二年，……惟秘书省日历所系元丰国史案"相衔接。故"置局"应改为"就今置局处"。

《宋会要・运历》一之一六："元祐五年十一月十三日，尚书省言：'旧置编修院，专掌国史、实录，最为机密，兼神宗皇帝实录将毕，文字并合严行收掌，若送本省，即恐别致散失。'诏移国史案就见今置局处，专掌国史、实录、编修日历，以国史院为名，隶门下省，更不隶秘书省。"

《玉海》卷一六八"元祐国史院"："元祐五年十一月十三日，尚书省言：旧置编修院，掌国史、实录、日历。元丰罢入史馆。令（今）神宗实录将毕，盍严其藏。诏修国史案就今置局处，专掌国史、实录、编修日历，以国史院为名。隶门下省。"

《合璧后集》卷四三"日历所"引《四朝志》："宣和二年，诏罢在京修书诸局，惟秘书省日历所，系元丰国史案。"

隆兴元年，诏编类圣政所并归日历所，依旧宰臣提领，仍令日历所吏充行遣。（3877页倒2行）

"并归日历所"，此"日历所"即"国史日历所"，宜用全称，不然，与本志下页（3878页）之"隆兴元年，以编类圣政所并归国史院"似有矛盾；其实，同一事也。又，据《宋会要》，"宰臣提领"后漏载"其检讨官二员以馆职兼"；而"仍令日历所吏"之"吏"前漏一"人"字，均宜补入。

《宋会要·运历》一之二五："隆兴元年五月十九日，诏编类圣政所并归日历，依旧宰臣提领，其检讨官二员以馆职兼，仍令日历所人吏充行遣。"

同前书一之二二"修日历"："（绍兴）十年四月二十八日，诏日历所依绍兴三年十一月十七日指挥，以'国史日历所'为名。"

会要所

以省官通任其事。绍兴九年……（3877页倒1行）

《宋志》所书"会要所"条目，从"绍兴九年"始叙，绍兴九年之前及北宋时之会要修纂事概略而不载，未知何故。然，会要作为书名始自晋代陆机，其体例创自唐德宗时苏冕，而专设局纂修本朝会要则始自北宋，其规模之大，修会要次数之多，成书卷帙之巨，未有过宋朝者，据统计，北宋修本朝会要三次：一为仁宗天圣八年七月，始修《庆历国朝会要》，于编修院设修纂会要所；二为熙宁三年九月始修《六朝国朝会要》，于崇文院设局修纂；三为《政和重修会要》，元符三年始命诏修，于秘书省置会要所修纂。自元丰以后，会要所均在秘书省内置局。南宋修会要七次，所修会要名称依次为《乾道续四朝会要》《乾道中兴会要》《淳熙会要》《嘉泰孝宗会要》《庆元光宗会要》《嘉泰宁宗会要》《嘉定国朝会要》（或称"十三朝会要"）。观此条"会要所"太过疏漏，未能窥见有宋一代修会要之梗概及源流。又，首句谓"以省官通任其事"亦不确，于秘书省设会要所系元丰改制后之事，北宋前两次修会要，一在编修院置局，一在崇文院置局，其时秘书省之职未举，未可谓秘省官通任其事。此说贻误后世，如汤中之《宋会要考略》开卷第一句即谓"宋修《会要》，设局于秘书省"即是一例。

《宋史·艺文志》六"类事类"："陆机《会要》一卷。"

《旧唐书·苏冕传》："冕缵国朝政事，撰《会要》四十卷，行于时。"

《宋会要·职官》一八之五三："宋置崇文院，自后修国史、会要，名曰编修院。”

《玉海》卷一六八“雍熙修史院”：“天圣九年五月乙亥，徙修史院于宣徽北院之东。初修真宗史，寓中书第一厅，及史成，续纂会要，故徙之，谓之编修院。”

《玉海》卷四六“淳化太祖纪”：“雍熙四年九月，直史馆胡旦请修纪、表、志、传。诏以史馆西廊置修史院。淳化五年十月丙午，翰林学士张洎等上《重修太祖纪》十卷。”按：修史院为编修院前身。

《玉海》卷五一“庆历国朝会要·元丰增修五朝”：“元符三年十二月甲辰，徽宗诏秘省修诏即秘书省置局。命王觌、曾肇续编元丰至元符；又诏起治平四年，止崇宁五年，凡四十年，二书皆弗克成。政和八年十二月丁未，有司独上‘帝系’‘后妃’‘吉礼’三类凡一百一十一卷并目录。其书通章得象、王珪所编，稍益以熙宁后事。累朝已成之书，通加删改。”

《决科古今源流至论·前集》卷四“会要”：“自建隆至庆历凡百五十卷，则进于章得象。由庆历至熙宁凡三百卷，则成于王珪。元丰而至政和，以《续修会要》为名，则汪大猷删定之。建炎而至绍兴，以《中兴会要》为名，则陈骙编之。此《国朝会要》之源流也。”

《宋会要研究》卷一《宋会要考略》：“宋修会要，设局于秘书省。”

《宋会要·影印宋会要辑稿缘起》：“兹依汤爱礼（中）先生之统计录为简表如后：（一）《庆历国朝会要》，一百五十卷；（二）《元丰增修五朝会要》，三百卷；（三）《政和重修会要》，仅成吉礼一百十卷；（四）《乾道续四朝会要》，二百卷；（五）《乾道中兴会要》，二百卷；（六）《淳熙会要》，三百六十八卷；（七）《嘉泰孝宗会要》，二百卷；（八）《庆元光宗会要》，一百卷；（九）《嘉泰宁宗会要》，改正一百十五卷，续修一百十卷；（十）《嘉定国朝会要》（一作《十三朝会要》），五百八十八卷。”

按：有关北宋、南宋设局修会要事，《玉海》《群书考索》《决科古今源流至论》《宋会要》等各家皆有记述，元修志者若能稍加条贯，如近人汤中之所为，则能清其渊源、挈其大概。

乾道四年，诏尚书省右仆射陈俊卿兼提举编修《国朝会要》，每遇提举官开院过局，就本省道山堂聚呈文字，提举诸司官、承受官、主管诸司官，并令国史日历所官兼。（3878页1、2行）

此句标点未确，"编修《国朝会要》"下之逗点宜易为分号；"聚呈文字"下之逗号亦宜易为分号。如此标点，则乾道四年十一月二十八日诏陈俊卿兼提举，十二月三日诏秘省道山堂充聚呈文字位次，十二月三日令国史日历所官兼提举诸司官、承受官、主管诸司官三件事方显得分明。又，"道山堂"后漏一"充"字，"聚呈文字"后漏"位次"两字。"提举诸司官、承受官、主管诸司官"皆未用全称。

《宋会要·职官》一八至三二："乾道四年十一月二十八日，诏左正议大夫、守尚书右仆射、同中书门下平章事、兼枢密使、兼提举修《四朝国史》、兼制国用史陈俊卿兼提举编修《国朝会要》。十二月三日，秘书少监汪大猷等言：'本省编省（修）《国朝会要》，每遇提举官开院过局，乞就本省道山堂充聚呈文字位次，其合排办，亦不别差诸司官，止就委国史日历所见今提举、承受、诸司官排办施行。'从之。同日，诏国史院日历所都大提举诸司李绰差兼编修《国朝会要》都大提举诸司，国史院日历所承受李嵘差兼编修《国朝会要》承受、国史院日历所主管诸司王允修差兼编修《国朝会要》主管诸司。"

国史院　实录院

国史实录院（3878页5行）

国史院修正史，实录院修实录，是两个不同修史机构。诚如南宋史家李焘所言："正史当据实录。"实录系每一朝皇帝之编年大事记，修正史必以实录为基础。两者有联系，但并非同一机构。点校者宜于"国史"后加顿号分开。修志者理宜将"国史院""实录院"分立两条目，方显得脉络清晰；然则今两院合并成一条目叙述，互相混淆，难得要领，致贻误后人。有人据《宋志》，视国史、实录院为一院，或谓“修国史主要是修实录”，失之远矣。

《玉海》卷四六“艺文·古史”：“古者无国无史，史未尝一日无书。汉法，太史公位丞相上。唐及本朝宰相兼史官，其重如此。故书榻前议论之辞，则有时政记；录柱下见闻之实，则有起居注；类而次之，谓之日历；修而成之，谓之实录。所以广记备言，垂一代之典也。”

《宋会要·职官》一八之五八：“乾道五年十二月二十三日，秘书少监兼国史院编修官李焘言：缘正史当据实录，又缘实录往往差误，史官自合旁采异闻考验、增损。”

《廿二史札记》卷二三“宋史文最详”：“宋代史事较为详慎，有一帝必有一帝日历；日历之外又有实录；实录之外，又有正史，足见其记载之备也。”

《宋会要·职官》一八之六〇：“绍兴初，实录、国史皆寓史馆。后罢史馆，遇修实录即置实录院，遇修国史即置国史院。”

《玉海》卷四六“艺文·古史”之“景德太祖、太宗两朝史”：“景德四年八月丁巳二十四日，诏修太祖、太宗正史，令宰臣王旦监修国史。……（大中祥符）九年二月十二日丁亥，史成。……（戊子）命宴于修国史院。”

《玉海》卷四八“艺文·实录”之“咸平太宗实录”：“至道三年十一月己巳真宗初即位命集贤院学士钱若水等修太宗实录。……时有昭宣使王延德上《太宗南宫事迹》三卷，命送修实录院。”

按：北宋时修国史院与修实录院已见分置，至南宋后，国史院与实录院或并置，或此置彼废、彼置此废，两者区别甚为明显。故《玉海》《合璧事类》等皆将“国史院”与“实录院”分立条目。

提举国史　监修国史（3878 页 5 行）

“提举国史”全名为“提举国史院”或“提举修国史”，指提举修正史；而“监修国史”系指领修日历。此区别入南宋后尤为明显，不可不察。

《朝野杂记》乙集卷一三“权提举国史院”:“权提举国史院,自乾道元年三月虞并甫始,时以阙相故。……盖兼(监)修国史者,指日历也;提举国史院者,指正史也。……左相领日历,右相领史院。……乾道九年十月,曾钦道以右揆提举国史院。”

《宋会要·职官》一八之七五:“仁宗天圣五年二月,命宰臣监修国史,王曾提举修《真宗国史》。修两朝史时,王旦未领监修,故特授诏,曾已监修,而再授敕为提举。盖一时之制也。”

按:提举修国史之设,始于仁宗天圣五年。初为权置,后为定制。入南宋后,由右相提举国史院修正史,左相监修国史修日历。然,监修国史原为宋初次相之兼职,按时间先后及职位高低,监修国史当置于“提举国史”之前。

初,绍兴三年,诏置国史院,(3878 页 7 行)

修国史与设置国史院,非自绍兴三年始,雍熙四年始设修史院修《太祖纪》;淳化五年命修太祖朝史。景德四年已有“国史院”编修太祖、太宗正史之记载。同样,宋朝修实录也非始自南宋。太平兴国三年即起修《太祖实录》,至道三年已见有专设的“实录院”机构之记载。计北宋修正史五次、修实录八次,或于史馆置局,或临时设修史院、编修院、实录院。修史并无定所。至有权寓于中书厅、宣徽院者。及元丰四年,编修院复入史馆。元丰五年,以三馆职事尽归秘书省,修日历归秘书省国史案,修正史与实录临时别置院。元祐五年,移国史案隶门下省置局,是为国史院,日历、实录、正史之修,均于院内置局。绍圣二年,复以国史院归秘书省。至南渡初,权罢秘书省。绍兴元年复秘书省,三年秘书省复置史馆。至是,修前朝正史与实录,皆寓于史馆,即遇修实录开设实录院,遇修正史开国史院。以上,为宋朝修史机构沿革之大概。《宋志》语焉未详,当改“绍兴三年,诏置国史院”句为“绍兴三年,复置国史院”。

《玉海》卷四六“淳化太祖纪”:“雍熙四年九月,直史馆胡旦请修纪、表、志、传。诏以史馆西廊置修史院。”

《长编》卷三五，淳化五年四月癸未：“以吏部侍郎兼秘书监李至，翰林学士、中书舍人张洎，右谏议大夫、史馆修撰张佖、范杲同修国史。”

《玉海》卷一六八“雍熙修史院”：“景德四年九月辛卯，修太祖、太宗正史，宴监修王旦等于修史院。乙丑，以路振、崔遵度为修国史院编修官。”

《玉海》卷四八“咸平重修太祖实录”：“太平兴国三年正月己酉，命李昉、扈蒙、李穆、董淳、赵邻几同修《太祖实录》。”“咸平太宗实录”：“至道三年十一月己巳，命集贤院学士钱若水等修《太宗实录》，时有昭宣使王延德上《太宗南宫事迹》三卷，命送修实录院。”

《系年要录》卷四三，绍兴元年四月甲戌：“诏修日历，用秘书少监程俱请也。自军兴，史官久废，至是乃复。然朝廷多事，未克行。”卷六七，绍兴三年八月乙巳：“诏复置史馆，以从官兼修撰，余官兼直馆、检讨。”

《宋会要·职官》一八之一：“旧建于禁中，绍兴初复置，权寓临安府法惠寺。……即秘书省复建史馆，以修神宗、哲宗两朝实录，选本省官兼检讨、校勘，以侍从官充修撰。”

绍兴三年，……重修神宗、哲宗实录，(3878 页 7 行)

“绍兴三年”疑有误。诏重修《神宗实录》与《哲宗实录》系建炎元年五月事；而开局始重修时间为绍兴四年五月，六年正月《重修神宗实录》二百卷成书，八年九月《重修哲宗实录》一百五十卷成书。以上时间均与绍兴三年无涉。故而，“重修神宗、哲宗实录”前宜冠以“建炎元年”，并将其移置“绍兴三年”之前。

《宋会要·职官》一八之六一：“先是建炎元年五月八日，诏史馆重修神宗、哲宗实录，至绍兴六年五(正)月先编次神宗书成。”

《宋史·高宗纪》四：“绍兴四年五月癸丑，以范冲为宗正少卿兼直史馆，重修神宗、哲宗正史、实录。”

《玉海》卷四八“绍兴重修《神宗实录》”：“绍兴六年正月癸未，成书，通已进凡二百卷。……先是建炎初，上谓朱胜非曰：神宗史录事多失实。遂降诏重修，胜非荐范冲兼史事。”同卷“绍兴重修《哲宗实录》”：“初，元符三年，诏修《哲宗实录》，至大观四年四月成书。绍兴四年五月庚申诏条具重修事件。……至八年九月甲午书成，起绍圣元年至元符三年通前录为一书，成一百五十卷，先后进呈。”

《玉海》卷一六五“绍兴史馆”：“绍兴三年十一月十六日，以修国史日历所为名；四年五月二十四日癸酉，改为史馆。”（按：此专指“修国史日历所”归史馆，而史馆于绍兴三年八月已复置。参《系年要录》卷六七）

四年，置直史馆及检讨、校勘各一员。（3878 页 8 行）

“四年”为“三年”之误。此“四年”二字可删去。

《系年要录》卷六七，绍兴三年八月乙巳：“诏复置史馆，以侍从官兼修撰，余官兼直馆、检讨。”（参校《宋会要·运历》一之二〇）

九年，修《徽宗实录》，诏以实录院为名，仍以宰臣提举，以从官充修撰、同修撰，余官充检讨，无定员。（3878 页倒 6、倒 5 行）

绍兴“九年”，为绍兴七年之误，当改“九年”为“七年”。《徽宗实录》下逗号改为句号。“诏”字前加“九年”，“诏”字后加“史馆”。

“无定员”指《徽宗实录》修撰、同修撰、检讨，而宰臣提举修《徽宗实录》一员，诏书明文规定。故《宋志》宜于“宰臣”后补“一员”。“提举”全衔为“提举实录院”。

《南宋馆阁录》卷四“修纂”上：“（绍兴）二十八年十一月，实录院上《徽宗皇帝实录》一百五十卷。先是，绍兴七年，诏史馆编修《徽宗皇帝实录》。”（《中兴圣政》卷二二、《直斋书录解题》卷四、《玉海》卷四八所载同）

《宋会要·职官》一八之六一：“（绍兴）九年二月二十二日，诏史馆见修《徽宗实录》(按:'见修'即'现修',说明绍兴九年之前已着手修《徽宗实录》),以实录院为名。置提举官一员,修撰、同修撰、检讨官无定员。"

《宋会要·运历》一之二二:"(绍兴十年二月二十二日)仍命宰相提举,以监修国史系衔,实录院以提举实录院系衔。"

隆兴元年,以编类圣政所并归国史院,(3878 页倒 1 行)

此处谓"以编类圣政所并归国史院",看似与 3877 页上云"诏编类圣政所并归日历所"有矛盾,其实不然,缘"编类圣政所"之所掌编撰事一分为二之故也。其中"续修纂功勋、忠义臣僚事迹"归国史院,而修高宗赵构之《圣政记》则归日历所。惜《宋志》未辨其所分,遂使读史者至此生茫然之感。

《宋会要·职官》四一之七〇至七三:"绍兴三十二年孝宗已即位未改元六月二十二日,诏曰:'朕惟太上皇帝临御三纪,法令一新,……其议设官裒集建炎、绍兴以来所下诏旨、条例以闻。朕当与卿等恪意奉承,以对扬慈训。'……九月十一日,诏敕令所可改为编类圣政所。十二日,吏部侍郎凌景夏言:'近年间有勋臣之家,经省部理诉,稽之令甲,姓名不载,难以施行。兼在元祐党禁如文彦博、司马光、吕公著等,以至靖康、建炎以来忠臣、义士奋不顾身以卫社稷者,类多有之,皆略而未编,亦盛世之阙典也。愿诏有司精加讨论:庆历、建中靖国所载或有未尽,悉令添入;元祐、靖康、建炎以后,有合籍记者,接续修纂,以光中兴。天下幸甚。'诏就委编类圣政所接续修纂。……隆兴元年三月十六日,诏:'编类圣政所修纂《光尧寿圣太上皇帝圣政》,凡大号令、大政事,今日合遵行者,并编类门目,每月投进,其编年纪事候书成日一并进呈。'……五月十九日,诏:'编类圣政所并归日历所,依旧宰臣提领,其检讨官二员以馆职兼,仍令日历所人吏先行遣。'同日,编类圣政所言:'接续修纂功勋、臣僚、忠臣、义士事迹,合行并归国史院,欲实封用印牒送。'从之。……乾道二年九月(按:乾道二年无闰月，此处‘闰九月’之‘闰’字已据《宋史·孝宗纪》删去）二十九日，国史日历所上《光尧寿圣太上皇帝圣政》六十卷。”

四年，实录告成，诏修《钦宗正史》。（3879页2行）

《钦宗帝纪》修成于乾道四年四月，此谓乾道四年诏修《钦宗正史》，显误。事实上，乾道二年已称神宗、哲宗、徽宗、钦宗《四朝正史》。《宋志》失书，当删去“诏修《钦宗正史》”句。

《中兴圣政》卷四七：“乾道四年四月进呈《钦宗实录》并《帝纪》。礼部员外郎李焘奏，修史先进呈《帝纪》，自淳化始。”

《系年要录》卷一八〇，绍兴二十八年八月戊子朔：“诏置国史院，修神宗、哲宗、徽宗三朝正史。”

《玉海》卷四六“淳熙修四朝史”：“乾道二年，胡元质言：‘三朝之史，开院纂辑累年于兹。窃见靖康继宣和之后，以功绪本末则相关，以岁月久近则相继，伏望并修钦宗帝纪缴进，名为《四朝国史》。’”

《宋会要·职官》一八之五七：“乾道四年三月二十四日，诏：‘实录院进呈《钦宗实录》并《本纪》了毕日，并入国史院，一就修纂四朝正史。’从同修国史兼实录院修撰洪迈请也。四月二十四日，尚书右仆射、提举修《三朝国史》、提举实录院蒋芾言：‘国史院见修《三朝国史》志、传，依乾道二年十二月二日指挥，并修钦宗一朝，名为《四朝国史》。’”

《四朝国史》成书，诏罢史院，复开实录院修《高宗实录》。（3879页4、5行）

宋代成例，前朝帝王入葬、祔庙后，即修纂其实录。高宗赵构卒于淳熙十四年，十五年祔庙，故有修《高宗实录》之诏，并非因淳熙十五年《四朝国史》成书之故。《宋志》宜于“成书”下用句号断住。并于“修《高宗实录》”之后补入“故事，先帝祔庙之后，即诏国史院修纂实录。是年高宗祔庙毕，故有是诏”一句。

《宋会要·职官》一八之七〇：“淳熙十五年三月十一日，翰林学士、兼修国史洪迈言:‘检照国朝典故,累圣祔庙之后,即诏国史院修纂实录。今来圣神武文宪孝皇帝灵驾发引有日,乞令本院候祔庙毕,取指挥择日开院,其官吏并乞就用国史院官吏为之,更不添置员阙,亦不增给食钱之类。……’从之。……六月十八日,国史院言:‘已降圣旨指挥修《高宗皇帝实录》,依累朝典故,以实录院为名。今来所修《九朝国史》,乞权行住修,候实录成书日,别行申请朝廷指挥施行。’”

《玉海》卷四八“庆元高宗实录”:“淳熙十五年三月十一日,洪迈请开院修纂;庆元三年二月五日,上二百八十卷,起藩邸至绍兴十六年,修撰傅伯寿等。嘉泰二年正月二十一日,又上二百二十卷,起十七年至三十二年,修撰袁说友等。自奉诏至成书,凡十六年成五百卷。”

太史局

太史局(3879 页倒 7 行)

太史局为元丰改制后名,其前称“司天监”。本条不具宋初之制,不合《宋志》体例。司天监之设,理当补入。

《宋会要・职官》一八之八二:“太史局旧名司天监,元丰官制行,改今名。《两朝国史志》:司天监:监、丞、主簿、春官正、夏官正、中官正、秋官正、灵台郎、保章正、挈壶正。监及少阙,则置判监事二人,以五官正以上充。礼生五人,历生一人,丞、主簿及五官正以下皆守其职,掌察天文祥异、钟鼓刻漏、写造历书,供诸坛祠祀告(按:‘告’字《宋会要・职官》三一之三所引《两朝国史志》无,疑为衍字)祭告神名位版、画日。天文院掌浑仪台昼夜测验辰象以白于监,测验注记二人,刻择官八人,监生无定员,押更十五人,学生三十人。钟鼓院掌钟鼓刻漏、进牌之事。节级三人,直官三人,鸡唱三人,学生三十六人。”(《宋会要・职官》三一之三“司天监”同,然载有“冬官正”,此为“太史局”条所缺漏)

祭祀、冠昏及大典礼，则选所用日。(3879 页倒 6 行)

“丧葬”亦由太史局择日，宜补于“冠昏”之后。又，“昏”字宜依《宋会要》直用“婚”。

《宋会要·职官》一八之八二：“《神宗正史·职官志》：太史局掌占天文及风云气候，凡祀、冠婚、丧葬则择所用日。”（并见《宋会要·职官》三一之三“司天监”所引《神宗正史·职官志》）

有直长，有灵台郎，有保章正。(3879 页倒 5 行)

“保章正”后漏“挈壶正”官，须补入。

《合璧后集》卷五一“历官门”：“挈壶正：本朝司天监有挈壶正。元丰改太史局官，唯挈壶正如故。”

《分纪》卷一七“太史局·挈壶正”：“《元祐官品令》：挈壶正，正九品。”

《庆元条法事类》卷四《官品令》：“挈壶正，正九品。”

《宋会要·职官》一八之八二：“旧名司天监，元丰官制行，改今名。《两朝国史志》：司天监……保章正，挈壶正。”

算　学

算学(3880 页 1 行)

神宗元丰间议置算学，及徽宗崇宁三年颁行《国子监算学敕令格式》，始于国子监建算学，直至宣和二年罢算学止，其间时置时辍，办学仅十六年。然此十六年，算学系隶国子监，止大观四年罢学时，并算学生入太史局。入南宋后，绍兴初命太史局试补算学生，然未见专立算学之司。《宋志》所叙算学皆北宋时事，非当。若以北宋之制论之，“算学”且宜置于“国子监”条中。

《宋史·选举志》三“算学”：“算学。崇宁三年始建学，生员以二百一十人为额，许命官及庶人为之。……大观四年，以算学生归之太史局。……绍兴初，命太史局试补，并募草泽人。”

《长编》卷三四八，元丰七年八月己丑："权国子司业朱服言：'天下郡县之学皆隶本监，四方之士多出太学。'"

《宋会要·崇儒》三之二："崇宁三年六月十一日，都省上《崇宁国子监算学、书画学敕令格式》，诏颁行之。"

《宋会要·崇儒》三之二："（大观）四年三月二日，诏：'算学生并入太史局，学官及人吏等并罢。……'政和三年三月二十三日，……奉圣旨令国子监依元丰六年九月十六日指挥施行。……宣和二年七月二十一日，诏算学……可并罢官吏。"

五年，罢算学，令附于国子监。十一月，从薛昂请，复置算学。（3880 页 3、4 行）

既书明崇宁五年十一月复置算学之月份，五年正月之罢学月份亦当载出。

《宋会要·职官》二八之一七："崇宁五年正月二十四日，诏罢书画、算学、医学，令附于国子监。"

大观三年，太常寺考究，以黄帝为先师，自常先、力牧至周王朴以上从祀，凡七十人。（3880 页 4、5 行）

大观三年十一月，太常寺所定算学奉安先师并配飨从祀之绘像，其开具配飨之人首列"风后"且无"常先"；又"周王朴"身世不明，原载"周枢密使王朴"，此"枢密使"官即有朝代标记，显属五代后周之官，未可省却，宜补入。

《宋会要·崇儒》三之三至四："大观三年十一月七日，太常寺：'奉诏天文、算学合奉安先师并配飨、从祀绘像，……臣等稽之载籍、合之典礼，谓尊黄帝为先师，而以其当时之臣风后、力牧、大鸿、大桡、隶首、容成、臾区、常仪为配飨，又以后世精于数术者定其世次，分绘两序以为从祀。'今具下项：风后、力牧、大鸿、大桡、隶首、容成、臾区、常仪已上八人，今欲拟配飨。商巫咸、周箕子……唐太子少詹事边冈、周枢密使王朴已上七十人，今欲拟从祀。"

《容斋三笔》卷一三“大观算学”：“大观中，置算学，如庠序之制。三年三月，诏以文宣王为先师，兖、邹、荆三国公配飨，十哲从祀……于是中书舍人张邦昌定其名：风后、大桡、隶首、容成、箕子、商高……王朴……十一月又改以黄帝为先师云。”

《玉海》卷一二〇“黄帝六相三公”：“《外纪》：黄帝举风后、力牧、太山、稽、常先、大鸿，得六相而天下治，神明至。《群辅录》：黄帝七辅，风后至力牧。”

《史记·五帝本纪》：“黄帝获宝鼎，迎日推策。举风后、力牧、常先、大鸿以治民。”

宣和二年，诏并罢官吏。（3880 页 5、6 行）

大观四年三月已诏罢算学官吏，何以宣和二年重降诏罢官吏？缘政和三年三月复置算学，《宋志》失载，须补之。

《宋会要·崇儒》三之五：“政和三年三月二十三日，大司成刘嗣明奏：承前算学以内舍学生武仲宣进状，昨于去年三上封章，乞留算学等。奉圣旨：‘令国子监依元丰六年九月十六日指挥施行。’本监申：‘伏见旧算学，见令空闲舍屋具存，别无官司拘占、相度。欲乞依旧为算学。’从之。”

殿中省

殿中监　少监　丞

监、少监……又置提举六尚局及管干官一员。（3880 页倒 7—倒 3 行）

此非元丰新制，实为徽宗朝崇宁二年之制。元丰改制时，神宗欲复置六尚局，缘禁中未有空地，作罢。《宋志》已于本条之下作出交代，但仍宜于“及管干官一员”之后，补充“以上为崇宁二年之制”一句。

又,“管干官”系追称,北宋时原称“管勾官”。

《玉海》卷一二一“唐殿中省”:“崇宁二年二月辛酉,建殿中省,至靖康元年废。初,元丰五年欲复置六尚,如唐故事,而禁中未有其地。”(并参《宋会要·职官》一九之三)

《宋会要·职官》一九之七:“提举六尚局欲在副都知之下、阁门使之上;六尚管勾欲在枢密院丞(承)旨之上、押班之下。”

虽有六尚局,名别而事存,(3880 页倒 2 行)

此句标点及文字均有讹误,应为:“虽有六尚局名,别有司存”。究其致误原因有二:一由校点本将百衲本《宋史》“别有事存”误书作“别而事存”;二是坊间刊刻将“司存”误作“事存”。校点本未加细审,遂于“六尚局”下误加标点,此逗号应点在“名”字下。

《宋志》(百衲本)之一九“殿中省”:“虽有六尚局名别有事存。”

《宋志》四“校勘记”之一三:“名别而事存:‘而’原作‘有’,据《宋会要·职官》一九之一、《通考》卷五七《职官考》改。”

《后汉书·崔琦传》:“百官外内,各有司存。”

殿中省高伸上编定《六尚供奉式》。(3881 页 5 行)

“殿中省高伸”应为“殿中省监高伸”,“殿中省监”多省称“殿中监”,但未能简称“殿中省”。

《宋会要·职官》一九之一〇:“政和元年十一月十七日,殿中监高伸等言:‘准诏编定《六尚供奉式》,今已成书。’”

六尚局既罢,格内岁贡品物万数,尚为民害,非祖宗旧制,(3881 页 6 行)

“格内”,指六尚局格,故“格内”之前“其”字未可省去。“旧制”,原诏文作“旧法”。

《靖康要录》卷一〇:“靖康元年八月十九日,圣旨:‘陆尚局既已罢,其格内岁贡品万数极多,尚为民害,非祖宗旧法,可并罢。’”

《宋会要·职官》二一之一七:“靖康元年八月十九日,诏六尚局既罢，其格内岁贡品万数极多，尚为民害，非祖宗旧法，可并罢。”

御药院

旧制，勾当御药院迁官至遥领团练、防御者谓之暗转，(3881 页倒 5 行)

“旧制”两字可删。因本条目所叙“御药院”职掌等，皆系元丰改制前之制，无所谓新旧之分。“团练”“防御”应为“团练使”“防御使”。

《宋会要·职官》一九之一三引《两朝国史志》：“御药院，勾当官无常员，以入内内侍充。掌按验秘方、以时剂和药品，以进御及供奉禁中之用。勾当御药院迁官至遥领团练、防御者，谓之暗转。”

典八人，(3881 页倒 4 行)

“典”后漏一“事”字，指御药院典事。

《宋会要·职官》一九之一五引《两朝国史志》：“旧置典事二人，局史二人，书史二人，贴书七人，守阙贴书不限人数。今置同。”

《宋会要·职官》一九之一五：“绍兴十一年九月八日，御药院典事王偁等言……”

崇宁二年，并入殿中省。(3881 页倒 3 行)

崇宁二年二月十二日，御药院并非并入殿中省尚药局等，而是改名内药局，仍独立设司，仅将供御汤药事厘归尚药局、供应御衣等事厘归尚衣局，其他职掌并依旧，仍禁中供职。《宋志》直言“并入殿中省”，未妥。

又，南宋时，仍称御药院，并置干办官(勾当官改)。宋代御药院官，为皇帝近臣、亲信，除掌本职外，常授以传宣、督视等使命。以上均为《宋志》失载，当补入。

《宋会要·职官》一九之一四：“崇宁二年五月九日，诏：御药院可候殿中省六尚建局日，除供到汤药事厘归尚药局及供应御衣等厘归尚衣局外，其崇恩宫等处供应及排办香表、国信礼物、御试举人、臣僚夏药，并自来应干事务，并依旧主行，仍改名内药局。”

《宋会要·职官》一九之一四：“高宗建炎四年六月七日，诏：御药院见管书写崇奉祖宗表词待诏等八人，令本院依旧各自收管。”

《考古编》卷七“御药院掌礼文”：“御药院本以按验秘方、合和御药为职，至兼受行典礼及贡举事。”

《朝野杂记》甲集卷一〇“内侍两省”：“御药院，掌应奉礼仪、衣服汤药。”

尚衣库

掌驾头服御伞扇之名物。（3881 页倒 1 行）

“驾头”“服御”“伞”“扇”为不同之名物，宜各于其下加顿号。

《宋史·仪卫志》六：“驾头，一名宝床，正衙法座也。……伞，古张帛避雨之制。……扇，有朱团及雉尾四等。”

《宋会要·舆服》：“乘舆、服御，并从省约。”

内衣物库

置受纳匹段库，受纳绫、锦，西川鹿胎、绫、罗、绢、匹段。（3882 页 2 行）

此句有漏文，“绫、锦”后漏一“院”字，“西川”后漏“所输锦”三字，“匹段”前漏“织成”二字。宜将所漏文字补入，不然，此句文义不通。“锦”字前、“绢”字后之顿号当删去。

《宋会要·食货》五二之二三：“内衣物库，在文德殿后，掌诸王、宗室、文武近臣、禁军将校时服给受之事。初为衣库，后改今名，太平兴国二年，置受纳匹缎库，受绫锦院、西川所输锦、鹿胎、绫、罗、绢织成匹段之物。”

《宋会要·职官》二九之八：“绫锦院，在昭庆坊。”

新衣库

监门二人,以三班使臣充。(3882 页倒 6、倒 5 行)

“三班”前当补“司天监官”四字。熙宁四年废新衣库,而司天监在元丰改制时才改名太史局,司天监官可充新衣库监门为北宋前期恒制。

《宋会要·食货》五二之二四至二五:“(新衣库)以三班、内侍二人监,别以司天监官、三班二人监门。……神宗熙宁四年五月,诏废新衣库,其官物拨赴仪鸾司等处。”

朝服法物库

朝服、法物库太平兴国二年置,后分三库:一在天安殿后,**(3882 页倒 4 行)**

“朝服法物库”系一库名,用顿号隔成两库名,未妥,宜将顿号删去。“后分三库”之“后”为衍字。“天安殿后”,或作“大庆殿后”。

《宋会要·食货》五二之一六:“朝服法物库,太平兴国二年置。分三库:一在大庆殿后,一在右掖门内北廊,一在正阳门外西廊。掌百官朝服、诸司礼衣、仪仗。以诸司使、副使、三班、内侍三人监。”

掌百官朝服、诸司仪仗之名物。(3882 页倒 3 行)

《宋志》所叙朝服法物库过于疏略,漏掌“诸司礼衣”及“冠、佩带、舄及旗幡、衫袍等物”。

《宋会要·食货》五二之一六:“掌百官朝服、诸司礼衣、仪仗。”

《咸淳临安志》卷九“法物库”:“在梅家桥北。掌祭祀法服、朝服、冠、佩带、舄及旗幡、衫袍等物。内侍领之。”

《玉海》卷一八三“康定神御库”:“(太平)兴国二年,置朝服法物库,分三库:一在大庆殿后,一在右掖门内北廊,一在正阳门外西廊。掌百官朝服、仪仗。”

太常寺

太常寺卿　少卿　丞　博士

祭祀有大祠，有小祠。（3883 页 2 行）

宋代祭祀，按其规模分大祠、中祠、小祠三类。《宋志》阙载“中祠”。

《宋史·礼志》一：“凡祀典皆领于太常。岁之大祀三十……中祀九……小祀九……”

《通考·职官》九“太常卿”：“祭祀有大祠，有中祠，有小祠。”

则视法式辨具以授祠官。（3883 页 4、5 行）

“辨”字用于此未通，当为“办”（辦）字之误。

《考正》卷四之四“太常寺”：“‘辨’字当作‘办’。”

初献用执政官，则卿为终献；（3883 页 5 行）

太常少卿也可行终献事，“卿”字后漏一“少”字，宜补入。

又，如以执政官为初献行事官，则亚献由礼部尚书、侍郎摄。此种祠祭系郊祀大礼。

《宋会要·礼》一之一一：“元丰四年十月二十一日，诏自今南北郊，差执政官为初献，礼部尚书、侍郎为亚献，太常卿、少为终献。”

用卿，则少卿为亚献，博士为终献；（3883 页 6 行）

此条礼制适用于一般祠祭，然可为初献者，不止太常卿，尚有礼部尚书、侍郎。

《宋会要·礼》一之一一：“诸祠祭，礼部尚书、侍郎、太常卿为初献；太常少卿，礼部、祠部郎中、员外郎为亚献；太常博士为终献。”

阙则以次互摄。（3883 页 6 行）

此句本义是指初、亚、终献官，按资格差遣，如礼部尚书阙，即差侍郎任初献官,侍郎阙,差太常卿为初献官,所谓"递差以次官充",而非如《宋志》所云"以次互摄"。

《宋会要·礼》一之一一:"以上如阙,即递差以次官充。"

宋初,旧置判寺无常员,……别置太常礼院,(3883页倒6、倒5行)

宋初太常寺职守多为太常礼院所侵,但尚管社稷及武成王庙、诸坛、斋宫习乐之事。《宋志》失载,非是。又,"判寺"为"判寺事"省称,其下宜加逗号。

《宋会要·职官》二二之一七:"太常寺掌社稷及武成王庙、诸坛、斋宫习乐之事。判寺官一人或二人。"

康定元年……始并兼礼院事。(3883页倒5、倒4行)

指康定元年罢知礼院事之后,以判太常寺官、同判太常寺官兼领太常礼院事,然太常礼院依然设置。故宜于"康定元年"后,补上"罢知礼院官"一句。

《分纪》卷一八"礼院":"康定初,罢知院,以判太常寺总之,兼礼仪事,近有至六七人者。"

《春明退朝录》上:"天圣中,省礼仪院,而寺与礼院事旧不相兼。康定元年,置判寺、同判寺,并兼礼仪事,近有至六七人者。"

元丰正名,始专其职。分案五,(3883页倒4行)

元丰新制,太常寺分案九,此"五"疑为"九"字之误。

《玉海》卷一二四"宋朝列寺":"太常……元丰五年四月正官名,李常为少卿,卿不除,分案九。"

《宋志》四"太常寺"(3884页5行):"分案九。"

元祐三年,诏太常寺置长贰,他寺监则互置,(3883页倒4、倒3行)

元祐三年五月,与太常寺置长贰同时,太仆寺、大理寺、司农寺、太府寺、国子监亦置长贰,非独太常寺一司而已,故"他寺监则互置"可删去。

《长编》卷四一一,元祐三年五月辛酉:"诏太常、太仆、大理、司农、太府寺，国子监置长贰，余寺监长贰并互置，省军器监丞、太仆寺主簿各一员。”

宣和三年，令本寺因革礼五年一检举，接续编修。(3883页倒2、倒1行)

《因革礼》是一部礼书，当加书名号。又，《因革礼》全称应为《太常因革礼》，乃苏洵等于治平间修成。

《长编》卷二〇六，治平二年九月辛酉：“提举编纂礼书、参知政事欧阳修奏：‘已编纂礼书成百卷。’诏以《太常因革礼》为名。”

建炎初，并省冗职，惟太常、大理不能。(3883页倒1行)

“建炎初”为建炎三年。“建炎”共四年，“三年”岂能谓“初”？“惟太常、大理不能”，“不能”为“不罢”之误。

《宋会要·职官》二二之一八：“太常寺……中兴，并省寺、监，独存太常，又命太常兼宗正。”

《系年要录》卷二二，建炎三年四月庚申：“并宗正寺归太常。”

《合璧后集》卷三四“大理卿·历代沿革”：“《四朝志》：建炎三年，并省寺、监，而大理如故。”

十五年，诏太常讨论置籍田令，(3884页3行)

籍田令，北宋已置。元丰三年置籍田令有明确记载。《宋志》自绍兴十五年始叙，未妥。且籍田令之职掌亦未载，宜依《合璧后集》补入。

《合璧后集》卷三三“籍田令”：“掌帝籍耕耨出纳之事，五谷、蔬果、藏冰以待用。元丰三年，诏籍田令隶太常寺。渡江初，阙。绍兴十五年初，除康与之为籍田令。三十一年，诏籍田司权罢，官吏并罢。后复置。”

续置太社令。(3884页3行)

“续置”，指北宋曾设郊社令。虽职掌同，但名称略有区别，《宋志》宜追叙一笔。

《合璧后集》卷三三“太社令”:“国朝嘉祐元年,置郊社令,命石祖元为之。熙宁元年,郊社局令张伯世言:‘局有郊社之名,而不主四郊之事。’于是始主四郊坛壝之事。……渡江初,阙。绍兴十九年,始除韩彦直为太社令,请给等并依五监主簿例。”

《宋会要·职官》二二之三四:“嘉祐元年十二月五日,置郊社局令一员,命将作监主簿石祖元为之。”

曰坛庙,掌行室坛、庙域、陵寝。(3884页6行)

“掌行室坛”应补正为“掌行室、坛壝”。

《考正》于“曰坛庙,掌行室坛庙域陵寝”处,下按语谓:“疑有误字。”然未揭其误在何字。校点本于“掌行室坛”后用顿点,将“室坛”相连而与“庙域”“陵寝”并列,似未当。“室”指太庙中安放神主之室,“坛”系郊祀之祭坛,显属两种不同名物,实无“室坛”之称,但有“庙室”“坛壝”之别。“坛壝”,亦为郊祀时所用的建筑物,祭台称坛,修于坛周围的短墙称壝。《宋志》于“坛”字后漏一“壝”字,当补入。

《考正》卷四之四“太常寺”:“曰坛庙,掌行室坛庙域陵寝。按:疑有误字。”

《朝野杂记》甲集卷二“京太庙”:“旧十六楹,其十四楹为七室,……及哲宗祔庙,七室已满。僖祖、太祖至神宗。”

《宋会要·礼》二之四一:“真宗景德三年三月二十七日,太常寺言:神明(州)坛壝中有坑堑及车马之迹,又两壝步数迫隘,不合礼文,望令改择坛位,及依令式封标诸坛外壝,禁人耕垦樵牧。”

《咸淳临安志》卷三“郊丘”:“绍兴十三年正月,礼部、太常寺请依国朝礼制建坛于国之东南。……为坛四成:上成从广七丈,再成十二丈,三成十七丈,四成二十二丈;分十三陛,陛七十二级;坛及内壝凡九十步,中、外壝通二十五步。”

本寺天乐祭器库专知官一人、(3884页倒4行)

“天乐祭器库”疑为“太乐祭器库”之误。太常寺有“大乐礼器库”、大晟府有“大乐法物库”。

《历代职官表》卷二十七“太常寺表”引《宋志·太常寺》：“本寺太乐祭器库专知官一人。”

《宋会要·职官》二二之二五：“崇宁初，置局议大乐。所典六案：曰大乐，曰鼓吹，曰宴乐，曰法物，曰知杂，曰掌法。”

博士，掌讲定五礼仪式，有改革则据经审议。凡于法应谥者，考其行状，撰定谥文。有祠事，则监视仪物，掌凡赞导之事。（3884 页倒 2、倒 1 行）

此处所述太常博士，系元丰新制。宋初，太常博士为寄禄官。大中祥符置博士二员，后四员。元丰改制始正名。及南宋，太常博士恒置，但无常员。关于太常寺博士南渡之制，《宋志》又散见于“太常寺”条下，叙事欠完整。

又，《宋志》缺载“崇宁三年，罢太常博士监礼职掌”，宜补入。

《通考·职官》九“太常卿”：“国初，太常少卿、博士、寺丞，俱为寄禄官。少卿后来为朝议大夫，博士（为）丞（承）议郎。”

《合璧后集》卷三三“太常博士”：“国朝祥符中置博士二员，后四员。元丰正名，初除何洵直。”

《宋会要·礼》一之四：“元祐七年正月二十二日，太常寺言：‘近年以博士为献官，遂罢监礼，惟御史专视祀事。……乞每祠以博士监礼如故。’从之。崇宁三年，复专以御史监察，遂罢监礼。”

协律郎，……凡乐，掌其序事。（3884 页倒 1 行至 3885 页 2 行）

北宋崇宁后，协律郎隶大晟府，不隶太常寺。《宋志》宜于“掌序其事”后补入“崇宁后，协律郎隶大晟府”等文字。

《通考·职官》九“协律郎”：“崇宁后，协律郎隶大晟府。”

奉礼郎，掌奉币帛授初献官，大礼则设亲祠板位。太祝，掌读册辞，授搏黍以嘏告，饮福则进爵，酌酒受其虚爵。（3885 页 2、3 行）

奉礼郎、太祝，为公卿子弟初荫之官，此为宋代仕进重要史事，

《宋志》宜叙及之。

《雍洛灵异录》:“开元中,以太常礼仪声乐之司属,亦择才。太祝、奉礼与秘书省校书郎、正字相埒,而校、正俸禄微少,孤寒英杰者居之,或有不办匹马,乘驴入省。而太祝、奉礼每月请明衣绢布及胙肉,俸禄又倍多,乃公卿子弟居之,衣马比校、正颇为轻肥。时有语曰:‘正字、校书咏诗骑驴,奉礼、太祝轻裘食肉。’”(转引自《合璧后集》卷三三“太社令”)

《通考·职官》九“太常卿”:“宋太祝、奉礼郎掌奏祭祀,阙则承奏荫京官十六以上未掌事者充。郊社掌坐、斋郎无员数。富韩公之父贫甚,客吕文穆门下。一日,白公曰:‘某儿子十许岁,欲令入书院事廷评、太祝。’李文靖公为相,治第隘甚,或以公言曰:‘居第当传子孙,此为宰相厅事诚隘,为太祝、奉礼厅事已宽矣。’盖三官皆宰相子弟初荫之官。”

郊社令,(3885 页 3 行)

北宋时置郊社局,设令,全称为郊社局令。

绍兴中,不称郊社令,而改称太社令。《宋志》失载。

《合璧后集》卷三三“太社令”:“熙宁元年,郊社局令张伯世言:‘局有郊社之名,而不主四郊之事。’于是始主四郊坛壝之事。……渡江初,阙。绍兴十九年,始除韩彦直为太社令,请给等并依五监主簿例。”

《宋史·韩彦直传》:“绍兴十七年,中两浙转运司试。明年,登进士第。调太社令。”

籍田令,(3885 页 4 行)

“籍田令”为籍田司长官,全称为“籍田司令”。元丰三年诏隶太常寺。

《合璧后集》卷三三“籍田令”:“掌帝籍耕耨出纳之事,五谷、蔬果、藏冰以待用。元丰三年,诏籍田令隶太常寺。……(绍兴)三十一年,诏籍田司权罢,官吏并罢。后复置。”

宫闱令,……汛洒庙庭,(3885 页 5 行)

宫闱令掌太庙、后庙神主应奉行事及庙内外之扫除。“庙庭”宜冠以“太庙、后庙”等名，即于“庙”字前添入“太庙、后庙等诸”六字。

《宋会要·礼》一七之六二：“祠祭官引宫闱令入诣殿庭，北向立。祠祭官曰‘再拜’，宫闱令再拜，升殿、开室、整拂神幄，帅其属扫除，退就执事位。”

《宋会要·礼》一五之三：“景祐三年十月十一日，崇文院检讨王宗道言：‘太庙、后庙、奉慈庙除宫闱令外，乞逐室各置内臣一员，管勾本室事。’诏：今后每遇祠祭，太常礼院移报入内内侍省，逐室差内臣一员，摄宫闱令应奉行事。”

郊庙祭器所

提点管干郊庙祭器所(3885 页 7 行)

“提点管干郊庙祭器所”，北宋时原为“提点管勾郊庙祭器所”，入南宋后不用“勾”字，史家径改“管勾”为“管干”，未妥。

《宋会要·职官》二二之三四：“元丰以后，郊社令、太庙令、籍田令、宫闱令、提点管勾郊庙祭器所……并入此门。”

教　坊

教坊及钤辖教坊所(3885 页 10 行)

教坊本隶宣徽院，置教坊使、副使。天圣五年，以内侍二人为钤辖教坊。钤辖教坊所钤辖官，皆由入内内侍省差内侍官兼，实为教坊之监官。元丰改制，教坊隶太常寺。建炎间已废罢。绍兴十四年复置教坊。绍兴末罢后不复设。《宋志》于此语焉未详。

《宋会要·乐》五之三六、三七：“教坊本隶宣徽院，有使、副使、判官、都色长、色长、高班大小都知。天圣五年，以内侍二人为钤辖。……官制行，以隶太常寺。同天节，宝慈、庆寿宫生辰，皇子、公主生，凡国之庆事，皆进歌乐词。……高宗建炎初省教坊。绍兴十四年复置,凡乐工四百六十人,以内侍充钤辖。绍兴末复省。孝宗隆兴二年天申节,将用乐上寿,……皆言临时点集,不必置教坊。上曰:'善。'乾道后……不置教坊。"

太医局

太医局,熙宁九年置,(3885页倒3、倒2行)

太医局非始置于熙宁九年。太宗淳化三年已有太医局之记载。仁宗嘉祐间定太医局之员额。熙宁八年以提举太医局所为额。徽宗政和间置太医局令、正。

《宋会要·职官》二二之三五:"太医局……嘉祐中,损益古制而定名额。太宗淳化三年五月,诏以民多疾疫,令太医局选良医十人,给钱五十千,为市药之宜。"

《分纪》卷一八"太医丞":"国朝熙宁四年,置太医丞。……八年,以提举太医局所为额。九年,以秀州华亭县主簿陈应之管勾太医局。"

《宋会要·职官》二二之三七:"熙宁八年十二月,提举太医局、大理寺丞单骧言:'本局系朝廷创置,所有合申请事件,乞许申中书。'而太常言:'乞立提举太医局所为额。'并从之。"

《宋会要·职官》二二之三八:"政和元年八月十八日,中书省言:'太医局令、正、丞,系创置。'"

大理寺丞单骧管干。(3885页倒2行)

"管干"系修史人追改之笔。单骧于熙宁九年为管勾太医局官,而非"管干"。

《宋会要·职官》二二之三五:"(熙宁)九年,以秀州华亭县主簿陈应之管勾太医局。……五月,改差提举太医局单骧充管勾。"

后诏勿隶太常寺,(3885页倒2行)

"后",指熙宁九年五月。此"后"字宜改成"五月"。

《长编》卷二二四,熙宁九年五月:"诏太医局不隶太常寺,别置提举一员、判局二员。其判局选差知医事者充。……元丰五年行官制,以太医局隶太常、礼部。"(《宋会要·职官》二二之三七同)

三学生愿预者听受,(3866页2、3行)

"愿预者"为"愿与者"之误。其本意为愿给予钱物,若谓愿预钱物,则不通。

《长编》卷二七五,熙宁九年五月癸亥:"……太学、律学、武学生、诸营将士疾病,轮差(太医局)学生往治。……其受军营钱物,以监临强乞取论。其诸学病人愿与者,听受,毋得邀求。"

《考正》卷四之四"太常寺":"'愿与'谓愿与钱物,作'愿预'非是。"

又官制行,隶太常礼部,(3886页3行)

"太常"当标以顿号,与"礼部"分开。

孝宗隆兴元年,省并医官而罢局生。(3886页3、4行)

隆兴元年省并医官为一件事,乾道三年罢太医局及医生又是一件事,而《宋志》皆系于"隆兴元年",未确。

"罢局生",指罢太医局与太医局医生,故"局"与"生"之间当用顿号隔开。

《宋会要·职官》二二之四〇:"孝宗隆兴元年八月十四日,太医局状:'依指挥条具并省本局医官八十八人、医生一百一人,并欲减半。……'(乾道)三年三月十九日,……太医局及局生、医生并罢,今后更不试补。"

续以虞允文请,依旧存留医学科,(3886页4行)

"续"为乾道八年,按《宋志》体例,叙前、后二事皆系年,此叙存留医学科,也当系年。

《宋会要·职官》二二之四一:"乾道八年正月二日,诏:太医局更不置局,依旧存留医学科,可令逐举附试。"

逐举附试省试别试所,(3886 页 4 行)

“附试省试别试所”,即“附省试别试所”,《宋志》“附试”之试多余,可删。又,“别试所”后宜补入“解发”二字。

《宋史·选举志》三“医学”:“(乾道三年)令每举附省闱别试所解发,太常寺掌行其事。”

《宋会要·职官》二一之四一:“礼部言:‘据太常寺申,医生并(局)生并臣僚奏试医人,附省试别试所解发。’”

绍熙二年,复置太医局,局生以百员为额,(3886 页 5 行)

此条宜补入“庆元四年,局生减为六十人”。

《宋会要·职官》二二之四三:“庆元四年二月八日,太常寺言:‘今看详将太医局元立局生一百人为额,今欲十分为率,减去四分,以六十人为定额。’从之。”

大晟府

国朝礼、乐掌于奉常。崇宁初,置局议大乐;乐成,置府建官以司之,礼、乐始分为二。(3886 页倒 4、倒 3 行)

此段叙大晟府创置,宜移于本条首句,即“以大司乐为长”之前。

“奉常”为秦、汉初九卿之一,西汉景帝改称“太常”。历朝除曹魏外,多沿用“太常卿”之名,至两宋官称“太常寺”。《宋志》宜用本朝正式官称。

《宋会要·职官》二二之二五:“国朝礼、乐掌于奉常。崇宁初,置局议大乐。乐成,置府建官以司之,礼、乐始分为二。府在宣德门外天街之东,隶礼部。”

宣和二年,诏以大晟府近岁添置冗滥徼幸,并罢,不复再置。(3886 页倒 2、倒 1 行)

大晟府非罢于“宣和二年”,而罢于“宣和七年十二月二十二日”,《宋志》当改。

《宋会要·职官》二二之二六、二七："宣和二年七月十六日，诏：大晟府近岁添置按协声律及制撰，殊为冗滥，白身满岁即补迪功郎，侥幸为甚，可并罢；在任者，依省罢法。八月十五日，诏罢大晟府制造所。……七年十二月二十二日，诏罢大晟府并教乐所。"

按：大晟府不隶太常寺，而属礼部，今置于"太常寺"下，未妥。

宗正寺

宗正寺卿　少卿　丞　主簿

曰属籍，序同姓之亲而第其服纪之戚疏远近。（3887页3、4行）

此"服纪"指"五服"，即以五等丧服（斩衰、齐衰、大功、小功、缌麻）序亲疏。《神宗正史·职官志》《玉海》皆点出"五等"，或用"五服"，或用"五属"。

《宋会要·职官》二〇之五："序同姓之亲而第其五属之戚疏者，为属籍。"

《玉海》卷五一"元丰宗正寺牒谱图籍"："序同姓五服之戚疏者，为属籍。"

曰宗藩庆系录，（3887页4行）

元祐六年之前称《宗藩庆绪录》，以"庆绪"为安禄山子之名而改"庆系"。《宋志》此处所叙系元丰之制，其时实未有《宗藩庆系录》之称，属史家追改之笔。

《宋会要·职官》二〇之五六："神宗熙宁三年六月十八日宗正寺言：每岁正月一日装写《仙源积庆图》《宗藩庆绪录》各一本，供送龙图阁、天章阁、宝文阁。"

《宋会要·职官》二〇之六："哲宗元祐六年八月十二日，监察御史安鼎言：'宗正寺属籍有号《宗藩庆绪录》者。按"庆绪"二字是唐安禄山子之名。今以为皇朝本支牒谱之目,其为缪戾甚矣!乞赐改易。'诏改名《宗藩庆系录》。"

曰仙源积庆图,考定世次枝分派别而系以本宗。(3887页4、5行)

"系以本宗"或谓"归于本统"。"世次""枝分""派别"各有不同含义,宜用标点隔开。

《宋会要·职官》二〇之五:"《神宗正史·职官志》:……考定世次、枝分、派别而归于本统者,为《仙源积庆图》。"

大中祥符八年,以兵部侍郎赵安易兼卿,(3887页8、9行)

"赵安易"死于景德二年,大中祥符八年以兵部侍郎兼宗正卿者为"赵安仁",《宋志》误"安仁"为"安易",当改。

《宋史·赵普传附安易》:"(太平兴国)九年,起拜宗正少卿、知定州。……(景德)二年卒,年七十六。"

《宋会要·职官》二〇之三:"(大中祥符八年)十一月,兵部侍郎兼宗正卿赵安仁。"

判寺赵世长改为知寺事。(3887页9行)

"知寺事"为"权知寺事"省称,"权"字未宜省去。

《长编》卷八六,大中祥符九年二月戊寅:"以度支员外郎、权知宗正寺事赵世长知孟州。"

九年,始定丞、郎以上兼卿,给、舍以下兼少卿,郎中以下兼丞,京官兼主簿。(3887页倒6、倒5行)

"丞、郎"应连读,写作"丞郎",专指尚书左、右丞及六部侍郎。"丞、郎以上兼卿"为"丞郎以下兼卿"之误。丞郎位品已高,可入宰府,以丞郎为宗正卿者,如兵部侍郎赵安仁,似难以更高官阶入主宗正寺。

《分纪》卷一八"宗正卿":"自今京官兼主簿,郎中以下兼丞,给、舍以下兼少卿,丞郎以下兼卿。以为永制。"(可参《宋会要·职

官》二〇之四)

元丰官制行,诏宗正长贰不专用国姓,盖自有大宗正司以统皇族也。(3887 页倒 5、倒 4 行)

“宗正长贰”当作“宗正寺除长贰外”。《宋志》实将原诏书的意思完全弄反了。

《宋会要·职官》二〇之六:“(元丰六年)九月十一日,诏:‘以监察御史杨畏为宗正寺丞。’仍诏:‘宗正寺除长贰外,自今更不专差国姓官。’盖自有宗司以统皇族也。”

《长编》卷三三九,神宗元丰六年九月癸丑:“诏:‘以杨畏为宗正寺丞。’仍诏:‘宗正寺除长贰外,自今更不专差国姓官。’”

按:此条参陈文龙《〈宋史·职官志〉校补》。

渡江后,卿不常置,少卿一人,以太常兼。……五年,复置丞;十年,置主簿;(3887 页倒 4、倒 3 行)

渡江后,宗正卿不常置,是事实。但与建炎三年至绍兴三年以太常少卿兼宗正少卿,系两个不同时间范围,应加区分。故校点本于“卿不常置”下用逗号,欠妥,宜易为句号。

又,“以太常”之后宜补“少卿”之名,并于“少卿一人”之前冠以“建炎三年”四字。最后,于“以太常(少卿)兼”之后,补入“丞、主簿并罢”五字。

《玉海》卷一三〇“咸平宗正寺”:“建炎三年省,以常少(按:即太常少卿)兼。”

《宋会要·职官》二〇之一〇:“高宗建炎三年四月十三日,诏太常少卿一员兼宗正少卿,丞、簿并罢。”

《合璧后集》卷三三“宗正寺丞”:“建炎三年罢,绍兴五年复置。”同前书卷“宗正寺簿”:“建炎三年罢,绍兴十年复。”

隆兴元年并省。次年,诏丞、簿复旧制。(3887 页倒 3 行)

隆兴元年并省宗正寺主簿一员,未见减省宗正丞。故宜于“并省"后补入"主簿一员",免致误会。

《宋会要·职官》二〇之一一:"孝宗隆兴元年七月二十六日,诏宗正寺并省主簿一员。……二年闰十一月二十七日,诏宗正寺丞、簿,今后并依旧制。"

嘉定九年,诏以宗学改隶宗正寺,自此寺官又预校试之事。(3887页倒3、倒2行)

北宋徽宗朝,宗学由宗正寺长贰提举,知大宗正司事、同知大宗正司事兼领。据《政和学制书》,宗正卿总治宗子大小学之政令。南宋绍兴间,沿北宋典故,宗学仍隶宗正寺,大宗正司兼管。然,宗学时置时停。嘉定七年,复置宗学时,有司失于考究,以宗学隶于国子监。故九年,尚书省奏请参照国朝典故,仍以宗学隶宗正寺。《宋志》所载嘉定九年诏,即指此事,缘失于交代,致"自此寺官又预校试之事"得不着要领,须酌补嘉定七年置宗学事。

《宋会要·崇德》一之五引《政和学制书》:"宗正卿总治宗子大小学之政令而掌之,少卿贰卿之职事。崇宁以来,知大宗正司、同知大宗正事兼领主管提按签书学事。"

《宋会要·崇儒》一之一五:"嘉定七年五月二十四日,都省言:'本朝典故,在京旧有宗学,西、南两外宗司亦各建学。渡江以来,西、南两外宗司置学如旧,而行在宗学尚未修复。'诏三省条具以闻。八月二十六日,诏临安府踏逐空闲地建宗学。其学置六斋,生员以一百人为额,遇补试年分申请补入。隶祭酒、司业。置宗学博士、宗学谕各一员。前廊职事四员。每斋长、谕各一员。其合行事,令国子监长贰条具申尚书省。……九年十二月五日,尚书省札子:'勘会昨已降指挥,兴复宗学,令隶祭酒、司业。今来已将诸王宫学重行建造,合与改作宗学,仍参照国朝典故,宗学旧隶宗正寺,合议施行。'诏:将诸王宫学改作宗学,仍隶宗正寺施行。"

分案二:曰属籍,曰知杂。(3887页倒2行)

“属籍”为简称，全称为“主行编修属籍案”。

《宋会要·职官》二〇之一二：“（绍兴六年）五月七日，宗正少卿范冲等言：‘……今来止有知杂、属籍两案内手分各有一名，欲于主行编修属籍案内复置手分一名。’”

大宗正司

景祐三年始制司，以皇兄宁江军节度使濮王知大宗正事，（3888 页 1 行）

“濮王”之名为允让，不当省去。

《宋史·濮王允让传》：“濮安懿王允让，字益之……仁宗即位，授汝州防御使，累拜宁江军节度使。上建睦亲宅，命知大宗正寺（按：‘寺’为‘司’之误）。”

《宋会要·职官》二〇之一六：“允让、允弼领大宗正在景祐三年七月，汝南郡王即允让，北海郡王即汝弼也。”

丞二人，以文臣京朝官以上充。（3888 页 3 行）

“京”当删，或改为“升”。京官以上，指承务郎（从九品）以上至宣教郎（从八品），升朝官要比京官高一档，指通直郎（正八品）以上至开府仪同三司（从一品），不能混淆。

《宋会要·职官》二〇之一七：“《神宗正史·职官志》：大宗正司，知及同知官各一人，以宗室团练使以上充；丞二人，以文臣升朝官以上充。”

《老学庵笔记》卷八：“元丰官制行，以通直郎以上朝预宴坐，仍谓之‘升朝官’；而按唐制去‘京官’之名。凡条制及吏牍，止谓之‘承务郎以上’，然俗犹谓之‘京官’。”

法例不能决者，同上殿取裁。（3888 页 4 行）

“法”与“例”宜用顿号隔开。

《宋会要·帝系》一一之六：“用法不用例，晓告天下。”

凡宗室服属远近之数及其赏罚规式，皆总之。(3888 页 5 行)

官属有记室一人，掌笺奏；讲书、教授十有二人，分位讲授，兼领小学之事。旧制，(3888 页 7 行)

此段叙述在时间上先后错置，须加调整。“记室一人，掌笺奏”，此“记室”应改为“知大宗正司丞事”，缘熙宁三年“记室”已省；但“记室”可移置“旧制”下。

又，“官属”以下云云，皆为元丰新制，当上靠上段“皆总之”之后；至是，“旧制”即另起一行，追叙宋初元丰改制前大宗正司创置及其沿革，条理清晰。

《宋会要·职官》二〇之一七：“自熙宁初置丞，省记室，讲、授员，增给以禄。”

《玉海》卷一三〇“增宫院学官”：“大宗正司，记事一人，典笺奏。讲书、教授十有二人，分位讲授，兼领小学之事。自熙宁初置丞，省记室、讲授员，增给以禄。”

其后，位高属尊者为判。(3888 页 8 行)

因“旧制”具体岁月未详，此“其后”究系何时甚难捉摸。据《宋史·宗室传》，庆历四年已有判大宗正司事之设。

《宋史·濮王允让传》：“庆历四年，封汝南郡王，拜同平章事，改判大宗正司。”

熙宁三年，始以异姓朝臣二员知丞事，置局为睦亲、广亲宅。是岁省管干睦亲、广亲宅及提举郡、县主等宅官，以其事归宗正。(3888 页 8—10 行)

“置局为睦亲、广亲宅”，“为”系“于”字之误，此指知大宗正司丞事二员各置局于睦亲宅、广亲宅。“管干”乃“管勾”之追改。

又，“宗正”宜用“大宗正司”全称，或省称“宗司”也可，以免与“宗正寺”之省称“宗正”相混。

《宋会要·职官》二〇之一七：“(熙宁)三年二月，中书门下言：

‘大宗正司请置丞二员于睦亲、广亲宅。’从之。……五月十八日，废管勾睦亲、广亲并提举郡、县主宅所，归大宗正司。”

《玉海》卷一三〇“景祐宗正司”：“徽宗时，仲忽判大宗正，立《宗司法式》，上赐之甲第。”

崇宁三年，置南外宗正司于南京，西外宗正司于西京，各置敦宗院。（3889页2行）

“崇宁三年”为“崇宁元年”之误。

《宋史·徽宗纪》：“（崇宁元年）十一月癸巳，置西、南两京宗正司及敦宗院。”

《宋会要·职官》二〇之三三：“崇宁元年，蔡京申请宗室既许分居两京、辅郡，乞于两京置外宗正司。”

仍诏各择宗室之贤者一人为知宗，掌外居宗室，诏复定宗学博士、正录员数。大观四年罢，政和二年复旧。（3889页3、4行）

此段主要叙述两外宗正司与敦宗院事，中间又插进“诏复定宗学博士、正录员数”一句，致下文“大观四年罢，政和二年复旧”意义不明。当将“诏复定宗学博士、正录员数”上移至上段（本页一行）“仲忽提举宗子学事”之后。

又，“掌外居宗室”下之逗号当改为句号。

又，“大观四年罢”两京敦宗院，为“大观三年”之误。

又，即就“诏复定宗学博士、正录员数”一句本身，《宋志》叙述草率，此诏当系于何年？盖崇宁四年，诸王宫大小学教授改名为宗学博士，共十三员；大观元年十一月方命置宗学正、宗学录各一员。“诏复定”云云，疑指此事。而“正录”系两官，两者之间宜加顿号。

《宋会要·职官》二〇之三五：“大观三年三月二十三日，诏……应两京敦宗院并官吏并罢。”同上书二〇之三三“外宗正司”：“大观三年罢，政和二年复置。”

《宋会要·崇儒》一之八：“诸王宫大小学，祖宗朝睦亲等宅宗子学，旧制教授，崇宁四年改为博士。”

《玉海》卷一一二“元祐宗学”：“崇宁元年十一月十二日，诸宫置大、小二学，增置教授二员。……四年，改称某王宫宗子博士，位国子博士上，诸宫博士共十三员，立三舍法。大观元年十一月，置命官正、录各一员，以宗子正、录副之。”（按：“命官”系庶姓；“宗子”系宗室，或称国姓。）

凡宗室除合该赐名外，皆大宗正定名而后报宗正寺。（3889 页 8、9 行）

此句本意为，非由皇帝赐名之宗室成员，皆由大宗正司定名，而此类成员系指“非袒免亲以下”，宜予以点明。

又，于“大宗正定名”前，本家可拟名一二十字，申呈大宗正司点定而已。此亦未可省。故本句应补正为：“凡宗室除袒免亲合该赐名外，非袒免亲皆由本家具名一二十字，陈乞大宗正司定名，而后报宗正寺。”

《宋朝事实》卷八“玉牒”：“祖宗袒免亲赐名。祖宗非袒免亲不赐。”

《宋会要·职官》二〇之二六：“绍兴十三年闰四月四日，诏：今后宗子除依条合该赐名人外，其余并限一季，本家具名一二十字，经所属陈乞，申大宗正司点定为名。”

所在通判职官兼丞、簿，（3889 页倒 5 行）

“通判”与“职官”当用顿号分开，缘“通判”为州通判，“职官”系幕职官，非一官之谓。

《宋会要·职官》二〇之三九：“检准崇宁外宗正司诸外宗正丞以本州通判、簿以职官兼领。……契勘本司见阙宗簿一员，已牒左朝请郎、就差签书平海军节度判官厅公事朱岳权行主管。”

又置绍兴府宗正司，（3889 页倒 2 行）

“绍兴府宗正司”非全称，其全称应为“绍兴府大宗正行司”。

《宋会要·职官》二〇之三二:"乾道七年十月十六日,诏绍兴府大宗正行司可并归行在大宗正司。"

玉牒所

淳化六年,始设局置官,诏以《皇宋玉牒》为名,建玉牒殿。咸平初,命赵安易、梁周翰编属籍,始创规制。(3890 页 2、3 行)

此段文字多处有误。其一,太宗淳化止于五年,无"六年";其二,诏以《皇宋玉牒》为名,系大中祥符六年事,冠于"淳化"之下,复误;其三,建玉牒殿事在大中祥符八年,要晚于"咸平初"命赵安易等编属籍,《宋志》将两者倒置,为三误。应把此段改为:"至道初,始设局置官。咸平初,命赵安易、梁周翰编属籍,始创规制。大中祥符六年,诏以属籍名《皇宋玉牒》。八年,建玉牒殿。"

《宋会要·职官》二〇之五五:"太宗至道初,诏刑部郎中张洎与驾部郎中、史馆修撰梁周翰同编皇属籍,未成,张洎卒,止周翰领其事。真宗咸平初,诏于宗正寺建属籍楼,又诏督修玉牒。周翰又奏宗正卿赵安易同领其事,遂于秘阁厅编纂之。四年正月,修玉牒官宗正卿赵安易、知制诰梁周翰上新修皇属籍三十三卷。"(《玉海》卷五一"至道修皇属籍"同)

《长编》卷八〇,大中祥符六年正月辛酉:"诏宗正寺以皇属籍为《皇宋玉牒》,从判寺赵世长等之请也。"(并见《宋会要·职官》二〇之五五"修玉牒官")

《玉海》卷五一"祥符皇宋玉牒":"先是,咸平二年正月甲申,徙宗正寺于延和坊,建楼以藏宗籍。旧在阙前庑下,以湫溢徙之。祥符八年二月乙卯,诏盐铁副使段烨择地营建,徙于福善坊建殿、堂于寺。九月庚午二十三日,赐殿名曰'玉牒殿',堂曰'属籍堂'。"

大中祥符九年,以知制诰刘筠、夏竦为修玉牒官,(3890 页 3 行)

"修玉牒官"前有"宗正寺"司名,未可省去。

《长编》卷八六，大中祥符九年三月癸亥："宗正卿赵安仁……请以知制诰刘筠、夏竦并为宗正寺修玉牒官。从之。"(《宋会要·职官》二〇之五五同)

元丰官制行，分隶宗正寺官。寺丞王巩奏："玉牒十年一进，并以学士典领。……"(3890页4行)

宗正寺丞王巩上奏，非元丰间事，当于"寺丞王巩"前补入"元祐元年"四字。

"玉牒"前宜补以"皇帝"之名。"并以学士典领"前当补"修玉牒官"之名。

《长编》卷三九〇，元祐元年十月己酉："尚书省言：'承议郎、宗正寺丞王巩奏：《宗正寺条例》，皇帝玉牒十年一进，修玉牒官并以学士典领。'"(《宋会要·职官》二〇之五六同)

仙源类谱自庆历中张方平修进之后，仅五十年，并无成书。(3890页5、6行)

"仙源类谱"应加上书名号，则为《仙源类谱》。"仅五十年"宜易为"已五十年"。

《长编》卷三九〇，元祐元年十月己酉："《仙源类谱》自翰林学士张方平庆历年进书之后，已五十年，并无成书。"

宗正卿、少而下同修纂。(3890页8、9行)

南宋之制，凡修玉牒，除宰执、侍从兼提举修玉牒、兼修玉牒之外，另置玉牒所检讨官，此为实际修玉牒之官，《宋志》未载，宜补入。

《咸淳临安志》卷六"玉牒所宗正寺"："(绍兴)十二年始建局。诏以宰臣一员提举，从官一员兼修。又有检讨官，亦以他官兼。"

乾道八年，诏玉牒殿主管香火，差内侍三员、武臣一员充，并改作干办玉牒所殿。(3890页倒2、倒1行)

"玉牒殿主管香火"全称应为"玉牒所、玉牒殿主管香火"。"干办玉牒所殿"应为"干办玉牒所玉牒殿"。玉牒所有庋藏玉牒的玉牒殿，由干办玉牒所玉牒殿公事官管理。

《宋会要·职官》二〇之六一:“乾道八年六月十六日,诏:‘玉牒所玉牒殿主管香火官,差内侍三员、武臣一员,并改作干办玉牒所玉牒殿。’”

光禄寺

光禄寺卿　少卿　丞　主簿

共其明水火焉。(3891 页 3 行)

“共”宜改用“供”。“明水火”指“明水”“明火”,“明水”下宜加顿号,“火”字上当补一“明”字。

《宋会要·职官》二一之二:“取其明水、明火。”

政和六年二月,监察御史王桓奏:“祭祀牢醴之具掌于光禄,而寺官未尝临视,请大祠以长贰、……有故及小祠,听以其属摄。”(3891 页 4—6 行)

“临视”后宜补“失事神之恭”五字。

“听以其属摄”,《宋志》窜改王桓奏文,致于失误。原奏谓“听宫闱令或太祝、奉礼摄”,而宫闱令、太祝、奉礼郎皆非光禄寺属官,未能通称为“其属”,故《宋志》转引王桓奏文,仍宜复上述三官之名,而去“其属”二字。

《宋会要·职官》二一之六:“政和六年二月二十四日,监察御史王桓言:‘祭祀牢醴之具,皆掌于光禄,而寺官未尝临视,失事神之恭。乞大祠以光禄卿、少卿;朔祭及中祠以丞、簿监视宰割,礼毕颁胙;有故及小祠,听宫闱令或太祝、奉礼摄。’从之。”

《宋志》四“太常寺”:“奉礼郎、太祝各一人。……宫闱令,率其属以汛洒庙庭……”

中兴后，废并入礼部。(3891 页 7 行)

“中兴后”，指建炎三年。建炎三年四月，光禄寺并入礼部，绍兴二十三年复置。隆兴元年并光禄寺入太常寺。

《系年要录》卷二二，建炎三年四月庚申：“鸿胪、光禄寺，国子监归礼部。绍兴二十三年二月，复光禄。”

《宋会要·职官》二一之七：“高宗建炎三年五月十九日，诏：光禄寺并归礼部，以并罢寺监也。绍兴二十三年二月十七日，诏：置光禄寺丞一员……六月十日，诏工部铸造‘光禄寺印’一面行使……孝宗隆兴元年七月二十六日，诏光禄寺并归太常寺兼领，丞一员罢。”

太官令

太官令　掌膳羞割烹之事。(3891 页倒 7 行)

光禄寺太官令，实隶御厨。应在“掌膳羞割烹之事”前补“隶御厨”三字。

《元丰官志》：“光禄寺所隶官司：太官令，隶御厨，掌供御膳羞，以朝官并诸司使、副，内侍都知、押班充。”

《通考·职官》九“光禄寺·太官署”：“宋朝隶御厨，勾当官五人。”

元祐初，罢太官令。二年复置。(3891 页倒 5 行)

“元祐初”实为“元祐元年”，“初”字宜改为“元年”，以与下文“二年”体例一致。

《长编》卷三七八，哲宗元祐元年五月戊辰：“罢太官令，从礼部请也。”(《宋会要·职官》二一之五同)

崇宁三年，置尚食局，(3891 页倒 5 行)

“崇宁三年”系“崇宁二年”之误。

《宋会要·职官》二一之六：“徽宗崇宁二年正月七日，诏置六尚局。……同日，诏见今光禄寺太官令，亦依此改入本局，惟掌祠事。”

《元丰官志》:“徽宗崇宁二年,置尚食局,太官令惟掌祠事。”

法酒库　内酒坊

供五齐三酒,(3891 页倒 3 行)

“五齐”与“三酒”当用顿号隔开,此为祠祭专用礼料名,各有内容。

《周礼·天官冢宰》下:“酒正……辨五齐之名:一曰泛齐,二曰醴齐,三曰盎齐,四曰缇齐,五曰沈齐。……辨三酒之物:一曰事酒,二曰昔酒,三曰清酒。”

内酒坊惟造酒,以待余用。(3891 页倒 3 行)

内酒坊造常料酒,也称“常酒”,与法酒库“法酒”不同,故《宋志》当于“酒”字前补入“常”字。

《宋会要·职官》二一之三:“造法酒以待进御、祠祭、给赐,则归法酒库。”

《宋会要·职官》二一之四:“元丰二年八月二十三日,太常寺言:‘……内酒坊酒曰法糯,曰糯,曰常料,各三等。糯酒、常料酒,止给诸军吏史工技人。’”

太官物料库

太官物料库(3891 页倒 1 行)

宋初为供备库,太平兴国二年改为内物料库,元丰时改称太官物料库,至崇宁时复称内物料库。《宋志》采元丰时名。宜于其后补入“初为供备库,太平兴国二年改为内物料库,元丰时称太官物料库,至崇宁复内物料库旧名”。

《通考·职官》九“光禄寺”:“宋珍馐署,隶御厨,有供备库。太平兴国二年改为内物料库。”

《宋会要·职官》二一之一:“元丰以后,……太官物料库……”同书二一之六:"徽宗崇宁五年二月四日,诏勾当太官局兼内物料库小使臣二员。"

《长编》卷二二九,神宗熙宁五年春正月己丑:"废内物料库入御厨。"(按:元丰时仍隶光禄寺,称太官物料库)

翰林司

掌供果实及茶茗汤药。(3892 页 1 行)

翰林司职掌应补入"及游幸、宴会内外筵设,兼掌翰林院执役之名籍,而奏其轮宿"。翰林司别称"茶酒局"。翰林司与翰林院有别,但皆内廷供奉机构,与学士院性质俨然不同。

崇宁后,供御事归入太官局,但掌内外筵设及翰林院执役名籍等事仍不变。《宋志》于此皆概从省略,未妥。

《宋会要·职官》二一之八:"翰林司在大宁门内,掌供御酒、茗、汤、果及游幸、宴会内外筵设,兼掌翰林院执役者之名籍而奏其番宿。勾当官四员,以诸司使、副使及内侍充,兵校三百人,药童十一人。"同书一九之八"殿中省":"崇宁二年二月十二日,……翰林司供御事已并入尚食局,余事合存留翰林司,并见任官依旧。"

《东京梦华录》卷一"内诸司":"翰林司,茶酒局也。"

牛羊司、牛羊供应所

掌供大中小祀之牲牷及太官宴享膳羞之用。(3892 页 2 行)

牛羊司职掌,《宋志》止叙"供"牛羊,失载"系""饲"牛羊,当补入。

《宋会要·职官》二一之二:"系、饲牛羊则归牛羊司。"同书二一之一〇"牛羊司":"牛羊司在普宁坊,掌畜牧羔羊栈饲,以给烹宰之用。"

乳酪院

掌供造酥酪。(3892 页 3 行)

宜补入“南宋初，并入牛羊司”一句。

《宋会要·职官》二一之一二：“高宗建炎三年四月十三日，诏奶酪院并入牛羊司。”

油醋库

掌供油及盐葴。(3892页4行)

油醋库，顾名思义，当与“醋”有关，《宋志》却漏落“酰”(即醋)字，宜补入。

又，“供”字后漏一“造”字。

《宋会要·食货》五二之三：“油醋库在建初坊，掌造麻、荏、菜三等油及醋，以供膳局。”

《宋会要·职官》二一之三：“供造油、酰、葴，则归油醋库。”

外物料库

掌收储米、盐、杂物以待膳食之须。凡百司颁给者取具焉。(3892页5行)

“凡百司”不确，应改为“皇城外诸宫院”。外物料库旧称麸面库。

《宋会要·食货》五二之四：“外物料库，旧在兴道坊，掌给皇城外诸官(宫)院油、盐、米、面之品，旧称麸面库，大中祥符七年改为外物料库。”

《通考·职官》九“宋光禄寺”：“外物料库：掌给皇城外诸宫院油、盐、米、面之品。监督官二人，以三班、内侍充。”

卫尉寺

卫尉寺卿　少卿　丞　主簿

卿掌仪卫兵械、甲胄之政令，(3892页6行)

“仪卫”后，应用顿号与“兵械”分开，不然，卫尉寺似仅掌仪卫时戎器，非是。如《神宗正史·职官志》所云，“掌甲械、仪物之事”，甚为分明。

《宋会要·职官志》二二之一：“《神宗正史·职官志》：卫尉寺卿，从四品；少卿，正六品；丞，正八品；主簿，从八品。各一人。掌甲械、仪物之事。”

凡武库、武器归内库，(3892页倒3行)

“武库”与“武器”未宜用顿号分开。所云“武器”即“武库武器”。据《两朝国史志》，武库武器归内库及军器库。

《宋会要·职官》二二之一：“《两朝国史志》：卫尉寺判寺事一人，以郎官以上充。凡武库武器并归内库及军器库。”

所隶官司十有三：内弓箭库、南外库、军器弓枪库、军器弩剑箭库，……仪鸾司，……军器什物库、宣德楼什物库，……左右金吾街司、左右金吾仗司、六军仪仗司，(3892页倒1行至3893页2行)

卫尉寺所隶官司有十三，《宋志》所列之数不足，军器五库（军器弓枪库、军器衣甲库、军器弩库、军器剑库、军器箭库）缺“军器衣甲库”，视“军器弩剑箭库”为一库，误，应为三库，当于“弩”“剑”字之下各加顿号。此外，漏载“大礼板木库”。“左右金吾街司”与“左右金吾仗司”分工不同，实为一司“左、右金吾街仗司”。至是十三司之数方合。又，“宣德楼什物库”当为“宣德门什物库”。

《宋会要·职官》二二之一至二：“总局十有三：储甲械则归内弓箭库、南外库、军器五库。《哲宗正史·职官志》云：‘内弓箭库，南外库，军器衣甲库，军器弓枪库，军器弩、剑、箭库。’掌弓帐则归仪鸾司。《哲宗正史·职官志》同。贮什物则归军器什物库、宣德门什物库。《哲宗正史·职官志》：‘军器什物库、宣德门什物库，掌收贮什物，给出则按籍而领之。’大礼板木库。《哲宗正史·职官志》不载大礼板木库。选幕吏卒以给用，则归左右金吾街仗司、六军仪仗司。《哲宗正史·职官志》称左右金吾街仗司、左右金吾仗司，掌清道、徼巡，排列、奉引仪仗以肃禁卫。凡仪物以时修饬，选募人兵而校其迁补之事。”

（按：上引《哲宗正史·职官志》中“左右金吾街仗司”有误，当为“左右金吾街司”）

《宋会要·职官》二二之一三：“金吾街仗司，有左、右金吾引驾仗……又有左、右街司。”

中兴后，卫尉寺废，并入工部。（3893页4行）

“中兴后”指建炎三年。“并入工部”系“并入兵部”之误。

《考正》卷四之七“卫尉寺”：“查《会要·卫尉寺门》最末条云：‘建炎三年四月十三日，诏卫尉寺并归兵部。’（《职官》二二之四）《系年要录》卷二二于同年月日载省并之省、局、寺、监凡十三，亦谓‘并卫尉寺归兵部’，则谓‘并入工部’者误也。”

太仆寺

太仆寺卿　少卿　丞　主簿

卿　少卿　丞　主簿各一人。卿掌车辂、厩牧之令，少卿为之贰，（3893页5行）

“厩牧”之后尚有“马政”一项。

此处所述皆元丰新制。元丰改制前但设判寺事一人。

《通考·职官》一〇“太仆卿”：“宋太仆寺，判寺事一人，以朝官以上充。凡邦国厩牧、车舆之政令，分隶群牧司、骐骥院、诸坊监。本寺但掌天子五辂、属车，后妃、王公车辂，给大、中、小祀牛羊。元丰改官制，置卿、少卿、丞、主簿各一人。卿掌车辂、厩牧、马政之令，少卿为之贰，丞参预之。”

前期戒有司教阅象马。（3893页6行）

驯象与马在宋仪仗中所扮角色不一，象为导引，马为驾马或乘骑排仗之类，故宜用顿号分开，不致有所谓“象马”之惑。

《宋会要·职官》二三之三："神宗熙宁六年七月，诏颁南郊象仪制，凡七驯象。……排引日，选驯象六，在引之前，行中道，分左右，各备鞍、莲花座。"

籍京都坊监、畿甸牧地畜马之数，(3893 页倒 7 行)

"畿甸牧地"疑"畿甸牧监"之误，设若非置牧监，无以言畜马之数。

《宋会要·职官》二三之一八："太仆寺言：'先朝元丰六年于畿内置十监。'"

给大中小祀羊。(3893 页倒 3 行)

"羊"字前漏一"牛"字。"大中小祀"宜用顿号分开为"大、中、小祀"。

《元丰官志》："太仆卿……(宋初)本寺但掌天子五辂、属车，后妃、王公车辂，给大、中、小祀牛、羊。"

元祐二年诏："外监事，令本寺依群牧司旧法施行；应内外马事专隶太仆，直达枢密院，更不经尚书省及驾部。"(3893 页倒 2、倒 1 行)

"元祐二年"为"元祐元年"之误。

又，"应内外马事专隶太仆……更不经尚书省及驾部"之诏，系元祐元年十二月十四日事，而同年九月七日曾下诏"内外马事并隶太仆寺，直达尚书省"。故而，笼统地将十二月诏仅冠以"元祐元年"，未妥，当补入"十二月"。

《长编》卷三八七，元祐元年九月壬戌："诏内外马事并隶太仆寺，直达尚书省，更不经由驾部。"

《长编》卷三九三，元祐元年十二月戊戌："诏应缘内外马事，旧系群牧司管勾者，专隶太仆寺，直达枢密院，更不经由尚书省及驾部，余并依官制。"

车辂院

掌乘舆、法物，(3894 页 3 行)

"掌乘舆"疑未确。宋代供皇帝御用车的机构，主要是御辇院，日常所用多由御辇院安排。车辂院主掌辂车，或称车辂。车辂，有金辂、玉辂、象辂、革辂、木辂五辂之制，依礼在特定场合中使用，多用于卤簿仪仗之中。皇帝日常用车，通称舆辇或乘舆。当然，从广义上讲，"车辂"也属乘舆范围之内。但为与御辇院所掌乘舆有所区别，《宋志》叙车辂院职掌，仍宜改为"掌车辂、法物"较妥。

《宋史·仪卫志》三："凡大驾，用二万六十一人，大率以太仆寺主车辂，殿中省主舆辇、伞、扇、御马。"

《宋会要·舆服》一之一："五副辂制，如正辂，并驾六马，驾士四十人。……政和三年四月二十九日，仪礼局上皇帝车辂之制：制五辂，凡玉辂用金涂、银装，象辂、革辂、木辂及五副辂并金涂、铜装。"

《宋史·舆服志》一："高宗渡江，卤簿、仪仗悉毁于兵。（绍兴十二年）九月，玉辂成；明年，遂作金、象、革、木四辂，副辂不设。……政和六年，徐秉哲言：'南、北郊，皇帝乘玉辂以赴斋宫。自斋宫赴坛，正当祀天祭地，乃乘大辇，疑非礼意。'"

《咸淳临安志》卷九"车辂院"："在嘉会门外，为库四：曰玉辂、曰金根、曰金象、曰革木，各一。"

左、右骐骥院　左、右天驷监

掌国马，别其驽良以待军国之用。（3894 页 5 行）

咸平三年之前，左、右骐骥院专国马之政。群牧司建立后，即自咸平三年至元丰五年之间，骐骥院归隶群牧司，不隶太仆寺。

左、右天驷监亦为养御马、驼骡之所，设在开封西北十五里之牟驼岗。在宋金战争中，金军攻打开封先占牟驼岗，说明该监之重要。《宋志》宜补一笔"天驷监，在汴京西北十五里之牟驼岗"。

《宋会要·职官》二三之四："旧制，国马之制，皆骐骥二院监官专之。咸平三年，置群牧司领内外厩牧之政，自骐骥院而下皆听焉。"

《汴京遗迹志》卷九“岗”:“牟驼岗,在城西北十五里。宋天驷监收养御马、驼骡之所。”

养象所

掌调御驯象。(3894 页 7 行)

“调”调养,“御”驾驭,“调”与“御”之间宜加顿号。《宋志》所述养象所职掌过略,当补入“供郊祀卤簿导引”等文字于“驯象”之后。

《宋会要·职官》二三之三:“掌豢养驯象。……熙宁六年七月,诏颁《南郊教象仪制》,凡七驯象。”

《宋史·仪卫志》四:“政和大驾卤簿:象六,分左右。”

驼坊　车营　致远务

驼坊　车营　致远务　掌分养杂畜以供负载般运。(3894 页 8 行)

“般运”即“搬运”。“分养杂畜”,意义含糊。宜于“驼坊”后补入“掌养骆驼”,“车营　致远务”后补入“掌养饲驴、牛”。

《宋会要·方域》三之四八:“在天厩坊西,掌牧养橐驼,以供内外负载之用。”

《宋东京考》卷三“外诸司”:“车营致远务:掌养饲驴、牛以驾车。”

牧养上、下监

牧养上下监　掌治疗病马及申驹数,(3894 页倒 6 行)

“牧养上下监”指“牧养上监”与“牧养下监”二监,既于“左、右骐骥院”处将“左”与“右”分开,此处“上”与“下”亦宜用顿号隔开。

又,马重病者送牧养下监,马病轻者送上监,两监职掌差别在此。

《宋会要·兵》二一之一:“牧养上、下监二监:大中祥符四年十一月,群牧制置使奏请:以在京诸坊监及诸军病马就京城西开远门外草地分作两监，量破草料放牧。诏以为牧养上、下监，马重病者送下监，轻者上监。”

畿内牧马监　左、右天厩坊　孳生监

废畿内牧马监。(3894页倒6行)

“畿内牧马监”及下文“左、右天厩坊”“孳生监”宜另起一行，均非“牧养上下监”之属司。

元丰八年，废畿内牧马十监，至绍圣元年七月复置，称京畿孳生马监司。即下文之“孳生监”。

《宋会要·职官》一八之二三：“绍圣元年七月二十七日，太仆寺言：‘先朝元丰六年于畿内置十监。缘初置监日，马多地少，又功力不足，故难孳畜，首尾方及二年废罢。今府界牧地除占佃外，尚三千余顷，草苗滋茂，乞依元丰指挥于府界置孳生监。’从之。……大观三年十二月十四日，诏内外祠庙献马，往往骨格越常、皮毛异众，可立法拘收，不得支遣，专充京畿孳生马监司。”

元祐初，置左、右天厩坊，(3894页倒5行)

左、右天厩坊，始置于雍熙二年十月，而非始置于元祐初。熙宁八年二月废罢，于元祐初复置。《宋志》宜于“置”字前添一“复”字。

《宋会要·方域》三之四八：“左、右天厩坊：雍熙二年十月置。咸平元年……遂分左、右二坊。”

《宋会要·兵》二一之三：“神宗熙宁八年二月十一日，诏权废罢左、右天厩坊。”

绍圣元年，依元丰法置孳生监。(3894页倒5行)

“孳生监”之全称为“京畿孳生马监司”。原为“畿内牧马监”，元丰八年废，绍圣元年七月复置。详参“废畿内牧马监”条补正所引《宋会要》。

中兴后，废太仆寺，并入兵部(3894页倒4行)

“中兴后”指建炎三年。“并入兵部”，指“并入兵部驾部司”。

《系年要录》卷二二，建炎三年四月庚申：“太仆寺归驾部，后不复置。”

群牧司

制置使一人，景德四年置，（3894 页倒 3 行）

群牧司置于咸平三年九月，以陈尧叟为制置使。《宋志》谓景德四年置，非是。

《宋会要·职官》二三之五：“咸平三年，置群牧司，领内外厩牧之政，自骐骥院而下皆听焉。……咸平三年九月，以枢密直学士、主客郎中陈尧叟为群牧制置使，凡内外厩牧之事皆领焉。”

《长编》卷四七，咸平三年九月庚寅：“始置群牧司，命枢密直学士陈尧叟为制置使。”

至道三年，罢而复置。（3894 页倒 3 行）

“至道三年”为“明道二年”之误。此句应改正为“明道二年罢，未几复置”。

《元丰官志》：“群牧司制置使：仁宗明道二年罢，未几复置。”

《考正》卷四之八“太仆寺”：“至道当从《通考·群牧司》条作‘明道’。‘三年’，《通考》作‘二年’。检《会要》群牧司门载：‘制置使屡罢而复置。明道二年五月十二日尝罢而复置。宝元二年五月二十三日又罢而复置。’（《职官》二三之七）”

都监多不备置，（3895 页 1、2 行）

自真宗大中祥符三年以张继能为都监后，庆历二年置二员，未曾见罢。直至熙宁元年方省罢群牧司都监一员。然于熙宁十年，又定都监与群牧司制置副使互置之制。元丰三年三月，复增置都监一员。至元丰五年随群牧司罢而罢。以是言之，未能谓群牧“都监多不备置”。此句可删。

《分纪》卷一九“群牧都监”：“国朝大中祥符三年，以入内内侍省副都知张继能为之。熙宁元年九月，诏已分置河北、河南监牧使统领外监，其群牧使省都监一员。”

《宋会要·职官》二三之九、十二：“熙宁元年九月，省副使及判官、都监各一员。……十年正月十九日，诏群牧都监自今与副使互置。……元丰三年三月二十五日，诏增置群牧都监一员。……五年五月一日，官制行，废群牧置使，以职事归太仆寺。”

鞍辔库

鞍辔库……掌库十四人。（3895 页 4、5 行）

此条立于“群牧司”后，与上页“鞍辔库”条目重复。应把此条两行文字移至上页（即 3894 页）六行“鞍辔库”条下，而将上页“鞍辔库”条下十四字释文删去。群牧司于元丰改制时废罢，而鞍辔库至南宋犹设。

《宋会要·食货》五二之三九、四一：“熙宁九年，诏那（挪）移鞍辔库于左骐骥院。……宋高宗建炎三年，诏鞍辔减罢其所管官物、库级并入右骐骥院。绍兴十三年十二月十九日，诏依旧置内鞍辔库，专一掌管鞍辔等职事。”

元丰并入太仆寺。（3895 页 6 行）

元丰五年五月行新官制，罢群牧司，其职事归太仆寺。《宋志》此句紧靠于“鞍辔库”条之后，为免引起误解，宜于“元丰”后补上“五年”之年，“并入”之前补加“群牧司”之主语。

《宋会要·职官》二三之一二：“元丰五年五月一日，官制行，废群牧置使，以职事归太仆寺。”

有學

宋史职官志补正

（第三版）

下册

—— 龚延明 著

浙江古籍出版社

宋史职官志补正五

（《宋史》卷一六五）

大理寺

详断官八人，以京官充；……旧六人，后加至十一人，又去兼正、丞之名。咸平二年始定置。（3899 页倒 4—倒 2 行）

详断官"以京官充"，未确。详断官由朝官兼大理正与京官兼大理丞组成，并非全由京官充详断官。宜易为"以朝官、京官充"。

"十一人"，或作"十二人"。

《宋会要·职官》二四之一："国初，置正、丞、评事，皆有定员。其后择常参官兼正，京官兼丞，谓之详断官。详断旧六人，后加至十二人。"

法直官二人，以幕府、州县官充，改京官则为检法官。（3899 页倒 2—倒 1 行）

"幕府"为"幕职"之误。

《宋会要·职官》二四之一："详断旧六人，后加十二人。咸平二年，又省去兼正、丞之名，别取幕职、州县官为法直官，二人，改京官即为检法官。"

凡刑狱应审议者，上刑部；（3900 页 5 行）

“审议”应改为“禀议”。

《宋会要·职官》二四之四:“凡刑狱应禀议者,请尚书省。”

熙宁五年,增详断官二为十员。七年,置详断习学官十四,详覆习学官六。(3900 页 7、8 行)

此句文字有阙漏,标点有误。大理寺详断官与习学官,系两官;刑部详覆官与习学官亦为两官,“详断”与“习学官”、“详覆”与“习学官”之间,皆须加顿号。且,“详断”与“习学”之前宜分别冠以“大理寺”“刑部”司名。

又,“十四”与“六”之前,当各补上“无过”二字。

《宋会要·职官》二四之五:“神宗熙宁七年十一月四日,检正中书五房公事李承之言:‘检会刑部、大理寺断、覆官元额十二员(按:大理寺详断官定员八人,刑部详覆官定员四人),熙宁五年增置二员(按:指大理寺增置详断官二员),今又置习学公事九员。三二年间,皆改京官。乞裁定诸司合置员数。’诏:大理寺详断及习学官自今无过十四员,刑部详覆及习学官无过六员,额外人数满不补。”

九年,诏以“京师官寺,……可复置大理狱。”(3900 页 8—10 行)

复置大理寺狱系年,不当在熙宁九年,而在元丰元年。

《宋史·神宗纪》:“元丰元年十二月戊午,置大理寺狱。”

《长编》卷二九五,元丰元年十二月戊午:“先是,上以国初废大理狱非是,以问孙洙。洙对,合旨。于是中书言:‘……今请复置大理狱。’从之。台符等既受命作大理寺,凡十有七日而成。”

三年,诏依旧供报。(3900 页倒 3 行)

“依旧供报”之用语不妥,大理狱复置后未曾供报纠察在京刑狱司,故“依旧”云云,显与史实不符。元丰三年正月七日诏书即谓“依开封府例报纠察司”是也。故此“旧”字宜易为“开封府例”。

《宋会要·职官》二四之八:“元丰三年正月七日,诏大理寺鞫罪人,依开封府例报纠察司。后,大理寺乞旬具徒以上事报纠察司。许之。”

六年，又诏：“凡断公案，先上正看详当否，论难改正，签印注日，然后过议司覆议……”(3900 页倒 1 行)

谁“断公案”？何谓“议司”？眉目极不清晰，缘诏书删节太过之故。读下引元丰六年三月刑部所言，可知行元丰官制后，分大理评事、大理司直与大理正为“断司”，主断公案；大理丞与大理卿、少卿为“议司”，主覆议断官所断公案。《宋志》宜于“先上”之后补入“断司，由大理司直、大理”等文字。

《长编》卷三三四，元丰六年三月辛巳：“刑部言：‘旧刑官、详断官分公案断讫，主管论议改正，注日方过详议官覆议，有差失问难，并于检尾批书，送断官具记改正，上主判官审定，然后判成录奏。自二(三)司并归大理，断官为评事、司直，议官为丞，所断案草，不由长贰。日者断案类多差忒。欲乞分评事、司直与正为断司，丞与长贰为议司。凡断公案，先上正看详当否，论难改正，签印注日，然后过议司覆议。如有批难，具记改正，长贰更加审定，然后判成录奏。’从之。”(并参《宋会要·职官》二四之七)

八年，诏大理寺推断事应奏及上尚书省者，更不先申本曹。(3901 页 3、4 行)

此“本曹”为何司？莫名其妙。查《长编》卷三五七、《宋会要·职官》二四之一〇所载，原系尚书省上奏，诏从之，即知“本曹”为尚书省刑部。元人修《宋志》者，删去“尚书省言”，易以“诏”，而尚书省上奏语调未作相应更动，致有此失。应将《宋志》此处“本曹”改为“刑部”。

二年，复置右治狱，置官属如元丰制。左右推事有翻异者互送，再有异者朝廷委官审问，或送御史台治之。(3901 页 8、9 行)

绍圣二年诏之内容：其一，于右治狱复分左推、右推，以大理丞分主之；其二，左、右推如有翻异事，即左推翻异送右推，右推翻异送左推，不得与开封府互勘，亦不许地分探报。《宋志》删节殊多。缘上文并无元丰之制右治狱分左推、右推之记载，“置官属如元丰制”殆成虚文。应在“置官属”之下补入“分左、右两推”五字方妥。

《十朝纲要》卷一三：“绍圣二年八月丙子，诏：大理寺丞分左、右推，如左推翻异即送右推，毋与开封互勘，并不许地分探报。”

《宋会要・职官》二四之一二：“绍圣二年八月十三日，试大理卿路昌衡言：‘欲令本寺丞据数员分左、右推。有翻异，即左移右推、右移左推，亦如开封府三院翻变公事，改送别院。若再有翻异，即乞申朝廷差官审问或送御史台推究，更不与开封府互勘，庶事得其实，可革互送挟仇之弊。应勘鞫公事，乞不许地分探报，适足生事。’从之。”

不得奏请移送。（3901 页倒 6 行）

“不得奏请”前原有“并依旨勘断”诸文字，词气颇峻，此关键词句不当省略。

《宋会要・职官》二四之一二至一三：“元符元年三月十九日，大理寺言：‘乞应大理寺、开封府承受内降公事，并依旨勘断，各不得奏请移送。’从之。”

政和二年，诏法官任满，……仍许就任关升，（3901 页倒 5、倒 4 行）

“法官”前当冠以“刑部、大理寺”。

《宋会要・职官》二四之一三：“政和二年八月二十九日，刑部侍郎马防等言：‘熙宁有法官再任酬奖，至于许其三、四者，岂非为官得其人则正可久任，而赏或在所不吝。今虽有再任法，而酬奖与初任无异，而又奏举之制以高其选。所愿留者十无一二。而承（丞）、评事益难其人矣。欲乞申诏有司讲明前后条制，刑部、大理寺候法官任满，共择其职事修举、人材可录者奏举再任，增其酬奖，理为堂除。大约常留一半旧人，使后来者有所谘承。’诏依奏，仍许就任关升，理本资序。”

宣和七年，评事以上并差试中刑法人。（3901 页倒 3 行）

宣和七年四月，诏大理寺官凡大理评事以上，均差法科试中人；

非此之现任官，一律罢去。《宋志》省去“见任人并罢”一句，应补，以明宋廷改革法官来源、提高法官素质之决心。

《宋会要·职官》二四之一五：“宣和七年四月十八日，诏大理寺官评事以上，并差试中刑法人，见任人并罢。”

绍兴初，诏正与丞并堂除。评事阙，则委本寺长贰选择应格人赴刑部议定，申朝廷差填；如无应格，即选谙习刑法人权充。（3901页倒1行、3902页1行）

此两句时间先后倒置。诏正、丞七员窠阙堂除，系绍兴元年八月十二日事；而“评事阙，则委长贰选择……权充”句，事在绍兴元年三月七日。应加乙正。

《宋会要·职官》二四之一六：“绍兴元年三月七日，诏：评事阙，委本寺长贰依旧制选择应格人赴刑部议定，申朝廷差填。如应格人不足，即踏逐实谙练刑法人权充。……八月十二日，诏：大理正，断刑、治狱丞共七员窠阙，依旧堂除差人。”

隆兴二年，评事巩衍言：“评事检断，躬自节案，亲书断语，最为劳苦。”诏增置，以八员为额。（3902页1、2行）

隆兴时，大理评事已由旧额十四人节次减作五员，《宋志》不书五员之数，“增置”之意自难明了。

《宋会要·职官》二四之二六：“隆兴二年闰十一月九日，诏大理评事八员为额。先是，大理评事巩衍等言：‘伏见评事之职，检断天下狱案，并系躬自节案，亲书断语，最为劳苦，与其他差遣不同。旧额评事十四员，后来节次减作五员；断刑寺丞旧额六员，又减作两员。虽各竭力尽心，昼夜看详、书断，实以官数累减，奏案益多，检断不办。今来冬至诏书之后，在寺合断案状二百余道。切（窃）虑有稽违之限。乞行量复员数。’故有是命。”

庆元四年，定逐季仲月定日断绝之法。（3902页4、5行）

庆元四年十月三日，大理寺狱案定断绝之法，《宋志》省略“大理寺狱案”之主格，未妥。应于“逐季仲月”之前补入。

《宋会要·职官》二四之四二：“庆元四年十月三日，大理司直富琯言：‘大理寺狱案，乞今后从本寺于逐季仲月定日断绝。’从之。”

曰宣黄，掌凡断讫命官指挥；（3902页7行）

“凡”字后应补“宣草应干”四字。

《宋会要·职官》二四之一：“左断刑分案有三：曰磨勘……曰宣黄，掌宣单（草）应干断讫命官指挥……”

鸿胪寺

若崇义公承袭，（3903页5行）

北宋嘉祐四年起，于后周柴氏之后中择一人封崇义公，并令世代“袭封”。《神宗正史·职官志》作“定崇义公封袭”为是。“若”字后宜加“后周柴氏”四字。

《宋会要·职官》二五之二：“《神宗正史·职官志》：……定崇义公封袭。”

《宋会要·崇儒》七之七一：“嘉祐四年四月九日，诏曰：‘宜令有司取柴谱系于诸房中推最长一人，……封崇义公，与河南府郑州合入差遣，给公田十顷，专管勾陵庙。’……淳熙元年五月三日……今（柴）国器乃世宗六世孙，袭封崇义一公……”

往来国信所，掌大辽使介交聘之事。（3903页7、8行）

管勾往来国信所，于入内内侍省置局，故《神宗正史·职官志》《哲宗正史·职官志》之“鸿胪寺”门都不见载。鸿胪寺于南宋建炎三年废罢，主管往来国信所却未曾罢去，与鸿胪寺更无干系。至于《两朝国史志》之“鸿胪寺”述及“往来国信所”，亦非谓往来国信所隶于鸿胪寺，反之，却云鸿胪寺之职事部分“分隶于往来国信所”。据此，则邓广铭先生《考正》卷五之二“鸿胪寺”谓“在《两朝国史志》中，往来国信所尚列为鸿胪寺所属官司之一”,似可商榷。

《宋会要·职官》三六之一三:“《神宗正史·职官志》:入内内侍省,……虽兼治职事计于临时,而设官置局者有四:掌契丹使介交聘之事,以检察奸伪,则归管勾往来国信所,都知、押班领之。……”

《长编》卷六六,景德四年八月己亥:“置管勾往来国信司,命西京作坊使、廉州刺史、内侍左班副都知阎承翰,供备库使、带御器械綦政敏主之。自契丹修好,岁遣使交聘,承翰始专其事,因为排办礼信所,至是,署局铸印焉。”

《宋史·兵志》三:“醴泉观、万寿观、集禧观、西太一宫、礼宾院,隶鸿胪寺。”

《宋会要·职官》二五之一:“鸿胪寺判寺事一人,以朝官以上充。凡四夷朝贡、宴享、送迎之事,分隶于往来国信所、都亭、怀远驿、礼宾院。”

都亭西驿及管干所,(3903 页倒 6 行)

“管干所”在北宋时作“管勾所”,应改回。

传法院,掌译经润文。(3903 页倒 3 行)

“传法院”初名“译经院”,于太宗太平兴国七年六月建成。太平兴国八年,译经院赐额“传法”,改称“传法院”。此“译经”为“翻译梵文佛经”简称。

真宗朝至神宗朝,以宰臣兼译经润文使、同译经润文。翻译事由懂梵文译经僧官担任。译经僧官位次最高者称“西天译经三藏”,其下有“西天同译经三藏”“译经三藏大法师”“译经三藏法师”等。译经官尚有“梵学笔受”“译经缀文”“证义”等。

传法院为宋代重要的翻译佛经机构,《宋志》一笔带过,失于疏略。

《长编》卷二三,太平兴国七年六月:“唐自元和以后,不复译经。……上遂有意翻译,因命内侍郑守钧就太平兴国寺建译经院。

是月，院成。诏天息灾等各译一经以献，择梵学僧常谨、清沼等与法进同笔受、缀文。”

《长编》卷二四，太平兴国八年：“是岁，赐译经院额曰‘传法’，令两街选童子五十人，就院习梵学、梵字，从天息灾等所请也。”

《云麓漫钞》卷三：“本朝有译经院，凡得西域书，令晓蕃语、通文义人充译经官，译从华言。讫，僧鉴义等删定。译经润文使与之润色。每遇圣节，进新经藏中，有《宋朝新经》是也。王荆公诸人皆尝为之。”

《春明退朝录》卷上：“太平兴国中，始置译经院于太平兴国寺，延梵学僧翻译新经。始以光禄卿汤公悦、兵部员外郎张公洎润色之……天禧中，宰相丁晋公始为(译经)使。天圣三年，又以宰相王冀公为使，自后元宰继领之，然降麻不入衔。又以参政、枢密为润文，其事浸重。每岁诞节，必进新经。前两月，二府皆集，以观翻译，谓之‘开堂’，亦唐之清流尽在也。前一月，译经使、润文官又集，以进新经，谓之‘闭堂’。庆历三年，吕许公罢相，以司徒为译经润文使，明年致仕，章郇公代之，自后降麻入衔。”

《宋会要·职官》二五之四：“(元丰)三年十月九日，详定官制所言：‘译经僧官有授试光禄、鸿胪卿、少卿者，今除散阶已罢外，其带试卿者，改赐译经三藏大法师；试少卿者，改赐译经三藏法师。’”

《宋会要·道释》二之五“传法院”：“传法院，旧曰译经院。……(太平兴国七年)十二月，诏选梵学沙门一人为笔受，文学沙门一人为证义……景德三年，诏参证梵文号‘传梵大师’……其年诏：应西天僧有精通梵语可助翻译者，悉馆于传法院。自是梵僧至者，悉召见，赐以紫服、束帛；华僧自西域还者，亦如之。”

司农寺

旧置判寺事二人，以两制、朝官以上充；(3904 页 1 行)

判司农寺事，以两制或朝官以上人充，“两制”后之顿号可去，易为“或”字，缘非同时得两制官与非两制官之朝官各一员兼判之意。

《长编》卷二一一，熙宁三年五月丙午：“条例司言：‘常平新法宜副司农寺，乞选官主判，兼领农田、差役、水利事。遂命太子中允、集贤校理吕惠卿同判司农寺，秘书丞、集贤校理、同判寺胡宗愈改兼判。仍候有两制可差，即改差一员。’”

《宋会要·职官》二六之一：“《两朝国史志》：司农寺判寺事二人，以两制或朝官以上充。”

掌供籍田九种，大中小祀供豕及蔬果、明房油，与平粜、利农之事。（3904 页 1、2 行）

熙宁二年，神宗与王安石始行变法。三年，司农寺主常平、农田水利、差役等新法，始重其任。元丰间，司农寺成为推行新法重要机构，下设三局、十二案及帐司。此为元丰五年行官制前之一大特点，《宋志》宜酌予点明。

《宋会要·职官》二六之一：“司农寺掌供籍田九种，及诸祀豕及蔬果、明房油、平粜之事，止以常参官二人判寺事。熙宁三年，上以常平新法付寺，始重其任焉。”

《长编》卷二五八，熙宁七年十二月己巳：“同判司农寺张谔言：‘本寺总领民政，推行委曲，始自畿甸，其常平官尤在得人。’”

《长编》卷三一三，神宗元丰四年六月壬申：“判司农寺舒亶言：‘伏见本寺除帐司外，三局总十二案，丞四员，主簿六员。其逐局事有繁简。则官属亦当裁减。欲乞止置丞二员，三局各置主簿一员，余并减罢。’”

《长编》卷三二四，元丰五年三月乙酉：“（刘）谊又上书云：‘……陛下以天下之法弊，故革而新之，则是变法者，陛下也；承意而立法者，王安石也；润色讨论之者，吕惠卿、曾布之徒也。故重司农之权以颁法。……而新法一听于司农。’”

分案六，置吏十有八。(3904 页倒 6 行)

初，熙宁二年，……从两浙运副应安道请也。所隶官属凡五十：……供百司之用。(3904 页倒 5 行—3905 页倒 3 行)

自“初，熙宁二年”至“政和六年……应安道请也”这一大段文字，系叙司农寺沿革，插于元丰官制“分案六，置吏十有八”与“所隶官属凡五十……炭场，掌储炭以供百司之用”之间，打乱了元丰官制整体之叙述，未当。宜将“所隶官属凡五十”以下至“供百司之用”一段置于“分案六，置吏十有八”之下。

《合璧后集》卷三五“司农卿”：“……元丰官制行，……司农掌仓储委积之政令，……所隶官属凡五十：仓二十有五，草场十有二，排岸司四，园苑四。”

《宋会要·职官》二六之二：“《神宗正史·职官志》：司农寺……总仓二十有五，场十，四排岸司，园苑四。……分案六，设吏十有八。而下卸司、水磨务、都曲院、内柴炭库、炭场隶焉。”

置制置条例司，(3904 页倒 5 行)

“制置条例司”全名为“制置三司条例司”，熙宁二年二月二十七日以陈升之、王安石同制置三司条例司。

《宋会要·职官》五之一：“神宗熙宁二年二月二十七日，以尚书左丞、知枢密院事陈升之，参知政事王安石同制置三司条例。三月十一日，上曰：‘……今制置三司条例司讲求利害立法。’”

遣诸路提举官推行之。(3904 页倒 5 行)

“诸路提举官”之全称为“提举常平广惠仓兼管勾农田水利差役事”，后或简称“提举常平官”。宜在“提举”下补入“常平”二字。

《宋会要·职官》四三之二至四：“神宗熙宁二年九月九日，制置三司条例司言：‘近诏置京东等路常平广惠仓，欲量逐路钱物多少，选官分诣提举。’诏差官充逐路提举常平广惠仓兼管勾农田水利差役事……元丰元年……蔡确言：近制，提举常平官不令他司兼领，诚为至便。”

《东轩笔录》卷六：“熙宁初，朝廷初置条例司，诸路各置提举常平司（按：《长编》卷二一〇著录：‘司’作‘官’），及俵常平钱，收二分之息。时（韩）魏公镇北都，上章论其事，乞罢诸路提举官，常平法依旧，不收二分之息。”

三年五月，诏制置司均通天下之财，以常平新法付司农寺，（3904页倒5、倒4行）

“以常平新法付司农寺”，是继诏罢制置三司条例司归中书后之事。“均通天下之财”与“以常平新法付司农寺”无必然联系，惟其罢制置条例司，方欲以常平法付司农寺。故“之财”后，当补“宜罢归中书”五字。

《长编》卷二一一，熙宁三年五月甲辰：“诏近设制置三司条例司，本以均通天下财利，今大端已举，惟在悉力应接以趣成效，其罢归中书。”

《长编》卷二一一，熙宁三年五月丙午：“条例司言：常平新法宜副（付）司农寺，乞选官主判，兼领农田、差役、水利事。”

初以太子中允吕惠卿判司农寺，改同判寺胡宗愈为兼判。（3904页倒3行）

吕惠卿“判司农寺”当改为“同判司农寺”。

《长编》卷二一一，熙宁三年五月丙午：“遂命太子中允、集贤校理吕惠卿同判司农寺，秘书丞、集贤校理、同判寺胡宗愈改兼判。”

四年，以御史知杂邓绾判寺，曾布同判。（3904页倒3、倒2行）

曾布已于熙宁三年九月任同判司农寺。

《长编》卷二一五，熙宁三年九月乙未：“太子中允、监察御史里行林旦判司农寺，太子中允、崇政殿说书曾布同判司农寺。”

《长编》卷二一九，熙宁四年正月戊申：“兵部员外郎兼侍御史知杂事邓绾判司农寺。”

田寺考校升绌，管干官令提举司保明，计功赏之。（3904页倒2行）

“田寺”为司农寺之俗称，未宜于《宋志》内使用；“管干官”系南宋时使用，北宋应称“管勾官”。

《宋会要·职官》四三之五：“熙宁四年八月二十三日，司农寺言：‘诸路提举常平官课绩，已许本寺考校升绌，其管勾官即令提举司一面保明，申量功绩大小酬奖。’从之。”

乃置干当公事官，以叶康直等四人为之。（3904页倒1行）

“干当公事官”系追改，其时称“勾当公事官”。应改“干”为“勾”。

《宋会要·职官》二六之八：“熙宁六年，以司农寺所总事众，间遣属官出视，使诸路力有不给，乃置勾当公事官，以叶康直、江衍、时孝孙、袁默为之。”（《长编》卷二四八，“熙宁六年十二月乙酉”条同）

七年，本寺言：“所主行农田水利，免役，保甲之法，……（3905页1行）

漏“常平”之法。

《长编》卷二五一，熙宁七年三月甲寅：“判司农寺吕惠卿言：本寺主行常平、农田水利、差役、保甲之法……”

九年，以干当公事官所至辄用喜怒，罢之，（3905页2行）

罢勾当公事官，增置司农寺丞、主簿代之，《宋志》只言罢而不言增置，非是。“干当”应为“勾当”。

《长编》卷二七九，熙宁九年十二月丙戌：“诏司农寺置丞四员，内一员通治三局，余三员并增主簿三员分治三局；罢勾当公事官。从判司农寺熊本请也。本以勾当公事官所至辄用喜怒，故奏罢之。”（《宋会要·职官》二六之一〇同）

元丰四年，减丞一，（3905页3行）

“减丞一”为“减丞二”之误。

《宋会要·职官》二六之一四：“元丰四年六月十五日，（判司农寺舒亶)又言:‘伏见本寺除帐司外,三局总十二案,系丞四员,主簿六员。其逐局事有烦简,则官属亦当裁减。欲乞止置丞二员,三局各置主簿一员,余并减罢。’诏从之。令本寺主判官于见任官内选留或别举官。”(《长编》卷三一三,元丰四年六月壬申条并载)

《长编》卷三一三,元丰四年六月壬申:“判司农寺舒亶言:‘伏见本寺除帐司外,三局总十二案,丞四员,主簿六员。其逐局事有繁简,则官属亦当裁减。欲乞止置丞二员,三局各置主簿一员,余并减罢。’”

司农事旧职务悉归户部右曹。(3905 页 3 行)

“司农事”为“司农寺”之误。

《宋会要·职官》二六之一五:“元丰五年,行官制,寺监不治外事,司农寺旧职务悉归户部右曹。”

八年,复置提辖修仓所;(3905 页 5 行)

“八年”为“六年八月”之误。

《宋会要·职官》二六之一五:“元祐六年四月二十一日,司农寺言:‘请依太府寺令,官司不许抽差本寺人吏。……’八月,复置提辖修仓所。”

都曲院,掌造曲,以供内酒库酒醴之用,(3905 页倒 5 行)

《宋会要》谓“供内酒坊”,而非“供内酒库”。“坊”为制作之所,“库”系储藏之地,当以“坊”为是。

《宋会要·职官》二六之三三:“都曲院,在敦义坊,掌造粗、细一等曲,给内酒坊及出鬻收直。”

内柴炭库,掌诸薪炭,(3905 页倒 4 行)

疑“诸”为“储”之误,从下文“炭场,掌储炭以供百司之用”可证之。

淳熙间,命右司为之提领,(3906 页 4、5 行)

“右司”为“尚书右司郎中、员外郎”之简称,宜用全称。

《宋会要·职官》二六之二〇："淳熙九年七月十九日，诏差右司员外郎王公衮提领丰储仓桩管米。"

后以属检正，(3906页5行)

"检正"为"中书门下省检正诸房公事"之简称。

不许衮同司农寺收支经常米数。(3906页5、6行)

"经常米数"后漏缺"一历收系"四字，当补入，其"不许将丰储仓桩管米与司农寺收支经常米数混同一历收系"之意方能圆满。

《宋会要·职官》二六之二〇至二一："本所(按：即提领丰储仓所)桩管米，……非奉朝廷指挥，不许支拨，别置赤历、提领官结押，不许衮同司农寺收支经常米数一历收系。"

凡外州军起到桩管米，(3906页6行)

除"桩管米"外，还包括"籴到米"，此亦为一大宗储粮，未可删去。

《宋会要·职官》二六之二一："外州军起到桩管米及籴到米，合从司农寺差官盘量，交收讫，据纳到数目报本所桩管。"

太府寺

旧置判寺事一人，(3906页倒5行)

《中兴题名》谓元丰改制前，太府寺异于诸寺监，罕置判寺事，其职事悉入三司。此可备一说。

《中兴题名》："国初，省部寺监，惟以寄禄。寺则光禄、太常、宗正、卫尉、司农、大理，或以卿，或以贰，或以丞，各寓一阶，别设主判之官以典事。惟太府则否，其职悉入三司诸案。故主判之任罕置。"(转引自《合璧后集》卷三五"太府卿")

《咸淳临安志》卷六"太府史"所载《耿秉记题名》同。

及校造斗升衡尺而已。(3906页倒4、倒3行)

宋代习用"秤"，而不常用"衡"，宜改"衡"为"秤"。"斗""升""衡"

"尺"宜用顿号分开。

《通考·职官》一〇"太府卿":"造斗、秤、升、尺而已。"

《宋会要·职官》二七之一引《两朝国史志》:"造斗、秤、升、尺而已。"

卿掌邦国财货之政令,及库藏、出纳、商税、平准、贸易之事,(3906页倒2、倒1行)

"店宅"亦由太府寺所掌。

《分纪》卷二〇"太府":"国朝太府寺掌库藏、出纳、商税、平准、店宅、市易之事。"

货之不售者,平其价鬻于平准。(3907页4、5行)

"平准"为"平准务"省称,宜于"平准"后补入"务"字。旧名为"市易务"。元符三年五月十七日,徽宗即位后改名。

《宋会要·职官》二七之一六:"元符三年徽宗即位未改元五月十七日,太府少卿贾种民言:'乞将户部右曹、太府寺市易案并改为平准案。所有市易务名亦合依案名改为平准。'从之。"

以盈亏定课最,(3907页6行)

"课最"当作"殿最"。

《考正》卷五之四"太府寺":"案:'课最'当从《会要》所引《神宗史志》作'殿最'(职官二七之二)。《通考》'太府寺'条行文顺序与《史志》不尽同,而亦误作'课最',则二者疑同出一源也。"

大祀,晨祼则卿置币,奠玉则入陈玉帛,(3907页6、7行)

末句疑有误。据宋仪制,凡祭祀用玉币,是以少府供玉,太府供币,各有分工,未有太府卿兼陈玉帛者。

《宋会要·礼》一四之三:"国朝凡大、中、小祠,岁一百七。……凡玉币,少府供玉,太府供币。"

《宋会要·礼》一七之二:"陈设:……太府卿帅其属入陈币于篚,币以白;……晨祼:……礼部奠册于案,太府卿入陈币……"

《宋会要·礼》一七之六九："太府卿帅其属陈币于篚，币仓（苍）；少府监帅其属入陈礼神之玉，置于神像前。"

又诏户部、太府寺长贰当职官及本库官吏俸钱，（3907页倒5行）

"长贰"下当添顿号，缘此"当职官"系指太府寺官属，非长贰当职官也。

所隶官司二十有五：（3907页倒3行）

据《哲宗正史·职官志》《咸淳临安志》所载太府寺题名记，太府寺所隶官司二十四。《临安志》且谓系元丰之制。《宋志》此云太府寺所隶司二十五司，未知为北宋哪朝之制？从"左藏东西库"与"和剂局""惠民局"之得名于宋徽宗政和年间来看，当非元丰之制。

《宋会要·职官》二七之二："《哲宗正史·职官志》云：所隶官司二十有四：汴河上、下锁，蔡河上、下锁，交引库，左藏库，内藏库，奉宸库，祗候库，香药库，布库，茶库，杂物库，粮料院，专勾司，都商税务，市易上界，市易下界，抵当所，熟药所，店宅务，石炭场，杂买务，杂卖场。"

《咸淳临安志》卷六"太府寺"引《浙东提举郑湜太府寺续记题名》："元丰以在京司局分属寺监，而太府总局二十有四。今虽颇省，犹剧于他寺。……所异于元丰者，惟内藏、奉宸不外属，榷货专隶于都司，盖经财制用有不同尔。"

曰："五季失国，……"（3908页3行）

"五季失国"系"五季失图"之误。

《挥麈录·后录》卷一："神宗遵太祖遗意，聚积金帛成帑，自制四言诗一章云：'五季失图，猃狁孔炽。……'"

《玉海》卷一八三"元丰库"："神宗愤北狄倔强，有复幽燕之志。于景福殿内帑库聚金帛，自制四言诗一章曰：'五季失图，猃狁孔炽。艺祖造邦，思有惩艾。爰设内府，基以募士。曾孙保之，敢忘厥志。'每库以诗一字目之。"

布库，掌受诸道输纳之布，(3908 页 5 行)

“诸道”当作“诸州”，盖宋自太宗以后，地方行政单位不称“道”。

《宋会要·食货》五二之三三：“布库，在乐坊，掌收诸州所纳布，司其出给。”

粮料院，(3908 页 6 行)

《宋志》之“三司使”有“粮料院”，本节“太府寺”也有“粮料院”，《宋志》宜加注。

屠寄按语：“《宋志》三司使、太府寺两出粮料院，盖以元丰后罢三司并户部，而粮料院并入太府寺也。”

《宋会要·职官》二七之五九：“（绍兴）五年八月十八日，臣僚言：‘……今宜自朝廷诸房至户部、太府，无故不得勾追（粮料）院吏……或系从来作过之人，并许逐院具名申法户部，备申朝廷，重赐施行。’……（孝宗隆兴）二年七月二日，诸军粮料院王正己言：‘……乞诏有司严立近限，太府、司农下诸军粮料院置历发放，以三日为期。……’从之。”

审计司，……以法式驱磨。(3908 页 7、8 行)

“审计司”为南宋建炎初之名，系“专勾司”名犯宋高宗赵构之讳而特诏改易。又“驱磨”原作“钩磨”。

《宋会要·职官》二七之六一：“高宗建炎元年五月十一日，诏：诸司专司、诸军专司，‘专’字下犯御名同音者，改作诸军、诸司审计司。”

《宋会要·职官》二七之三：“复以法式钩磨则归专勾司。掌审其给受之数，以法式钩磨。”

《咸淳临安志》卷八“诸司诸军审计司”：“《监察御史吴博古记诸司题名》：院旧曰专勾，中兴避嫌名更今名云。淳熙十四年九月既望。”

都商税务，(3908 页 8 行)

“务”或作“院”。

《宋会要·食货》一五之一："四京：东京都商税院。"

市易上界，掌敛市之不售、货之滞于民用者，乘时贸易，以平百物之直。市易下界，掌飞钱给券，以通边籴。（3908页倒6、倒5行）

市易上界、市易下界所置时间不长。熙宁五年七月始并榷货务入市易务称"市易上界"，以榷货务作"市易下界"，及至元丰七年四月又复旧，其间共十二年。与下文之"榷货务"为重出。两者可合并叙述。

《宋会要·职官》二七之八："熙宁五年七月五日，诏并榷货务入市易务，将市易务作上界，以榷货务作下界，仍以东西务为名。"

《宋会要·职官》二七之一四："元丰七年四月十二日，户部乞改市易下界依旧为榷货务，其上界为市易务。从之。"

杂卖场，掌受内外币余之物，计直以待出货，（3908页倒4行）

《宋志》云"掌受内外币余之物"，难以读通；查《宋会要·食货》作"掌受内外弊余之物"，意方晓畅，当改"币"为"弊"。

《宋会要·食货》五四之一七："杂卖场，旧在利仁坊，后徙崇明门外，掌受内外弊余之物以出货之。"

榷货务，掌折博斛斗、金帛之属。（3908页倒4行）

"榷货务"与"市易上、下界"为重出，不可同时并列。故《宋会要·职官》所列太府寺辖下司局，或有"市易上、下界"而无"榷货务"，或有"榷货务"而无"市易上、下界"。《宋志》既列"市易上界"与"市易下界"，"榷货务"则无须再列。

按："榷货务"与上述之"左藏东西库""杂卖场""杂买务"重见于《宋志》一"尚书省"及五"太府寺"，缘入政和、宣和后，并及南宋，并置提领、提辖，曾隶尚书省都司。

《朝野杂记》乙集卷一三"四提辖"："四提辖，谓榷货务都茶场、杂买务杂卖场、文思院、左藏东西库是也。榷货务场，掌盐、茗、香、矾、钞引之政令。绍兴初，沿宣、政旧制，置提领官，率以故省吏为之，后乃改用士人。”

《合璧后集》卷四九“四辖”:“榷货都茶场,建炎四年,诏榷货务都茶场依旧隶左右司。”

店宅务,掌管官屋及邸店,计置出僦及修造之事。(3908 页倒 2 行)

“置”为“直”之误。“邸店”后逗号当删,“修造”后补“缮完”为佳。

《宋会要·职官》二七之三:“民居、官庐裁其僦直则归店宅务。掌官屋及邸店计直出僦及修造、缮完之事。”

建炎诏罢太府寺,以其所掌职务拨隶金部。(3909 页 1 行)

“建炎诏”,系指建炎三年四月十三日诏。

《宋会要·职官》二七之二七:“建炎三年四月十三日,拨隶金部。”

设案七,以序次分管。监交案,随逐丞簿赴左藏库监交看验纲运钱物。(3909 页 4 行)

太府寺分八案,“设案七”为“设案八”之误。《宋志》仅列“监交案”,余六案付阙,宜补入。

《宋会要·职官》二七之一:“设案有七:第一、第二案,掌批给官员请受文历,宗室孤遗钱米及诸司局所请给,四粮审院隶焉。第三、第四案,掌支买三省、枢密院、六部等处所须钱物,杂买务、杂卖场、编估局、打套局、交引库、祗候库隶焉。第五、第六案,掌拘催左藏库交纳,浙东等处起发入临安府门纲运、钱物,逐路押纲官酬赏,左藏东、西库隶焉。药案掌催促点检杂买务收买药材,和剂局修和汤药,应付诸局给买,和剂局、杂买务药材所隶焉。又有监交案,掌随逐丞、簿赴左藏库监交,看验纲运钱物。”据上引资料统计,应为分案八。

国子监

旧制,祭酒阙,始置判监事(3909 页倒 1 行)

“祭酒”后当补入“司业”一官。

《宋会要·职官》二八之一:“国子监,掌经术教授、荐送之事。阙祭酒、司业,则以朝官判监事。”

武学博士二人,(3910页4行)

后缺“武学正、录各一人”。

《宋会要·职官》二八之五:“《神宗正史·职官志》:武学博士二人,……武学正、录各一人。”

祭 酒

分三舍。始入学,验所隶州公据,以试补中者充外舍。(3910页6行)

太学三舍,指外舍、内舍、上舍,《宋志》宜加说明,缘下文即有“外舍”,不先叙何谓“三舍”,此“外舍”之义,就难以明了。

《宋会要·职官》二八之九:“太学置斋八十斋,斋容三十人,外舍生二千,内舍生三百,上舍生百,总为二千四百。”

艺谓治经程文。(3910页7行)

“程文”后脱“合格”两字。

《宋会要·职官》二八之九:“诸斋月书学生行艺,以帅教不戾规矩为行,治经程文合格为艺。”

季终考于学谕,次学录,次学正,次博士,然后考于长贰(3910页7、8行)

宋学制,太学每季考试称“私试”。凡“私试”,学官依次主考,且相隔时间多少天,均有规定,先是学谕考试;十天后,学录主考;二十天后,学正主考;三十天后,博士主考;三十天后,由国子监祭酒、司业主考。《宋志》将相隔时间省略,未当。

《宋会要·职官》二八之九:“《哲宗正史·职官志》:……凡诸生之隶于太学者……季终考于学谕,十日考于学录,二十日考于学正,三十日考于博士,又三十日考于长贰。”

岁终校定,(3910 页 8 行)

“岁终”后宜补入“取外舍生百人,内舍生三十人”;“校定”后当补入“奏闻”二字。

《宋会要·职官》二八之六引《哲宗正史·职官志》:“岁终,取外舍生百人,内舍三十人,校定奏闻,以定覆试,视其校定之数参验而叙进之。”(《考正》卷五“国子监”:“以《会要》为是。”)

凡内舍行艺与所试之等俱优者,为上舍上等,取旨命官;(3910 页倒 5、倒 4 行)

“所试之等”当为“所试之业”之误。

《宋史·选举志》三:“凡内舍,行艺与所试之业俱优,为上舍上等,取旨授官。”

博　士

武学博士、学谕各二人,掌以兵书、(3911 页 5 行)

“兵书”为“兵法七书”之省略。

《宋会要·职官》二八之六引《哲宗正史·职官志》:“武学博士二人,学谕二人,掌以兵法七书、弓马武艺,训诱学者。”(按:校点本《宋志》“弓马”与“武艺”用顿号隔开,似未妥)

熙宁初,诏用经术取士,广阔黉舍,(3911 页倒 7 行)

“阔”为“辟”字之误。

《玉海》卷一一二“熙宁增广太学”:“熙宁初,用经术取士,广辟黉舍。”

《宋会要·职官》二八之六:“熙宁初,诏用经术取士,广辟黉舍。”

分为三学,(3911 页倒 7 行)

“三学”为“二学”之误。此“二学”指“国子学”与“太学”。

又,熙宁四年增置学舍时,武学非同时复置。而“律学”于熙宁七年置。“小学”迟至哲宗元祐间始置。

《宋会要·职官》二八之六："熙宁初，诏用经术取士，广辟黉舍，分为二学。"

《玉海》卷一一二："分为二学。"

《玉海》卷一一二"熙宁、绍兴武学"："熙宁五年六月乙亥二十七日，诏置学于武成王庙。"

《宋会要·崇儒》三之七："律学，掌教刑名之学，隶于国子监。熙宁七年三月二十七日，诏于国子监置律学，差教授四员。"

《宋史·选举志》三："哲宗时，初置在京小学，曰'就傅''初筮'，凡两斋。"

增置生徒，总二千八百人。(3911 页倒 7 行)

赵宋王朝崇尚儒学，但国子学、太学之设，自宋初以来并无健全制度，至神宗朝太学方为兴盛，制度始趋完备。而在神宗朝，又历熙宁广辟学舍，与元丰二年颁《学令》、增置生徒至二千六百之二阶段。《宋志》于此未加细辨，将元丰二年增置太学生为二千四百员、国子生二百员，笼而统之冠以"熙宁初"，非是。宜于"增置生徒"前冠以"元丰二年"。又，"二千八百人"疑为"二千六百人"之误。

《武夷新集》卷一七《代人转对论太学状》："今（按：指太宗朝）学舍虽存，殊为湫隘；生徒至寡，仅至陵夷。"

《玉海》卷一一二"熙宁增广太学"："熙宁四年十月十七日，中书言：外舍不限员，内舍二百员，上舍一百员。五年八月辛卯，诏外舍生以七百人为额。七年五月壬戌，又并朝集院赐之，以广二学。"

《长编》卷二二七，熙宁四年十月戊辰："中书言：近制增广太学，益置生员。……其生员分三等：以初入学生员为外舍，不限员；自外舍升内舍、内舍升上舍，上舍以百员、内舍以二百员为限。生员各治一经。"

《宋史·选举志》三："元丰二年，颁《学令》：太学置八十斋，斋各五楹，容三十人。外舍生二千人，内舍生三百人，上舍生百人。"

《宋会要·崇儒》一之三二："国子监养士，国初取补国子三百人为额。庆历三年仍立四门学，以士庶子弟为生员。嘉祐三年，以四百五十人为额；七年，增一百五十人。庆历五年，为太学。皇祐三年，许置内舍二百人。熙宁元年，以四方士人盛集京师，遂以九百人为额。四年，以一百员为上舍。元丰以来，养士以二千六百人为额，上舍一百人，内舍三百人，外舍二千人，国子二百人。"

分案八，(3911 页倒 6 行)

此"分案"系元丰正名后之制。未能以"熙宁"冠于其上。

《宋会要·职官》二八之六："《神宗正史·职官志》：及元丰中，复正官名，分案八，设吏□(按：此为阙文，疑即'十'字)。"

立行、守、试请奉法。(3911 页倒 5 行)

"立行、守、试请奉法"，指元丰新官制所定职事官职钱等第按寄禄官高下分行、守、试三等给受法，非专为国子监官特立行、守、试请俸法，盖属阑入。究其因，缘元丰五年五月一日所下诏书颇多，据《长编》所载，其诏"大理寺、国子监官差承务郎以上"与"立行、守、试请受法"恰为连文。修志者随手抄录而未审也，故宜删去。

《长编》卷三二六，神宗元丰五年五月辛巳朔："御文德殿视朝，新除职事官，未正谢者许立班。……又诏自今宰臣上马，枢密院次之，诸司又次之，左右丞上下马处并同两省侍郎。大理寺、国子监官差承务郎以上，如无，即差选人充正官。立行、守、试请受法，惟外任用前资。"

《宋会要·职官》二八之一〇："元丰五年五月一日，诏国子监官差承务郎以上，如无郎差遣，选人差正官。立行、守、试请受法。"

《宋会要·职官》五七之四八："元丰中，官制初行，职事官以行、守、试三等定禄秩，至元祐间遂罢，止从一等给禄。"

五年，殿中侍御史岑象求言："国子监无叩问师资之益，学官不以训导为己任，补试伺察不严，有假手之弊。"(3912 页 2、3 行)

“国子监”系一机构，如何“叩问师资”？当为“国子监生”，不包括学官在内。《宋志》应于“国子监”后补一“生”字。

《宋会要·职官》二八之一一、一二：“元祐五年十二月十八日，殿中侍御史岑象求言：‘国子监生员无叩问师资之益，学官不以训导为己任。及闻补试伺察不严，不无假手之弊。’诏礼部相度以闻。”

《长编》卷四六六，元祐六年九月庚寅：“礼部言：‘臣僚上言，国子监生员无叩问师资之益，学官不以训导为己任，诏本部相度以闻。’”

本部言：“生员遇有请益，许见长贰。……”(3912 页 3 行)

“本部”应为“礼部”。系年为元祐六年，《宋志》误系于“五年”之下。

《长编》卷四六六，元祐六年九月庚寅：“礼部言：‘臣僚上言，国子监生员无叩问师资之益，学官不以训导为己任，诏本部相度以闻。今欲令生员遇有请益，许见长贰。逐旬遇三日，学谕出题，内诗、赋、论许于经、史、子通出；集长、谕解说，归斋告谕诸生；次日早食鼓前纳；旬终送博士点检。仍间召生员以所纳斋课于讲堂上指谕。委博士逐月遍巡所隶斋，询考学生所业。凡私试不锁宿。欲令不罢讲说。’从之。臣僚上言，盖岑象求也。前已见。”(并见《玉海》卷一二二“元丰太学三舍法”)

三年，司业龚原言：“公试依元丰旧制，以长贰监试，轮差博士五员考试，……”(3912 页倒 4、倒 3 行)

《宋志》将“三年”系于“绍圣”之下，而《宋会要》将国子司业龚原上言系于“元符”之下，并书作“二年”，二者孰是孰非？考《宋史·龚原传》与《长编》，绍圣四年龚原已解国子司业，改差起居舍人，可定为绍圣三年。

“公试”前宜补“太学”之名。

《宋会要·职官》二八之一三：“(元符)二年二月二日，国子司业龚原等言：‘太学公试，除依元丰旧制差长贰监试，轮差博士五员入院外,乞朝廷差官五员同共考校。'从之。"

《宋史·龚原传》:"绍圣初,召拜国子司业,……旋兼侍讲,迁秘书少监、起居舍人,迁工部侍郎。"

《长编》卷四八八,绍圣四年五月壬申:"……仍改差起居舍人龚原兼权。"

据上所述,龚原为司业时之上言,应系在绍圣三年为是。

三年,复置《春秋》博士。(3912 页倒 2 行)

《宋志》上文已述,元祐元年置《春秋》博士,此忽云元符三年复置,然何时罢置?未有交代。据《宋会要》载,元符二年罢《春秋》博士。邓广铭《考正》谓"元祐三年罢",似非当。元符三年复置后,又于崇宁元年七月罢。

《宋会要·职官》二八之一四:"《职官志》:元符二年罢《春秋》博士。"

太学自讼斋移于外学。(3913 页 7 行)

自讼斋为专有名词,宜标加引号,即为"自讼斋"。

《燕翼诒谋录》卷五:"崇宁元年,徽宗创立辟雍,增生徒共三千八百人。内上舍生二百人,内舍生六百人,教养于太学;外舍生三千人,教养于辟雍。废太学'自讼斋',太学之不率教者,移之辟雍(按:即外学)。"

候外学成日取旨。(3913 页 8 行)

"外学"后赐名"辟雍",此事《宋志》失载,未妥,下文即出现"辟雍",失于照应。

《宋史·选举志》三:"命将作少监李诫,即城南门外相地营建外学,是为辟雍。"

《十朝纲要》卷一六:"(崇宁五年)十月戊辰,蔡京奏立外学,列上七条。寻赐名辟雍。"

二年,罢《春秋》博士。(3913 页倒 7 行)

“二年”非是，当为崇宁“元年”。又《宋志》上文（3912 页倒 1 行）已有“崇宁元年省罢”《春秋》博士之注，故此条应删去。

《宋史·徽宗纪》一：“崇宁元年秋七月辛亥，罢《春秋》博士。”

《玉海》卷一一二“元丰太学三舍法”：“元符三年十一月复置《春秋》博士，崇宁元年七月罢。”

崇宁元年，宰臣蔡京言：“有诏天下皆兴学贡士，以三舍考选法遍行天下，听每三年贡入太学……”从之。……三年，诏辟雍置司成、司业各一员。（3913 页 1—10 行）

蔡京上言，请以三舍贡士考试取士取代三年一次科举考试取士，此建议被宋徽宗采纳。崇宁三年即下诏“以三舍取士，罢科举”，此为宋代学制、科举制中的重大决策，《宋志》未能明言，亟须补上：“（崇宁）三年，诏天下将来科场取士，悉由学校升贡，其州郡发解及试礼部法并罢，庶几复古。自此岁试上舍，悉差知举，如礼部试。”

《通考·学校》七：“（崇宁）三年。令州县学用三舍法升太学，罢科举。”

《通考·选举》四：“徽宗崇宁三年，诏曰：‘神考议以三舍取士而罢州郡科举。其法行于畿甸，而未及于郡国……其诏天下，将来科场取士，悉由学校升贡，其州郡发解及试礼部法并罢，庶几复古。’自此岁试上舍，悉差知举，如礼部试。”

三年，诏……四年，诏：“……合行厘正。”改辟雍司成为太学司成，……凡学之事，皆许专达。（3913 页倒 7—倒 4 行）

“三年诏”系崇宁三年十二月壬子（十三日）诏。

“四年诏”系崇宁四年闰二月乙酉（十七日）诏。

《宋志》所转录此两诏文字，与《宋会要》所附注文文字相同。对照《宋会要》注文，引号未当止于“合行厘正”，而应下移置于“皆许专达”之下。

《宋会要·职官》二八之一四：“三年（按：原文系于‘元符’之下，

显误，疑年号脱去，当为‘崇宁’）诏：‘辟雍置司成、司业各一员。’四年，诏：‘辟雍待四方贡士，在国之郊，太学教养上舍生，在王城之内，内外既殊，高下未伦。辟雍有司成在侍郎之次，国子有祭酒、司业列于卿、少，事体未顺，合行厘正。改辟雍司成为太学司成，总国子监及内外学事。凡学之事，皆许专达。’仍立学官谒禁。”

《十朝纲要》卷一六：“崇宁三年十二月壬子，置大司成官，以给事中薛昂为之。崇宁四年闰二月乙酉，改辟雍司成为太学司成，总国子监及内外学事。”

国子命官正、录及命官直学、国子监书库官等官，并省罢，（3913页倒1行、3914页1行）

“命官直学”为辟雍属官，当在其前加“辟雍”二字；“书库官”当作“监库官”。

《宋会要·职官》二八之一八至一九：“（大观四年）八月十二日诏：‘……辟雍自有学生直学四人，其命官直学可省。……国子监监库官，元丰、绍圣间并不曾设置，自崇宁二年创差一员，后来辟雍援例，所管事务不多，可就委指使主管，库官省罢。’”

《群书考索后集》卷二八“士门”：“大观四年八月戊寅诏：‘……又省辟雍命官直学……又省国子监崇宁二年所增监库官。’”

政和元年，诏两学博士、正、录依旧制选试，（3914页1行）

此为政和元年五月七日诏。“旧制”前当冠以“元丰”年号，以免“旧制”失于区别。

《宋会要·职官》二八之一九：“政和元年五月七日，诏两学博士、正、录，依元丰旧制选试，朝廷除授。”

或曾充经论以上职掌，（3914页8行）

“经论”不为职事，当误。《宋会要》作“经谕”。宋国子、太学、辟雍及诸州郡学官中，有学谕、长谕、教谕之职事人，然未见有称“经谕”者。检《宋会要·崇儒》却有“逐经学谕”之称谓，疑“经谕”即为“逐经学谕”之略称，究其实，仍不外“学谕”之职事。

《宋会要·职官》二八之二一：“（政和）八年……吏部供到元丰法：进士第一甲，或省试十名内，或府、监发解五名内，或太学公、私试三名内，或季试两次为第一人，或上舍、内舍生，或曾充经谕以上职掌，或投所业乞试，并听试。入上等注博士，中等、下等注正、录，即人多阙少，愿注诸州教授者听。”

《宋史·职官志》五“校勘记”之七：“经论：《宋会要·职官》二八之二一作‘经谕’，疑‘论’是‘谕’字形近之讹。”

《考正》卷五之五“国子监”：“‘经论’当从《会要》作‘经谕’。”

《宋会要·崇儒》二之一九：“政和三年正月十八日，敕令所删定官李嘉言：‘教授入学，堕而弗虔，有未尝升堂者，往往止托逐经学谕撰成口义，传之诸斋，抄录上簿而已，未尝亲措一辞于其间，至于本斋轮流覆讲，则亦未尝过而问焉。’”

宣和三年，诏罢天下三舍，太学以三舍考选，开封府及诸路以科举取士。（3914 页倒 6 行）

宣和三年二月二十日诏，复以科举取士。然《宋志》失载“崇宁三年，罢科举取士，改三舍取士”史事，宜作注文补于其下。

《宋会要·崇儒》二之三一：“宣和三年二月二十日，诏：罢天下三舍，太学以三舍考选，开封府及诸路以科举取士。州、县未行三舍以前，应置学官及养士去处，并依元丰旧法。”（《宋会要·职官》二八之二二所载同）

《宋史·选举志》一：“徽宗设辟雍于国郊，以待士之升贡者。临幸，加恩博士弟子有差。然州郡犹以科举取士，不专学校。崇宁三年，遂诏：‘天下取士，悉由学校升贡，其州郡发解及试礼部法并罢。’自此，岁试上舍，悉差知举，如礼部试。……大观四年五月，遂诏更行科举一次。……宣和三年，诏罢天下三舍法，开封府及诸路并以科举取士；惟太学存三舍，以甄序课试，遇科举仍自发解。”

州学未行三舍以前,应置学宫及养士去处,依元丰旧制。(3914页倒6、倒5行)

"州学"当为"州县学",州、县学皆曾令推行三舍法。"学宫"当为"学官"。

《宋会要·崇儒》二之三一:"宣和三年三月十五日,左、右司言:'奉圣旨,诸路州县学并依元丰旧法,所有未行三舍以前应置学官去处,未审合与不合从本司选拟。'诏:教授应法并差注,并依元丰条例。"

建炎三年,诏国子监并归礼部。未几,诏复养生徒,(3915页4行)

建炎三年四月十三日,国子监并归礼部;至绍兴三年六月二十四日,复置国子监。其间相隔四年多,《宋志》所谓"未几"应改为"绍兴三年"。

《考正》卷五之五"国子监":"《宋会要》载:建炎三年四月十三日,诏国子监并归礼部。绍兴三年六月二十四日诏驻跸所在,因国子监复养生徒,置博士二员。(《职官》二八之二三)是其并省与复置中间已逾四年之久,《史志》仅云'未几'而不著复置年月,非是。"

《系年要录》卷二二,建炎三年四月庚申:"诏:……国子监归礼部。绍兴三年六月丁未,复国子。"

《系年要录》卷六六,绍兴三年六月丁未:"诏:即驻跸所在学置国子监,以学生随驾者三十六人为监生,置博士二员。"

《咸淳临安志》卷八"国子监":"在纪家桥。绍兴三年六月,诏:即驻跸所在学置监,仍置博士二员,以太学生随驾者三十六人为监生。"

按:《宋会要》《系年要录》《咸淳临安志》皆谓绍兴三年已复置国子监,置博士二员、监生三十六人,而太学尚未复置。

绍兴十二年,置祭酒、司业各一人。(3915页4、5行)

绍兴十二年四月议复置太学,诏增修临安府学为太学,并置太学正,《宋志》失载。

《咸淳临安志》卷一一“太学”:“绍兴十二年,诏礼部讨论太学养士法,仍令临安府权于府学措置增广。”

《系年要录》卷一四七,绍兴十二年十一月己亥:“诏太学养士权于临安府学措置增展。先是,言者屡请复太学以养人才,上以戎事未暇,至是谓宰执曰:‘太学教化之源,宜复祖宗旧法。’……乃命礼部讨论取旨。”同卷绍兴十二年十二月庚午:“礼部乞太学养士,权以三百人为额。庚辰,左奉议郎高闶守国子司业,左从事郎关注为太学正,始除学官也。”

《系年要录》卷一四五,绍兴十二年夏四月甲申:“起居舍人杨愿请以临安府学增修为太学。从之。”

按:议复置太学在四月。

十三年,太学成,(3915 页 5 行)

绍兴十二年,诏权临安府府学措置增展太学,十三年正月十五日,方始择临安岳飞宅第建太学、国子监,六月太学建成。“校勘记”谓《宋志》原作“十二年”,改为“十三年”。“校勘记”所改为是。

《宋会要·方域》二之一七:“绍兴十三年正月十五日,知临安府王晦言:‘踏逐得钱塘县西岳飞宅子地步,可造太学并国子监。’从之。”

《系年要录》卷一四九,绍兴十三年六月丁酉:“敷文阁直学士、知临安府王晦言:‘太学将毕工,养士之费当预备,已括到民间冒占白地钱,岁入三万缗有奇,养士三百,想可足用。’从之。”

增置博士、正、录。(3915 页 5 行)

绍兴十三年,二月置太学博士二员;六月尝以元盥为太学录,寻罢,于十二月以陈夔权太学录;十二月又置太学博士一员。同年五月,国子监置博士、正、录各一员;六月,国子监又置学录一员;七月,复置国子监书库官一员;十二月,林大鼐兼权国子正。《宋志》止言太学增置学官,不言国子监增置学官,与下文难以呼应,非当。

《系年要录》卷一四八,绍兴十三年二月辛巳:"左文林郎、真州州学教授杨邦弼,左迪功郎陈鹏飞并为太学博士,初除博士员也。"

《系年要录》卷一四九,绍兴十三年五月壬申:"诏国子监置博士、正、录各一员,学生权以八十人为额。甲辰,右宣教郎元盥行太学录,全州文学师维藩权国子录。……既而右司谏詹大方言盥刻薄,岂足当师儒之任,盥遂罢去。秋七月己未,复置国子监书库官一员。"

参用元祐、绍圣监学法,修立监学新法。(3915 页 5 行)

"绍圣监学法"后当补"并见行条法"。

《宋会要·职官》二八之二三:"(绍兴)十三年二月二十三日,诏:'有司将元祐、绍圣监学法并见行条法一处参定,修立监学新法,悠久遵守。'从本监请也。"

至隆兴以后,正、录不兼权,祭酒、司业并置,复书库官;又定国子博士一员,太学博士三员,正、录共四员,学官之制始定。(3915 页 7、8 行)

《考正》谓:"是各事于前后十年之内方次第施行(隆兴中且曾有祭酒、司业不并置之指挥),非定于一时也。"甚是。

其一,国子正、录(《宋志》当于"正、录"前冠以"国子")不兼权,为隆兴二年十二月四日诏;

其二,国子祭酒、司业并置,系乾道七年三月八日事(见《宋会要·职官》二八之二六);

其三,复国子监书库官系乾道七年十一月二十三日诏;

其四,定国子、太学学官之制系乾道九年六月十二日事。

《考正》卷五之五"国子监":"案《会要》载:(隆兴)二年十二月四日,诏国子正、录今后正行差官,更不兼权。(《职官》二八之二五)(乾道七年)二月十三日宰执进呈,上曰:'刘焞兼侍读,李彦颖却兼侍讲可也。'……(允文)因奏曰:'刘焞久在馆阁,以拘资格,除郎不行,乞稍迁擢，以重宫僚之选。’上曰：‘郎官外更有何官可迁?’允文奏曰：‘国子司业见阙，缘隆兴指挥不许与祭酒并除。’上曰：‘司业乃祭酒之贰，并置何妨，可特除国子司业。’(《职官》七之二七。按：《宋会要·职官》二八之二六并载此事)(乾道)七年十一月二十三日，诏国子监复置书库官一员。(《职官》二八之二六)九年六月十二日，中书门下省言：‘国子博士旧系一员，太学博士旧系三员，今各止一员，正、录见共六员。’诏沈揆、梁汝永并改除太学博士，其退下太学正、录阙，更不除人。(《职官》二八之二七。按：乾道九年定国子博士一员、太学博士三员，两学正、录共四员)”

武　学

绍兴十六年……武博、武谕以兵书、弓马、武艺诱诲学者。绍兴二十六年，诏武学博士、学谕各置一员，(3915 页倒 2 行)

“绍兴十六年”后用简称“武博”“武谕”，而在“绍兴二十六年”后倒用全称“武学博士”“学谕”，此为《宋志》书法之失。“弓马武艺”宜连读。

宗　学

元丰六年，宗室令铄乞建宗学，(3916 页 2 行)

“元丰”为“元祐”之误。元祐六年诏按《熙宁敕》建宗学，而非元丰六年。宗学始创于宋神宗朝。《玉海》有《熙宁敕》建宗学之记载；《合璧后集》明确记载宗学“始创于神宗”。

《玉海》卷一一二“元祐宗学”：“元祐六年，宗室令铄请建宗学。于是诏宗正按《熙宁敕》，诸院建小学。自八岁至十四岁，每岁首检举入学。及毕工，以赐蔡确家。”

《合璧后集》卷四一“宗学·历代沿革”：“本朝胄监(国子监)之外，复立宗学，始创于神宗，至崇、观而大备。”

《宋会要·崇儒》一之一“宗学”:“徽宗建中靖国元年,以世雄、仲爰之言,四月九日,诏:‘复置宗学。’初,元祐六年,宗室令铄尝乞请建宗学。及毕工,以赐蔡确家……靖康之乱,宗学遂废。”

至道元年,太宗将为皇侄等置师傅,执政谓环卫之官非亲王比,当有降,乃以教授为名。(3916 页 4、5 行)

太宗重视皇亲子弟教育,要为皇侄、皇孙等置师设教。皇子之老师称侍读、侍讲,然皇子封王爵,即亲王;而皇侄、皇孙皆授环卫官(诸卫上将军、大将军、将军),难以与亲王比。故而执政提出皇侄、皇孙老师须“礼杀一等”,即不能称“侍读”“侍讲”,后命以“皇宫大、小学教授”之名。《宋志》未交代原委,删节过多,骤然出现“环卫之官非亲王比”,显得突兀,不可解,故当补其阙略。

《宋朝诸臣奏议》卷六〇,吕诲《上英宗论淮阳王当且设师友未宜建置僚属》:“臣伏睹淮阳郡王宫置翊善、侍讲等官……皇侄、皇孙,是环卫之职,请以教授为名。”

《长编》卷三七,至道元年正月戊申朔:“始命司门员外郎、开封孙蠙为皇侄、皇孙教授。时中书有言:‘唐文宗朝宰臣李石奏:太子有侍读,诸王亦有侍读,无降杀之礼,请改为奉诸王讲读。’今皇侄、皇孙皆列环卫,请以教授为名。”

咸平初,遂命诸王府官分兼南、北宅教授。南宫者,太祖、太宗诸王之子孙处之,所谓睦亲宅也。(3916 页 5、6 行)

上文谓分置南、北宅教授,下文仅释南宅之名即“睦亲宅”,而漏却北宅之名“广亲宅”,为秦王廷美子孙居之,两宅各置教授。疑《通考》或《合璧事类》均录自李心传《朝野杂记》而有所删节。《宋志》编修者直抄《通考》未及参照《朝野杂记》予以增补,致有此缺陷。

《朝野杂记》乙集卷一三“宗学博士·宗学谕”:“宗子博士,旧诸王宫大小学教授也。至道元年,太宗将为皇侄等置师傅。执政谓环卫之官,非亲王比,当有降。乃以教授为名。咸平初,遂命诸王府官分兼南、北宅教授。南宫者，太祖、太宗诸王之子孙处之，所谓睦亲宅也。北宫者，魏悼王子孙处之，所谓广亲宅也。二宅教授，初止六员。治平初，以宗室浸盛，有诏三十以上，增置讲书四员；十四以下，别置小学教授十二员，以分教之。崇宁初，以宫宅相去甚远，乃令各宫置大小二学，增教授二员，不置讲书。五年，又改称某王宫宗子博士，位在国子博士上。”

嘉定九年十二月，始复置宗学，改教授为博士，又置宗学谕一员，并隶宗正寺，在太常博士之下，谕在国子正之上，奉给、赏典依国子博士及正例，于是宗室疏远者皆得就学。(3916页7—9行)

复置宗学，置宗学博士、宗学谕在嘉定七年八月；嘉定九年十二月，以宗学隶宗正寺；嘉定十年正月十四日，定宗学博士、宗学谕之班序。此段宜改为：“嘉定七年八月，始复置宗学，改教授为博士，又置宗学谕一员。九年十二月，诏宗学并隶宗正寺。十年正月，诏宗学博士在太常博士之下，谕在国子正之上，奉给、人从、赏典依国子博士及正例，于是宗室疏远者皆得就学。”

《宋会要·崇儒》一之一五至一六：“开禧七年(按：应为嘉定七年，开禧止三年)八月癸卯，复建宗学，置博士、谕各一人，弟子员百人。……九年十二月五日，尚书省札子：‘勘会昨已降指挥兴复宗学，令隶祭酒、司业。今来已将诸王宫学重行建造，合与改作宗学，仍参照国朝典故，宗学旧隶宗正寺，合议施行。’诏将诸王宫学改作宗学，仍隶宗正寺施行。同日，诏将诸王宫学改作宗学，仍照国朝典故，改隶宗正寺。十年正月十四日，诏：‘宗学博士班序在太常博士之下，宗学谕班序在国子正之上，其请给、人从、赏典等，并依国子博士及国子正体例施行。’”

《续编两朝纲目备要》卷一四，嘉定七年八月癸卯：“复建宗学。改教授为博士，又置宗学谕一人。九年十二月，诏并隶宗正寺。博士在太常博士之下，谕在国子正之上，奉给、人从、赏典依国子博士及正体例。生员以百人为额。于是宗室疏远者，皆得就学。”

按：此条参陈文龙《〈宋史·职官志〉校补》。

书库官

元丰三年省。中兴后，并国子监入礼部。（3916页倒1行）

《宋志》书“元丰三年省”书库官后，漏载崇宁二年复置书库官，至大观四年复罢这一段史事。

《宋会要·职官》二八之一八至一九：“大观四年八月十二日，诏：……国子监监库官，元丰、绍圣间并不曾设置。自崇宁二年创差一员，后来辟雍援例，所管事务不多，可就委指使主管，库官省罢。”

《宋会要·职官》二八之一八：“（大观二年）八月二十七日，上批：国子监印造监本书籍，差舛颇多，兼版缺之处，笔吏书填不成文理。颁行州县，锡赐外夷，讹谬何以垂示？仰大司成专一管勾，分委国子监、太学、辟雍官属正、录、博士、书库官，分定工程，责以岁月，删改校正。”

少府监

分隶文思院、后苑造作所，（3917页3行）

太平兴国三年始置文思院，隶少府监。南宋初，改隶工部。又缘置提辖文思院上下界官，故在南宋并隶尚书左右司。此为“文思院”在本志三次（3791页、3864页、3918页）出现之由。《宋志》未叙明元丰改制前文思院已隶少府监，但云少府监之部分职掌分隶文思院，欠妥。

《玉海》卷一六八“太平兴国文思院”：“兴国三年《志》在六年，始置文思院。隶少府监。掌工作之事。有使、监四人，监门二人。今属工部（按：《玉海》作者王应麟，系南宋理宗朝人），分上、下界。”

《宋会要·职官》二九之一:“文思院,太平兴国三年置,掌金银犀玉工巧之物,金彩绘素装钿之饰,以供舆辇、册宝、法物及凡器服之用,隶少府监。监官四人,以京朝官、诸使副、内侍、三班充;别有监门二人,亦内侍、三班充。领作三十二。”

熙宁中,已厘归有司,官制行,皆复旧。(3917 页倒 4 行)

少府监于南宋建炎三年罢归工部,其后不复置。故而,《宋志》此谓“官制行,皆复旧”,下文不再作罢置之交代,易致误解,当于此段文字之末,补入“建炎三年,少府监罢归工部,后不复置”。

《系年要录》卷二二,建炎三年四月庚申:“权罢少府、将作、军器监归工部。绍兴三年十一(十)月庚戌,复将作、军器二监,惟少府监不复。”

崇宁三年诏:“文思院两界监官,立定文臣一员、武臣二员,并朝廷选差,其内侍干当官并罢。”(3917 页倒 2、倒 1 行)

“崇宁”为“熙宁”之误。“武臣二员”当为“武臣一员”。“内侍干当官”应为“内侍勾当官”。又此句当移置于上文“元丰元年”之前。

《元丰官制》:“文思院掌造作金银犀玉之物及舆辇、册宝、法物与凡器服之用,隶少府监。熙宁三年,诏文思院两界监官立定文臣一员、武臣一员,并朝廷选差,其内侍勾当官并罢。”

《宋会要·职官》二九之二:“熙宁三年,诏文思院两界监官,立定文臣一员、武臣一员,并朝廷选差,其内侍勾当官并罢。”

《玉海》卷一六八“太平兴国文思院”:“熙宁三年定制,监官文、武各一人,罢内侍。”

文思院,掌造金银、犀玉工巧之物,金采、绘素装钿之饰,(3918 页 1、2 行)

文思院领金、银、铜、铁、杂料生活共四十二作,事务繁冗,防范作弊极严,故自北宋已分文思院上界、文思院下界。南渡初,迫于军兴,“更不分上、下界”,然至绍兴三年则仍复分上、下界。《宋志》宜以上、下界分叙文思院之职掌。

《宋东京考》卷三："文思院上、下界。上界，造作金、银、珠、玉；下界，造作铜、铁、竹、木、杂料。"

《宋会要·职官》二九之一至二："文思院，太平兴国三年置。……领作三十二：……又有额外一十作，元系后苑造作所割属。……计匠二指挥，提辖官一员，通管上、下界职事。……绍兴三年三月七日，工部言：'本部所辖文思院，旧系分上、下界，两院监官各三员，内文臣一员、系京朝官，监门官各二员。其上界造作金、银、珠、玉，下界造铜、铁、竹、木、杂料生活。昨在京日，两院相去稍远，以隔奸弊。今本院更不分上、下界，所造金银生活与铜铁交杂无以检察，兼又拨并到皮场、绫锦院、事材场、东西八作司、少府监铸印司六局，共为一处，事务繁冗。欲乞令文思院依旧分为上、下界，各差监官、监门官一员。……'从之。"

绫锦院，(3918 页 2 行)

绫锦院置于乾德五年，绍兴三年已拨并入文思院，隶属工部。《宋志》不曾提及南宋之制。

《玉海》卷一六八"太平兴国文思院"："乾德五年十月丙辰朔，置绫锦院，以处蜀工。"

《宋会要·职官》二九之八："绫锦院，在昭庆坊。乾德四年以平蜀所得锦工二百人置内绫院。太平兴国二年，分东、西二院，端拱元年合为一。以京朝官、诸司使副、内侍三人监领。兵、匠千三十四人。太宗幸西绫锦院，命近臣纵观织室机杼。咸平元年令改织绢。"

《宋会要·职官》二九之二："绍兴三年三月七日，工部言：'本部所辖文思院，……兼又拨并到皮场、绫锦院、事材场、东西八作司、少府监铸印司，共为一处。'"

铸印篆文官二人。(3918 页 6 行)

"铸印"后缺一"司"字。少府监原有铸印司，绍兴初并入文思院。

铸印司置篆文官、副篆文官各一人。

《宋会要·职官》二九之六："淳熙十四年九月二十九日，诏……铸印司篆文官、副篆文官各一人，铸印司工匠三人，造作工匠三十三人，大门兵士十人。"

以上并属少府监。（3918页6行）

少府监于南宋建炎三年四月十三日罢，并归工部，终南宋而不复设。《宋志》所述系北宋少府监之制。《宋志》不记此事，非是。

《系年要录》卷二二，建炎三年夏四月庚申："少府、将作、军器监归工部。"

《系年要录》卷六九，绍兴三年十月庚戌："太府，司农寺，军器、将作监各复置丞一员。"（按：惟少府监不复）

将作监

旧制，判监事一人，以朝官以上充。（3918页7行）

熙宁四年十一月曾在将作监设判将作监事、同判将作监事、将作监丞、将作监主簿、勾当将作监公事等官。此乃与元丰改制前省、台、寺、监不行本司事有所区别处。《宋志》叙"旧制"当提及。

《长编》卷二二八，神宗熙宁四年十一月壬午朔："诏以将作监专领在京修造事。选置判监一员、同判监一员、监丞或主簿两员、勾当公事两员，以嘉庆院为监。虞部员外郎、权发遣户部判官范子奇权判监，太子中允、检正中书礼房公事向宗儒同判监。《会要》载此事在癸未日。按范子奇判将作监，《实录》乃在壬午日。今从《实录》。向宗儒同判在乙酉日。今并书之。"

《长编》卷二二八，熙宁四年十一月甲申："入内供奉官宋用臣、右班殿直相琰为将作监勾当公事。"

《长编》卷二二七，熙宁四年十月己卯："侍御史知杂事邓绾言：

‘……欲乞赐锡庆院以为太学，仍修武成王庙以为右学。’……诏将作监丞宋靖国、权发遣户部判官吕嘉问相度以闻。”

熙宁初，以嘉庆院为监，其官属职事，稽用旧典，已而尽追复之。(3918 页倒 1 行、3919 页 1 行)

“熙宁初”，即熙宁四年十一月一日事。详参上条所引《长编》卷二二八记事。此句宜上移至“元丰官制行”(3918 页 9 行)之前。

元祐七年，诏颁《将作监修成营造法式》。(3919 页 1 行)

元祐七年三月十八日，《营造法式》修成并颁行。“将作监修成”五字误加书名号内，当移之。此《营造法式》即将作监少监李诫接续修定之《营造法式》的前身。

《长编》卷四七一，元祐七年三月辛丑：“诏将作监编修到《营造法式》共二百五十一册，内净条一百一十六册。许令颁降。”

修内司，掌宫城、太庙缮修之事。(3919 页 6 行)

“修内司”，又称“提举修内司”。其职掌，尚有制造御前军器一项，可补。此外，修内司是两宋常设重要修建机构，编制有雄武兵一千人，不可不提及。

《宋会要·职官》三〇之一：“领雄武兵士千人，供皇城内宫省垣宇缮修之事。真宗天禧四年六月诏：自今后修内司差内侍省使臣二人，入内内侍省使臣一人勾当。从本省之请也。”同前书三〇之三、四：“绍兴三年正月十二日，诏修内司见造御前军器……乾道八年三月十三日，诏修内司自乾道元年四月至今，将及七年，造纳过军器一百五十三万余件，并各精致。”

窑务，掌陶为砖瓦。(3919 页倒 7 行)

“窑务”之全称为“京东、西窑务”，共为二司。“陶”字后落一“土”字。

《宋会要·食货》五五之二〇：“京东、西窑务，掌陶土为砖瓦器，给营缮之用。旧有东西二务，景德四年废，止于河阴置务，于京城西置受纳场，岁六百万。大中祥符二年，复置东窑务，以诸司使、副使、三班三人监领。匠千二百人。受纳场改为西窑务，以三班二人监。”

建炎三年，诏将作监并归工部。绍兴三年，复置丞，仍兼总少府之事。（3919页倒3行）

建炎三年四月十三日将作监归并工部，绍兴三年十月二十九日复置将作监丞。《宋志》谓“仍兼总少府之事”，“仍”字后宜补“与军器监分”五字，缘少府监于建炎三年并归工部后，则终宋之世不复置，其职事由军器监、将作监分领，未能谓独由将作监“兼总少府事”也。又，“少府”为简称，宜用“少府监”全称。

《系年要录》卷二二：“建炎三年四月庚申，少府、将作、军器监归工部。绍兴三年十一月庚戌（按：‘十一月庚戌’误，当为‘十月庚戌’）复将作、军器二监，惟少府监不复。”

《十朝纲要》卷二二：“绍兴三年十月庚戌，诏（复置）宗正少卿（一员）；太常、司农寺、军器、将作监各复置丞一员，太府、大理寺各增丞一员。”

《系年要录》卷六九，绍兴三年十月庚戌：“复置宗正少卿一员；太府，司农寺，军器、将作监各复置丞一员。”（按：惟少府监不复）

《咸淳临安志》卷八“将作监”引《将作监题名记》：“绍兴三年冬十月，复监、置丞。十年冬十月，置主簿。明年夏四月置长贰官。适少府未复，故与军器两监分领其所隶。”

军器监

皮角场，掌收皮革、筋角，以供作坊之用。（3920页倒1行）

皮角场并受纳脂油、硝，《宋志》缺载。又，“皮角场”非全称，全称应为“皮角场库”，系于景德三年并旧三库为一库，再加原一场合成。军器监官属尚有东西广备指挥，《宋志》失载。

《宋会要·食货》五二之九:"皮角场库在显仁坊。掌受天下骨、革、筋、角、脂、硝,给造军器、鞍辔、毡毯。旧一场三库。景德三年并三库为一库。"

南渡置御前军器所。(3920 页倒 1 行、3921 页 1 行)

"御前军器所"之全称为"制造御前军器所"。制造御前军器所非南宋初创置,北宋时已有。如置提举官、提辖官、提点官,即有提举制造御前军器所、提辖制造御前军器所、提点制造御前军器所之名。

《宋会要·职官》一六之八:"绍兴十一年四月四日,臣僚言:'昨在京已有御前军器所,就军器监置局,别差提举官,以内侍领之,更不属工部,故不隶台察。'"

《宋史·兵志》一一:"大观二年八月,提举御前军器所奏:'乞如崇宁五年指挥,下诸路买牛角四十万只、筋十万斤。'从之。"

《宋会要·职官》一六之二〇:"乾道七年七月十八日,诏差韩玉兼提点制造御前军器所。"

建炎三年,诏军器监并归工部,东西作坊、都作院并入军器所。(3921 页 1 行)

建炎三年四月十三日,军器监并归工部。而东西作坊并入制造御前军器所时间则为绍兴三年四月九日。《宋志》将东西作坊并入军器所时间系于"建炎"之下,非是。都作院何以及何时并入军器所,检记载未获。

《系年要录》卷二二,建炎三年四月庚申:"少府、将作、军器监归工部。"

《十朝纲要》卷二二:"绍兴三年四月九日,诏东西作坊并入军器所。"

《宋会要·职官》一六之五:"绍兴三年四月九日,诏东西作坊作匠、人吏、物料并入军器所。监官依《省罢法》。"

十四年,以朝奉大夫赵子厚守军器监,宗室为寺监长贰自此始。

(3921页2、3行)

《宋志》谓"宗室为寺监长贰自此始",即自赵子厚守军器监始,非是。元祐六年,宗室赵令铄次第除鸿胪寺卿、卫尉寺卿,岂可谓宗室为寺监长贰自绍兴十四年始?

《长编》卷四六五,元祐六年闰八月庚午:"将作监赵令铄为鸿胪卿,寻改卫尉卿。十八日改卫尉。"

隆兴初,诏置造军器,已有军器所隶工部,本监惟置丞一员。(3921页4行)

《考正》卷五之八"军器监":"案:'置造'当作'制造'。"

以少监韩玉往建康点检物马(3921页5行)

"物马"为"牧马"之误。

《宋会要·职官》五二之一六:"(乾道六年)九月十三日,诏:'遣右承务郎、军器少监兼权兵部郎官韩玉往建康点检牧马,仍以奉使军器少监为名。'"

宥府、起部并提纲于上,(3921页倒6行)

"宥府"为枢密院之别名,"起部"为工部之别称。《宋志》不宜孤立地使用职官别名。

都水监

都水监　旧隶三司河渠案,(3921页倒4行)

"三司河渠案"为"三司河渠司"之误。河渠司与都水监先后置司,绝无隶属关系。《宋志》谓"旧隶三司河渠案","旧隶"之主语如指都水监,非是;若谓"都水监"之职掌,则理应按《通考》之行文,先叙述职掌,继述"旧隶"云云。

《宋会要·职官》五之四二:"仁宗皇祐三年五月二十三日,三司请置河渠一司,专提举黄、汴等河堤功料事。从之。命盐铁副使刘湜，判官邵饰主其事。九月，诏三司河渠司：'汴河每年一开浚之。'……至和二年十二月，以殿中丞李仲昌都大提举河渠司，以仲昌知水利之害，特任之也。嘉祐三年十一月，诏置都水监，罢三司河渠司。"

《通考·职官》一一"宋都水监"："宋都水监，判监事一人，以员外郎以上充；同判监一人，以朝官以上充；丞二人，主簿一人，并以京朝官充。掌内外河渠堤堰之事。旧例(隶)三司河渠案。嘉祐三年始专置监以领之。"

《玉海》卷一二四"嘉祐都水监"："三年十一月己丑初置，罢三司河渠司。"

《长编》卷一八八，嘉祐三年十一月己丑："诏曰：天下利害，系于水为深……宜修旧制，庶以利民。其置在京都水监，凡内外河渠之事，悉以委之。应官属及本司合行条制，中书门下裁处以闻。其罢三司河渠司，以御史知杂吕景初判监，盐铁判官、领河渠司事杨佐同判，河渠司勾当公事孙琳、王叔夏知监丞事。"

置局于澶州，号曰外监。(3921 页倒 2 行)

"外监"疑系割裂《通考》"外监寺司"之文而来。修志者未辨《通考》"外监寺司"系"外监丞司"(即"外都水监丞司")之误书，又疑惑于宋朝无"外监寺司"之名，遂截取"外监"两字以为稳便。然宋人有简称"外都水监丞司"为"外监丞司""外丞司"者，却未有以"外监"称之者。

《通考·职官》一一"宋都水监"："轮遣丞一人出外治河埽之事，或一岁再岁而罢，其间有谙知水政或至三年者，置局于澶州，号曰外监寺司，押司官一人。"

《长编》卷二五四，神宗熙宁七年六月戊子："知冀州王庆民言：'州有小漳河，向为黄河北流所壅。今河已东流，乞发夫开浚。'诏外都水监丞司相度以闻。既而不行。……是月，都水监言：'乞下外监丞司相度，候霜降水落，将清水镇河闭断，筑缕河堤一道遮拦涨水，使大河复循故道。……乞差（刘）琀与王令图同外都水监丞司就计其事。'从之。"

《宋会要·方域》一三之六："元丰五年八月二十四日，前河北转运副使周革言：'熙宁中，外都水监丞程昉，于真定府滹沱河中渡系浮桥。'"

《宋会要·方域》一五之一七："元祐八年正月二十九日，据外丞司申，打量到决口阔六里零二百八十五步。"

兴役以后月至十月止，（3922 页 3 行）

"后月"之"后"字，必误无疑。然究为何月，经查检未获，疑"二月"为是。

《考正》卷五之九"都水监"："案：'后'字疑误。"

《宋史·河渠志》一："天禧三年……祠部员外郎李垂又言疏河利害：'臣请以兵夫二万，自来岁二月兴作，除三伏半功外，至十月而成。'"

南、北外都水丞各一人，（3922 页 5 行）

"南、北外都水丞"之全称为"黄河南、北外都水监丞"。

《宋会要·方域》一五之二九："宣和二年九月四日，工部尚书陆德先等奏：契勘黄河南、北两外丞司管下文武都大官所属河防职务，事体非轻，须是谙熟河事之人方可倚办。"

先是，导洛入汴，专置堤岸司；（3922 页 7 行）

导洛入汴工程，专置"都大提举导洛通汴司"，简称"导洛通汴司"，始置于元丰二年；后导洛河清水入汴成，于元丰三年五月二十二日改都大提举导洛通汴司为都提举汴河堤岸司，即上文之提举汴河堤岸司。《宋志》"先是"以下文字，既属说明提举汴河堤岸司之由来，则导洛入汴所置司未能称之为"堤岸司"，而应称之为"导洛通汴司"。

《宋会要·方域》一六之一〇："元丰元年六月十五日，权都水监丞范子渊言:‘乞于汜水镇北门导洛水入汴,……二年三月二十一日,诏入内东头供奉官宋用臣都大提举导洛通汴。’……二十三日,诏:‘近已差宋用臣都大提举导洛通汴司……’六月十七日,提举导洛通汴司言:‘清汴成。四月甲子起兵役,六月戊申毕工,凡四百(十)五日。’”(按:元丰二年四月朔为己亥,甲子为二十八日,至六月戊申,即六月十一日,恰好四十五天)

《宋会要·方域》一六之一六:“元丰三年五月二十二日,改都大提举导洛通汴司为都提举汴河堤岸司。”

元祐四年,复置外都水使者。(3922页8行)

《宋志》载外都水使者复置事,而不载外都水使者于元祐元年四月始设事,不妥。

《宋会要·方域》一五之一一:“哲宗元祐元年四月四日,诏添置外都水使者、勾当公事各一员,北外都水丞隶外都水使者。”

元符三年,诏罢北外都水丞,(3922页倒6行)

“元符三年”为“元符二年”之误。其事在元符二年九月二十五日。

《长编》卷五一五,元符二年九月甲子:“水部员外郎曾孝广奏:‘……都水北外丞无所职任,……欲乞并归转运使,于本司置河渠案及属官分治、责办,州县修护河埽,自然上下检察,内外简省。’工部看详,欲依孝广所奏事理施行。所有合措置事件,令转运司别具条析,奏取朝廷指挥。从之。”

街道司,掌辖治道路人兵,(3922页倒3行)

都水监所隶尚有沟河司,《宋史·兵志》谓有“河清司”(按:疑“河清司”即“沟河司”)。

《宋会要·职官》三〇之一八:“沟河司　天圣四年,阁门祗候、府界提点公事张君平擘画置司,仍专差官一员,与府界提点官同共管勾府界并南京、宿、亳等州军沟洫河道。……熙宁九年五月十七日,诏罢开封府界沟河司，以开浚河道已成，故省专官，而隶都水提举焉。”

《宋史・兵志》三：“河清、街道司，隶都水监。”

《考正》卷五之九“都水监”：“《史志》所载都水监所属官司，即仅以街道一司为止。查《会要・都水监门》残缺不全，然所存犹有沟河司及街道司二者（《职官》三〇之一八）。《通考・职官考》十一‘都水监’条载：‘所隶有：东西四排岸司，监官各以京朝官阁门祗候以上及三班使臣充。掌水运纲船输纳雇直之事。’”

司天监

监　少监　丞（3923 页 2 行）

司天监设提举官，事得向天子专达或乞入对，与监（或判监）并置。《宋志》失载。

《宋会要・职官》一八之八二：“太史局旧名司天监。元丰官制行，改今名。……熙宁二年二月，提举司天监司马光言……”

《宋会要・职官》一八之八四：“元丰元年十二月二十三日，提举司天监所言……三年六月十三日，诏权判司天监丁洵、权同主管司天监周琮各补一子。”

《宋会要・职官》三一之三：“英宗治平三年十二月，诏今后司天监差大两省一员提举，仍下提举所取索前后条贯看详、遵守。内有未便事即具奏请。凡系占候公事，各令属官依久例自奏外，其余公事并取提举指挥。应五官正已上许升厅参见，监、丞已下并令庭参。”

供诸坛祀祭告神名版位画日。（3923 页 3、4 行）

“供诸坛祀祭告神名版位画日”，文字错乱不通；标点亦有误。析而言之，“供……神位版”系一回事，“画日”（择所用日）又是一回事。《宋志》所云“神名版位”，应为“神位版”，书“神名位版”亦可；“供诸坛祀”之“祀”前须补一“祠”字，则为“供诸坛祠祀”；“祭告”须倒过来为

“告祭”，即“告礼”之祭；“画日”前加一逗号。经订正后之文字为：“供诸坛祠祀、告祭神名位版，画日。”

《宋会要·礼》二之一七：“郊祀奏告，据太史局申：宜用六月二十七日壬子吉。今参酌到合行事件：……奏告天地社稷，合用神位版。”

《愧郯录》卷一三“金版”：“今郊祀天地、祖宗正配位，皆有金版书神位，以金饰木为之。……政和六年六月甲戌，宣和殿学士、礼制局详议官蔡攸等言：‘臣昨受睿旨，讨论位版之制，退考太史局所掌见用位版，皆无所稽据。’”

以五官正充。（3923 页 4 行）

《宋会要》作“以五官正以上充”。

《宋会要·职官》一八之八二：“监及少阙，则置判监事二人，以五官正以上充。”

礼生四人，历生四人，掌测验浑仪，同知算造、三式。（3923 页 4、5 行）

将“礼生四人，历生四人”与“掌测验浑仪，同知算造、三式”连读，误。应于“历生四人”之下用句号断住，两者所叙不同事才显分明。“测验浑仪”“同知算造”“三式”是司天监所设三官，其“掌”字系衍字，当删去，而改成“又有”二字，“测验浑仪”后之逗号应改为顿号。“礼生”“历生”属司天监学生。

《分纪》卷一七“太史局”：“国朝因梁曰司天监……监，从三品；监阙，则以五官正二人判监事。又有测验浑仪官、同知算造及三式之名。”

《宋会要·职官》一八之九〇：“太史礼、历生，守阙礼生，每月增钱二贯文。”

《宋会要·职官》一八之九四：“（淳熙元年）太史局学生子弟试五场，并系历算一科，即无试天文、三式二科之人。”

宋史职官志补正六

（《宋史》卷一六六）

侍卫亲军……东西上阁门（3927 页 4、5 行）

《宋志》六卷卷首所列标题官司中，“东西上阁门”应写作“东、西上阁门”。“侍卫亲军”后，应补加“司”字。“侍卫亲军司”简称“侍卫司”，其下辖“侍卫亲军马军司”“侍卫亲军步军司”。自宋真宗景德二年正月王超罢侍卫亲军马步军都虞候后，侍卫司即自分为“马军司”“步军司”二司，与“殿前司”合称“三衙”。《宋志》此处既未以“三衙”为标题，“侍卫亲军”后之“司”非加不可，以明宋初禁军制度之由“二司”向“三衙”演变。

《归田录》卷一：“旧制：侍卫亲军与殿前分为两司。自侍卫司不置马步军都指挥使，止置马军指挥使、步军指挥使以来，侍卫一司自分为二，故与殿前司列为三衙也。”

《石林燕语》卷六：“殿前司与侍卫司马军、步军为三衙，其实两司。而侍卫司都指挥使外，又分置马、步军都指挥使尔。殿前司亦参马、步军，而总于都指挥使，故殿前司都指挥使、副、都虞候，侍卫亲军都指挥使、副、都虞候，与马军、步军都指挥使、副、都虞候，两司三衙合十二员，分天下兵而领之，此祖宗制兵之大要也。”

《群书考索·后集》卷一二“殿前司附总三衙”：“咸平三年，王超自殿前都指挥使迁侍卫亲军马步军都虞候。《实录》。自王超罢职，无复任者，而侍卫司马军、步军遂分为二，并殿前号三衙，而马、步二军始居殿前司之下焉。"

《分纪》卷四四"东、西上阁门"："国朝东、西上阁门司，紫宸殿南廊，置使、副使，常领本局事。"

《宋史·职官志》六"东、西上阁门"："东上阁门使、西上阁门使各三人，副使各二人。"

殿前司

都指挥使、副都指挥使、都虞候各一人。（3927 页倒 4 行）

据《两朝国史》，宋初殿前司设有副都虞候。

《宋会要·职官》三二之一："《两朝国史志》：殿前司都指挥使、副都指挥使、都虞候、副都虞候，掌殿前诸班直及步、骑诸指挥之名籍及训练之政令。"

而有都点检、副都点检之名，在都指挥之上，后不复置。（3927 页倒 3、倒 2 行）

"而有"宜易为"宋初有"。"后不复置"，有确切年月可检，即建隆二年闰三月五日后，罢殿前都点检；七月九日后，罢殿前副都点检。此"后"字宜易为"建隆二年"。

《玉海》卷一三九"宋朝侍卫亲军"："建隆二年闰三月戊辰，慕容延钊罢，自是都点检不除。建隆二年七月庚午，高怀德罢殿前副都点检，自是亦不除。"

步军有御龙直、骨朵子直、弓箭直、弩直及天武以下诸军指挥。（3928 页 4 行）

"骨朵子直"为"御龙骨朵子直"，"弓箭直"为"御龙弓箭直"，"弩直"为"御龙弩直"，与"御龙直"合称"御龙四直"，属殿前司步军，泛称"诸直"。《宋志》未当在"骨朵子直"等诸直前省略"御龙"之名。

《宋史·兵志》二“禁军”下:“熙宁以后之制　步军:御龙直左右二。御龙骨朵子直左右二。御龙弓箭直五。御龙弩直五。中兴左右班二。”

《宋会要·职官》三二之四:“御龙诸直有四直都虞候,本直各有都虞候、指挥使、副指挥使。”

诸班有都都虞候指挥使、(3928页5行)

“诸班有都都虞候指挥使”,显误。宋兵制禁军将校无“都都虞候指挥使”之怪名,实为“都虞候”与“指挥使”两官之合称。“都都虞候”中一“都”字为衍字,当删去;“都虞候”与“指挥使”之间当加顿号。

《宋史·兵志》一“禁军”上:“诸班　有都虞候、指挥使、都知、副都知、押班。”

《宋朝兵制初探》二“北宋前期和中期禁兵”:“殿前司马军诸班直的统兵官有都虞候、指挥使、都知、副都知和押班。”

本直各有都虞候、指挥使……十将、将、虞候。(3928页5、6行)

“将、虞候”为“将虞候”之误点,其间顿号宜删去。

《政和五礼新仪》卷二一“朝会仪卫·大庆殿大朝会”:“十将、将虞候以方胜练鹊。”

《通考·王礼》一三“乘舆车旗卤簿”:“十将、将虞候节级二人。”

每都有军使、副兵马使、(3928页8行)

骑军所属每都之长官称“军使”,而步军所属每都之长官称“都头”,《宋志》宜于“军使”下加注文;又,骑军每都之佐贰称“副兵马使”,步军则别称“副都头”,亦宜在“副兵马使”下加注文。

《宋史·兵志》一“禁军”上:“马、步军有捧日、天武左右四厢都指挥使,捧日、天武左右各有都指挥使,每军有都指挥使、都虞候,每指挥有指挥使、副指挥使,每都有军使、步军谓之都头。副兵马使。步军谓之副都头。”

祖宗以来,三帅不曾阙两人,若殿帅阙,(3928页9行)

“三帅”“殿帅”皆为简称，转述言论，自可引用，然宜添加注文。况且，《宋志》至此未曾叙及“三衙”体制，直用“三衙”最高军职之简称，不免有本末倒置之嫌。

《廿二史考异》卷七一“宋史·职官志”六：“殿前司、侍卫马军司、侍卫步军司，当时谓之三衙，各置都指挥使、副都指挥使、都虞候，皆帅也，故有三帅。”

《长编》卷二七四，熙宁九年四月丁丑（亥）：“殿前都指挥使郝质等言：往军器监与权判监刘奉世等会议军器。上批：殿前、马、步军三帅，朝廷待遇礼继二府，事体至重，寺监小官，岂可呼召使赴期会？尊卑倒置，理势不顺。自今止令移文定议。”

姚麟系殿前都虞候，合升作步军副都指挥使。（3928页倒6行）

元祐七年二月十四日，王岩叟建言以殿前都虞候姚麟补步军副都指挥使阙，《宋志》未载处分结果，宜补“从之”。

《长编》卷四七〇，哲宗元祐七年二月丁卯：“步军都虞候、信州团练使、定州路副都总管刘斌权同管勾马军司。先是，枢密院以步军副都指挥使刘舜卿卒，环卫阙人，欲进补。先奏知，太皇太后曰：‘更有阙，皆多时不补，亦不妨否？将相非小事，岂得容易？’王岩叟言：‘祖宗以来，三帅不曾阙两人，盖殿帅若阙，难为从下便超补。今姚麟是殿前都虞候，合升作步军副都指挥使。又刘斌，本以不才令出，今不得已却欲召入，令与麟相兼管。’从之。”

《长编》卷四七〇，哲宗元祐七年二月辛未：“殿前都虞候、威州团练使姚麟为定州观察使充步军副都指挥使。从枢密院所进拟也。”

绍圣三年，诏：“殿前指挥使金枪弩手班、龙旗直所减人额及排定班分，并依元丰诏旨。”（3928页倒6、倒5行）

绍圣三年五月六日诏，《宋志》既云“并依元丰诏旨”，当先载该诏，今不具，徒为空文。又，元祐二年六月曾罢元丰七年诏旨，绍圣三年又复诏仍施行元丰七年诏旨，其间反复，与朝廷亲政者之更换息息相关,《宋志》不载元祐二年之诏,似又未妥。

《宋会要·职官》三二之六:"并依元丰七年九月诏旨:殿前司指挥使左、右班枪手,可各以五人为额,并金枪留七十五人,弩手班、龙旗直各二十人外,余悉改充弓箭手。仍以弩手班排称东第四、龙旗直为第五班。"

《长编》卷四〇二,哲宗元祐二年六月甲午:"枢密院言:'元丰七年,承旨司传宣枢密院,殿前指挥使左、右班枪手可各以五分为额,余悉改充弓箭手。窃详先为在京马军全废枪手,其诸班枪手有阙无人拣填。遂有上件宣旨。近因殿前、马、步军司奏请在京马军复置一分枪手,并诸班枪手并依旧教阅。'诏:'元丰七年宣旨更不施行。'"

《宋会要·职官》三二之六:"哲宗绍圣三年五月六日,诏:殿前指挥使金枪弩手班、龙旗直所减人额及排定班分,并依元丰七年九月诏旨。"

《考正》卷六之一"殿前司":"《史志》于此段前仅载元祐七年王岩叟奏请以姚麟升步军副都指挥一事,其所谓元丰诏旨者实阙而未载。《会要·殿前司门》所记元丰中事共四条,亦无与此相涉者,唯于绍圣三年,则详记其事云……《史志》既不载原诏旨,复于此诏中节去其所举述之各事,殊为疏略。"

政和四年,诏:"殿前都指挥使在节度使之上,殿前副都指挥使在正任承宣使之上,(3928 页倒 5、倒 4 行)

徽宗政和七年,诏改观察留后之名为承宣使。《宋志》此处所云系政和四年诏,其时未有"承宣使"之名,纯属史家追改之笔。

《宋会要·职官》三二之七:"政和四年六月八日,礼制局奏:'中书舍人陈邦光甲(申),管军为武臣极任,今乃不入品序,止以本官为次等,欲望特诏有司参酌厘正。诏送礼制局。本局取到管军臣僚称呼等阶,今定殿前都(指)挥使在节度使之上,殿前副都指挥使在正任观察留后之上,马军都指挥使、马军副都指挥使在正任观察使之上,殿前都虞候、马军都虞候、步军都虞候在正任防御使之上，捧日、天武四厢都指挥使，龙、神卫四厢都指挥使在正任团练使之上。'从之。"

《合璧后集》卷六三"承宣使"："本朝沿唐制，方镇有节度、观察留后《职略》。又《官制旧典》：祖宗时留后，惟宗室、国戚自当叙迁，若外官，唯马、步军都指挥使方就除焉。马军带留后，步军带观察，余无至者。……政和七年，诏观察留后乃五季藩镇官，以所亲信留主后务之称，不可循用，可冠以军名，改为承宣使《四朝志》。"

阅实排连以诏于上；（3929 页 1、2 行）

"阅实排连"为"阅日排连"之误。"阅日"，即阅试之日。

《宋史·兵志》一〇："凡军头、十将、节级转补，谓之'排连'；有司按籍阅试，如列校转员法……元丰元年，诏禁军排连者，三分其人，以其一取立功额外人，二分如令简试。"

《通考·职官》十二"殿前司"："凡诸军班功赏、转补，行门拍试、换官，阅日排连，以诏于上。"

《宋史·兵志》五"河北河东陕西义勇"："（熙宁）九年正月，诏：'义勇、保甲逐年遇阅日比试。'"

《宋史·神宗纪》三："（熙宁）四年四月癸亥，……御延和殿阅试保甲。"

初，渡江草创，三衙之制未备，稍稍招集，填置三帅，资浅者，各有主管某司公事之称。（3929 页 3、4 行）

南宋初，三衙名存实亡。建炎元年五月乃置御营使司，以总齐行朝军中之政令。至建炎三年十一月诸班直作乱，高宗遂废禁班，三衙之制扫荡不存。及绍兴五年，始复殿前司、马军司、步军司，并以都督府兵拨隶三衙，其三帅皆以"主管某司公事"为名。《宋志》于南宋三衙废置沿革语焉不详，失之疏略。

《朝野杂记》甲集卷一八"三衙废复"："国朝旧制，殿前、侍卫马、步三衙禁旅合十余万人。宣和间，仅存三万而已。京城之破，多死于敌。……(建炎)三年冬,上将航海避狄,而卫士张宝等不欲行,因吕元直入朝,率众围之,出语不逊。上怒,诛十七人于明州市,除行门外,尽废其班。明年……四月,上还会稽,乃选中军五百人,入直殿岩,悉乌合之众。时赵元镇初秉政,因为上言:'祖宗于兵政最为留意,今诸将各总重兵,不隶三衙,则兵政已坏。独卫兵仿佛旧制,亦扫荡不存,是因噎而废食也。'上悟,寻复旧制。然卫兵不满三千,识者病其单弱,数以为言。绍兴二年秋,诏三衙措置。已而,上谓辅臣曰:'一卫士所给,可赡三四兵。朕命杨沂中治神武中军,此皆宿卫兵也。'遂命沂中兼提举宿卫亲兵。五年冬,废神武中军隶殿前司,以沂中主管殿前司公事。十二月庚子。又以都督府兵分隶三衙。是月庚戌。七年夏,复合马司余军及八字军为六军十二将,命刘信叔主之,四月丙申。而解承宣潜典步军如故。自是三衙始复。"

又别置御营司,擢王渊为都统制。(3929页4行)

南宋三设"御营司",一为建炎元年五月至建元四年六月;一为绍兴三十一年十月至绍兴三十二年五月,称"御营宿卫司";一为隆兴元年六月至九月。《宋志》此谓"别置御营司",系指建炎御营司。建炎御营司总全国军政,夺枢密院之权,远超北宋三衙禁旅,似宜另立专条。惜《宋志》夹于"殿前司"下一笔带过,难以识其概貌。

《系年要录》卷五,建炎元年五月丁酉:"中书侍郎黄潜善兼御营使,同知枢密院事汪伯彦兼御营副使。自国初以来,殿前、侍卫马、步司三衙禁旅合十余万人,高俅得用,军政遂弛。靖康末,卫士仅三万人,及城破,所存无几。至是殿前司以殿班指挥使左言权领,而侍卫二司犹在东京。禁卫寡弱,诸将杨惟忠、王渊、韩世忠以河北兵,刘光世以陕西兵,张俊、苗傅等以帅府及降盗兵,皆在行朝,不相统一。于是,始制御营司以总齐军中之政令,因其所部为五军,以真定府路马步军副总管王渊为使司都统制,诸将韩世忠、张俊、苗傅等并为统制官。又命鄜延路马步军副总管刘光世提举使司一行事务。"

《系年要录》卷三四，建炎四年六月甲戌："以宰相范宗尹兼知枢密院事，罢御营使。"

《朝野杂记》甲集卷一〇"御营使　御营宿卫使"："绍兴三十一年，金海陵入寇，上将临江视师。其冬，以和义郡王杨存中为御营宿卫使。虏平复免。明年孝宗即位，又以御营使命之。然但自名一司，掌殿前忠勇等军，非复建炎之比矣。"

《系年要录》卷一九三，绍兴三十一年十月庚申："太傅、宁远军节度使、醴泉观使、和义郡王杨存中为御营宿卫使。"

《宋史·高宗纪》九："绍兴三十二年五月戊申，复以杨存中为醴泉观使，奉朝请；罢御营宿卫司。"

《玉海》卷一三九"建炎御营五军"："绍兴三十一年，上将视师，冬十月庚申，以杨存中为御营宿卫使。虏平复免。明年，孝宗即位。隆兴元年六月十三日，又以御营使命之。然但自名一司，掌殿前忠勇等军，非建炎之比也。"

《挥麈录·后录》卷一"宰相枢密分合因革"："建炎初，置御营使，本以车驾行幸，总齐军中之政，而以宰相兼领之，故遂专兵柄，枢密院几无所干预。"

《类编皇朝中兴大事记讲义》卷二"置御营司"："丁酉，置御营司。国朝兵权，隶于三衙，本之枢府。枢府有发兵之权，而无握兵之重；三衙有握兵之重，而无发兵之权。非有分散不可一之柄。中兴之初，禁卫单弱，则宜如祖宗之时，择骁勇伉健者充其选，复三衙之制，正西府之体，而又治之使极严，教之使极精，则不惟可以壮根本，亦可制夷狄。今不复三衙，而别置御营司，分委之枢府，而置御营使。其初，欲以行幸，整齐军中之政耳。其后专掌兵权，枢府不得而预。议者以本朝故事分为两府，又置御营司，是政出于三。此赵鼎所以举故事以正西府之权，范宗尹所以兼枢密使而罢御营使者。宜也。"

《宋会要·职官》三二之三五至三六："孝宗隆兴元年六月二十四日，诏殿前司诸军并令拨隶御营使、和义郡王杨存中使唤。……九月二十一日，诏御营使杨存中依旧宫观，其见管军马可拨归殿司。从其请也。”

其后外州驻扎，又有御前诸军都统制之名。(3929 页 4、5 行)

御前诸军之名，始于建炎三年七月，然建炎四年六月就改为神武军。绍兴五年十二军，改为行营护军。至绍兴十一年四月，驻扎外州大军遂定名为“某州驻扎御前诸军”，其长官为御前诸军都统制，皆不隶三衙。《宋志》不当将御前诸军置于“殿前司”下，可另立专条。

《系年要录》卷二五，建炎三年秋七月癸未：“武胜军节度使、御前左军都统制韩世忠为检校少保、武胜昭庆军节度使，赏平苗、刘之功也。……除授宜州观察使、御营使司后军统制辛企宗为御营使司都统制。企宗，道宗兄也。自陕西携所部由兴、洋赴行在，再迁都统制，韩世忠、张俊皆不服，乃命世忠、俊改‘御营’为‘御前’。”

《系年要录》卷九六，绍兴五年十二月庚子：“诏：‘神武军系北齐军号，久欲厘正。宜以行营护军为名，神武前军改称中护军，左军称前护军，后军称后护军，刘光世所部人马称左护军，吴玠所部人马称右护军。’”

《玉海》卷一三九“绍兴都统制兵”：“建炎元年五月，以河北兵为御营五军，三年四(七)月又更置御前五军……又改为神武军。绍兴元(五)年十二月，又改为行营四护军。十一年四月，三宣抚司罢；乙未，乃改其部曲称‘某州驻扎御前诸军’。十八年五月甲申，罢四川宣抚司，川陕军亦如之。杨政改充御前都统制。其军皆不隶三衙。”

《系年要录》卷一五七，绍兴十八年五月甲申：“罢四川宣抚司。武当军节度使、宣抚使司都统制兼知兴元府杨政改充御前诸军都统制。”

《朝野杂记》乙集卷一三“十都统制”：“绍兴十一年，张、韩、岳三大将皆罢兵，乃收其所部为御前诸军，而都统制皆以屯驻州名冠军额之上。……十九年，……其系衔则璘称利州西路驻扎御前诸军都统制，政称利州东路驻扎御前诸军都统制。……三十一年，王彦始除金、房、开、达州驻扎御前诸军都统制。”

又并入神武军，以旧统制、统领改充殿前司统制、统领官。（3929页5行）

绍兴五年冬十二月，杨沂中所领神武中军并入殿前司，《宋志》谓“神武军”不妥。“神武”为番号，共有五军：神武左军、右军、前军、后军、中军，并有神武副军（由御营五军改）。除神武中军原隶殿前司外，其余神武军统易以“行营护军”番号。

《玉海》卷一三九“建炎神武军”：“建炎四年六月戊寅，改御前五军为神武军，御营五军为神武副军，其将佐并属枢密院。八月，令神武中军选亲兵通旧六百人，不隶禁卫，分三番于禁中直宿。绍兴二年九月癸亥，上谓辅臣曰：‘朕命杨沂中治神武中军，皆宿卫兵也。’五年十二月庚子，诏神武乃北齐军号，久欲厘正，宜以行营护军为名。”

《系年要录》卷九六，绍兴五年十有二月己亥朔：“带御器械、神武中军都统制、权殿前司公事、提举宿卫亲兵杨沂中权主管殿前司公事，并中军隶殿前司。”

乾道中，臣僚言：“三衙军制名称不正。（3929页6行）

“乾道中”为“乾道四年正月”，“臣僚”即中书舍人洪迈。

《容斋五笔》卷三“三衙军制”：“乾通四年正月，迈为中书舍人，因入对，论三衙军制名称不正。”

《廿二史考异》卷七一“宋史·职官志”六：“此洪迈……所上札子也。”

《考正》卷六之一“殿前司”：“此即《通考》‘殿前司’条所附录洪迈论三衙军制札子三节文，然亦多伪误。《通考》‘或不常制’作‘或不常置’，‘若登第然’作‘若登梯然’。”

以旧制论之，（3929页6行）

“旧制”，洪迈《容斋五笔》原作“以祖宗之制论之”，即以太祖、太宗之制论之之谓。

《容斋五笔》卷三“三衙军制”:“以祖宗之制论之,军职之大者,凡八等。除都指挥使或不常置外,曰殿前副都指挥使、马军副都指挥使、步军副都指挥使,曰殿前都虞候、马军都虞候、步军都虞候,曰捧日、天武四厢都指挥使,龙、神卫四厢都指挥使。”

若登第然,(3929 页 8 行)

洪迈原作“若登梯然”,“登第”非是。

《容斋五笔》卷三“三衙军制”:“秩秩有序,若登梯然。不可一级辄废,一或有阙,即以功次递迁。”

今以宿卫虎士而与在外诸军同其名,(3929 页倒 5 行)

此“今”系修志者之改写,应作“南渡后”。

《容斋五笔》卷三“三衙军制”:“自南渡以后,触事草创。于是三帅之资浅者,始有主管某司公事之称。而都虞候以下不复设置。乃以宿卫虎士而与在外诸军同其名,以统制、统领为之长。”

时不果行。(3929 页倒 2 行)

乾道四年正月,洪迈于中书舍人任上入对所陈正三衙之名的言论,为同知枢密院事刘珙所压,不行。然于乾道九年之后,朝廷鉴于“北宋殿前都指挥使高琼建言恢复北宋三衙军职名称,为真宗采纳”的故事,洪迈之议得以次第施行。《宋志》宜于“时不果行”之后,补入“乾道九年后,次第施行之”等文字。

《宋史·洪迈传》:“(乾道)三年,迁起居郎,拜中书舍人兼侍读、直学士院,仍参史事。”

《宋史·宰辅表》四:“乾道三年十一月癸酉,刘珙自翰林学士、知制诰除同知枢密院事。四年七月壬戌,刘珙自同知枢密院事兼参知政事。”

《容斋五笔》卷三“三衙军制”:“乾道四年正月,迈为中书舍人,因入对,论三衙军制名称不正……读札子毕,孝宗甚喜,即批付枢密院。是时,知院虞允文使四川。同知刘珙不乐,曰:‘舍人要如何行?’对之以'但随所见敷陈,若施行与否,自系庙堂处分'。竟寝不行。"

《华阳集》卷四〇"高琼神道碑":"王为殿前都指挥使。管军员阙,兼领二司。王乃言曰:'臣老矣,如有负薪之忧,谁可为任者?先朝自殿前而下,各置副都指挥使及都虞候,常有十人,职近事亲,易以第进。又使士卒预识其威名,缓急临戎,上下得以附习。此军制之大要也。'"

《廿二史考异》卷七一"宋史·职官志"六:"殿前、步军二司题名,今不可考矣。马军司题名,则《景定建康志》有之。考其所载,自建炎以后,皆称主管侍卫马军司公事。至乾道九年始除赵樽都指挥使。淳熙二年除李川、王明,皆都虞候。三年除吴拱都指挥使。六年除马定远,七年除雷世贤,皆都虞候。十二年,世贤迁副都指挥使。绍熙元年,除张师颜都虞候。是容斋之议,固已见诸施行。开禧以后,复有主管马军司公事之称。间有除副都指挥使及都虞候者,不过十之一二耳。"

侍卫亲军马军司

侍卫亲军马军(3930页1行)

宋初,侍卫亲军马军、侍卫亲军步军统隶于侍卫亲军司,侍卫亲军司有都指挥使、副都指挥使、都虞候。神宗朝尚有侍卫司之名。故此,宜于"侍卫亲军马军"之前,先立"侍卫亲军司"之专门条目,以叙其置废沿革及职掌。

又,"侍卫亲军马军"之全称,应为"侍卫亲军马军司"。

《玉海》卷一三九"三衙":"《两朝志》:殿前司:骑军额三十,步军额十有六;侍卫司:骑军额三十有三,步军额五十有六。……景德四年十月丁未,枢密院上新置殿前、侍卫司将校具员。《神宗史志》:殿前、侍卫司以节度使为都指挥使,而副使、都虞候无定员,以刺史以上充，备则通治，阙则互摄，兼统制四厢军。”

《分纪》卷三五：“侍卫亲军司　侍卫亲军马军司　侍卫亲军步军司”。

每都有军使、副兵马使、十将、将、虞候、承勾、押官，(3930 页 4、5 行)

将“将、虞候”用顿号点开为两官，非是，“将虞候”为一官。“承勾”为“承局”之误。

《嘉定赤城志》卷一八：“节级四十人：十将、将虞候、承局、押官各一十人。”

《宋会要·职官》三二之四：“侍卫亲军马军司：……每都有军使、副兵马使、十将、将虞候、承局、押官，各以其职隶马军司。”

有巡防敉应，则纠率差拨龙卫四厢隶焉。(3930 页倒 5、倒 4 行)

“则纠率差拨”下当用句号断住。“龙卫四厢隶焉”为另一事。龙卫四厢原由殿前司、侍卫亲军司统管，后归隶侍卫亲军马军司。

《玉海》卷一三九“宋朝侍卫亲军”：“《神宗史志》：殿前、侍卫司，……兼统制四厢军。”

侍卫亲军步军司

侍卫亲军步军(3930 页倒 3 行)

“侍卫亲军步军”非官司之全称，全称应为“侍卫亲军步军司”。

《分纪》卷三五：“侍卫亲军司　侍卫亲军马军使　侍卫亲军步军司”。

左右厢各有都指挥使。(3930 页倒 1 行)

“左右厢”前漏落“神卫”军号，宜补之。

《宋会要·职官》三二之五：“侍卫亲军步军司……所领步军，自神卫而下，有左、右四厢都指挥使，神卫左、右厢各有都指挥使。”依所述，即有神卫左、右四厢都指挥使和神卫左厢都指挥使、神卫右厢都指挥使之别。

每都有都头、副都头、十将、将虞候、承勾、押官，(3931页1行)

“承勾”为“承局”之误。“将、虞候”为一职，“将”下之顿号当删。

《宋会要·职官》三二之五：“侍卫亲军步军司……每都有都头、副都头、十将、将虞候、承局、押官。”

《嘉定赤城志》卷一八：“节级四十人：十将、将虞候、承局、押官各一十人。”

有巡防赦应，则纠率差拨神卫四厢隶焉。(3931页6行)

“则纠率差拨”下当用句号断住。“神卫四厢隶焉”为另一事。上文已引书证。

环卫官

诸卫上将军、大将军、将军，并为环卫官，无定员，(3932页2行)

环卫官，宋初称诸卫官，虽沿唐之名，然唐之卫官十六卫领宿卫兵，有职事，宋诸卫官无职事，罢诸节度使时用以安置，或命宗室为之。由唐之诸卫官演变为宋之环卫官，不外乎宋室为收藩镇所使用之手段而已。《宋志》“无定员”后宜补“无职事”一项，此为实质性转变。

《朝野杂记》甲集卷一〇“环卫官”：“环卫官者，唐有之，领宿卫兵，若今之三衙。祖宗时，其官不废，然无职事，但以处藩帅代还及宗室除拜而已。元丰官制，改外臣皆不除，惟宗室则如故。”

《合璧后集》卷五二“左右金吾二卫将军·事类”：“方镇罢归环卫。隆兴间，孝宗讨论唐太宗环卫制度。汤思退曰：‘环卫官，唐时有职事，本朝无职事。祖宗旧制，自方镇罢皆归环卫故也。’《孝宗会要》”

《宋史·王彦超传》：“乾德二年，复镇凤翔，三年丁外艰，起复。

开宝二年，为右金吾卫上将军、判街仗事。”

遵艺祖开宝初罢王彦超、武行德等归环卫故事也。(3932页5行)

此指宋太祖开宝二年冬十月罢节度使、以诸卫官代之故事，王彦超、武行德之节镇名不宜省略。

《长编》卷一〇，开宝二年冬十月己亥：“上宴藩臣于后苑，酒酣，从容谓之曰：‘卿等皆国家宿旧，久临剧镇，王事鞅掌，非朕所以优贤之意也。’前凤翔节度使兼中书令王彦超喻上指，即前奏曰：‘臣本无勋劳，久冒荣宠，今已衰朽，乞骸骨，归邱园，臣之愿也。’前安远节度使兼中书令榆次武行德、前护国节度使郭从义、前定国节度使白重赞、前保大节度使杨廷璋，竞自陈攻战阀阅及履历艰苦。上曰：‘此异代事，何足论也。’庚子，以行德为太子太傅，从义为左金吾卫上将军，彦超为右金吾卫上将军，重赞为左千牛卫上将军，廷璋为右千牛卫上将军。”

隆兴中，始命学士洪遵等讨论典故，(3932页6、7行)

“洪遵”为“洪适”之误。《朝野杂记》甲集卷一〇“环卫官”误作“洪景严”(洪遵字)，疑为修志者所沿袭。《宋会要》及《宋史·洪适传》均作“洪适”。

《朝野杂记》甲集卷一〇“环卫官”：“隆兴中，孝宗始命学士洪景严等讨论故事。因复置，以授武臣。其法：正任除上将军承宣使至刺史为正任，遥郡除大将军以阶官领刺史至承宣使为遥郡，正使除将军武翼大夫已上，副使除中郎将武翼郎已上，使臣以下左右郎将训武郎已下，皆有添给及从人，而无职事。”

《宋会要·职官》三三之一：“孝宗隆兴二年四月二十六日，上谕宰执曰：‘环卫官欲参酌祖宗选用将帅，以崇武节，外建方镇，内列环尹，品式备具。近来环卫久不除授，非所以储材而均任也，可依旧制。应以材略闻、堪任将帅及久勤军事、暂归休佚之人，并为环卫官。

……先是,宰执进呈太常少卿洪适等讨论到环卫官故事,乞令有司同共相度。'"

《宋史·洪适传》:"隆兴二年二月,召貮太常兼权直学士院。上欲除诸环卫官,诏讨论其制。适具唐及本朝沿革十一条上之。"

其法:节度使则领左、右金吾卫上将军,承宣使则领左、右卫上将军,在内则兼带,在外则不带;正任为上将军,遥郡为大将军,正亲兄弟子孙试充。……五年正月罢。(3932页7—9行)

此段述各武官阶可带相应等第环卫官的法式,但末句"正亲兄弟子孙试充"出现严重错简。自"亲兄弟子孙试充"至"五年正月罢"属"三卫官"一节,即当移置《宋志》六"三卫官"3934页8行"翊卫官以卿监、正任刺史、遥郡团练使以,并以"之下;此处"正"字以下阙文,则须将"皇城使"内的一段错简上移补入,即将《宋志》六"皇城司"3933页倒6行"使为将军"以下至倒1行"可以见环卫储才之意"一大段文字补入"正"字之后:"正使为将军,副使为中郎将,使臣以下为左、右郎将,通以十员为额,宗室不在此例。除管军则解,或领阎门、皇城之类则仍带,虽戚里子弟,非战功人不除。批书印纸属殿前司。是时,帝谕宰相,以为如文臣馆阁储才之地。绍熙初,尝欲留阙以储将才,循初意也。嘉泰中,复申明隆兴之诏,屏除贪得妄进,以重环尹之官。嘉定二年,复因臣僚言,专以曾为兵将有功绩及名将子孙之有才略者充。通前后观之,可以见环卫储才之意。"(参拙作《〈宋史·职官志补正〉示例》,刊《宋史研究论文集》1987年编刊,河北教育出版社)

皇城司

皇城司　干当官七人,以武功大夫以上及内侍都知,押班充。(3932页倒2行)

北宋初,称武德司,太平兴国六年改名皇城司,《宋志》漏载。

"干当官"为"勾当官"之追改，全称为"勾当皇城司"，南宋称"干办官"，或置提点皇城司官。

《长编》卷二二，太平兴国六年十一月甲辰："改武德司为皇城司。"

《宋会要·职官》三四之一五："皇城司，在左承天门内北廊，本名武德司，太平兴国六年十一月改今名。"

《宋会要·职官》三四之一五："《两朝国史志》：皇城司，勾当官三人，以诸司使副、内侍都知、押班充。"

《合璧后集》卷五二"干办皇城司"："政和官制，改皇城使为武功大夫，而其职任则选日（内）外通领焉。"

元丰六年，诏干当皇城司，（3933页3行）

"干当皇城司"应为"勾当皇城司"。

《长编》卷三三四，元丰六年夏四月壬戌："上批：勾当皇城司官数多，可除两省都知、押班外，取年深者减罢，止留十员，自今毋得员外增置。"

元祐元年，诏干当官阅三年无过者迁秩一等，（3933页4行）

据《宋会要·职官》三四之三一载，"干当官"应为"勾当官"。

二年，诏皇城司任满酬奖依熙宁五年指挥，（3933页7行）

熙宁五年指挥阙载，未当。

《宋会要·职官》三四之三一："熙宁五年五月二十六日，诏转员亲事、亲从官阙指挥使，差副指挥权管勾。旧制，亲从、亲事官各于本军转补。以入殿宿卫，欲其互相检察，不令衮转，所以防微也。"

政和五年，诏皇城司可创置亲从弟五指挥，以七百人为额，亲从官旧有四指挥，元额共二千二百七十人。**仍以五尺九寸一分六厘使为将军，副使为中郎将，……可以见环卫储才之意。（3933页倒7—倒1行）**

"政和五年"，系政和五年十一月十日。

"弟五指挥"之"弟"应作"第"。

“一分六厘”以下为错简。自“使为将军”至“可以见环卫储才之意”一段文字，当上移至本志 3932 页（“环卫官”条）倒 5 行“正”字后，已如前述。而本志“三卫官”条下 3934 页 8 行“为等。其将校”至 3935 页 7 行“并从之”一段文字，则前移至此“一分六厘”之后。

《宋会要·职官》三四之三二：“政和五年十一月十日，诏皇城司亲从，每遇大礼及行幸出郊并在内诸门地分，令（若）阙人守把，止差亲事官充代窠役，可创置亲从第五指挥，以七百人为额，仍以五尺九寸一分六厘为等，候来年八月等拣招填数足，其将校、十（将）、节级、曹司、营门子等，并应合行事件，并比亲从第四指挥及见行条贯施行。”

《宋志》六“校勘记”之一三：“仍以五尺九寸一分六厘：‘厘’字下史文有错简。据《宋会要·职官》三四之三二至三四之三四，此下应接‘三卫官’条‘为等’句下至‘并从之’一段。”

经补正后为：“仍以五尺九寸一分六厘为等。其将校、十将、节级等应合行事件，比第四指挥及见行条贯。六年三月，应臣僚辄带售雇人入宫门，罪赏并依宗室法，将带过数止坐本官，若兼领外局，所定人从非随本官辄入者，依阑入法。十一月，诏嘉王楷差提举皇城司整肃随驾禁卫所。靖康元年，诏应入皇城门，依法服本色，辄衣便服及不裹头帽入出者并科罪。所隶官属一：冰井务，掌藏冰以荐献宗庙、供奉禁庭及邦国之用，若赐予臣下，则以法式颁之。中兴初，为行营禁卫所，差主管官，掌出入皇城宫殿门等敕号，察其假冒，车驾行幸则纠察导从。绍兴元年，改称行在皇城司。提举官一员，提点官二员，干当官五员，以诸司副使、内侍都知押班充。掌皇城宫殿门，给三色牌号，稽验出入。凡亲从、亲事官五指挥，入内院子、守阙入内院子指挥，总其名籍，均其劳役，察其功过而赏罚之。凡诸门必谨所守；蠲洁斋肃，郊祀大礼，则差拨随从守卫；有宴设，则守门约阑。每年春秋，按赏亲从逐指挥、亲事官第一指挥、长行三色武艺、弓弩枪手。皇城周回或有垫陷，移文修整。嘉定间，臣僚言：‘皇城一司，总率亲从，严护周庐，参错禁旅，权亚殿岩，乞专以知阁、御带兼领。仍立定亲从员额，以革泛滥。’并从之。”

三卫官

博士掌教道，校试三卫所习文武之艺。（3934页4行）

“道”为“导”之误，后面逗号当改为顿号。“博士”全称为“三卫博士”。

《宋会要·职官》三三之九：“博士二员，秩比承议郎；主簿一员，秩比宣德郎。博士掌教导，校试亲、勋、翊卫郎程文，讲书武艺。”

《宋会要·职官》三三之一一：“（崇宁四年）八月十六日，诏：‘三卫博士今后并参文臣。’”

翊卫官以卿监、正任刺史、遥郡团练使以上，并以为等。其将校……并从之。（3934页8行—3935页7行）

“并以”之后大段文字为错简，即自“为等。其将校”至3935页7行“并从之”皆属“皇城司”（见《宋志》3932页）文字，当上移至3933页倒6行“仍以五尺九寸一分六厘”之后；同时，须将3932页倒5行“亲兄弟子孙试充”至倒3行“五年正月罢”下移至本节“三卫官”8行“遥郡团练使以上，并以”之后。经调正错简后，此段文字应为：“翊卫官以卿监、正任刺史、遥郡团练使以上，并以亲兄弟子孙试充。又诏祖宗诸后自明肃至钦慈诸后及后妃嫔御之家，各具本宗堪充诸卫官以名衔闻。又诏三卫郎为三卫侍郎。又诏博士并差文臣。崇宁四年二月置，五年正月罢。”（参《〈宋史·职官补正〉示例》，刊《宋史研究论文集》1987年编刊，河北教育出版社）

六年三月，应臣僚辄带售雇人入宫门，罪赏并依宗室法，（3934页倒6行）

此原承“皇城司”条文字，因错简，故“六年三月”失“政和”年号。又，“辄带”下犹有“借请或”三字，“售雇人”下有“力”字。宗室法应加书名号，为《宗室法》。

《宋会要·职官》三四之三二至三三：“皇城司奏：‘臣僚将带人从，依格各有定数，其辄带外借人力，除宗室已立法外，在内供职臣僚亦合一体禁止。今后应臣僚辄带借请或售雇人力入宫门，罪赏并依《宗室法》，将带过数止坐本官，若兼领外局，所破人从非随本官辄入者，自依阑入法。’从之。”

中兴初，为行营禁卫所，差主管官，掌出入皇城宫殿门等敕号，(3934 页倒 1 行)

“行营禁卫所”系“行宫禁卫所”之误。南渡初，禁卫所缺官，差皇城司官权领主管禁卫所事，禁卫所并以“行宫禁卫所”为名，与皇城司并存。《宋志》此谓“中兴初，为行营(宫)禁卫所”，意指“皇城司”改为“行宫禁卫所”，非也。宜于“主管官”前补入“皇城司官权领”六字。

《宋会要·职官》三二之二六：“高宗建炎四年二月一日，行宫禁卫所言：‘入出皇城宫殿门等敕号，近缘散漫，已承指挥改造。欲乞从本所出榜。’”

《宋会要·职官》三二之二七：“绍兴元年二月三日，干办皇城司冯益等言：‘禁卫所昨缘阙官，差皇城司官权领主管禁卫所，时暂申请以行宫禁卫所为名。其所掌职事，各随事分隶主管，今若以禁卫所职事并归行宫禁卫所主管，本处使臣人吏等系皇城司，即不经历自来禁卫职事。所有行宫禁卫所乞改为行在皇城司称呼，其主管禁卫所依旧，欲存留主管官一员、使臣一名、手分二人，装界作画人各一名外，余并减罢。’从之。”

干当官五员，以诸司副使、内侍都知押班充。(3935 页 1、2 行)

“干当官”应为“干办官”。“诸司副使”为“诸司使副”之误倒。“都知”与“押班”为地位不同之内侍官，宜用顿号分开。

《宋会要·职官》三四之一五："提举官一员，提点官二员，干办官五员，以诸司使、副，内侍都知、押班充。"

《合璧后集》卷五三"宦官门·入内内侍省押班"："押班正六品。"同书同卷"入内内侍省都知"："国初，止有内中高品都知、押班，后随省、院改易。"

嘉定间，(3935 页 5、6 行)

此为嘉定二年十一月二十六日史事。

《宋会要·职官》三四之四二："嘉定二年十一月二十六日，臣僚言：'皇城一司，总率亲从，严护周庐，参错禁旅，权亚殿岩。'"

臣僚言："……乞专以知阁、御带兼领。仍立定亲从员额，以革泛滥。"(3935 页 6、7 行)

"知阁"应写作"知閤"。又立定皇城司亲从员额，系嘉定三年五月事，今《宋志》将其与"乞专以知閤、御带兼领"混同于"臣僚言"下，并冠以"嘉定间"，似无不可，然校点本不必于"臣僚言"下加上引号。

《宋会要·职官》三四之四二："(嘉定)二年十一月二十六日，臣僚言：'皇城一司，总率亲从，严护周庐，参错禁旅，权亚殿岩……自今乞专以知閤、御带兼领，不以畀资望轻浅者。'"

《宋会要·职官》三四之四三："(嘉定)三年五月九日，臣僚言：'皇城司亲从等人，自来立定员额。绍兴间不过三千七百三十余人，至嘉泰、开禧增至四千八百三十余人，续又增招一千余人。乞将合干亲从将校、节级等人，自转员之后，比照绍熙元额有无增减，若已过数，即乞一例住行招填。将来不及绍熙之数，徐议补刺未晚，皆更化急先之务。'"

客省　引进司

客省、引进使(3935 页倒 6 行)

依《宋志》体例，职事官与文武阶官分叙，客省使、引进司使等诸司使、副，属横行武选官，虽可兼领本司事，但掌本司职事又有管勾客省事、管勾引进司事之名，两者自有差异。故宜依上文“皇城司”条例，不以使名立条，而以“客省、引进司”立条。恰如“皇城使”与“勾当（干办）皇城司事”未能等同视之，“客省使”“引进使”与“勾当客省事”“勾当引进司事”职能自有不同处。

《宋会要·职官》三五之八：“引进司：掌臣僚、诸蕃国等应干进奉及礼物之事。”

《宋会要·职官》五二之二〇：“本朝定制，内客省使至閤门使谓之横班。……内客省使，客省使、副使，引进使、副使，四方馆使，东上閤门使、副使，西上閤门使、副使，以上为横班。”

《宋会要·职官》三五之四：“神宗熙宁六年六月十六日，诏在朝横行使、副，自今并管勾客省、四方馆公事。先是客省、四方馆阙正官，即以閤门使、副管勾，至是引进使李端悫赴阙、西上閤门副使张诚一应罢，而端悫赴阙乞令诚一依旧权管勾，故有是诏。”

宰臣以下节物，则视其品秩以为等。（3935 页倒 5、倒 4 行）

“宰臣以下”包括百官，用词未当，客省所掌臣僚节物签赐，止限宰臣以下至诸司使或禁军将校。

《分纪》卷四四“客省·使、副使”：“五代，梁有客省使，国朝因之，掌四方进奏及四夷朝贡、牧伯朝觐赐酒馔、饔饩，宰相、近臣、禁将、军校节仪，诸州进奏使赐物、回诏之事。”

《宋会要·职官》三五之三：“《神宗正史·职官志》：客省掌……执政、侍从官、禁卫将校节物，则颁以式。”

《宋会要·职官》三五之六：“客省掌……臣僚等节仪、节料、生饩之事……立春、春秋社、寒食、端午、初伏、重阳，宰臣、亲王以下至观察使签赐节仪；正旦、寒食、冬至，宰臣、亲王以下至诸司使带遥郡签赐节料；立春、春秋社、寒食、端午、初伏、重阳签赐诸蕃国节仪；正旦、寒食、冬至签赐节料。”

政和二年，改定武选新阶，乃诏客省、四方馆、引进司、东西上閤门所掌职务格法，(3935页倒3、倒2行)

“职务格法”非正称，正称为《隶事格法》，且未标以书名号，欠妥。

《宋会要·职官》三五之五：“政和二年十一月十六日，诏客省、引进、四方馆、东西上閤门，除今来立定外，如有该载未尽，仰尚书省将自来所掌职务厘正，条具《隶事格法》进呈。”

又诏高丽已称国信，改隶客省。(3935页倒2、倒1行)

“高丽”后有省文“神宗皇帝优待使命”八字。又，疑“高丽”后有脱文。

《宋会要·职官》三五之一〇：“诏：高丽，神宗皇帝优待使命，已称国信，可改隶客省。”

靖康元年，诏客省、引进司、四方馆、西上閤门……不隶台察。(3935页倒1行、3936页1行)

上文已谓大观元年客省不隶台察，此处又云靖康元年不隶台察，则大观至靖康二十年间，客省必有曾隶台察之时，惜《宋志》失书。据《靖康要录》及《系年要录》，靖康元年三月二十三日从余应求之请，客省依元丰之制仍隶台察，然为时甚短暂，到当年四月十三日，即诏客省复隶中书，不隶台察。绍兴三年十一月十四日，客省复隶台察，四年四月七日又诏不隶台察。

《靖康要录》卷四：“靖康元年三月二十三日，监察御史余应求言：‘近年臣僚陈请乞不隶台察者，如东西两閤门、客省、四方馆不隶礼察之类，并乞依旧施行。’奉圣旨：依奏。”

《宋会要·职官》三五之一〇：“靖康元年四月十三日，诏客省、引进司、四方馆、西上閤门为殿庭应奉，与东上閤门事体一同，可依祖宗法隶中书省，其隶台察指挥更不施行。”

《系年要录》卷七〇，绍兴三年十有一月乙丑：“殿中侍御史常同言:‘皇城司顷以郓王提领,而不隶台察;阁门、客省、四方馆以内侍邓文诰提举,而不隶台察;秘书省以新置,而不隶台察。若谓要近之司不当察,则三省、枢密院尚有分察之法。岂有官司在六部之下而不隶台察之理?望复旧制。’时阁门、皇城司皆援靖康诏旨,依祖宗法隶属中书省。而秘书省亦以未尝隶台察为言。同复奏:‘《御史台格》:吏察,三馆、秘阁;礼察,阁门、客省、四方馆;兵察,皇城司。’乃诏并隶台察。”

《系年要录》卷七五,绍兴四年夏四月丙戌:“诏阁门、四方馆、客省并依祖宗旧制,不隶台察。先是,御史常同有请。至是阁门言:‘故事,隶中省。’乃改命焉。”

《考正》卷六之五“客省引进使”:“案:徽宗大观元年及钦宗靖康元年两诏客省、引进等司不隶台察,是必中间曾有改隶台察之事而《史志》失载也。《会要·四方馆门》载:‘靖康元年四月十三日,诏客省、引进司、四方馆、西上阁门为殿庭应奉,与东上阁门事体一同,可依祖宗法隶中书省,其隶台察指挥更不施行。’据末句,知改隶台察事当在靖康元年,而实并未及施行,故其原降指挥,《会要》亦未收载。”

四方馆

四方馆使(3936页4行)

宋初,以检校官判馆,淳化四年改置四方馆使名。《宋志》宜以“四方馆”标目,“使”字可删去。

《分纪》卷四四“四方馆”:“国朝四方馆在朝堂门外。”

《分纪》卷四四“四方馆·使”:“唐四方馆以通事舍人判,历(隶)中书省。五代晋始以卿专判馆。国朝初以检校判馆,淳化四年改置使名。”(参《通考·职官》一二“知阁门事”)

郊祀大朝会,则定外国使命及致仕、未升朝官父老陪位之版,

（3936 页 5、6 行）

“郊祀”与“大朝会”之间，“未升朝官”与“父老”之间，均宜添一顿号。

《宋会要·职官》三五之一引《两朝国史志》：“四方馆使，名虽列于内职，然其吏属则同京百司，掌通事舍人分番供奉、宣赞之名籍；文武官正衙见谢辞、国忌赐香；诸道月旦、正至章表；郊祀、朝会蕃官、贡举人、进奉使、京官、致仕官、道释、父老陪位之事。”

建炎初并归东上閤门，皆知閤总之。（3936 页 6、7 行）

“建炎初”系指建炎元年十二月。“知閤”之全名为“知閤门事”。

《宋会要·职官》三五之一〇至一一：“高宗建炎元年十二月二十一日，知东上閤门使韦渊言：‘横行五司尚未遵依元丰旧制，欲乞将西上閤门、引进司、四方馆并归閤门、客省。……’诏依元丰旧例。……（绍兴）五年六月九日，诏引进司、西上閤门及客省、四方馆官已省废外，可只依见行员数，右武大夫以上并称知閤门事兼客省、四方馆事；若官未至右武大夫者，即称同知閤门事同兼客省、四方馆事。”

东、西上閤门司

东、西上閤门（3936 页倒 4 行）

东、西上閤门称司，其全名为“东、西上閤门司”。

《分纪》卷四四“东、西上閤门”：“国朝东、西上閤门司，紫宸殿前南廊。”

《宋会要·职官》三五之二二：“閤门司，在紫宸殿前南廊，掌供奉乘舆、朝会、游幸、大宴及赞引亲王、宰相、百僚、蕃客朝见辞谢，纠弹失仪，置使、副使，亦有通事舍人。”

宣赞舍人十人，旧名通事舍人，政和中改。（3936 页倒 4、倒 3 行）

“宣赞舍人”之名，始于政和六年，宋初及元丰时，皆称“通事舍人”,若按《宋志》先叙元丰新制或宋初之体例,正文当用“通事舍人”之原名,注文则云“政和六年改名宣赞舍人”。

《宋会要·职官》三五之三:“《神宗正史·职官志》:东上阁门使、西上阁门使各三人,正六品;副使各二人,通事舍人十人,并从七品;祗候十有二人,从八品。”

《合璧后集》卷五五“阁门宣赞舍人”:“故事,阁门无通事舍人,而通事舍人沿唐制自隶中书省,如抽赴阁门,并称阁门祇候,其后直授阁门通事舍人,非旧制也。天禧中去‘阁门’二字。政和六年,改为宣赞舍人。政和六年御笔:阁门通事舍人名行鄙俗,可改为宣赞舍人。”

若庆礼奉表,则东上阁门掌之;(3936 页倒 1 行)

“庆礼奉表”前宜加“百官赴阁门”五字。

《宋会要·职官》三五之三:“《神宗正史·职官志》:……阁门掌朝会供奉、赞相之事。……凡百官赴阁门庆礼奉表,则诣东,尉(慰)礼进名则诣西。月进班簿,岁一易之。”

靖康元年,诏阁门并立员额。(3937 页 7 行)

“并立”为“别立”之误。

《靖康要录》卷七:“靖康元年五月二十五日,……奉圣旨:‘阁门别立员额。’”

熙宁间,通事舍人十三员,祗候六人,(3937 页 8 行)

“通事舍人十三员”后,漏缺“阁门祇候二十三员”;“祇候”前须冠以“看班”二字。

《靖康要录》卷七:“熙宁间,通事舍人十三员,阁门祇候二十三员,看班祇候六员。”

今舍人一百八员,祗候七十六员,看班四员,内免职者二百三员,(3937 页 8、9 行)

“祗候”之全名为“阁门祗候”,“看班”之全名为“阁门看班祗候”,“内免职者”系“内免供职者”之误;“二百三员”系“一百三员”之误,缘靖康时舍人一百八员，祗候七十六员，看班四员，三职总数为一百八十八员，何来"内免供职者"二百三员？

又，"今舍人"之"舍人"为"宣赞舍人"简称。

《靖康要录》卷七："当时议论者尤以为多。今舍人一百八员，祗候七十六员，看班四员，内免供职者一百三员。"

由宦侍恩幸以求财，朱勔父子交卖尤多，富商豪子往往得之。（3937页倒7行）

"恩幸"后当补一"卖"字，卖官也。

"交卖"系"所卖"之误。"豪子"应为"家子"。

《靖康要录》卷七："冗滥之弊莫此为甚，盖由宦侍恩幸卖以求财，朱勔父子所卖尤多，富商家子往往得之。"

真宗时，诸王夫人因圣节乞补阁门，（3937页倒6行）

"因圣节乞"后漏"亲属"二字，须补入。

《靖康要录》卷七："真宗时，诸王夫人因圣节乞亲属补阁门。帝曰：'此职非可以恩泽授。'不许。"

神宗即位之初，用宫邸直省官郭昭选为阁门祇候，（3937页倒6、倒5行）

"郭昭选"后漏一"等"字。

《温国文正司马公文集》卷三七"郭昭选札子"："臣窃闻陛下向时直省官郭昭选等四人，近有特旨并除阁门祇候。众言籍籍，颇谓侥忝。"

旧制有东、西上阁门，多以处外戚勋贵。（3937页倒4行）

此所谓"旧制"，系沿袭南宋史家之口语，实指东京（北宋）之制，而与北宋史家所云"旧制"犹有差别，依理当易此"旧制"为"北宋之制"，或单用一"旧"字。"东、西上阁门"系司名，宜于其后加一"官"字。

《朝野杂记》甲集卷一〇"阁门"："阁门，左列清选也。旧有知阁门事、同知阁门事，多以外戚勋贵为之。"

建炎初元，并省为一，其引进司、四方馆并归阁门，客省循旧法，非横行不许知阁门。绍兴元年，帝以宋錢孙藩邸旧人，稍习仪注，命转行横行一官，主管阁门。(3937 页倒 4—倒 2 行)

此段标点有大误。建炎元年十二月二十日横行五司合并，系将西上阁门、引进司、四方馆三司分别并入东上阁门司与客省司。而绍兴元年，宋高宗许随龙人宋錢孙特转行横行一官，则乃“循旧法，非横行不许知阁门”，是为宋錢孙任主管阁门公事做准备。今校点本将此二事相混，与原义大相径庭。兹重新标点如下：“……其引进司、四方馆并归阁门、客省。循旧法，非横行不许知阁门，绍兴元年，帝以宋錢孙藩邸旧人，稍习仪注，命转行横行一官，主管阁门。”

《宋会要·职官》三五之一〇：“高宗建炎元年十二月二十一日，知东上阁门使韦渊言：‘横行五司尚未遵依元丰旧制，欲乞将西上阁门、引进司、四方馆并归阁门、客省。……’诏依元丰旧制。”

《合璧后集》卷五五“知阁门事·事类”：“绍兴元年，诏主管阁门宋錢孙转行横行一官，落权字。上曰：‘錢孙乃藩邸知客，稍习阁门仪注，而法非横行不许知阁门，故与进横行一官。’”

庆元初，申严阁门长官选择其属之令，非右科前名之士不预召试，盖以为右列清选云。(3938 页倒 5、倒 4 行)

庆元二年正月申明阁门长官须严加选择阁门内宣词令人，着必取音吐洪畅、能通晓文义者；嘉泰元年十二月二十六日，诏今后召试阁门舍人必择右科前名之士。以上为非同时施行之两项史事，《宋志》统冠以“庆元初”，非是。应改正为：“庆元初，申严阁门长官选择其属之令；嘉泰初，诏非右科前名之士不预召试，盖以为右列清选云。”

《宋会要·职官》三四之九：“庆元二年正月十一日，臣僚言：‘阁门西班之请选，亦国家储才之地，内宣词令必取其音吐洪畅、能通晓文义者，然后可以为之。照得阁门之官有带点检簿书、宣词令职事者，多是不通文义、不识字句，每遇宣制日分，旋托他官代宣。乞令阁门长官将带宣词令人再加选择，如有不称，日下住罢，庶几公朝无旷官之累。'从之。"

《宋会要·职官》三四之一〇："嘉泰元年十二月二十六日，诏今后召试阁门舍人必择右科前名之士，及照已降指挥履历考任应格方许与郡。"

带御器械

止名"御带"；咸平元年，改为带御器械。（3938 页倒 3、倒 2 行）

宋真宗咸平元年四月改"御带"为"带御器械"，见于《长编》。然《太宗实录》已见有"带御器械张舜卿"之记载，未知是否系史家追改之笔，抑或咸平前已有此称。

《宋会要·职官》三四之一二："国初以来，尝选三班以上武干亲信者带櫜鞬、御剑，或以内人为之。真宗咸平元年四月，以西京作坊副使石知颙为西京作坊使，西京作坊副使綦政敏为供备库使，供奉官张旻为供备库副使，并带御器械。初，是职止名御带，至是改焉。"

《长编》卷四三，咸平元年夏四月甲辰："改御带曰带御器械，以授供备库副使张旻等三人。"

《分纪》卷四四"带御器械"："国朝赏（尝）选三班以上武干亲信者带櫜鞬、御剑，或以内臣为之。初止名御带。咸平元年改为带御器械。"

《挥麈录·后录》卷五："《太宗实录》：淳化五年五月，李顺之平，带御器械张舜卿奏事言：臣闻顺已遁去，诸将所获，非也。"

帝曰："此官本以卫不虞。今乃佩数笴骲箭，不知何用。"（3939 页 1 行）

此帝指宋高宗，其原话为："祖宗置此官所以卫不虞也，今乃佩数笴骲箭……"《宋志》省略"祖宗"未当，致使设带御器械时间模糊，容易引起误解，仿佛高宗朝才设置此官，故而，宜于“此官”前添入“祖宗置”三字。

《宋会要·职官》三四之一二：“绍兴七年五月二十三日，枢密院言：‘带御器械官合带插。’上曰：‘祖宗置此官，所以卫不虞也。今乃佩数笥骹箭，不知何用。至承平时，饰以珠珍，车驾每出，为观美而已。又有球仗队，皆极文绣之饰而无实。他日恢复之后，此等事当尽去之。’”

乾道以来，诏立班枢密院检详文字之上。（3939页3、4行）

《宋志》六“校勘记”之一九：“疑此处‘上’字当作‘下’。”疑之有故。然关键不在“之上”“之下”，而在所冠系年。乾道六年以前，带御器械立班在枢密院检详诸房文字之上；乾道六年，诏带御器械立班在枢密院检详诸房文字之下；而至淳熙时，则带御器械升位在枢密院检详诸房文字之上。若易“乾道”为“淳熙”则无误。

《宋会要·职官》三四之一二：“乾道六年九月十四日，中书门下省勘会：‘已降指挥，带御器械立班在枢密院检详诸房文字之下。其杂压叙位亦合一体。’……十月五日，诏带御器械杂压叙位依近降指挥，令在枢密院检详诸房文字之下，遇合班处，依阁门元降指挥立班。”

《宋会要·仪制》三之五二：“（乾道）六年九月十四日，中书门下省言：‘已降指挥，带御器械立班在枢密院检详诸房文字之下，其杂压叙位亦合一体。’诏带御器械杂压叙位在枢密院检详诸房文字之下，遇合班处，依阁门元降指挥立班。元降指挥：带御器械合班处横行立班在本官之上，余官横行之次也。”

《合璧事类》卷六一“官品门·官职杂押淳熙复位”：“带御器械、尚书左右司员外郎、枢密院检详诸房文字……”

《庆元条法事类》卷四“官品杂压”：“带御器械、尚书左右司员外郎、枢密院检详诸房文字、秘阁修撰……”

《考正》卷六之七“带御器械”：“乾道以来，诏立班枢密院检详之上。案：此亦沿袭《通考》之误。……是乾道所定之法，乃令带御器械立班在枢密院检详诸房文字之下，非在其上也。”

不许衔内带行，又须供职一年，方与解带恩例。（3939页4、5行）

“不许衔内带行”下宜易逗号为句号，缘与下文“又须供职一年”系相隔九年之不同事。

《宋会要·职官》三四之一三：“淳熙三年二月二十四日，诏诸带御器械正除授军中差遣或外任者并不许衔内带行。……十二年九月二十五日，诏今后带御器械供职及一年方与解带恩例。以司农少卿吴燠言：‘比年改除带御器械，供职未几，复还旧任，倏来倏去，规求解带恩例。在法，历任谓二年成资，今虽不及二年，亦合供职及一年以上方可。’上曰：‘此说甚当，今后供职及一年方与解带恩例。只作特旨行下。’故有是命。”

入内内侍省　内侍省

入内内侍省　内侍省（3939页6行）

入内内侍省、内侍省，皆宦官职，《宋志》未予总叙之，不妥，宜于本节开头点出。

《朝野杂记》甲集卷一〇“内侍两省”：“入内内侍省、内侍省，皆宦官职也。”

东门取索司可并隶内东门司，余入内都知司；内东门都知司、内侍省入内内侍班院可立为入内内侍省，（3939页7、8行）

“余入内都知司”下之分号，未确，宜易为顿号。缘“入内都知司”系一官司名，此“入”字非并入之“入”。“入内都知司”与“内东门都知司”“内侍省入内内侍班院”皆并立，系一同并作“入内内侍省”。

又，“东门取索司”，应是“内东门取索司”。

《宋会要·职官》三六之三："真宗景德三年二月，诏：'比者，入内内侍班院分遣使臣于内东门等处勾当，建置名目细而甚烦详，其所掌甚有可省去者。其内东门取索司可并隶内东门司，余入内都知司、内东门都知司、内侍省入内内侍班院可立为入内内侍省者，以诸务隶之。'"

淳化五年，改为黄门；九月，又改内侍省。（3939 页倒 5 行）

淳化五年九月未有"内侍省"之称，系"内侍省内侍班院"之误。至景德三年五月，即继二月立"入内侍侍省"后，方改称"内侍省内侍班院"为"内侍省"，并赐内侍省新印。"九月"可删去，而补入"景德三年"。又"黄门"应作"黄门院"。

《宋会要·职官》三六之一："国初有内班院，淳化五年改黄门院，又改内侍省内侍班院。景德三年，止名内侍省。"

《宋会要·职官》三六之四："真宗景德三年五月，内侍省内侍班院言：'准淳化五年诏，内班院改为内侍省内侍班院，入内黄门班院改为内侍省入内内侍班院，已止称入内内侍省，本班亦请称内侍省及赐新印。'从之。"

入内内侍省内侍省都知、押班遂省，各以转入先后相压，永为定式。（3940 页 4 行）

"遂省"系"逐省"之字讹，当改正。"逐省"之下不宜用逗号，直与"各以转入"连文，其义为：入内内侍省、内侍省都知，押班各依本省转官先后定班位之上、下。"入内内侍省内侍省"为"入内内侍省"和"内侍省"二省，其间宜用顿号断开。

《合璧后集》卷五三"入内内侍省"："后省官阙，则以前省官补。押班次迁副都知、次迁都都知，遂为内臣之极品《续会要》《职略》。熙宁中，入内内侍省、内侍省都知、押班，逐省各以转入先后相压，永为定式。"

其官称，则有内客省使、延福宫使、宣政使、宣庆使，昭宣使。

(3940 页 4、5 行)

“宣政使、宣庆使”序位颠倒，“宣庆使”当在“宣政使”之前。

《合璧后集》卷五三“入内内侍省”：“其官称则有内客省使、延福宫使、宣庆使、宣政使、昭宣使。国初所置。”(《通考·职官》一一“内侍省”同)

《宋会要·职官》五二之二〇、二一：“延福宫使明道元年置。景福殿使大中祥符五年，宣政使、应州观察使刘承规以久疾辞职，特置此名，班在客省使上。宣庆使旧诸司使止于宣政使，大中祥符九年东封礼毕，宣政使李神福当迁职，特置使名。宣政使淳化五年，以王继恩有平贼之功，特置使名以授之。昭宣使淳化四年置。以皇城使王延德、王继恩，庄宅使杜彦钧为之。以上朝参位在东班前。”

元丰议改官制，张诚一欲易都知、押班之名，置殿中监以易内侍省。既而宰执进呈，(3940 页 5、6 行)

《宋志》谓“宰执进呈”似非。其时由官制局苏颂、蔡京、王震、陈稹同奏进呈张诚一札目。元丰议改官制时(即元丰四年左右)，上述四人亦非宰执官。

《九朝纪事本末》：“朱胜非云：元丰议官制，殿帅张诚一有奏，数言事。内出诚一札目送局，请改内侍官名。局官苏颂、蔡京、王震、陈稹同奏事进呈。神宗顾视左右曰：‘此无内臣，祖宗为此名盖有深意，岂可轻议?’取札子入御袖。”(《宋会要·职官》五六之三八引)

《长编》卷三二五，元丰五年夏四月甲戌：“诏中书五月朔行官制……太中大夫、集贤院学士、判尚书吏部苏颂为通议大夫、守吏部侍郎，仍诏颂管左曹，……朝奉郎、检正中书房公事吴雍守左司郎中，通直郎、馆阁校勘、检正中书礼房公事王震试右司员外郎，于是开天章阁，初用官制除拜。诏震及雍从辅臣执笔入记圣语，面授以左、右司，仍使自书。时论荣之。”

政和二年，始遂改焉。……中亮大夫易宣庆使，中卫大夫易宣政

使，拱卫大夫易昭宣使，(3940页7、8行)

按政和二年九月二十五日改武选官名诏，“中亮大夫”易“客省使”，而非易“宣庆使”；“中卫大夫”易“引进使”，而非易“宣政使”；“拱卫大夫”易“四方馆使”，而非易“昭宣使”。其实，皆为横班。

《宋大诏令集》卷一六三“改武选官名诏政和二年九月二十五日”：“昔在神考，董正治官。肇建文阶，以禄多士。联职合治，各有等差。名实既宾，以克用乂。而武选官称，循沿末世；有志未就，以迄于今。述而后明，靡敢怠废。朕夙夜惟念，易而新之。训迪厥官，自我作古。夫名不正则言不顺，言不顺则事不成。凡尔有官，尚慎乃止。钦哉成宪，其尔之休。所有武阶磨勘、迁改、请给、奏荫等，凡厥恩数，悉如旧章。咨尔有众，祗于新书。毋忽。

横行：

新官	旧官
通侍大夫	内客省使
正侍大夫	延福宫使
中侍大夫	景福殿使
中亮大夫	客省使
中卫大夫	引进使
拱卫大夫	四方馆使
左武大夫	东上阁门使
右武大夫	西上阁门使
中亮郎	客省副使
中卫郎	引进副使
左武郎	东上阁门副使
右武郎	西上阁门副使

右十二阶，大夫带遥郡仍旧，内通事舍人、阁门祗候、看班祗候仍旧。”

合同凭由司

合同凭由司监官二人，(3940 页倒 3 行)

“监官二人”后缺“以入内内侍充”句。

《宋会要·职官》三六之三一：“合同凭由司在宣祐门内东庑，掌禁中宣索所须之物，而给其要验。监官二人，以入内内侍省充。”

造作所

造作所(3940 页倒 1 行)

入内内侍、内侍二省所辖造作所，为“后苑造作所”，宜冠以“后苑”二字。又，按《宋志》记叙入内内侍、内侍二省所辖属司体例，每司之后皆列编制及除授资格，此当补“监官三人，以内侍充”。

《宋会要·职官》三六之七三：“掌造禁中及皇属婚娶之名物。旧在紫云楼下，咸平三年并于后苑作。改今名，以内侍三人监。始领作七十四……《两朝国史志》：后苑造作所，监官三人，掌造禁中及皇属婚娶之名物。专典十二人，兵校及匠役四百三十六人。……旧在皇城司，天禧五年徙置于拱宸门外。庆历二年罢。”

军头引见司

掌供奉便殿禁卫诸军入见之事，及马步两直军员之名。(3941 页 3 行)

“供奉便殿”后当加顿号。“名”后当补“籍”字。

《宋会要·职官》三六之八一：“《神宗正史·职官志》：军头引见司，勾当官五人，以内侍省都知、押班及閤门通事舍人以上充，品视其官。掌禁卫军入见之事，应戍还及选阅、分隶则具名以进，诏其进止之节。若供奉便殿，马、步军都副军头仍总其名籍，颁其禁令，凡乘舆行幸有自诉者，审诘事状禀奏。”

翰林院

翰林院勾当官一员，以内侍押班、都知充，总天文、书艺、图画、医官四局，凡执伎以事上者皆在焉。（3941页3—5行）

翰林院勾当官以"内省押班、都知充"，即以内侍省内侍充，《宋志》此"以内侍押班、都知"可改为"以内侍省押班、都知"。宋代翰林院与明、清翰林院性质截然不同。宋代翰林学士在学士院，学士院与明、清翰林院位遇类同。

"天文、书艺、图画、医官四局"前，宜冠以"翰林"，即署全名。

《宋会要·职官》三六之九五"翰林院"引《神宗正史·职官志》："翰林院勾当官一人，以内省押班、都知充，掌艺学供奉之事。总天文、书艺、图画、医官四局。"

乾道间，以差赴德寿宫应奉阙人，增置二百五十人。（3941页倒4行）

"乾道间"，可确指为乾道三年正月。

《宋会要·职官》三六之二七："乾道三年正月二十七日，诏内侍以二百五十员为额。先诏：'内侍昨以二百员，近缘差赴德寿宫四十四员，应奉朝殿传宣抚问、赍降香表，阙人数多，可自今以二百五十人为额。'以臣僚奏请故也。"

开封府

掌尹正畿甸之事，（3941页倒2行）

"掌尹正"之"尹"为衍字，当去之。

《元丰官志》："宋朝牧、尹不常置。太宗、真宗尝为京尹。后亦无继者。权知府一人，以待制以上充，掌正畿甸之事。"（《通考·职官》一七"京尹"同）

大礼，桥道顿递则为之使，(3942 页 2 行)

宋沿唐、五代旧制，行大礼设“五礼使”，其“桥道顿递使”以开封府尹为之。此“桥道顿递”为“桥道顿递使”之简称。“则”字后应补入“府尹”二字。

《宋史·礼志》一“吉礼”：“五代以来，宰相为大礼使，太常卿为礼仪使，御史中丞为仪仗使，兵部尚书为卤簿使，京府尹为桥道顿递使。”

领南司者一人，督察使院，非刑狱讼诉则主行之。(3942 页 3、4 行)

“南司”应作“南衙”，系开封府治之别称。

“使院”即“签厅”，为处理本府军州事之机构，共分十一案。《宋志》语焉未详。

《愧郯录》卷二“淳熙南衙”：“本朝亲王为南衙，故实有四：建隆二年七月壬申，太宗以晋王为开封尹、同平章事；开宝九年十月庚申，魏悼王廷美以齐王为开封尹；雍熙二年十月甲辰，昭成太子元禧以陈王为开封尹兼侍中；淳化五年九月壬申，真宗以寿王为开封尹。”

《宋会要·职官》四八之九六：“开封府言：在府使院十一案，每日行遣钱谷、税赋及刑狱诸般文书。”

《朱子语类》卷一二八“法制”：“本朝，军州事则使院之职也。……使院，今之签厅也。”

置新城内左右二厢。(3942 页倒 5 行)

神宗熙宁前，开封府唯旧城以左、右厢称，即左第一厢、左第二厢、右第一厢，右第二厢；新城则称城东厢、城西厢、城南厢、城北厢。共八厢。元祐元年六月二十七日，始于新城内置左、右厢公事所。《宋志》此谓“新城内左右二厢”，实指置新城内左、右厢公事所，“公事所”三字宜补于“左右二厢”之后。

《宋会要·方域》一之一二：“至道元年十一月二十五日，诏张洎撰改京城内外坊名八十余，分定布列，始有雍洛之制。旧城内：左第一厢二十坊，……第二厢十六坊，……右第一厢八坊，……第二厢二坊，……新城内城东厢九坊，……城西厢二十六坊，……城南厢二十坊，……城北厢二十坊。……大中祥符二年三月九日，开封府言：'准诏，以都城之外人户、军营甚多，相度合置厢虞侯管辖。'从之。"

《宋史·韩维传》："（熙宁三年）始分置八厢决轻刑，毂下清肃。"

《长编》卷二一七，熙宁三年十一月丙午："编修中书条例所言：'开封府近许四厢各置官一员，而逐厢决事不多，欲止令京朝官两员分领两厢决断，仍尽留旧四厢使臣，以备其余差使。'从之。"

《宋会要·职官》三七之一〇："哲宗元祐元年六月二十七日，权知开封府谢景温言：'京师新、旧城内惟有二厢，遇夜公事解送遥远。请于新城内外左右置二厢，添举文臣二员，量增人吏。'从之。"

六年，王岩叟言："左右厅推官公事词状，初无通治明文，请事系朝省及奏请通治外，余并据号分治。"从之。（3942 页倒 4、倒 3 行）

权知开封府王岩叟言在元祐六年正月十一日。《宋志》此云"初无通治明文"，应为"初无通管、分治明文"；"请事"应为"请除事"；"奏请通治外"应为"奏请逐厅通管外"。

《长编》卷四五四，元祐六年春正月辛未："权知开封府王岩叟言：'左右厅隶推官各二员，公事、词状初无通管、分治明文。请除事系朝省及奏请逐厅通管外，其余公事、词状并据号分治，庶无留壅。'从之。"

又言："熙宁中，置旧城左右厢，（3942 页倒 1 行）

"置旧城左右厢"之下应补入"公事所"三字。

《宋会要·职官》三七之一〇："绍圣元年四月十七日，知开封府钱勰言：'熙宁三年，初置旧城里左右厢公事所。元祐元年，增置新城里两厢公事。元祐四年废罢增置两厢。今请复置。'从之。"

临安府

临安府　旧为杭州，领浙西兵马钤辖，(3944 页 1 行)

北宋时，杭州知州专管勾两浙西路兵马钤辖，自仁宗皇祐元年正月始。“领浙西”前宜加“知州”二字，“浙西”全名为“两浙西路”。（见《宋会要·职官》四八之一〇九“都钤辖、钤辖”）

时置帅在镇江府，绍兴驻跸临安，遂正称安抚使。(3944 页 2 行)

“时”指建炎三年八月三日。“绍兴”后漏“五年以”三字，即绍兴五年三月二十四日，以驻跸临安复以知临安府兼两浙西路安抚使，其时镇江府已置安抚司。

《宋史·高宗纪》二：“建炎三年八月己酉，移浙西安抚司于镇江府。”

《宋会要·职官》四一之九九：“（建炎四年）六月九日，尚书省言：‘临安府旧带两浙西路安抚使。昨降指挥，权移于镇江府置司，其临安府见兼两浙西路同安抚使，今来防秋在近，窃虑帅臣事体不专，难以倚办。’诏临安府罢两浙西路安抚使，余依已降指挥。”

《宋会要·职官》四一之一〇八：“（绍兴五年）三月二十四日，诏临安府依旧带浙西安抚，镇江府带沿江安抚。”

《系年要录》卷八七，绍兴五年三月丁酉：“复移浙西安抚司于临安府，以驻跸之地，理宜增重事权故也。徽猷阁直学士、知临安府梁汝嘉兼两浙西路安抚使，徽猷阁待制、知镇江府沈晦兼沿江安抚使。”

辨其舟楫，(3944 页倒 6 行)

“辨其舟楫”，为“办(辦)其舟楫”之误。

《宋会要·职官》三六之五七：“乾道六年十一月十九日，诏两浙转运司每次应办人使，管船使臣往往逐州旋行差到，不能管辖。今后专委临安府于缉捕并应管使臣内选差，每船各一员管辖。”

乾道七年，皇太子领尹事，(3944 页倒 1 行)

皇太子名“惇”，《宋志》不必避讳。又，于东宫置公廨。

《中兴两朝圣政》卷五〇：“乾道七年二月，立皇第三子惇为皇太子。夏四月以皇太子尹临安府，寻以晁公武为少尹。”

《宋会要・职官》三七之六：“皇太子领临安府尹，讨论典故下项：一治所若就临安府，即相去太远，今欲止就东宫。”

签判职官。(3944 页倒 1 行)

“签判”为“签书判官厅公事”之简称。“职官”系“幕职官”省称，由选人充。“签判”与“职官”当用顿号隔开。

《元丰官志》：“牧尹官额……通判、签书节度判官厅公事……”

置少尹一员，日受民词以白太子，间日率僚属诣宫禀事。(3944 页倒 1 行，3945 页 1 行)

皇太子领临安尹，不赴府治事，止就东宫而已。此“诣宫”，指“诣东宫”。

《宋会要・职官》三七之六：“孝宗乾道元(七)年四月二十七日，诏皇太子惇领临安府尹。二十九日，礼部、国史院、太常寺言：‘皇太子领临安府尹，讨论典故下项：一治所若就临安府，即相去太远，今欲止就东宫，少尹等官属两日一次，将职官赴东宫取禀；一见今临安通判及签判、职官并各废罢，却置少尹一员、判官二员、推官三员。……’”

嘉泰四年，诏临安府添差不厘务总管路钤二十员，州钤辖、路分都监、副都监二十员，(3945 页 5、6 行)

“总管”系简称，其全名为“马步军都总管”；“路钤”为“路兵马钤辖”之略称；“州钤辖”即“州兵马钤辖”之简称；“路分都监、副都监”即“路兵马都监、副都监”之简称。

“总管路钤”未宜连称，宜于“总管”后添一顿号。

《宋会要・职官》四一之九六：“高宗建炎元年六月二十一日，宰臣李纲言守备：‘当于沿河、沿淮、沿江置帅府，皆带使名。要郡以控扼。其帅府，文臣一员充带安抚使、马步军都总管，武臣一员充副总管；要郡，文臣一员带兵马钤辖，武臣一员充副钤辖；次要郡，文臣一员带兵马都监，武臣一员充副都监。安抚使总一路兵政，许便宜行事；钤辖、都监参与。每朝廷调发军马，则安抚使措置办集，以授副总管，率副钤辖、都监总兵以行。'……从之。"

寻减总管路钤五员。(3945 页 7 行)

"总管"与"路钤"系两官名，"总管"下宜添一顿号。(详参上条所引《宋会要》)

河南府　应天府

河南应天府(3945 页倒 5 行)

"河南"下应加一顿号，系指河南府(西京)、应天府(南京)两府。

尹阙则置知府事一人，以郎中以上充，二品以上判府。次府及节度州准此。(3945 页倒 4 行)

据《元丰官志》，唯河南府、应天府知府事以郎中以上充。次府及他府以朝官及刺史以上充。故，"准此"两字宜删，改为"以朝官及刺史以上充"。

《元丰官志》："各府牧、尹、通判及官属俱同，所掌并同开封，惟河南、应天二府知府事，以郎中以上充，余以朝官及刺史以上或诸司使充。"

《宋会要·职官》四七之一："知州、府事各一员，府以朝官及刺史以上充，州以京朝官、阁门祗候以上充。"

使院牙职，左右军巡悉同开封，而主典以下差减其数。(3945 页倒3行)

"左右军巡"后落一"院"字，"主典"一作"主押"。

《宋会要·职官》四七之二："河南、应天、大名，使(院)牙职、左右军巡院悉同开封，而主押以下差减其数。”

户曹通掌府院户籍、考课、税赋，(3945页倒3、倒2行)

“府院”即府狱司，乃司录参军事司之别称；在州称“州院”，录事参军事之治所。《宋志》用此别称，令人费解，宜作注。“府院”后加顿号。

《淳祐临安志》卷五：“府院　在府治西，录事参军廨舍附。”(按：临安府应称司录参军。然原由杭州升府，习以沿称录事参军为便)

《元丰官志》：“司录参军　掌折户婚之讼，而通书六曹之案牒。”

《宋会要·职官》四七之一：“府则置司录，州则置录事。”

《十驾斋养新录》卷一〇“州院”：“乾隆戊戌岁，瓜洲浚河，得南宋官印，文曰‘宿州州院朱记’。初不解州院为何职，后读罗端良《新安志》，乃知每州有州院与司理院，皆刑狱之称。州院则录事参军主之；司理院则司理参军主之。”

次　府

司录　户曹　法曹　士曹　司理(3946页1行)

上一条“河南、应天府”与本条“次府”所列“司录”“户曹”“法曹”“士曹”“司理”，皆为简称，其全称是：“司录参军”“户曹参军”“法曹参军”“士曹参军”“左、右司理参军”。

《元丰官志》：“牧尹官额……府属　司录参军、户曹参军、法曹参军、士曹参军……左、右司理参军……”

大中祥符八年，以楚王为兴元牧，(3946页2行)

“楚王”后宜加“元佐”名，“兴元牧”前宜加一“行”字。

《宋大诏令集》卷二六“皇兄楚王元佐天策上将军兴元牧赐剑履上殿诏书不名制大中祥符八年二月丙寅”：“皇兄、开府仪同三司、守太师、尚书令、兼中书令、左卫上将军、上柱国、楚王元佐……可依前守太师、尚书令、兼中书令、天策上将军、行兴元牧，赐剑履上殿，诏书不名。依旧在宅养疾，所司择日备礼册命。”

自余无为者。（3946 页 2 行）

继楚王元佐行府牧，景祐二年十一月，荆王元俨行荆、扬二州牧，南宋淳熙五年闰月魏王恺为雍州牧。故《宋志》所云“自余无为者”，非是。可删去此五字。

《宋会要·职官》三七之一一：“景祐二年十一月制：雍州牧兼凤翔牧荆王元俨为荆南、淮南节度使行荆州、扬州牧。二州牧自此始也。”

《玉堂杂记》卷中：“淳熙五年闰六月十三日，锁院。……某遂拟（魏王恺）永兴、成德军节度使，雍州牧进入。顷之，点定，然后进草……”

《宋史·孝宗纪》三：“（淳熙五年闰六月）乙巳，以魏王恺为永兴、成德军节度使，雍州牧，判明州如故。”

乾德初，诸州置通判，……与长吏均礼。（3946 页 3 行）

乾德元年四月，下湖南，始命州置通判，未能谓“诸州”置通判。“长吏”系“知州事”之别称。应删去“诸”字，改为“始命州置通判”。

《玉海》卷一八“开宝较州县数”：“乾德元年四月乙酉，州置通判。始命贾玭等通判湖南诸州。”

《长编》卷四，乾德元年夏四月乙酉：“始命刑部郎中贾玭等通判湖南诸州。”

《合璧后集》卷七十六“郡官门·通判·历代沿革”：“乾德初，下湖南，始置通判。”

正刺史以上州知州，虽小处亦特置。（3946 页 4 行）

“正刺史以上州知州”中“州”为衍字，可删。其原意为正刺史以上及诸司使、副使知州，虽小郡亦特置州通判。非指“刺史州”，且“正刺史以上州”不通，岂尚有副刺史以上州？

“小处”为“小郡”之误，“亦特置”后尚有“兼管内劝农使”一官名。

又，南渡后，次府如建康置通判三员。

《宋会要·职官》四七之五八：“宋置诸州通判各一员，西京、南京、天雄、成德、益、杭、并、郓、荆南、潭、广、泰（秦）、定等州各两员。小郡或不置。正刺史以上及诸司使、副使知州者，虽小郡亦特置，兼管内劝农使。”

《合璧后集》卷七十六“郡官门·通判·历代沿革”：“乾德初，下湖南，始置通判……时大郡置两员：西京、南京、天雄、成德、益、杭、并、郓、荆南、潭、广、秦。余置一员。不及万户不置。正刺史以上及诸司使副知州者，虽小郡亦特置。”

《廿二史考异》卷七一“宋史·职官志”六：“次府通判一人，大藩或置两员。凡通判置两员者，则称东厅、西厅以别之。南渡后，建康府于两员外添差一员，谓之南厅。”

节度使

宋初无所掌，其事务悉归本州知州、通判兼总之，（3946 页 5 行）

宋兴，为解决节度使擅权之弊，遂架空节度使，州之民政大权一归知本州军州事，通判军州事副之。故，《宋志》不当于“知州”与“通判”之间用顿号，而须用逗号隔开，以知州为主、通判为次（兼总之）之原意方明。

初除，锁院降麻，其礼尤异，（3946 页 6 行）

“其礼尤异”，“其”为“恩”之误。

《通考·职官》一三“节度使”：“宋兴，节度、观察使事务，悉归于本州知州，通判兼总之。……初除，锁院降麻，恩礼尤异。”

八年，镇江军节度使、检校太傅韩绛为开府仪同三司、判大名府。（3946 页倒 1 行）

“八年”应补充为“哲宗元丰八年八月”。“判大名府”后遗漏“兼北京留守”。

《长编》卷三五九，元丰八年八月己巳：“镇江军节度使、知河南府韩绛加开府仪同三司、判大名府兼北京留守。”

元祐五年，太师、平章军国重事文彦博为开府仪同三司、守太师、充护国军山南西道节度使致仕。（3946页倒1行、3947页1行）

护国军节度使兼河中尹、山南西道节度使兼兴元尹，系咸平二年十月定制。故此，当于“充护国军”前补入“河中、兴元尹”五字，“护国军”下宜标上一顿号。“开府仪同三司”和“守太师”后的顿号均改为逗号。

哲宗元祐五年二月十五日史事。

《分纪》卷三九“节度使”：“咸平二年十月，诏自今亲王节度使如授大都督府，更不带长史。成德军兼真定尹，永兴军兼京兆尹，凤翔兼凤翔尹，护国军兼河中尹，剑南西川兼成都尹，荆南兼江陵尹，山南西道兼桥道使，兴元尹……”

《宋宰辅编年录》卷一〇，哲宗元祐五年二月庚戌：“文彦博罢太师、平章军国重事致仕，为守太师、开府仪同三司，河中、兴元尹充护国军、山南西道节度使致仕。”

其后故相而除则有刘正夫、余深，前执政则有蔡攸、梁子美，（3947页2、3行）

梁子美任执政与罢执政时皆未见授以节钺，《宋志》恐有误。

《宋宰辅编年录》卷一二：“大观元年正月壬子，梁子美尚书右丞。自中大夫、试户部尚书除。……三月丁酉，梁子美尚书左丞。自中大夫、尚书右丞除。……六月己未，梁子美中书侍郎。自尚书左丞迁太中大夫除。二年七月自右光禄大夫特授正奉大夫。……八月丙申，梁子美罢中书侍郎。授资政殿学士依前正奉大夫、知郓州。……子美自大观元年正月除尚书右丞，三月除尚书左丞，六月除中书侍郎，是年罢，执政仅二年。”

外戚则有向宗回宗良、(3947 页 3 行)

“向宗回宗良”系向宗回、向宗良两人,宜于“宗回”下加一顿号。

《宋史·外戚传》中:“宗回,字子发,累官相州观察使。徽宗立,进彰德军留后。历安国、保信、镇南、保平军节度使……宗良,字景弼,历秀州刺史、利州观察使、昭宣军留后,奉国、清海、镇东、武宁、宁海军节度使,永嘉郡王,开府仪同三司。”

前执政二人,(3947 页 5 行)

《通考》作“执政”,然《朝野杂记》作“宰执”。

《通考·职官》一三“节度使”:“亲王、皇子二十六人,宗室十一人,前执政二人,大将四人,外戚十人,宦者恩泽计七人。”

《朝野杂记》甲集卷一二“文臣节度使”:“亲王、皇子二十六人,宗室十一人,前宰执二人,大将四人,外戚十人,宦者恩泽七人。”

刘锜护国、宁武、保静。(3947 页 8、9 行)

刘锜为刘光世之误。“宁武”为“镇安”之误。

《考正》卷六之一〇“节度使”:“至兼领三镇之人,《杂记》亦均称其封号曰韩蕲王、张循王、刘安城王,《通考》亦皆承用未改(但均省去‘王’字而作韩蕲、张循、刘安城,似欠妥),《史志》改用其名,亦自甚是,然‘安城王’者刘光世卒后乾道八年所追赠之封号也。若刘锜则不唯未曾兼领三节镇,且并未曾兼领两节镇,生前身后亦俱未得王封,《史志》乃易‘刘安城王’为刘锜,殊为疏谬。”

《宋史·刘光世传》:“刘光世字平叔,保安军人,……遂迁护国、镇安、保静军节度使。……光世引疾请罢军政。……乾道八年,追封安城郡王。”

《朝野杂记》甲集卷一二“两镇、三镇节度使”:“渡江以来,诸大将若韩、张、吴、岳、杨、刘之流,率至两镇节度使,其后加至三镇者三人。韩蕲王镇南、武安、宁国,张循王静江、宁武(镇安)、静海,刘安城王护国、宁武、保静。”(按:张循王三节镇之一为宁武,刘安城王三节镇之

一亦为宁武，两者必有一误。据上引《宋史·刘光世传》，刘安城王之“宁武”为“镇安”之误）

从官二人而已。张端明澄、杨敷学炎。（3947页倒4行）

“杨敷学炎”为“杨敷学倓”之误。“敷学”为“敷文阁学士”之省称。

《朝野杂记》甲集卷一二“文臣节度使”：“从官二人而已。张端明澄，杨敷学倓。”（按：张端明澄，即端明殿学士张澄。《宋志》转抄笔记《朝野杂记》之文，其简称当改为官名全称）

《鸿庆居士集》卷四一《杨国夫人赵氏墓表》：“杨国夫人赵氏……左朝奉大夫、直显谟阁、提举浙西路常平茶盐事倓之母也。”

《系年要录》卷一六六，绍兴二十四年三月辛酉：“上御射殿，策试正奏名进士……杨存中子右承事郎倓在甲乙科。”

承宣使

政和七年，诏：“观察留后乃五季藩镇官以所亲信留充后务之称，（3947页倒1行、3948页1行）

《宋志》转引诏书，与原诏文字有出入。“官以所亲信留充后务之称”应为“身离官所以亲信留充后务之称”。

《宋大诏令集》卷一六四“观察留后改为承宣使御笔政和七年六月十一日”：“观察留后乃五季藩镇身离官所以亲信留充后务之称，不可循用，可冠以军名，改为承宣使。”

唐有留后，（3948页1行）

唐代中世（玄宗朝）以后始有节度留后。《宋志》“唐”字下宜补“中世以后”四字，“留后”前宜冠以“节度”二字。

《合璧后集》卷六三“承宣使”：“唐中世以后，节度使往往自择将吏，号为‘留后’。”

《唐会要》卷七八“宰相遥领节度使”:“天宝十一载十一月,杨国忠又遥领剑南节度,萧嵩以牛仙客为留后,李林甫以杜希望为留后,杨国忠以崔圆为留后。”

宋初,留后、观察皆不得本州刺史。(3948 页 1、2 行)

“得”为“带”之误。

《合璧后集》卷六三“观察使”:“祥符中,诏观察使并带刺史。”

《宋会要·职官》三八之八:“真宗大中祥符七年三月,翰林学士陈彭年言:‘检讨唐以来故事,观察使并合带刺史。’诏自今除观察使可兼领之。”

按:此可证宋初观察使不带刺史。

大中祥符七年,令有司检讨故事,始复带之。(3948 页 2 行)

大中祥符七年三月二十二日诏不涉及节度留后,只令诸州观察使兼刺史。此条应下移至“观察使”条。

《长编》卷八二,大中祥符七年三月辛丑:“诏自今诸州观察使,并循旧制兼刺史。从陈彭年所请也。”

观察使

资品并止本官叙。(3948 页 3、4 行)

“资品并止本官叙”之下,宜补入“大中祥符七年,诏自今诸州观察使并循唐以来故事,可兼刺史”。(见上引《长编》《宋会要》)

防御使　团练使　诸州刺史

防御使　团练使　诸州刺史　无定员。(3948 页 5 行)

诸州防御使、团练使、刺史均谓之正任官,与遥郡带使有别。《宋志》先未总叙之,而下叙正任、遥郡之迁转,失之粗疏。

《合璧后集》卷六三"防御使":"本州沿唐制,置诸州防御使。唐防御使在团练使之下,本朝升之于上。《职略》云:《官制旧典》,防御、团练、刺史均谓之正任,外官初除管军,便带正任刺史,或随其人见带遥郡就除之。"

《分纪》卷三九"防御团练使":"国朝《元祐官品令》:防御、团练使从五品。"

凡未落阶官者为遥郡,除落阶官者为正任。(3948页倒6行)

何谓"遥郡"?何谓"正任"?《宋志》谓"未落阶官者为遥郡",虽说无误,但仍使人不明白,尚需再搞清何谓"落阶官"。如果换一种说法,即"承宣、观察、防御、团练使、刺史为正任,领他官者为遥郡",就容易理解得多。所谓正任官,指承宣使、观察使、防御使、团练使、刺史,而以上诸使带横行阶官或诸司正使中任何一阶者,即为遥郡。如"中卫大夫、武安军承宣使"即为遥郡承宣使,所谓遥郡"落阶官",指上引之例除落"中卫大夫"之阶,单剩"承宣使",便为正任官。为此,宜于"凡未落阶官者为遥郡"之前,加"承宣、观察、防御、团练使,刺史为正任,正任官领他官阶者,为遥郡承宣、观察、防御、团练使,遥郡刺史"。

《合璧后集》卷六三"承宣使":"承宣、观察、防御、团练使,刺史为正任,领他官者为遥郡。"

《系年要录》卷六八,绍兴三年九月丙寅:"中卫大夫、武安军承宣使、神武副军都统制岳飞落阶官,为镇南军承宣使、江西沿江制置使,戍江州。"

中兴以后,节度移镇浸少,后有一定不易径迁太尉;(3948页倒4行)

"后有一定不易"下宜添一逗号,系指南宋之后,授某军节镇后,即不再改换军额。

《系年要录》卷二〇〇,绍兴三十二年十一月庚辰:"节度以移镇为恩宠，旧制也；今则一定而不易。”

按：节度使、承宣使、观察使、防御使、团练使、刺史皆非职事官，系为武臣迁转之阶。《宋志》将其置于“京府”“次府”官之后，不妥。

《通考·职官》一三“节度使”：“按节度使在唐为阃帅，观察、团练使在唐为监司，防御使在唐为边将，刺史在唐为郡守。至宋，则阃帅、监司、边将、郡守各别有以名其官。而节度、承宣、观察、团练、防御、刺史则俱无职任，特以为武臣迁转之次序。故序其事于将军、都尉之后。”

宋史职官志补正七

（《宋史》卷一六七）

大都督府　都督府

端拱初，越王为威武军节度、福州大都督府长史。（3954 页 2、3 行）

越王为爵号，漏其名，宜补入。查宗室列传及太宗本纪等，端拱初，越王为太宗四子元份（初名德严）。

《宋史·太宗纪》二："端拱元年二月庚子，以籍田，开封尹、陈王元禧进封许王，元侃襄王，元份越王，钱俶邓王。"

《宋史·宗室传》二："商恭靖王元份，初名德严。太平兴国八年出阁，改名元俊，拜同平章事，封冀王。雍熙三年，改今名。加兼侍中、威武军节度使，进封越王。"（据《长编》卷二九，元份为威武军节度使，进封越王，乃在端拱元年二月庚子）

淳化五年，吴王为淮南节度、扬州大都督府长史，（3954 页 3 行）

淳化五年二月二十六日，徙益王元杰为吴王。元杰之名未当省落。

《长编》卷三五，太宗淳化五年二月己酉："以两川盗贼，徙封益王元杰为吴王，领淮南、镇江节度使。"

《分纪》卷三九："淳化五年，皇子益王元杰改封吴王，行扬州、润州大都督府长史，领淮南、镇江两军节度。”

翰林学士张洎草制，再表援引典故，宰相言：“越王已为长史。”（3954页3行）

“典故”后应补入“论列”两字，并将其下所论列之内容撮出提要，即补入“亲王实居大都督之任，复加长史，乃自为上佐，其名不正”。于是宰相吕蒙正有言，其意为吴王已不便命为大都督，因越王、襄王已命长史在前，如独授吴王都督之任，居二王之上，兄弟之间品秩不等，亦有不便。《宋志》引宰相语太简，不知所云为何意，宜将此句补正为：“宰相吕蒙正曰：‘襄王、越王皆领长史，今吴王独为大都督，居二王之上，恐亦非便。’”

《长编》卷三五，淳化五年二月己酉：“翰林学士张洎草元杰制，上言：‘按前史，皇子封王，以郡为国，置傅、相、内史，佐王为理，如不之国，朝廷命卿大夫临郡，即称内史行郡事。唐以扬、益、潞、幽、荆五郡为大都督，置长史、司马为上佐，即内史之职也。其大都督之号，非亲王不授，或亲王遥领，别命大臣临郡，皆是长史，副大使知节度使事。今吴王实居大都督之任，复加长史，乃自为上佐，其名不正，望付中书门下商议施行。’宰相吕蒙正曰：‘襄王、越王皆领长史，今吴王独为大都督，居二王之上，恐亦非便。’上曰：‘业已差误，异日别有除授，并改之。’”

《宋会要·帝系》二之六：“洎又再上表引典故论列。中书门下言：‘端拱初，韩王改建襄王，领荆湖节度、江陵尹；冀王改封越王，领福建节度、大都督府长史。今益王改封吴王，苟如洎言，改充大都督。按《官品令》，大都督是二品，五府大尹、五府大都督长史是三品，若然，则吴王之品高于二王，昆弟之间品秩未当。’诏：‘俟他日改正之。’洎奏遂寝。”

至道后，因移镇，遂为大都督。（3954页4行）

此条下应补入“勿复兼长史”五字。“大都督”之下句号改逗号。

《宋会要·帝系》二之七：“至道二年二月五日，命元偓为洪州都督、镇南军节度使，元偁为鄂州都督、武昌军节度使。七日，以越王元份为杭州大都督兼领忠正军节度使。……由是二王尽得所封之地，削去长史之号。”

《长编》卷四五，真宗咸平二年十一月壬午：“诏自今亲王领大都督、节镇、州府者，勿复兼长史。”

南渡后，以见任宰相充都督，(3954页5、6行)

“南渡以后”云云，当另起一行。

南宋都督府，已非都督州建置，系临时设立之军事统率机构，有权指挥诸路帅臣、守将，求兵权归一也。然，每因兵兴而设，间或穿插内部权力之争，督府存在时间皆不长。南宋督府可分“都督府”“督视行府”两种。凡开府则置长贰、僚佐（参议官、文书官、杂务官、将领）等，组织甚为完备，权职颇大，有侵枢密院、安抚司、户部、转运使、州长官权力之嫌。都督、同都督、督视军马多宰执为之。

综观南宋自绍兴二年四月始置江、淮、荆、浙都督府，迄咸淳十年二月设诸路都督府，总共十四督府，成绩未显。

《宋志》于南宋都督府史事，略而未详，兹概叙其要，聊补所缺。

初，绍兴二年，吕颐浩首以左仆射出都督江、淮、两浙、荆湖诸军事，置司镇江。(3954页8行)

此为绍兴二年四月二十七日事，所设都督府正式衔称为“江淮荆浙都督府”。绍兴三年，移司镇江。

《朝野杂记》甲集卷一〇“都督军马”：“都督，古官也，晋宋间有之，自唐以来不置。绍兴初，吕元直复相，谋进取，秦会之亦欲夺其权，乃共议令元直以左仆射都督江、淮、荆、浙诸军事，置司镇江。”

《系年要录》卷五三，绍兴二年四月戊子：“尚书左仆射、同中书门下平章事、兼知枢密院事吕颐浩都督江、淮、荆、浙诸军事。”

《宋会要·职官》三九之一：“高宗绍兴二年四月二十七日，制以特进、尚书左仆射、同中书门下平章事兼知枢密院事吕颐浩时（特）授依前特进、尚书左仆射、同中书门下平章事兼知枢密院事、都督江、淮、两浙、荆湖诸军事，……以'江淮荆浙都督府'为名，……印记以'江淮荆湖两浙路都督诸军事印'一十三字为文。"

其后，赵鼎、张浚、汤思退皆以宰相兼之。颐浩还朝，(3954页8、9行)

吕颐浩自都督府还朝，系绍兴二年六月事。八月五日，孟庾兼权同都督江淮荆浙诸军事。而上文"赵鼎、张浚、汤思退皆以宰相兼之"，其事均在绍兴四年以后，时间错置。宜于"颐浩还朝"前冠以"绍兴二年七月"等文字，方可免去时间上混淆。

《宋会要·职官》三九之六、七："绍兴四年八月十一日，诏川陕宣抚处置使赵鼎为都督川陕荆襄诸军事。孟庾等言：'赵鼎除川陕宣抚处置使，恐与王似、卢法原、吴玠等使名相似，乞自睿旨，别易一使名。'……故续有是旨。……五年二月十二日，制以左通议大夫、守尚书右仆射、同中书门下平章事兼知枢密院事赵鼎特授左正奉大夫、守尚书左仆射、同中书门下平章事兼知枢密院事、都督诸路军马，左通奉大夫、知枢密院事张浚特授左宣奉大夫、守尚书右仆射、同中书门下平章事兼知枢密院事、都督诸路军马。十四日，诏都督府以诸路军事为名。……印以'诸路军事都督府之印'九字为文。"

《宋会要·职官》三九之一六："孝宗隆兴二年九月二十一日，特进、尚书左仆射、同中书门下平章事、兼枢密使汤思退特授都督江淮东西建康镇江府江阴军江池州屯驻军马，余如故。二十三日，太傅、宁远军节度使杨存中可除同都督江淮东西路建康镇江府江阴军江池州屯驻军马。"

思退初以左相出都督，(3954页倒3行)

三十一年，叶义问以知枢密院事督视江、淮、荆襄军马，(3954页倒1行)

汤思退以左相为都督，系孝宗隆兴二年九月二十三日之事，而下文又叙绍兴三十一年事，先后时间错乱，不妥。宜删去“初”字，并在“思退”之上，补入“隆兴二年”四字；“三十一年”之上补入“绍兴”二字。

《玉海》卷一三三“绍兴都督府”：“隆兴二年九月二十一日癸卯，汤思退以左仆射都督，二十三日，命太傅杨存中同都督。十一月七日，参政王之望同都督，之望辞；思退解职。九日，以存中为都督。非宰相而都督，自存中始。”

执政为督视于是见焉。(3955页1行)

不称“都督”而称“督视”，缘叶义问、汪澈皆为执政而非相臣之故，“督视”之名下“都督”一等。唯其若是，知枢密院事叶义问督视军马，以“枢密行府”为名；参知政事汪澈则以“参知政事行府”为名，以别于“都督行府”。《宋志》于“都督”“督视”未加辨别。

《玉海》卷一三三：“绍兴三十一年十一月十九日，知枢密院叶义问为督视江淮荆襄军马，中书舍人虞允文参谋军事。朝议以非相臣，故其名下都督一等，盖不考赵鼎故事也。”

《朝野杂记》甲集卷一〇“督视军马”：“督视军马者，绍兴三十一年冬十一月，叶审言始以知枢密院事为之。朝议以审言非相臣，故其名下都督一等，盖不考赵丰公故事，失之也。隆兴初，张魏公既为江淮都督，乃命汪明远澈以参知政事督视湖北、京西军马焉。方城失守，汪责台州，遂并令魏公督之。”

《宋会要·职官》三九之一一至一二：“绍兴三十一年十一月十九日，诏知枢密院事叶义问差充督视江淮、荆襄军马，中书舍人虞允文充参谋军事。义问言：‘参酌前后执政官出使损减条具画一。数内一，合用印乞以“枢密行府之印”为文，其行移并依枢密院体式施行。入诸军摆铺传发所有奏报文字，直发入内内侍省投进。’从之。三十二年五月十三日，诏叶义问督视结局，特与转三官。……绍兴三十二年七月九日，诏参知政事汪澈湖北、京西路督视军马。孝宗已即位，未改元。……以'参知政事行府'为名，……印以'参知政事行府之印'八字为文。"

王之望辞同都督，有曰："朝廷于两淮，……此可以见朝廷开府之意。"（3955 页 1—3 行）

王之望辞同都督非绍兴三十二年事，而在隆兴二年十一月七日。又，王之望辞同都督，不止为宰相汤思退不出任都督之故，更为先已命杨存中为同都督措置军事于江淮，而分同都督为二，"权势既敌，不能相统"，"甚非元初置都督之意也"。《宋志》未道明，不妥。

《宋会要·职官》三九之一八至一九："（隆兴二年十一月）八日，参知政事王之望言：'蒙恩除臣同都督江淮军马，……臣岂敢有辞。但于今日事宜有所未允，不得不为陛下言之。朝廷于两淮，前以大将二人为招抚使，后以从臣二人为宣谕使，非不可以集事，惟忧其缓急之际，不相统摄，故以宰相为都督，则都督之置，正欲事权之归一也。宰相未出之间，又置同都督，使先往视师，犹有说也。及宰相翌日朝辞，忽差臣为督视，则于都督之外又添一司，……而分同都督为二，则于向宣谕何异哉！汤思退开府两月，忽一旦改命，则思退固自难处。杨存中既已一面措置，号令诸将调发军马，而又添一同都督，则存中又不敢专，……存中官为三师，臣备员二府，而同为都督，权势既敌，不能相统，……使诸将帅何所禀承，甚非元初置都督之意也。'"

设属：谘议军事、参谋、参议，并以从官充；（3955 页 3、4 行）

谘议军事，系绍兴五年二月二十三日由都督府详议官改名，而详议官又于绍兴四年九月二十一日由都督府计议官改名。其序官皆位在参谋官、参议官之下，《宋志》将谘议军事列在参谋官之上，非是。

又，谘议官既依绍兴五年二月之改名称谘议军事，则参谋官、参议官亦当依绍兴五年二月二十八日之改名称参谋军事、参议军事。

《宋会要·职官》三九之七："（绍兴四年）九月二十一日，（川陕荆襄都督府）又言：'本府许置计议官四员，缘与枢密院计议官名称一同，欲改为详议官。'从之。"同书三九之八、九："（绍兴五年二月）二十三日，都督府言：'合置参议官以下，即自辟差未足。内详议官欲改谘议军事。'从之。……二十八日，都督府言：'合置参谋官，欲乞改作参谋军事，参议官改作参议军事。'从之。"

书写机宜文字、干办官、准备差遣，前后员数不一。（3955 页 4 行）

《宋志》所列都督府官属，远非全部，亦不必苛求全部，然既有选择，宜有主次之别；而今，列举了杂务官，却失载财务漕运官如随军转运使、副或随军转运判官；即使在文书官中，主管机宜文字官之作用与地位在书写机宜文字之上，《宋志》却只列书写机宜文字，殊不可解。他如直属将领及参赞军事等，都不曾提及。

《宋会要・职官》三九之二："高宗绍兴二年闰四月二日，江、淮、荆、浙都督府……参谋官二员、参议官二员、主管机宜文字二员、书写机宜文字二员、干办公事官十员、准备差使文臣十员、准备差使大小使臣各二十员。准备将领、使唤欲乞辟差十员。"

《宋会要・职官》三九之三："（绍兴二年闰四月）六日，诏都督府事体至重，已特许差随军转运使一员，他司不得援例。……五月九日，诏都督府参谋、参议官并依两省官奉使法；机宜与转运使副、提刑序官；干办官与转运判官、知州、朝请大夫序官。"同书三九之五："（三年）二月七日，吕颐浩言：'依元降画一指挥，许辟差参谋官二员，主管机宜文字二员，书写文字一员，干办公事官一十五员，准备差使大小使臣各二十员，准备将领一十员，人吏二十四人。'"

《宋会要・职官》三九之一六："（隆兴二年九月）二十三日，诏右通议大夫、守尚书吏部侍郎、充淮东宣谕使钱端礼除兵部尚书、充江淮都督府参赞军事。"

制置使

政和中,熙、秦用兵,以内侍童贯为之,(3955页6行)

“政和中”,为“崇宁中”之误。

《十朝纲要》一六:“崇宁四年正月丁酉,童贯为熙河兰湟、秦凤路经略安抚制置使。”

《宋史·童贯传》:“未几,为熙河兰湟、秦凤路经略安抚制置使,累迁武康军节度使。……除开府仪同三司。政和元年,进检校太尉,使契丹。”

靖康初,会诸路兵解太原之围,姚古、解潜相继为河东、河北制置使,(3955页7行)

姚古于宣和末已任京畿辅郡兵马制置使;宣和七年,以种师道为河东、河北路制置使。以是知金人南牧后,宋朝廷设制置司非自解太原之围始。又,靖康元年,解潜所任为陕西制置副使,种师中相继为河北、河东路制置副使。《宋志》记载有遗漏,当于“解潜”前补入“种师中”,并于“制置使”后添入“副使”之名。

《通考·职官》一六“制置使”:“宣和末,姚古为京畿辅郡兵马制置使。靖康初,种师道为河东路制置使。”

《续资治通鉴》卷九六:“靖康元年二月癸丑,金人次高平,举朝震惧。……以姚古为制置使,总兵援太原,以种师中为制置副使,援中山、河间诸郡。”

《宋史·钦宗纪》:“靖康元年五月丁丑……河北、河东路制置副使种师中与金人战于榆次,死之。……六月……时太原围急,……辛丑,以……陕西制置司都统制解潜为制置副使。”

地重秩高者加制置大使,位宣抚副使上。……开禧,丘崈、何澹亦然。(3955页倒5、倒4行)

何澹兼制置大使在嘉定元年，非开禧年间。

《宋会要·职官》四〇之一七："嘉定元年七月十八日，诏观文殿学士、知建康府何澹兼江淮制置大使。"

后又诏诸路帅臣并罢制置使之名，(3956页1行)

诸路安抚使罢带制置使使名，系建炎四年五月二十七日诏，然至绍兴三年九月十五日，赵鼎始以江南西路安抚大使充制置大使，即帅臣仍许带制置使之名。

《宋会要·职官》四〇之三、四："建炎四年五月二十七日，诏诸路帅臣近年并带马步军都总管，职任事权已自不轻，所有制置使只是虚名。兼朝廷因军兴，时暂差充制置使之人，名称混杂，无以区别。其诸路帅臣见带制置使并罢。"同书四〇之五："绍兴三年九月十五日，诏江南西路安抚大使赵鼎充江南西路安抚制置大使。"同书四〇之六、七："绍兴四年四月十八日，胡世将除知洪州兼江南西路安抚使兼制置使。"

开禧间，江、淮、四川并置大使。休兵后，独成都守臣带四川安抚、制置使，(3956页2行)

宁宗开禧间，江淮制置司始置制置使，叶适为之；后置制置大使，丘崈为之。丘崈为制置大使在开禧三年十二月癸卯(二日)。开禧三年四月宋金休兵以后，以守臣带安抚、制置使者，不独成都守臣，犹有李大东于嘉定十二年六月以知建康府、江东安抚使充沿江制置使。《宋志》谓"开禧间，江、淮、四川并置大使"未尽确；谓"休兵后，独成都守臣带四川安抚、制置使"，则失误。

《廿二史考异》卷七一"宋史·职官志"七："开禧间，江淮、四川并置大使。休兵后，独成都守臣带四川安抚、制置使。案《景定建康志》：开禧三年置江淮制置使，治建康。嘉定十年省，绍定三年复置，六年改沿江制置使。是建康不设制司，中间只十年耳。《志》云'休兵后独成都守臣带制置使者'，非也。开禧置使，本无'大'字，嘉定元年，丘崈始加大使。何澹代崈亦为大使，皆前执政也。绍定四年，赵善湘亦为大使。自改沿江以后，宝祐六年除赵与簄，开庆元年除马光祖，皆为大使。”（按：钱氏言丘崈于嘉定元年始加大使，误；当在开禧三年十二月。嘉定十年至绍定三年，其间达十三年之久，钱大昕言“只十年”，似未确）

《宋史・理宗纪》四：“开庆元年二月庚辰，以赵与簄为两淮安抚制置使兼知扬州。丙戌，以马光祖为资政殿学士、沿江制置使、江东安抚，知建康府、行宫留守。”

《宋会要・职官》四〇之一七：“开禧三年六月五日，知建康府兼江淮制置使叶适言……七月十七日，诏集英殿修撰、知江州徐谊除宝谟阁待制、知建康府兼江淮制置使。”

《宋史・宁宗纪》二：“开禧三年十二月癸卯，以丘崈为江淮制置大使。”

《宋会要・职官》四〇之一九：“嘉定十二年六月二十日，诏中奉大夫、宝文阁待制、兼知建康府、江东安抚使、行宫留守公事李大东充沿江制置使，建康府置司。”

又有沿海制置使，以明州守臣领之，(3956 页 4 行)

水域设制置司，除沿海制置司外，尚有沿江制置司，诚如叶适所言：“沿江制置司与沿海制置司事体一同。”《宋志》未及沿江制置司，非妥。

又，除《宋志》已述及河东河北、江西、湖南、江淮、两浙、四川等曾设置制司外，浙西、淮西、淮东、京湖、广南等路，皆曾设制置司。《宋志》失于讨论。

《廿二史考异》卷七一“宋史・职官志”：“又有沿海制置使，以明州守臣领之。案：宋末沿江、沿海皆有制司，又有京湖制置使，或治江陵，或治鄂州；两淮制置使，治扬州；又尝置淮东制置司于楚州，广南制置司于静江。《志》失于讨论也。”

《玉海》卷一三二"绍兴制置使　大使"："建炎三年六月，刘宁止提领水军为副使；闰八月，胡舜陟为沿江都制置使、知建康，王羲叔副；绍兴四年，马广为江西沿江制副，屯武昌。隆兴二年十一月沈介知鄂州，兼沿江制置使。乾道三年八月，命知建康史正志兼总建康至鄂渚舟师。开禧二年七月，知建康叶适兼。嘉定十二年六月二十日，诏置司建康；十四年，诏制副置司鄂州。李壆为之。"

《宋会要·职官》四〇之一七："开禧三年正月二十七日，知建康府兼沿江制置使叶适奏：'沿江制置使与沿海制置司事体一同。'"

宣谕使

绍兴元年，诏秘书少监傅崧卿充淮南东路宣谕使，此其始也。(3956页7行)

宣谕使之设，始自北宋徽宗朝宣和七年十二月，非南渡后创置。《宋志》失载。又，傅崧卿于绍兴元年由秘书少监迁权吏部侍郎充宣谕使，其宣谕州县，为淮南东路所属真、扬、楚、泗、承、通、泰州以及涟水军，而非全部。

《系年要录》卷五〇，绍兴元年十二月己巳："秘书少监傅崧卿权尚书吏部侍郎、充淮东宣谕使，且赐诸州守臣银合茶药。仍命崧卿体访民间利病来上。"

《宋会要·职官》四一之一："徽宗宣和七年十二月二十二日，诏宇文虚中除保和殿大学士，充河北、河东路宣谕使。其请给人从依见任执政例施行，不得辞避。高宗绍兴元年十二月六日，诏秘书少监傅崧年(卿)权吏部侍郎充淮南东路真、扬、楚、泗、承、通、泰州、涟水军宣谕使，仍赐逐州军守臣银合茶药。"

《朝野杂记》甲集卷一一"宣谕使"："宣谕使，旧有之，以宣谕德意为职而已，不与军事。渡江后，所遣尤数。"

宣抚使

治平末，命同签书枢密院郭逵宣抚陕西。（3957页2行）

《宋志》将宣抚使之置，始自英宗治平间郭逵叙起，非是。咸平三年六月二十二日，向敏中以参知政事充河北、河东沿边宣抚大使，是宋朝置宣抚使之始。

《朝野杂记》甲集卷一一“宣抚使”：“宣抚使，祖宗时不常置，有军旅大事则命执政大臣为之。累朝但除向文简、范文正、富文忠、文忠烈、韩献肃五人。仁宗征侬智高，以狄青为宣抚使，武臣为宣抚自此始。”

《宋会要·职官》四一之一八：“真宗咸平三年六月，诏曰：‘兵威未戢，边候多虞，王师效攻守之劳，邑民苦馈饷之役，每念及此，予怀恻然。临遣大臣，特加轸问，宜令参知政事向敏中充河北、河东沿边宣抚大使，枢密直学士冯拯、陈尧叟充副大使。按巡郡国，存问官吏、将校、僧道、耆老、百姓等，式宣宽大之恩，副兹憯怛之意。’真宗御长春殿，置宴以遣之。”

《考正》卷七之四“宣抚使”：“是不惟宣抚使之设不始于英宗之时，其职任亦前后有异。当真宗遣向敏中等人时，乃所以存问各地被兵之士庶，所谓‘宣布威灵抚绥边境’是也。及仁宗庆历中，先后命范仲淹、韩琦为陕西宣抚使，则以总摄对西夏军事；命富弼为河北宣抚使，则以经制保州叛变；命文彦博为河北宣抚使，则以讨平贝州军贼，其职任乃始变为‘维护将帅、督视军旅之事’。及皇祐四年狄青充荆湖北路宣抚使，更为专任经制征讨广南贼侬智高诸项军事者。武臣而为宣抚使亦自此为始。凡此皆宣抚使设置后之重要故实及沿革，《史志》乃一切略去而径从郭逵叙起，非是。”

三年，夏兵犯顺，以参知政事韩绛为陕西宣抚使，（3957页2、3行）

“三年”前失冠“熙宁”年号。

《长编》卷二一五，熙宁三年九月乙未：“工部侍郎、参知政事韩绛为陕西路宣抚使，度支员外郎、直舍人院吕大防为宣抚判官。先是绛奏，以夏人寇庆州，陕西用兵，请出使。”

《宋志》七“校勘记”九：“三年：按韩绛为陕西宣抚使及同中书门下平章事，本书卷一五《神宗纪》、卷三一五本传都载在熙宁三年，志文失书‘熙宁’纪元。”

绍兴元年，……武臣非执政而为宣抚使，实自光世始。（3957页8、9行）

刘光世于建炎三年闰八月为江东宣抚使，此为武臣非执政而为宣抚使之始。《宋志》系之“绍兴元年”，未确。

《系年要录》卷二七，建炎三年闰八月辛卯：“太尉、御营副使刘光世为江东宣抚使守太平及池州。”

《系年要录》卷四三，绍兴元年三月辛亥：“武宁军节度使、开府仪同三司、浙西安抚大使兼知镇江府刘光世兼淮南、京东路宣抚使，扬州置司。”

二年，李光又以吏部尚书加端明殿学士，为寿春等州宣抚使。（3957页倒6行）

绍兴二年三月七日，李光以江南东路安抚大使、马步军都总管兼知建康府兼充寿春府滁濠和庐州无为军宣抚使。《宋志》谓“寿春等州”，未确，宜为“寿春等府州军”。

《宋会要·职官》四一之四二：“绍兴二年三月七日，诏吏部尚书、淮西招抚使李光充端明殿学士、江南东路安抚大使、马步军都总管兼知建康府、兼充寿春府滁濠和庐州无为军宣抚使。”

机宜干办公事（3957页倒1行）

“机宜”与“干办”之间当添一顿号，缘“机宜”为主管机宜文字之省称，“干办”为“干办公事”之省称，乃两种官员。

《宋会要·职官》四一之二二:"建炎四年十月十五日,两浙西路安抚大使、淮南路宣抚使刘光世条具事件:欲乞添主管机宜文字并干办公事共三、四员,通行管干。"同书四一之三五:"绍兴三十二年十月二十九日,江淮东西路宣抚使司言:'本司属官欲依四川宣抚司主管机宜文字与监司、干办公事与知州序官。'从之。"

凡宰执带三省、枢密院事出使,行移文字札六部,六部行移即具申状。如从官任使、副,合申六部,六部行移即用公牒。(3958页1、2行)

"出使"应为"出任使、副"。"从官"前尚须补入"不领三省、枢密院事并"九字。

《宋会要·职官》四一之二七、二八:"绍兴三年九月一日,吏部言:'若宰执见带领三省、枢密院职事任宣抚使、副,行移文字合札下本部,本部行移即具申本司;如不领三省、枢密院事并从官任宣抚使、副,行移文字合申本部,本部行移即用公牒。'诏依吏部供到状内事理施行,余部准此。"

宣抚副使　不常置,掌贰使事。宣和末,王师伐燕,命少保蔡攸充。(3958页3行)

宣抚副使非自宣和末蔡攸始,咸平三年冯拯、陈尧叟已为之。

《考正》卷七之五"宣抚副使":"案:据前条所引《会要·宣抚使门》所载,咸平三年,以冯拯、陈尧叟充河北、河东沿边宣抚副使。又载仁宗庆历二年以翰林学士丁度充河东路宣抚副使,三年以知制诰田况为陕西宣抚副使,八年以明镐为河北宣抚副使,是宣抚副使之置亦不以宣和末蔡攸为始。"

建炎三年,周望宣抚两浙,以太尉郭仲荀副之。(3958页4行)

建炎三年十一月,郭仲荀以殿前副都指挥使为两浙宣抚副使,武官阶未至太尉。绍兴九年正月方授以太尉衔。《宋志》此谓"太尉郭仲荀"系属追改。

《系年要录》卷二九，建炎三年十一月庚午："端明殿学士、签书枢密院事周望同知枢密院事仍兼两浙宣抚使，总兵守平江府。殿前副都指挥使郭仲荀为两浙宣抚副使，与御营使司都统制辛企宗并守越州。"

《系年要录》卷一二五，绍兴九年正月戊戌："检校少傅、庆远军节度使、提举醴泉观郭仲荀为太尉、东京副留守兼节制军马。"

其后，福建韩世忠，川陕吴玠皆有此授。绍兴间，(3958 页 4、5 行)

"其后"之用词不当，缘上文为"建炎三年"，下文为"绍兴间"，则此"其后"止能限作建炎四年解；然韩世忠、吴玠之为宣抚副使，一为绍兴元年、一为绍兴四年，非在建炎四年。故"其后"宜改为"绍兴间"，而下句"绍兴间"可删，或载明年份亦可。

《系年要录》卷四九，绍兴元年十一月戊戌："参知政事孟庾为福建、江西、荆湖宣抚使，神武左军都统制韩世忠副之。"

《宋会要·职官》四一之二九："绍兴四年三月二十六日，诏王似除资政殿学士、川陕宣抚使，卢法原除端明殿学士、川陕宣抚副使，并在司治事；吴玠除川陕宣抚副使，免签书本司公事，专以措置沿边诸处战守事宜。"

亦有不置使而置副，如胡世将之于川、陕，岳飞之于荆、襄，杨沂中之于淮北，(3958 页 6、7 行)

岳飞于绍兴六年三月、胡世将于绍兴九年九月、杨沂中于绍兴十年七月先后任宣抚副使，若按时间顺序，当移岳飞于胡世将之前。

《系年要录》卷九九，绍兴六年三月己巳："检校少保，镇宁、崇信军节度使，湖北京西南路招讨使岳飞为湖北、京西宣抚副使，徙镇武胜、定国，襄阳府置司。"

《系年要录》卷一三二，绍兴九年九月癸未："枢密直学士，成都、潼川府、夔州、利州路安抚制置使，知成都府胡世将为宝文阁学士、川陕宣抚副使，置司河池。”

《宋会要·职官》四一之三四：“绍兴十年七月十二日，诏太尉、保成军节度使、充殿前副都指挥使公事杨沂中除主管殿前都指挥使公事、淮北宣抚副使。”

命直舍人吕大防为之，(3958页倒6行)

“直舍人”后当补一“院”字。

《宋会要·职官》四一之一九：“熙宁三年九月八日，命吏部侍郎、参知政事韩绛充陕(西)路宣抚使，以直舍人院吕大防为宣抚判官，馆阁校勘李清臣掌机宜文字。”

绍兴中，张浚初以便宜命刘子羽为副，其后张宗元、吕祉亦为之。(3958页倒6、倒5行)

“刘子羽为副”系“刘子羽为宣抚判官”之误。吕祉曾任都督行府参谋军事，但未见任宣抚判官，《宋志》恐误，宜删去“吕祉”名。

《系年要录》卷六三，绍兴三年二月丁未：“时浚承制以子羽为宣抚判官，与似同治事。大事多与子羽谋之，似充位而已。”

《系年要录》卷一〇二，绍兴六年六月甲辰：“给事中吕祉试尚书刑部侍郎，充都督行府参议军事。以张浚言，调发大军移屯淮南，乞选从官前来参议军政故也。”同书卷一一一，绍兴七年六月戊申：“兵部尚书兼都督府参谋军事吕祉往淮西抚谕诸军。”同书卷一一三，绍兴七年八月壬寅：“兵部尚书、都督府参谋军事吕祉为郦琼所杀。”

刘琦以节度使为判官，(3958页倒4行)

“刘琦”系“刘锜”之误。刘锜系衔为“武泰军节度使、沿淮制置使兼权知顺昌府”。

《玉海》卷一三二“庆历宣抚使”：“绍兴十年七月癸丑，太尉杨沂中为淮北宣副，刘锜以节度为判官。二帅抗礼，非熙宁之制矣。”

《宋会要·职官》四一之三四：“绍兴十年七月十二日，诏太尉、保成军节度使、充殿前副都指挥使杨沂中除主管殿前指挥使公事、淮北宣抚副使……近由请到指挥，以淮北宣抚判官刘锜同共系衔。诏令同系衔。”

《系年要录》卷一三七，绍兴十年七月癸丑：“刘锜为淮北宣抚判官。”

犹转运使、副、判官之比。(3958页倒4行)

此句应作“犹转运副使、判官之比”。

《朝野杂记》甲集卷一一“宣抚判官”：“(绍兴)十年，杨和王以太尉为淮北宣抚副使，刘信叔以节度使为判官，二帅礼抗权均，犹转运副使、判官之比，非复熙宁之制矣。”

总　领

总领(3958页倒2行)

“总领”为“总领财赋”“总领诸路军马钱粮所”“总领某宣抚司钱粮所”之省称。

《愧郯录》卷九“宣总公移”：“总领财赋置于绍兴，则祖宗未尝命是官，因无可考按者。”

《朝野杂记》甲集卷一一“总领诸路财赋”：“总领财赋，古无其名。……建炎末，张魏公用赵应祥总领四川财赋，始置所系衔，总领之官自此始。”

《宋会要·职官》四一之四六：“绍兴十三年九月二十一日，诏总领淮西、江东军马钱粮所属官，今后许户部长贰、太府、司农卿少通行荐举。十五年十一月二十日，诏以赵不弃为太府少卿、总领四川宣抚司钱粮，以‘总领四川宣抚司钱粮所’为名。”

四人。(3958页倒2行)

《宋志》未点明总领四人系何时之制。高宗开大元帅府，始命随军转运使梁扬祖总领措置财用，北宋诸朝皆无总领之名，总领系为南宋之制无疑。然谓“四总领”，则似属绍兴十五年复设总领四川宣抚司钱粮所以后事，其前只有淮东、淮西、湖广总领所。

《元丰官志》：“总领官额　中兴后设。”

《朝野杂记》甲集卷一一“总领诸路财赋”：“绍兴十一年，诸将既罢兵，乃置三总领。……凡镇江诸军钱粮，隶淮东总领，治镇江；建康、池州诸军钱粮，隶淮西总领，治建康；鄂州、荆南、江州诸军钱粮，隶湖广总领，治鄂州。其位在转运副使之上。十五年，复置四川总领，治利州。天下凡四总领矣。”

其后大军在江上，间遣版曹或太府、司农卿少卿调其钱粮，(3959页1、2行)

“版曹”系户部别名，修史者引用《朝野杂记》等史料时未及时改正。

“其后”，据《职源》，原指绍兴七年以后，此指绍兴三年以后。

《朝野杂记》甲集卷一一“总领诸路财赋”：“建炎末，张魏公用赵应祥总领四川财赋，始置所系衔，总领之官自此始。其后，大军在江上，间遣版曹或太府、司农卿少调其钱粮，皆暂以总领为名。而四川改置都转运司，故总领又废。”

《合璧后集》卷五七“总领”引《职源》：“绍兴三年，差户部侍郎姚舜明往建康总领应干都督府钱物粮斛。六年，都督诸路军马张浚言：‘三宣抚司钱粮，漕司互相占吝(吞)，因置(致)缺乏。乞于户部长贰内差一员来镇江府置司，专一总领。’诏差户部侍郎刘宁止。七年，令户部郎官霍蠡前往鄂州置司，专一总领岳飞军钱粮。其后，大军在江上，间遣版曹或太府、司农卿少卿调其钱粮，皆暂以总领为名，而四川改置都转运司，故总领又废。”

淮东总领……湖广总领……淮西总领……四川总领掌之。(3959页5、6行)

上引四总领名皆非全称。

其全称分别为：总领淮东军马钱粮，总领湖广、江西、京湖军马钱粮，总领淮西、江东军马钱粮，总领四川宣抚司钱粮所（后改总领四川财赋军马钱粮所），并各带“专一报发御前文字”之衔。

《系年要录》卷一四〇，绍兴十有一年夏五月辛丑：“直秘阁、淮东转运副使胡纺为司农少卿、总领淮东军马钱粮，置司楚州；尚书度支员外郎、总领提举大军钱粮等事吴彦璋为太府少卿、总领淮西江东军马钱粮，置司建康府；太府少卿、总领湖广江西财赋曾慥为太府卿、总领湖广江西财赋京湖军马钱粮，置司鄂州。各专一报发御前军马文字，诸军并听节制，盖使之与闻军事，不独职馈饷云。总领官正名自此始。”

榷货务、都茶场、（3959 页 8 行）

“榷货务”与“都茶场”之间不宜用顿号隔开，都茶场随榷货务置场，隶榷货务，通常连读“榷货务都茶场”。

《朝野杂记》乙集卷一三“四提辖”：“四提辖，谓榷货务都茶场、杂买务杂卖场、文思院、左藏东西库是也。”

《中兴两朝圣政》卷一七：“绍兴五年三月癸卯，移镇江榷货务都茶场于真州。”

湖广有……分差粮料院、审计院、通判兼。（3959 页倒 6 行）

湖广审计以通判兼似误，当为属官兼。

《宋会要·职官》四一之四四：“湖广有给纳场，属官兼，分差粮料院、审计院。审计以属官兼。”

《中兴会要》：“绍兴十一年，初置四总领，官属有干办公事、差遣……湖广有给纳场，属官兼。分差粮料院。审计以属官兼。”（《合璧后集》卷六七转引）

绍熙二年，以淮西总领所言，（3959 页倒 3 行）

“绍熙二年”恐为“绍熙三年”之误。

《宋会要·职官》四一之六二至六三：“绍熙三年七月十二日，淮西总领所申：'乾道四年，淮东总领乞将逐路州军应有总领所钱米去处，量立殿最之法，本所检察按治，刑部、大理寺看详。欲令诸路总领所于岁终将所管州军每月合发本所钱物十分为率，共拖欠二分，知、通各展二年磨勘，或欠数太多，重作施行。如了办数足，各与减二年磨勘。已得旨，依淮东，至今遵奉，每年各有赏罚。独本所因循弛慢。今欲至岁终检举施行。'从之。"

留守　副留守

旧制，天子巡守、亲征，则命亲王或大臣总留守事。（3959 页倒 1 行）

"旧制"宜易为"宋初"。建隆元年已有留守之设。

《分纪》卷三八"京留守"："国朝天子巡狩、亲征，则命亲王或大臣总留守事。建隆元年，亲征泽、潞，以枢密使吴延祚为东京留守。"

南渡初，其东京、北京并置留守，以开封、大名知府兼，（3960 页 5 行）

建炎初，东京、北京留守并以开封府尹、大名府尹兼，《宋志》谓知府兼，未确。

《系年要录》卷六，建炎元年六月乙酉："龙图阁学士、知开封府宗泽为延康殿学士、开封尹、东京留守。显谟阁待制、知沧州杜充为宝文阁直学士、大名尹、北京留守。"同书卷一六，建炎二年秋七月甲辰："降充显谟阁待制、北京留守、河北东路制置使杜充复枢密直学士、充开封尹，东京留守。……河北转运副使张益谦复直秘阁、兼权大名尹，北京留守。"

其后，河南复，南京、西京置留守。（3960 页 6 行）

建康于南宋曾置行宫留守，以视三京。《宋志》失载。

《宋史・地理志》四："江宁府　（建炎）三年五月，高宗即府治建行宫。绍兴八年,置主管行宫留守公事;三十一年,为行宫留守。"

经略安抚司

经略安抚司(3960页倒6行)

宋朝祖宗家法,不以武臣为大帅专制一道,必以文臣为经略以总制之。然宋经略使不常置,或以安抚使带"经略"之名,而以守臣兼安抚使为常制。故,官名虽有"经略使""经略安抚使""安抚使(大使)"之别,其以文臣制驭武将之意则同;皆掌一路兵马之事,所谓"兵将、盗贼属之安抚"亦同。大凡带"经略"者,以重帅权而服夷狄,如北宋河东、陕西、广、桂安抚使,南宋广南、荆襄安抚使之冠以"经略",皆不出此意。

《宋志》将"经略司"与"安抚司"合作一条叙述,虽难谓非是,然总未尽当,宜于标题中"经略"之后添一"司"字,"安抚司"移下一格。与之相应,依经略使、经略安抚使、安抚使之名目,将正文内容稍加调整,以类相从。

《玉海》卷一三二"景德安抚使　咸平经略使":"刘挚曰:祖宗之法,不以武臣为大帅专制一道,必以文臣为经略以总制之。咸平五年正月甲辰,以张齐贤为邠宁等经略使,判邠州。"

《分纪》卷四六"安抚使、副使、都监、管勾官":"国朝凡诸路灾伤或边境用师皆特遣使安抚,事已,则罢。"

《合璧后集》卷六九"经略使"引《圣朝职略》:"宝元中,夏人入寇,始命陕西沿边大将皆兼经略。皇祐间,侬智高扰边,诏知广、桂州并带经略安抚使。自后,西南二边常带经略,所以重帅权而服羌夷也。"

《合璧后集》卷六九"经略使"引《中兴会要》:"南渡之初,依旧制,广南东路带主管经略安抚司公事,西路带经略安抚使。绍兴五年,令襄阳守臣、湖北帅带经略安抚使。"

帅臣任河东、陕西、岭南路,(3960页倒4行)

唐有"岭南道",宋无"岭南路"。"岭南"当改为"广南东路、广南西路"或"广南东、西路"。

《宋史·地理志》六:"广南东路……广州……大观元年,升为帅府。旧领广南东路兵马钤辖,兼本路经略安抚使。……广南西路……静江府,本桂州,始安郡,静江军节度。大观元年,为大都督府,又升为帅府。旧领广南西路兵马钤辖,兼本路经略、安抚使。"(并参《宋会要·职官》四一之七九"安抚使")

河北及近地,则使事止于安抚而已,其属……(3960页倒3、倒2行)

"止于安抚而已"下之逗号,宜改用句号断住。缘紧接下文所叙属官,指经略安抚司与安抚司属官,非指一司而已。

其属有干当公事、主管机宜文字、(3960页倒2行)

以上所述为北宋之制,"干当公事"应为"勾当公事","主管机宜文字"应为"管勾机宜文字"。

《宋会要·职官》四一之七五:"《哲宗正史·职官志》云:……其属有勾当公事、管勾机宜文字、准备将领、准备差使。"

又诏罢经略安抚司干当官。(3961页1行)

此为哲宗元祐元年诏。"安抚司干当官"应为"安抚司管勾官"。

《宋会要·职官》四一之七七:"哲宗元祐元年……诏陕西、河东经略安抚都总管司,自元丰四年后应缘军兴,添置官属并罢。又诏罢经略安抚司管勾官。"

崇宁二年,熙河兰会经略王厚奏:(3961页2行)

王厚官职之全称为"权管勾熙河兰会路经略司职事"。

《长编拾补》卷二一,徽宗崇宁二年三月癸卯:"诏知河州王厚权管勾熙河兰会路经略司职事。"

五年,诏河东同管干沿边安抚司公事,(3961页4行)

北宋景德三年初置河北缘边安抚司,此为宋设沿边安抚司公事之始。《宋志》未宜忽略具有创置意义之河北缘边安抚司。河北缘边安抚司,掌宋辽使节往还及交接岁币与辖区内防御等边境事务。曾起重要作用。

《长编》卷六二,景德三年四月乙酉:“置河北缘边安抚使、副使、都监于雄州,命雄州团练使何承矩、西上阁门使李允则、榷易副使杨保用为之,并兼提点诸州军榷场。”

《长编》卷六九,大中祥符元年八月庚子:“置河东缘边安抚司,令河北安抚副使、都监一员掌其事。”

“同管干沿边安抚司公事”应为“同管勾沿边安抚司公事”。

《宋会要·职官》四一之九四:“熙宁五年八月十六日,以武胜军为镇洮军,以引进副使、带御器械高遵裕兼知镇洮军,依旧秦凤路钤辖同管勾沿边安抚司公事。”

宣和二年,诏泸州守臣带潼川府、夔州路兵马都钤辖、泸南沿边路兵马都钤辖、泸南沿边安抚使。(3961 页 5、6 行)

“泸南沿边路兵马都钤辖”似为衍文。泸州守臣带所隶梓、夔两路兵马都钤辖并兼泸南安抚使,开府置帅,系政和五年事。至宣和二年三月六日,改梓州为潼川府,“泸南安抚使”所去“沿边”二字复入衔,则为“泸南沿边安抚使”。

《宋会要·职官》四一之九四至九五:“政和五年十二月二十八日,龙图阁学士、前梓州路计度都转运使、泸南招讨统制使赵遹言:‘……臣窃以……梓、夔两路节制于泸州,事权甚重,而朝廷付与甚轻。……乞赐详酌,泸州文臣知州,俾令依武臣知州例带梓、夔路兵马钤辖,仍乞上以泸南安抚使为名,统隶两路内外诸州,更不带沿边二字,贵得开府置帅,事权归正。’诏泸南主管钤辖职事、知州可令带梓、夔路兵马钤辖入衔,仍以泸南安抚使为名,去‘沿边’二字。宣和二年三月六日,诏泸州守臣带潼川府、夔州路兵马都钤辖、泸南沿边安抚使。”

又诏罢置辅郡内颍昌府带京西路安抚使。(3961页6、7行)

“京西”后落一“北”字。

《宋会要·职官》四一之九五:“宣和二年十二月十五日,诏罢置辅郡内颍昌府带京西北路安抚。”

六年,诏泸州止带主管泸南沿边安抚司公事,仍差守臣。(3961页7、8行)

“主管”应为“管勾”。缘此为北宋宣和六年四月事。

“仍差守臣”应为“仍差武臣”。

《宋会要·职官》四一之九六:“宣和六年四月十四日,诏潼川府守臣可带潼川府诸州路兵马钤辖,惟泸州止带管勾泸南沿边安抚司公事,仍差武臣。”

旧制,安抚总一路兵政,以知州兼充,太中大夫以上,或曾历侍从乃得之,品卑者止称主管某路安抚司公事。(3961页9行)

此“旧制”,系与南宋之制相对而言,非对元丰新制而说,缘其中所谓“太中大夫”寄禄官置于“旧制”之中,则已能断其“旧制”非宋初之制。“主管某路安抚司公事”应为“管勾某路安抚司公事”。“旧制”宜改为“南渡前”。

《宋会要·职官》四一之九六:“高宗建炎元年六月二十一日,宰臣李纲言:安抚使总一路兵政,许便宜行事。”

《宋会要·职官》四一之七九:“大中祥符元年,置河东安抚司管勾官二人,一以代州知州充,一以阁门祗候以上充。今陕西沿边大将帅亦皆带安抚使名。近制,官轻则为管勾安抚司事。”

其后,沿江三大使司……干办公事二员,(3961页倒3、倒2行)

“其后”指绍兴三年三月十二日,诏裁定沿江三大使司属员。“干办公事二员”之“二员”系“三员”之误。

《系年要录》卷六三,绍兴三年三月丁卯:“省沿江三大帅官属员。”

《宋会要·职官》四一之一〇四:“(绍兴)三年三月十二日,诏沿江三大使司许置参谋、参议官、主管机宜文字、主管书写机宜文字各一员、干办公事三员,文臣准备差遣、武臣准备差使、准备将领各以五员为额。其溢额人,并依省罢法施行。以中书门下省言‘昨除沿江三大使,所辟官属,缘当时(金)人尚未北去,兼李成、马进贼马在近,所以增置员额数多。今来边报宁静,别无群寇,其属官理宜裁损’故也。”

走马承受公事

走马承受(3962页8行)

“走马承受”系“某路都总管司走马承受并体量公事”之省称,或称“某路都总管司走马承受公事”。

《宋会要·职官》四一之一二〇:“太宗至道三年二月诏:知沧州、西上阁门使何承矩觉察诸路走马承受并体量公事朝臣、使臣逾违公事。”同书四一之一二三:“熙宁五年四月二十一日,诏:铸诸路走马承受铜朱记,所有奉使印即拘收送纳。诸路走马承受,旧例皆曰‘某路都总管司承受公事’。居是职者,恶有所隶属,去‘总管司’字,冀擅其权,因循已久。至是上命正其名,仍铸朱记给之。”

诸路各一员,隶经略安抚总管司,无事岁一入奏,有边警则不时驰驿上闻。(3962页8行)

宋代走马承受公事(徽宗朝曾改称廉访使者)为皇帝耳目所寄,一路事无巨细皆得按刺,机密急速文字得驰驿上闻,季奏或一岁入奏许赴阙上殿直达。由武臣或宦官充任。《宋志》所言走马承受公事职掌过略。

又,每路置一员或二员,无定。《宋志》但谓“诸路各一员”,非确。

《宋会要·职官》四一之一二三:“《两朝国史志》:走马承受,以三班使臣及内侍充。无事则岁一入奏,或边防有惊(警),不以时驰驿上闻。……神宗熙宁三年十月二十一日,诏自来诸路走马承事使臣,春、秋赴阙,并于经略安抚司取索管下城寨平安文状赴阙进呈。"

《宋会要·职官》四一之一三一:"(政和七年八月)二十五日,枢密院言:'陕西、河东、河北路宣抚使司申:勘会诸路廉访使者之职,一路事无巨细,皆所按刺,朝廷耳目之任,寄委非轻。'"

《宋会要·职官》四一之一二〇至一二一:"(大中祥符)五年六月,权知开封府刘综言:'诸路走马承受使臣到阙,皆直造便坐;自今请先于前殿见讫,乃诣后殿奏事。'从之。"

《长编》卷八六,大中祥符九年三月戊申:"选内侍、三班各一人为秦州缘边走马承受公事。"

《却扫编》卷中:"祖宗时,诸路帅司皆有走马承受公事二员,一使臣,一宦者,属官也。每季得奏事京师,军旅之外,他无所预。"

熙宁五年,帝命正其名,铸铜记给之,(3962 页倒 7 行)

熙宁五年四月二十一日铸诸路走马承受公事之铜朱记以正其名,则《宋志》宜载明其书衔之全称"某路都总管司走马承受公事"。

《长编》卷二三二,神宗熙宁五年四月庚午:"铸诸路走马承受铜朱记给之,仍收所授奉使印。故事:诸路走马承受书衔,皆曰'某路都总管司走马承受公事',而任职者,恶有所隶属,故于衔位中,隐去'都总管司'字,冀擅其权。至是始厘正之,仍铸为朱铜记。"

大观中,诏许风闻言事。(3962 页倒 6、倒 5 行)

走马承受公事许风闻言事,似大观前已有旧制,大观四年三月三十日诏,系为重申。宜补正为"诏仍旧许风闻言事"。

《宋会要·职官》四一之一二七、一二八:"(大观)四年三月三十日,诏诸路走马承受公事使臣,大小行人之职,耳目之任,旧许风闻,庶几边防动息、州郡不法得以上述。……可仍旧许风闻言事。"

靖康初,罢之,依祖宗旧制,复为走马承受。(3962 页倒 1 行)

靖康元年正月十八日(或谓十六日)罢廉访使者,仍复称“走马承受公事”。《宋志》“走马承受”后宜补“公事”。

《十朝纲要》一九“钦宗”:“靖康元年正月甲申,罢廉访使者官,复置走马承受公事,依祖宗法。”

《靖康要录》卷一:“(靖康元年)正月十八日圣旨:廉访使者罢,其定(走)马承受公事依祖宗法。”

发运使

发运使　副　判官　掌经度山泽财货之源,漕淮、浙、江、湖六路储禀以输中都,而兼制茶盐、泉宝之政,及专举刺官吏之事。(3963页1、2行)

发运使止掌诸路赋入之物以供京师,或兼制置茶、盐、矾、酒税事。《宋志》此云“掌经度山泽财货之源”“及专举刺官吏之事”,未尽确。

《宋会要·职官》四二之二〇:“熙宁二年七月十七日,制置三司条例司言:‘窃观先王之法,自王畿之内赋入精粗以百里为差。……臣等以为发运使实总六路之赋入,而其职以制置茶盐矾酒税为事。军储国用多所仰给。’”

《考正》卷七之九“发运使”:“及专举刺官吏之事。案:《会要·发运使门》载:(熙宁)八年九月,中书门下言:‘欲乞发运使、副除所管钱物斛斗就贱处入买,贵处粜卖,或就近便计置点检纲运盐矾事,及诸官吏因本司事有违法者许纠举外,其余事并不得管勾。……’从之。(《职官》四二之二二)是发运使仅能纠举诸官吏违误发运司公事各事件,非泛指一切违失也。《史志》云云欠晰。”

熙宁初,辅臣陈升之、王安石领制置三司条例,建言:“发运使实总六路之出入,宜假以钱货,继其用之不给,使周知六路之有无而移

用之。凡上供之物，皆得徙贵就贱，用近易远，令预知在京仓库之数所当办者，(3963 页 2—4 行)

“熙宁初”，指熙宁二年七月十七日。“总六路之出入”误，应为“总六路之赋入”。“使周知六路”后原有“财赋”二字，不可省去；“上供之物”前原有“籴买税敛”之限定词；“预知在京仓库之数”原为“预知在京库藏年支、见在之定数”；“所当办者”，应为“所当供办者”。

《宋会要·职官》四二之二〇、二一：“熙宁二年七月十七日，制置三司条例司言：‘……臣等以为发运使实总六路之赋入，而其职以制置茶盐矾酒税为事。军储国用多所仰给，宜假以钱货，继其用之不给，使周知六路财赋之有无而移用之。凡籴买税敛上供之物，皆得徙贵就贱，用近易远。令预知在京库藏年支、见在之定数所当供办者，以得从便变易蓄买，以待上令。稍收轻重、敛散之权，归之公上，而制其有亡，以便转输。省劳费，去重敛，宽农民，庶几国用可足、民财不匮矣。’……从之。先是，王安石数为上言均输法，于是即令薛向领之。”

政和二年，罢转般仓，六路上供米径从本路直达中都，以发运司所拘纲船均给六路。(3963 页 8 行)

以上系政和二年十月从尚书省奏请所颁诏令，奏议云“仍自来年正月奉行”，则此事政和二年并未施行，当在“来年”(政和三年)“罢转般仓”。“罢转般仓”前须加一“诏”字；“均给六路”后加“仍自来年正月奉行”。

《宋会要·职官》四二之三六：“(政和二年)十月八日，尚书省言：‘奉诏措置东南六路直达纲，欲六路转运司每岁以上供物斛，各于所部用本路人船般运，直达京师，更不转般，仍自来年正月奉行。其发运司见管诸色纲船，合行分拨，应副诸路。余令发运司应副非泛纲运。’从之。”

自今每岁加籴一百万石，同年额输京。(3963 页倒 5 行)

宣和元年七月二十一日，诏发运司视六路丰俭岁加和籴米一百万石搬运上京，此为六路上供年额六百万石之外所增数。《宋志》叙加籴数而不叙年额数，轻重失当。

《宋会要·职官》四二之一六："景德三年，发运使李溥奏请取十年酌中之数加额，故六路上供六百万石。其后或增或减，然其大约以景德所定岁额为准。"

乃诏陈亨伯以大漕之职经制七路财赋，(3963页倒4行)

"七路"，系指"六路"以及"福建"一路，合称"七路"。《宋志》首次即用合称未妥。"大漕"为"六路制置发运使"之别称。"亨伯"系字，宜用陈遘之名。

《宋会要·职官》四二之二二至二三："(宣和三年)闰五月十九日(按：此条失冠系年，然上文为熙宁八年事，自熙宁以下至宣和二年皆无闰五月之年岁，唯宣和三年有闰五月。又，方腊起义之被镇压即在宣和三年四月，可断此闰五月当属宣和三年)，……六月十一日，诏：'江浙属者遭贼焚劫，衢州被害尤甚。将来兴缉，当借他州财力。徽州新复之邦，有曰昧于经营，近者肆违诏条，辄有科配。总置两路，宜得其人，可选委陈亨伯以大漕职事经制两浙、江东路，江、淮、荆、浙、福建诸司财(赋)，许听亨伯移用；七路监司州县官，除廉访所外，并听亨伯按察。州县阙官及不可倚仗之人，令于所部见任、待阙、寄居官内不拘常制差委，讫申。其余事合奏禀者，听旨，次申尚书省。余许亨伯随便宜施行。仍于杭州置司，限十日起发前去。'"

《宋史·陈遘传》："陈遘字亨伯。"

迈上疏，……九年，遂废发运司，以户部侍郎梁汝嘉为经制使，……与催未到纲运、(3964页2—4行)

绍兴九年正月，"发运经制司"去"发运"两字，非程迈固辞之故，系以参知政事李光所请。"与"为"举"字之误。

《系年要录》卷一二四，绍兴八年十二月辛未："参知政事李光言：

‘发运使本以总六路财计，以漕挽中都馈饷为职，兵兴以来，既无输转，皆从朝廷给降，此国用所以益窘也。望……罢发运司。’”

《系年要录》卷一二五，绍兴九年春正月丁酉：“诏发运经制司去‘发运’二字，以户部长贰一员兼领。初，参知政事李光请罢发运司，事下三省。至是，三省请别置副使或判官一员，不时巡按诸路，以检察内外官司失陷钱物，举催未到纲运、措置籴买，及总领常平为职。……戊戌，尚书户部侍郎梁汝嘉兼江湖荆浙闽广路经制使。”

乾道六年复置，以户部侍郎史正志为两浙、京、湖、淮、广、福建等路都大发运使。（3964 页 4、5 行）

“两浙”系“江、浙”之误。

《中兴两朝圣政》卷四八：“乾道六年三月，复都大发运使，以史正志为户部侍郎、江浙京湖淮广福建等路都大发运使，江州置司。寻降缗钱三百万充籴本，户部一百四十万，左藏南库一百六十万。寻命总领并兼发运使。”

《宋会要·职官》四二之五五：“孝宗乾道六年三月二十八日，史正志除户部侍郎、江浙京湖淮广福建等路都大发运使。四月一日，史正志言：‘得旨，发运司于江州置司。所管事务斛斗、催官纲运、茶盐矾、铸钱、理欠、贸易……’”

是冬，以奏课诞谩贬，并废其职。（3964 页 5、6 行）

乾道六年冬十二月二十八日，以史正志奏课诞谩、徒扰州郡罢职。发运司遂废。《宋志》“以”字后宜补“史正志”之名。

《宋会要·职官》四二之五七：“（乾道六年）十二月二十八日，诏史正志职专发运，奏课诞谩，广立虚名，徒扰州郡，责授楚州团练副使，永州安置。其发运司可立近限结局。”

转运使

都转运使　转运使（3964 页 7 行）

宋初有水陆转运使、计度转运使、随军转运使等名称，乾德四年始见有西川路转运使，其后即有诸路转运使使名。两省官五品以上则称都转运使。《宋志》自熙宁初叙起，不及宋初种种名目，失之疏略。转运使为一路之长官，别称“监司”。转运使于一路钱谷、财用、官吏考课等事，无所不总。

《分纪》卷四七“都转运使、副使、判官”：“唐开元二年，河南少尹李杰充水陆转运使。转运使自此始也。……国朝初，但曰勾当某路水陆计度转运使，知某路转运使，又有同知者及勾当者，知州亦有兼者。太平兴国初，皆曰使。两省五品以上则为都转运使，又置副使、判官，又置同勾转运事。……至道三年分天下为十五路，其后又增三路，凡十八路。”

《长编》卷四，乾德元年正月癸亥：“命户部判官滕白为南面军前水陆转运使。”

《宋会要·职官》四二之五引《神宗正史·职官志》：“制置发运司、计度转运司，并使、副或判官二人。”

《长编》卷五，乾德二年十一月甲戌：“给事中沈义伦为随军转运使。”同书卷七，乾德四年六月丁未：“诏西川转运使沈义伦于成都写金银字《金刚经》，传置阙下。”同书卷八，乾德五年三月庚戌：“诏诸路转运使以其事布告属吏，咸使知戒。”

《分纪》卷四七“诸路转运使、副使、判官”：“使、副使、判官，掌军储、租税、计度及刺举官吏之事。”

《通考·职官》一五“转运使”：“时太平兴国二年也，遂诏邠、宁、泾、原、鄜、坊、延、丹、陕、虢、襄、均、房、复、邓、唐、澶、濮、宋、亳、郓、济、沧、德、曹、单、青、淄、兖、沂、贝、冀、滑、卫、镇、深、赵、定、祁等州先隶藩镇，令直属京师，郡长吏得自奏事。自是而后，边防、盗贼、刑讼、金谷、按廉之任，皆委于转运使；又节次以天下土地形势俾之分路而治矣。继增转运使判官，以京官为之，于是转运使于一路之事无所

不总也。”(按:此引吕祖谦语)

二年,诏川、陕、闽、广七路除堂选守臣外,(3964页倒5行)

“(熙宁)二年”为“三年”之误。

又,“川、陕”系“川峡”之误。

《宋史·神宗纪》二:“熙宁三年八月戊寅,诏川峡、福建、广南七路官,令转运司立格就注,具为令。”

《长编》卷二一四,熙宁三年八月戊寅:“中书又言:‘奉手诏,以天下戍兵迎送役苦,……欲应川峡、广南、福建七路除堂除、堂选知州外,委本路转运司置逐等差遣员阙簿。’”

元祐初,司马光请漕臣除三路外,余路毋得过两员,(3964页倒3行)

元祐元年闰二月,宰臣司马光上《乞罢提举官札子》,建言除河北、陕西、河东三路外,余路只置转运使一员、判官一员。凡本路钱谷财用事,悉委转运使。《宋志》“三路”未书明河北、河东、陕西三路,非妥。“漕臣”为转运使别名。

《长编》卷三六八,元祐元年闰二月丙申:“先是司马光言:……提举官者,乃病民之本源也。陛下必欲苏息疲瘵,乞尽罢诸路提举官。其转运使,除河北、陕西、河东外,余路只置使一员、判官一员。”

《温国文正司马公文集》卷五一《乞罢提举官札子》:“乞尽罢诸路提举官。其转运使,除河北、陕西、河东外,余路只置使一员。提点刑狱分两路者合为一路,共差文差两员。凡本路钱谷、财用事,悉委转运司;刑狱、常平、兵甲、贼盗事,悉委提点刑狱管勾。仍选知州已上资序、累历亲民差遣,所至有政绩、聪明公正之人方得为监司。”

宣和初,又诏陕西以都漕两员总治于长安,而漕臣三员分领六路(3965页1行)

“都漕”为都转运使别名,此处宜用正式官名。“两员”为一员之误。

《宋史·顾临传》:“顾临,字子敦,会稽人。……元祐二年,擢给事中。朝廷方事回河,拜临天章阁待制、河北都转运使。……谏议大夫梁焘亦言:‘都漕之职,在外岂无其人,在朝求如临者,恐不易得。’”

《宋会要·食货》四九之三二:“(宣和元年)九月二十四日,诏陕西漕司以都转运一员于永兴军置司,总治六路,转运使三员分治,每两路一员主之。”

中兴后,置官掌一路财赋之入,(3965 页 2 行)

入南宋,都转运使不常置,转运使、转运副使、转运判官常置。及至光宗绍熙以后,或置使,或置副使,或置运判,不并除。《宋志》泛泛而言,难以窥见南宋转运使制度之全貌。

《合璧后集》卷六七“转运使”:“中兴以来,逐路都转运使除授不常。惟使、副、判官常置。旧制,转运司除授皆命词给诰,渡江已后,例给敕命,后稍复旧,转运使、副命词,运判则否。六年,诸路运判亦命词给诰。”

《朝野杂记》甲集卷一一“都转运使”:“都转运使,渡江后惟四川有之。……张魏公出使川、陕,遂以赵应祥为随军转运使,专一总领财赋。……绍兴六年冬,遂除应祥都转运使,后又置副使或判官。十五年,省都转运使,以其事归宣抚司。”

其属有主管文字、干办官各一员,(3965 页 6、7 行)

“其属”,当指北宋、南宋转运司官属,宜另起一行。又,北宋时,转运司属官有管勾文字官、勾当官;南渡后,避高宗赵构讳,改“管勾”为“主管”,“勾当”为“干办”。

《合璧后集》卷六七“转运使·运管”:“熙宁三年,诏川、广等七路转运司,依京东等路各举官一员,充管勾文字《职官分纪》。元丰元年十二月,诏转运司管勾文字,不得随本司出巡《续会要》。建炎初,避高宗讳,改管勾为主管《职源》。”

《长编》卷二一三,神宗熙宁三年七月己酉:“诏许三路转运司举知县资序京朝官充本司勾当各二员，京东、京西、淮南、两浙路各一员。”

招讨使

招讨使　掌收招讨杀盗贼之事，(3965页倒6行)

“收招”即招安，“讨杀”即剿灭，系宋朝廷镇压所谓“贼盗”的两种方式。故“收招”下宜加一顿号。

建炎四年，以检校少保、定江昭庆军节度使张俊充江南路招讨使，(3965页倒6行)

张俊所系官衔缺有实权的军职“神武右军都统制”，宜补上。

又，招讨使非南宋始置。北宋康定间已有招讨使之除命，《宋志》未提及北宋时事，未妥。

《系年要录》卷四〇，建炎四年十有二月乙未：“神武右军都统制张俊为江南路招讨使，进解江州之围，且平群盗事。……诏招讨使位宣抚使下、制置使之上。著为令。”

《长编》卷一二六，康定元年二月壬辰：“命(陕西都部署兼经略安抚等使)夏守赟兼缘边招讨使。”

招抚使

绍兴十年，刘光世为三京招抚使，(3966页1、2行)

绍兴十年五月二十六日，因金军进围顺昌府，大兵压临淮西，遂制除少师刘光世为三京(京畿、京东、京西三路)等路招抚处置使。《宋志》所云“三京”宜用全称，“招抚”后宜补“处置”诸字。

《朝野杂记》甲集卷一一“招抚使·招抚处置使”：“绍兴十年，北兵取河南地，制以刘雍公光世为三京招抚处置使，以援刘锜。”

《宋会要·职官》四二之六七："绍兴十年五月二十六日，制：以少师、护国镇安保静军节度使刘光世特授太保、三京等路招抚处置使。"

抚谕使

建炎元年，……于是以路允迪、耿延禧为京城抚谕使，此置使初意也。(3966 页 5—7 行)

建炎元年五月七日，诏以尚书右丞吕好问兼门下侍郎为京师抚谕使；九日(戊戌)以路允迪为京城抚谕使、耿延禧为京城抚谕副使。《宋志》不以吕好问为置抚谕使之始，又不区分路、耿正副之别，非是。

《宋会要·职官》四二之六九："高宗建炎元年五月七日，诏尚书右丞吕好问兼门下侍郎为京师抚谕使。"

《宋史·高宗纪》一："建炎元年五月戊戌，以资政殿学士路允迪为京城抚谕使，龙图阁学士耿延禧副之。"

傅崧卿以吏部侍郎为淮东抚谕使，(3966 页倒 6、倒 5 行)

傅崧卿应为"宣谕使"(见《宋志》3956 页 7 行)，此处谓"抚谕使"，误。

《考正》卷七之一二"抚谕使"："案：此条亦全抄《通考》'抚谕使'条，而《通考》则又大体出《朝野杂记》者。《杂记》甲集一一'抚谕使'条云：'抚谕使，建炎元年以路公弼、耿伯顺为京城抚谕使、副，始建使名。……绍兴元年，以吏部侍郎傅崧卿为淮东抚谕使，采访民间利病及措置营田等事，后不复置。'查《系年要录》绍兴元年所载唯傅崧卿宣谕淮东一事，已见前引。《杂记》乃谓为'抚谕使'非'宣谕使'，李氏实自相抵牾。其所以抵牾之故，盖亦有由，《会要》于'宣谕使门'既已载傅氏出使之事，而于'抚谕使门'又载其出使之诏云：'(绍兴元年)十二月二十一日，诏差秘书少监，权吏部侍郎傅崧卿充淮东宣谕使，赐淮东州县抚谕诏曰……'使名'宣谕'，诏曰'抚谕'，《杂记》遂乃以诏名而误使名。然此虽与《系年要录》稍违，而《杂记》本身则于‘宣谕使’条之内并未另记傅氏出使之事。《通考》则于‘宣谕使’条既误傅氏之名为崧年，于‘抚谕使’条复记傅崧卿事，《史志》不察，遂全沿其误。”

所至以某州抚谕司为名，具宣恩言，（3966 页倒 5、倒 4 行）

绍兴元年十月，监察御史胡世将往福建路抚谕，则不带使；沿建炎四年八月周虎臣抚谕舒、蕲等州例，以“抚谕司”为名。倘抚谕州，即以“某州抚谕司”名之；倘抚谕路，则以“某路抚谕司”名之。《宋志》宜于“某州”后加顿号及“路”字。

《宋会要・职官》四二之七〇：“（建炎）四年八月二十六日，宣教郎，抚谕舒、蕲等州周虎臣言：‘乞以舒、蕲等州抚谕司为名。’从之。绍兴元年十月六日，监察御史胡世将言：‘被旨差前去福建路抚谕。乞以福建路抚谕司为名，及依第二等奉使条格施行。’并从之。以范汝为贼党未平，有旨令世将招收。”

镇抚使

旧所无有，中兴，假权宜以收群盗。（3966 页倒 2 行）

度建炎四年初设镇抚使之意，缘江北、荆湖游寇占据州郡，朝廷力不能制，高宗用范宗尹分镇羁縻之计，遂将京畿、湖北、淮南、京东、京西诸路州军析地以处游寇、群盗。除此之外，朝廷授文臣、武将如陈规、岳飞、赵立等以镇抚使之名，即为抵御金人、镇抚游寇，非仅羁縻而已。《宋志》不提陈规、岳飞等之曾为镇抚使，失之于偏。

《系年要录》卷三三，建炎四年五月甲辰：“参知政事、权枢密院事范宗尹为通议大夫、守尚书右仆射、同中书门下平章事兼御营使。时江北、荆湖诸路盗益起，大者至数万人，据有州郡，朝廷力不能制。盗所不能至者，则以土豪、溃将或摄官守之，皆羁縻而已。案：诸路镇抚使桑仲、李成、孔彦舟、薛庆皆起于群盗；翟兴、刘位皆土豪；李彦先、郭仲威皆溃将；吴翊、赵霖、冯长宁皆摄官；朝廷及大臣出使所除，惟赵立、陈规、解潜、岳飞、范之才而已。宗尹以为此皆乌合之众，急之则并死力以拒官军，莫若析地以处之。盗有所归，则可以渐制。乃言于上曰：'……今日救弊之道，当稍复藩镇之法，亦不尽行之天下。且裂河南、江北数十州为之，少与之地，而专付以权，择人久任，以屏王室。'群臣多以为不可。宗尹曰：'今诸郡为盗据者以十数，则藩镇之势骎骎成矣。曷若朝廷为之，使恩有所归。'上决意行之，遂以为相。"

《朝野杂记》甲集卷一一"镇抚使"："盖镇抚使之有声者，文臣惟陈规，武臣唯岳飞、王彦、解潜、李横耳。"

《系年要录》卷三四，建炎四年六月庚辰："秘阁修撰、知德安府陈规为德安府、复州、汉阳军镇抚使兼知德安府，仍赐三品服，规在郡四年，屡破群盗，傍郡皆失守，惟德安一城独存。识者伟其能。"

《金佗稡编》卷五《行实编年》卷之二："建炎四年，庚戌岁，年二十八。秋七月，宰臣范宗尹奏事，因言张俊自浙西来，盛称岳飞可用。上曰：'飞乃杜充爱将，充于事君失臣子之节，而能用飞，有知人之明，犹可嘉也。'迁武功大夫、昌州防御使、通泰镇抚使兼知泰州。"

于是请以淮南、京东西、湖南北诸路并分为镇，……上供财赋权免三年，余听帅臣移用，更不从朝廷应副，军兴听从便宜。（3967 页 1—3 行）

"于是请以"之后，须补入"京畿"。"湖南北"为"湖北"之误。"不从朝廷应副"之下，其逗号宜易为句号，其后，当补入"管内州县官并许辟置"一项。"军兴"前宜补一"遇"字。

《系年要录》卷三三，建炎四年五月甲子："先是，范宗尹言：'从官集议分镇事宜，请以京畿、淮南、湖北、京东西地方并分为镇，除茶盐之利国计所系，合归朝廷置官提举外，宅（它）监司并罢。'上供财赋，权免三年，余令帅臣移用。管内州县官许辟置，知、通令帅臣具名奏差，朝廷审量除授，遇军兴，听从便宜。"

《宋会要·职官》四二之七四："（高宗建炎四年五月）二十二日，宰臣范宗尹等言：'……欲将京畿、湖北、淮南、京东、京西州军并分为镇。……所有财赋，除上供钱帛等合认数送纳与权免三年，其余并听本镇帅臣移用，更不从朝廷应副。管内州县官并许辟置，内知、通令帅臣具名辟奏，朝廷审度除授。其官吏廉污勤惰并许按察升黜，所管内州军并听节制。遇军兴，许以便宜从事。其帅臣不因朝廷召擢，更不除代，如能捍御外寇显立大功，当议特许世袭。'从之。"

《宋史·高宗纪》三："建炎四年五月甲子，置京畿、淮南、湖北、京东西路镇抚使。"

薛庆在高邮，皆即以为镇抚使，（3967 页 3 行）

薛庆为镇抚使时，升高邮军为承州，薛庆遂以"承州、天长军镇抚使"入衔。《宋志》笼统地谓"在高邮"，未考虑此变化，欠详。

《系年要录》卷三三，建炎四年五月乙丑："拱卫大夫、福州观察使、知高邮军薛庆为承州、天长军镇抚使兼知承州。始议以庆兼领二军，而名不称，乃升高邮军为承州，以泰州兴化县隶之。"

《宋史·地理志》四："江南东路：高邮军，建炎四年升承州，割泰州兴化县来属，置镇抚使。"

及赵鼎为相，召潜主管马军，遂罢弗置焉。（3967 页 6 行）

解潜罢荆南府、归峡州、荆门公安军镇抚使，除主管马军系绍兴五年事。然，自解潜罢镇抚使后，至宁宗嘉定十五年十二月，犹有贾涉为京东、河北镇抚节制大使。故《宋志》谓自解潜后"遂罢弗置"，非是。

《玉海》卷一三二"建炎镇抚使"："绍兴初，乃不复除。久之，但余荆南解潜而已。五年，召潜主管马军，遂罢镇抚使。……嘉定十五年十二月，贾涉为京东、河北镇抚节制大使。"

提点刑狱公事

提点刑狱公事　掌察所部之狱讼而平其曲直，……及举刺官吏之事。(3967页7、8行)

提点刑狱公事官，属路监司官。此云“掌察所部之狱讼”，“所部”指何？所指不明，“所部”原系诏书中用词。实为“掌察一路之狱讼”，修志者首次叙述其职掌，宜用实词。

又，提刑司始虽专掌一路刑狱，其后职掌稍增，职事渐繁，如兼管保甲、军器、河渠等事务，《宋志》似当言及为宜。

《合璧后集》卷七〇“监司门”：“国朝太宗淳化二年，以司门员外郎董循等一十人，分掌诸路转运司、提点刑狱。”

旧制，参用武臣。熙宁初，神宗以武臣不足以察所部人材，罢之。(3967页倒7、倒6行)

《宋志》不先叙熙宁前置废沿革，单刀直入“旧制，参用武臣”，而下文之陈述中心，仍围绕“武臣提刑”之置罢，未脱《朝野杂记》甲集卷一一“武臣提刑”笔调之窠臼。惜远未概括宋代提刑司之全貌。即以罢武臣提刑而论，武臣常为提刑之副，正职则文臣为之，熙宁之前，并已罢置。又，天禧四年曾改为劝农使副兼提点刑狱公事。“熙宁初”为“熙宁二年”。

《通考·职官》一五“提刑”：“东莱吕氏曰：淳化二年五月诏，应诸路转运使各命常参官一人专知纠察州军刑狱公事。……此初置外路刑狱官之诏也。是时犹隶转运司。淳化四年十月降诏省罢。真宗景德四年，复置之，不隶转运，别为一司，稍重其权矣。”

《合璧后集》卷七〇“提刑”：“景德四年，真宗谓王旦曰：‘朕虑四方刑狱官吏，未尽得人。一夫受冤，即召灾沴。今军民事务，虽有转运使，且地远无由知，先帝尝选朝臣为诸路提点刑狱，今可复置，仍以使臣副之。'于是置诸路提点刑狱公事,以朝臣充。始命屯田李拱为之,副以武臣,阁门祇候以上充。天禧四年,加劝农使,俄改提点刑狱、劝农使,又以武臣为副使。天圣六年悉罢。明道二年复置。嘉祐中有武臣同提点河东刑狱、劝农使,又以武臣为副使,窃用公库银器及乐倡首饰。议者谓武臣不可为监司。罢之。治平元年,罢提点刑狱,而委转运司。熙宁二年,诸路提点刑狱复差文臣,其武臣并罢。史臣曰:上以武臣罕习吏文,多不足以举察所部人材,故罢之。人皆以为便。十年,复置提点京畿刑狱。……元丰因之。宣和初,诏江西、广东增置武提刑一员。"

《宋会要·职官》四二之二:"天禧四年正月,诏改诸路提点刑狱为劝农使副兼提点刑狱公事。……十一月,令劝农使兼举刑狱官,自今以提点刑狱、劝农使副为称。"

绍圣初,以提刑兼坑冶事。(3967 页倒 6 行)

"绍圣初",指绍圣二年十一月六日。"坑冶事"全称为"提举坑冶事"。

《宋会要·职官》四三之一二〇:"(绍圣二年)十一月六日,诏诸路提点刑狱兼提举坑冶事,从江西转运副使马城请也。"

中兴,以盗贼未衰,诸路无武臣提刑处,权添置一员;(3967 页倒 5、倒 4 行)

"中兴",为建炎元年。"权添置一员"后原有"专管捉杀"四字。建炎四年即罢。

《合璧事类》卷之七〇"提刑":"宣和初,诏江西、广东增置武提刑一员,然遇阙帅,不许武宪兼摄。建炎元年,以盗贼未衰,诸路无武臣提刑处,权添差一员,专管捉杀。四年罢之。"

绍兴初,两浙路以疆封阔远,差提刑二员,(3967 页倒 4 行)

绍兴元年十二月十六日,两浙路分两浙东路、两浙西路,各置提刑司。

《宋史·高宗纪》三："绍兴元年十二月己卯，诏两浙分东、西路提点刑狱。"

乾道六年，诏诸路分置武臣提刑一员，……其后稍横，遂不复除。(3967页倒2行)

"遂不复除"武臣提刑，系淳熙末史事，不当系于乾道之后。

《朝野杂记》甲集卷一一"武臣提刑"："武臣提刑，祖宗以来有之，后罢去。建炎元年，以盗贼未衰，复之，然但管捉杀而已。四年，又罢之。乾道六年五月复置，诸路各一员，皆选公廉晓习法令、民事之人。如无，听阙。大臣乞依故事加'同'字。不从。于是武宪横于四方，至有六曹尚书典藩而被按者。淳熙末，上知其不便，遂不复除。今止除朝臣一员而已。"

其属有……干办官。(3968页2行)

建炎四年增置提刑司干办公事官一员，绍兴三年正月，提刑司干办公事官兼管提举常平等事，《宋志》缺载，宜补入。

《宋会要·职官》四三之一三："高宗建炎二年六月十四日，诏诸路提举常平司并归提刑司。"同书四三之二〇："（绍兴）三年正月三日，诏诸路提刑司官各给敕一道，兼提举常平等事于衔内添入，仍许置干办官一员，于置司州军差属官一员，兼管常平等事。"（按：南宋初年，提举常平司并归提刑司，《宋志》失载）

《合璧后集》卷七〇"提刑司·干官"："国朝建炎四年，诏诸路提刑司除武臣提刑，添置干办公事一员，许存留文臣一员。"

提举常平司　提举茶盐司

提举常平司(3968页3行)

提举茶盐司(3968页8行)

"提举常平司"与"提举茶盐司"两节，内容相连续，可合并为一节。“提举常平司”这一节止叙北宋提举常平司事，而“提举茶盐司”一节，主要叙述南宋时常平官与茶盐司合并为一之制。

中兴后，通置提举常平茶盐司，(3968页倒5行)

南宋建炎初，茶盐事由发运使兼领。此谓“通置提举常平茶盐司”，系绍兴十五年后事，下文即述及。

《系年要录》卷五，建炎元年五月壬寅：“江淮等路发运使梁扬祖提领措置东南茶盐公事，尚书工部员外郎杨渊同提领，置司真州。”

建炎元年，常平职事并归提刑司，钱归行在。二年，始复置常平官，还其籴本，未几复罢。绍兴二年，复置主管。系提刑司，委通判或幕职官充。其后，罢经制司，改常平官为经制某路干办常平等公事。未几，经制司罢，复为常平官。(3968页倒3—1行)

南宋初，罢诸路提举常平官，于是有“常平职事并归提刑司”之制。《宋志》宜于“建炎元年”后补入“罢常平官”四字。又，建炎二年复置常平官，六月并诏提举常平司并归提刑司，《宋志》将并司省略，未当。

又，“绍兴二年”为“绍兴六年”之误。

此条全系记述南宋初提举常平官职事，非关提举茶盐司事，当移入上一条目“提举常平司”内。及至绍兴十五年，常平官方不为单设，与茶盐司合并，而称诸路“提举常平茶盐公事”。《宋志》沿抄《朝野杂记》所叙常平官事，而未加辨别。

《朝野杂记》甲集卷一一“提举常平、茶盐”：“提举常平官，自熙宁初置，元祐、绍圣间，罢复不常。建炎元年五月，复罢。二年八月，复诸道常平官，还其籴本，自青苗钱不散外，常平、免役之政皆掌之。九年，置经制司，改常平官为经制某路干办常平等公事。未几，经制司罢，复为常平官。久之，复置提举，东南以茶盐司兼领，四川以提刑司兼领，仍别置官吏，及岁举升改员。然常平钱皆取以赡军，今特掌义仓及水利、役法、赈济等事而已，无复平粜之政矣。”

《宋会要·职官》四三之一三："高宗建炎二年六月十四日，诏诸路提举常平司并归提刑司。"同书四三之二八："建炎初，罢提举官兼以他司。……绍兴六年复置主管官，然权轻不能振职，名存实亡，无补于事……今虽隶于宪司，而狱讼繁多，不能究心。"

都大提举茶马司

熙宁七年，初复熙、河，……乃命三司干当公事李杞运蜀茶置熙、河，（3969 页 8—10 行）

熙河为一路，校点本两处点成"熙、河"，误，当删去其间顿号。

又，"三司干当公事"应为"三司勾当公事"。

《长编》卷二五二，熙宁七年夏四月壬申："诏三司勾当公事李杞等罢相度成都府置市易务，止具经画买茶，于秦凤、熙河路博买利害以闻。"

《合璧后集》卷六八"都大提举茶马司"："熙宁七年，初复熙河，经略使王韶言：'西人颇以善马至边，其所嗜唯（茶，而）乏茶与之为市，请促茶马办之，乃命三司勾当公事李杞运蜀茶至熙河，置买马场云（六），而原、渭、德顺更不买马。'"

率以驽充数。（3969 页倒 4 行）

"驽"后落一"骀"字，当补入。

《合璧后集》卷六八"都大提举茶马司"："先帝市马于边，有司幸赏，率以驽骀充数。绍圣中，提举程之邵始精拣汰，又以羡茶转入熙、秦市战骑，故马多而茶息厚。"

仍以八月至四月为限，（3969 页倒 3 行）

"仍以八月至四月为限"，其义不解。原指卖茶市马之期限，岁以八月为市，至次年四月而止。故《宋志》于"仍"字前当补"茶马"二字。

《合璧后集》卷六八"都大提举茶马司"："程之邵主管奏：蜀茶马，

革黎州买马之弊，岁以仲秋为市，四月而止《四朝国史》。”

提举坑冶司

提举坑冶司　掌收山泽之所产及铸泉货，以给邦国之用。（3970页8行）

本条所叙系坑冶、铸钱职事，且止及江、浙、淮、荆湖、福建、广南等路都大提点坑冶铸钱司分合沿革，故以“提举坑冶司”为标题，非妥。“提举坑冶司”自为官司，但不领铸钱，与提点坑冶铸钱司略有别，《宋志》失书。或于“提举坑冶司”前同时添立“提点坑冶铸钱司”。

《宋会要·职官》四三之一一九：“旧坑冶、铸钱事隶转运司，元丰初间以他官兼领。至元祐元年，以坑冶、铸钱通为一司，后时或以别司兼管云。”

《通考·职官》一六“都大坑冶”：“元丰二年，三司言：‘江浙等路提点坑冶、铸钱官一员，通领九路，水陆巡按不周，欲增一员，分路提点。’从之。”

《宋会要·职官》四三之一四〇：“（宣和七年）三月三日，诏江淮等路提点坑冶铸钱司官属依熙、丰员数。余路坑冶官属并罢。内旧坑冶隶转运司者，依熙、丰、绍圣法；崇宁以后，新坑冶隶常平司者，依崇宁法。提点官令中书省选差。十二日，中书省、尚书省言：‘勘会已降指挥，诸路兴复坑冶，专差官提举，措置合行事件下项：一以“提举某路坑冶司”为名；一合用印记，令工部行下所属，限十日攒先铸造，以“提举某路坑冶司印”为文。’”

岁有定数，视其登耗而赏罚之。（3970页8、9行）

“岁有定数”前，漏落“凡地利所入及铸钱”一句，若不补入，文义不通。

《合璧后集》卷六八“都大坑冶”引《哲宗正史·职官志》：“提举坑

冶司，掌收山泽之利或鼓铸泉货，以给邦国之用。凡地利所入及铸钱，岁有定数，视其登耗而赏罚之。”

旧制一员，（3970页倒7行）

“旧制一员”，一员系何官，理宜书明。据《九朝通略》，盖指“江、浙、川、广、福建等路都大提点坑冶铸钱公事”，景祐二年始置。又据《长编》，无“都大”两字，但“坑冶”前有“银铜”二字，应在“旧制”之下补入“置江、浙、川、广、福建等路提点坑冶铸钱公事”字样。

《合璧后集》卷六八“都大坑冶”引《九朝通略》：“景祐二年，始置江、浙、川、广、福建等路都大提点坑冶铸钱一员，以魏兼为之。”

《长编》卷一一七，仁宗景祐二年八月己卯：“初命朝臣为江、浙、荆湖、福建、广南等路提点银铜坑冶铸钱公事，其俸赐恩例并与提点刑狱同。诏朝臣提点银铜坑冶，俸赐恩例，并与提点刑狱同。《实录》在十月乙丑，今并书。《实录》是月己卯书：徙知楚州、屯田员外郎魏兼为江、浙、荆湖、福建、广南等路提点银铜坑冶铸钱公事。盖铸钱等事旧属发运使，既罢发运使，故别置官。”

《通考·职官》一六“都大坑冶”：“宋朝自开宝平吴之后，因其旧置钱监于鄱阳。既而江、淮、荆、浙、闽、广之地皆有监，系发运使兼提点。咸平三年，以冯亮为江南转运副使兼都大提点江南福建路铸钱事，内供奉官白承睿同提点铸钱事。至景祐二年，始置江、浙、川、广、福建等路都大提点坑冶铸钱一员，以魏兼为之，与提点刑狱序官。”

《朝野杂记》甲集卷一一“提点铸钱”：“提点坑冶铸钱公事，自咸平初有之。”

仍置提领诸路铸钱官一员于行在，以侍从官充，（3970页倒4、倒3行）

“侍从”后当补“或卿监”三字。

《宋会要·职官》四三之一五一：“（绍兴二十七年八月）二十七日，三省枢密院言：‘……令欲参酌旧制，置提领诸路铸钱官于行在，朝廷通行选差侍从或卿监一员不妨本职兼领……’从之。”

淳熙二年,并赣归饶,复加"都大"二字,与提刑序官。(3970 页倒 2 行)

衔内加"都大",为淳熙五年时事。"复加"前宜增"五年"。易"归饶"下之逗号为分号。

《宋会要·职官》四三之一七四至一七五:"(淳熙)五年六月二十七日,诏江淮等路提点坑冶铸钱公事,可依景祐元年故事,衔内带'都大'二字,与提刑序官。"

《朝野杂记》甲集卷一一"提点铸钱":"提点坑冶铸钱公事,自咸平初有之。渡江以来,屡罢屡复。乾道六年,并其事于发运司;发运罢,遂复之。淳熙五年,又加'都大'二字于'提点'之上,以仿川、秦茶马。"

提举市舶司

元祐初,诏福建路于泉州置司。(3971 页 1、2 行)

宋代前后计置市舶司六处,广州、杭州、明州、泉州、密州、秀州,或说七处,包括上海镇(但见于明、清人之记载);设市舶务的有广州、福州、杭州、明州、华亭、青龙、温州及江阴军等。其中又以广南路、福建路、两浙路提举市舶司(分别置司于广州、泉州、杭州,杭州市舶司后改移于秀州)最为著名。与唐代止于广州一地设市舶司相较,这显示了宋代对外贸易活动之急剧发展,并反映出宋廷海外贸易之开放及市舶收入于国家财政之影响。然宋代最先置市舶司之处,却非在泉州,而在广州。《宋志》略过广州、杭州,先自泉州置市舶司叙起,非当。

《考正》卷七之一七"提举市舶司":"案:劈头自元祐初设置泉州市舶司叙起,一似此即事始者然,非是。检《会要·市舶司门》载:'市舶司掌市易南蕃诸国物货航舶而至者,初于广州置司。……又于杭州置司。淳化中,徙置于明州定海县,命监察御史张肃主之。明年,肃上言非便,复于杭州置司。咸平中,又命杭、明州各置司,听蕃客从便。(《职官》四四之一)太祖开宝四年六月,命同知广州藩美、尹崇珂充市舶使,以驾部员外郎、通判广州谢玭兼市舶判官。(同上)'据知,泉州之置市舶司,于北宋置各地市舶之中,为时几为最后(泉州置司在元祐二年十月六日,元祐三年三月十八日,密州板桥镇亦置司。见《会要·职官》四四之八)。"

《长编》卷一二,开宝四年六月壬申:"初置市舶司于广州,以知州潘美、尹崇珂并兼使,通判谢玭玭未见兼判官。"

《宋会要·职官》四四之八:"哲宗元祐二年十月六日,诏泉州增置市舶。三年三月十八日,密州板桥置市舶司。"

《宋会要·职官》四四之一一:"政和三年七月二十四日圣旨:于秀州华亭县兴置市舶务,抽解博买,专置监官一员。"同书四四之一四:"(绍兴二年)三月三日,诏两浙提举市舶移就秀州华亭县置司,官属供给令秀州应副。"

《宋会要·职官》四四之二四:"(绍兴)十五年十二月十八日,诏江阴军依温州例置市舶务,以见任官一员兼管,从本路提举市舶司请也。"

大观元年,复置浙、广、福建三路市舶提举官。(3971页2行)

提举市舶司始置于何时,《宋志》失载。检《宋会要》,元丰三年八月二十七日有转运使、副兼提举市舶之设(《长编》卷三〇七并载),此似为宋设提举市舶司之滥觞。

又,检《十朝纲要》,崇宁二年八月置提举广南路市舶官,疑此为专置提举官之始,然未知何时罢废,于大观元年三月十七日复置提举市舶官。

《考正》卷七之一七"提举市舶司":"而于前此(按:指大观元年之前)市舶提举官之初置及废罢则失载,然此当为辑本之漏脱,而《史志》亦略不叙及之，乃反无端叙入复置一事，亦极疏漏。”

《合璧后集》卷六八“提举市舶·历代沿革”：“元丰中，始令转运司兼提举，而州郡不复预矣……后专置提举，而转运亦不复预矣……后尽罢提举官，至大观元年续置。”

《长编》卷三〇七，元丰三年八月丁巳：“中书言：《广州市舶条》已修定，乞专委官推行。诏广东以转运副使孙迥、广西以转运使陈倩、两浙以转运副使周直孺、福建以转运判官王子京，迥、直孺兼提举推行，倩、子京兼觉察拘拦。其广南东路安抚使更不带市舶使。”（《宋会要·职官》四四之六所载同）

《宋会要·职官》四四之六：“元丰五年十月十七日，广东转运副使兼提举市舶司孙迥言：……”

《玉海》卷一八六“唐市舶使”：“元丰三年八月，二广、闽、浙并以漕臣兼提举。”

《十朝纲要》一六：“崇宁二年八月甲子，置提举广南路市舶官。”

《萍洲可谈》卷二：“广州市舶司，旧制帅臣、漕使领提举市舶事。祖宗时谓之市舶使。福建路泉州，两浙路明州、杭州皆傍海，亦有市舶司。崇宁初，三路各置提举市舶官。三方唯广最盛。”

《宋会要·职官》四四之九：“大观元年三月十七日，诏广南、福建、两浙市舶依旧复置提举官。”

明年，御史中丞石公弼请以诸路提举市舶归之转运司，不报。（3971页2、3行）

大观二年，提举市舶官虽未从石公弼之请并入转运使司，然大观三年七月，两浙路提举市舶官罢，令提举常平官兼之（福建路何年罢并市舶官失载，疑与之同时）。《宋志》叙石公弼之请，殊不可解。又，《宋史·石公弼传》谓从其请，备考。

《宋会要·职官》四四之九：“（大观）三年七月二十（日），诏罢两浙路提举市舶官，令提举常平官专切提举、通判管勾。政和二年五月二十四日，诏两浙、福建路依旧复置市舶。从福建路提点刑狱邵涛请也。”

《合璧后集》卷六八“提举市舶”：“后尽罢提举官。大观元年续置。明年御史中丞石公弼请归之转运司，不报。建炎中兴，诏罢两浙、福建市舶司归转运司《建炎时政记》。”

《宋史·石公弼传》：“石公弼，字国佐……大观二年，拜御史中丞。……又言吏员猥冗，戾元丰旧制。于是堂选归吏部者数千员，罢宫庙者千员、都水知埽六十员，县非大郡悉省丞，在京茶事归之户部，诸道市舶归之转运司，仕途为清。”

绍兴二十九年，臣僚言：“福建、广南各置务于一州，两浙市舶乃分建于五所。”(3971 页 3、4 行)

此为绍兴二十九年御史台检法官张阐所言。两浙市舶务分建五处，福建、广南各于泉州、广州置市舶司(及务)，系绍兴十五年以前之既成事实；然，《宋志》却漏过了绍兴二十九年之前市舶机构数次重大变动，未能谓至当。倘说张阐之言为下文“乾道初”罢两浙提举市舶司之伏笔，却又不相干。

《宋会要·职官》四四之二五至二六：“(绍兴)二十九年九月二日，宰执进呈御史台检法官张阐论市舶事：比者，叨领舶司，仅及二载，窃尝求其利害之灼然者，无若法令之未修。何当(者)？福建、广南各置务于一州，两浙市舶务及(乃)分建于五所。三路市舶相去各数千里，初无一定之法。……欲望有司取前后累降指挥及三路节次申请，厘析删修，著为一司条例。”

仍委逐处知州、通判、知县、监官同检视，而转运司总之。(3971 页 6 行)

乾道二年六月三日诏。“仍委”前须补入“所有逐处抽解职事”，不然，下文“逐处知州……同检视”未知云何。至于“所有逐处抽解职事”，则指废罢两浙提举市舶司后，其所辖临安府、明州、秀州、温州、江阴军五处市舶务仍置，其职事不废。

《宋会要·职官》四四之二八至三〇："乾道二年六月三日，诏罢两浙路提举市舶司，所有逐处抽解职事，委知、通、知县、监官同行检视，而总其数，令转运司提督。先是臣僚言：'两浙路惟临安府、明州、秀州、温州、江阴军五处有市舶。祖宗旧制，有市舶处，知州带兼提举市舶务，通判带主管，知县带监，而逐务又各有监官。市舶置司乃在华亭。近年遇明州舶船到，提举官者带一司公吏，留明州数月，名为抽解，其实骚扰。余州瘠薄处，终任不到，可谓素餐。今福建、广南路皆有市舶司，物资浩瀚，置官提举，诚所当宜。惟是两浙路置官，委是冗蠹，乞赐废罢。'故有是命。二十七日，两浙转运司姜诜言：'奉旨提督两浙市舶事务。今条具下项：……'从之。三年四月三日，姜诜言：'明州市舶务，每岁夏汛，高丽、日本外国船舶到来，依例提举市舶官于四月初亲去检察，抽解金、珠等起发。上件今来拨隶转运司提督，欲选差本司属官一员前去。'从之。……淳熙元年七月十二日，户部侍郎蔡诜言：'乞委干办诸军审计司赵汝谊往临安府、明、秀、温州市舶务，将抽解、博买合起上供……'从之。"

《合璧后集》卷六八"提举市舶"："乾道二年，诏罢两浙提举市舶，逐处职事委知、通、知县、监官同行监视，而总其数，令转运司提督。"

提举学事司

崇宁二年置(3971页8行)

哲宗元符二年十一月二十七日，已诏诸路各选监司一员提举州学。此系兼职，然提举学事之名，当始于此；若谓专职提举学事自崇宁二年始置，则可。

《宋会要·崇儒》二之七："元符二年十一月二十七日，诏诸州学生依太学三舍法限当年十二月到京，随太学补试，诸州贡上舍生到京并权充外舍生食。诸路各选监司一员提举学校。"

《宋会要·崇儒》二之九:"(崇宁)二年四月十日,提举京西北路常平等事张元弼札子:……勘会诸州教授在外已有监司、知郡,在京已有国子监长贰岁举改官。昨又准朝旨,国子监添举改官八员外,诏提举学事司每路教授及十人已上者,添举改官三人,十人已下者二人,不及五人一名,不许举他官。"同书二之一三至一四:"(大观)三年二月十六日,提举黔南路学事戴安仁言:'所管多是新创州郡,内县城寨新民教授系经略司举辟。今来既有提举学事,其新民教授欲乞一就提举学事司奏辟命官或贡士摄官有学行人充。'"

《历代职官表》卷五一"学政":"宋元符二年,初令诸州行三舍法,诸路选监司一员,提举学校,守贰董干其事,则提举学事司之所自始矣。……或元符二年始以监司提举,至崇宁二年乃专设提举学事司欤?"

宣和三年罢。(3971 页 8 行)

崇宁专设路提举学事官后,至政和间一变,以州县官带提举、管勾学事。宣和三年四月所罢者,即罢诸路见任官带管勾学事。《宋志》失载政和间史事。又,南宋复置提举学事官。

《挥麈录·前录》卷二:"政和中,诏天下州县官皆带提举、管勾学事。时姚麟以节度使守蔡州,建言乞免系阶,朝廷许之。靖康初除去,绍兴中复增,但改庶官为主管。……武臣帅守并免入衔,行之至今(按:王明清于乾道二年作《挥麈前录》)。"

《宋会要·崇儒》二之三一:"(宣和)三年四月十日,诏诸路见任官带管勾学事并罢。"

《宋会要·崇儒》二之三八:"(绍兴十八年)八月八日,礼部寻下国子监参酌措置,……诸州、军如未差教授去处,即令本路提举学事司于本州有出身官选差一员兼领。"

《宋史·高宗纪》七:"(绍兴)十六年五月壬申,命诸路漕臣兼提举学事。”

《历代职官表》卷五一“学政”：“又考绍兴十八年，国子监参酌诸州、军，如未差教授处，即令本路提举学事司于本州有出身官选差一员兼领。二十一年，大理寺主簿丁仲京(景)奏：赡学田多为势家侵佃，望令提举学官觉察，既而户部请令提举司置籍管勾。庆元二年，吏部尚书叶翥请令太学及州、军学各以月试合格前三名程文上御史台考察，其有旧习不改，则坐学官、提学司之罪。然则提举学事司虽罢于宣和三年，而其后乃复设之。”

提举制置解盐司

提举制置解盐司(3971 页倒 1 行)

“提举制置解盐司”并非一司，系提举出卖解盐司与陕西路制置解盐司之合称，“提举”之后宜加顿号。熙宁八年闰四月初置提举出卖解盐官。

《长编》卷三一二，元丰四年四月庚午：“陕西路制置解盐司言：‘解盐岁增钱，准条作熟钞，召人众买。’”同前书卷四六一，元祐六年七月乙丑：“复制置解盐使。”

《长编》卷二六四，熙宁八年五月辛未：“诏提举出卖解盐张景温相度碱地可淤溉处以闻。闰四月十八日，初提举卖盐。”

《长编》卷二八〇，熙宁十年二月戊申：“三司言：‘奉诏同制置解盐使皮公弼详议中外所论陕西解盐钞法利害。……’诏除提举出卖解盐司官卖地分别降指挥外，及市易司已买盐，亦依客人例，贴纳价钱。余依所定。”

《宋会要·职官》四四之四〇：“绍圣二年十二月三日，提举出卖解盐司言：‘本司管勾卖盐官，合依旧以常平主管官兼领。’从之。元符二年九月二十五日，诏差陕西转运副使兼制置解盐使王博相度盐地开河并修月堰。”

经制边防财用司

经制边防财用司(3972页2行)

此为省称,其全名为“经制熙河路边防财用司”。

《宋会要·职官》四四之四二:“神宗熙宁十年十二月七日,诏经制熙河路边防财用司条上利害事。内有可行者,宜先行下,庶于田事可及时经画,以助边费。时以熙河用度不足,仰度支供亿,于是命入内都知李宪置领经制财用司,中书具宪所条上可施行者凡十四事。如所奏行之。”

熙宁末,以熙、河连岁用兵,仰给支度,费用不赀,始置是司。(3972页3行)

“熙宁末”,系熙宁十年八月六日,此为经制熙河路边防财用司创置之时。又,熙河为路名,不应顿开。

《长编》卷二八四,熙宁十年八月癸未:“诏入内副都知李宪、权发遣秦凤等路转运副使赵济同经制熙河路边防财利,许举勾当公事文武官五员,如事干经略安抚司,即连书以闻。”(《宋会要·职官》四四之四二同)

崇宁中,复置提举兵马、提辖兵甲,皆守臣兼之。掌按练军旅,督捕盗贼,以清境内;凡诸营之名籍,较其壮怯而赏罚之。(3972页4、5行)

提举兵马、提辖兵甲司,与经制熙河路边防财用司非同一性质之官司,未宜置于“财用司”条下。当自“崇宁中”起,另作一行。

《考正》卷七之一九:“此段当为‘提举兵马,提辖兵甲’专条。”

提举保甲司

元丰初，置于于开封府界，遂下其法河北、河东、陕西三路，既而悉置提举官，如府界焉。(3972 页 6、7 行)

“元丰初”，为元丰二年十一月二十九日。

哲宗即位后，元丰八年十月即罢提举保甲。《宋志》宜补上一笔。

《宋会要·职官》四四之五三：“元丰二年十一月二十九日，诏开封府界提举保甲官，以昭宣使、果州防御使、入内副都知王中正，东上阁门使、荣州刺史狄谘为之。初，王安石议减正兵，以保甲民兵代之。于是，始置提举教阅之使，后又行于西北三路。世议不以为然，而后卒改焉。”

《宋会要·兵》二之一五、一六：“元丰二年十一月二十九日，诏：‘开封府界教大保长充教头，其提举官以昭宣使、果州防御使、入内副都知王中正，东上阁门使、荣州刺史狄谘为之。’”

《宋会要·兵》二之三四：“元丰八年十月二十八日，诏：‘罢府界、三路提举保甲官。诸路以提点刑狱兼领。’”

府州军监

其余大藩府或沿边州郡，或当一道冲要者，并兼兵马钤辖、巡检，(3973 页倒 7、倒 6 行)

“巡检”后漏“都监”一职。

《宋会要·职官》四七之一三：“颍昌府、青州、郓州、邓州则兼安抚使、兵马巡检。其余大藩府或沿边州郡，或当一道冲要者，并兼兵马钤辖、巡检、都监，或带沿边安抚、提辖兵甲、沿边溪洞都巡检。”

余州、军，则别其地望之高下与职务之繁简而置之。(3973 页倒 5 行)

"余州、军"后漏落"则否，其属官有无及员数多寡"等重要文字。

《宋会要·职官》四七之一三："《哲宗正史·职官志》：余州、军则否，其属官有无及员数多寡，皆视其地望之高下与职务之繁简而置之。"

初，除授见阙及自外罢任赴阙，并令引见上殿。(3974页2行)

此句不完整，有上文而无下文。既追叙"初"，当有正叙"今"，即除新任命知州、府、军等之外，余不复引见上殿。《宋志》失书诏罢一事，非是。当于"上殿"后补入"七月，诏新除授知州、知府、知军，赴阙依旧令引见上殿，余并免上殿"。

《宋会要·职官》四七之二四："(绍兴)五年七月八日，……诏新授郡守，除见阙人外，余并免上殿。"

九年，诏应守臣以二年为任。(3974页2、3行)

绍兴九年五月，定守臣以二年为任满，缘原有不以二年为满任之故，《宋志》缺载。

《宋会要·职官》四七之二〇："(宣和)七年九月五日，诏今后守臣，依已降处今(分)并三年为任，毋辄更易。"

《宋会要·职官》四七之二六至二七："(绍兴)九年五月十二日，中书门下省言：'诸州守臣并二年为任。昨降指挥，两淮并沿江三年为任。今来自合与诸守臣一等。'诏应守臣并以二年为任。"

诏："守臣到任半年以上，具民间利病，或边防五条闻奏，……"续又诏不拘五条之数。十三年，诏依旧制带提举或主管学事。(3974页4—6行)

此第一"诏"，系绍兴十三年六月二十九日事。故而，冠于下文第三"诏"前之"十三年"，当前移至第一"诏"之前。

《宋会要·职官》四七之二八："(绍兴)十三年六月二十九日，上谕辅臣曰：'朕顷尝下诏：令守臣到任半年以上，具民间利病，或边防五件闻奏。近观诸处所奏，其间固有法所该载者，亦有一方利便，朝

廷所不知者。宜委都司看详,有便于民,即与施行。无事虚文。'"(《系年要录》卷一四九并载)

十三年,诏依旧制带提举或主管学事。从官以上称提举,余知、通主管,(3974 页 5、6 行)

"知、通"(即知州、通判)后落"令佐"两字。此为绍兴十三年九月二十日事。

《宋会要·职官》四七之二八至二九:"(绍兴)十三年九月二十日,礼部言:'权发遣建昌军李长民奏:"宣和以前应知、通、令、佐阶衔,并带主管学事。自军兴以来,学校之教中辍。今和议既成,儒风复振,宣化承流,责在郡县,所有主管学事,谓宜依旧结衔,以示圣朝偃武修文之意。"本部下国子监勘会,昨行三舍法,除从官以上知郡,系带提举学事,余郡知、通、县令、佐,并带主管学事。今诸路监司既已选有出身或从上一员兼提举官,欲依李长民所乞,令郡知、通、县令、佐,依旧例带提举或主管学事结衔。'从之。"

《系年要录》卷一五〇,绍兴十三年九月癸酉:"左朝奉郎、知建昌军李长民言:'宣和以前,应知、通、令、佐升衔,并带主管学事。自军兴以来,学校之教中辍。今和议既成,儒风复振,谓宜依旧结衔,以示圣朝偃武修文之意。'从之。"

乾道二年,令非曾任守臣不得为郎官,(3974 页 6、7 行)

"守臣"下漏落"及监司"三字。守臣指州、府、军、监长官(知州、知府、知军、知监);监司为路官,指转运使、提点刑狱公事、提举常平公事等。两者职掌与资序不同。

《宋会要·职官》四七之三五:"(乾道)二年六月十一日,中书门下省言:'勘会已降指挥,非曾任守臣不得除郎官,著入条令。'诏:于'守臣'字下添入'及监司'三字。"

通　判

建隆四年,诏知府公事并须长吏、通判签议连书,方许行下。

(3974 页倒 6 行)

“建隆”为“乾德”之误,“知府”为“诸道州府”之脱误。“长吏”当书“知州”。

《长编》卷七,乾德四年十一月乙未:“诏诸道州通判无得怙权徇私,须与长吏连署,文移方许行下。”

州不及万户不置,武臣知州,小郡亦特置焉。(3974 页倒 5 行)

正刺史以上及诸司使、副使武臣知州者,方小郡亦特置通判。《宋志》笼统地谓“武臣知州”,小郡亦特置通判,似未妥。

《宋会要·职官》四七之五八:“宋置诸州通判各一员,西京、南京、天雄、成德、益、杭、并、郓、荆南、潭、广、秦、定等州各两员,小郡或不置。正刺史以上及诸司使、副使知州者,虽小郡亦特置,兼管内劝农使。”

职掌倅贰郡政,(3974 页倒 5、倒 4 行)

宋初,通判为监郡,非倅贰,其地位与长吏均。此为元丰新制。《宋志》当有所区别。

《归田录》卷二:“国朝自下湖南,始置诸州通判,既非副贰,又非属官,故尝与知州争权,每云:‘我是监郡,朝廷使我监汝。’”

《宋会要·职官》四七之一一:“《神宗正史·职官志》:知州掌郡国之政令,通判为之贰。”

《宋会要·职官》四七之六二:“《哲宗正史·职官志》:通判掌倅贰郡政。凡兵民、钱谷、户口、赋役、狱讼听断之事可否裁决,与守臣通签书施行。”

既而诸州通判有两员处减一员,(3975 页 1 行)

“既而”系建炎元年六月十四日。

《宋会要·职官》四七之六五:“高宗建炎元年六月十四日,诏诸州、军有通判两员去处,减一员,嘉祐以前员额依旧例。”

淳熙十四年,利州路提刑言:“关外四州通判,乞自制置司奏辟,

所有金、洋、兴、利、文、龙等州通判，乞送转运司拟差。"（3975页4、5行）

"文、龙等州通判"后落"窠阙"两字。利州路提刑为张演。

此为淳熙十四年八月十六日事。

《宋会要·职官》四七之七一："淳熙十四年八月十六日，利州路提刑张演言：'乞将本路通判窠阙，除藩通判合自吏部差注阙外，四州通判自制置司奏辟外，所有金、洋、兴、利、文、龙等州通判窠阙，依八路法送本路转运司拟差，庶几不致阙官废事。'诏除已差下人外，今后依元丰旧法，令本路转运司照应条格施行。"

幕职官

签书判官厅公事　两使、防、团、军事推判官　节度掌书记　观察支使（3975页7行）

此"幕职官"，系宋代州官之幕僚，沿用唐末、五代节度、观察使属官之名。在唐，州牧之官为节度、观察、防御、团练诸使；入宋，始削节镇之权，若唐之节度、观察诸使之属，已成贵官虚衔，而其幕僚属官，则仍为列郡之元僚，此沿革变化不悉，颇难明白宋之州佐官何以有此等名目。

又，宋初之州分为六等，即都督州、节度州、观察州、防御州、团练州、军事州。《宋志》此云"两使"，即指节度使、观察使，"防、团"即指防御使、团练使，诸使在州郡不预政事，而其属官如推官、判官、掌书记、支使之类，则助理州郡之政。

《宋会要·职官》四七之一："《两朝国史志》：凡州之别有六，曰都督，曰节度，曰观察，曰防御，曰团练，曰军事。凡诸使赴本任或知他州，皆不签书钱谷事。……节度、观察皆有判官，京官以上充则谓之签书判官事。又节度有掌书记，观察有支使，而节度、观察、防御、团练、军事皆有推官。"

《元丰官志》之“府州军监官额”：“唐州牧之官，为节度、观察诸使，而其属官则有推官、判官、书记、支使之属。至宋，而节度、观察别为贵官之虚名，初不预方岳之事；而州牧之任，则自有阃帅、漕、宪等官，而各台又有掾属。若唐节度、观察之属官，则反为列郡之元僚。盖虽冒节度推、判，观察推、判、支使之名，而实则郡僚耳。故当叙其职于州郡之佐，而又不可并之户曹理掾之流也。”

掌裨赞郡政，总理诸案文移，斟酌可否，以白于其长而罢行之。(3975页8行)

《宋志》所叙幕职官职事，漏载“凡郡事与守、倅通签书”一项。

《宋会要·职官》四八之八：“《哲宗正史·职官志》：幕职官，掌助理郡政、分案治事，其簿书案牍文移付受、催督之事，皆分掌之。凡郡事与守、倅通签书。”

今乃差兼签厅者动辄三两员，或四五员，其为冗费，与添差何异？(3975页倒1行、3976页1行)

何以与“添差”相比？缘宁宗时曾罢添差之名目，今既差兼签厅动辄两三员，“则与添差何异”？其比较顺理成章，然《宋志》于“添差何异”之后省去“是朝廷徒有罢添差之名”一句，则显得突兀。

《宋会要·职官》四八之一四：“嘉定二年二月十四日，诏浔州推官、司户更不注恩科人，并作破格，许初官注授。从守臣之请也。五月十六日，臣僚言：‘监司有干官，州郡有职官，以供签厅之职，使干官、职官得其人，固自能举其职。或非才不能胜任者，则按刺易置之可也。今乃不然，差兼签厅者，动辄三两员，或四五员，其为冗费，与添差何异？是朝廷徒有罢添差之名，而无（罢）添差之实也。乞将诸路及州郡所差兼签厅判官并行住罢，令回本任，各共乃职，所有复置、创置名阙，自今并行免差。’从之。”

诸曹官

旧制，录事参军掌州院庶务，(3976页2行)

此“旧制”系与“中兴”相对而言，即为北宋之制。本条文字，疑出于《中兴会要》，详于南宋史事，略于北宋，有关诸曹沿革，均失载。兹略补之。

州之刑狱，由录事参军主之，“州院”亦为录事参军司之别名。

《合璧后集》卷七八“总诸曹”：“知录即汉功曹官也。……唐武德复为录事参军，开元改司录参军，掌正违失、莅符印。国朝沿唐制，州有录事参军，然不尽置也；诸府为司隶(录)，诸州为录事。乾兴元年，丁度申请诸州始各置隶事参军。”同卷：“五代以来，诸州皆有马步狱，以牙校充。马、步都虞候掌刑法，谓之马步院。太祖虑其任私，高下其手。开宝六年，始置诸州司寇参军，以新进士及选人为之，后改为司理，掌狱讼勘鞫之事，不兼他职。元祐定令，上州从八品，中、下州从九品。”同卷：“国朝沿唐制，诸州置司法参军，掌议法、断刑，品同司户。绍兴三年权行减罢，后复旧《中兴会要》。”同卷：“国朝沿唐制，诸州置司户参军，掌户籍赋税、仓库交纳。《元祐令》，中州从八品、下州从九品。乾道六年，汪大猷乞令司户专主仓库。”

《十驾斋养新录》卷一〇“州院”：“乾隆戊戌岁，瓜洲浚河，得南宋官印，文曰‘宿州州院朱记’。初不解‘州院’为何职，后读罢罗端良《新安志》，乃知每州有州院与司理院，皆刑狱之称。‘州院’则录事参军主之，‘司理院’则司理参军主之。”

中兴，诏曹掾官依旧，(3976 页 3 行)

政和间，曾改“参军”之名为“掾”。建炎初，复称“参军”。《宋志》止书复“参军”旧名，而不载初改“参军”为“掾”事，失当。

《合璧后集》卷七八“总诸曹·知录”：“政和三年，尚书省言：‘州建六曹参军，参军之称起于行军之际，恐不当袭。录事参军欲改为司录。’奉圣旨，参军改为掾《职略》。”

仍依知县格法铨量，如有老疾昏眊难任事者，(3976 页 5、6 行)

“仍”字前缺主语。何官“仍依知县格法”，未明。据《元丰官志》，系指知录事参军事(即知录),宜补“录事参军”于“仍”字前。

《元丰官志》之“诸曹官额”:“乾道以来,间以司户兼司法,知录亦或兼职。后诏知录依知县格法铨量,如有老疾昏眊难任事者,即从本州知、通于判、司、簿、尉内选经一考以上无罪犯晓法律人对换。”

绍熙元年,诏不曾铨试人不许注授司法。(3976页7行)

“绍熙元年”或作“嘉定中”。

《元丰官志》之“诸曹官额”:“嘉定中,诏不曾铨试人,不许注授司法。”

教　授

庆历四年,诏诸路州、军、监各令立学,(3976页倒6、倒5行)

“诸路州”之后,漏“府”字。此为庆历四年三月诏。

《宋会要·崇儒》二之七:“庆历四年三月,诏诸路州、府、军、监,除旧有学外,余并各令立学,如学者二百人以上,许更置县(学)。”

自是州郡无不有学。始置教授,以经术行义训导诸生,(3976页倒5行)

庆历四年,诏诸路州、府、军、监立学,诸学始置教授。未当于“无不有学”之下用句号隔断,因两者文义相连,由于地方普遍办学,地方学校始置教授。如用句号隔断,即易误为庆历四年宋朝始置教授。教授作为学官设置之始,非庆历四年,太宗朝至道元年首置王宫大、小学教授,可参《宋志》页3826、3827“亲王府”。

《长编》卷三七,至道元年正月戊申朔:“始命司门员外郎、开封孙蠙为皇侄、皇孙教授。”

《元丰官志》:“宋初但有书院,庐山白鹿洞书院、嵩阳书院、岳麓书院、应天府书院,未建州学也。景祐四年,诏藩镇始立学,他州勿听。庆历四年,始诏诸路州、军、监各立学,如学者二百人以上,许更置县学。自是州郡无不有学,始置教授。”

委运司及长史于幕职、州县内荐,或本处举人有德艺者充。

(3976 页倒 4 行)

“长史”为“长吏”之误。“州县”后落一“官”字,“举人”后脱“中”字和“举”字,宜补入,意为“本处举人中,举有德艺者充”。

《宋会要·崇儒》二之四:“(庆历)四年三月,诏诸路州、府、军、监……各令立学。……若州、县未能顿备,即且就文宣王庙或系官屋宇,仍委转运司及长吏于幕职、州县官内荐教授,以三年为一任;若文学官可差,即令本处举人众(中)举有德行艺业者充。候及三年无私过,本处具教授人数并本人履业事状以闻。”

绍兴三年,复置四十二州。(3976 页倒 1 行)

“三年”为“二年”之误。“四十二州”为“四十三州”之误。

《系年要录》卷二四,建炎三年六月丁卯:“罢诸州新置州学教授员。此以绍兴二年四月三日吏部申明状增入。”

《系年要录》卷五三,绍兴二年四月辛未:“复置诸州学官四十三员。此即建炎三年所省者。时言者论:文武之道,不可偏废。……欲望稍修学官,使士子有所矜式,且廉退之士,不至弃遗。事下给、舍看详,而有是命。”

《宋会要·崇儒》二之三二:“绍兴三年四月十日,诏建炎二年六月内,复置教授处共四十三州,至建炎三年六月内并罢,任满更不差人。今将建炎二年复置教授窠阙并行存留。从给事中黄叔教(敖)之请也。”(按:《宋会要》所云“绍兴三年四月”,恐误。缘黄叔敖于绍兴元年十二月为给事中,至绍兴二年五月改任户部侍郎,至三年四月已升为户部尚书。而复置州学教授一书,确曾下“给、舍”看详。以此言之,黄叔敖当于给事中任上建请复学官已属无疑,则其时亦当在绍兴二年四月,可证《系年要录》系年为是)

二十六年,诏并不许兼他职,令提举司常切遵守。(3977 页 1 行)

此为绍兴二十六年五月七日诏。“提举司”,此系“提举学事司”之简称;然“提举司”也可作“提举常平司”之简称,鉴于此,仍宜用“提举学事司”全称。

《宋会要·崇儒》二之三九:“(绍兴)二十六年五月七日,诏诸路州、军教授,并不许差兼他职,令提举学事司常切遵守。”

县

县 令

建隆元年,令天下诸县除赤、畿外,有望、紧、上、中、下。(3977页3行)

“赤、畿”后漏“次赤、畿”二等,“中”字后漏“中下”一等。

此为建隆元年十一月诏。

《宋会要·职官》一一之七六:“吏部格式司:太祖建隆元年十一月,诏天下县,除赤、畿,次赤、畿外,重升降地望。取四千户以上为望,三千户以上为紧,二千户以上为上,千户以上为中,不满千户为中下,五百户以下为下。自今每三年一次升降。”

若京、朝、幕官则为知县事,(3977页6、7行)

宋太祖初年曾有朝官为县令者,可证并非朝官任县令者均为知县事;朝官为知县事,始于建隆四年六月(十一月甲子日改元乾德)。《宋志》失载。

又,县令由选人资序者充,《宋志》未说明,宜补之。

《长编》卷四,乾德元年六月庚戌:“按:《实录》建隆二年十一月己丑,以祠部郎中王景逊为河南令,职方员外郎边玗为洛阳令,左司员外郎段思恭为开封令,驾部员外郎刘涣为浚仪令。”

《长编》卷四,乾德元年六月庚戌:“命大理正奚屿知馆陶县,监察御史王祜知魏县,杨应梦知永济县,屯田员外郎于继徽知临清县。常参官知县自屿等始也。”

《宋会要·职官》四八之二五:"旧会要分知县及县令为两门。今依《神宗正史·职官志》并为一门。……太祖建隆四年六月,诏曰:河朔右地,魏为大名,分治剧邑,当用能吏。近多旷败之政,殊昧抚绥之方,致逋吾民,以失常赋。思慎厘于县务,特选士于朝行,断自朕心,以重其事。其以大理正奚屿知大名府馆陶县,监察御史王祐知魏县,杨应梦知永济县,屯田员外郎于继徽知临清县。朝臣知县,自屿等始。"

《麈史》卷上"官制":"又选人作县曰某县令,京官以上(作县曰)知某县事。"

邑大事烦则堂除,仍借绯、章服,(3977页倒7、倒6行)

堂除知县,其请给与吏部注拟之知县不同,特依签书判官厅公事例。《宋志》既载堂除知县章服,供给之特例似亦未可省载。"绯"字下顿号当删去,"借绯章服"为一事。

《宋会要·职官》四八之三四:"(绍兴七年二月)十五日,诏应堂除知县并借绯章服,供给依签判例支给,任满赴都堂审察,如治状有称,即与升擢差遣。内监司列荐治状显著者,当不次除擢。九年七月六日,诏吏部日后县令差文臣。"

乾道以后,定以三年为任,(3977页倒6行)

乾道后,知县或以二年为任,或以三年为任,几经反复。至淳熙十六年四月复以三年为任。故《宋志》此云"乾道以后定以三年为任",未确。

《宋会要·职官》四八之三七:"乾道元年三月二十二日,诏京官以上任知县,权以二年为任。……二年八月十六日,尚书吏部侍郎、权吏部尚书陈之茂等言:'集议指挥内,知县除选人外,其京朝官并以二年为任,立为永法。'"同书四八之三八:"(乾道)三年十一月十九日,诏今后京朝官知县依旧法以三年为任。"同书四八之三九:"(乾道)九年八月二十日,权吏部尚书李彦颖言:'照对乾道二年集议,京朝官知县以二年为任，次年议者请复以三年。见今合入知县人，并集铨曹，无以发遣。况中外京朝无非二年，何必独令知县守三年之制？欲乞依乾道二年集议指挥施行。'从之。"同书四八之四三："淳熙十六年四月二十一日，四川安抚制置使赵汝愚言：'……仍乞今后京官知县并以三年为任满。'从之。闰五月十二日，权吏部尚书颜师鲁言：'知县近制并以三年为任……'"

十六年，诏知县在任不成两考，即不合理为实历。（3977页倒5行）

"十六年"前漏"淳熙"年号，当补。

《宋会要·职官》四八之四三、四四："（淳熙十六年）闰五月十二日，权吏部尚书颜师鲁言：'知县近制并以三年为任，今或以二考缘故而罢，若许其参选与理资任谓之曾历亲民，何以为作邑者之劝？……合除丁忧人外，余并以三年为满任。……若在任不成二考，或作缘故陈乞避亲者，即不合理为实历知县一任。'从之。"

嘉定十二年诏："两经作令满替者，实历九考、有政声无过犯、举员及格，改官人特免再作知县，许受签判或干官，以当知县履历。"（3977页倒4行）

"嘉定十二年"为"嘉定十三年"之误。

《宋会要·职官》四八之五〇："（嘉定十三年）九月二十九年，臣僚言：'……乞下吏部详酌事宜，变通其法，应两经作令满替、实历九考、有政声无过犯、举员及格，改官人特免再作知县。其愿作县者，听循旧法。其不愿者，却许受签幕或干官，以当知县履历。'从之"。

县　丞

皇祐中，诏赤县丞并除新改官人。（3977页倒1行）

皇祐三年三月诏。"官人"前原有"京"字。

《宋会要·职官》四八之五三："皇祐三年三月诏：开封府曹官、赤县丞，自今并除新改京官人，任满与免远官。”

熙宁四年，编修条例所言：“诸路州、军繁剧县，令户二万已上增置丞一员，(3977 页倒 1 行、3978 页 1 行)

此为熙宁四年三月五日事。“编修条例所”系“编修中书条例所”之省称。“户二万”应为“主户二万户”，“主户”之“主”字未可省去。

《宋会要·职官》四八之五三：“熙宁四年三月五日，编修中书条例所言：‘欲令诸路转运司具州、军繁剧县分主户二万户以上，增置县丞一员，以幕职官或县令人充。’从之。”

崇宁二年，宰相蔡京言：“……请县并置丞一员，以掌其事。”(3978 页 2—4 行)

《宋志》止书崇宁二年三月二十四日蔡京建言事，即按熙宁初置丞一员主管农田水利、常平、坑冶等事，而未载“从之”，似未妥。

《宋会要·职官》四八之五三、五四：“徽宗崇宁二年三月二十四日，宰臣蔡京言：‘熙宁之初，修水土之政，行市易之法，兴山泽之利，皆王政之大者，追述缉熙当在今日。农田如荒闲可耕凿、瘠卤可变膏腴、陆可为水、水可为陆之类，水利如陂塘可修、灌溉可复、积潦可泄、圩堤可兴之类，山泽如铜铝金银铁锡水银坑冶及材木可养、斤斧可禁、山荒可种植之类，县并置丞一员，以掌其事。’从之。”

大观三年，诏：“昨增置县丞内，除……有山泽、坑冶之利可以修兴去处，依旧存留外，余皆减罢。”(3978 页 4、5 行)

此为大观三年八月十四日诏。“修兴”当为“兴修不可缺官”。

《宋会要·职官》四八之五四、五五：“大观三年八月十四日，诏昨增置县丞内，除系旧额及万户以上县分，委是事务繁冗，并虽非万户，实有山林川泽、坑冶之利可以兴修，不可缺官去处，依旧存留外，余令逐路转运、提举常平司同共相度闻奏。”(按：《合璧事类》卷八〇、《通考·职官》一七，皆作“余皆减罢”，而非作“同共相度闻奏”。《宋志》仍依《通考》)

绍兴三年，以淮东累经兵火，权罢县丞。（3978 页 6 行）

淮东所属泗州、涟水军辖下县未罢县丞，《宋志》谓淮东路县丞罢置，有所失实。

《宋会要·职官》四八之五六："绍兴三年十一月初六日，诏淮东诸县县丞专管农田水利等，今来职事至少，可权行减罢。内泗州、涟水军更不裁减。先是臣僚言：'淮东诸州县，累经兵火，人户外移，未全复业。见今事务比之往时，实为减省，若仍旧差置官属、人吏，委是猥冗。'故有是命。"

县主簿

主簿（3978 页 8 行）

县主簿之职掌失载。县主簿掌一县之簿书，凡户租之版、出纳之总、符檄之委、狱讼之成，皆佐县令总而治之。

《朱文公文集》卷七七《建宁府建阳县主簿厅记》："县之有主簿，掌县之簿书，凡户租之版、出纳之会、符檄之委、狱讼之成，皆总而治之，勾检其事之稽违与其财之亡失，以赞令治。"

开宝三年，诏诸县千户以上置令、簿、尉；四百户以上置令、尉，令知主簿事；（3978 页 8 行）

此为开宝三年七月十三日诏。"以上"之下原有"依旧"两字，未当省略。缘县置主簿，非自开宝三年始，建隆初即已置。又，"令知主簿事"应为"令兼主簿事"。

《长编》卷一一，太祖开宝三年秋七月壬子："诏曰：'吏员猥多，难以求其治；俸禄鲜薄，未可责以廉。与其冗员而重费，不若省官而益俸。……县千户以上，依旧置令、尉、主簿，凡三员；户不满千，止置令、尉各一员，县令兼主簿事；不满四百，止置主簿、县尉，以主簿兼知县事；不满二百，止置主簿，兼县尉事。'"

自后川蜀及江南诸县，各增置主簿。（3978 页倒 6 行）

此“自后”，系指天禧五年、皇祐五年、嘉祐五年分别于剑州、南川县、婺州等地增置县主簿事。且不止如《宋志》所谓在“川蜀及江南”，陕西、河东、广南皆有增置。

《合璧后集》卷八〇“主簿”：“咸平四年，王钦若言：‘川峡县五千户以上请并置簿，自余仍旧以尉兼。’从之。天禧五年，剑州梓潼等各增主簿；皇祐五年，诏南川县置主簿；嘉祐五年，婺州义乌、永康、武义、浦江四县置主簿；熙宁四年，陕西、河东沿边城寨置主簿。”

《宋会要·职官》四八之六四：“元丰元年闰正月二十二日，广南西路转运司言：‘邕州太常寨，乞依陕西沿边例增主簿一员。’从之。……二年二月十二日，诏增戎州僰道县主簿一员。”（参校《元丰九域志》卷七“梓州路”）

县　尉

中兴，沿边诸县间以武臣为尉，并带兼巡捉私茶、盐、矾，（3978页倒2、倒1行）

“中兴”为泛指，实系绍兴四年七月十四日，诏武臣县尉衔内带巡捉私茶、盐。“中兴”宜改为“绍兴四年”。

《宋会要·职官》四八之六九：“绍兴四年七月十四日，诏诸路添置武尉衔内并带兼巡捉私茶、盐，以提举两浙东路茶盐公事蔡向请也。”

绍熙中，诏恩科人年及六十不差。（3979页1行）

此为复诏，绍熙之前，即淳熙七年五月曾诏恩科出官人年及六十依格不注县尉，至绍熙元年四月，复下诏重申。足见施行之难。《宋志》未载初诏，不知其用意。可改“绍熙中”为“淳熙中”。

《宋会要·职官》四八之七九：“（淳熙）七年五月二十九日，诏：‘自今恩科出官人年六十依格不注县尉，虽破格亦不许注。见任人不职、弛慢者，令监司、郡守踏逐对换。’从江西提举陆游请也。”

镇官　寨官

镇寨官(3979页3行)

“镇寨官”指“镇官”与“寨官”。“镇”字下宜添一顿号。

《宋会要·职官》四八之九〇:“淳熙十六年八月十八日,诏随州随县唐城市仍旧改为唐城镇,置监镇官一员,兼管本镇烟火公事,仍于文武臣内通行差注。从本路诸司请也。”

《宋会要·职官》四八之八九:“(淳熙)十二年十一月十五日,臣僚言:‘绍兴府余姚县眉山、三山、庙山诸寨皆系沿海控扼去处,内安抚司水军统辖眉山寨驻扎一员,三山、庙山寨官各一员,并明州沿海制置司海道干当使臣三员,并专以捕盗为职。’”

诸镇……设监官,管火禁或兼酒税之事。(3979页3行)

监镇官,宋初称镇将,掌郭下巡警盗窃、酒税及烟火等事。《宋志》述监镇不及掌巡警盗窃,未允。

《宋会要·职官》四八之九二:“掌巡警盗窃。唐有品秩,五代以来,皆节帅自补亲随,与县令抗礼,公事专达于州。自建隆二年,置县尉主乡盗贼,镇将所主止郭内而已,仍统于县。……《哲宗正史·职官志》:诸镇监官,掌警逻盗窃及烟火之禁,兼征税榷酤,则掌其出纳会计。”

总管　钤辖司

总管　钤辖司(3979页倒5行)

宋代路、州总治屯戍军旅政令之长官,有都总管、都钤辖、都监三者,为马步军都总管(有副都总管、总管),兵马钤辖(有路钤辖、州钤辖之分,置副钤辖),兵马都监(有路分都监、州都监,置副)之省称。

北宋大藩州府及知府、知州带总管、钤辖、都监：太原府、延安府、庆州、渭州、熙州、秦州，兼经略安抚使、马步军都总管；定州、真定府、瀛州、大名府、京兆府，则兼安抚使、马步军都总管；泸州、潭州、广州、桂州、雄州，则兼安抚使、兵马钤辖。

入南宋，多以安抚使兼都总管，武臣为副；要郡守臣带兵马钤辖，武臣一员为副；次要郡文臣一员带兵马都监，武臣一员充副都监。凡官高资深者带“都”字，官卑资浅者不带。若遇朝廷起兵，则副总管为帅，副钤辖、都监各以兵从。此三者（都总管、兵马钤辖、兵马都监）有等差不同，但属同一体系之官。《宋志》宜合于同一条目下叙述，即以“都总管、都钤辖、都临”为题；或三者分立三条亦可。似今，“总管”与“钤辖司”合与一处，而于两者之区别又无一字道及，却另将“路分都监”自立一条，其内容又包括都总管、钤辖、都监，实有不伦不类、茫无头绪之嫌。又，南宋州府长吏带都总管之衔，但存虚名。

《考正》卷七之二四“总管钤辖”：“案：《合璧后集》卷七五‘将帅门都总管’条引《哲宗史志》与此同，唯‘营房’作‘营防’，‘隶属官’作‘隶属者’，当从。又案：‘总管’者马步军总管，‘钤辖’者兵马钤辖也，二者本非一职，故《朝野杂记》《合璧事类》及《通考》各书均分别列为专条。《史志》并而为一，而于二者之区别无一字道及，非是。总管原名都部署，后以避英宗讳改，其事权本极重，迨南宋绍兴中于各路、各州均次第增设总管，各路由帅臣兼，各州由守臣兼，逐渐成虚名，其副则以处贵游、外戚及离军之人，而无可厘之务。此在《杂记》《合璧事类》等书中言之极详，《史志》中竟不见其事。又兵马钤辖、都钤辖之设置始末及其职权之变迁亦具载于《杂记》等书之中，《史志》于本条内不稍参取，乃反阑入下条‘路分都监’文内，使人读此条竟而茫然莫晓其究竟，亦极无当。”

《元丰官志》之“都副总管、钤辖、都监官额”：“都总管即帅府、副总管即路分都监：宋初，马步军都总管，以节度使充，副总管以观察使以下

(上)充。有止一州都总管,有一路都总管,有带两路、三路都总管,或文臣知州,则管勾军马事。旧相重臣亦为都总管,有禁兵驻泊其地者,则冠以驻泊之名,掌总治军旅屯戍、营房(防)、守御之政令。庆历三年,诏分陕西缘边为四路,各置经略安抚、招讨等使,自今路分总管、钤辖以上许与都总管司同议军事,路分都监以下并听都总管等节制,违者以军法论。"

《宋会要·职官》四七之一二、一三引《哲宗正史·职官志》:"诸州府置知州事一人,州、军、监亦如之……太原府、延安府、庆州、渭州、熙州、秦州,则兼经略安抚使、马步军都总管;定州、真定府、瀛州、大名府、京兆府,则兼安抚使、马步军都总管;泸州、潭州、广州、桂州、雄州,则兼安抚使、兵马钤辖。"

《宋会要·职官》四八之一〇七:"朝官及诸司使以上充,或一州,或一路、两路、三路,亦有无都字者。《两朝国史志》:有都钤辖,以朝官及诸司使以上充,有一州、一路或两路者,官高资深充都钤,官卑资浅称钤辖。"

《宋会要·职官》四八之一一七:"乾道九年四月四日,宰执进呈贾和仲乞添差副都总管。梁克家等奏曰:'考之格法,观察使以上方除副都总管,庶官止合除总管。而和仲前三任乃已除副总管。'上曰:'既于格法有碍,且当守法,可除江南西路正任总管。'"

《宋会要·职官》四一之九七:"建炎元年六月二十八日,诏京东东西路、京西南北路、河北东路、永兴军路、淮南、江南路、两浙东西路、荆湖南北路皆置帅府,为安抚使带马步军都总管,要郡带兵马钤辖,次要郡带兵马都监,皆以武臣为之副。改路分为副总管钤辖司,许以便宜行军马事,辟置僚属,依帅臣法,屯兵皆有等差。遇朝廷起兵,则副总管为帅,副钤辖、都监各以兵从,听其节制。正官愿行者,听。"(参校《系年要录》卷六"建炎元年六月己卯"条)

《朝野杂记》甲集卷一一"马步军都总管":"马步军都总管,祖宗时大帅职也，旧名都部署，避英宗讳改之，三路帅臣得兼，事权甚重，以武臣为之副。今江、浙、淮、广、荆湖、利路帅臣，皆带都总管，但存虚名，而其副特以处贵游、外戚及离军之人，无可厘之务，盖以厚禄优之，非复祖宗之制矣。"

凡将兵隶属官训练、教阅、赏罚之事，皆掌之。(3979页倒5行)

"隶属官"之"官"字，系"者"字之误。"训练"前宜添一逗号。

《宋志》七"校勘记"之三〇："凡将兵隶属官：《合璧后集》卷七五引《哲宗正史·职官志》，'官'字作'者'，疑是。"

《合璧后集》卷七五"都总管·事类"："总治军旅：《哲宗正史·职官志》：总管、钤辖司掌总治军旅屯戍、营防、守御之政令。凡将兵隶属者，训练、教阅、赏罚之事皆掌之。"

凡诸营名籍、赏罚之事，皆掌之。(3979页倒3行)

此句与马步军总管、钤辖司职掌无干，属阑入。

其诸路将官，……籍用命而旌赏之。(3980页2—5行)

自"其诸路将官"以下至"旌赏之"一段，皆系诸路将官之内容，当自立一专条。《宋志》将其置于"总管、钤辖司"之中，非是。

《考正》卷七之二四"总管、钤辖"："案：此在《合璧事类》及《通考》中均为'诸路将官'条之一段，盖自《续会要》转录《哲宗史志》以说明诸路将官之职掌者。此外，则两书犹均详载诸路将官设置本末。今《史志》取以隶'总管、钤辖司'条，使与'靖康元年诏四道副总管并通差文武臣'句相连为文，不知何所取义。当提出另列为'诸路将官'专条。其《合璧事类》及《通考》所载建置沿革亦当参取修入。又'武艺强者'，当从《合璧事类》及《通考》作'武艺精强者'，'籍用命'作'籍用命者'。"

《合璧后集》卷七五"诸路将官"："国朝神宗留意武备，本以捍西北二虏，而推其法于东南，故西北为多、东南为少。陕西诸路四十二将，河北诸路三十七将，而东南才十三将，……合诸路九十二将，各有正副。军中行图、阵队、调发、赏罚皆关决于将副。元祐元年，司马光请尽罢诸路将官，其禁军各委本州、县长吏与总管、钤辖、都监、监押等辖，一如未置将官以前之法。而枢密院难之，止诏诸路将副在州驻扎，不系路分。……宣和五年御笔：诸路将副、部队自今并依元丰法选差。”（《通考·职官》一三“诸路将官”同）

路分都监

路分都监（3980页6行）

“都监”系“兵马都监”之省称，路、州、府、军、监、县、镇、城、寨、关、堡皆有之，资浅者（三班使臣）为之则称兵马监押。《宋志》以“路分都监”（都监之一种）为标题，非尽妥，宜以“兵马都监、兵马监押”为题。

《考正》卷七之二五“路分都监”：“案：都监之总名为兵马都监，其统辖一路者，为路分都监，统辖一州一府者，为州府都监。《会要·监押门》引《两朝国史志》云：‘都监有路分、有州府军监、有县镇、有城寨关堡，并以阁门祗候以上充。然亦参用三班使臣。凡监押则专用使臣焉。’（职官四九之一）《合璧事类》及《通考》亦均云‘国朝兵马都监有路分……有州都监……’云云，《史志》以‘路分都监’标目，非是。”

《宋会要·职官》四九之一：“太祖乾德三年五月诏，差起居舍人刘兼通判泗州兼兵马都监。七月，以尚食奉御刘仪充西路兵马都监。”同书四九之三：“庆历七年十二月，诏陈留、雍丘、襄邑、尉氏、咸平、阳武等六县兵马都监，自今开封府及府界提点司更举阁门祗候以上、曾经外任者为之。”同书四九之二：“天禧五年四月，诏三班院自今差陕西沿边州、军兵马监押，须慎择曾经边防任使、少壮有武勇、殿直以上使臣充。”

《通考·职官》一三“兵马都监州都监附”：“宋朝兵马都监，有路分，掌本路禁旅、屯戍、边防、训练之政令，以肃清所部。建炎三年，以要郡守臣带本路兵马都监，武臣一员充副都监。绍兴三年罢守臣兼兵职，而副都监如故。州都监则以大、小使臣充，掌本城屯驻、兵甲、训练、差使之事，兼在城巡检。资浅者为监押，或杂用文臣，其后止用武臣。”

州府以下都监，皆掌其本城屯驻、兵甲、训练、差使之事，（3980页6、7行）

《宋志》此所载兵马都监职掌非全部，尚有管勾烟火公事、捉捕盗贼事。

《宋会要·职官》四九之二：“乾兴元年十一月，仁宗已即位，未改元。诏开封府诸县兵马都监，自今应系县郭烟火、贼盗、军人与百姓斗争公事，并仰与县司同共施行。”同书四九之七：“乾道元年三月二十五日，三省、枢密院奏：‘近降指挥，……逐州都监令吏部依格注授，内厘务都监，除烟火公事、捉捕盗贼外，不得预杂务。’从之。”

绍圣三年，诏诸路将副序位在路分都监之下。（3980页7、8行）

此系诸路将官事，宜置于上条“其诸路将官”内。

《考正》卷七之二五“路分都监”：“绍圣三年，诏诸路将副序位在路分都监之下。案：此事当载入‘诸路将官’条内。”

宣和二年，虔州添置都监一员。（3980页倒6行）

谓在虔州添置都监一员，误；宣和二年四月六日，系于江南西路、广南东路添置路分都监各一员。

《宋会要·职官》四九之五：“宣和二年四月六日，诏虔州地接广东，江山险阻，私铸盗贩，习以成俗，啸聚出没，民被其害，可于江南西路、广南东路添置路分都监各一员。”

《考正》卷七之二五“路分都监”：“是则《史志》谓在虔州添置一员者，误也。”

建炎初，……则仍带入衔。（3980页倒5行—3981页6行）

自“建炎初”至“则仍带入衔”一大段，所叙乃马步军都总管、兵马钤辖、兵马都监三者南宋间史事，《宋志》独置于“路分都监”条下，非妥。

《宋会要·职官》四一之九七：“建炎元年六月二十八日，宰臣李纲言：‘沿河、沿淮、沿江诸路置帅府、要郡、次要郡，使带总管、钤辖、都监，以寓方镇之法，许其便宜行事，辟置僚属、将佐以治兵，不数年间，必有可观。’”

分置帅府，以诸路帅臣兼。（3980页倒5行）

“兼”何职事？《宋志》缺载，宜补“马步军都总管”于“兼”字之后。“帅臣”指安抚使。又，何处“分置帅府”？《宋志》亦略而不提。

《宋会要·职官》四一之九七：“建炎元年六月二十八日，诏：京东东西路、京西南北路、河北东路、永兴军路、淮南、江南路，两浙东西路、荆湖南北路皆置帅府，为安抚使带马步军都总管，要郡带兵马钤辖，次要郡带兵马都监，皆以武臣为之副，改路分为副总管、钤辖司，许以便宜行军马事，辟置僚属，依帅臣法，屯兵皆有等差。遇朝廷起兵，则副总管为帅，副钤辖、都监各以兵从，听其节制。”

遇朝廷起兵，则副总管为帅，副钤辖、都监各以兵从，听其节制。（3980页倒3行）

遇朝廷发兵，安抚使兼马步军都总管，须措置办集军马事，以授副总管。凡正官（指安抚使带马步军都总管，或带兵马都钤辖）愿行者听。

《宋会要·职官》四一之九六、九七：“高宗建炎元年六月二十一日，宰臣李纲言：‘安抚使总一路兵政，许便宜行事，钤辖、都监参与。每朝廷调发军马，则安抚使（按：带马步军都总管衔）措置办集以授副总管，率副钤辖、都监总兵以行。如安抚使自行，即漕臣两员，一员留本路摄事，一员随军以治钱粮。’……二十八日，诏遇朝廷起兵，则副总管为帅，副钤辖、都监各以兵从，听其节制，止（正）官愿行者听。”

其后,益、泸、夔、广、桂五州牧又皆以都钤辖为称。(3980 页倒 3、倒 2 行)

“牧”为汉朝守臣官称,此采《朝野杂记》用法以指知州。仍宜用“知州”名称为妥。

《朝野杂记》甲集卷一一“兵马都钤辖”:“兵马都钤辖,祖宗时不常置。成都大府也,帅臣第带兵马钤辖,而两武臣之为钤辖者与钧礼。熙宁茂夷之变,蔡仲远自渭入蜀,始以都钤辖为名。蔡下令两钤辖循阶,神宗不乐,遂罢归。于是,冯当世以前执政来为安抚使,而都钤辖之名不带矣。建炎末,宣抚司始命卢立之复带‘都’字。自后,益、泸、夔、广、桂五州牧皆以都钤辖为称。”

绍兴三年,诏要郡、次要郡守臣罢带兵职,其逐路副总管依旧格,改充路分都监,(3980 页倒 1 行)

“逐路副总管”为“逐路副钤辖”之误。

《宋会要·职官》四八之一一六:“绍兴三年三月十七日,诏要郡、决(次)要郡守臣已罢兼带职,其逐路官兵亦合措置,钤辖改充路分都监。内增置副钤辖去处,皆系控扼州、军,方今多事之际,未可便罢,副钤辖依见置员数,改作路分都监,权且存留。”

《宋会要·职官》四一之一〇〇:“(建炎四年)七月二日,臣僚言:……昨来朝廷措置,帅府有副总管,要郡有副钤辖,次要郡有副都监,而又将兵旧各有将副,此皆统兵之官。”(按:既是要郡、次要郡守臣罢带兵职,即未包括帅府,而逐路副都总管即帅府武臣带衔。《宋志》所书“副总管”为“副钤辖”之误无疑)

又有逐路兵马都监、兵马监押,掌烟火公事、捉捕盗贼。(3981 页 1、2 行)

“逐路”后疑落“州、县”两字。缘州、县兵马都监、监押管郭内烟火、贼盗公事,与路分都监掌一路禁旅、屯戍、边防、训练之政令有不同处。

《宋会要·职官》四九之二："乾兴元年十一月，仁宗已即位，未改元。诏开封府诸县兵马都监，自今应系县郭烟火、贼盗、军人与百姓斗争公事，仰与县司同共施行。"同书四九之七："乾道元年三月二十五日，三省、枢密院奏：'近降指挥，诸路州军禁军阙额，已行招填，专任武将，各统一路之兵、循环教阅。内一项逐州都监令吏部依格注授，内厘务都监，除烟火公事、捉捕盗贼外，不得预杂务。'从之。"

《宋会要·职官》四九之四引《哲宗正史·职官志》："路分都(监)掌本路禁旅屯戍、边防、训练之政令。州府以下都监皆掌其本城屯驻、兵甲、训练、差役之事。资浅者为监押。"

《考正》卷七之二五"路分都监"："又有逐路兵马都监、兵马监押，掌烟火公事，捉捕盗贼。案：所谓'逐路兵马都监'者，实即'路分都监'，《史志》曰'又有'，非是。……当改正其文如下：乾道元年，又诏逐州厘务都监、监押除烟火公事、捉捕盗贼外，不得预别事。"

淳熙十六年，诏诸路训练钤辖，并须年六十以下曾经从军有才武人充。(3981页2行)

"训练钤辖"，即指路分兵马钤辖专掌训练将兵者，此名源自淳熙六年六月八日省罢诸路兵马钤辖，止留一员训练钤辖之诏。

《宋会要·职官》四八之一一八："淳熙六年六月八日，诏诸路兵马钤辖，除训路(练)将兵，逐路各留一员，余省罢。见任并差下人，令终任。内浙东路兵马钤辖，特令依旧。"同书四八之一一九："淳熙十六年十月二十三日，诏今后差诸路训练路钤，并要年六十以下曾经从军或有材武人充，其已差下人且令依旧。"(按：淳熙六年六月八日诏，《宋志》失载，致难以获知何以又有"训练路钤"之名，宜补之)

绍熙元年指挥，杂流出身之人，不得过路分州钤；(3981页2、3行)

"路分"下宜添一顿号，以与"州钤"分开。缘"路分"(此为"路分都监")与"州钤"(州钤辖)系两官名。"州钤"后落"差遣"二字。

《宋会要·职官》四八之一一九："绍熙元年九月二十五日，臣僚言：'近年以来，戎职浸杂，其最甚者，国信所人吏是也。昨来国信所通事，如聂攸、薛师道之徒，久年祗应，官止州钤辖、路分都监而已，未闻任路钤者。今既任路钤矣，所余者，止副总管尔。有王舜臣者，顷以夤缘侥冒而得之，臣僚失于论列。今者，孟守忠复除江东副总管，然则止缘王舜臣一人破例，遂皆源源而起。乞罢孟守忠新任，止与前任一般差遣。仍降指挥，今后杂流出身之人，不得过路分、州钤差遣。'从之。"

诸州军兵马都监，独员处专注才武及曾任主兵官之人。(3981页3、4行)

此系绍熙元年四月二十九日诏，而杂流出身人不得过路分都监、州钤辖系绍熙元年九月二十五日诏，《宋志》未按时间顺序编排，失于细考。

《宋会要·职官》四九之八："绍熙元年四月二十九日，臣僚言：'外郡禁军唯借兵马都监日逐监视教阅，间有宗室、戚里奏荐子弟未谙从(戎)事，一旦责以训练，懵然不晓。乞令吏部将逐州兵马都监、监押合差员数之内，专以一阙注授曾从军有材武及军班换授晓习行阵之人，庶可倚仗。'吏部看详，今后乞将诸军兵马都监系独员去处，专注应材武、次曾任主兵官之人，内有合差都监二员以上及都监、监押共差两员以上去处，并乞通融注授一员应材武、曾任主兵官之人。从之。"

庆元中，诏总管下至将副等，年七十以上许自陈，(3981页4行)

"庆元中"系"开禧中"之误。

《宋会要·职官》四八之一二一："开禧二年五月十二日，臣僚言：'乞行下诸路安抚司遍牒诸路所管州军，见任总管、路钤、钤辖、路分、将副，有昏耄癃疾及七十以上人，许自行陈乞解罢，特与宫观差遣。'"

惟江西赣州以多盗，仍带江西兵马钤辖。(3981页5行)

已如前述，绍兴三年罢守臣带兵职，江西复置兵马钤辖乃绍兴十五年事。

《宋史·地理志》四："江南东、西路　西路：赣州，上，本虔州……大观元年，升为望郡；建炎间，置管内安抚使，绍兴十五年罢，复置江西兵马钤辖兼提举南安军、南雄州兵甲司公事。"

每岁诸州按阅，特存故事，（3981 页 5、6 行）

"诸州"系"往诸州"之误。此段文字与《朝野杂记》庶几雷同，然《杂记》谓"每岁犹往诸州按阅"，修志者采用时于"诸州"前漏落"往"字，则不通，当补入。

《朝野杂记》甲集卷一一"兵马都钤辖"："至于武臣为路钤者，亦无尺籍伍符，然每岁犹往诸州按阅，特存故事而已。"

《宋会要·职官》四八之一一八："淳熙九年九月一日，诏诸路帅司行下训练，路钤每岁一诣州、军按教，分作春、秋两番前去。"

诸军都统制　副都统制　统制　统领

旧制，出师征讨，诸将不相统一，则拔一人为都统制以总之，未为官称也。（3981 页 7、8 行）

此"旧制"，为北宋宣和间事，《宋志》沿抄旧史而未改，非妥。

《朝野杂记》甲集卷一一"诸军都统制"："诸军都统制，古无其官。宣和间，西南用兵，大将或三四人，不相统一，故即其中拔一人为都统制以总之。兵罢则如故。"

绍兴十一年，三大将兵罢，诸军皆冠以"御前"二字，擢其偏裨为御前统领官，（3981 页倒 6、倒 5 行）

"御前统领官"系为"御前统制官"之误。

《朝野杂记》甲集卷一一"诸军都统制"："（绍兴）十一年，三大将兵罢，乃擢其偏裨为御前诸军都统制。"

《系年要录》卷一四〇，绍兴十有一年夏四月乙未："是日，诏宣抚司并罢，遇出师临时取旨。逐司统制官以下，各带'御前'字入衔。令有司铸印给付，且依旧驻扎。将来调发，并三省、枢密院取旨施行，仍令统制官等，各以职次高下，轮替入见。”

次有副都统制。(3981 页倒 2 行)

副都统制始置于绍兴七年，隆兴二年罢副都统制官，只设统制官。《宋志》于此失书，未当。缘下文“乾道三年”即载及复置副都统制事。

《朝野杂记》甲集卷一一“副都统制”：“副都统制，绍兴七年始置，后省。”

《宋会要·职官》三二之三八：“隆兴二年三月二十七日，诏应诸军并枢密院、都督府创置副都统制可并罢，只作统制官。”

乾道三年，帝谕辅臣：“欲今后江上诸军各置副都统一员，兼领军事，岂惟储帅，亦使主将顾忌，不敢专擅。”因言：“都、副统制礼有隆杀，(3981 页倒 2 行—3982 页 1 行)

“副都统”下脱一“制”字。“因言”之前落“辅臣”二字，并须补入。又，“都、副统制”，应作“副都统制”。

《考正》卷七“诸军都统制、副都统制、统制、统领”：“《史志》‘都副统制统领’全条，大都为拼合《朝野杂记》甲集十一‘诸军都统制’‘副都统制’‘统制统领官’三条文字而成。上段云云，即出于‘副都统制’条，然《杂记》原文作：‘乾道三年五月……上谕辅臣曰：朕欲今后江上诸军各置副都统制一员，令兼领军事，储他日统帅，亦使主将顾忌，不敢专擅妄作。……大臣言：副都统制礼数宜有隆杀，且为条约。将上，上曰：如此庶几他日不致争权越礼，误国家事。遂行之。然兴州自吴挺亡后未尝除人，盖重之也。其他军数少者，都副统帅亦不并除云。’《史志》于‘各置副都统’下当补‘制’字，‘因言’上当补‘辅臣’二字。又既改‘上谕’为‘帝谕’，则下文之‘上曰’亦当改为‘帝曰’。”

《宋会要·职官》三二之四〇：“(乾道三年)闰七月一日，上宣谕宰执曰：‘朕欲今后江上诸军各置副都统一员，令兼领军事，岂惟储他日统帅，亦使主将有顾忌，不敢专擅作过。’叶颙等奏曰：‘甚善。’”

其下有正将、准备将、训练官、部将、队将等名，(3982 页 2、3 行)

“正将”后落一“副将”官名。

《朝野杂记》甲集卷一一“统制统领官”：“统制、统领官，三衙及御前军将佐也。……渡江后，大军又有统制、同统制、副统制、统领、同统领、副统领等，其下乃有正将、副将、准备将之名，皆偏裨也。旧制，准备将而上，自主帅升差，仍先申枢密院审察。”

《嘉定镇江志》卷一〇：“镇江府驻扎御前诸军，以前、右、中、左、后、水、游奕七军称呼，水军以三将，余军以五将，共三十三将。统制官以七员，统领以一十三员，水军止差统领一员，正、副、准备将各以三十三员为额。”

《景定建康志》卷三九：“(建康府驻扎御前诸军分)游奕、前、右、中、左、后六军，每军各置统制官一员，统领官二员，正将五员，副将五员，准备将五员。”

巡检司

江、河、淮、海置捉贼巡检，及巡马递铺、巡河、巡捉私茶盐等，(3982 页 8、9 行)

“捉贼巡检”后落“驻泊捉贼”一官。

《宋会要·职官》四八之一二九、一三〇：“都巡检使、巡检使、巡检：国朝以閤门祗候以上至诸司使、将军或内侍充，自两州至十州。及缘边寨或路当险要者，亦因其地为名，亦有同都巡检使，若供奉官以下为之者，即不云使。……开封府诸县有巡检一员，二县至三县有驻泊巡检各一员，府界东西路都巡检各一员，京城四面各一员，缘海有刀鱼船、战棹巡检，缘江、河、淮、海亦有捉贼巡检，又有驻泊捉贼及巡马递铺、巡河、巡捉私茶盐之名。”

各视其名以修举职业，皆掌巡逻几察之事。(3982 页倒 6 行)

"其名"之后落一"分"字。

《合璧后集》卷七五"巡警":"巡河、巡捉私茶盐等,各视其名分,以修举职业。"

监当官

掌茶、盐、酒税场务征输及冶铸之事。(3983 页 1 行)

监当官为总名,它包括监茶、监盐、监酒、监税、监场、监库、监务等等监官,即茶、盐、酒、税、场、务、征输、冶铸等等皆置监官,总称监当官。宜于"酒""税""场""务"各字下皆添一顿号。

《合璧后集》卷八一"监当门":"总监当:(监)州粮料院、钱监、监仓、监盐、监酒、监镇、作院、交引、库务监门、监茶、监场、监务。"同卷:"州粮料院:赵清献公抃,字阅道,监潭州粮料院。……"

诸州军随事置官,其征榷场务岁有定额,(3983 页 1、2 行)

"诸州军随事置官"下之逗号宜易为句号,缘"置官"一事与下文"岁有定额"非同一事。

《合璧后集》卷八一"总监当":"《哲宗正史·职官志》:监当官,掌场、务、库藏出纳之事。其征榷场务岁有定额,以登耗为殿最赏罚。凡课利所入,逐日具数申于州。"

建炎初,诏监当官阙,许转运司具名奏辟一次,(3983 页 2、3 行)

"监当官"前原有"诸路州县"限定词。

《合璧后集》卷八一"总监当":"高宗建炎元年,诏诸路州县监当官有阙,令漕臣辟奏一次。"

烦剧去处,许添差一员。(3983 页 3 行)

此为建炎四年事,"烦剧"之前当冠以"四年,诏"三字。

《合璧事类》卷八一"总监当":"(建炎)四年,诏繁剧去处,止得添差一员。"

宋史职官志补正八

（《宋史》卷一六八）

合班之制

建隆以后合班之制

建隆以后合班之制（3987 页 4 行）

此所载“合班之制”，内含仁宗庆历七年八月始置之天章阁学士、直学士，仁宗明道元年始置之延福宫使；而所列观文殿学士更迟至仁宗庆历八年九月方置。以是见之，此“合班之制”当属庆历八年以后定制，离建隆已八十余年，《宋志》似可不必冠上“建隆”年号，因本卷下文（见 3998 页）又有“建隆三年朝仪班序”，可移置此处；而易“建隆以后合班之制”为“庆历以后合班之制”。

《考正》卷八之一“建隆以来合班之制”：“此下所载杂压之序，与《会要·朝仪班序门》所载仁宗景祐五年八月阁门详定合班杂压仪大体相同（‘仪制’三之一七），唯玉清昭应宫、景灵宫、会灵观副使及天章阁学士诸名为《会要》所不载，其‘观文殿学士’，《会要》作‘文明殿学士’。查玉清昭应宫、景灵宫等皆真宗大中祥符中所建，天章阁之置学士在仁宗庆历七年，文明殿学士之改称观文殿学士，在庆历八年。据知,《史志》所谓‘建隆以来合班之制’者,实为仁宗庆历以后之制。”

《玉海》卷一六〇“明道紫宸殿”:“庆历七年八月戊午,改文明殿学士为紫宸殿学士。……八年九月乙巳,改紫宸殿学士为观文殿学士。”

旧仪,太师、太傅、太保为三师。太尉、司徒、司空为三公。太尉在太保下。国朝以来,自太傅除太尉,今依此次序。其三师、三公之称如旧仪制。(3987页倒5、倒4行)

此“旧仪”或“旧仪制”,实为唐、五代之制,《宋志》理宜书明。又,“自太傅除太尉”,亦始自五代,止谓“国朝以来”,亦未当。

《考正》卷八之一“建隆以来合班之制”:“案:此为‘司徒、司空’下之夹注。《会要》‘次序’作‘相压’。又案:此谓‘旧仪’乃指唐及五代而言,应即改作‘唐’或‘五代’,既为专述两宋官制之书,不得阑入他代而称之为‘旧’也。”

《玉海》卷一二〇“政和三公三少”:“五代之制,司徒迁太保,太保迁太傅,太傅迁太尉,太尉迁太师;检校者亦如之。国朝因之。政和二年九月癸未,诏以太师、太傅、太保为三公。……甲申,改太尉为武阶一品。”(参《春明退朝录》下)

参政以下班位临时取奏裁。(3987页倒3行)

据《宋会要·仪制》所载仁宗景祐五年八月阁门详定杂压仪制,此注文作:“大中祥符九年九月七日诏:自今参知政事、枢密副使、宣徽使立位,并以先后为次序。同知枢密院事亦同。”(见《宋会要·仪制》三之一七)

观文殿大学士旧无此位。(3987页倒1行、3988页1行)

观文殿大学士始设于仁宗庆历八年五月,此处所叙合班之仪应迟于庆历之后,故景祐五年合班仪制中无观文殿大学士之位,建隆三年合班仪制更不待说。缘《宋志》只冠以“建隆以后合班之制”,此处用“旧”字，或疑为五代之制，不当，应注明具体系年。

《宋会要·职官》七之六、七：“观文殿大学士、学士，殿即旧日延恩殿也。庆历七年，以文明殿学士称呼同真宗谥号，乃改名为紫宸殿，以冠学士之职。又以紫宸殿非人臣所可称呼，乃以延恩殿更名观文殿，置学士。……八年五月诏：‘……载念紫宸之制，实当上国之崇，虽补旧员，未安禁职。……宜以旧延恩殿为观文殿，兼改紫宸殿学士为观文殿学士。班次依旧制。’”

节度使泰宁、武宁、彰信、镇海、天平、安化、武成、忠武、镇海、河阳、山南东道、武胜、崇信、昭化、保康、天雄、成德、镇宁、彰德、永清、安国、威德、静难、彰化、雄武、保大、淮南、忠正、保信、保静、集庆、建康、宁国、镇南、昭信、荆南、宁海、武昌、安远、武安、镇东、平江、镇江、宣德、保宁、康国、威武、建宁、益州、安静、武信、山南西道、昭武、安德、武定、宁海、宁江、武康、清海、静江、宁远、建武、高州定南、密州静海、凉州西河、沙州归义、洮州保顺、应州彰国、威城、昌化、丰州天德、朔州振武、云州大同。**（3988页2—7行）**

《宋志》于“节度使”下所注诸节镇名，虽大体按路分排列，然其中错简、漏列及误书不少。校点本已做过一些校勘，尚未及尽予纠正，缘点校者未能先考定此处所列节镇系何时名目；而宋代州郡常有升降，北宋与南宋节镇数与名称有差异，即便北宋，各朝亦有变革，倘不确定所注节镇大体为何年之制，就无法判定有无缺漏与误书。

今据注文中列有“永清”可知，此处节镇至迟为庆历八年前之制，因宋廷镇压贝州起义后，于是年（庆历八年）改贝州为恩州，并罢永清军节度，降节镇为军事州。又，“天雄”已于庆历二年升为北京，《宋志》仍称“天雄”，可知此处节镇名又可提前六年，即至迟为庆历二年前之制。

又，3988页5行列有“武康”，武康军节度属利州路，北宋仁宗景祐四年改武定军节度为武康军节度，似能以仁宗景祐四年为界，考订注文之正误。

《元丰九域志》卷二“河北路”：“恩州，清河郡，军事。唐贝州。晋永清军节度。周降防御。皇朝建隆元年,复为永清军节度。庆历八年改恩州,降军事。”同书卷一“四京”:“北京,大名府,魏郡。唐魏州,魏博节度,后为天雄军。皇朝庆历二年,升北京。”同书卷八“利州路”:“洋州,洋川郡,武康军节度。伪蜀武定军节度。皇朝景祐四年改武康军。”

武成、忠武、镇海、河阳、山南东道、武胜、崇信、昭化、保康、(3988 页 2、3 行)

此属京西路节镇,《宋志》漏载仁宗景祐元年所置之“奉宁”及景祐二年所置之“淮康”;又,“镇海”为“镇安”之误,京东路有“镇海”(见 3988 页 2 行),而京西路并无“镇海”节镇名。

《宋朝事实》卷一八“升降州县”一:“郑州景祐元年,升奉宁军节度。崇宁四年,建为四辅。”

《元丰九域志》卷一“京西”:“蔡州,汝南郡,淮康军节度。景祐二年,升淮康军节度。”

《宋史・地理志》卷一“京西北路”:“淮宁府,辅,淮阳郡,镇安军节度。本陈州。政和二年,改辅为上。宣和元年,升为府。”

《元丰九域志》卷一“京西北路”:“陈州,淮阳郡,镇安军节度。”

天雄、成德、镇宁、彰德、永清、安国、(3988 页 3 行)

此属河北路节镇,《宋志》落“定武”(太平兴国元年置)。

《宋朝事实》卷一八“河北西路”:“中山府太平兴国元年改定武军节度。唐为定州,义武军节度。政和三年,改中山府为中山郡。”

《元丰九域志》卷二“河北两路”:“定州,博陵郡,定武军节度。唐义武军节度。皇朝太平兴国元年改定武军。”

威德、静难、彰化、雄武、保大、(3988 页 3 行)

此隶陕西路,然考诸史籍,仁宗景祐二年前之陕西路节镇,远不止五个,尚有定国、镇国、永兴、护国、凤翔、彰武、保平诸节度,当补入。又,“威德”系“感德”之误。

《分纪》卷四〇“陕西节镇”:“永兴军京兆尹。凤翔军凤翔尹扶风。护国军河中尹。定国军同州冯翊。镇潼军华州华阴。感德军耀州华原。彰化军泾州。静难军邠州押蕃落等使。保大军鄜州洛交。雄武军秦州押蕃落等使。彰武军延州延安。"(按:"镇潼军"原系"镇国军",皇祐五年十月改名,在景祐朝前称镇国军)

《长编》卷一七五,皇祐五年十月甲子:"避神宝名,改镇国军为镇潼军。"同书卷一七:"开宝九年十月壬戌,有司言:官阶、州县名与御名下字同者,皆改之。彰义军为彰化军,义成军为武成军,保义军为保平军,感义军为感德军,义武军为定武军,昭义军为昭德军,崇义军为崇信军,归义军为归化军,大义军为大顺军,义州为仪州,南义州为南仪州,义阳军为信阳军。"

《宋会要·方域》五之四〇:"耀州,开宝五年为感义军节度,太平兴国元年改感德军。"

《元丰九域志》卷三"陕西路":"京兆府,京兆郡,永兴军节度。治长安、万年二县。河中府,河东郡,护国军节度。唐河中节度,皇朝太平兴国七年改护国军。陕州,陕郡,保平军节度。唐保义军节度,皇朝太平兴国元年改保平军。延州,延安郡,彰武军节度。同州,冯翊郡,定国军节度。唐匡国军节度。周降军事。皇朝太平兴国七年为定国军节度。华州,华阴郡,镇潼军节度。唐镇国军节度,皇朝皇祐五年改镇潼军。耀州,华原郡,感德军节度。唐义胜军节度。周降刺史。皇朝开宝五年为感义军节度,太平兴国元年改感德军。邠州,新平郡,静难军节度。鄜州,洛交郡,保大军节度。凤翔府,扶风郡,凤翔节度。秦州,天水郡,雄武军节度。泾州,安定郡,彰化军节度。唐彰义军节度。皇朝太平兴国元年改彰化军。"

荆南、宁海、武昌、安远、武安、(3988 页 4 行)

此属荆湖南、北路节镇,该路无"宁海"节镇名,系阑入之误,当下移于"镇东"之前。属两浙路。

《宋史·地理志》四"两浙路":"临安府,大都督府,本杭州,余杭郡。淳化五年,改宁海军节度。"

镇东、平江、镇江、宣德、保宁、康国、(3988 页 4、5 行)

此属两浙路节镇,缺“宁海”,当将阑入于上文荆湖路中之“宁海”移于“镇东”前;“宣德”,已于仁宗景祐元年改为“昭庆”;“康国”为“奉国”之误。

《元丰九域志》卷五“两浙路”:“湖州,吴兴郡,昭庆军节度。周宣德军节度。皇朝景祐元年,改昭庆军。明州,奉化郡,奉国军节度。唐浙东观察使。梁置望海军。皇朝建隆二年改奉国军节度。”

《宋志》卷八“校勘记”之二:“康国:按本书《地理志》《分纪》卷四〇,诸路节镇无康国军,而本表排列‘康国’在两浙路诸镇之后,此镇似应是明州奉国军节度,州见本书卷八八《地理志》。该军建立于宋初,本表不应失载,疑‘康’是‘奉’字之误。”

威武、建宁、(3988 页 5 行)

此乃福建路节镇,缺载“平海”。

《元丰九域志》卷九“福建路”:“泉州,清源郡,平海军节度。伪唐清源军节度。皇朝太平兴国三年改平海军。”

益州、安静、武信、山南西道、昭武、安德、武定、宁海、宁江、武康、(3988 页 5 行)

此属西川(益、梓、利、夔)路节镇,其中“益州”为刺史州,非节镇,缘太宗淳化五年李顺、王小波起义,朝廷降成都府为益州,遂罢剑南西川节度,及至仁宗嘉祐四年始复升益州为府,六年复置节度。

又,“武定”为“武泰”之误。

又,“宁海”系阑入,西川路无宁海节镇,当删去。

《宋史·太宗纪》二:“淳化五年五月辛未,降成都府为益州。”

《元丰九域志》卷七“成都府路”:“成都府,蜀郡,剑南西川节度。唐成都府,剑南西川节度。皇朝太平兴国六年降为益州,罢节度。端拱元年复为成都府,剑南西川节度。淳化五年复为益州。嘉祐四年复升为府。六年复为剑南西川节度。”

同书卷八“夔州路”:“黔州,黔中郡,武泰军节度。”

同书卷八“利州路”:“洋州,洋州郡,武康军节度。伪蜀武定军节度。

皇朝景祐四年改武康军。”（按：景祐四年，改武定军节度为武康军节度，故“武定”“武康”不可能同时并存，以此又可旁证上文“武定”系“武泰”之误，或谓“武定”为衍文，漏载“武泰”）

高州定南、密州静海、凉州西河、沙州归义、洮州保顺、应州彰国、威城、昌化、丰州天德、朔州振武、云州大同。（3988 页 6、7 行）

以上属“化外节镇”，或谓“境外节镇”，即系北宋行政管辖区之外所设节镇。其中讹误不少，《宋史・职官志》“校勘记”作了四处订误。此外，“高州定南”系“夏州定难”之误，“凉州西河”为“凉州河西”之讹，并漏载“慎州昭化”“瓜州归化”“幽州卢龙”“涿州威行”等。兹据《元丰九域志》《玉海》《分纪》排比考订后，按路所领化外节镇排列如下：化外州节镇　河北路：幽州范阳、幽州卢龙、慎州昭化。陕西路：灵州朔方、夏州定难、凉州河西、沙州归义、瓜州归化。河东路：丰州天德、朔州振武、云州大同、应州彰国、新州威塞。广南路：交州静安。（按：陕西路鄯州，系熙宁十年升西平军节度，故不计在内）

《分纪》卷四〇“化外承袭节镇”：“静海军安南都护静海军节度管内观察等使。”同卷“化外节镇”：“彰国军应州、天德军丰州、大同军云州、威塞军新州、保顺军兆州、归义军沙州、河西军凉州押蕃落等使、昭化军慎州、振武军朔州、胜州押蕃落、营田等使，河北都护。”

《元丰九域志》卷一〇“化外州”：“河北路：幽州。大都督，范阳郡，范阳、卢龙两城节度。慎州。下，昭化军节度。陕西路：灵州。大都督，灵武郡，朔方军节度。夏州。中都督，朔方郡，定难军节度。凉州。中都督，武威郡，河西节度。沙州。中都督，敦煌郡，归义军节度。河东路：安北大都护府。天德军节度。单于大都护府。振武军节度。云州。下都督，云中郡，大同军节度。应州。望，彰国军节度。新州。上，威塞军节度。广南路：交州。安南大都护府，经略。”（并参《玉海》卷一九“宋朝节镇・境外”及《宋史・职官志》八“校勘记”之四、五、六、七）

观文殿学士旧曰文明殿，若学士官尚书者自从本班。（3988 页 7 行）

观文殿学士旧曰紫宸殿学士，庆历八年改；而紫宸殿学士旧曰文明殿学士，庆历七年改。《宋志》此谓“旧曰文明殿”，未尝不可，但须改“旧”为“庆历七年前”。

《玉海》卷一六〇“明道紫宸殿”：“庆历七年八月戊午，改文明殿学士为紫宸殿学士。用宋庠议也。文明，真宗谥，故改之，以丁度为之。八年九月乙巳，改紫宸殿学士为观文殿学士。”

资政殿学士　翰林侍读、侍讲学士　龙图阁学士（3988 页 9 行）

景祐五年《合班杂座仪》序位，“资政殿学士”下为“端明殿学士”，可补入。

《宋会要·仪制》三之一七：“（景祐）五年八月，阁门详定《合班杂座仪》：……资政殿学士，端明殿学士，翰林侍读、侍讲学士，龙图阁学士……”

御史中丞权中丞立中丞砖位，内殿起居日止立本官班。（3988 页倒 4 行）

权御史中丞立班位，依王化基例，正衙常参日，立中丞砖位；内殿起居日，止立本官班。《宋志》于“立中丞砖位”前未宜省去“正衙常参”之名。

《长编》卷五一，真宗咸平五年三月甲辰：“御史台上言：‘右谏议大夫王化基，先权中丞，正衙常参，立中丞砖位；内殿起居日，立本官班。今宋太初以右谏议大夫权台事，请定班制。’诏如化基例。”（《宋会要·仪制》三之一七同）

防御使齐、济、沂、登、莱、郑、汝、蔡、颍、均、郢、怀、卫、博、磁、洺、棣、深、瀛、雄、霸、莫、代、绛、解、龙、和、蕲、舒、复、眉、象、陆、果。（3989 页 1—3 行）

此处所列防御州名，其体制当与上文所举节度州名同，即均为同时之制，约仁宗景祐四年前制度。然，据列有郑州、蔡州名观之，前者于景祐元年、后者于景祐二年各升为节度州，则又似非景祐之制，或至迟在仁宗景祐元年所定。此与节度州至早为景祐四年之制略有不同，俟考。

《元丰九域志》卷一“京西路”：“郑州，荥阳郡，奉宁军节度。景祐元年升奉宁军节度。”“蔡州，汝南郡，淮康军节度。景祐二年，升淮康军节度。”

齐、济、沂、登、莱、郑、汝、蔡、颍、均、郢、(3989 页 2 行)

此属京东路防御州。《元丰九域志》《分纪》无“齐”“郑”“蔡”防御州名，郑州、蔡州已如上述，皆于仁宗景祐初升为节镇，而齐州则于英宗治平二年升为节度州。

《宋朝事实》卷一八“升降州县”：“齐州治平二年升为兴德军节度。”

怀、卫、博、磁、洺、棣、深、瀛、雄、霸、莫、(3989 页 2 行)

此属河北路防御州。“磁”系阑入，应为团练州，当删去之。

《元丰九域志》卷二“河北路”：“磁州，滏阳郡，团练。”

《分纪》卷四〇“河北防御州”：“怀州河内、卫州、博州博平、洛(洺)州广平、棣州东安、瀛州河间、雄州、霸州文安、深州静安、安平、饶阳、莫州文安。”

解、龙(3989 页 2 行)

此属陕西路防御州。“龙”系“陇”之误。

《元丰九域志》卷三“陕西路”：“解州，防御。陇州，汧阳郡，防御。”

《宋志》卷八“校勘记”之九：“龙：按本书卷八九《地理志》载，龙州为军事州，无升防御州之记载；《分纪》卷四〇、《九域志》卷三有陇州，为防御州，今本表别无陇州，疑此或为‘陇’字之误。”

和、蕲、舒、(3989 页 2 行)

此属淮南路防御州，“舒”系团练州，当删去之。

《元丰九域志》卷五“淮南路”：“蕲州，蕲春郡，防御。和州，历阳郡，防御。舒州，同安郡，团练。”

陆、果。(3989 页 3 行)

此属西川路之团练州。“陆”系“陵”之误。陵州于至道三年升为团练州，及熙宁五年废州名，易为陵井监。陵州、果州列于防御州表内，非是。

《宋史·地理志》五“成都府路”：“仙井监，同下州，本陵州，至道三年升为团练，熙宁五年废为陵井监。宣和四年，改为仙井监。”（按：《元丰九域志》卷七作“淳化三年，升团练州”）

《考正》卷八之一“建隆以来合班之制”：“案：《会要》‘防御使’下无夹注。孙逢吉《职官分纪》卷四〇所载北宋诸路节镇、防、团、刺史州，其河北之磁州不列于防御而列于团练州内，陕西防御州为解州、陇州，京东防御州无齐州，京西防御州无蔡州，淮南之舒州亦不列于防御州而列于团练州内。西川防御州仅眉州，而陵州（不作陆）、果州亦列于团练州内。就中除‘龙’‘陆’二字为《史志》之误合改正外，其余异同未详何故，或后来又有所增改也。”（按：《宋志》所列防御州表，其时间在仁宗景祐元年之前，而孙逢吉之《分纪》成书在元祐七年，故有异同）

《分纪》卷四〇“西川团练州”：“陵州、果州。”

《通考·舆地》：“陆州宋无此州。”

团练使单、濮、潍、唐、祁、冀、隰、忻、成、凤、海、鼎。**（3989 页 3 行）**

《宋志》此处所列团练州未全，缺漏河北路磁州，西川路陵州、果州，已如上述。尚缺河东路慈州，淮南路楚州、舒州（阑入防御州表内）及濠州，皆当补入。

《宋史·地理志》二“河东路”：“慈州，下，团练。旧领吉乡、文城、乡宁三县。熙宁五年废州，以吉乡隶隰州，即县治置吉乡军使，仍省文城为镇，隶焉。又以乡宁隶晋州襄陵县。元祐元年，复吉乡军为慈州。”

《元丰九域志》卷五“淮南路”：“楚州，山阳郡，团练。后唐顺化军节度，周降防御。皇朝太平兴国四年降团练。濠州，钟离郡，团练。”

《分纪》卷四〇“诸路节镇、防、团、刺史州”：“河东团练州，慈州、隰州、忻州；陕西团练州，成州、凤州；京东团练州，单州、濮州、潍州；京西团练州，唐州；淮南团练州，海州、舒州；西川团练州，陵州、果州。”

《考正》卷八之一：“案：《职官分纪》所载河北团练州内无冀州，河东团练州内多慈州，其荆湖之鼎州则不列于团练州内而作‘武平军鼎州’列于节镇之下。余详前条。其与《史志》之多所异同，盖亦后来有所增改也。”（按：是未能以《分纪》为标准，确定《宋志》所列团练州之全与未全，如《分纪》中无冀州，而《宋志》则有，缘冀州于仁宗庆历八年自团练升为安武军节度，此前后时间不同之故，然《分纪》可资考订，如西川之团练州陵州、果州，《宋志》阑入防御州表内，《分纪》则无误）

诸州刺史淄、赵、德、滨、保、并、汾、泽、辽、宪、岚、石、虢、坊、丹、阶、干、商、宁、原、庆，渭、仪、环、楚、泰、泗、濠、光、滁、通、黄、真、舒、江、池、饶、信、太平、吉、袁、抚、筠、岳、澧、峡、归、辰、衡、永、全、郴、邵、常、秀、温、台、衢、睦、处、南剑、汀、漳、绵、汉、彭、邛、蜀、嘉、简、黎、雅、维、茂、资、荣、昌、普、渠、合、戎、泸、兴、剑、文、集、壁、巴、蓬、龙、施、万、开、达、涪、渝、昭、循、潮、连、梅、英、贺、封、南雄、端、新、康、恩、春、惠、韶、梧、藤、龚、象、浔、贵、宾、横、融、化、窦、高、雷、南仪、钦、郁林、廉、琼、崖、儋、万安。**（3989 页 6—11 行）**

《宋志》此刺史州表漏、误、阑入皆有；诸州排列虽按路分次序，上下也有错简者。兹按路分补正如下：

淮南路所列刺史州十：楚、泰、泗、濠、光、滁、通、黄、真、舒，其中楚州、濠州、舒州均为团练州，皆阑入，见上条。

江南路刺史州九：江、池、饶、信、太平、吉、袁、抚、筠，缺一歙州。

荆湖路刺史州十：岳、澧、峡、归、辰、衡、永、全、郴、邵，缺一道州。

西川路刺史州三十三：绵、汉、彭、邛、蜀、嘉、简、黎、雅、维、茂、资、荣、昌、普、渠、合、戎、泸、兴、剑、文、集、壁、巴、蓬、龙、施、万、开、达、涪、渝，漏一忠州。

广东路昭、循、潮、连、梅、英、贺、封、南雄、端、新、康、恩、春、惠十五州，其中“昭”州系“韶”之误，与下文广西路之“韶”州错简。

广西路韶、梧、藤、龚、象、浔、贵、宾、横、融、化、窦、高、雷、南仪、钦、郁林、廉、琼、崖、儋、万安，共二十二州，“韶”系“昭”之误（已见上述）；漏缺柳州、宜州、白州，象州系防御州，“象”疑“蒙”之书误。

《分纪》卷四〇“江南刺史州”：“吉州、袁州、抚州、歙州、江州、池州、饶州、信州、筠州、太平州。”

《宋史·地理志》四“荆湖南、北路”：“道州，中，江华郡，军事。乾德三年，废大历县。熙宁六年，废扬梅、胜冈、绵田三寨。”

《元丰九域志》卷六“荆湖路”：“道州，江华郡，军事。”

《元丰九域志》卷八“夔州路”：“忠州，南宾郡，军事。”

《元丰九域志》卷九“广南路·东路”：“韶州，始兴郡，军事。”

《分纪》卷四〇“广南刺史州”：“韶州、循州、潮州、连州、梅州、南雄州、英州、惠州、贺州、封州、端州、新州、康州、南恩州、春州、昭州、梧州、藤州、龚州、蒙州、浔州、贵州、柳州、宾州、宜州、横州、融州、化州、窦州、高州、南仪州、雷州、白州、钦州、廉州、郁林州、琼州、崖州、儋州、万州。”

《元丰九域志》卷九“广南路·西路”：“融州，融山郡，军事。昭州，平乐郡，军事。柳州，龙城郡，军事。宜州，龙水郡，军事。白州，南昌郡，军事。”

《宋朝事实》卷一九“州县升降”：“熙宁五年废蒙州。”（按：蒙州已于熙宁五年废置，故《元丰九域志》之刺史州中无蒙州）

诸行郎中左右司　吏部　兵部　司封　司勋　考功　职方　驾部　库部　度支　户部　金部　仓部　刑部　都官　比部　司门　礼部　工部　祠部　主客　膳部　屯田　虞部　水部。**（3989页倒2行—3990页1行）**

北宋前期，尚书六部各司分行次第依唐制，以尚书左右司郎官与吏部、兵部诸司郎官为前行，刑部、户部诸司郎官为中行，礼部、工部诸司郎官为后行。据此，“诸行郎中”条排序有误，“刑部”当前移至

“户部”后，“度支”后移至“仓部”前。

《唐会要》卷一五九“尚书省”：“政事，以兵、吏及左右司为前行，刑、户为中行，工、礼为后行。”(按：除左右司外，每部皆四司)

皇城以下诸司使皇城　洛苑　右骐骥　尚食　左骐骥　御厨　内藏库　军器　左藏　仪鸾　南作坊　弓箭库　北作坊　衣库　庄宅　六宅　文思　东作坊　内苑　牛羊　如京　东绫锦　香药　崇仪　榷易　西京左、右藏　毡毯　西绫锦　西京作坊　鞍辔库　东染院　酒坊　西染院　法酒库　礼宾　翰林　医官　供备库。**(3990页1—4行)**

此为仁宗朝以前之诸司使东、西班序列表，其中有误，也有错位。兹列举如下：

其一，“洛苑”系“宫苑”之误；

其二，“宫苑”下漏缺“翰林”，又“右骐骥”与下文“左骐骥”上下错位，“左”当在“右”上；

其三，“军器”“左藏”后，皆有“库”字，未当省去；

其四，“内苑”系“内园”之误，“内园”后并须补入“洛苑”；

其五，“东绫锦”与“西绫锦”后皆落一“院”字，全名应为“东、西绫锦院使”，谓“东、西绫锦使”即不妥；

其六，“香药”应为“香药库”；

其七，西京无右藏库使名，“西京左、右藏”系“西京左藏库”之误；

其八，“翰林”与“医官”非二使名，系“翰林医官”之误；

其九，“东作坊”系“东八作”之误，又，“内园”下落“西八作”。

《分纪》卷四四“横行、东西班大小使臣”：“皇城使、副使，翰林使、副使，尚食使、副使，御厨使、副使，军器库使、副使，仪鸾使、副使，弓箭库使、副使，衣库使、副使，东西陵锦院使、副使，东西八作使、副使，国朝旧有八作，太平兴国二年始分东西。牛羊使、副使，香药库使、副使，榷场使、副使，毡毯使、副使，鞍辔库使、副使，酒坊使、副使，法酒库使、副使，翰林医官使、副使，以上二十使为东班。宫苑使、副使，左右骐骥院使、副使，内藏库使、副使，左藏库使、副使，东西作坊使、副使，庄宅使、副使，六宅使、副使，文思使、副使，内园使、副使，洛苑使、副使，如京使、副使，崇仪使、副使，西京左藏库使、副使，西京作坊使、副使，东、西染院使、副使，礼宾院使、副使，供备库使、副使。以上二十使为西班。”（并参《宋会要·职官》五二之二〇至二一“诸使杂录”；梅原郁《宋代的武阶》，载《东方学报》第五十六册，1984 年 3 月；俞宗宪《宋代职官的品阶制度研究》，刊《文史》第二十一期）

大理评事　太学、广文博士……国子助教　广文、太学、四门、书学、算学博士（3990 页倒 2 行—3991 页 1 行）

广文、太学博士，两处出现，其一必为衍文。已有“太学、广文博士”在前，其后之“广文、太学博士”当删。

追溯史源，错误在引用《宋会要》记载的《景祐五年·合班杂座仪仪制》：

《宋会要·仪制》三之一九：“（景祐五年）八月，阁门详定《合班杂座仪》：‘……大理评事　太学、广文博士……国子助教　广文、太学、四门、书学、算学博士……’”

元丰以后合班之制

元丰以后合班之制（3991 页 6 行）

名为“元丰以后合班之制”，实系宣和末至靖康初合班之制，缘其间有宣和间所改定之名称如“保和殿大学士”“平和”等；并政和间所改定之官名“左辅”“右弼”，在本表中复改回“侍中”“中书令”，此又系靖康之制。

《宋会要·职官》七之九至十：“宣和元年二月一日，御笔：宣和秘殿名称已标纪元号，所有见行带领宣和殿职事，易以保和殿为名，应干班缀、叙位、杂压、恩数等并仍旧。”

《宋会要·职官》五六之五二：“钦宗靖康元年十一月二十九日，诏三省长官名，可并依元丰官制，改太宰、少宰复为尚书左、右仆射。”

冀、兖、青、徐、扬、荆、豫、梁、雍州牧元祐复置，政和入杂压。**（3991页倒2行）**

元祐三年八月四日，冀，兖、青、徐、扬、荆、豫、梁、雍州牧已增入杂压之中，此谓“政和入杂压”，非妥。应删去“政和”二字。

《宋会要·职官》五六之一七至一八：“（哲宗元祐）三年八月四日，诏文武官杂压增冀、兖、青、徐、扬、荆、豫、雍州牧，在御史大夫之上。”

左、右金吾卫上将军　节度使（3992页2行）

“左、右金吾卫上将军”之下，疑落“左、右卫上将军”。因环卫官，除左、右金吾卫之外，下有左、右卫，左、右骁卫，左、右武卫，左、右屯卫，左、右领军卫，左、右监门卫，左、右千牛卫等，各有上将军、大将军、将军等（详见《宋志》六“环卫官”），元丰官制后皆入杂压，而此表内却不载“左、右卫上将军”。而据《庆元条法官品杂压》，紧接“左、右金吾卫上将军”即为“左、右卫上将军”；《宋志》所载“绍兴以后合班之制”并同，可资参考。

《宋志》4010页“绍兴以后合班之制”：“左、右金吾卫上将军　左、右卫上将军　殿前都指挥使　节度使。”

《庆元条法事类》四“官品杂压”：“左、右金吾卫上将军　左、右卫上将军　殿前都指挥使　节度使。”

端明政和四年，改为延康。**殿学士（3992页2、3行）**

本表所载官名，以钦宗靖康元年为下限，而“端明殿学士”已于政和四年八月三日改为“延康殿学士”，此处当用“延康”。

《宋会要·职官》五六之四三：“政和四年八月三日，改端明殿学士为延康殿学士，枢密直学士为述古殿直学士，恩数品秩并依旧。”

集英殿修撰政和八年置。**（3993页1行）**

“政和八年”为“政和六年”之误。

《燕翼诒谋录》卷四：“旧贴职，止于直秘阁、直龙图阁、右文殿修撰三等。政和六年九月，手诏：'天下人才富盛，趋事赴功者众，不足以待多士。可增置直徽猷阁、直显谟阁、直宝文阁、直天章阁、秘阁修撰、集英殿修撰，凡九等。'"

《宋大诏令集》卷一六四"增置贴职御笔政和□年九月"："天下人才富盛，□□□事□众，不足以褒延多士。增置贴职□资，今后依此迁授：直秘阁、直徽猷阁、直显谟阁、直宝文阁、直天章阁、直龙图阁、秘阁修撰、集英殿修撰、右文殿修撰，凡九等。"

按：《宋大诏令集》有阙文，"政和□年九月"，漫漶失载。然此诏其下有政和六年十一月三十日《横行增宣政等职职任御笔》，可以推定为政和六年九月御笔手诏。

《皇宋十朝纲要》卷十七"徽宗丙申政和六年"："九月丁未，增置徽猷、显谟、宝文、天章阁及秘阁、右文、集英殿修撰，帖职并旧三等为九等。"

管干殿中省尚舍、尚药、尚酝、尚辇、尚衣、尚食局(3993 页 6 行)

"管干"当作"管勾"。

《宋会要·职官》一九之四至七："徽宗崇宁二年二月十二日，中书省修立到殿中监尚食、尚药、尚酝、尚衣、尚舍、尚辇官制等下项：……诏六尚局各添置管勾一员。"

左、右正言旧在监察御史上，政和升。(3993 页倒 5、倒 4 行)

疑"上"为"下"之误。因在本表内，监察御史已在左、右正言之下，说明已按政和之制升"左、右正言"于"监察御史"之上，则其政和前旧制"左、右正言"当在"监察御史"之下。

殿中省尚食、尚药、尚酝、尚辇、尚衣、尚舍典御崇宁三年增置。(3993 页倒 4、倒 3 行)

殿中省六尚所属"典御"系"崇宁二年二月十二日"置，《宋志》"三年"当改为"二年"。

《宋会要·职官》一九之四："崇宁二年二月十二日，中书省修立到殿中监尚食、尚药、尚酝、尚衣、尚舍、尚辇官制等下项：……尚食局，掌供御膳羞品尝之事。典御二人、奉御六人、监门二人……尚药局，掌供奉御药和剂诊候之事。典御二人……尚酝局，掌供奉酒醴之事。典御二人……尚衣局，掌供御衣服冠冕之事。典御二人……尚舍局，掌供御幄帟、张设之事。典御二人……尚辇局，掌供御辇事。典御二人……"

中侍、中亮、中卫、翊卫、亲卫、拱卫、左武、右武郎，旧横行、副使，政和六年改。（3994 页 5、6 行）

政和二年九月，定武官阶，改横行使、副为大夫、郎；又于政和六年增置阶名，此处中侍郎、翊卫郎、亲卫郎系政和六年增置，而中亮郎、中卫郎、左武郎、右武郎系政和二年九月改定，旧已有之；拱卫郎则系政和二年十一月五日增置。未能如《宋志》笼统地皆谓之"政和六年改"。宜删去"六年"二字。

《宋会要·职官》五六之三六："（政和二年九月二十九日）诏曰：横行新官：通侍大夫、旧官内客省使。正侍大夫、旧官延福宫使。中侍大夫、旧官景福殿使。中亮大夫、旧官客省使。中卫大夫、旧官引进使。拱卫大夫、旧官四方食官使。左武大夫、旧官东上閤门使。右武大夫、旧官西上閤门使。中亮郎、旧官引进副使。中卫郎、旧官引进副使。左武郎、旧官东上閤门副使。右武郎。旧官西上閤门副使。右一十二阶。"同书五六之三九："（政和二年）十一月五日，诏新官制内武阶横行四方馆旧无副使员额，今既析司置属，理不可阙，宜置拱卫郎，在左武郎之上，可速添入格目。"同书五六之四五："（政和六年）十一月三十日，诏官爵以待劳能，今兴事造功，能者辈出，而官名不足，何以宠贲多士？可增下项，仍通旧依此，即（郎）亦如之，惟不置通侍。右武、左武、拱卫、中卫、中亮、中侍、正侍、通侍凡八阶，旧已有；今又增亲卫、翊卫、协忠、履正、宣正凡五阶。"（个别字参《宋大诏令集》卷一六四"横行增宣正等职任御笔"改正）

太医丞元祐增置。**(3994 页倒 5 行)**

注文有误,太医丞始置于熙宁四年。

《分纪》卷一八“太医丞”:“国朝熙宁四年置太医丞,请给、佩鱼视殿中省尚药奉御,班叙其下,以处医官之产科、小方脉者。”

《长编》卷二二二,熙宁四年四月丙子:“置太医丞,请给、佩鱼视殿中省尚药奉御,班叙其下,以处医官之产科、小方脉者。”

干当左、右厢公事崇宁中增入。**(3995 页 5 行)**

“干当”应为“勾当”。

《唐令》及宋初以来沿革

谏议大夫分左、右,改将作大匠为监,(3996 页 3 行)

唐德宗贞元四年分谏议大夫为左、右,正四品下;唐玄宗天宝十一年改将作大匠为监,从三品。《宋志》未具二官官品。

《新唐书·百官志》二:“左谏议大夫四人,正四品下。武德元年置谏议大夫,龙朔二年曰正谏大夫,贞元四年分左、右。”同卷:“将作监　监一人,从三品;少监二人,从四品下。”

《旧唐书·职官志》一:“天宝十一载,将作大匠为监,少匠为少监。”

太史局为司天监,置大监正三品,少监正四品上,丞正六品上,寺簿正七品上,主事正八品下,五官正五品上,副正正六品,灵台郎正七品下,保章正从七品上,挈壶正八品上……(3996 页 4、5 行)

“司天监”为“司天台”之误。唐司天台无“大监”之称,系司天监之误。“寺簿”系“主簿”之误。“五官正五品上”中掉一“正”字,应为“五官正正五品上”。“副正正六品”应为“五官副正正六品上”。

“灵台郎”“保章正”“挈壶正”“司历”“司辰”前各宜冠以“五官”。又,“挈壶正”之后须再补一“正”字,为“正八品上”。“五官司辰”之下,尚有“漏刻博士,从九品下”,失载。

《新唐书·百官志》二:"司天台:监一人,正三品;少监二人,正四品上;丞一人,正六品上;主簿二人,正七品上;主事一人,正八品下。……武德四年,改太史监曰太史局。……龙朔二年,改太史局曰秘书阁局,令曰秘书阁郎中。武后光宅元年,改太史局曰浑天监,不隶麟台;俄改曰浑仪监,……长安二年,浑仪监复曰太史局,……景龙二年,改太史局曰太史监,……乾元元年,曰司天台。"

同上书卷:"春官、夏官、秋官、冬官、中官正,各一人,正五品上;副正各一人,正六品上。……乾元三年,置五官正及副正。"

同上书卷:"五官保章正二人,从七品上;五官监候三人,正八品下;五官司历二人,从八品上。……"

同上书卷:"五官灵台郎各一人,正七品下。掌候天文之变。五官挈壶正二人,正八品上;五官司辰八人,正九品上;漏刻博士六人,从九品下。"

又置国子、五经博士为正五品上,(3996 页 6 行)

"国子、五经博士",系国子学博士与五经博士之合称。皆为正五品上,而唐朝太学博士为正六品上,广文馆博士正六品上,四门馆博士正七品上,律学博士从八品下,书学博士从九品下,并统属于国子监。为免于混淆,"国子"后宜添一"学"字,即"国子学、五经博士为正五品上"。

《新唐书·百官志》三"国子监":"国子学博士五人,正五品上。……五经博士各二人,正五品上。太学博士六人,正六品上。……广文馆博士四人。……四门馆博士六人,正七品上。……律学博士三人,从八品下。……书学博士二人,从九品下。……算学博士二人,从九品下。"

《旧唐书·职官志》三"国子监":"广文馆博士二人。正六品上。"

左、右龙武、神武军大将军为正三品,将军为从三品。(3996 页 7 行)

左、右龙武军大将军，左、右神武军大将军各为正二品，《宋志》谓“正三品”，误。并于“将军”前落“统军为正三品”。缘此表所载《唐令》，并非《武德令》《贞观令》《开元令》，系唐德宗贞元四年(788)以后之制，即与《新唐书·百官志》所述官制一致，而与《大唐六典》《旧唐书·百官志》所述官制有时间差异，为体例统一，《宋志》此“正三品”应改为“正二品”。

《新唐书·百官志》四上：“左、右龙武军　大将军各一人，正二品；统军各一人，正三品；将军三人，从三品。景云元年，置龙武将军。兴元元年，六军各置统军。贞元三年，龙武军增将军一员。……左、右神武军　大将军各一人，正二品；统军各一人，正三品；将军三人，从三品。……左右龙武、左右神武、左右神策，号六军。贞元二年，神策军置大将军，十四年置统军，品秩同六军。”

《旧唐书·职官志》三：“左、右龙武军　大将军一员正三品，将军二员从三品。……左、右神武军……左、右神策军　大将军各二员正三品，将军各二员从三品。……六军统军兴元六年正月二十九日敕，左右羽林、左右龙武、左右神策各置统军一人，秩从二品。”

又置内侍监为正三品，少监从四品，(3996 页 7、8 行)

“正三品”为“从三品”之误。“从四品”下缺一“上”字，并当用句号断住。

《新唐书·百官志》二“内侍省”：“监二人，从三品；少监二人，内侍四人，皆从四品上。”

改诸州府学博士为文学，在参军上。(3996 页倒 6 行)

“在参军上”为“在参军下”之误。

《新唐书·百官志》四下“外官”：“司录参军事二人，正七品上。录事四人，从九品上。功曹、仓曹、户曹、田曹、兵曹、法曹、士曹参军事各二人，皆正七品下。参军事六人，正八品下。……文学一人，从八品上，掌以五经授诸生。……武德初，置经学博士、助教、学生。德宗即位，改博士曰文学。”

降谏议在给事之下。(3996 页倒 5 行)

“给事”之下应补“中”字。“谏议”系“左、右谏议大夫”之省称。唐朝谏议大夫官品原为正五品上，与给事中正五品上同，但班位在给事中之下。至唐武宗会昌二年(842)，升谏议大夫为正四品下，仍分左右。班位在给事中之上。及五代后周显德五年(958)，降谏议大夫为正五品上，班位在给事中之下。《宋志》宜据《旧五代史》改。

《唐六典》卷之八“门下省”：“给事中四人，正五品上。”同卷：“谏议大夫四人，正五品上。”

《新唐书·百官志》二“门下省”：“左谏议大夫四人，正四品下。”同卷：“给事中四人，正五品上。”

《旧五代史》卷一四九“职官志”：“周显德五年六月，敕：‘谏议大夫宜依旧正五品上，仍班位在给事中之下。’”

甲弩坊署令、(3996 页倒 4 行)

甲坊署与弩坊署系两司，各置令。宜于“甲”字后加一顿号。

《新唐书·百官志》三“军器监”：“监一人，正四品上；……总署二：一曰弩坊，二曰甲坊。……弩坊署令一人，正八品下；丞一人，正九品下。……甲坊署令一人，正八品下；丞一人，正九品下。”

昭文馆校书郎，(3996 页倒 3 行)

唐代门下省置弘文馆，设学士，始于唐高祖武德年间。至唐中宗神龙元年(705)曾改名为“昭文馆”，但为时仅一年，次年则改修文馆。及睿宗景云中(710—711)复“昭文馆”旧名。玄宗开元七年(719)始置弘文馆校书郎。宋代避弘殷讳改，又称昭文馆。但此处系叙唐代之通制，当用“弘文馆”。《宋志》谓“昭文馆校书郎”未妥。

《新唐书·百官志》二“门下省”：“弘文馆武德四年，置修文馆于门下省；九年，改曰弘文馆。……神龙元年，改弘文馆曰昭文馆，以避孝敬皇帝之名；二年曰修文馆。……景云中……复为昭文馆。开元七年曰弘文馆，置校书郎，又有校理、雠校错误等官。……校书郎二人，从九品上。”

《石林燕语》卷二："唐制：门下省有弘文馆，中书省有集贤殿书院，皆以藏图书。"

司辰、司历、监候，（3996 页倒 3 行）

此三官皆属司天台，宜于"司辰"前冠以"司天台"司名。

宫苑总副监牧监副、丞、主簿，（3996 页倒 1 行）

点校者未及将此句点妥，应于"宫苑总副监"后用逗号断开，缘"宫苑总监"系隶司农寺之司，而"牧监"系隶太仆寺之属司，非为一司之名。"宫苑总副监"之全称为"京都诸宫苑总监、副监"；而"牧监副、丞、主簿"则指"诸牧监、副监、丞、主簿"，"诸牧"包括"上牧""中牧""下牧"，各有监、副监、丞、主簿。

《旧唐书·职官志》一："从第五品下阶：大理正、太常丞……宫苑总监、上牧监……正第六品下阶：千牛备身左右……太子文学……中牧监、上牧副监……从第六品下阶：侍御史……下牧监、宫苑总监副、互市监、中牧副监……"

《新唐书·百官志》三"司农寺"："京都诸宫苑总监监各一人，从五品下；副监各一人，从六品下；丞各二人，从七品下；主簿各二人，从九品上。"

《新唐书·百官志》三"太仆寺"："诸牧监　上牧监：监各一人，从五品下；副监各二人，正六品下；丞各二人，正八品上；主簿各一人，正九品下。中牧监：监，正六品下；副监，从六品下；丞，从八品上；主簿，从九品上。下牧监：监，从六品下；副监，正七品下；丞，正九品上；主簿，从九品下。"

《考正》卷八之三"唐令定流品"条："宫苑总副监牧监副　案：此句疑有伪误。"（按：关键在标点，文字本身无误）

温汤监及丞，掌漕，（3997 页 1 行）

"温汤监"全称为"温泉汤监"，属司农寺。《考正》谓"'温汤'疑当作'诸场'"，未确。

《大唐六典》卷之一九“司农寺”：“温泉汤监一人，正七品下，……温泉汤监，掌汤池、宫禁之事。”

《旧唐书·职官志》三：“温泉监：泉在京兆府昭应县之西。监一人，正七品下。丞二人，从八品上。……温泉监掌汤池宫禁之事。”

按：“掌漕”疑“掌汤池”之伪误，可省。

诸军卫录事诸曹参军、(3997 页 1、2 行)

唐朝诸军卫属官有录事参军事与仓、兵、骑、胄四曹参军事，此“录事诸曹参军”即指“录事参军事”与“仓曹参军事”“兵曹参军事”“骑曹参军事”“胄曹参军事”。故，“诸军卫录事”下宜添一顿号。

《旧唐书·职官志》三“武官”：“左右卫　大将军各一员，正三品。将军各二员，从三品。……长史各一人，从六品上。录事参军事各一人，正八品上。仓曹、兵曹参军各二人，正八品下。骑曹、胄曹参军各一人，正六品下。司阶二人，正六品上。中候三人，正七品下。司戈五人，正八品下。执戟五人，正九品下。”同卷：“左右骁卫　大将军各一员，正三品。将军各二员，从三品。……长史、录事参军、仓兵骑胄四曹参军，员数、品秩如左右卫。……”

备身、左右备身，(3997 页 2、3 行)

“备身”下之顿号系误标，应为“备身左右、备身”，皆属左右千牛卫属官，然无“左右备身”之名。

《新唐书·百官志》四上“左右千牛卫”：“千牛备身十二人，备身左右十二人，备身一百人，主仗一百五十人。千牛备身掌执御刀，服花钿绣衣绿，执象笏，宿卫侍从。备身左右掌执御弓矢，宿卫侍从。备身，掌宿卫侍从。主仗，掌守供御兵仗。”

左右亲、勋、翊卫府中郎将，兵曹三卫，折冲、果毅、别将、长史、兵曹参军、校尉、旅帅、队正、队副，(3997 页 3、4 行)

唐武官中无“兵曹三卫”之官，“兵曹”当为三府卫(亲、勋、翊卫府)之属官，即“兵曹参军事”，故应接上文“左右亲、勋、翊卫府中郎将”,即宜于兵曹下加顿号,而将上文“中郎将”下之逗号改成顿号。

“三卫”疑“诸卫”之误,卫之下有折冲都尉府,每府置折冲都尉、果毅都尉,属员有别将、长史、兵曹参军、校尉、旅帅、队正、副队正。

又,“折冲”为“折冲都尉”之简称,“果毅”为“左右果毅都尉”之简称。

《新唐书·百官志》四上:“诸卫折冲都尉府　每府折冲都尉一人……左、右果毅都尉各一人……别将各一人……长史各一人……兵曹参军事各一人……校尉五人……旅帅十人……队正二十人……副队正二十人……”

太子詹事府丞、主簿、司直,司议郎,舍人,文学,校书,正字,(3997页4、5行)

“司议郎”属“左春坊”,依例,宜将“左春坊”冠于“司议郎”之前;

“舍人”属“右春坊”,依例,宜于“舍人”冠以“右春坊”;

“文学,校书,正字”系“司经局”属官,宜将“文学”和“校书”下之逗号改为顿号,并于“文学”前冠以“司经局”。

《新唐书·百官志》四上“东宫官”:“左春坊　……司议郎二人,正六品上。……司经局　洗马二人,从五品下。掌经籍,出入侍从。图书上东宫者,皆受而藏之。文学三人,正六品下。分知经籍,侍奉文章。校书四人,正九品下;正字二人,从九品上。掌校刊经史。……右春坊　……中舍人二人,正五品下。……太子舍人,四人,正六品上。……”

崇文馆校书,(3997页5行)

崇文馆设学士、校书郎,与司经局称“校书”有别。故宜用“校书郎”全称。

《新唐书·百官志》四上“东宫官”:“崇文馆　学士二人,掌经籍图书,教授诸生,课试举送如弘文馆。校书郎二人,从九品下,掌校理书籍。”

厩牧典乘，(3997页6行)

“厩牧”后落一“署”字。

《新唐书·百官志》四上“东宫官”：“厩牧署　……典乘四人，从九品下。”

率府长史、录事诸曹参军、司阶、中候、司戈、执戟、校尉、旅帅、队正、队副、直长、千牛备身，亲、勋、翊府中郎将，兵曹三卫，(3997页6、7行)

以上皆属太子诸率府官属。“率府”前宜加“太子诸”三字；“录事诸曹参军”系太子诸率府属官录事参军事与仓、兵、骑、胄诸曹参军事，当于“录事”下添一顿号；“千牛备身”此非为一官，系指太子左右内率府之“千牛”与“备身”，宜于“千牛”下加一顿号；此“亲、勋、翊府中郎将，兵曹三卫”，系“太子左右率府”之属官，宜于“亲、勋、翊府”前冠以“太子左右率府”，以别于诸军卫之“三府卫”。“兵曹三卫”类此，宜于“兵曹”下加一顿号，以与“三卫”(亲卫、勋卫、翊卫)分开。又，当将“中郎将”下之逗号改为顿号。

《大唐六典》卷二八“太子左右卫及诸率府”：“太子左右卫率　率各一人，副率二人，长史一人；录事参军事一人，录事一人，史二人；仓曹参军事一人，府一人，史二人；兵曹参军事一人，府二人，史三人；胄曹参军事一人，府二人，史二人；亭长二人，掌固二人；司阶一人；中候二人；司戈二人；执戟二人。左右率府亲府、勋府、翊府　中郎将各一人，左郎将一人，右郎将一人，录事一人，兵曹参军事一人……”

《新唐书·百官志》四上“东宫官”：“太子左右率府，亲府、勋府、翊府三府，每府中郎将各一人，从四品上；……兵曹参军事各一人，从九品上。……亲卫从七品上，勋卫正八品上，翊卫从八品上，员皆亡。”

《大唐六典》卷二八“太子左右内率府”：“率各一人，副率一人，……千牛十六人，备身二十八人。”

王府文学，东西阁祭酒，掾、属、主簿、录事诸曹参军、行参军、典签，(3997页7、8行)

以上皆为王府官属，标点有误。宜易“东西阁祭酒”下之逗号为顿号；“录事”下当添一顿号。

《新唐书·百官志》四下“王府官”：“傅一人，从三品。……文学一人，从六品上，掌校典籍，侍从文章。东西阁祭酒各一人，从七品上，掌礼贤良、导宾客。长史一人，……掾一人，掌通判功曹、仓曹、户曹事，属一人，皆正六品上，掌通判兵属、骑曹、法曹、士曹事。主簿一人，掌覆省书教，记室参军事二人，掌表启书疏，录事参军事一人，皆从六品上。……功曹参军事……仓曹参军事……户曹参军事……兵曹参军事……骑曹参军事……法曹参军事……自功曹以下各一人，正七品上。参军事二人，正八品下；行参军事四人，从八品上。皆掌出使杂检校。典签二人，从八品下，掌宣传书教。”

殿中省六局直长、食医、侍御、医司、医佐、掌辇、奉乘、司廪，太子典膳、典药、内直、典设、宫门郎并局丞，(3997页倒2、倒1行)

以上分别为殿中省与东宫属官。其中，殿中省属官标点紊乱，并有漏字。“侍御、医司、医佐”应为“侍御医、司医、医佐”。

太子属官无典药(局)，只有药藏局。

《大唐六典》卷之一一“殿中省”：“殿中监掌乘舆、服御之政令，总尚食、尚药、尚衣、尚乘、尚舍、尚辇六局之官属。……尚药局　奉御二人，正五品下；直长四人．正七品上；侍御医四人，从六品上；主药十二人，药童三十人；司医四人，正八品下；医佐八人，正九品下……”

《新唐书·百官志》四上“东宫官”：“司经局　典膳局　药藏局　内直局　典设局　宫门局。”

《大唐六典》卷二六“太子三师三少詹事府左右春坊内官”：“司经局　典膳局　药藏局　内直局　典设局　宫门局。”(《旧唐书·职官志》三“东宫官属”所载同，皆无“典药局”)

中都护，副都护，太常、宗正少卿，（3998 页 8 行）

《宋会要·仪制》《宋史·礼志》与《宋志》不同，无“副都护”而有“下都护”。

《宋史·礼志》卷二一：“中都护，下都护，太常……”

《宋会要·仪制》三之一：“中都护，下都护，太常……”

凡杂坐之次，以此为准。（3998 页倒 3 行）

《廿二史考异》加注曰：“所谓杂压也。”（《廿二史考异》卷七二“宋史·职官志”八）

尚书中台，万事之本，而班位率比两省官；……甚无谓也。（3998 页倒 2、倒 1 行）

“率比”系“率次”之误。倘尚书省官“率比”两省（中书、门下省）官，何以言“甚无谓”？建隆三年《合班仪》即纠正尚书省官杂压“率次”于两省官之旧习。

《宋会要·仪制》三之二：“诏曰：尚书中台，万事之本，而班位率次两省官；节度使出总方面，古诸侯也，又其检校兼守官多至师、傅、三公，而位居九寺卿监之下，甚无谓也。”（《宋史·礼志》二一同）

《廿二史考异》卷七二：“诏曰：尚书中台，万事之本，而班位率次两省官。监本‘次’作‘比’，误。今依《礼志》改。”

补阙次郎中、拾遗，监察次员外郎、节度使，升于中书侍郎之下。（3999 页 1 行）

此句标点紊乱，并有脱文，兹补正如下：

“补阙次郎中，拾遗、监察次员外郎，节度使升于六曹侍郎之上、中书侍郎之下。”

《宋史·礼志》卷二一：“其给事、谏议、舍人宜降于六曹侍郎之下，补阙次郎中，拾遗、监察次员外郎，节度使升于六曹侍郎之上、中书侍郎之下，余悉如故。”（按：此段标点，校点本《宋史》中的《礼志》部分准确无误，胜过《职官志》之标点）

资政殿大学士立文明殿学士之上。(3999页倒7行)

“上”为“下”之误。

《宋会要·仪制》三之六:“真宗景德二年十二月十日,诏置资政殿大学士位文明殿学士之下、翰林学士承旨之上。”

《宋会要·仪制》三之一六:“景祐五年八月,阁门详定《合班杂座仪》:……门下,中书侍郎,节度使,文明殿学士,资政殿大学士,三司使……”

淳化四年,升金吾、左右卫在尚书之下,(4000页7行)

“左右卫”后落“上将军”官名。

《宋会要·仪制》三之二:“淳化四年六月,诏金吾、左右卫上将军在尚书下,六统军、诸卫上将军在中书侍郎下。”

至道二年王炳上言

尚书省,国家藏载籍、典治教之府,(4001页倒4行)

《历代名臣奏议》与《宋志》同。而《长编》却作“兴治教”。邓广铭《考正》则援引《长编》以《宋志》之“典治教”为非。然据《周礼》“大宰之职”掌“建邦六典”,其一、二典则为“治典”“教典”,则“治”与“教”当为大宰所典掌之内容,《宋志》作“典治教之府”似无误,倘作“兴治教之府”,文教可用“兴”,治理用“兴”似未确。《宋志》下文引宋琪奏语而作“百官之本,典教所出”(《长编》卷三九同),故仍以“典治教”为妥,不必改也。王炳奏疏时间为至道二年二月一日。

《历代名臣奏议》卷一五九:“至道二年,祠部员外郎、主判都省郎官事王炳上言曰:‘尚书省,国家藏载籍、典治教之府。’”

《长编》卷三九,至道二年二月壬申朔:“祠部员外郎、主判都省郎官事王炳上言曰:‘尚书省,国家藏载籍、兴治教之府。所以周知天下地理广袤、风土所宜、民俗利害之事。’”

《考正》卷八之五“王炳上言”:“《长编》卷三九,至道二年二月壬申朔载此疏,‘典治教’作‘兴治教’。查下文有‘然后可以振举官守兴崇治教’句,则以作‘兴’为是。”

《周礼》卷一“天官冢宰”第一:“大宰之职,掌建邦之六典,以佐王治邦国。一曰治典,以经邦国,以治官府,以纪万民。二曰教典,以安邦国,以教官府,以扰万民。”

自唐末乱杂,急于经营,不遑治教,(4001 页倒 3 行)

“乱杂”当为“乱离”之误。

《长编》卷三九:“盖自唐末以来,乱离相继,急于经营,不遑治教。”

《考正》卷八之五:“‘乱杂’当从《长编》作‘乱离’。”

刑部有详覆诸州已决大辟案牍及勾禁奏状,(4002 页 7 行)

百衲本及武英殿本《宋志》作“旬禁奏状”,校点本改为“勾禁奏状”,均非是。应依《长编》卷七一及《宋会要》作“旬奏禁状”。

《宋志》卷八“校勘记”之一九:“‘有’字原脱,‘勾’原作‘旬’,据上文文义和《长编》卷三九补改。”

《考正》卷八之五“王炳上言”:“刑部下当从《长编》增‘有’字,‘旬禁’当从《长编》作‘勾禁’。”

《长编》卷三九,至道二年二月:“王炳上言曰:‘……刑部有详覆诸州已决大辟案牒及旬禁奏状,此外无旧式。’”〔按:此为校点本。其所附“校勘记”之六谓:“‘旬’原作‘勾’,据同上书(指宋本《长编》及《历代名臣奏议》卷一五九)改。”〕

《宋会要·职官》一五之一:“刑部主覆天下大辟已决公案、旬奏狱状,举驳其不当者。”

《长编》卷七一,大中祥符二年五月壬午:“诏诸州奏狱空,须州司司理院、倚郭县俱无囚系,方为狱空,每奏到,刑部将旬奏禁状一处点对,如应得元敕,特降诏奖谕。”(参校《宋会要·职官》一五之三)

按:所谓“旬奏禁状”或“旬奏狱状”,即指每旬奏送朝廷之有关狱讼、勘鞫等狱状，而审覆诸州旬奏狱状，则为刑部之职掌。至于“勾禁奏状”，不通文理，非是。

诏尚书丞、郎及五品以上集议。(4002 页倒 2 行)

“丞、郎”之间顿号应删去，当连读“丞郎”。元丰改制前，丞郎指尚书左、右丞及六部侍郎，不包括郎中、员外郎之类郎官。

又，“五品”，此专指两省五品以上官，“两省”（中书、门下省）不可省去。

《长编》卷三九，至道二年二月：“上览奏嘉之，诏令尚书丞郎及两省五品以上集议其事。”

吏部尚书宋琪等上奏曰：“王者六官，法天地四时之柄，百官之本，典教所出。……”(4002 页倒 1 行)

此为太宗至道二年二月奏书。“百官之本”为“王化之本”之误。宋琪等上奏意欲尚书省六部官复原职，称之为国家“布政之宫”“王化之本”，如以尚书省六部为“百官之本”，不通。

《长编》卷三九，至道二年二月壬申朔：“吏部尚书宋琪等上奏曰：‘王者六官，法天地四时之柄，文昌列署，体象纬环拱之文，是为布政之宫，王化之本，典教所出，何莫由斯。’”

咸平四年杨亿上疏

但吏部铨拟，秩曹详覆。(4003 页倒 4 行)

“秩曹”为“秋曹”之讹误，当改“秩”为“秋”，“秋曹”系刑部之别称。

《武夷新集》卷一六“次对奏状”：“今之存者，但吏部铨拟，秋曹详覆。”

《历代名臣奏议》卷一五九“杨亿论官制”：“今之存者，但吏部铨拟，秋曹详覆。”

尺籍伍符，(4003 页倒 3 行)

"尺籍"为"民籍"之误。

《武夷新集》卷一六"次对奏状":"自余租庸管榷,由别使以总领。民籍伍符,非奏(本)司而校定。"

且如寺、监素司于掌执,(4003页倒1行)

"素司"系"素有"之误。

《武夷新集》卷一六"次对奏状":"且如寺监素有于掌执,台阁咸著于规程。"(《奏议集》同)

员外郎及三百余人,(4004页倒6行)

"三百余人"恐为"二百余人"之误。

《奏议集》:"臣窃见班簿,员外郎及二百余人,郎中亦及百数。"(《武夷新集》同)

殿中丞、舍人、洗马,(4004页倒5行)

"舍人"为"中舍人"之误,太子中舍人、太子舍人皆为东宫官,中舍人在舍人之上。

《武夷新集》卷一六"次对奏状":"殿中丞、中舍、洗马。"(《奏议集》同)

《宋志》卷二:"太子中舍人　舍人。"

若乃左、右仆射,百僚之师长,位莫崇焉,月奉所入,不及军中千夫之帅,岂稽古之意哉?(4005页倒2、倒1行)

"千夫之帅"下,落"甚可骇也"四字,宜补入。"稽古"前补"圣朝"二字。

《武夷新集》卷一六"次对奏状":"(左、右仆射)月奉所入,不及军中千夫之帅,甚可骇也,岂圣朝稽古之意哉?"

理当减于旧费,乃唐、虞之制也。(4006页1行)

"旧费"之后有脱文。"乃唐虞之制"属阑入此段,应移置于下段"凡预品官"之前。

《武夷新集》卷一六"次对奏状":"臣欲乞今后……官且限以常

员，理当减于旧费，冗食悉罢，周行自清。臣又念唐虞之制，凡预品官，各设资考……”

又官勋之设，名品实繁，(4006页倒2行)

“官、勋”系“勋、散”之误，“名品”为“名器”之误。

《武夷新集》：“臣又以勋、散之设，名器实繁，律文以勋、官为二官。”

犹阙命服，(4006页倒2行)

“阙”字系“关”字之误。

《武夷新集》：“已经删定故事，加散官至五品，必以上闻。今朝散、银青，犹关命服；护军、柱国，全是虚名。”

《愧郯录》卷七：“咸平四年，左司谏、知制诰杨亿转对，上疏有曰：勋、散之设，名器实繁。朝散、银青，犹关命服；护军、柱国，全是虚名。欲乞常参官，勋、散俱至五品者，许封赠。”

神宗改官制及其前后沿革

崇宁初，自承直至将仕郎，凡换选人七阶，又增宣奉至奉直大夫四阶。(4007页倒4、倒3行)

“凡换选人七阶”下之逗号，宜易为句号。缘“又增宣奉”云云，系大观二年事，详参《宋志》3769页“总叙”之补正。

“四阶”系“五阶”之误。

《宋会要·职官》五六之二八：“大观二年三月十五日，奉御笔：‘寄禄官在神考时不分左右，曩虽厘正，犹有存者。若尽去之，则序爵制禄，等级差少，人易以及。可令有司条画以闻。’今拟下项：金紫光禄大夫，银青光禄大夫，光禄大夫(旧系右银青光禄大夫)，宣奉大夫(旧系左光禄大夫)，正奉大夫(旧系右光禄大夫)，正议大夫，通奉大夫(旧系右正议大夫)，通议大夫，太中大夫，中大夫，中奉大夫(旧系左中散大夫)，中散大夫，朝议大夫，奉直大夫(旧系右朝议大夫)。诏依拟定，应见带左、右字人并除去。”

按：大观二年所拟定寄禄官阶为三十阶，与元丰三年所定《寄禄格》相较，新增五阶：宣奉大夫、正奉大夫、通奉大夫、中奉大夫、奉直大夫五阶。

《宋代职官品阶制度研究》（刊《文史》第二十一辑）：“大观二年六月二十七日，又将右银青光禄大夫改称光禄大夫，左光禄大夫改称宣奉大夫，右光禄大夫改称正奉大夫，右正议大夫改称通奉大夫，左中散大夫改称中奉大夫，右朝议大夫改称奉直大夫，而除去了左、右字，除光禄大夫是原有名称外，又加了五个新阶的名称。”

其后，又作《文、武七条》。（4008 页 6 行）

《文、武七条》应为《文、武臣七条》。

“其后”，指“大中祥符二年”。

《宋大诏令集》卷一九一有“文臣七条大中祥符二年十一月丙辰”和“武臣七条并序”。

一曰清心，……四曰责实，勿竞虚誉。……（4008 页 7、8 行）

《宋志》所列七条，除第四条外，其余六条皆完整。第四条脱漏“谓专求实效”五字。

《宋大诏令集》卷一九一“文臣七条”：“四曰责实，谓专求实效，勿竞虚誉。”

《考正》卷八之八“真宗戒谕文臣七条”：“案：《咸淳临安志》四二‘诏令门’载此，其各条均较《史志》简略，独第四条于‘责实’下有‘谓专求实效’五字，为《史志》所无，当据补。”

知州军县、都监、监押、驻泊巡检者：（4008 页倒 6、倒 5 行）

“知州军县”系阑入，可删去之。

《宋大诏令集》卷一九一“武臣七条”：“今赐诸部管、钤辖、都监、监押、驻泊巡检等七条如左。”

甘苦皆同，当使齐心，无令失所。（4008 页倒 3、倒 2 行）

“当使齐心”之“当”，为“常”字之误书，宜改回。

《宋大诏令集》卷一九一“武臣七条并序”：“六曰存恤，谓安抚士卒，甘苦皆同，常使齐心，无令失所。”

无使越禁。(4008页倒2行)

诏令原文为“无使犯禁”，《宋志》宜改“越”字为“犯”字。

《宋大诏令集》卷一九一“武臣七条并序”：“七曰威严，谓制驭士卒，无使犯禁。”

至道三年孙何上言

真宗初，右司谏孙何上言曰：(4009页8行)

真宗初，指真宗即位之年至道三年九月二十日，左正言、直史馆孙何上言，《宋志》此谓孙何为“右司谏”，误；咸平时孙何方为“右司谏”。

《考正》卷八之九“孙何上言”：“案：《长编》卷四二至道三年九月壬午载此事，作‘左正言、直史馆孙何表献五议’，此所载则其三‘革厘迁转之议’也。其时孙氏任左正言，《史志》作‘右司谏’，误。”

《长编》卷四二，至道三年九月壬午：“左正言、直史馆孙何表献五议，上览而善之。”

《长编》卷四五，咸平二年八月辛亥朔：“上御文德殿，百官入阁，右司谏、直史馆孙何次当待制，上疏曰：‘六卿分职，邦家之大柄也。……’”

下至幕府职掾之微，或自朝廷选补而授。(4009页倒7行)

“或”字为“咸”字之误。

《考正》卷八之九：“‘或’当从《长编》作‘咸’。”

《长编》卷四二，至道三年九月壬午：“其三，厘革迁转，曰：‘伏见国家抚有多方，并建众职。外则郡将、通守，朝士代行；关征、榷酤，使者兼掌；下至幕府职掾之微，咸自朝廷选补而授。’”

绍兴以后合班之制

绍兴以后合班之制(4010 页 6 行)

从所列“合班之制”可以判断,此为孝宗乾道以后合班之制。可改“绍兴”为“乾道”。

一、合班之制中列有“左丞相、右丞相”,此为绍兴合班之制所无,因孝宗乾道八年,始以左、右丞相取代尚书左、右仆射同中书门下平章事为宰相之职。

二、“承宣使”“带御器械”已依乾道七年诏令,分别移于“给事中”与“侍御史”之下。

《宋志》一“宰相之职”:“乾道八年,诏尚书左、右仆射可依汉制,改为左、右丞相。”

《宋会要·仪制》三之五三:“(乾道七年)十二月二十六日诏:《职制令·杂压》内翰林侍读学士删去。承宣使改在给事中之下,……延福宫使在协忠大夫之下,景福殿使在知阁门之下,带御器械在侍御史之下。令敕令所依此修立。”

儒林、文林、从事郎　京畿县丞　三京赤县丞　上、中、下州录事参军事　三京畿县丞(4013 页倒 5 行)

“京畿县丞”,百衲本、武英殿本《宋志》原作“三京畿县丞”,与下文“三京畿县丞”重复,故校点本《宋志》以“三”字为衍字而去之。然此误非出在“三”字上,而是在“三”字后有脱文,即脱“京畿县令”四字。故当于“京畿县丞”前,补入“三京畿县令”五字。

《宋志》八“校勘记”之二九:“京畿县丞:此上原衍‘三’字,和下文‘三京畿县丞’重复;《合璧事类·后集》卷六一‘官职杂压’条此处作‘京畿县丞’,而其上又衍‘三京赤县令’五字,和上文重出。……因删‘三’字。”

《庆元条法事类》卷四“官品杂压”:“儒林、文林、从事郎　三京畿

县令　京畿县丞　三京赤县丞　上、中、下州录事参军事　三京畿县丞　两赤县主簿、尉。”

《合璧后集》卷六一“官品”:“正七品:两赤县令;正八品:京畿县令,两赤县丞,三京赤县、畿县令;从八品:京畿县丞,三京赤县、畿县丞,两赤县主簿、尉。”

按:《宋志》“校勘记”未辨《合璧后集》所列“京畿县丞”之上“三京赤县令”系“三京畿县令”之误,遂推定《合璧后集》“京畿县丞”之上为衍文,非是。缘去掉“三京畿县令”,即杂压不全。宋代京师、三京赤、畿县结构为:京师两赤县、京畿县,三京(西、南、北京)赤县、畿县,各置令、丞等。

官　品

绍兴、乾道、庆元,先后修定,(4014 页 1 行)

淳熙间亦曾重修《官品令》。“乾道”后宜补“淳熙”。

《愧郯录》卷七“官品名意之讹”:“《淳熙官品令》:自太师而下至翰林医学,列为九品,皆有正从。盖见行之制,故著令。”

诸银青光禄大夫,签书枢密院事,(4014 页 6 行)

“银青光禄大夫”后漏“光禄大夫”,当补入。

《合璧后集》卷六一“官品”:“从二品:银青光禄大夫,光禄大夫,签书枢密院事。”(《庆元条法事类》卷四“官品令”同)

龙图、天章、宝文、显谟、徽猷、敷文阁学士,(4014 页倒 6 行)

龙图、天章、宝文、显谟、徽猷、敷文阁直学士,(4014 页倒 4 行)

这里所列系孝宗朝以前之制,然此表序言谓“官品　绍兴、乾道、庆元,先后修定”,其下限当截至庆元。依《庆元官品令》,敷文阁学士之下,尚有焕章、华文阁学士,故宜在“敷文”之下补入“焕章、华文”。

《庆元条法事类》卷四“官品令”:“龙图、天章、宝文、显谟、徽猷、敷文、焕章、华文阁学士……正三品。诸正议、通奉大夫、龙图、天章、宝文、显谟、徽猷、敷文、焕章、华文阁直学士……从三品。”

龙图、天章、宝文、显谟、徽猷、敷文阁待制,(4015页1行)

依上条,“敷文”后,应列入“焕章、华文”。

直显谟、徽猷、敷文阁,(4016页3行)

依上条,“敷文”后尚有“焕章、华文”两直阁。

节度、观察、防御、团练、军事、监判官,(4016页倒3、倒2行)

“军事”后落一“军”字,“军事”指刺史州,“军”为行政单位,即“州、军、监”之“军”。此“军”须补入。

《合璧后集》卷六一“官品”:“从八品:节度、观察、防御、团练、军事、军、监判官。”(《庆元条法事类》同)

宋史职官志补正九

（《宋史》卷一六九）

叙迁之制

文臣京官至三师叙迁之制

文臣京官至三师叙迁之制（4023 页倒 5 行）

关于北宋“文臣京官至三师叙迁之制”，除本志所载之外，《宋史·选举志》四《铨法上》载有太宗朝“淳化四年迁秩之制”；《长编》卷四三五元祐四年十一月庚午注引《两朝国史·职官志》所载“文臣京官至三师叙迁之制”，则为仁宗、英宗朝制度，通过分析相关内容，基本可以断定，此叙迁之制为仁宗末期制度，同时还加入了英宗、神宗时期制度。而《宋志》所载“文臣京官至三师叙迁之制”，内有仁宗朝景祐四年二月始置的“天章阁侍讲”，可推断乃仁宗朝前期之制。因三处所载“叙迁之制”时间不一致，故《两朝国史·职官志》所载叙迁之制与《宋志》所载“文臣京官至三师叙迁之制”“多有不合”。但亦有重合处，可以比照。

任发运、转运使副，三司、开封府判官，左曹转左名曹。内无出身只转祠部、度支、司封，有出身合转右名曹，准此。**（4025 页倒 1 行—4026 页 1 行）**

"左名曹"系"右名曹"之误。《长编》作"右名曹"。

《宋志》本条注文亦作"右名曹"。

《长编》卷四三五,元祐四年十一月庚午:"任发运、转运使副,三司、开封府判官以上官,左曹转右名曹,内有出身只转祠部、度支、司封,无出身合转右名曹。"

前行郎中有出身转太常少卿,(4026 页 5 行)

按淳化时迁秩之利,"太常少卿"后尚有"秘书少监"一官。

《宋史·选举志》四:"由前行郎中转太常少卿、秘书少监,由此二官转右谏议大夫或秘书监、光禄卿。"

《廿二史考异》卷七〇"选举志"四:"由前行郎中转太常少卿、秘书少监。《职官志》脱秘书少监一官。"

武臣三班借职至节度使叙迁之制

内殿承制转供备库使,有战功转礼宾副使,特旨东西染院、西京作坊副使。有战功,并谓曾经转官酬奖。(4030 页 7 行)

供备库使(4030 页 8 行)

以上两条所言"供备库使",皆系"供备库副使"之误,各当补入一"副"字于"使"字之前。

《分纪》卷四四"横行东西班大小使臣":"庆历四年,皇城使不转阁门。……上谓执政曰:'诸司副使当从供备库副使始。'"

《宋大诏令集》卷一六三"改武选官名诏政和二年九月二十五日":"旧官　供备库副使　礼宾副使　东、西染院副使……"

《宋代官职品阶制度研究》:"《宋史》卷一六九,武臣三班借职至节度使叙迁之制,内殿承制条下'转供备库使','库'下脱'副'字,'供备库使'条亦同此误。"

东染院副使转洛苑副使,有战功转文思副使。(4030 页倒 5 行)

西染院使转如京使,有战功转内园使。(4030 页倒 4 行)

“东染院副使”与“西染院使”之间有大段脱文，自“西京作坊副使”至“礼宾使”，总共漏落十九资。

今据《分纪》卷四四、《宋大诏令集》卷一六三“改武选官名诏”、俞宗宪《武臣叙阶表》、梅原郁《诸司使副叙迁一览表》，及《宋会要·职官》五二之二四“诸使杂录”补正如下，其下注文按《宋志》类推，并参稽《宋会要》补入：

东染院副使转洛苑副使，有战功转文思副使。

西京作坊副使转内园副使，有战功转六宅副使。

西京左藏库副使转文思副使，有战功转庄宅副使。

崇仪副使转六宅副使，有战功转西作坊副使。

如京副使转庄宅副使，有战功转东作坊副使。

洛苑副使转西作坊副使，有战功转左藏库副使。

内园副使转东作坊副使，有战功转内藏库副使。

文思副使转左藏库副使，有战功转左骐骥副使。

六宅副使转内藏库副使，有战功转右骐骥副使。

庄宅副使转左骐骥副使，有战功转宫苑副使。

西作坊副使转右骐骥副使，有战功转皇城副使。

东作坊副使转宫苑副使，有战功转供备库使。

左藏库副使转皇城副使，有战功转礼宾使。

内藏库副使转供备库使，有战功转西染院使。

左骐骥副使转礼宾使，有战功转东染院使。

右骐骥副使转西染院使，有战功转西京作坊使。

宫苑副使转东染院使，有战功转西京左藏库使。

皇城副使转西京作坊使，有战功转崇仪使。

供备库使转西京左藏库使，有战功转如京使。

礼宾使转崇仪使，有战功转洛苑使。

西染院使转如京使，有战功转内园使。

《宋大诏令集》卷一六三“改武官名诏”:“旧官:供备库副使,礼宾副使,东、西染院副使,西京作坊副使,西京左藏库副使,崇仪副使,如京副使,洛苑副使,内园副使,文思副使,六宅副使,庄宅副使,西作坊副使,东作坊副使,左藏库副使,内藏库副使,左、右骐骥副使,宫苑副使,皇城副使;供备库使,礼宾使,东、西染院使,西京作坊使,西京左藏库使,崇仪使,如京使,洛苑使,内园使,文思使,六宅使,庄宅使,西作坊使,东作坊使,左藏库使,内藏库使,左、右骐骥使,宫苑使,皇城使。”

武臣自通事舍人转横班例

东、西上阁门副使……客省使(4032页倒7行—4033页1行)

“客省使”后脱一“内客省使”。

《宋史·选举志》四:“客省使转内客省使。”

洛苑使以下二十名谓之西班,(4033页2、3行)

“洛苑使”为“宫苑使”之误。

《宋会要·职官》五二之二〇:“本朝定:该内客省使至阁门使谓之横班,皇城使以下二十名谓之东班,宫苑使以下二十名谓之西班。初犹有正官充者,其后但以检校官为之。”(《分纪》卷四四所载同)

庆历四年诏:(4033页4行)

“庆历四年”疑为“嘉祐三年”之误。

《宋会要·职官》五二之二三:“嘉祐三年八月,诏立定横行员数。客省、引进、四方馆各置使一员,东、西上阁门使共二员,阁门、引进、客省副使共六员,阁门通事舍人共八员。”

《长编》卷二〇五,治平二年五月庚申:“枢密院奏:‘嘉祐三年诏:……客省、引进、四方馆旧置使三员,东、西上阁门旧置使四员,今并增为六员,阁门、引进、客省旧置副使六员,今增为八员,阁门旧通事舍人八员,今增为十员。’”

按:《长编》所谓“旧”,即嘉祐三年之制,“今并增”为治平二年新制。

欲除遥郡刺史至遥郡防御使止。(4033页倒5行)

“欲”当作“与”,“刺史”后加逗号。

《长编》卷二〇五,治平二年五月庚申:“枢密院奏:……如曾历边任,有本路监司、总管五人以上共荐者,与除遥郡刺史,至遥郡防御使止。”

宗室自率府副率至侍中叙迁之制

太子右内率府副率转太子右监门率府率。(4034页1行)

太子右监门率府率转右千牛卫将军。(4034页2行)

两处“太子右监门率府率”中间皆省去一“卫”字,即其全名应为“太子右监门卫率府率”。

《宋会要·帝系》四之一六:“治平四年七月十九日,诏右龙武军大将军、深州团练使世准,右监门卫率府率世设并降一官,停朝请。右千牛卫将军世膺降两官。右监门卫大将军、嘉州刺史世瑞赎铜□斤。”

内侍省内臣叙迁之制

内臣入仕并三十年磨勘,已磨勘者,其以劳得减年者毋得过五年。(4038页倒5、倒4行)

“已磨勘者”后落“理二十年”四字,当据补。

《长编》卷一九五,嘉祐六年十月壬午:“枢密院请:‘自今前、后省内臣入仕,并理三十年磨勘;已经磨勘者,理二十年;其以劳得减年者,毋得过五年。’从之。自祖宗以来,内臣未尝磨勘转官,唯有功乃迁。”

选人改京官之制

选人选京官之制(4038页倒3行)

“选京官”为“改京官”之误。“改京官”亦称“改官”,这是宋代选人仕途升迁中十分重要的一阶。

《宋史·选举志》四:“凡选人阶官为七等……凡改官……”

《吏部条法残本》438页:“诸选人应改官者,不得陈乞就任磨勘。”

支、掌、防、团判官,六考除太子中允。(4039页3行)

“支、掌”为观察支使与节度掌书记之略称,非“支使判官”“掌书记判官”之谓,故“掌”字下之顿号宜易为逗号,以免混淆。

《宋史·选举志》四“铨法·淳化叙迁之制”:“支使,掌书记,防御、团练判官,进士授太子中允或秘书郎,余人著作佐郎。”

《合璧后集》卷六二“文阶”:“节度掌书记、观察支使,今目为儒林郎是也。”

节、察判官,六考除太常丞。(4039页4行)

“节、察判官”为“节度判官”“观察判官”之简称。

“节、察”判官之外,若依《宋史·选举志》,则尚有留守判官、两府判官。

《宋史·选举志》四“铨法·淳化叙迁之制”:“凡改官,留守、两府、两使判官,进士授太常丞。”

按:选人改京官,除有考任限制之外,尚须举主五员,其中一员为监司,《宋志》缺载。

《吏部条法残本》381页:“编修敕令所申:窃详选人举主五员,用职司一员而后改官。”

《吏部条法残本》435页:“改官门考第改官、酬赏改官、致仕改官、改官通用、升改、循改　改官撮要:应承直郎至修职郎六考、迪功郎七考,有改官举主五员、内职司一员,与磨勘,依格改合入官。历十二考以上减常员举主一员,历十五考以上,减职司举主一员。”

吏部流内铨诸色入流及循资、磨勘选格入流

试衔白衣送铨注官,(4040 页 6 行)

“白衣”为“白衣选人”之省称。或作“无出身人”。

《长编》卷二二,太平兴国六年五月癸丑:“吏部黄衣选人改为白衣选人。”

《宋史·选举志》四:“凡入官,则进士入望州判司、次畿簿尉,……郊社斋郎、试衔无出身人入下州判司、中下县簿尉。”

循　资

常调:判、司、簿、尉有出身两任四考……流外出身四任十考,入录事参军。(4040 页倒 2 行—4041 页 2 行)

《宋志》于“入录事参军”后有省文,即未载有过犯人常调另有限制,宜补入。

《吏部条法残本》415 页:“选人《尚书考功令》:诸有出身两任四考,无出身两任五考,摄官授正官后三任七考,流外四任十考,与令录。若历任有赃私罪,及公罪徒并曾停替者,更候一任回。流外人及十三考不展,无上文过犯,即与令录。因酬奖入令录者,自依酬奖法。流外人有赃滥,及三省祇应人出职者,不得入令录。”(按:“诸”字指判司簿尉)

磨　勘

判、司、簿、尉七考,知令、录、职官六考,有京官举主五人,内一员转运使、副或提刑,并磨勘引见,转合入京朝官。(4042 页 5、6 行)

“京官举主”为“改官举主”之误。

《吏部条法残本》428 页:“应称职官者,系承直郎至从事郎;应称

令录者，系从政郎；应称知令录者，系修职郎；应称判司簿尉者，系迪功郎。”

《吏部条法残本》336 页：“诸称有举主者，谓举改官及职官县令。”同书 435 页：“应承直郎至修职郎六考、迪功郎七考，有改官举主五员，内职司一员，与磨勘，依格合入官。历十二考以上减常员举主一员，历十五考以上，减职司举主一员。”

流外出官法

门下省白院令史七选，画头、书院、甲库令史赞者八选，(**4043 页 7 行**)

“画头”为“画院”之误。“书院”属阑入，门下省无“书院”之称，当删去。“甲库令史”与“赞者”系不同吏员，“甲库令史”下宜添加顿号。

《宋会要·职官》二之一：“《两朝国史志》：文武官母妻叙封、覆麻、请画，并白院主之；受中书宣黄、画敕及僧道赐紫衣号，并画院、甲库主之。白院令史十二人，画院令史三人，甲库令史二人，赞者、驱使各四人。”

开封府……诸司行首前行出借职，(**4044 页 3、4 行**)

“诸司行首”与“前行”之间宜用顿号隔开。

少府、将作监府史十选，国子监八选，(**4044 页倒 3 行**)

疑“国子监”后脱“胥史”之吏名。

文臣换右职之制

少卿、监换皇城使、遥郡刺史。(**4046 页倒 2 行**)

《长编》与《宋会要》均作“卫尉以下少卿、监”，当是。

《长编》卷二三一，熙宁五年三月戊戌：“中书言：‘礼房修《换官法》。自今秘书监换防御使。大卿、监换团练使。秘书少监，太常、光禄少卿换刺史。卫尉以下少卿、监换皇城使、遥郡刺史。’”

《宋会要·职官》六一之一三：“熙宁五年三月十九日，中书言：礼房修《换官法》。……卫尉以下少卿、监换皇城使、遥郡刺史。”

带职郎中换阁门使。**(4046 页倒 1 行)**

前行郎中换宫苑使。**(4047 页 1 行)**

中行郎中换内藏库使。**(4047 页 2 行)**

后行郎中换庄宅使。**(4047 页 3 行)**

自“带职郎中”至“后行郎中”皆带“遥郡刺史”,各条下皆宜补“带遥郡刺史”。

《宋会要·职官》六一之一三:“前行郎中换宫苑使,中行郎中换内藏库使,后行郎中换庄宅使,并带遥郡刺史。……如正郎带职,即换阁门使,仍带遥郡刺史。”(《长编》卷二三一所载同)

带职前行员外郎(4047 页 4 行)

带职中行员外郎,……(4047 页 6 行)

带职后行员外郎,……(4047 页 7 行)

带职员外郎并止换遥郡刺史,非如《宋志》所谓带职前行员外郎换洛苑使、带遥郡刺史,带职中行员外郎换西京作坊使、带遥郡刺史,带职后行员外郎换供备库使、带遥郡刺史云云。

又,带职前行、中行、后行员外郎当自成一条,未当散列于非带职员外郎内。

《长编》卷二三一,熙宁五年三月戊戌:“中书言:‘礼房修《换官法》。……前行员外郎换洛苑使,中行员外郎换西(京)作坊使,后行员外郎换供备库使。……员外郎带职,即换遥郡刺史。’”(《宋会要》六一之一三所载同)

前行员外郎并换洛苑使。**(4047 页 5 行)**

……起居舍人,侍御史,中行员外郎并换西京作坊使。**(4047 页 6 行)**

……左、右司谏,殿中侍御史,后行员外郎并换供备库使,已上并带遥郡刺史。**(4047 页 7 行)**

不带职前行员外郎等换武资，皆不带遥郡刺史。此“已上并带遥郡刺史”句，可删去。

详参上条所引《长编》。

《宋会要·职官》六一之一七至一八：“政和七年三月四日，太尉高俅奏：‘伏睹朝散郎钱怿，才力劲强，知识明敏，留心武略，深晓兵机。……伏望特许换一右列，必能立功。’诏依格，与换武义大夫。”（按：寄禄官朝散郎，旧职为中行员外郎；武义大夫为政和新武官阶，旧为西京作坊使、东西染院使、礼宾使。以此可见，不带职中行员外郎换右职为西京作坊使，并不带遥郡刺史。此为例证）

带职博士，左、右正言，监察御史换阁门副使。（4047页8行）

带职博士，系指带职太常博士、带职国子博士。《宋志》未当将“博士”前之“太常、国子”省去。

《宋会要·职官》六一之一三：“太常博士换内藏库副使，国子博士换左藏库副使，以上如带职，换阁门副使。”（《长编》卷二三一同）

诸司监丞，（4048页3行）

《长编》卷二三一“熙宁五年三月戊戌”条及《宋会要·职官》六一之一三均作“诸寺监丞”。应据改。

太常寺太祝，奉礼郎换左侍禁。（4048页5行）

初等职官，知令、录并两使职官，防御、团练判官，令、录未及三考换左班殿直。（4048页6行）

“太常寺太祝……”与“初等职官……”之间，漏一条“秘书正字，校书郎，监簿，两使职官，防团判官，令录并换右侍禁”，当补入。

《宋会要·职官》六一之一三：“太祝，奉礼（郎）并换左侍禁。正字，秘校，监簿，两使职官，防团判官，令录并换右侍禁。”（《长编》卷二三一同）

诸训武郎至进武校尉，不曾犯赃私罪及笞刑经决而愿换文资者，（4048页倒1行）

自“诸训武郎”以下至 4049 页 4 行止，系北宋崇宁二年增修之换资法，而“训武郎”却系南宋武阶名，属史家追改之笔，当恢复崇宁时内殿承制（政和时称敦武郎）之名；类此，进武校尉亦当改为“三班差使”。

《宋会要·职官》六一之一六至一七：“徽宗崇宁二年二月八日，使臣王审言乞检举元丰法使臣试换文资。敕令所看详王审言等所乞……今合以前后试法比仿熙宁、元丰，酌中重别拟修下项：诏诸内殿承制至差使，不曾犯赃私罪及笞刑经决而愿换文资者，听召保官二员，具家状二本，诣登闻鼓院投进。”

《宋大诏令集》卷一六三“改武选官名诏政和二年九月二十五日”：“内殿承制以下小使臣　新官：敦武郎；旧官：内殿承制；……新官：进武校尉；旧官：三班差使……”

《宋朝兵制初探》247 页：“政和前名称：内殿承制。政和后改名：敦武郎（训武郎）。”

授进武校尉后未及五年，三省、枢密院书令史以下授使臣、进武校尉；（4049 页 2 行）

此二“进武校尉”皆属追改，非政和前之称谓，仍宜用“三班差使”之名。

《宋会要·职官》六一之一七：“授差使后未及五年，三省、枢密院书令史以下授使臣、差使。”

诸武臣试换文资，于《易》《诗》《周礼》《礼记》各专一经，仍兼《论》《孟》；愿试诗赋及依法官条试断案、《刑统》大义者，听。（4049 页 3、4 行）

《五经》漏载《尚书》一经，当补入。

“文资”后宜补入“者”字。

“仍兼……”句前有严重脱文。“各专一经”与“仍兼《论》《孟》”含义未明，原指武臣换文资者须试经义兼试《论语》《孟子》义，《宋志》均予省去，非妥。

又，《宋志》漏去“试论一首”，却阑入“愿试诗赋”。

《宋会要·职官》六一之一七：“诸武臣试换文资者，于《易》《诗》《书》《周礼》《礼记》各专一经，第一场试本经义三道，《论语》或《孟子》义一道；第二场试论一首，限五百字以上成。愿依《法官条》试断案、《刑统》大义者，听。”

迪功郎换成节郎，(4049 页 6、7 行)

从事、从政、迪功、通事郎换成节郎。(4049 页 10 行)

两处“成节郎”均当为“承节郎”。

官爵勋阶

文散官

文散官二十九(4049 页倒 3 行)

北宋元丰改制前，采唐制，文官带散阶，统称文散阶，自开府仪同三司至将仕郎为“文散官”，共二十九阶；武官则自骠骑大将军至陪戎副尉为“武散官”，亦二十九阶。《宋志》宜于此略加序言，以明宋初“叙阶之法”。查《宋志》一〇，4078—4079 页载有“叙阶之法”一段，其杂厕于“使职”与“宫观”之间，不伦不类，宜将其移置于“文散官二十九”之前或“武散官二十九”之后。

《愧郯录》卷七“散阶勋官寄禄功臣检校试衔”：“本朝《国史·职官志》七，载‘叙阶之法’：曰开府仪同三司至将仕郎为文散官；骠骑大将军至陪戎副尉为武散官，并二十九等，如旧。”

《宋志》一〇：“叙阶之法　开府仪同三司至将仕郎为文散官，骠骑大将军至陪戎副尉为武散官。……千牛备身则授陪戎副尉以上。”

中奉大夫正四(4050 页 1 行)

“中奉大夫”为大观新增阶名，此表系宋初之制，其时文散阶一沿唐制，正四品一阶乃通议大夫。唯太平兴国元年（开宝九年）避太宗讳，改“通议大夫”为“通奉大夫”。则《宋志》此处“中奉大夫”当为“通奉大夫”之误。元丰改制以阶易官，其正四品一阶仍用通议大夫之名，《寄禄格》中亦无“中奉大夫”一阶，待大观初方新增“中奉大夫”。

《群书考索·后集》卷一九“官制门·文阶类”：“宋朝沿唐制设文阶，而等级小异。唐阶曰：……正议大夫正四品上，通议大夫正四品下，太中大夫从四品上，中大夫从四品……”

《宋朝事实》卷一：“太宗……旧讳光义、匡义。开宝九年十月，诏官阶及州、县名，有与朕名下一字同者，宜改；与上字字同者，仍旧。乃以谏议大夫为正谏大夫，正议大夫为正奉大夫，通议大夫为通奉大夫，朝议大夫为朝奉大夫，朝议郎为朝奉郎……”

《分纪》卷四九“文散官”：“国朝　开府仪同三司、特进、光禄大夫、金紫光禄大夫、银青光禄大夫、正奉大夫、通奉大夫、太中大夫、中大夫……”

朝散大夫从五上　**朝请大夫**从五**(4050 页 2、3 行)**

朝请大夫为从五品上阶，朝散大夫为从五品下阶，《宋志》将两阶倒置，当将朝请大夫与朝散大夫互易位置。

《合璧后集》卷六二“文阶”：“本朝旧阶曰开府仪同三司、特进……朝请大夫、朝散大夫、朝奉郎……”

《大唐六典》卷二“吏部”：“凡叙阶二十九：从一品曰开府仪同三司……正五品下曰朝议大夫，从五品上曰朝请大夫，从五品下曰朝散大夫……”

《群书考索·后集》卷一九“文阶类”：“朝请大夫旧为前行郎中。宋朝元丰新制，改六曹前行郎中为朝请大夫。　朝散大夫旧为中行郎中。元丰新制改六曹中行郎中为朝散大夫。”

武散官

武散官三十一(4050 页倒 4 行)

宋初武散官阶二十九，采唐旧制。《宋志》所列武散官三十一，究其实止二十九，缘“怀化大将军”“归德将军”属特置，专授予蕃官。故，仍宜标“二十九”为妥。

《愧郯录》卷七：“本朝《国史·职官志》七载：……骠骑大将军至陪戎副尉，为武散官，并二十九等，如旧。”(参《唐六典》卷五“吏部”)

已上文武三品已上服紫，五品已上服绯，九品已上服绿。(4051 页倒 4 行)

北宋前期文、武官七品以上服绿，九品以上服青。上文“九品”为“七品”之误，需补“九品以上服青”。

《宋史·舆服志》五“武散官三十一”：“宋因唐制，三品以上服紫，五品以上服朱，七品以上服绿，九品以上服青。”

元丰寄禄格

《元丰寄禄格》以阶易官，杂取唐及国朝旧制，自开府仪同三司至将仕郎，定为二十四阶。(4051 页倒 3 行)

“国朝旧制”或作“祖宗旧制”，宜作“宋初旧制”。《元丰寄禄格》谓二十四阶，则不包括开府仪同三司(属使相)，当自特进始，至承务郎止。此“开府仪同三司”宜易为“特进”，“将仕郎”易为“承务郎”。

《合璧后集》卷六二“文阶”：“元丰新制，以阶易官，乃杂取唐及祖宗旧制而损益之，定为二十四阶，号《寄禄新格》。元丰三年……今具下项：特进、金紫光禄大夫、银青光禄大夫、光禄大夫、正议大夫、通议大夫、大中大夫、中大夫、中散大夫、朝议大夫、朝请大夫、朝散大夫、朝奉大夫、朝请郎、朝散郎、朝奉郎、承议郎、奉议郎、通直郎、宣教(德)郎、宣义郎、承事郎、承奉郎、承务郎。”

《分纪》卷四四“文散官”:“《元祐令》:开府仪同三司为使相,特进至承务郎为寄禄官。”(按:元丰三年九月十六日详定官制所上《以阶易官寄禄新格》含“开府仪同三司”,总为二十五阶)

《宋会要·职官》五六之二:“(神宗元丰三年九月)十六日,详定官制所上《以阶易官寄禄新格》:中书令、侍中、同平章事为开府仪同三司,左、右仆射为特进……秘书省校书郎、正字,将作监主簿为承务郎。……十七日,诏开府仪同三司为使相……”

大观初又增宣奉、正奉、中奉、奉直等阶。(4051页倒2行)

大观二年六月,寄禄去“左、右”,增文资五阶,即增宣奉大夫、正奉大夫、通奉大夫、中奉大夫、奉直大夫,即由《元丰寄禄格》二十五阶(含开府仪同三司)增为三十阶。再加选人七阶,即承直郎、儒林郎、文林郎、从事郎、从政郎(政和改,原通仕郎)、修职郎(登仕郎)、迪功郎(将仕郎),总计三十七阶。《宋志》漏“通奉”一阶,宜补于“正奉”之后。

又,“奉直”后宜补“大夫”二字。

《宋会要·职官》五六之二八:“(大观二年)六月二十七日,中书省检会:大观二年三月十五日,奉御笔:寄禄官在神考时不分左、右,曩虽厘正,犹有存者,若尽去之,则序爵制禄等级差少,人易以及,可令有司条画以闻。今拟下项:金紫光禄大夫、银青光禄大夫、光禄大夫(旧系右银青光禄大夫)、宣奉大夫(旧系左光禄大夫)、正奉大夫(旧系右光禄大夫)、正议大夫、通奉大夫(旧系右正议大夫)、通议大夫、太中大夫、中大夫、中奉大夫(旧系左中散大夫)、中散大夫、朝议大夫、奉直大夫(旧系右朝议大夫)。诏依拟定。应见带左、右字人并除去,依逐等所定官换授,别给黄牒。”

朝议大夫　太常卿、少卿,左、右司郎中(4053页1行)

“朝议大夫”下之旧官“太常卿”误,当为“太常少卿至司农少卿”。

《长编》卷三〇八,元丰三年九月乙亥:“详定官制所上《以阶易官

寄禄新格》:……太常至司农少卿为朝议大夫。"(《宋会要·职官》五六之二同)

通直郎　太子中允、赞善大夫、洗马(4053页倒5行)

"赞善大夫"下缺载"太子中舍"。

《长编》卷三〇八:"太子中允、赞善大夫、中舍、洗马为通直郎。"(《宋会要·职官》五六之二同)

《合璧后集》卷六二:"国朝元丰新制,改太子中允、左右赞善大夫、中舍、洗马为通直郎。"

文林郎　留守、节察推官,军、监判官(4054页4行)

"军、监判官"为"军事判官"之误。

《宋会要·职官》五六之二五:"留守、节察推官,军事判官为文林郎。"(《梁溪漫志》卷二"文武官制"同)

政和武选官名

国朝武选,自内客省至阁门使、副为横班,自皇城至供备库使为诸司正使,副为诸司副使,自内殿承制至三班借职为使臣。(4054页倒6、倒5行)

"国朝"当改为"宋朝"。"副为诸司副使"前,宜补加"自皇城副使至供备库"等文字,并于"副"字后系一"使"字。

又,关于"使臣",宋制有"大使臣""小使臣"之分,其分法,各朝有不同。如《元祐令》《政和令》皆以诸司使、诸司副使(武功大夫至武翼郎)、内殿承制(敦武郎)、内殿崇班(修武郎)、阁门祇候为大使臣,东、西头供奉官(从义郎、秉义郎)至三班借职(承信郎)为小使臣。《庆元条法》即止以训武郎(敦武郎)、修武郎、阁门祇候为大使臣,小使臣与北宋元祐、政和之制同。

《群书考索·后集》卷二〇"官制门·武阶类":"宋朝沿唐旧制,武选之称,自客省使至阁门使(使各有副)为横行,自皇城使至供备库使为诸司正使，自皇城副使至供备库副使为诸司副使，自内殿承制至三班借职为使臣。元丰肇正文阶，而武阶犹未及改。”

《群书考索·后集》卷二一“官门”：“以内客省使、引进、四方馆、东西上阁门使副为横行……以诸司使副、内殿承制、崇班为大使臣，供奉官、侍禁、殿直、借奉职为小使臣。”

《分纪》卷四四“横行东西班大小使臣”：“《元祐令》：内客省使至阁门副使为横行，延福宫使至昭宣使为班官，诸司使、副使、丞(承)制、崇班、阁门祇候为大使臣，供奉官、侍禁、殿直、奉职、借职为小使臣。”

《宋会要·职官》五六之四三：“(政和)三年十二月十八日，通侍大夫至右武郎为横行，……武功大夫至修武郎、阁门祇候为大使臣，从义郎至承信郎为小使臣。”

《庆元条法事类》四“官品杂压”：“训武、修武郎、阁门祇候为大使臣，从义郎至承信郎为小使臣。”

六年，及增置宣正、履正、协忠、翊卫、亲卫大夫郎，凡十阶，通为横班。(4054 页倒 4、倒 3 行)

“大夫郎”系“大夫、郎”之谓，其间宜加顿号。政和六年共增置十二阶，《宋志》漏计“正侍郎”“中侍郎”二阶，详参下条补正。

自太尉至下班祗应，凡五十二阶。(4054 页倒 3 行)

关于政和武官阶，有两种统计方法。其一，自太尉至承信郎，即自正二品至从九品全部为入品武官，共为五十二阶；其二，自太尉至下班祗应，即包括未入流之进武校尉、进义校尉、进武副尉、进义副尉、守阙进义副尉、下班祗应六阶，共为五十八阶。《宋志》既书“自太尉至下班祗应”，则应为“凡五十八阶”。

《宋大诏令集》卷一六三“改武选官名诏政和二年九月二十五日”：“横行：新官，通侍大夫……右武郎，右十二阶；皇城使以下：新官，武功大夫……武翼大夫，右八阶；皇城副使以下：新官，武功郎……武翼郎，右八阶;内殿承制以下小使臣:新官,敦武郎……进义校尉,右一十二阶;大将等:新官,进武副尉、进义副尉、守阙进义副尉,右三阶;殿侍:新官,下班祇应。"按:政和二年九月,立武选官名(包括未入流武官)共四十五阶,加太尉凡四十六阶。

《宋会要·职官》五六之四五:"(政和六年十一月)三十日,诏官爵以待劳能,今兴事造功,能者辈出,而官名不足,何以宠赉多士。可增下项,仍通旧依此,即(郎)亦如之,惟不置通侍。右武、左武、拱卫、中卫、中亮、中侍、正侍、通侍凡八阶,旧已有;今又增亲卫、翊卫、协忠、履正、宣正凡五阶。"(按:据此政和六年十一月增阶共十二阶,即亲卫至宣正五阶皆置大夫、郎、为十阶;又旧八阶通置郎,除通侍止置大夫不置郎,中亮、中卫、右武、右武已置郎,并政和二年十一月五日诏增置拱卫郎外,原未置郎之正侍、中侍,亦增置郎,则为二阶。至是,政和六年共增置十二阶,与政和二年四十六阶相合,所得总数为五十八阶,倘不计未入流之六阶,则为五十二阶明矣)

宣正大夫(4055页3行)

履正大夫(4055页4行)

协忠大夫并政和新置。**(4055页5行)**

"新置"宜改为"增置","政和"宜注明"政和六年",以别于政和二年九月新改武选官名。详参上条所引《宋会要》。

翊卫大夫(4055页倒7行)

亲卫大夫(4055页倒6行)

拱卫大夫并政和增置。**(4055页倒5行)**

"翊卫大夫""亲卫大夫"系政和六年增置,"拱卫大夫"则非,系政和二年旧官四方馆使改。《宋志》当于"拱卫大夫"下补"四方馆使"之旧官名,并将"并政和增置"("政和"后宜加"六年"两字)上移至"亲卫大夫"之下。

《宋大诏令集》卷一六三"改武选官名诏":"横行:新官,拱卫大

夫;旧官,四方馆使。”(《梁溪漫志》卷二同)

并参上引《宋会要》。

翊卫郎(4056页6行)

拱卫郎并政和增置。(4056页7行)

“翊卫郎”之下,漏载“亲卫郎”,当补。“政和”后宜补“二年十一月”之岁月。

《宋志》九“校勘记”之一一:“拱卫郎:案政和增置横班十阶,有亲卫郎;此条前当有亲卫郎一阶。”(并参《宋朝兵制初探》246页《宋有品的武阶官表》及《宋代职官品阶制度研究》之《政和武官阶表》。按:拱卫郎一阶,虽非政和二年九月换武选官名时新置,然于是年十一月五日诏增置,未可谓政和六年增置)

《宋会要·职官》五六之三九:“(政和二年)十一月五日,诏新官制内,武阶横行四方馆旧无副使员额,今既析司置属,理不可阙,宜置拱卫郎,在左武郎之上,可速添入《格目》。”

承信郎　三班借职(4058页5行)

下班祗应　殿侍(4058页6行)

“承信郎”以上为入品武官,以下即为无品武官,共六阶,《宋志》漏载五阶,仅载“下班祗应”一阶,当补之。

《宋大诏令集》卷一六三“改武选官名诏”:

“承信郎　　三班借职

进武校尉　　三班差使

进义校尉　　三班借差

进武副尉　　大将

进义副尉　　正名军将

守阙进义副尉　　守阙军将

下班祗应　　殿侍”(按:凡差遣在京师宗室家及外州军祗应之殿侍,改作“下班祗应”;其余在皇宫中东、西班祗应之殿侍仍旧)

政和改内侍官名

政和二年,始遂改焉。凡十有二阶。(4058页7、8行)

政和二年九月所改内侍官阶为十一阶,此谓“十有二阶”,误。《宋大诏令集》所载诏令作“十有一阶”,《宋会要》所载新改内侍官名亦为十一阶,但统计数误书“十二阶”,修志者未辨名实,为凑“十二阶”之数,随意增加新官“内品”,非是。其源出自《通考》之误。

《宋会要·职官》五六之三七:“入内、内侍两省:新官:供奉官,旧官东头供奉官;左侍禁,旧官西头供奉官;右侍禁,旧官殿头;左班殿直,旧官高品;右班殿直,旧官高班;黄门,仍旧;祇候侍禁,旧官祇候殿头;祇候殿直,旧官祇候高品;祇候黄门内品,旧官祇候高班内品;祇候内品,仍旧祇候内品;贴祇候内品,仍旧贴祇候内品。右一十二阶,八阶改,三阶仍旧。”

《宋大诏令集》卷一六三“入内、内侍两省”:

“新官	旧官
供奉官	东头供奉官
左侍禁	西头供奉官
右侍禁	殿头
左班殿直	高品
右班殿直	高班
仍旧	黄门
祇候侍禁	祇候殿头
祇候殿直	祇候高品
祇候黄门内品	祇候高班内品
仍旧	祇候内品
仍旧	贴祇候内品

右十一阶,八阶改,三阶仍旧。”

祇候黄门(4059 页 4 行)

内品(4059 页 5 行)

“祇候黄门”下漏“内品”两字,后一行“内品”则属误添,当移置“祇候黄门”下,则为“祇候黄门内品”一阶。详参上条所引《宋大诏令集》《宋会要》。

贴祇候内品已上三名仍旧不改。**(4059 页 7 行)**

“三名”前漏“八阶改”,当补入。详参上条所引《宋会要》《宋大诏令集》。

爵

爵一十二(4060 页倒 1 行)

宋代爵制因时不同,如南宋庆元官品令谓十等爵,现存《分纪》所载《元祐官品令》为十等爵(有残阙,恐为十二等爵)。又,宗室与功臣及平民似各有途。为《神宗正史·职官志》载有宗室封爵为九等。太宗朝有“公士”爵级,以赐进纳人。可参《宋志》3837 页“列爵九等”。

勋

勋一十二(4061 页倒 5 行)

勋按转计,所谓“赐勋一转”之类,然总名仍称“勋级”。“勋”后宜系一“级”字。或称“勋官”。

《宋会要·职官》一〇之一六:“《神宗正史·职官志》:凡勋级十有二。”

《宋会要·职官》一〇之一八:“勋官　上柱国正二品,柱国从二品,上护军正三品,护军从三品,上轻车都尉正四品,轻车都尉从四品,上骑都尉正五品,骑都尉从五品上,骁骑尉正六品上,飞骑射从六品上,云骑尉正七品上,武骑尉从七品上,凡十二等。”

朝官虽未至骁骑尉,经恩亦便加骑都尉。(4061 页倒 1 行)

此为宋初之制，至神宗元丰六年改自武骑尉始。又，政和三年三月文武勋官并罢，《宋志》失载。

《宋会要·职官》一〇之一八："太宗淳化元年诏，自今京官、幕职州县官始武骑尉，朝官始骑都尉，历级而进；内殿崇班初授则骑都尉，三班及军员、吏职并初授武骑尉。……神宗元丰三年九月十七日，诏臣僚加恩，并依旧勋，已至上柱国，即并加食邑……六年十二月一日，诏升朝官加勋依宗室法，并自武骑尉始。旧法，升朝官加勋，内殿崇班、内常侍赐勋，并自骑都尉始也。"

《宋会要·职官》一〇之一八至一九："徽宗政和三年二月八日，降授儒林郎、充详定一司敕令所删定官李嘉奏：'……今官为文品而勋带武名，借如使相或赐户之官而勋带轻车、护军之类，岂其所宜哉！名不正则言不顺。……'诏文勋官并罢，令尚书省措置。高宗绍兴三年二月八日，详定一司敕令所言：'……遵依政和三年三月三十日指挥，应文武臣勋并罢。……'从之。"

功　臣

功臣（4062 页 1 行）

《宋志》一〇，4080 页有一段总叙"功臣"设置沿革之文字，宜移至此。

右赐中书、枢密臣僚。宰相初加六字，余官初加四字，其次并加两字，旧有功臣者改赐。**（4062 页 4 行）**

此"臣僚"指宰相、枢密使、参知政事、枢密副使。宜书明。不然，注文之"余官"所指何官费解。"其次并加两字"，词未达意，宜易作"其进加则二字"。"旧有功臣者"宜改为"如旧有功臣除入中书、枢密院者"。

又，"其次并加两字"后当补"或四字"。

《分纪》卷四九"功臣"："国朝修唐制，宰相、枢密使初拜必赐；为参知政事、枢密副使，初或未赐，遇加恩乃有之。中书、枢密则有推忠、协谋、同德、佐理。……宰相初加即六字，余并四字，其进加则二字，或四字，多者有至十余字。……《官品集》：见任中书、枢密院臣僚，如赐功臣，宰臣六字，枢密使、参知政事、枢密副使等四字，以次加两字。如旧有功除入中书、枢密院，即依例改赐。”

《宋会要·礼》五九之二二：“宰相初加则六字，余并四字，其进加则二字，或四字，多者有至十余字。”

《却扫编》卷中：“功臣号，起于唐德宗……本朝循此制。宰臣初则加六字，余并四字，其进则二字，或四字，多者有至十余字。”

推忠　保德　翊戴(4062页5行)

此“推忠”系“推诚”之误，当改。宋赐功臣之制，入中书、枢密院，必以“推忠”两字冠诸功臣号之首，而外任官及文武臣僚等即无“推忠”之号，而例赐“推诚”两字以冠诸功臣号之首，泾渭分明，极易识别。

《分纪》卷四九：“《官品集》：见任中书、枢密院臣僚如赐功臣，宰臣六字，枢密使、参政知事、枢密副使等四字，以次加两字：

推忠佐理

推忠协谋佐理

推忠协谋翊戴佐理

……

推忠协谋同德守正佐理翊戴

文武臣僚如赐功臣并四字，以次加两字：

推诚保节

推诚保德

推诚保顺翊戴

……

推诚宣德崇仁保顺纯诚亮节协恭”

《宋大诏令集》卷五三“吕夷简拜昭文制明道二年十月戊午”：“推诚保德崇仁忠亮翊戴功臣、武胜军节度、邓州管内观察处置等使、开府仪同三司、检校太傅、同中书门下平章事、使持节邓州诸军事、行邓州刺史、判陈州军州事、兼管内堤堰桥道劝农使及管勾开治沟洫河道事、上柱国、东平郡开国公、食邑九千户、食实封三千七百户吕夷简，……可特授门下侍郎、兼吏部尚书、同中书门下平章事、昭文馆大学士、监修国史，加食邑一千户、食实封四百户，仍改赐推忠协谋同德守正佐理功臣，散官、勋、封如故。”按：吕夷简由判陈州迁为宰相，其功臣号“推诚”即易为“推忠”。

检校官

检校官一十九(4062 页倒 1 行)

太师　太尉　太傅　太保　司徒　司空(4063 页 1、2 行)

检校官十九，系元丰三年九月前之制。元丰新制罢去检校司空以下不置。

又，政和二年九月改“三公”“三师”为“三师”“三少”，其“太尉”“司徒”“司空”之名不用，另设“少师、少傅、少保”，检校官之名遂改为“检校少师、检校少傅、检校少保”，此又不可不提。此后，若武臣累加至检校少师，则拜太尉；文臣累加至检校少师，则拜开府仪同三司。

《宋会要·职官》五六之三：“(元丰三年九月十七日)，……中书言：‘官制所申朝旨，除三公、三师外，余检校官并散阶并罢。所有宗室及文武臣正任至内常侍已上，内臣供奉官已下，选人、技术官、将校、中书枢密院主事已下及诸司吏人，所授勒留官、衙校等各有带文散阶、检校官及宪衔，欲并除去。其僧官并溪洞蛮人知州镇及化外蕃官所带散官等，合自朝廷指挥。’从之。”

《朝野杂记》甲集卷一二“检校官”：“检校官者，自唐以来有之。凡内职崇班今修武郎、武臣副率以上，初除及遇恩皆带。若文臣则枢密、宣徽、节度使始带焉。自三公(谓太尉、司徒、司空)、三师、仆射、尚书、常侍至宾客、祭酒，凡十余等。元丰改官制，武臣承宣使已下皆罢，惟存检校三公、三师，以待节度使之久次者。政和后，改三公为三少。若武臣累加至检校少师，则拜太尉，文臣累加至检校少师，则拜开府仪同三司。安南王国初袭封，加检校太尉，经恩迁检校太师，外蕃刺史州则检校太子宾客。此外皆不带云。”

初授枢密使、使相及曾任宰相、枢密使除节度使加太傅，(4063页5行)

“初授”前落“文臣”之名。宋初文臣为枢密使兼带检校太尉、太傅兼本官。

《春明退朝录》上：“文臣为枢密使，皆带检校太尉、太傅兼本官。乾兴元年，钱文僖以兵部尚书为枢密使，不带检校官，有司之失也。”

兼官

兼官四(4063页倒3行)

此“兼官”系特指检校官兼宪官(带宪衔)，非泛指正官之外所带他官之兼官。故宜用全称“检校官兼宪衔”或“检校官兼官”。

又，“四”为“五”之误，漏一“御史中丞”。

《宋志》四，3870页2行：“御史大夫　宋初不除正员，止为加官。检校官带宪衔，有至检校御史大夫者。”

《愧郯录》卷七：“兼官则御史大夫、中丞、侍御史、殿中侍御史、监察御史。”

《宋志》一〇，4077页2行：“兼官则御史大夫、中丞，侍御、殿中、监察御史。”

御史大夫　侍御史(4063页倒2行)

“御史大夫”后漏落“御史中丞”。详参上条所引《愧郯录》等。

《分纪》卷四九“检校兼官”：“银青光禄大夫、检校太子宾客、兼御史中丞、骁骑尉,银青光禄大夫、检校太子宾客、兼御史中丞、骑都尉直入内殿崇班,除此一副。"

绍兴以后阶官

绍兴以后阶官(4064页倒5行)

此篇(即自《宋志》4064页至4070页)与前所载元丰、政和阶官几全同,止略有差异,如绍兴以后文阶中列选人七阶外,另增通仕郎、登仕郎、将仕郎三阶。其实,可并入前列诸官阶表内。钱大昕谓"连篇累牍皆可省也",似可采。

《廿二史考异》卷七二"宋史·职官志"九:"绍兴以后阶官　按:南渡文武寄禄官阶,一遵元丰、政和之旧,而志复重列之。连篇累牍,皆可省也。"

惟纽转通直郎、奉直中散二大夫如故,(4064页倒2行)

"纽转"为"细转"之误。"细转"即常调,逐资转,非超迁之意,是职官术语。

《通考·职官》十八"文散官":"右宋初省、台、寺、监之官。特以寄禄,皆不领本职。元丰三年……易以以阶,文阶自开府仪同三司至将仕为二十四。崇宁、大观、政和相继润色之……今任子、杂流惟细转通直郎,奉直、中散二大夫。若带贴职,则超资。京官以上,四年一转。无出身人逐资转,有出身人超资转。"

《长编》卷四九八,元符元年五月戊申甲子:"朝廷名器所当爱惜,未可建节也。左右银青乃真尚书,旧六尚书皆细转,今更一迁则为特进矣。"

《宋朝诸臣奏议》卷六九"上哲宗论寄禄官宜分左右":"窃见官制已行……自光禄大夫一迁为银青光禄大夫,旧所谓六部尚书是也。侍从臣僚则自礼部迁户部、户部迁吏部,常调臣僚则自工部迁刑部、刑部迁兵部,累而至吏部,凡五迁,谓之'细转'。今二十四年之官,八年俱历之矣!”

《宋代文官选任制度诸层面》第四章:“一般是无出身逐资转,有出身、馆职乃至待制等超资转……在当时,依阶逐资转,与‘双转’‘超转’相对而言,被称之为‘细转’。”

通直郎(4066 页 1 行)

当加注“以上系升朝官”。

《考正》卷九之九“绍兴以后阶官”:“‘郎’下应从《通考》补注‘以上系升朝官’六字。”

《宋志》卷九“校勘记”之二一:“据《通考》卷六四《职官考》和本条文例,此下当有‘以上系升朝官’六字注文。”

将仕郎以上系奏补未出身官人。(4066 页倒 5 行)

“未出身官人”系“未出官人”之误。宋有“有出身人”(科举出身)与“无出身人”(荫补之类)之别,又有“出官”(吏人)及“改官”(选人)之异。“未出官”(或“未出职”)可称“未出官人”,但未宜称“未出身官人”,此“身”字系衍字。

《通考·职官》一八“朝议郎以下”:“政和既以从政、修职、迪功郎易通仕、登仕、将仕郎,其通仕、登仕、将仕三阶系奏补未出官人。”

武　阶

宣正大夫政和新置。履正大夫政和新置。(4067 页 2 行)

协忠大夫政和新置。(4067 页 3 行)

元丰改制时,未及易武阶之名,至政和二年九月方易以“通侍大夫”等武阶新名,又至政和六年,增武阶名十二阶,“宣正大夫”“履正大夫”“协忠大夫”三阶皆属政和增置阶,未能谓“政和新置”。此“新”字宜改为“增”字。详参《宋志》4055 页“拱卫大夫”条补正。

翊卫大夫　亲卫大夫(4067 页 5 行)

拱卫大夫自翊卫至此,并政和新置。(4067 页 6 行)

“拱卫大夫”下之注文当删。

“翊卫大夫”“亲卫大夫”下各加“政和新置”注文。

正侍郎　宣正郎(4067页倒2行)

履正郎　协忠郎(4067页倒1行)

中侍郎自正侍至此,并政和新置。**(4068页1行)**

“政和新置”系“政和增置”之误。又,依本条体例,宜于上引各郎下加“政和增置”注。

翊卫郎(4068页2行)

亲卫郎　拱卫郎自翊卫至此,并政和新置。**(4068页3行)**

“政和新置”系“政和增置”之误。又,依本条体例,宜于上引诸郎下各加“政和增置”注。

秉节郎(4068页倒5行)

“秉节郎”系“秉义郎”之误。

《考正》卷九之九“绍兴以后阶官”:“‘秉节郎’与本志本卷所载政和寄禄格中名目不同,当从《通考》作‘秉义郎’。”

内侍官十二阶,并政和旧制。(4069页5行)

“十二阶”系“十一阶”之误。详参上文,即《宋志》4058页“内侍官阶”条补正。

医　官

保和大夫(4069页倒5行)

保和郎(4069页倒3行)

宣和元年改“保和”为“平和”,本表既属绍兴以后之制,不当仍用北宋宣和元年以前之旧名。

《宋会要·职官》三六之一〇二:“宣和元年二月十二日,诏医职有保和名,可改平和。”

翰林医官(4069页倒2行)

“翰林医官”即“翰林医正”,可删去。

翰林医学(4070页3行)

“翰林医学”之后漏“翰林祗候”一阶。

《宋会要·职官》三六之一〇四:“(绍兴)十三年二月五日,诏翰林医官局,……以本局言‘所掌自祗候至和安大夫二十二阶……’故也。”

宋史职官志补正十

（《宋史》卷一七〇）

杂　制

赞　引

旧中书门下、翰林学士、御史中丞并绯衣双引，仍传呼。（4073页倒4行）

“绯衣”后漏一“吏”字。“绯衣吏”，即“朱衣吏”。

“旧”指宋初之制，宜用“宋初”。

“中书门下”为宰相治事之所，此做宰相别称，仍以用“宰相、参知政事”为妥。

《文昌杂录》卷一：“新定仪制：宰相、两省侍郎、尚书左右丞，皆朱衣吏两人双引；枢密院官，紫衣吏一人前导；御史中丞、知杂御史，亦朱衣吏两人双引；尚书、侍郎、学士、待制、两省给舍及太平大夫已上，并朱衣吏一人引。”

《宋会要·仪制》四之一〇：“凡宰相、参知政事、翰林学士、御史中丞，并朱衣吏双引，仍传呼。”

使相、仆射、两省五品已上，一吏前引。（4073页倒3行）

“一吏”后落“朱衣”两字。

《宋会要·仪制》四之一〇:“使相、仆射、两省五品以上,一吏朱衣前引。”

淳化四年,令东宫三少、尚书、丞、郎入朝以绯衣吏前导,并通官呵止。(4073 页倒 1 行)

“丞、郎”标点有误,宜删去其间顿号而为“丞郎”(尚书左、右丞,六部侍郎),不包括尚书郎中、员外郎,故未当分读。

“通官”前宜补“从人”之名,缘“通官”系从人通报官员之意,属行为,非名称。

“东宫”为“太子”别称。

《宋会要·仪制》四之一二:“太宗淳化四年,诏东宫三少、尚书、丞郎并许令从人通官呵止。”

导　从

令东宫三少、尚书、丞、郎,并通官呵止。(4074 页 7 行)

此条已见“赞引”条,系重出,可删。

自今除中书、枢密、宣徽使、御史中丞、知杂御史、金吾并摄事清道如旧制呵导外,(4074 页倒 5、倒 4 行)

“知杂御史”之下顿号宜改为逗号,缘“金吾”(左、右金吾街仗司)系职掌清道,未能与“知杂御史”等官同列。“金吾”前宜加“左、右”。

《宋会要·仪制》五之八:“大中祥符五年九月十二日,翰林学士李宗谔、龙图阁直学士陈彭年言:‘准诏,以群官导从不合品式,与礼官详定仪制以闻。今除中书、枢密、宣徽、御史中丞、知杂御史,左、右金吾并摄事清道如旧制呵导外,仆射以上不得过四节……’”

丞郎已上、三司副使,两节;(4074 页倒 3 行)

“丞郎”前当补“翰林学士、枢密直学士、龙图阁直学士”诸官名。

《宋会要·仪制》五之八:“翰林学士,枢密、龙图阁直学士,尚书丞郎以上，不过两节。……三司副使，不过两节。”

大两省、卿、监，一节；小两制、御史、郎中、员外、诸司四品，三司、开封府判官推官，二人前行引，不得过五步。（4074页倒3、倒2行）

“大两省”指“给、舍”（门下省之给事中、中书省之中书舍人），元丰改制前包括知制诰。“小两省”指起居郎、起居舍人。《宋志》此谓“小两制”系“小两省”之误。“大两省”“小两省”皆非正名。“二人前行引”之“行”字可删。“一节”前补“待制”。

《宋会要·仪制》四之一五：“大两省、卿、监、待制，一节；小两省、御史、郎中、员外、诸司四品、三司、开封府判官推官，二人前引，不得过五步。”

《合璧后集》卷一九“左、右史”：“国朝沿唐制，起居郎隶门下，起居舍人隶中书，号小两省官，皆为虚名《职略》。”（按：《宋志》十“校勘记”之二所引《合璧事类》后集卷六一，不确。卷六一为“官品门”，应为卷一九）

食实封

《三朝志》云：……同出身例。（4077页1—10行）

此一大段系重出，已见于《宋志》卷九，4063页“检校官”“兼官”，及4064页“试秩”。且这些文字置于“食实封”条下，格格不入，可删去之。

《考正》卷一〇之二“三朝志”条：“按：《史志》录用旧史之文，例均不著出典，而此独曰《三朝志》云云，显与体例不合。检校官、兼官、试官均已见于本志卷九，本卷目录中亦未列入，而乃于‘食实封’条下突出此一大段……当全删去。”

使　职

又有拐子马、无地名马，选武干者别领之。（4078页6行）

“无地名马”当作“无地分马”。

《长编》卷五六，景德元年七月乙未：“诏北面都部署，自今与敌斗，阵既成列，除东西拐子马及无地分马外，更募使臣、军校拳勇者，量地形远近，押轻骑以备应援。”

《武经总要》前集卷七“无地分马”：“无地分马，轻锐之兵也。凡一指挥，各成战队，分遣指使使臣或军头一员押之，处大将军营阵左右前后，备缓急驱使，其战队多少，临时分置，无定数。”

此条参看邓广铭《有关“拐子马”的诸问题考释》及陈文龙《〈宋史·职官志〉校补》。

廉访民瘼，则有巡抚大使、副大使，……或官卑者止云巡抚、安抚，无使字。（4078 页 7、8 行）

宋代巡抚大使、副大使比之巡抚使，则以置巡抚使为多，此不云“巡抚使”之设，未妥。

《宋会要·职官》五〇之二：“真宗咸平二年三月，以度支、刑部员外郎、直史馆陈尧叟为广南东路巡抚使，赐金紫。三年七月，以翰林侍读学士夏侯峤为江南巡抚使，知制诰赵安仁副之；翰林侍讲学士邢昺为两浙巡抚使，仓部郎中、直秘阁潘慎修副之。所至问民疾苦，疏理滞狱，厚赐而遣。”

加礼外国，则有国信、接伴、送伴使副；吊祭，大帅若是；（4078 页 8 行）

此句原意为，与外国礼尚往来的使节，有国信、接伴、送伴使副及吊慰祭奠使，大率如此。校点本标点有误，“送伴使副”下分号当易为顿号，“使副”宜移置于“吊祭”之后，“大帅若是”下之分号改为句号。《宋志》“大帅”为“大率”之误。“吊祭”全称为“吊慰祭奠使、副”（见《宋会要·职官》五一之四三）。

最后明堂祫飨，置五使，如南郊。其一时特置者，则各具志传。（4078 页倒 6 行）

“明堂祫飨”非一礼，“明堂”后宜添一顿号，明堂、祫飨（“飨”亦作“享”）各为大礼。

《宋会要·礼》二五之五四：“国家大礼，曰南郊，曰明堂，曰祫享，曰藉田，曰上庙号。今若止以明堂、祫享、南郊三事共为大礼式，则恐包举未尽。”

叙阶之法

叙阶之法　开府仪同三司至将仕郎为文散官，骠骑大将军至陪戎副尉为武散官。……千牛备身则授陪戎副尉以上。（4078 页倒 4 行—4079 页 3 行）

“叙阶之法”已于本志卷九载述，未能属“杂制”，当移此段于《宋志》卷九 4051 页，可替换该页倒六行“右文散官阶”一段文字。

《考正》卷一〇之三“叙阶法条”：“案：本卷卷首目录中并无‘叙阶’之目，且文中所述与本志卷九文武散官条下‘右文散官阶上经恩加一阶’云云一段大体相同。该段所述不及此段详明，且颇有伪脱，应删落该段而将此段移置其地。”

太平兴国元年，改正议大夫为正奉，通议大夫为朝奉，朝议郎为朝奉，承议郎为承直，奉议郎为奉直，宣义郎为通直。（4078 页倒 3 行）

“通议大夫”之后有脱误。“通议大夫为朝奉”误，应为“通议大夫为通奉”，之后应补“朝议大夫为朝奉”，下接“朝议郎为朝奉”。又，“宣义”为“宣议”之误，“通直”为“宣奉”之误。

又，“太平兴国元年”误，应为“开宝九年”。开宝九年十二月改元，为太平兴国元年。

《宋朝事实》卷一“祖宗世次”：“开宝九年十月，诏以谏议大夫为正谏大夫，正议大夫为正奉大夫，通议大夫为通奉大夫，朝议大夫为朝奉大夫，朝议郎为朝奉郎，承议郎为承直郎，奉议郎为奉直郎，宣议郎为宣奉郎。”

入令录、判司簿尉，每加一阶，并幕职。计考当服绯紫者，皆奏加朝散、银青阶。（4078页倒1行）

“并幕职”后之句号当删。“并幕职”与下文连读：“并幕职计考当服绯紫者”。

改赐功臣勋官

自上柱国至武骑尉。……不得用以荫勋。（4079页4—6行）

本志卷九已载有“勋一十二”之目。此段为重出，可移置于《宋志》卷九4061页倒2行“右骑都尉以上”之前。

朝官始骑都尉，三班及军员、吏职经恩并授武骑尉。（4079页5行）

漏载“内殿崇班初授则骑都尉”于“三班及军员”之前。

《宋会要·职官》一〇之一八：“太宗淳化元年诏，自今京官、幕职州县官始武骑尉，朝官始骑都尉，历级而进。内殿崇班初授则骑都尉，三班及军员、吏职并初授武骑尉。”

《分纪》卷四九“勋官”：“太宗淳化元年诏，自今京官、幕职州县官始武骑尉，朝官始骑都尉，历级而进。内殿崇班初授则骑都尉，三班及军员、吏职并初授武骑尉。”

又诏：“古之勋爵，悉有职奉之荫赎，宜以今之所授与散官等，不得用以荫勋。”（4079页6行）

此句脱误甚多。“之荫赎”前漏一“以”字，“宜”后少一“矣”字。“以今之所授”句中之“以”字应删。“荫勋”为“荫赎”之误，难以卒读。今据《长编》补正并加标点如下：“古之勋爵，悉有职、奉，以之荫赎，宜矣。今之所授，与散官等，不得用以荫赎。”

《长编》卷三一，淳化元年正月丙申：“诏自今免官者，并以职事官，不得以勋、散、试官之类。旧制：勋官自上柱国至武骑射尉凡十二等。五代以来，初叙勋即授柱国。于是诏京官、幕职、州县官始武骑尉，朝官始骑都尉，历阶而升。又诏：'古之勋爵，悉有职、奉，以之荫赎，宜矣。今之所授，与散官等，不得用以荫赎。'"

封爵之差

封爵之差……自后率为例。（4079 页 6 行—倒 1 行）

"封爵之差"未能与"改赐功臣勋官"为伍，当自立一条。然本志卷九已载有"爵一十二"条目，仍宜移此一大段于《宋志》卷九 4061 页"右封爵"之后。

唐制：王，食邑五千户；郡王、国公，三千户；开国郡公，二千户；县公，千五百户；县侯，千户；伯，七百户；子，五百户；男，三百户。（4079 页 7、8 行）

《宋志》所载唐爵制漏载"食邑万户"之等，又缺"嗣王"，并"郡王"系属食邑五千户之等而误入国公之等，其"开国郡公"以下之"县公""县侯""伯""子""男"皆当冠以"开国"两字。

《新唐书·百官志》一"司封郎中"："凡爵九等：一曰王，食邑万户，正一品；二曰嗣王、郡王，食邑五千户，从一品；三曰国公，食邑三千户，从一品；四曰开国郡公，食邑二千户，正二品；五曰开国县公，食邑千五百户，从二品；六曰开国县侯，食邑千户，从三品；七曰开国县伯，食邑七百户，正四品上；八曰开国县子，食邑五百户，正五品上；九曰开国县男，食邑三百户，从五品上。"

唐末及五代始有加邑特户，而罢去实封之给，（4079 页倒 7 行）

"加邑特户"为"特加邑户"之错简。

《通考·封建考》："唐末及五代，始有特加邑户，而罢实封之给。"

端拱二年，赐诸州高年一百二十七人爵公士。（4079 页倒 2 行）

"二年"当作"元年"，"七"为"九"之误。

《宋史·太宗纪》二："（端拱元年）闰五月乙未，赐诸州高年爵公士。"

《长编》卷二九，端拱元年闰五月丙申："赐诸道高年百二十九人爵，为公士。秦、汉以后，不复赐民爵，自籍田礼成，始复赐焉。"

功 臣

功臣者，……不过两字。(4080 页 1—7 行)

本志卷九已载有"功臣"目，此未当重出于"杂制"篇内，宜将此一大段并入《宋志》卷九 4062 页"功臣"之下。

中书、枢密则"推忠""协谋"，亲王则"崇仁""佐运"，余官则"推诚""保德""翊戴"，掌兵则"忠果""雄勇""宣力"，外臣则"纯诚""顺化"。(4080 页 3—5 行)

"协谋"下漏落"同德""佐理"名号。

"保德"后漏"奉义"之名。

《宋会要·礼》五九之二二："中书、枢密则有'推忠''协谋''同德''佐理'，余官则'推诚''保德''奉义''翊戴'，掌兵则'忠果''雄勇''宣力'，外臣则'纯诚''顺化'之名。每以二字协意，或造或因，取为美称。"

《宋会要·礼》五九之二三："建隆二年，赐王景'推诚、奉义、同德、翊戴'。"

其诸班直将士禁军，(4080 页 6 行)

"禁军"后落"将校"二字，当补。

《宋会要·礼》五九之二二："其诸班直、禁军将校，则赐'拱卫''翊卫''卫圣'诸号。遇恩累加，但改其名，不过两字。"

宫 观

在京宫观，旧制以宰相、执政充使，或丞、郎、学士以上充副使，(4080 页倒 5、倒 4 行)

"丞、郎"应连读为"丞郎"，其间顿号当删去。

又有提举、提点、主管。(4080 页倒 3 行)

“主管”羼入北宋史事之中,当属史家追改之笔,应改回“管勾”。

《宋会要·职官》五四之二九:“政和三年十月二十九日,中书省勘会除授宫观差遣,近降旨立定提点、提举、管勾三等。”

《廿二史考异》卷七二“宋史·职官志”:“宫观本置管勾官。南渡后遇思陵嫌名,改为主管。《志》述东都事而云‘主管’,或云‘管干’,则史臣追改也。”

时朝廷方经理时政,……遂诏:“宫观毋限员,并差知州资序人,以三十月为任。”(4080 页倒 2 行—4081 页 1 行)

“时”指何时? 过泛,宜易以“熙宁初”年号。“遂诏”,系神宗熙宁二年十二月二十四日诏。“知州资序人”后漏“以上”二字,须补。

《宋会要·职官》五四之五:“神宗熙宁二年十二月二十四日,诏宫观差遣不限员数,差知州资序人以上,须精神不至昏昧、堪任厘务者充。以三十个月满替。”

又诏:“杭州洞霄宫、亳州明道宫、华州云台观、建州武夷观、台州崇道观、成都玉局观、建昌军仙都观、江州太平观、洪州玉隆观、五岳庙自今并依嵩山崇福宫、舒州灵仙观置管干或提举、提点官。”(4081 页 1—3 行)

“又诏”系熙宁三年五月十四日诏,是诏令杭州洞霄宫等十二处在外州府宫观并如西京崇福宫、舒州仙源观等置提举、管勾官。《宋志》脱落“永康军丈人观”“太原府兴安王庙”。“管干”当易为“管勾”。

《却扫编》卷下:“在外州府宫观,旧惟西京崇福宫、南京鸿庆宫、舒州灵仙观、凤翔府上清太平宫、兖州仙源县景灵宫、太极观,皆有提举、管勾官。熙宁初,始诏杭州洞霄宫、永康军丈人观、亳州明道宫、华州云台观、建州武夷观、台州崇道观、成都府玉局观、建昌军仙都观、江州太平观、洪州玉隆观、五岳庙、太原府兴安王庙皆置。”

《宋会要·职官》五四之五:“神宗熙宁三年五月十四日,诏杭州洞霄宫、永康军丈人观、亳州明道宫、华州云台观、建州武夷观、台州崇道观、成都府玉局观、建昌军仙都观、江州太平观、洪州玉隆观、五岳庙、太原府兴安王庙，今后并依嵩山崇福宫、舒州灵仙观置管内(勾)或提举官。先是，上以诸臣历监司、知州有衰老不任职者，令处闲局，今增诸道员数，使便乡里，示优恩也。”

奉给，大两省、卿、监及职司资序人视小郡知州，知州资序人视小郡通判，(4081 页 3、4 行)

“卿、监”宜连称，并加“大”字，即为“大卿监”。

“职司”系合名，此当作注，即指转运使副、提点刑狱及朝廷专差宣抚使、安抚使等。

《宋会要·职官》五四之二七：“《哲宗正史·职官志》：(熙宁三年)七月二十七日，诏二京留台、国子监及诸州宫观、岳庙所差提举、管勾官等添支，大两省、大卿监及职司资序人视知小州，知州资序人视小州通判，仍各依本人见任官。武臣仿此。”

《吏部条法残本》331 页：“称职司者，谓转运使、副，提点刑狱及朝廷专差宣抚、安抚、察访。”

四年，诏：“宫观、岳庙留官一员，余听如分司、致仕例，从便居住。”(4081 页 4、5 行)

“四年”前漏落年号，是为熙宁四年十一月十六日诏。

《宋会要·职官》五四之二七：“(熙宁)四年十一月十六日，诏应提举、管勾内外诸宫观及岳庙官，常留一员在彼，余听如分司、致仕例，任便居止。”

六年，诏：“卿、监、职司以上提举，余官管干。”(4081 页 5 行)

“卿、监”不包括少卿、少监，其前当补入一“大”字。“管干”应易为“管勾”。

《宋会要·职官》五四之二七：“(熙宁)六年四月，诏应宫观差遣，系大卿监及职司，并本州知州自来带管勾者，并充提举，余官管勾。”

靖康元年，诏内外官见带提举、主管神霄玉清万寿宫并罢。(4081页倒3、倒2行)

“主管”为“管勾”之追改。据《宋会要》，靖康元年六月诏尚有“同管勾”，《宋志》略而未书。又据《靖康要录》，未谓“罢内外官见带”，止谓“罢诸州知(州)、通(判)带”者。未知孰是。

又，《宋志》于宫观之制沿革语焉未详，所述颇为零碎。有鉴于《宋志》之疏漏，钱大昕《考异》追述靖康以前宫观之制，特补其略，兹予转录以备参详。

《靖康要录》卷八：“靖康元年六月二十九日，罢诸州知、通带管勾神霄、玉清、万寿宫入衔。”

《宋会要·职官》五四之一二：“(钦宗靖康元年)六月二十九日，诏内外官见带提举、管勾、同管勾神霄、玉清、万寿宫，并落去。”

《廿二史考异》卷七二“宋史·职官志”一〇：“案：宫观之设，昉于真宗祥符七年建玉清昭应宫，以宰相王旦充使，参知政事丁谓为副使，户部侍郎林特同副使，左正言、直集贤院夏竦为判官。是年，置景灵宫使，以中书侍郎、平章事向敏中为之，尚书右丞赵安仁为副使，知制诰刘筠为判官。九年，置会灵观使，以参知政事丁谓为之，翰林学士李迪为副使，知制诰乐黄目为判官。天禧中，建祥源观，以枢密副使钱惟演为都大管勾祥源观公事。天圣初，枢密副使张士逊为祥源馆使。此宰执领宫观使之例也。见李氏《长编》。其后，天圣七年，玉清昭应宫灾，遂罢辅臣为宫观，而景灵、会灵、祥源三宫观以学士、舍人管勾。康定元年，李康靖公若谷罢参知政事，为资政殿大学士、提举会灵观。自后学士皆为提举。至和初，晏元献公殊以旧相为观文殿大学士、提举万寿观。而武臣李少师端愿为观察使，止得管勾祥源观，自陈，乃加以都管勾。见《春明退朝录》。盖提举之名不轻授如此。熙宁以后，乃有以朝官充提举者，非故事也。玉清昭应之灾，独长生、崇寿殿存，诏改为万寿观。皇祐五年，会灵观火，独三圣御容得存，诏权奉安于景灵宫，更名集禧观。治平中，又建醴泉观。徽宗朝，又有祐神观。先是，雍熙元年，修东太一宫。天圣七年，修西太一宫。熙宁元年，又建中太一宫于集禧观之东。此在京宫观之目也。玉清、会灵先后焚毁，祥源观亦于至和元年灾。自后不置使职。徽宗重和元年，诏宰臣兼神霄玉清宫使，蔡京、郑居中、余深、童贯。执政官充副使，邓洵武、薛昂，白时中、王黼、蔡攸。开封尹充判官，少尹充管勾。又诏天下天宁万寿观改为神霄玉清宫，小州、监无道观者，以僧寺充，知州、军带管勾字，通判带同管勾字。此亦宜见于《志》。今《志》但有靖康元年罢内外官见带提举、主管神霄玉清宫之文，而于置使副、管勾则不书，盖失之矣。”

《却扫编》卷上：“政和中，诏天下咸建神霄玉清万寿宫，复置使，宰相、使相领之，执政为副使，侍从为判官。判官惟盛章尝以开封尹领之，他未尝命。而天下郡守皆兼管勾，通判兼同管勾。虽前二府领州亦如之，盖欲重其事也。”

余则为提点，为主管，皆随官之高下，(4081 页倒 1 行)

“主管”当为“管勾”。

非责降官并月破供给，依资序降二等支。(4082 页 4 行)

“降二等支”应作“降一等支”。

《宋会要·职官》五四之三五：“(高宗绍兴五年)十月十日，臣僚言：‘准《绍兴令》，诸臣僚因陈乞及非责降宫观岳庙差遣者，并月破供给，于所居处依资序降一等支。’”

于是臣僚交章，欲罢供给以绝干请，变理任以抑侥幸，严按格以去泛滥。上并从之。(4082 页 5、6 行)

《宋志》叙南渡事不系年，与叙东都之制体例未合。此系绍兴六年五月时事。

又，称宋代皇帝用“上”，是为宋人笔法；《宋史》修志者依常例多改“上”为“帝”，是也。然此未及改正。

《系年要录》卷一〇一，绍兴六年五月乙亥："诏除见任知州以上及尝任侍从官，依旧堂除宫观外，余并令吏部按格拟差。时言者论艰难以来，士或不调，陛下悯其失职，授以祠观。有六等宫观之格、五项岳庙之法。但其间有昔已叨窃名禄之人，论其家则丰羡，而乃更与失职寒士均享家食，徒使州郡之间用度不支。欲乞今后陈乞宫观之人，除贫乏廉洁朝廷所知者，其余一切按格与之。或察其人富而贪，敢于格法之外，辄有干求者，惩戒一二，故有是命。"

《考正》卷一〇之七"宫观"："案：《宋史》记事通例，凡遇旧史中称'上'者多改称'帝'，遇'祖宗'字样亦间有改易者，此段则仍曰'上'、曰'祖宗'，知其亦为抄用旧文而失于审正者。"

赠官

建隆已来，凡有恩例，文武朝官、诸司使副、禁军及藩方马步都指挥使以上，父亡皆赠官。（4083页2、3行）

"禁军及藩方马步都指挥使以上"，宋太祖《登极赦》作"禁军都指挥使以上及诸道行军司马节度副使、藩方马步军都指挥使"，据以补全更佳。

《宋朝事实》卷二"登极赦"："中外见任、前任职官并与加恩，文武升朝官、内(外)诸司使副使、禁军都指挥使以上及诸道行军司马节度副使、藩方马步军都指挥使，应父、母、妻未有官及未曾叙封者，并与恩泽，亡父母未曾封赠者并与封赠。"

《宋会要·仪制》一〇之六："太祖建隆元年正月十五日赦书：'文武升朝官、内诸司使副、禁军都指挥使以上及诸道行军司马、节度使副、藩方马步军都指挥使父、母、妻未有官及未曾叙封者，并与恩泽。亡父母未封赠者，并与封赠。'"

即父曾任中书、枢密使、使相、节度使并一品官者，无止限。待制已上持服经恩，服阕亦许封赠。（4084页2、3行）

“即”为“应”字之误。“服阕”前宜加一“候”字。“封赠”后缺“父母”之宾格。

“无止限”含义不明。此句意为父曾任上项高官者,其子官虽低,封赠不限官品。“其子官虽低”未可省略。

《宋会要·仪制》一〇之六:“应父曾任中书、枢密、使相并一品节度使,其子官虽低,不止定官品。……待制以上持服经恩,候服阕许封赠父母。”

叙　封

建隆三年,诏定文武群臣母妻封号:……宰相、使相、三师、三公、王、侍中、中书令,旧有尚书令。曾祖母、祖母、母封国太夫人;妻,国夫人。枢密使副、知院、同知、参知政事、宣徽节度使,曾祖母、祖母、母封郡太夫人;妻,郡夫人。签书枢密院事曾祖母、祖母、母封郡太君;妻,郡君。(4084 页倒 3 行—4085 页 2 行)

自“宰相”以下妇人叙封,非建隆三年之诏制,缘其中已提到“参知政事”(乾德二年四月始置)、签书枢密院事(太平兴国四年始置)及枢密院使、副与知院(熙宁元年置)。为与上文所述“建隆三年”内命妇叙封之制时间上有别,《宋志》当于“宰相”前冠以年号及纪年,今浑然不别,失于审正。又,“宣徽”下宜加顿号。

《朝野杂记》甲集卷一〇“知枢密院事”:“知枢密院事,太宗淳化二年始置,以张逊为之。然使与知院未常并除。熙宁元年,文潞公、吕宣徽为使,陈秀公自会稽召为知院,非故事也。元丰官制行,废枢密使。”

常侍、宾客、中丞、左右丞、侍郎、翰林学士至龙图阁直学士、给事中、谏议大夫、中书舍人、卿、监、祭酒、詹事、诸王傅、大将军、都督、中都护、副都护、观察留后、观察使、防御使、团练使,并母郡太君;妻,郡君。(4085 页 5—8 行)

《宋志》行文全称与简称并现，不合修志体例。“常侍”即“左、右散骑常侍”，“宾客”即“太子宾客”，“中丞”即“御史中丞”，“左、右丞”即“尚书左丞、尚书右丞”，“侍郎”即“诸行侍郎”（上文已有“两省侍郎”），“卿、监”即“诸寺大卿监”（与诸寺少卿监相对），“祭酒”即“国子监祭酒”，“詹事”即“太子詹事”，“大将军”宜冠以“诸卫”。又，“并母”及“妻”字之后，各宜加“封”字。

《宋会要·仪制》一〇之二二：“左、右常侍，太子宾客，御史中丞，诸行侍郎，给事中，谏议大夫，正（言），中书舍人，翰林学士以下、龙图阁直学士以上，诸寺大卿监，国子祭酒，太子詹事，诸王傅，诸卫大将军，中都护，副都护，中都督，防御、团练使，并母封郡太君，妻封郡君。”

庶子、少卿监、司业、郎中、京府少尹、赤县令、少詹事、谕德、将军、刺史、下都督、下都护、家令、率更令、仆，母封县太君；妻，县君。（4085页8、9行）

“庶子”当用全称“太子左、右庶子”，“少卿监”当为“诸寺少卿监”，“司业”为“国子司业”，“郎中”为“诸行郎中”，“少詹事”为“太子少詹事”，“谕德”为“太子左、右谕德”，“将军”为“诸卫将军”，“家令”“率更令”“仆”前各当冠以“太子”。“母封”前加“并”字。

《分纪》卷五〇“妇人封”：“左、右庶子，诸寺少卿监，诸行郎中，国子监司业，三京少尹，赤令，太子詹事，左、右谕德，卫将军，诸州刺史，下都护，下都督，太子家令，太子率更令，太（子）仆，母并封县太君，妻封县君。”

咸平四年，从舍人院详定群臣母、妻所封郡县，依本姓望封。（4085页倒4行）

咸平四年二月二十二日，舍人院奉诏详定百官封赠、请除，其所定妇人叙封与上文所载有所不同。然上文已提到“龙图阁直学士”（景德四年置），出现时间晚于“咸平四年”。以是言之，《宋志》将“咸平四年”以下文字置于“宰相、使相……余皆俟恩乃封”后，实未妥也。

又，徽宗政和二年十二月二十三日降《改命妇封号御笔》，罢去“郡君”“县君”之类封号，改为“淑人、硕人、令人、恭人、宜人、室人、孺人”七等，加“夫人”八等，“室人”后改为“安人”。既专叙妇人封赠之制，似当提及。

《宋史·职官志》二“龙图阁学士　直学士　待制”：“直学士，景德四年置，以杜镐为之，班在枢密直学士之下。”

《宋大诏令集》卷一六四有“改命妇封号御笔政和二年十二月二十三日”（详参《宋志》卷三“司封郎中·员外郎”3837 页补正）。

令给谏、舍人母并封郡太君，妻，郡君。四年，又令翰林学士至龙图阁直学士如给、舍例。（4085 页倒 2 行）

“令给谏”之前漏载“三年”系年。“给谏”为给事中、左右谏议大夫之合称；“舍人”为“中书舍人”之省称，当补“中书”二字。

《宋会要·仪制》一〇之八：“天禧元年八月六日，……请自今文武升朝官无嫡母、继母者，许叙封所生母。致仕官须曾任升朝官则依例封赠，如自京官、幕职、州县转授朝官致仕者，不在此限。从之。三年十一月九日，诏自今给事中、谏议大夫、中书舍人母封郡太君，妻封郡君。四年三月七月，诏翰林学士以下、龙图阁直学士以上，比来官未至给谏者，该恩叙封母、妻，并如给谏之例。”

凡封父、祖系武臣者，视文武臣封赠对换格，封赠一代亦如之。（4086 页 4 行）

“一代”当作“三代”。

《锦绣万花谷》卷一四“大礼封赠三代”：“内封父、祖官系武臣者，视文臣封赠对换格，封赠三代准此。”

承直郎，留守、节察判官——留守府判官、节度判官，承议郎。儒林郎，支、掌、防、团判官——节度掌书记、观察支使、防御判官、团练判官，奉议郎。（4087 页倒 3、倒 2 行）

此节标点未确，致读之不得要领。今重加标点如下：

承直郎　留守、节察判官（留守府判官、节度判官、观察判官）——承议郎。

儒林郎　支、掌、防、团判官（节度掌书记、观察支使、防御判官、团练判官）——奉议郎。

即是说，凡文臣、武官之父曾任承直郎（崇宁三年前即为留守、节察判官）者，许赠承议郎；曾任儒林郎（崇宁前为支、掌、防、团判官）者，许赠奉议郎。《宋志》点校者所用破折号位置未能恰到好处，致“承直郎”与“承议郎”两者之间失去内在联系，只是并列而已。“儒林郎”与“奉议郎”两者关系处理类此，皆非《宋志》本意。

又，“节度判官”后漏载“观察判官”。

《合璧后集》卷六二“文阶”：“崇宁三年，刑部尚书邓洵武奏：吏部选人自节察判官至主簿、尉凡七等，宜出自睿断、造为新名，因而寄禄，今拟下项：留守、节察判官为承直郎，掌书记、支使、防团判官为儒林郎。……崇宁中，邓枢密洵武建言，以为名实混淆不正，乃改今七等以待选人：其一曰三京府判官，留守判官，节度、观察判官四色人，今目为承直郎是也；其二曰节度掌书记、观察支使，今目（为）儒林郎是也……”

文林郎、从事郎、从政郎，两使初等职官、令、录——留守推官、观察推官、军事判官、军事推官、司录参军、录事参军，团练推官、军监判官、防御判官，县令，通直郎。（4087 页倒 2 行—4088 页 1 行）

此句文字与标点均有误，兹校补与重点如下：

文林郎、从事郎、从政郎　两使、初等职官、令、录（留守推官、节度推官、观察推官、军事判官，防御推官、团练推官、军事推官、军监判官，司录参军、录事参军、县令）——通直郎。

按：文林郎（崇宁前为留守推官、节度推官、观察推官、军事判官）为“两使职官”；

从事郎(崇宁前为防御推官、团练推官、军事推官、军监判官)为“初等职官”;

从政郎(崇宁前为司录参军、录事参军、县令)为“令录”。

又按:4088页1行之“防御判官”为“防御推官”之误。

统而言之,凡文武官父曾任文林郎、从事郎、从政郎者,或崇宁三年前为两使职官、初等职官、令录者,可赠“通直郎”。

《合璧后集》卷六二“文阶”:“……留守、节、察推官,军事判官,谓之两使职官,为文林郎;防、团、军事推官,军监判官,谓之初等职官,为从事郎;司录、录事参军,县令,为通事郎。”(按:政和间改通事郎为从政郎)

《吏部条法残本》430页:“称令录者,谓从政郎。”

修职郎,知令、录——知司录参军、知录事参军、县丞,宣教郎。迪功郎,判、司、簿、尉——军巡判官、司理参军、司法参军、司户参军、主簿、县尉,宣义郎。(4088页1—3行)

“修职郎”即由崇宁间“登仕郎”改,是为“知令录”,即崇宁三年前之知司录参军、知录事参军、知县令,属试衔,《宋志》此谓“县丞”,误,当为“试衔知县令”。

“迪功郎”即崇宁三年之“将仕郎”,是为“判司簿尉”,即崇宁三年前之三京军巡判官、司理参军、司户参军、司法参军、主簿、县尉。

此二句重加标点与补正如下:

修职郎　知令录(知司录参军、知录事参军、试衔知县令)——宣教郎。

迪功郎　判司簿尉(三京军巡判官、司理参军、司法参军、司户参军、主簿、县尉)——宣义郎。

《合璧后集》卷六二“文阶”:“其六曰试阶知县、知录事,今目为修职郎是也;其七曰三京军巡判官,司理、司户、司法、法曹参军,主簿,县尉,今目为迪功郎是也。”

《永乐大典》卷一四六二八“部”之“吏部”一五“关升门”:“《侍郎左选令》:诸称职官者,谓承直郎至从事郎;称令录者,谓从政郎;称知令录者,谓修职郎;称判司簿尉者,谓迪功郎。”

致 仕

牧伯、内职、三班皆换环卫、幕职、州县外官。……其不在者,(4088页倒5—倒2行)

此段首句有脱文,校点者未察,致标点置非其所。经校补重标如下:“牧伯(观察、防御、团练使,刺史)、内职、三班皆换环卫,幕职、州县官改京朝官。”

换言之,《宋志》“环卫”下之顿号须改为逗号;“幕职、州县外官”之“外”字当删去,并于其后补入“改京朝官”四字。

“其不在者”为“其不仕者”之误。

又,此段文字与咸平五年诏无干系,宜作为“总叙”移置“乾德元年”句之前、“或加恩其子孙”之后(4088页5行)。

《宋会要·职官》七七之二八:“国朝凡文武官致仕者,皆转一官,或加恩其子孙。观察使、防御团练使、刺史及内职、三班即换环卫,幕职、州县官改京朝官。升朝官父在者,遇庆恩授致仕官,其不仕者,文官始大理评事。”

《长编》卷五二,咸平五年五月丙申朔:“诏文武官年七十以上求退者,许致仕,因疾及历任有赃犯者听从便。”(《宋会要·职官》七七之三二同)

景祐三年诏曰:……其后,又许致仕官子孙免选除近官。(4089页2—5行)

此处于景祐三年诏之后谓“其后”,当为庆历间事。又“子孙”后,宜加“授试衔斋郎年及格者”限定字。免选是相对于“试衔”官而言的。试衔若无选限,即不注官;若免选,方可注官。

《长编》卷一三一，庆历元年四月丙午："诏致仕官之子孙授试衔斋郎，年及格者与免选，除近便官。"同书卷一三五，庆历二年四月乙酉："诏致仕官之子孙授试衔斋郎，年及格者与免选，除近便官。"

四年，臣僚有请致仕，……侍御史知杂事司马池言：（4089页5、6行）

司马池奏言系景祐三年六月事，当移置"四年"句之前。

《宋会要·职官》七七之三六："景祐三年六月，御史知杂司马池言：'乞应文武臣僚年及七十者，并令自乞致仕，仍旧敕与一子官，如分司官给全俸；若不自陈，乞御史台纠察以闻，特令致仕，更不与子官及全俸。其已曾陈乞有诏特留者，不在此限。所贵减冗员、励旷职。'"

庆历中，权御史中丞贾昌朝又言："臣僚年七十而筋力衰者，并优与改官致仕；虽七十而未衰及别有功状、朝廷固留任使者，勿拘此令。在京若尚书工部侍郎俞献卿、（4089页7、8行）

"庆历中"为"庆历二年"。

"勿拘此令。在京……"应为"勿拘此。今在京……"，其中"令"系"今"之误。点校者未察，致标点亦误。

《宋会要·职官》七七之三六："庆历二年六月，权御史中丞贾昌朝言：'臣僚年七十而筋力衰者，并优与改官，令致仕。年虽七十而未衰及别有功状、朝廷固留任使者，勿拘此。今若工部侍郎俞献卿等乞并与致仕。'"

在外者下诸处晓谕之。（4089页倒5行）

"在外者"后落"进奏院"官司名。

《宋会要·职官》七七之三七："诏在京者，令中书体量；在外者，进奏院告示之。"（《长编》卷一三七同）

今定：凡文臣京朝官以上各转一官，带职仍旧不转官，乞亲属恩泽者依旧条，……在京诸司勒留官依簿、尉以上，亲贤劳旧合别推恩

者取旨。(4092页4—6行)

此段有脱落,标点亦有错误。“以上”后当补“武臣借职以上”六字,“带职仍旧”后加句号。最后一句标点当改为:“在京诸司勒留官依簿、尉。以上亲、贤、劳、旧合别推恩者取旨。”

《宋会要·职官》七七之四七:“凡文臣京朝官以上、武臣借职以上各转一官,带职仍旧。内旧条许不转官,乞亲属恩泽者,依旧条。选人并依本资序转合入京朝官。进纳及流外人判、司、簿、尉除司马,令、录除别驾。在京诸司勒留官依簿、尉。以上亲、贤、劳、旧合别推恩者,取旨。”

《长编》卷二一八,熙宁三年十二月辛巳:“今定:凡文臣京朝官以上,各转一官,带职仍旧条,不许转官,乞亲属恩泽者,依旧条。选人依本资序转合入京朝官。进纳及流外人判、司、簿、尉除司马,令、录除别驾。在京诸司勒留官依主簿、尉。以上亲、贤、劳、旧合别推恩者,取旨。”

以礼部侍郎范镇居都城外,(4093页2行)

礼部侍郎后当补“致仕”二字。

《长编》卷三〇五,元丰三年六月庚子:“伏见礼部侍郎致仕范镇常论辨雅乐,……初,镇致仕,居都城外之东园,每遇同天节,即乞随散官班上寿。”

荫补

文臣荫补(4096页1行)

武臣荫补(4097页6行)

臣僚大礼荫补(4098页倒5行)

致仕荫补(4099页1行)

遗表荫补(4099页4行)

荫补之制,《宋史·选举志》五已列入,本志所载上项内容,可一并移入《选举志》五“补荫之制”中。况此所书荫补之制，系徽宗崇宁三年至政和六年之间格法，前不及宋初之制，后不及南渡《补荫法》，一时之制而已。并缺宗室荫补法。

太子太师至保和殿大学士：子，承奉郎；孙及期亲，承务郎；大功以下，登仕郎；异姓亲，将仕郎。（4096 页 6 行）

“保和殿大学士”系宣和元年二月一日后使用名，然本条中又有“登仕郎”“将仕郎”之称谓，却系政和六年前使用名，可证“保和殿大学士”系属史家追改之笔，应易为“宣和殿大学士”。

《宋会要·职官》七之一〇：“宣和元年二月一日御笔：宣和殿名称已标纪元号，所有见行带领宣和殿职事，易以保和殿为名，应于班缀、叙位、杂压、恩数等并仍旧。”

《宋会要·职官》五六之四四：“政和六年十一月十六日御笔：旧将仕郎已入仕，不可称将仕，可为迪功郎；旧登仕郎可为修职郎；旧通仕郎为从政郎……”

宋史职官志补正十一

（《宋史》卷一七一）

奉禄制上

奉　禄

奉禄(4101页5行)

叙有宋一代俸禄之制，修志者宜先总叙其沿革大略，转而述其禄令之要者，以是则纲举目张，令读者得宋代制禄之全貌，是为良史笔法矣。惜《宋志》劈头则直叙元丰新制之前禄制。于两宋俸禄变迁沿革，殊失交代，试略叙之。

宋初官俸沿后唐旧制，太祖朝曾复置俸户，太平兴国元年罢俸户；及真宗大中祥符五年降诏定百官俸，宋初官员俸薄局面为之一变，自是宋制禄渐厚；又，熙宁三年前吏员无俸，熙宁三年后始定吏员之俸；及元丰一新官制，职事官职钱以寄禄官高下分行、守、试三等，又有料钱，视祥符、嘉祐时为优；至徽宗朝蔡京辈当政，平添供给、食料等钱，视元丰制禄之法又倍增之。南渡制禄，参用嘉祐、元丰、政和之旧，少有增损，修定《绍兴重修禄秩敕令格》，其后内外官有添支、料钱，职事官有职食、厨食钱，职纂修者有折食钱，在京厘务官有添支钱、添支米，选人、使臣无职田者有茶汤钱，其余禄米、傔人、随从一并东京之制。除南渡初、隆兴、开禧因军兴权宜削减支赐外，不变内外文武臣僚丰厚禄俸。故赵翼评曰："此宋一代制禄之大略也。其待士大夫可谓厚矣！惟其给赐优裕，故入仕者不复以身家为虑，各自勉其治行。观于真、仁、英诸朝，名臣辈出，吏治循良，及有事之秋，犹多慷慨报国，绍兴之支撑半壁，德祐之毕命疆场，历代以来捐躯殉国者，惟宋末独多。虽无救于败亡，要不可谓非养士之报也。然给赐过优，究于国计易耗。恩逮于百官者惟恐其不足，财取于万民者不留其有余。此宋制之不可为法者也。"(《廿二史札记》卷二五"宋制禄之厚")

《通考·职官》一九"禄秩"："宋兴，咸平间，知制诰杨亿上疏言：'唐制，内外官俸钱支外，有禄米、职田，又给防阁、庶仆、亲事、帐内、执衣、白直、门夫，各以官品，差定其数，岁收其课以资于家。本司又有公廨田、食本钱以给公用。自唐末乱离，国用不充，百官俸钱，并减其半；自余别给，一切权罢。官于半俸之中，已是除陌，又于半俸三分之内其二分以他物给之，鬻于市廛，十才得其一二，曾糊口之不及，岂代耕之足云？昔汉宣帝下诏云：吏能勤事而俸禄薄，欲其无侵渔百姓难矣！遂加吏俸，著于策书。窃见今之结发登朝，陈力就列。其俸也，不能致九人之饱，不及周之上农；其禄也，未尝有百石之入，不及汉之小吏。若乃左、右仆射，百僚之师长，位莫崇焉，月俸所入不及军中千夫之师，甚可骇也。岂稽古之意哉！……乾兴以后，俸禄、添给、傔人、餐钱之制，更革为多。至嘉祐，始著于《禄令》。今自宰相而下至岳渎庙主簿，凡四十一等。熙宁以来，悉用《嘉祐禄令》，无所损益。元丰一新官制。职事官职钱以寄禄官高下分行、守、试三等，大率官以《禄令》为准。而在京官司供给之数，皆并为职钱，如大夫为郎官，既请大夫俸矣，又给郎官职钱，视嘉祐时赋禄为优。至崇宁间，蔡京秉政，吴居厚、张康国辈贪鄙为徒，于寄禄官俸钱、职事官职钱外，复增供给、食料等钱。如京，仆射俸外，又请司空俸，其余傔从钱米并支本色。余执政皆然。视元丰制禄之法增倍矣。中兴俸禄之制,参用嘉祐、元丰、政和之旧,少所增损。惟兵兴之始,宰执请受权支三分之一,或支三分之二,或支赐一半。隆兴及开禧,自陈损半支给。皆权宜也。其后内外官有添支、料钱,职事官有职食、厨食钱,职纂修者有折食钱,在京厘务官有添支钱、添支米,选人、使臣职田不及者有茶汤钱。其余禄粟、傔人悉还畴昔。'"

《合璧后集》卷六"俸禄":"国朝乘五代之弊。……唐有品、爵、勋、阶,皆虚名耳。我朝自京朝官以上,或带阁职,或开国等而上之,如加使相、如封真郡,而俸禄之等级亦各有差。虽在外州郡之小官,其江、浙等处,自本身官给外,亦各有职田之俸。此汉人劝小吏以养廉之遗意。中兴百年,虽非复升平之旧入,然国朝之待臣甚厚、养吏甚优,此士大夫自一命以上皆乐于为用,盖有以养其身而固其心也。"(并参《玉海》卷一三五"祥符定百官俸""嘉祐禄令""绍兴重修禄秩新书")

自宰臣而下至岳渎庙令,凡四十一等。(4101页5行)

《通考》作"今自宰相而下至岳渎庙主簿,凡四十一等",此作"自宰臣而下至岳渎庙令,凡四十一等",两者均未确。《宋志》下项所列似为仁宗朝《嘉祐禄令》所定,缘其中已有"天章阁学士"之名。又,真宗大中祥符五年十一月所定百官俸为二十二等,与此大不合。然据此所载自枢密使带使相(月俸四百千,为最高档)以下至岳渎庙令止得三十一等,至岳渎庙主簿方得三十二等,未能包括月俸六千、五千、四千、三千、二千、一千、七百、五百、三百九等。月俸三百系郢、唐、复州内品。故若精确言之,当谓"自枢密使带使相以下至郢、唐、复州内品,凡四十一等"。

《通考·职官》一九:"至嘉祐,始著于《禄令》。今自宰相而下至岳渎庙主簿,凡四十一等。"

《宋志》一一,4109页:"岳渎庙令,十千。丞,主簿,七千。全折。"

《宋志》一一，4106 页："郢、唐、复州内品，三百。"

《宋会要·职官》五七之一："宋朝俸料：宰相、枢密使月三百千，枢密使带使相者四百千。……郢、唐、复州内品三百，……岳渎庙令十千，庙丞、主簿七千。"

《宋大诏令集》卷一七八"定百官俸诏大中祥符五年十一月甲寅"："今定加文武职官月俸：三师、三公百二十贯，东宫三师、左右仆射九十贯……兼阁门祗候、供奉官、殿直增二贯，侍禁三贯。"（按：自三师、三公百二十贯至奉职、借职四贯共二十二等）

防御使，三百千。（4104 页 2 行）

团练使，百五十千。（4104 页 4 行）

"三百千"为"二百千"之误。

"团练使"下脱落"刺史，百千"一等，须补之。又，据《宋会要》所载元丰前禄制，尚有"遥领防御史，百五十千；遥领团练使，百千；遥领刺史，五十千"三等，未能确定何时始置。

《宋会要·职官》五七之三："节度观察留后三百千，观察使二百千，遥领同，或三百。防御使二百千，遥领百五十千；团练使百五十千，遥领百千；刺史百千，遥领五十千。"

《宋志》一一"校勘记"之九："三百千：《宋会要·职官》五七之三作'二百千'，防御使比观察使官小，俸给不应反比观察使多；又两官都列五品而有正、从之别，疑作'二百千'是。"

内客省使，六十千。客省使，三十七千。延福宫、景福殿、宣庆、引进、四方馆、宣政、昭宣、阁门使，二十七千。皇城以下诸司使，二十五千。春绢各十匹，冬十匹，绵三十两。惟客省使春、冬绢各一十匹。（4104 页倒 5—倒 3 行）

"延福宫使"月俸料钱为六十千，而非"二十七千"，《宋志》误。

又，"惟客省使春、冬绢各一十匹"句疑为衍文，可删去。缘"客省使"衣赐与"内客省使"同。而"内客省使"至"皇城以下诸司使"衣赐均为“春绢各七匹，冬十匹，绵三十两”。“春绢各十匹”为“春绢各七匹”之误。

《宋会要·职官》五七之二：“内客省使、延福宫使六十千，景福殿使二十七千。”同书五七之六：“内客省使、延福宫使、景福殿使、客省使、宣庆、引进、四方馆、宣政、昭宣、阁门使，皇城以下诸司使，春各绢七匹，冬十匹，绵三十两。”

皇亲任诸卫大将军领刺史，八千；（4105页4行）

《宋会要》有“皇亲任观察使，三百千”一等。

“领刺史”前宜补一“遥”字。“八千”应为“八十千”。

《宋会要·职官》五七之二：“皇亲：观察使三百千，诸卫大将军遥领刺史八十千。”

将军刺史，六十千。（4105页4行）

将军，三十千。（4105页5行）

“将军刺史”应为“将军遥领刺史”。

又，“将军遥领刺史”与“将军”之间，恐漏“诸卫大将军，六十千”一等。

《宋会要·职官》五七之二：“大将军遥领刺史，八十千。旧式：刺史，大将军领者如今数，将军领者六十千。诸卫大将军六十千，诸卫将军三十千。”

三千户已下知县，止命京官，十二千。主簿，尉，十二千至七千，有四等。（4108页倒3、倒2行）

“三千户已下知县”与“主簿，尉”之间，《宋会要》所载禄制尚有“县丞十五千”一等。

《宋会要·职官》五七之四：“东京畿县：……三千户以下止命京官，十二千。县丞，十五千。河南洛阳县令三十千，万户以上县令二十千，簿、尉十二千……”

岳渎庙令，十千。丞，主簿，七千。（4109页3行）

“十千”下之句号宜易为分号，缘“丞”系指岳渎庙丞，语意相连属也。

《宋会要·职官》五七之四：“岳渎庙令，十千；庙丞、主簿，七千。”

开府仪同三司，百二十千。……大观二年，以无特任者；遂删去。**(4110 页 1、2 行)**

“百二十千”为“百千”之误。

“开府仪同三司”元丰制禄料钱为一百贯，缘除授开府仪同三司者，例带节度使，即为使相，料钱四百贯，并无独除开府仪同三司者，故删去之。元丰寄禄官阶亦不计开府，而自特进始，至承务郎止。大观二年三月删去开府仪同三司料钱则例。

《宋会要·职官》五七之五四：“大观二年三月二十三日，详定一司敕令所状：‘检会《嘉祐禄令》，节度使、同中书门下平章事已上，前两府除节度使及节度使移镇，料钱四百贯文、禄粟二百石、食盐七石、骏马二十匹、元随二百人。’元丰三年（按：屠寄改‘元丰’为‘大观’，误）九月八日，中书省札子：‘详定官制所拟定开府仪同三司料钱一百贯，新春服小绫一十匹、绢三十匹、罗一匹，冬服小绫一十匹、绵五十两、绢三十匹。勘会开府仪同三司除授并带节度使，所有请俸，系依《嘉祐禄令》内节度使、同中书门下平章事则例支，缘节度使、同中书门下平章事官制改为开府仪同三司，合行修正。其则例依旧外，官制创立开府仪同三司请受，自来别无独除充者。今合删去。’从之。”

《通考·职官》一九：“元丰定制，以官寄禄，中兴重加修定。文臣请俸：开府仪同三司，料钱一百贯。”

正侍、宣正、协忠、中侍、中亮、中卫、翊卫、亲卫、拱卫、左武、右武大夫，二十七千。(4111 页倒 1 行—4112 页 1 行)

“宣正”后漏“履正”一阶。

正侍大夫以下武官阶，政和二年、六年由诸司使、副使，横行，大、小使臣改名。现统归于“元丰制行”(4109 页 6 行)，非是。此乃政和后之禄制。

《宋大诏令集》卷一六三“改武选官名诏政和二年九年二十五日”：“横行：新官正侍大夫，旧官延福宫使……新官右武大夫，旧官西上阁门使。”

《通考·职官》一九：“武臣请俸：……正侍大夫、宣正大夫、履正大夫、协忠大夫、中侍大夫、中亮大夫、中卫大夫、翊卫大夫、亲卫大夫、拱卫大夫、左武大夫、右武大夫。”

从义、秉义郎，十千。带阁门祇候十二千。成忠、保义郎，五千。带阁门祇候者九千，并春、冬绢各四匹，冬绵十五两。(4112页5、6行)

“从义、秉义郎”条后掉“忠训、忠翊郎，七千带阁门祇候者十千”一阶，须补入。

《通考·职官》一九：“从义郎、秉义郎并料钱十贯，带职钱十二贯，春绢四匹、冬绢五匹、绵十两。忠训郎、忠翊郎并料钱七贯，带职钱十贯，春、冬绢各四匹，冬绵十五两。成忠郎、保义郎并料钱五贯，带职钱七贯，春、冬绢各四匹，冬绵十五两。”

按：成忠、保义郎“带阁门祇候者九千”之“九千”疑“七千”之误。

职　钱

四年十二月，诏：“节、察、防、团副使权知州事，节度掌书记自朝廷除授及判别厅公事者，亦给之；副使非知州、掌书记奏授而不厘务者，悉如故，给以折色。”(4115页8、9行)

“十二月”系“十一月”之误。

所转述之诏文，开头处有严重脱漏，致下文“亦给之”意义不明，原义指“亦给回易料钱俸户”。《宋志》须于“节、察、防、团副使”前补入“节、察、防、团，军事判官、推官，并依州县官例，给回易料钱俸户”等文字。

《长编》卷一二，开宝四年十一月庚申：“诏：‘节、察、防、团，军事判官、推官，并依州县官例，给回易料钱倖户。节度、防、团副使权知州事，节度掌书记自朝廷除授及判别厅公事者，亦给之。副使非知州，掌书记奏授而不厘务者，悉如故，给以折色。'”（参校《宋会要·职官》五七之二〇）

《宋大诏令集》卷一七八“幕职官置倖户诏开宝四年十一月”：“吏不廉，则政治削；禄不充，则饥寒迫。所以渔夺小利，蠹耗下民，由此而作矣。既责其清节，宜示以优恩。自今诸道州幕职官，并依州县官例，置倖户。”

四月，令西川诸州幕职官奉外，更增给钱五千。（4115页倒3、倒2行）

太平兴国二年四月十二日诏，《宋志》删去其中“分旧倖之半于乡里，给其父母、妻子”一项，似不妥。

《宋大诏令集》卷一七八“剑南幕职官增倖诏太平兴国二年四月壬寅”：“剑南诸州幕职官，聿捐本土，从官异乡，皆祗畏于简书，宜稍增于廪禄，于常倖外月更给钱五千。仍许令依州县官例，分旧倖之半于乡里，给其父母、妻子。”

雍熙三年，文武官折支奉钱，旧以二分者，自今并给以实价。（4115页倒2行）

“雍熙三年”为“雍熙四年”之误。

《宋大诏令集》卷一七八“内外文武官倖以实价给诏雍熙四年十一月庚辰”：“王者设班爵以驭贵，差禄秩以养贤，所宜各懋厥官，共成庶务，顾其稍食，宜在优丰。应内外文武臣僚等，折支倖钱，旧以八分为十分支给。自今并以实价给之。”（《玉海》卷一三五并作雍熙四年十一月）

大中祥符五年，诏文武官并增奉。三师、三公、东宫三师、仆射各增二十千。三司、御史大夫、六尚书中丞、郎、两省侍郎……余如旧。（4116页倒4—倒1行）

此修志者抄旧史之笔，“余如旧”，“旧”为多少？既失载其数，仅书所增数，仍未能知晓俸禄之多少。《宋志》宜载明大中祥符五年十一月甲寅《定百官俸诏》。

“三司”为“东官三少”之误，当改。

“六尚书中丞、郎、两省侍郎”中，“中丞”为“御史中丞”省称，故当于“六尚书”下加顿号。“郎”似属阑入，宜易为“左、右丞”。

《宋大诏令集》卷一七八“定百官俸诏大中祥符五年十一月甲寅”：“今定加文武职官月俸：三师、三公百二十贯，东宫三师、左右仆射九十贯，东宫三少、御史大夫、尚书、左右常侍六十贯，两省侍郎、太常卿、御史中丞、左右丞、侍郎五十五贯，太子宾客、给事中、中书舍人、秘书监、光禄、卫尉、太仆、大理、鸿胪、司农、太府卿、国子监祭酒、殿中监、少府、将作监、太子詹事、司天监四十五贯，谏议大夫四十贯，少卿监、国子司业、左右谕德、诸行郎中三十五贯，太子少詹事二十九贯，起居郎、舍人、侍御史、殿中侍御史、左右司谏、诸行员外郎、四赤县令三十贯，正言、监察、太常博士、通事舍人、国子五经博士、太常、宗正、秘书、殿中丞、著作郎、大理正二十贯，率更令、六尚奉御、太子中允、赞善、中允(舍)、洗马十八贯，司天监五官正十三贯，秘书郎、著作佐郎十七贯，大理寺丞十四贯，诸寺监丞十四贯，大理评事、奉礼、太祝八贯。诸卫上将军六十贯，金吾大将军三十五贯，诸卫大将军二十贯，率府率、中郎将十三贯。内客省使三十七贯，宣庆、引进、宣政、四方馆、昭宣、阁门使二十七贯。皇城以下诸司使二十五贯，副使二十贯，内殿承制一十七贯，内殿崇班十四贯，供奉官十贯，侍禁七贯，殿直五贯，奉职、借职四贯。兼阁门祗候、供奉官、殿直增二贯，侍禁三贯。”

《宋会要·职官》五七之二八：“俸禄之制，具见前文。自唐贞元四年定百官月俸，至僖、昭乱离，国用窘阙，天祐中止给其半。梁开平三年，始令全给。后唐同光初，租庸使孔谦以军储不充，百官俸钱虽多而折支非实，请减半数而支实钱。是后所支半实俸，复从虚折。周显德三年，复给实钱。本朝之制，皆约后唐所定数。其非兼职者，皆一分实钱，二分折支。由景德罢兵，始诏尝经掌事，其俸当给他物者，京师每一千给实钱六百，在外四百。帝承二圣恭俭之余，富有多积，以庶官食贫勤事，非厚其廪，则无以责廉隅。故因有庆，特议增给。”（按：此段似属大中祥符五年十一月甲寅诏之尾词）

自乾兴以后，更革为多。至嘉祐始著《禄令》。（4116 页倒 1 行—4117 页 1 行）

所更革者，原指俸禄、添给、傔人、餐钱等项制度。《宋志》未载。

《通考·职官》一九：“乾兴以后，俸禄、添给、傔人、餐钱之制，更革为多。至嘉祐始著于《禄令》。”

按：本条“宋初之制”（4115 页 1 行—4117 页 1 行）可移置 4101 页倒 5 行“宰相、枢密使”句之前，用作宋初俸禄沿革之概述。

元丰一新官制，……视嘉祐为优矣。（4117 页 2—4 行）

此段宜移置 4109 页 6 行“元丰制行”前。

武臣奉给

诸道州府厢军，自马步军都指挥使至牢城副都头，凡五等，月给奉钱凡十五千至五百，凡十有二等。（4119 页 6 行）

《宋史·兵志》与此不同，谓“十七等”。

《宋朝兵制初探》220 页“注释（1）”：“关于厢兵将校的俸钱，据《宋史》卷一七一《职官志》载：‘厢军自马、步军都指挥使至牢城副都头，凡五等，月给俸钱凡十五千至五百，凡十有二等。’这与《兵志》所载分十七等，俸钱最低额为三百五十文有所不同。”

《宋史·兵志》八“廪禄之制”：“厢军将校，自十五千至三百五十，凡十七等，有食盐。”

禄 粟

禄粟自宰相至入内高品十八等。（4119 页倒 4 行）

入内内侍省高品禄粟三石，非最低一等，其下尚有内侍省黄门内品在京人事二石五斗、入内内侍省高班二石、内侍省黄门一石五斗、入内小黄门一石等四等。

宰相之上犹有枢密使带使相等二百石一档。故未能谓“自宰相至入内高品十八等”，而应云“自枢密使带使相（二百石）至入内小黄门（一石）十八等”。

详参《宋志》本条 4119 页倒 3 行至 4121 页倒 5 行。

畿县知县六石至三石，有四等。（4120 页倒 4、倒 3 行）

“畿县”前原冠以“东京”之名，未可省，以有别于三京畿县。

《宋会要·职官》五七之八：“东京畿县六石至三石，有四等。”

四京军巡、判官，四石。军、监判官，防、团推官，二石。（4120 页倒 1 行—4121 页 1 行）

“军巡、判官”系一官名，未可加顿号于其间，使分裂为二。

《宋志》三“考功郎中　员外郎”：“自军巡判官至县尉，理七考。”

《宋志》八“建隆以来合班之制”：“诸州诸司参军　军巡判官　诸县令　赤县丞。”

元随、傔人衣粮

玉清昭应宫、景灵宫、会灵观三副使，十人；（4122 页倒 2 行）

“会灵观”下宜加顿号，“三副使”系指“三部副使”（“三部”指盐铁、度支、户部），宜补正为“玉清昭应宫、景灵宫、会灵观、三部副使，十人”，即包括三宫观副使及三部副使。

《宋会要·职官》五七之一五：“玉清昭应宫、景灵宫、会灵观、三部副使、判官五人。旧二（三）部副使十人。”

茶、酒、厨料之给

学士、权三司使以上兼秘书监，日给酒自五升至一升，有四等，(4124页5行)

“兼秘书监”后漏载“及曾任二府，提举宫观”九字；“日给酒”下并漏载“者，法酒”三字。

又，“权三司使以上兼秘书监”未宜连读，“兼秘书监”当与“权三司使以上”分开，即于“以上”之后添加一顿号。

《宋会要・职官》五七之一六：“文(又)学士、权三司使以上、兼秘书监及曾任二府、提举宫观，日给酒者，法酒自五升至一升，有四等。”

《考正》卷一一之四“茶酒厨料之给”：“《会要・俸禄门》载此，于秘书监下有‘及曾任二府，提举宫观’九字，‘日给酒’下有‘者，法酒’三字……(《职官》五七之一七)。《史志》盖有讹脱。”

法、糯酒自一升至二升，有二等。(4124页5行)

《宋会要》作“三等”。

“法、糯酒”即“法糯酒”，其间之顿号须删去，宋内酒坊库酒分法糯酒、糯酒、常酒三等，以供邦国之用，此指“法糯酒”。

《宋会要・职官》五七之一六：“法糯酒，自一升至二升，有三等。”

《宋会要・职官》二一之四：“今法酒库酒曰供御、曰祠祭、曰常供；内酒坊(库)酒曰法糯、曰糯、曰常料，各三等。糯酒、常料酒止给诸军吏、工技人，以奉天地、宗庙、社稷，恐非致恭尽物之义。乞止以三法酒及法糯酒奉祠祭。从之。”

《宋东京考》三“外诸司”：“法酒库掌造供御及祠祭。凡祭祀，五齐、三酒以实尊罍。周太祖平河中，得酒工王思善造法酒曲，因立法酒库，置之。内酒坊掌造法糯酒、(糯酒、)常料之三等酒，以供邦国之用。”

又宫观副使，文明殿学士，即观文。**资政殿大学士，龙图、枢密直**

学士，并有给茶。（4124 页 6 行）

“并有给茶”为“并月给茶”之误。

《宋会要·职官》五七之一六：“又，宫观副使、观文殿大学士至枢密直学士，并月给茶。”

薪、蒿、炭、盐诸物之给

宰相、枢密使，月给薪千二百束。（4124 页倒 3 行）

《考正》卷一一之五“薪蒿炭盐诸物之给”：“案：《会要》此句下又有‘枢密使有五百束者’句（《职官》五七之一六）。”

三司使，三部使，权三司使，四百束。三部副使，枢密都承旨，一百五十束。（4124 页倒 3、倒 2 行）

“权三司使，四百束”与“三部副使”之间，漏“权发遣三司公事，三百束”一等。

《考正》（同上条卷）：“案：《会要》此句下又有‘权发遣三百束’句（职官五七之一六至一七）。”

枢密副都承旨，中书提点五房，一百束。（4124 页倒 2、倒 1 行）

《考正》（同上条卷）：“案：‘枢密副都承旨’下，《会要》又有‘诸房副承旨’五字。”

宰相，枢密使，岁给炭自十月至正月二百秤，余月一百秤。（4125 页 3 行）

“自十月至正月”后漏一“月”字，即自十月至正月严寒季节，每月给炭二百秤，总八百秤，而非谓四个月中止给炭二百秤。又，“余月一百秤”后，尚有“枢密使有五十秤者”一句。

《考正》（同上条卷）：“案：‘正月’下当依《会要》补‘月’字。又‘一百秤’下，《会要》又有‘枢密使有五十秤者’句。”

给盐：宰相，枢密使，七石。（4125 页 6 行）

《考正》（同上条卷）：“案：《会要》此句下又有‘枢密使有三石

者'句。"

权三司使，二石。节度使，七石。（4125 页 7 行）

"权三司使，二石"之后，《宋会要》犹有"权发遣三司公事，一石"之一等。

《宋会要·职官》五七之一七："三司使、三部使、权三司使，二石；权发遣，一石；节度使，七石。"

宋史职官志补正十二

（《宋史》卷一七二）

奉禄制下

增　给

玉清昭应宫、景灵宫、会灵观三副使，观文殿大学士，三十千。（4129 页 6、7 行）

“会灵观”后落一“使”字，“三副使”系指“三部副使”（指盐铁、度支、户部）。该文经补正后为：“玉清昭应宫、景灵宫、会灵观使，三部副使，观文殿大学士，三十千。”

《宋会要·职官》五七之八：“观文殿大学士、诸宫观使、三部副使，三十千。”

元丰添保和殿大学士。（4129 页倒 4 行）

政和五年始置宣和殿学士，宣和元年改名为保和殿学士或保和殿大学士。故此称“元丰添”，非是，宜于“元丰”两字后加一“后”字。详参《宋志》卷一〇 4096 页 6 行“保和殿大学士”之补正。

元丰添保和、延康、宝文、显谟、徽猷学士。……元丰添宝文、显谟、徽猷直学士，保和、龙图、天章、宝文、显谟、徽猷待制。（4129 页倒1行—4130 页 1 行）

"元丰"两字后皆宜添一"后"字。

大观二年，户部尚书左睿言：(4130 页 2、3 行)

"左睿"为"左肤"之误。

《宋大诏令集》卷一七八有"允户部尚书、详定一司敕令左肤乞立学士至直阁以上贴职钱御笔大观二年五月十三日"。

《宋会要·职官》五七之五四："(大观)户部尚书、详定一司敕令左肤等札子……"

今以银青光禄大夫任观文殿大学士较之，则通料钱不及节度使之半，其厚薄不均明矣。(4130 页 4、5 行)

"料钱"后落"添支"一项。

《宋会要·职官》五七之五四："大观二年五月十一日，又奏：臣等见编修《禄格》，……或谓大学士自有寄禄官料钱，故添支数少。臣等以银青光禄大夫任观文殿大学士较之，则通料钱、添支不及节度使之半，其厚薄之不均明矣。"

端明后改延康殿学士，五十千。(4130 页 7 行)

"端明"前漏"资政殿学士"。

《宋大诏令集》卷一七八"允户部尚书、详定一司敕令左肤乞立学士至直阁以上贴职钱御笔大观二年五月十三日"："设官分职，称事制禄，辅弼侍从之官，礼当优异，而有职无禄。非禄以□□驭贵之意。可依所奏。

贴职钱不以内外并给：

观文殿大学士	一百贯
观文殿学士、资政殿大学士	八十贯
资政殿学士、端明殿学士	五十贯内前执政加二十贯。"

元丰法，带职人依《嘉祐禄令》，该载观文殿大学士以下至直学士，添支钱三等，自二十千至十五千。(4130 页倒 7、倒 6 行)

"直学士"前落"天章阁"之名。

又，"自二十千"应易为"自三十千"。

《宋会要·职官》五七之六一："宣和三年六月十一日，户部尚书沈积中、侍郎王蕃奏：契勘元丰法，带职人系依《嘉祐禄令》，该载观文殿大学士以下至天章阁直学士，除料钱随本官外，等第支破添支。内钱三等，自三十贯至十五贯；米面两等，自八石至五石。"

《宋志》一二"增给"："观文殿大学士，三十千。观文殿学士，资政殿大学士，……二十千。……资政、端明……龙图、天章直学士，十五千。"

学士提举在京官，除本身请给外，更请贴职，并差遣添支，比六曹尚书、翰林学士承旨几及一倍以上，非称事制禄之意。（4130页倒4行）

"学士提举在京官"，不通，应为"学士提举在京宫观"，指翰林学士充提举在京宫观。

《宋会要·职官》五七之六一："又奏：'学士提举在京宫观，除本身请受外，更请贴职并差遣添支等钱物，有比六曹尚书、翰林学士承旨钱、米、麦增多几及一倍上者，例……非称事制禄之意。'"

并依元丰三年诏，司农寺丞十五千，主簿京朝官十二千，选人十千。（4130页倒3、倒2行）

"元丰三年诏"系"熙宁三年诏"之误。

又，据熙宁三年八月诏，主簿添支分两等，一等十二千属京朝官任主簿者，一等十千属选人任主簿者，以是言之，"京朝官十二千"后之逗点非是，须易为顿号。

《宋会要·职官》五七之四〇："熙宁三年八月二十六日，诏司农寺丞月添支钱十五千，主簿京朝(官)十二千、选人十千。"

熙宁三年，诏广亲、睦亲宅记室、讲书十五千，教授十二千，军巡使十七千，权使及判官七千。（4130页倒2行）

"熙宁三年"恐为"元丰三年"之误。

《宋会要·职官》五七之四三："(元丰)三年六月七日，诏宗室教授并兼大、小两学，广亲、睦亲比(北)宅二员，余各一员。月增添支：记室、讲书十五千，教授十二千。"

诸州监场务,朝官供奉以上七千,京官殿直五千,奉职内品三千,内课颐大者,京朝官与京官同,使臣与兵马监押同。(4134页4、5行)

此句标点多处不确。“朝官”与“供奉”,“京官”与“殿直”,“奉职”与“内品”都未能连读,即须各添顿号于其间。

又,“课颐”为“课利”之误。

“京朝官与京官同”,不通,恐误。

《宋会要·职官》五七之一三:“诸巡监当万贯课利以上,诸司使至带职供奉钱十千……内收及三万贯,诸司使、率府率已下比都监,三班使臣北(比)监押,内臣比走马。旧式,监当收(物)务使臣,分五等,钱自七千递减。余准此。”

大中祥符二年,诏外任官不得挈家属赴任者,许分添给钱赡本家。(4134页6行)

《宋会要》作“大中祥符七年”。

《宋会要·职官》五七之二九:“(大中祥符)七年七月,……又诏:外任官不得挈家属赴任者,许分添支钱赡本家。”

南渡以后奉禄之制

建炎南渡以后,奉禄之制,参用嘉祐、元丰、政和之旧,少所增损。(4134页倒7行)

《宋志》分叙北宋、南宋俸禄之制,不足之处在目录、标题未突出何时之制,或内容与标题不合。似此处以下,所叙为南宋俸禄之制,却置于“增给”标题之下,实有文不对题之嫌。

又,自此而下至4143页末行,皆与《通考·职官》一九所载同。

自承宣使以下,不带阶官者为正任,带阶官者为遥郡,遥郡各在正任之下,请奉与次任、正任一同。(4136页6、7行)

“次任”与“正任”用顿号隔开为二,误。宋制无“次任”官之名目,其义为:遥郡官请俸,不能与正任官同等,如防御使之俸禄,依南宋俸禄之制，正任防御使俸禄料钱二百贯，而遥郡防御使俸禄不可能与正任防御使二百贯月俸等，只能领取位次于防御使一级的正任团练使的月俸一百五十贯。

武略郎，武翼郎，武义郎。并在承议郎之下。以上各料钱二十贯，**（4137页倒3行）**

“武翼郎”错位在“武义郎”之上，应移至“武义郎”之下。

《通考·职官》九“禄秩”：“武臣请俸：……武略郎、武义郎、武翼郎。并在承议郎之下，以上各料钱二十贯。”

《宋志》4068页“武阶”：“武略郎、武经郎、武义郎、武翼郎，以上旧诸司副使。”

检详诸房文字。职钱三十五贯，厨食钱每日五百。**计议，编修官。**添支钱十贯，第三等折食钱二十五贯，厨食钱每日五百。**（4140页倒2、倒1行）**

“五百”后皆落单位名“文”，须补入。

“第三等”御厨折食钱，南渡后修定为三十五贯，《宋志》谓“二十五贯”，误。

《宋会要·职官》五七之六六：“（绍兴元年）六月二十六日，臣僚言：契勘请给各有定格。今局、所官吏，每月除请、添给数项外，更请御厨折食钱。昨以东京物价低贱，逐时减落，每月旋估支折。今来时物踊贵，尚循旧例，其所折钱往往增过数倍，暗侵财计。诏裁定则例，永为定法。第一等折钱八十四贯六百二十文，减作四十贯文；第二等折钱七十四贯文，减作三十七贯五百文；第三等折钱六十八贯三百八十三文，减作三十五贯文；第四等折钱五十一贯八百文，减作三十二贯五百文；第五等折钱四十七贯四百六十文，减作三十贯文；第六等折钱四十二贯八百三十二文，减作二十七贯五百文；第七等折钱四十一贯八百文，减作二十五贯文；第八等折钱三十八贯二百二十六文，减作二十二贯五百文；第九等折钱三十三贯文，减作二十贯文；第十等折钱三十一贯三百九十五文，减作一十七贯五百文；第十一等折钱三十贯九百文，减作一十五贯文。”

公用钱

公用钱(4144页1行)

“公用钱”正称“公使钱”。先是，宋太祖鉴于五代牧守征敛于民以佐厨食、乘传之费，遂置正赐公使钱以给之，欲绝其取民无艺之途。朝廷正赐公使钱有定额，分等第，许官员在公用名义下自由支配；然为数不多，朝廷复著令许郡守、监司自筹经费而助公使，州郡、帅司遂得以自恣，无所不为，此为“公使钱”，与“正赐公使钱”有别。公使钱积聚与开支日益浩大，为宋代官员贿赂舞弊、挥霍享受之重要财源。而正赐之公使钱(或称“供给钱”)，则无异于添支、料钱、职钱等名目，如俸禄焉。

《宋志》将“公使钱”列于“奉禄制”内，盖有深意，唯失于未概叙其原由。

《朝野杂记》甲集卷一七“公使库”：“公使库者，诸道监、帅司及州、军、边县与戎帅皆有之。盖祖宗时，以前代牧伯皆敛于民，以佐厨传，是以制公使钱，以给其费，惧及民也。然正赐钱不多，而著令许收遗利，以此州郡得以自恣。若帅、宪等司，则又有抚养、备边等库，开抵当、卖熟药，无所不为，其实以助公使耳。公使苞苴，在东南而为尤甚。扬州一郡，每岁馈遗，见于帐籍者，至十二万缗。江、浙诸郡，每以酒遗中都官，岁五六至，至必数千瓶。……东南帅臣、监司到署，号为上、下马，邻路皆有馈，计其所得，动辄万缗。……惟总领所公使钱，以料次取于大军库，故敛不及民。然正赐不多，而岁用率十数万。每岁终，上其数于户部，辄以劳军、除戎器为名，版曹知而不诘也。所谓公使醋钱者，诸郡皆立额，白取于属县，县敛于民，吏以输之。小邑一岁亦不下千缗，人尤以为怨。谓宜罢互送而捐遗利，使上下一体，而害不及民，则合祖宗制公使之意矣。”

《长编》卷二七三，熙宁九年二月乙未："故事：州镇刺史以上，别赐公使钱，例得私以自奉。"

门下省，登闻检院、鼓院，官诰院，三班院，各五十千。（4144页倒5行）

"门下省"月给公用钱为五十贯（五十千），而"登闻检院、鼓院，官诰院，三班院"仅五贯，相差甚殊。疑此条所述"各五十千"有误。

《宋会要·礼》六二之二三："京师给公用者：……门下省每月五十贯。……三班院旧每月五贯，后增十贯，今三十贯。登闻检院每月五贯，鼓院每月五贯。……官告院每月五贯。"

岁给者：尚书都省，银台司，审刑院，提举诸司库务司，每给三十千，用尽续给，不限年月；（4144页倒4行）

"尚书都省"岁给公用钱百贯，"银台司"（应为"通进银台司"）岁给公用钱百贯，而"提举诸司库务司"给公用钱不按岁给或月给的办法，却许"用尽续给，不限年月"。据此，《宋志》此条记载似有误，"提举诸司库务司"以下文字当另立条，不当置于"岁给者"之下。

《宋会要·礼》六二之二三："尚书都省旧每岁百贯，今二百贯。……通进银台司每年百贯。……提举诸司库务司每给三十贯，支尽续给，不限年月。"

职　田

帝曰："奇未晓给纳之理。然朕每览法寺奏款，外官占田多逾往制，不能自备牛种，水旱之际又不蠲省，致民无告。"（4146页5、6行）

据《长编》，"给纳"为"给田"之误。

又，"不能自备牛种"句，"牛"字下当添一顿号，缘此"牛种"指耕牛与种子。

《长编》卷八七，大中祥符九年七月丙寅："先是，殿中侍御史王奇请籍纳职田以助赈贷。上曰：'朕以此田均济官吏，本欲人各足用，责其清谨耳。奇未晓给田之理。'"

凡防、团以下州军长吏十顷,(4146页倒5、倒4行)

"防、团"之后漏一"使"字,当补入。

《宋大诏令集》卷一七八"定职田诏":"防、团使已下州军十顷,通判六顷,小军、监七顷。"

录事参军比本判官。曹官比倚郭簿、尉。(4146页倒2、倒1行)

"比本判官"不通,"本"字后有阙文,疑漏"州"字。"曹官"为俗称,此指"判司"。

《宋会要·职官》五八之一三:"藩府、节镇录参比本州判官。"

《宋大诏令集》卷一七八"定职田诏":"判司比倚郭簿、尉。"

武臣总管,比节镇长吏。发运制置判官,比大藩府通判。(4146页倒1行—4147页1行)

"发运制置判官"下漏载"武臣钤辖,比防、团州长吏。诸路转运判官"字样。

《长编》卷一四五,庆历三年十一月壬辰:"诏限职田……发运制置判官,武臣钤辖,比防、团州长吏。诸路转运判官,比大藩府通判。"

知眉、蜀、彭、雅、邛、嘉、简、陵州,永康军,视成都通判。(4148页倒3、倒2行)

所列州、军中,落"绵""汉"两州。

《宋会要·职官》五八之一二:"彭、雅、邛、嘉、绵、汉、眉、蜀、简、陵州,永康军,知州、军各四百五十石。"

巡辖马铺,系三班使臣。**(4149页3行)**

"巡辖马铺",应为"巡辖马递铺"。

《宋会要·职官》五八之一二:"巡辖马递铺,系三班使臣。各一百石。"

元符三年,朝散郎杜子民奏:"职田之法……元祐中,推广此意,以限月之法,变而均给。士大夫贪冒者,或穷日之力以赴期会……乞

复元丰均给之法，以养士廉节。"（4149 页倒 7—倒 4 行）

此段文字转述有删节，至不通，应补"元符之法"，并改"复元丰均给之法"为"复元祐均给之法"。

《宋会要·职官》五八之一四："元符三年九月二十六日，工部言：'朝散郎杜子民奏：职田之法，每患不均。神宗首变两川之法，均给上下，一路便之。元祐中，推广此意，以限月之法变而均给。元符新敕，又复限月。士大夫贪冒者，或穷日之力以赴期会，或交书请嘱以幸权摄，奔竞之风长，廉耻之（节）丧。欲乞复元祐均给之法，以养士廉节。'从之。元祐均给及元符限月指挥，后未获。"

凡职租不许辄令保正催纳，或抑令折纳见钱，或无田平白监租，或以虚数勒民代纳，或额外过数多取，皆申严禁止之令。察以监司，坐以赃罪，所以防其不廉之害。罢废未几而复旧，拘借未久而给还，移充籴本，转收马料，旋复免行，皆所以示优恩、厉清操也。（4151 页 6—9 行）

此段自"凡职租不许辄令保正催纳"至"防其不廉之害"亦系两诏之混合，一为绍兴五年十月三十日诏，一为绍兴十一年十二月十一日诏。

又，自"罢废未几而复旧"至"厉清操也"，系总括自北宋至南宋职田之制几经变更后所发评论，宜另起一行。邓广铭先生认为此句所叙"均为乾道间事"，似未确。诸如上文所述及元祐均给之法之罢废与复旧；靖康始权借职田租额一年纳内藏库以应副军期，旋又废罢，隆兴初又复权借，寻罢之；及乾道间又有权借职田三年令折纳马料等，是为拘借，后又复罢等。皆不止为乾道之制也。

《靖康要录》卷七："靖康元年五月十四日，臣僚上言：'外任官职田权借一年。'从之。"

《宋会要·职官》五八之二二："（靖康元年）七月十五日，诏近降指挥外任官职田权借一年，颇闻三路物重钱轻，妻孥不得温饱，难以养廉。河北、河东、陕西路可并免借。”

《宋会要·职官》五八之二六:“隆兴元年六月十二日,工部尚书张阐等言:‘欲权借诸州官员职田一年,添助用度。’从之。八月十一日,诏昨因措置财赋,议臣乞权借职田,添助国用,深虑吏无圭租,何以养廉。前降指挥更不施行。”

《宋会要·职官》五八之二八、二九:“(乾道六年)八月四日,户部状:‘臣僚言,权借职田三年,令折纳马料……’从之。八年十月二十一日,诏权借职田可自今年十月一日为始,与免拘借。”

《宋会要·职官》五八之二四:“(绍兴)七年四月十二日,诏今后州县官职田不得辄令保正摧(催)纳,如违,仰提刑司按劾。以侍御史周秘言,州县官职田自来多令保正催纳,兵火之后,佃户逃亡,而官犹以其常数责令陪纳。故有是命。十一年十二月十一日,诏诸州县职田,令提点刑狱司核实,使佃民按实输租,毋得代纳并抑配。如监司、知、通失于检察,与犯人减二等断罪。”

若其顷亩多寡,具有成式:……不满五千户县簿、尉,巡辖马递铺,县、镇、寨监当及监堰,二顷。(4151 页倒 6 行—4152 页 10 行)

《宋志》以此段作终结,与《通考·职田之制》同。然据《宋会要》,尚载有光宗、宁宗两朝职田之制,《宋志》未参照酌加收入,未尽当也。兹摘录一条以补之,并可见宋代职田之弊,虽经三令五申,仍难矫正。

《宋会要·职官》五八之三一:“嘉泰三年十一月十一日,南郊赦文:‘官员职田,在法,以官荒及五年以上逃田拨充。访闻州县不问年限辄行拘占,致人户无业可归。间有灾伤,却令依旧数收纳租课。并仰日下依条改正、除放。仍令提刑司常觉察。尚敢违戾,许人户越诉。’开禧二年以后,明堂赦并同此。”

两宋纪年表

北宋太祖(赵匡胤)朝(960—976)

建隆元年庚申(960)

建隆二年辛酉(961)

建隆三年壬戌(962)

建隆四年癸亥(963)

乾德元年癸亥(963)

乾德二年甲子(964)

乾德三年乙丑(965)

乾德四年丙寅(966)

乾德五年丁卯(967)

乾德六年戊辰(968)

开宝元年戊辰(968)

开宝二年己巳(969)

开宝三年庚午(970)

开宝四年辛未(971)

开宝五年壬申(972)

开宝六年癸酉(973)

开宝七年甲戌(974)

开宝八年乙亥(975)

开宝九年丙子(976,十月太祖崩、太宗即位,十二月改元太平兴国)

北宋太宗(赵光义)朝(976—997)

太平兴国元年丙子(976)

太平兴国二年丁丑(977)

太平兴国三年戊寅(978)

太平兴国四年己卯(979)

太平兴国五年庚辰(980)

太平兴国六年辛巳(981)

太平兴国七年壬午(982)

太平兴国八年癸未(983)

太平兴国九年甲申(984)

雍熙元年甲申(984)

雍熙二年乙酉(985)

雍熙三年丙戌(986)

雍熙四年丁亥(987)

端拱元年戊子(988)

端拱二年己丑(989)

淳化元年庚寅(990)

淳化二年辛卯(991)

淳化三年壬辰(992)

淳化四年癸巳(993)

淳化五年甲午(994)

至道元年乙未(995)

至道二年丙申(996)

至道三年丁酉(997,三月太宗崩、真宗即位,逾年改元)

北宋真宗(赵恒)朝(998—1022)

咸平元年戊戌(998)

咸平二年己亥(999)

咸平三年庚子(1000)

咸平四年辛丑(1001)

咸平五年壬寅(1002)

咸平六年癸卯(1003)

景德元年甲辰(1004)

景德二年乙巳(1005)

景德三年丙午(1006)

景德四年丁未(1007)

大中祥符元年戊申(1008)

大中祥符二年己酉(1009)

大中祥符三年庚戌(1010)

大中祥符四年辛亥(1011)

大中祥符五年壬子(1012)

大中祥符六年癸丑(1013)

大中祥符七年甲寅(1014)

大中祥符八年乙卯(1015)

大中祥符九年丙辰(1016)

天禧元年丁巳(1017)

天禧二年戊午(1018)

天禧三年己未(1019)

天禧四年庚申(1020)

天禧五年辛酉(1021)

乾兴元年壬戌(1022,二月真宗崩、仁宗即位,逾年改元)

北宋仁宗(赵祯)朝(1023—1063)

天圣元年癸亥(1023)

天圣二年甲子(1024)

天圣三年乙丑(1025)

天圣四年丙寅(1026)

天圣五年丁卯(1027)

天圣六年戊辰(1028)

天圣七年己巳(1029)

天圣八年庚午(1030)

天圣九年辛未(1031)

天圣十年壬申(1032)

明道元年壬申(1032)

明道二年癸酉(1033)

景祐元年甲戌(1034)

景祐二年乙亥(1035)

景祐三年丙子(1036)

景祐四年丁丑(1037)

景祐五年戊寅(1038)

宝元元年戊寅(1038)

宝元二年己卯(1039)
宝元三年庚辰(1040)
康定元年庚辰(1040)
康定二年辛巳(1041)
庆历元年辛巳(1041)
庆历二年壬午(1042)
庆历三年癸未(1043)
庆历四年甲申(1044)
庆历五年乙酉(1045)
庆历六年丙戌(1046)
庆历七年丁亥(1047)
庆历八年戊子(1048)
皇祐元年己丑(1049)
皇祐二年庚寅(1050)
皇祐三年辛卯(1051)
皇祐四年壬辰(1052)
皇祐五年癸巳(1053)
皇祐六年甲午(1054)
至和元年甲午(1054)
至和二年乙未(1055)
至和三年丙申(1056)
嘉祐元年丙申(1056)
嘉祐二年丁酉(1057)
嘉祐三年戊戌(1058)
嘉祐四年己亥(1059)
嘉祐五年庚子(1060)
嘉祐六年辛丑(1061)
嘉祐七年壬寅(1062)
嘉祐八年癸卯(1063,三月仁宗崩,四月英宗即位,逾年改元)

北宋英宗(赵曙)朝(1064—1067)

治平元年甲辰(1064)
治平二年乙巳(1065)
治平三年丙午(1066)
治平四年丁未(1067,正月英宗崩、神宗即位,逾年改元)

北宋神宗(赵顼)朝(1068—1085)

熙宁元年戊申(1068)
熙宁二年己酉(1069)
熙宁三年庚戌(1070)
熙宁四年辛亥(1071)
熙宁五年壬子(1072)
熙宁六年癸丑(1073)
熙宁七年甲寅(1074)
熙宁八年乙卯(1075)
熙宁九年丙辰(1076)
熙宁十年丁巳(1077)
元丰元年戊午(1078)
元丰二年己未(1079)
元丰三年庚申(1080)
元丰四年辛酉(1081)
元丰五年壬戌(1082)
元丰六年癸亥(1083)
元丰七年甲子(1084)

元丰八年乙丑(1085,三月神宗崩、哲宗继位,逾年改元)

北宋哲宗(赵煦)朝(1086—1100)

元祐元年丙寅(1086)
元祐二年丁卯(1087)
元祐三年戊辰(1088)
元祐四年己巳(1089)
元祐五年庚午(1090)
元祐六年辛未(1091)
元祐七年壬申(1092)
元祐八年癸酉(1093)
元祐九年甲戌(1094)
绍圣元年甲戌(1094)
绍圣二年乙亥(1095)
绍圣三年丙子(1096)
绍圣四年丁丑(1097)
绍圣五年戊寅(1098)
元符元年戊寅(1098)
元符二年己卯(1099)
元符三年庚辰(1100,正月哲宗崩、徽宗继位,逾年改元)

北宋徽宗(赵佶)朝(1101—1125)

建中靖国元年辛巳(1101)
崇宁元年壬午(1102)
崇宁二年癸未(1103)
崇宁三年甲申(1104)
崇宁四年乙酉(1105)
崇宁五年丙戌(1106)
大观元年丁亥(1107)
大观二年戊子(1108)
大观三年己丑(1109)
大观四年庚寅(1110)
政和元年辛卯(1111)
政和二年壬辰(1112)
政和三年癸巳(1113)
政和四年甲午(1114)
政和五年乙未(1115)
政和六年丙申(1116)
政和七年丁酉(1117)
政和八年戊戌(1118)
重和元年戊戌(1118)
重和二年己亥(1119)
宣和元年己亥(1119)
宣和二年庚子(1120)
宣和三年辛丑(1121)
宣和四年壬寅(1122)
宣和五年癸卯(1123)
宣和六年甲辰(1124)
宣和七年乙巳(1125,十二月徽宗禅位于钦宗,逾年改元)

北宋钦宗(赵桓)朝(1126—1127)

靖康元年丙午(1126)
靖康二年丁未(1127,四月徽

宗、钦宗被掳北上，五月高宗即位于应天府，改元建元）

南宋高宗(赵构)朝(1127—1162)

建炎元年丁未(1127)
建炎二年戊申(1128)
建炎三年己酉(1129)
建炎四年庚戌(1130)
绍兴元年辛亥(1131)
绍兴二年壬子(1132)
绍兴三年癸丑(1133)
绍兴四年甲寅(1134)
绍兴五年乙卯(1135)
绍兴六年丙辰(1136)
绍兴七年丁巳(1137)
绍兴八年戊午(1138)
绍兴九年己未(1139)
绍兴十年庚申(1140)
绍兴十一年辛酉(1141)
绍兴十二年壬戌(1142)
绍兴十三年癸亥(1143)
绍兴十四年甲子(1144)
绍兴十五年乙丑(1145)
绍兴十六年丙寅(1146)
绍兴十七年丁卯(1147)
绍兴十八年戊辰(1148)
绍兴十九年己巳(1149)
绍兴二十年庚午(1150)
绍兴二十一年辛未(1151)
绍兴二十二年壬申(1152)
绍兴二十三年癸酉(1153)
绍兴二十四年甲戌(1154)
绍兴二十五年乙亥(1155)
绍兴二十六年丙子(1156)
绍兴二十七年丁丑(1157)
绍兴二十八年戊寅(1158)
绍兴二十九年己卯(1159)
绍兴三十年庚辰(1160)
绍兴三十一年辛巳(1161)
绍兴三十二年壬午(1162，六月禅位于孝宗，逾年改元)

南宋孝宗(赵昚)朝(1163—1189)

隆兴元年癸未(1163)
隆兴二年甲申(1164)
乾道元年乙酉(1165)
乾道二年丙戌(1166)
乾道三年丁亥(1167)
乾道四年戊子(1168)
乾道五年己丑(1169)
乾道六年庚寅(1170)
乾道七年辛卯(1171)
乾道八年壬辰(1172)
乾道九年癸巳(1173)
淳熙元年甲午(1174)
淳熙二年乙未(1175)

淳熙三年丙申(1176)

淳熙四年丁酉(1177)

淳熙五年戊戌(1178)

淳熙六年己亥(1179)

淳熙七年庚子(1180)

淳熙八年辛丑(1181)

淳熙九年壬寅(1182)

淳熙十年癸卯(1183)

淳熙十一年甲辰(1184)

淳熙十二年乙巳(1185)

淳熙十三年丙午(1186)

淳熙十四年丁未(1187)

淳熙十五年戊申(1188)

淳熙十六年己酉(1189,二月孝宗禅位于光宗,逾年改元)

南宋光宗(赵惇)朝(1190—1194)

绍熙元年庚戌(1190)

绍熙二年辛亥(1191)

绍熙三年壬子(1192)

绍熙四年癸丑(1193)

绍熙五年甲寅(1194,七月光宗禅位于宁宗,逾年改元)

南宋宁宗(赵扩)朝(1195—1224)

庆元元年乙卯(1195)

庆元二年丙辰(1196)

庆元三年丁巳(1197)

庆元四年戊午(1198)

庆元五年己未(1199)

庆元六年庚申(1200)

嘉泰元年辛酉(1201)

嘉泰二年壬戌(1202)

嘉泰三年癸亥(1203)

嘉泰四年甲子(1204)

开禧元年乙丑(1205)

开禧二年丙寅(1206)

开禧三年丁卯(1207)

嘉定元年戊辰(1208)

嘉定二年己巳(1209)

嘉定三年庚午(1210)

嘉定四年辛未(1211)

嘉定五年壬申(1212)

嘉定六年癸酉(1213)

嘉定七年甲戌(1214)

嘉定八年乙亥(1215)

嘉定九年丙子(1216)

嘉定十年丁丑(1217)

嘉定十一年戊寅(1218)

嘉定十二年己卯(1219)

嘉定十三年庚辰(1220)

嘉定十四年辛巳(1221)

嘉定十五年壬午(1222)

嘉定十六年癸未(1223)

嘉定十七年甲申(1224,闰八月宁宗崩、理宗即位,逾年改元)

南宋理宗(赵昀)朝(1225—1264)

宝庆元年乙酉(1225)

宝庆二年丙戌(1226)

宝庆三年丁亥(1227)

绍定元年戊子(1228)

绍定二年己丑(1229)

绍定三年庚寅(1230)

绍定四年辛卯(1231)

绍定五年壬辰(1232)

绍定六年癸巳(1233)

端平元年甲午(1234)

端平二年乙未(1235)

端平三年丙申(1236)

嘉熙元年丁酉(1237)

嘉熙二年戊戌(1238)

嘉熙三年己亥(1239)

嘉熙四年庚子(1240)

淳祐元年辛丑(1241)

淳祐二年壬寅(1242)

淳祐三年癸卯(1243)

淳祐四年甲辰(1244)

淳祐五年乙巳(1245)

淳祐六年丙午(1246)

淳祐七年丁未(1247)

淳祐八年戊申(1248)

淳祐九年己酉(1249)

淳祐十年庚戌(1250)

淳祐十一年辛亥(1251)

淳祐十二年壬子(1252)

宝祐元年癸丑(1253)

宝祐二年甲寅(1254)

宝祐三年乙卯(1255)

宝祐四年丙辰(1256)

宝祐五年丁巳(1257)

宝祐六年戊午(1258)

开庆元年己未(1259)

景定元年庚申(1260)

景定二年辛酉(1261)

景定三年壬戌(1262)

景定四年癸亥(1263)

景定五年甲子(1264,十月理宗崩、度宗即位,逾年改元)

南宋度宗(赵禥)朝(1265—1274)

咸淳元年乙丑(1265)

咸淳二年丙寅(1266)

咸淳三年丁卯(1267)

咸淳四年戊辰(1268)

咸淳五年己巳(1269)

咸淳六年庚午(1270)

咸淳七年辛未(1271)

咸淳八年壬申(1272)

咸淳九年癸酉(1273)

咸淳十年甲戌(1274,七月度宗崩、赵㬎即位,逾年改元)

南宋恭帝(赵㬎)朝(1275—1276)

德祐元年乙亥(1275)

德祐二年丙子(1276,正月赵㬎退位降元,五月赵昰立、改元景炎)

南宋端帝(赵昰)朝(1276—1278)

景炎元年丙子(1276)

景炎二年丁丑(1277)

景炎三年戊寅(1278,四月赵昰病亡、赵昺立,五月改元祥兴)

南宋帝昺(赵昺)朝(1278—1279)

祥兴元年戊寅(1278)

祥兴二年己卯(1279)

增订本后记

二〇〇一年第九期《读书》，刊登了北京大学陈来教授写的文章《醉心北大精神的史家》。该文在谈到邓广铭先生承继北大名师奖掖后学的传统时，曾以邓先生高度评价原杭州大学龚延明的《宋史职官志补正》为例。由于《宋史职官志补正》是在邓先生《宋史职官志考正》基础上完成的，所以，邓先生对其时名不见经传的后学之奖掖，格外发人深思，此事已传为学林佳话。

因为我是《宋史职官志补正》的作者，邓先生的奖掖，自然特别使我感动，由此而产生的巨大推动力，深刻地影响了我的学术人生。一个人在治学的道路上，我真切地体会到，除了自己的努力之外，机遇的确是十分重要的。《宋史职官志补正》这本书的成功，两头紧紧连着两位名家，一位就是上面所述的邓广铭先生，还有一位是原中华书局总编辑傅璇琮先生。假如，一头一尾，我没有得到这两位名家的帮助和奖掖，很可能不会有这本《宋史职官志补正》，也不可能有此后的《宋代官制辞典》(180 万字)、《中国历代职官别名大辞典》(227 万字)和《宋登科记考》(500 万字，合著)这些成果了。

首先，不能不提及傅璇琮先生。一九七四年，我从部队复员回杭大历史系，重操旧业。当时学校处于“文化大革命”后期，虽已复课，但仍未走上正轨。当初，我是以大学助教身份应征入伍的，离开大学教师岗位已十二年，谈不上有什么历史研究。回校后，直到 20 世纪

70年代末，我也没有明确的学术方向，仍彷徨在学术殿堂之门外。一九七九年，我所在的历史系宋史研究室，在商议同仁的研究方向时，研究室主任徐规先生建议我研究朱熹，我当时考虑到研究朱熹的人已不少，加之我希望科研能够与教学相结合，所以未接受。徐先生尊重我的意见，经考虑后，提出让我在系里开一门选修课"中国古代官制史"，科研方面则侧重宋代官制研究。这样，教学与科研能相辅相成，我欣然同意。不久，以徐规教授为学科带头人申报的"《宋史》补正"课题，列入浙江省哲学社会科学"七五"规划重点课题。根据研究室学术分工，我理应承担《宋史·职官志》补正工作。这可让我犯难了。因为，已有邓广铭先生《宋史职官志考正》这一得到陈寅恪先生高度评价的里程碑式作品在前，我这个刚刚涉足宋史领域的无名之辈，去续《宋史职官志考正》之作，能免"狗尾续貂"之讥吗？正处于进退两难之际，我请教了通过学术批评刚刚认识的、当时任中华书局古代史编辑室主任的傅璇琮先生。傅先生身为出版社编辑，又是一位通观文史全局的专家。趁傅先生来杭州的机会，我们在杭州城站红楼饭店进行了一次长谈。针对我的顾虑，傅先生坦陈了他的看法："邓先生是宋史权威，为学术界所公认。他的《宋史职官志考正》是开山之作，是名作，但这不等于《宋史·职官志》研究工作已经终结。邓先生自己也不这样看。限于抗战时期资料之不足，还有不少遗漏。在20世纪50年代，他就提出过《宋史职官志考正》和《宋史刑法志考正》需要重新进行增补。现在你去挑起这副担子，应该说是学术发展的需要。你年轻，精力充沛，研究条件又好，只要能刻苦钻研，在邓先生《考正》的基础上，必有新创获。我与邓先生有学术上的交往，深知邓先生的学术品格。他胸怀豁达，视学术如生命，十分关心宋史研究队伍的壮大。你的研究工作，只要脚踏实地，做好了，会得到他的肯定的。"他又说："一个人的时间、精力终究有限……有得必有失，从事中国古代官制史教学可以，专门研究则以断代为佳。（结合科研）你可以选择《宋史·职官志》补正作为苦练基本功的阵地，逐步把握宋代现存的所有官制史料，在此基础上，继续深入，在'深'的方面，把根子扎得更深，争取站到学科前沿。"傅先生这番推心置腹、语重心长的话，于我，犹如置身在旷野难以辨别前进方向的时候，突然看到前方亮起一盏指路灯。傅先生不但从学术发展角度和邓广铭先生的为人两个方面，肯定了我可以做《宋史·职官志》的补正工作，而且还在研究的方法上告诉我怎么做，即首先要充分占有材料，"把握宋代现存的所有官制史料"。这样，一下子驱散了我心头的迷雾和疑虑，使我鼓起勇气前行。我终于接受了补正《宋史·职官志》的科研任务。

在傅先生的鼓励和点拨下，我于20世纪80年代上半叶，开始了补正《宋史·职官志》的工作，头三年，我把精力集中在搜集、阅读、摘抄《宋会要辑稿》《续资治通鉴长编》《职官分纪》《古今合璧事类备要》《吏部条法》《庆元条法事类》《宋朝奏议》《宋史》等史籍、类书以及宋人文集、笔记、方志等中的宋代官制史料上。按《宋史·职官志》十二卷内容顺序，做了十五册、数百万字的宋代官制史料的分类笔记。继而，用两年时间，参考邓先生《宋史职官志考正》，缜密地考订《宋史·职官志》，前后共花了五年时间，完成了包含近三千条补正条目、五十余万字的《宋史职官志补正》书稿，一九九一年由浙江古籍出版社出版。此书出版时间，离邓先生《宋史职官志考正》一九四一年出版之期，恰好半个世纪。

《宋史职官志补正》出版后，诚如傅璇琮先生所说的，邓广铭先生"胸怀豁达，视学术如生命"。他衡量学术成果，不论资历，不计较对自己的研究的批评，完全以学术上有无建树为心中的一杆秤。《宋史职官志补正》出版后，需要进行成果鉴定。浙江省哲学社会科学规划办聘请邓广铭先生担任浙江省哲学社会科学重点课题"宋史职官志补正"鉴定组组长，同时聘请了中国社会科学院历史研究所研究员王曾瑜、陈智超，上海师范大学古籍整理研究所研究员朱瑞熙及中华书局编审汪圣铎，成立成果鉴定小组。邓先生郑重其事，先把鉴定组四位成员意见归纳为两点：“第一，龚延明同志对于《宋史·职官志》所作的补正，既极周全详备，也极精审谛当；第二，这一新著的丰富内容，反映出龚延明同志对于宋代职官制度既具备通贯的理解，也具有深厚的基础根底。求之于当今之治宋史者，他的功力之雄厚应是居首选的。”然后，自己又专门写了鉴定意见，其中写道：“杭大历史系龚延明同志专心致志于宋代职官制度的研究，他除已先后发表了多篇具有较高质量的论文外，更以五个春秋的时间和精力，完成《宋史职官志补正》这一巨著，对该志的遍体鳞伤，细致周详地加以核查、比证，每一条都有理有据，说理都极精当，证据都极确凿，所以也都具有极强的说服力。此后之研究宋代职官制度者，若能以此书作为案头必备之参考书，不唯可以不至为《宋史·职官志》中那些歧互杂乱的记载而浪费时间和精力；而且，在诵习此书的过程当中，还可以领会到：龚延明同志的这一著作，真正做到了‘去粗取精、去伪存真、由此及彼、由表及里’的境地，这是只有很深厚的根柢、很广博的知识才能做到的。在这种强力的感染下，又必将使读此书者，愿以龚延明同志为榜样，扎扎实实地从事一些进行学术研究的基本训练，例如对史料的鉴别、比勘、考证、分析的技能才行。这本书是一本极具功力的书，是一本必会在许多方面都能起积极作用的书。”

邓先生对我这一成果的充分肯定，使我深受鼓舞，坚定了我在官制史研究这块园地继续耕耘的决心。

我转述邓广铭先生对《宋史职官志补正》的评价，正好证明傅璇琮先生的学术眼光是何等深邃！他一方面，站在出版家兼学者的高度，指出《宋史·职官志》补正仍是一个有很大空间的学术阵地，而且可以作为深入研究宋代官制的基础，循此走向学术前沿；另一方面，傅先生在学术界交往甚深，他对学术大师邓广铭先生广阔的胸襟十分了解，所以能在我犹豫、彷徨之际，鼓励我走近学术大师、去做《宋史职官志考正》的研究工作。假如没有傅先生的这番点拨和鼓励，我根本不敢去补正《宋史·职官志》。记得，当时我曾经对一位同事讲过，要不，我还是去做一些《宋史》列传的补正工作算了。要是真的去做《宋史》列传补正，就不可能有数百万字的宋代官制资料积累，也就不可能有《宋史职官志补正》的出版，更谈不上继续深入中国古代官制、特别是宋代官制研究，当然也就不会有《宋代官制辞典》《中国历代职官别名大辞典》《宋登科记考》（合著）等成果了。

我在治学道路上的机遇，使我深切地体会到：名家的学识是人类社会宝贵的精神财富，值得敬仰；名家高尚的人品、以提携后进为己任的广阔胸怀，同样是人类进步的精神财产，而且更难能可贵、更值得尊敬。

今年三月十六日至十七日，我怀着感恩的心情，参加了在北京大学英杰中心举行的“纪念邓广铭教授百年诞辰国际学术研讨会”。会上，一些北大博士生对我说：“我们研究宋史的，少不了先生那本《宋史职官志补正》，书店里早已脱销，只能复印。什么时候能重新出版？”正好，中华书局总经理李岩先生应邀出席此会，我同他谈起能否在中华书局出版《宋史职官志补正》增订本的事。使我十分感动的是，李岩先生慨然答应。中华书局很快将《宋史职官志补正》纳入《二十四史校订研究丛刊》之中，并交代历史编辑室主任于涛落实此事，于涛即以徐真真为责编，承担《宋史职官志补正》增订本编辑事宜。我由衷地感谢中华书局对学术专著出版的支持！

本书于一九九一年初版，至今已十六年，在使用过程中，仍发现一些遗留的问题。古籍整理如“秋风扫落叶”，不可能一次完成，有时甚至需要几代人共同努力去完成，此诚非虚言。趁《宋史职官志补正》再版的机会，我从头至尾，又校补了一遍，增订了八十余条，比初版又提高了一步。

记之余，占诗一首：

投笔从戎十二年，
重操旧业哀维艰；
学海无涯觅方舟，
前贤引领登渡船。
《考正》在前续《补正》，
后学依托巨人肩；
面壁五年入堂奥，
乘风破浪奋向前！

龚延明
记于浙大古籍所宋学研究中心
二〇〇七年四月四日

第三版后记

我站在 2021 年的春雨中,回眸难忘的 1991 年,已然过去了三十年!

三十年前,《宋史职官志补正》在浙江古籍出版社出版。那是在杭州。

十多年前,《宋史职官志补正》在中华书局再版。那是在北京。

如今,《宋史职官志补正》又在浙江古籍出版社推出第三版!她又回到了杭州。

《宋史职官志补正》生逢盛世,三十而立,她的学术生命正焕发着青春的光芒,有点耀眼。

《宋史职官志补正》是我平生第一部学术专著,是她奠定了我宋代官制研究的基础。她通过了宋史权威的鉴定,赢得了专家的好评,获得了读者的青睐。人生有何追求?辛勤的耕耘,结出了果实,付出的努力,得到同行的认可,足矣!

为了让第三版《宋史职官志补正》更加完善,我又重新校读,查错补漏,并汲取学界最新研究成果,予以订补。在这次校订过程中,我要感谢两位年轻人。一位是华中科技大学人文学院陈文龙副教授,我参考了他撰写的《〈宋史·职官志〉校补》(刊于中华书局点校本“二十四史”及《清史稿》修订工程办公室编《点校本“二十四史”及〈清史稿〉修订工程简报》第 35 期),有所取资。一位是浙江大学学生安宇,具有扎实的制度文献功底的他以极其认真的工作态度，帮我缜密地校订了初版、增订版《宋史职官志补正》，纠正了我自己未能发现、亦很难发现的不少文字差错。现在，我可以自信地说："《宋史职官志补正》更整洁、更丰满了！"

值《宋史职官志补正》第三版和大家见面之际，我诚挚地感谢浙江古籍出版社王旭斌社长，是他以满腔热情高规格地迎回《宋史职官志补正》；感谢中华书局副总编、学术著作出版中心主任俞国林，落落大度，对此举毫无保留地表示支持。责编石梅，以高度的责任感，精湛的专业知识，对书稿进行了严格的审读，为三版《宋史职官志补正》顺利出版保驾护航，深表谢意！

龚延明

记于浙大宋学研究中心

2021 年 5 月 4 日春雨中